探究人类社会创新现象的奥秘

——基于创新方法所蕴含创新科学原理视角的案例解析

侯光明　段倩倩　皮成功　李存金　王俊鹏　著

科学出版社
北　京

内 容 简 介

本书是在作者及其学术团队长期从事创新理论与方法研究积累基础上，以人类社会一些经典创新事例为剖析对象，力图揭示人类社会创新现象中所蕴含的创新科学原理与规律而形成的一部具有新颖思想的学术专著。本书以科学发现、发明故事、工程建设、技术创新、生产制造、设计创意、商业模式、组织变革、创业、企业家十大专题立篇，精选古今中外100个案例进行解析，以期从创新方法所蕴含的创新科学原理视角对人类社会创新现象背后所隐藏的奥秘做一个系统而深入的探究。

本书适用于广大科研人员、管理人员、企业领导在创新工作中的理论学习和实践指导，也可作为大专院校师生学习和应用创新方法的参考资料。

图书在版编目（CIP）数据

探究人类社会创新现象的奥秘：基于创新方法所蕴含创新科学原理视角的案例解析 / 侯光明等著. —北京：科学出版社，2019.2

ISBN 978-7-03-060457-6

Ⅰ. ①探… Ⅱ. ①侯… Ⅲ. ①社会管理-创新管理-研究-中国 Ⅳ. ①D63

中国版本图书馆 CIP 数据核字（2019）第 014394 号

责任编辑：魏如萍 / 责任校对：王晓茜

责任印制：徐晓晨 / 封面设计：无极书装

科学出版社出版

北京东黄城根北街 16 号

邮政编码：100717

http://www.sciencep.com

北京建宏印刷有限公司 印刷

科学出版社发行 各地新华书店经销

*

2019 年 2 月第 一 版 开本：720×1000 B5

2019 年11月第二次印刷 印张：49 3/4

字数：980 000

定价：298.00 元

（如有印装质量问题，我社负责调换）

前　言

“创新是人类发展的不竭动力”，从被动适应大自然，到学会制作简单的工具主动利用大自然，再到能完成重大而复杂的人造工程改造大自然，人类通过创新实践不断挑战智力极限，不断增强利用和改造自然的能力，向更高级的社会和经济形态演进。农业文明时期，人类在有意识地探索自然现象中不断增进自己的知识和技能，使其生活和生产方式升级改善。工业革命时期，人类揭开了科学发现和技术创新的序幕。知识开始爆炸式增长，技术发明如潮而涌，大机器生产成百倍地提升了人类利用自然的能力。如今，我们已进入互联网时代，这是一个高度知识化、信息化的时代，是一个智慧化、智能化的创新时代。在这个伟大的时代里，创新越来越趋于复杂化、开放化、社会化、快速化，人类不仅需要技术的创新，更需要思维和方法的创新，这就需要我们更新观念，积极探索创新的基本规律，探究创新现象背后隐藏的创新机理，以科学的创新理论和方法有效地指导当代创新实践活动，从而推进人类社会创新能力向更加高级的形态演进。

北京理工大学现代组织管理研究中心自 2000 年成立至今，吸引和培养了一批致力于创新理论与方法研究的人才，取得了一批前沿性科研成果，尤其是在创新方法的理论与应用研究上形成了系统的学术观点和结果。笔者认为，创新方法是人类创新智慧和创新实践的结晶，是基于创新规律运用的方法性工具。创新方法中蕴含了三大类创新科学原理：创新思维原理——主要反映人在创新活动中是如何发挥主观能动性去认识、分析事物和思考解决问题的原理的；创新创造原理——主要指人在创新活动中应遵循自然和社会运动的基本规律及科技原理；创新决策原理——主要指人在创新活动中有关如何做出正确决策所应遵循的基本原理。应用创新科学原理阐释人类社会的一些创新现象，从中可以揭示人类如何合理运用自己掌握的知识和技术开展创新活动、如何遵循创新规律达成创新目的。

《探究人类社会创新现象的奥秘》一书，是基于前期的研究积累，以真实案例分析的视角，对创新方法所蕴含的创新科学原理的深度运用进行探索而形成的。本书从科学发现、发明故事、工程建设、技术创新、生产制造、设计创意、商业模式、组织变革、创业、企业家十大视角立篇，精选古今中外 100 个案例进行解析，以期给出一个较为系统的对人类社会创新现象奥秘的创新科学原理揭示。

本书是集体智慧的结晶。段倩倩、皮成功、李存金、王俊鹏组成指导团队，他们不仅自始至终组织团队的写作研讨，还各自完成了相关章节的撰写工作。段倩倩尽职尽责地进行了全书详细的校对。各章具体执笔者也付出了大量艰辛的劳动：李存金，第四篇第 1 章；段倩倩，第九篇第 2 章；王俊鹏，第四篇第 8 章；皮成功，第三篇第 5 章、第四篇第 9 章、第七篇第 3 章、第九篇第 1 章、第十篇第 2 章；王爱峰，第二篇第 7 章；武玉青，第一篇第 1 章、第二篇第 6 章、第三篇第 8 章、第四篇第 2 章、第五篇第 3 章、第六篇第 2 章、第七篇第 6 章、第八篇第 1 章；石秀，第四篇第 3 章、第五篇第 7 章、第六篇第 5 章、第七篇第 2 章、第八篇第 5 章、第九篇第 6 章、第十篇第 5 章；张茜茜，第四篇第 7 章、第五篇第 1 章、第六篇第 7 章、第七篇第 4 章、第八篇第 8 章、第九篇第 7 章、第十篇第 8 章；万惠，第五篇第 6 章、第六篇第 3 章、第七篇第 5 章、第八篇第 2 章、第九篇第 10 章、第十篇第 10 章；谢文强，第一篇第 6 章、第二篇第 9 章、第三篇第 4 章、第四篇第 5 章、第五篇第 5 章、第六篇第 6 章、第七篇第 1 章；尤徐，第二篇第 10 章、第三篇第 10 章、第四篇第 6 章、第五篇第 2 章、第六篇第 1 章、第七篇第 9 章；乔萍，第三篇第 1 章、第四篇第 4 章、第五篇第 4 章、第六篇第 4 章、第七篇第 8 章；武赛赛，第一篇第 2 章、第一篇第 3 章、第二篇第 3 章、第三篇第 7 章；申璐，第一篇第 4 章、第二篇第 1 章；王丽粉，第一篇第 9 章、第二篇第 2 章、第三篇第 2 章；刘娜，第一篇第 8 章、第二篇第 5 章、第三篇第 6 章；汤丽兰，第一篇第 5 章、第二篇第 8 章、第三篇第 9 章；李晓飞，第一篇第 7 章、第二篇第 4 章、第三篇第 3 章；江燕，第五篇第 8 章、第六篇第 8 章、第七篇第 7 章；罗暘洋，第八篇第 6 章、第八篇第 10 章、第九篇第 3 章、第十篇第 1 章；成方圆，第一篇第 10 章、第五篇第 9 章、第十篇第 9 章；刘雪钰，第八篇第 4 章、第九篇第 8 章、第十篇第 7 章；王新宇，第八篇第 9 章、第九篇第 5 章、第十篇第 4 章；孙立娇，第八篇第 7 章、第九篇第 4 章、第十篇第 6 章；布慧泽，第四篇第 10 章、第六篇第 10 章、第十篇第 3 章；李春丽，第八篇第 3 章、第九篇第 9 章；邢丹丹，第六篇第 9 章、第七篇第 10 章；景睿，第五篇第 10 章。

本书是基于科技部创新方法专项“新能源汽车产业中的创新方法应用研究与示范”（项目编号：2015IM030100）课题研究完成的一部著作。写作中参阅了大量文献资料，在此，我们对参考文献的作者深表谢意。同时，非常感谢科学出版社对本论著出版予以的大力支持。

侯光明

2018 年 8 月 23 日于北京理工大学

目　录

第一篇　重大科学发现中蕴含的创新规律

第三篇　工程建设展现出的人类创新智慧

第四篇　技术创新应遵循的基本创新原理

第六篇　设计创意之灵感迸发真相

第七篇　与时俱进的商业模式创新真谛

第八篇 适应情境变化之组织变革成功秘诀

第九篇　创业成功需要开启一把创新思维钥匙

第十篇　企业家的创新精神与不循常规思维

第一篇　重大科学发现中蕴含的创新规律

发现之咏

在那夜深碧蓝的天空里，碧玉玄月中似乎有树曳人动……
无数的星星眨眼微笑，也许她们正在向我们招手“hello”？
还有，那一条银带横跨无尽天穹，难道是一条奔流不息的天河吗？
啊，山川、河流、宇宙，你们为何如此美丽，如此神秘？

兴奋、愉悦、揣测，于是让你浮想联翩……
好奇、观察、沉思，抑或点燃你那跃跃欲试的探究之心
就这样，你开启了探索之旅
最终，收获了认知和生存能力！

古人从发现中征服了愚昧
今人在发现里不断缔造文明
发现充满了艰辛，却在真伪辨识中尽显着诱惑与魅力……
发现看似无常，人类的智慧终将其归纳有方！

大自然奥秘无尽，引发着人类那颗永不停歇的好奇之心
万物纷繁复杂，发现却一直在层层揭开其神秘的面纱
虽然，世界是无限的，但人类的发现力也是无限的
因此，发现是伟大的，也永远是美丽的……

第 1 章　什么力量导致了运动——牛顿三大定律的探索

17 世纪中叶以前，人们对“天上”和“地上”的运动进行了大量的探索，如亚里士多德（Aristotle，公元前 384—前 322）对强迫运动和落体运动的规律的研究；伽利略关于运动的惯性、落体与抛体的运动规律的研究；第谷·布拉赫和开普勒对天体运动的观测和规律的研究；惠更斯关于振子运动和碰撞现象的研究；等等。但是这些探索和积累仅仅是单纯现象的罗列和经验定律的堆积，到底是什么力量导致了这些运动呢？学者们对此一直没能给出合理的理论解释和逻辑推导。

1.1　问题引导，开启探索事物运动规律之旅

伊萨克·牛顿（Isaac Newton，1643—1727）出生于英国北部林肯郡的一个农村家庭。1661 年 19 岁的牛顿考上剑桥大学，在读期间，牛顿接触到大量的自然科学著作，并受到巴罗教授的赏识和精心栽培。这使其在自然科学和数学方面有了长足的发展。1665 年正当牛顿准备留校继续深造时，严重的鼠疫席卷了英国，剑桥大学因此被迫关闭，牛顿回到家乡的庄园避疫。在避疫的 18 个月中，家乡安静的环境使得他的思想展翅飞翔，他终日沉浸在当时科学上亟待解决的问题的思考中。苹果落地促发了他对力和运动的思考，到底是什么样的力量导致了运动？带着这个问题，牛顿开始了对力和运动的研究工作。

1.2 质疑思维的魅力——在批判、继承、扬弃中凝练第一定律

除了阅读开普勒和哈雷的前沿专著外，牛顿还研读了伽利略和亚里士多德的著作。通过研读前人的研究成果，牛顿发现这些理论都很零散，并且有些地方相互矛盾。例如，亚里士多德认为物体运动需要力的维持。但是伽利略否定了亚里士多德的观点，他通过实验分析发现物体是因为惯性运动，只有受到摩擦力才会停下。笛卡儿等又在伽利略研究的基础上进行了更深入的研究，弥补了伽利略对于惯性运动方向性方面研究的不足，他指出，“一、每一单独的物质微粒将继续保持同一状态，直到与其他微粒相碰被迫改变这一状态为止；二、所有的运动，其本身都是沿直线的”。牛顿并没有盲目地跟随某个研究学者的观点，而是用事实说话。通过还原他们的经典实验、观察实验现象，牛顿试图抓住最主要、最基本和最关键的问题反复推理论证。他批判了亚里士多德对于物体的运动需要力的维持的观点，继承了伽利略惯性运动的概念，发扬了笛卡儿关于物体沿直线运动和物体在不受外力的情况下保持匀速直线运动或静止状态的观点，摒弃了其保持同一状态的不明表述，最终提炼概括出牛顿第一定律，即任何物体都要保持匀速直线运动或静止状态，直到外力迫使它改变运动状态为止。

1.3 严密的逻辑思维和数学推理推动第二定律的发现

第二定律是应发现万有引力定律的需要才被发现的。开普勒发现行星沿椭圆轨道围绕太阳运动，但是一直不能用数学方法进行合理的解释，此后许多学者也进行了多次尝试，但纷纷以失败告终。行星为什么能在自己的轨道上运行一直是一个谜，这个问题同样也困扰着牛顿。在家乡安静的环境中，苹果落地促发了牛顿对引力和重力的思考，为什么苹果会落到地上，而月球却能一直围绕地球旋转，不会落下来呢？牛顿开始想到把重力推广应用到计算月球的运行轨道上，并开始研究地心引力的大小与距离的变化关系问题。他认为要解决这些问题，首先要解决作用力与质量和加速度的定量关系问题。

在大量阅读文献的基础上，牛顿发现，亚里士多德曾经提出力与速度存在依赖关系；弗朗西斯·培根也曾提出“作用力依赖于质量”；伽利略通过惯性运动、落体运动和抛体运动研究作用力与加速度的定量关系。然而他们都没有发现作用力与质量和加速度的定量关系。牛顿通过大量试验，并运用动力学知识和他创立的二项式定理与微分学逻辑推理，得出作用力与质量和加速度的定量关系，批判并否定了亚里士多德的力与速度的依赖关系，接受并发展了伽利略的作用力与加速度的定量关系的观点。他进一步研究打破惯性运动时外加力和重力的关系，以及落体运动中质量和加速度的关系，然后在惯性质量和引力质量等效的条件下，将二者统一起来，形成一个普遍性的运动定律，即牛顿第二定律。牛顿将其表述为运动的变化与外加推动力成正比，并发生在该力的作用线方向，其表达式为 $F = ma$ 。从公式中我们可以看出，物体加速度的大小跟作用力成正比，跟物体的质量成反比，且与物体质量的倒数成正比，加速度的方向跟作用力的方向相同。

1.4　运用发散思维独辟蹊径，发现物体相互作用的奥秘

牛顿第一定律和第二定律是关于物体惯性运动和打破惯性运动的定律，但是对于一个物体系来说，必然存在作用和反作用或运动传递的问题，这就需要一个有关物体之间相互作用的定律加以补充。笛卡儿和莱布尼茨分别从运动变化的观点和活力的观点，研究物体碰撞前后运动量的传递和守恒关系。在笛卡儿的影响下，牛顿从力的观点研究了物体碰撞过程中相互作用的关系，在研究非弹性体碰撞问题上，牛顿采用发散思维模式，打破传统的动量视角，从作用力视角迂回前进，通过大量的实验观察、推理，认识到两个刚体相互碰撞的瞬间，彼此以相等的最大压力或者作用力与反作用力相互作用，最终发现牛顿第三定律：相互作用的两个物体之间的作用力和反作用力总是大小相等，方向相反，作用在同一条直线上，表达式为 $F = -F'$ 。

1.5　系统思考和综合，揭示物体运动的本质规律

17 世纪中叶之前，伽利略、开普勒、惠更斯等科学家在力学范围内对天体

运动和地上运动进行了大量研究，由于受到古希腊传统思想中天与地绝对对立的观点的影响，从来没有研究学者将天体运动和地上运动结合起来。虽然伽利略对“地上”的运动进行了大量的观察和实验，但他的观点仅是描述性的，缺乏对因果关系的逻辑推导。开普勒总结出关于“天上”行星运动的三大经验定律，但他没有进行恰当的解释，导致这三条定律之间缺乏内在的联系。牛顿通过系统思考，仔细筛选、集成并发展了前人的研究成果，在伽利略、开普勒等的研究基础上，科学、系统地定义了惯性定律、加速度定律、作用力与反作用力定律（合称运动三定律），并于 1687 年在哈雷的鼓励下出版了直到今天仍被人们誉为“个人智慧的伟大结晶”的著作——《自然哲学的数学原理》，公布了运动三定律。

然而，牛顿三大定律的探索并不是一蹴而就的，它经历了一个漫长的探索过程。在《论球体在流体中的运动》手稿中牛顿提出的运动五定律中，前两个便是现在我们熟知的牛顿第一定律、第二定律，但却没有涉及第三定律。之后，在《论均匀可变形介质中物体的运动》手稿中，牛顿提出的运动六定律中前三个即后来所说的运动三定律。把运动三定律作为一个整体单独提出的是《自然哲学的数学原理》中的“运动定理或定律”一节。牛顿通过不同方向、不同途径、不同方式获得差异性的结果，然后经过整合归纳，最终将运动三定律作为一个整体单独提出，用合理的理论解释了什么力量导致了运动。三定律的提出为经典力学的研究奠定了基础，是近代物理的基石。同时，它推动了万有引力的发现，发现了天上的运动与地上的运动服从相同的规律，为解开潮汐现象、岁差现象、卫星的运动、磁石的吸引等谜团提供了理论依据，实现了天体运动与地上运动的伟大结合。

1.6　牛顿三大定律的发现给我们带来的科学启示

在科学研究中，牛顿关心认识客观事物的规律，从实验和现象的观察开始，通过分析、比较、模拟、因果联系、抽象和数学推理等方法，探索事物运动的本质和普遍规律，并对这些规律进行归纳提炼，进而上升为理论，最终总结提炼出牛顿第一定律并开创性地提出牛顿第二定律、第三定律。在探索过程中，牛顿的思考和创新方式与后人总结出的一些创新方法中的原理惊人的相似。例如，亚历克斯·奥斯本（Alex Faickney Osborn）于 1963 年提出的检核表法（Check List Method）、中山正和（Nakayama Masakazu）于 1970 年提出的中山正和法（NM Method）。检核表法的实质是引导人们根据检核项目的各种思路来求解问题，力求比较周密的思考。牛顿在探索三大定律的过程中，根据问题提出多种假设，然后通过实验、推理、归纳、演绎等方法检验假设的正确与否，这与检核表法的思路不谋而合。中山正和法是指通过联想、逆向思维、类比等方法，重新组合平时积累的“点的思维”，从而涌现大量创造性设想，获得新的发明创造。三大定律经历了漫长的探索过程，通过整合前人的研究和自身研究过程中积累的“点的思维”，牛顿打破传统质量的概念开创性地提出了牛顿第二定律，转变传统动量研究视角，从作用力视角提出第三定律，这与中山正和法的思想实质是相同的。牛顿三大定律的探索过程蕴含的创新原理如图 1-1-1 所示。

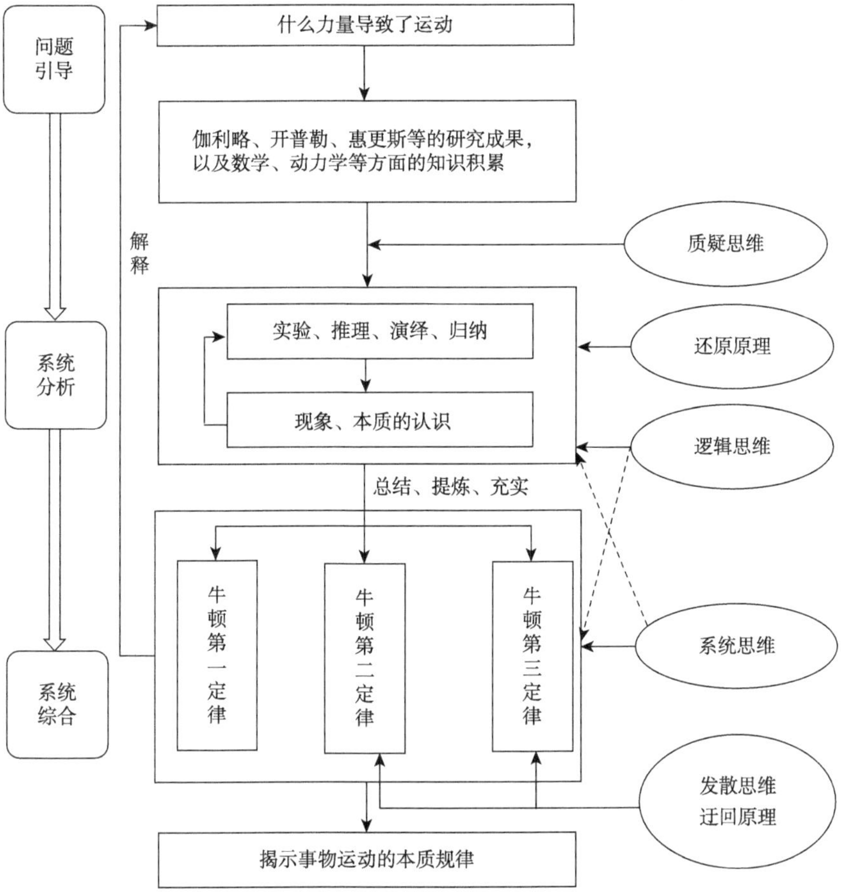

图 1-1-1　牛顿三大定律的探索过程蕴含的创新原理

虽然这些方法在当时并未提出，但是牛顿在科学研究中已经应用到这些创新方法的思维，从而对后人提出这些创新方法具有一定的指导意义。同时我们可以看到牛顿在研究中表现出优秀的质疑思维能力、逻辑思维能力、发散思维能力和系统思维能力。他在科学知识、技术原理和实践经验的基础上，找出其中的普遍真理和谬误，最终，把惯性定律上升为运动第一定律，并且最早发现并科学表述运动第二定律、第三定律，揭示宏观物体运动的本质，为创立经典力学体系奠定基础。

参考文献

笛卡儿 R. 1958. 哲学原理. 关文运译. 北京：商务印书馆：49-54.

黄守学，陶蕙英. 1987. 第一次伟大的综合—— 纪念牛顿的《自然哲学之数学原理》发表三百周年. 物理，16（10）：633-636.

阎康年. 1989. 牛顿的科学发现与科学思想. 长沙：湖南教育出版社：187-206.

阎康年. 1991. 关于牛顿的科学发现和科学思想的一些看法及其依据（上）. 大学物理，（8）：16，29，37-42.

第 2 章　解开生命传递的密码——DNA 双螺旋结构

1953 年 2 月 28 日，在英国剑桥一家名叫 Eagle 的酒廊里，克里克（Francis Harry Compton Crick，1916—2004）一进来就兴奋地嚷道，他和沃森（James Dewey Watson，1928—）已经解开“生命的秘密”了。在场的人都知道他在说什么，因为在过去两年里，克里克和沃森一直在不分昼夜地设法寻找 DNA（deoxyribonucleic acid，脱氧核糖核酸）结构的秘密。DNA 双螺旋结构的发现是 20 世纪最重要的科学发现之一，是整个生物科学的一次重大革命。半个世纪以来生物科技取得突飞猛进的发展，DNA 双螺旋结构的发现年份作为分子生物学的元年而载入史册，其发现过程中独特的思维方法与模式仍然值得借鉴。

2.1　集各家之论基础上的 DNA 结构“迷惘”探究之路

1950 年初，世界上主要有三组科学家从事 DNA 分子结构的工作，分别是美国加州理工学院的鲍林小组（鲍林是研究化学结构的世界权威）、英国剑桥大学国王学院的富兰克林和威尔金斯小组以及英国剑桥大学卡文迪什实验室的沃森和克里克小组。沃森和克里克小组在整个研究过程中不具备很好的科研设备，两人甚至不具备充足的生物化学知识，但是他们善于与众学者讨论交流，将众学者专家的思想聚合在一起，在自身思考和完善的基础上，最终构建出 DNA 双螺旋结构。

其实早在 1951 年 11 月，沃森和克里克就构建出一个三链模型，并与富兰克林和威尔金斯小组对该模型进行讨论，虽然该模型最终被富兰克林否定，认为模型中 DNA 分子中水的含量与其实验得出的数据存在很大误差，但这依然给他们带来了很多启示。

1952 年春天，沃森和克里克邀请剑桥大学数学家格里菲斯为他们计算一个 DNA 分子内相同碱基之间的吸引力，结果表明并非相同的碱基相互吸引，而是不相同的碱基相互吸引。他们由此认识到 DNA 结构中可能是不同碱基互补配对，但此时并不知道哪些碱基相互配对。

1952 年 5 月，沃森和克里克与来剑桥大学访问的奥地利生物化学家查伽夫（E. Chargaff，1905—）相识，并了解到查伽夫规则，其主要内容为：①DNA 的腺嘌呤（用 A 表示）和胸腺嘧啶（用 T 表示）的摩尔数相等，即 A=T；②鸟嘌呤（用 G 表示）和胞嘧啶（用 C 表示）的摩尔数相等，即 G=C；③含 6-碱基的碱基数等于含 6-酮基的碱基数，即 A+C=T+G；④嘌呤的总数等于嘧啶的总数，即 A+G=C+T。这些规律暗示着在 DNA 分子中 A 与 T、C 与 G 之间存在着碱基配对关系。他们进一步确认，DNA 分子的基本形式很可能是不同碱基的互补配对，并且知悉了碱基间配对的基本规则。

1953 年 2 月，威尔金斯向沃森展示了富兰克林于 1951 年底获得的 DNA 的 X 射线衍射照片（图 1-2-1），这张照片使他领悟到 DNA 为螺旋、双链的。同时沃森也获得富兰克林和威尔金斯小组的一份内部报告，得到了关于碱基在 DNA 分子内部、DNA 骨架链在外部以及双螺旋的两条链是反平行的等结论。沃森和克里克回到剑桥大学立即开始着手进行 DNA 分子模型的再次构建。

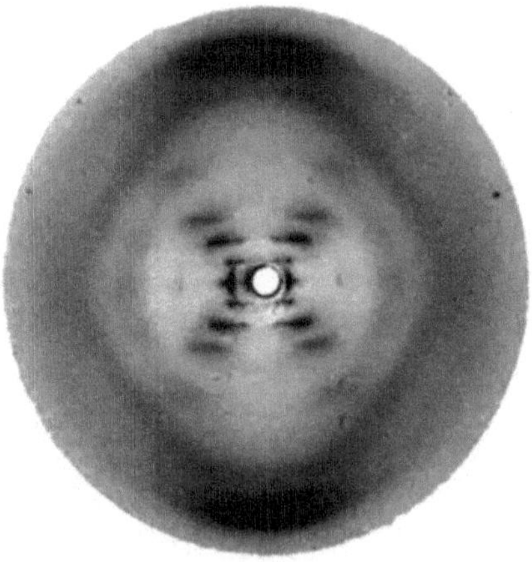

图 1-2-1　富兰克林拍摄的 DNA 潮湿状态的“51 号照片”

在构建模型时，他们遇到一些麻烦，起初他们认为碱基对是由相同的碱基通过氧键组成的，但这个观点并不能解释查伽夫规则，并且由于嘌呤分子（A 和

G）较嘧啶分子（C 和 T）大，所构建的螺旋直径不统一，会忽大忽小。因此 1953 年 2 月 19 日，沃森和克里克请教了研究氢键的美国化学家多诺休（Jerry Donohue，1920—1985），多诺休指出碱基对更可能的结构是氢和氮结合的酮型。沃森和克里克根据多诺休的建议，在随后的几天里，用铁皮和铁丝搭建模型。1953 年 2 月 28 日，著名的 DNA 分子双螺旋结构模型终于诞生了。

2.2 严谨的逻辑推理发现碱基的排列规则

科学研究成果必定是建立在严谨的逻辑推理之上的，提出的任何思想或观点都必须有逻辑可循，沃森和克里克的科学研究过程也是如此。他们曾请教剑桥大学数学家格里菲斯计算在一个 DNA 分子内相同碱基之间的吸引力，由此逻辑推理出 DNA 中的碱基可能不是相同碱基的相互配对的猜想。随后他们了解到查伽夫规则，由查伽夫规则逻辑推理出 DNA 分子的基本形式，并进一步确认不同碱基的互补配对以及碱基间配对的基本规则的猜想。接下来沃森和克里克从富兰克林和威尔金斯小组得到 DNA 的 X 射线衍射照片和相关实验数据，然后逻辑推理出 DNA 为螺旋、双链、碱基在 DNA 分子内部、DNA 骨架链在外部、双螺旋的两条链是反平行的等信息。科学发现是以事实数据为基础的，需要学者们具有严谨的逻辑推理能力。

2.3 大胆质疑提出双螺旋结构猜想

1952 年 12 月，鲍林（Linus Carl Pauling，1901—1994）向美国科学院发表名为“DNA 三链模型”的文章，该模型被称为 α 螺旋。这一模型与沃森和克里克在 1951 年 11 月提出的三链的重复周期为 28Å 的模型基本相似。鲍林的结果受到沃森和克里克的质疑，鲍林的数据来源于两种形式 DNA 的混合物，沃森和克里克认为该数据缺乏准确性，并且低估了水的存在所造成的影响，造成 DNA 密度计算过高。如果他们当时迷信权威，不敢质疑鲍林三链模型的研究成果，那他们也不会接受后来出现的 DNA 是双链而非三链的观念。因此，大胆质疑，勇于挑战权威，并进行客观科学的研究，才能产生新思想。

2.4　逆向思维激发碱基配对构想

在发现 DNA 双螺旋结构的最后阶段，沃森和克里克逆向思考，采用了先构建 DNA 结构模型，再利用 X 射线衍射结果等其他人的实验数据和研究结论检验模型正确性的思路。在模型构建中，他们反复尝试各种方法和结构，当氢键连接的 A-T、G-C 互补对重叠在一起时，它们正好占据同等的空间。这激发了他们的灵感，于是他们将配对的 A-T、G-C 粘到两条主链的骨架上构成螺旋并朝向里面，这时模型呈现出非常完美的结构，如图 1-2-2 所示。最终，他们成功构造出符合 DNA 的 X 射线衍射照片、查伽夫规则、碱基形状及其氢键亲和性理论和 DNA 碱基组成等各种要求的完美模型。

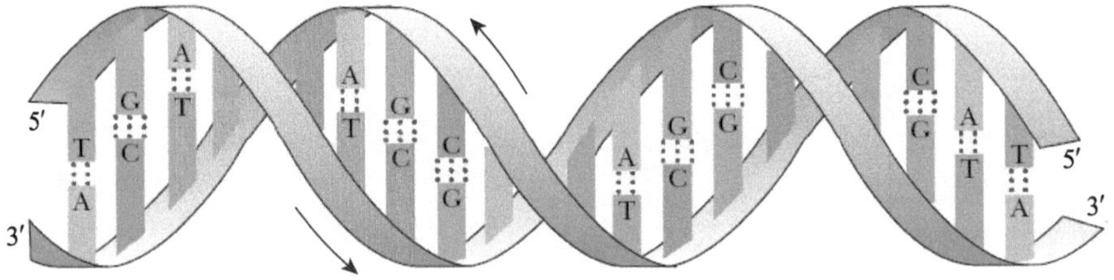

图 1-2-2　DNA 碱基对结构图示

2.5　DNA 双螺旋结构的发现过程带给世人的创新启发

有人曾戏言沃森和克里克的诺贝尔奖是站在“巨人的脚趾”上获得的，认为他们所用的实验数据以及其他众多研究成果并不是他们自己研究出来的，然而值得关注的是，这种能够在 DNA 的 X 射线衍射照片的基础上运用鲍林研究蛋白质螺旋的方法，并综合 DNA 化学研究方面的各种资料进而得到全新研究成果的聚合创新能力，也是现代进行科学研究的人员需要具备的创新思维之一，需要研究人员在科研过程中不断训练和磨砺才能更好地发挥聚合创新的作用。

在 DNA 研究和结构发现的过程中也充分体现了学科的交叉性，如结晶 DNA 的获得必须应用化学的原理与方法，X 射线的衍射技术主要应用物理学的原理与方法，对 DNA 的 X 射线衍射图谱的描述和分析必须借助于数学。DNA 双螺旋结构发现过程蕴含的创新原理如图 1-2-3 所示。21 世纪的科学发展趋势更是各门学科不断交叉、加速综合、向整体化发展，跨学科的研究和教学活动开始成为主流，这就要求我们顺应时代，培养跨学科创新思维，锻炼跨学科发现问题和解决问题的创新能力。

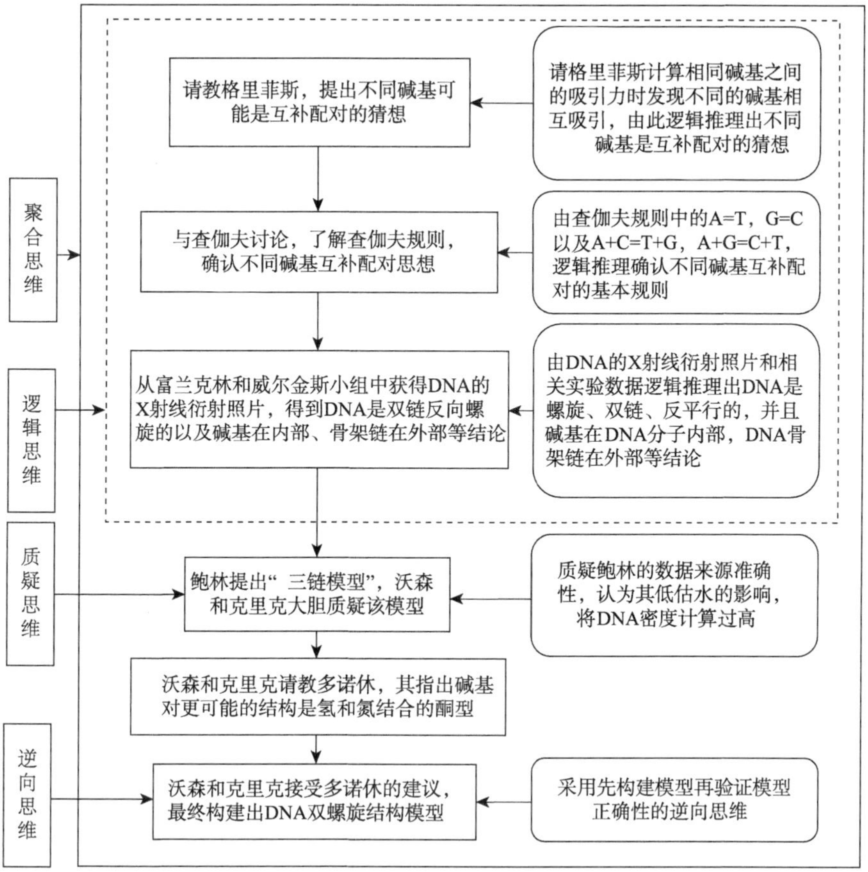

图 1-2-3　DNA 双螺旋结构发现过程蕴含的创新原理

参 考 文 献

罗丹. 2003. 命运的螺旋——沃森与克里克发现 DNA 结构的故事. 国外科技动态，（3）：30-33.

史国安，范丙友，郭秀璞，等. 2009. 探索 DNA 双螺旋结构的竞赛及其创新思维方法的思考. 生物学通报，44（8）：15-19.

岳付荣. 2005. 由 DNA 双螺旋结构的发现看科学发现的自组织. 池州师专学报，（5）：58-60.
周光召. 2003. 发展学科交叉　促进原始创新——纪念 DNA 双螺旋结构发现 50 周年. 物理教学，55（11）：707-711.

第3章　孤独天才孟德尔的伟大发现——遗传定律

1900 年春天，荷兰的德弗里斯（Hugo Marie de Vrier，1848—1935）、德国的科伦斯（Carl Erich Correns，1864—1933）与奥地利的丘歇玛克（E. von S. Tschermak，1871—1962）三位学者在彼此不知对方研究进展的情况下，几乎同时各自独立地得出了遗传定律。然而当他们兴致勃勃地去查阅前人的研究时，却发现一个叫孟德尔（Gregor Johann Mendel，1822—1884）的人在 35 年前就已经提出与他们相似的研究结论，还提出了遗传因子假说。此后，孟德尔的遗传定律和遗传因子假说开始逐渐被世人所认识和认同。

孟德尔在研究过程中首次将数理逻辑方法应用到生物遗传现象的研究中，并且采用的假说演绎法、单因子分析法和自创的测交法等都具有一定超前性，因此在当时并未引起学术界的注意，有些学者甚至看不懂孟德尔的研究成果。直到 35 年之后其研究被重新发现才逐渐引起学术界的重视，因此有人称他为“孤独天才”。

孟德尔提出的遗传因子假说认为生物的性状是由遗传因子决定的，每个因子决定着一种特定的性状（如豌豆茎的高度是一种性状），这些遗传因子是成对存在的，即一种性状具有两种相对性状（如豌豆的高度中有高茎和矮茎两种相对性状），且相对性状有显性和隐性之分（图 1-3-1 和图 1-3-2 中 D 表示显性性状高茎，d 表示隐性性状矮茎），当生物体在形成生殖细胞——配子时，成对的遗传因子彼此分离，分别进入不同的配子中。

孟德尔的遗传定律主要包括分离定律和自由组合定律。分离定律是指控制同一性状的基因成对存在，在配子形成时互相分离开来，分别进入一个配子细胞中去，如图 1-3-1 所示。并且配子的结合是随机的，因此在子一代的自交时会出现 3∶1 的分离现象，如图 1-3-2 所示。自由组合定律是针对两对及两对以上的性状来说的，即一对染色体上的相对性状与另一对染色体上的相对性状的分离或组合

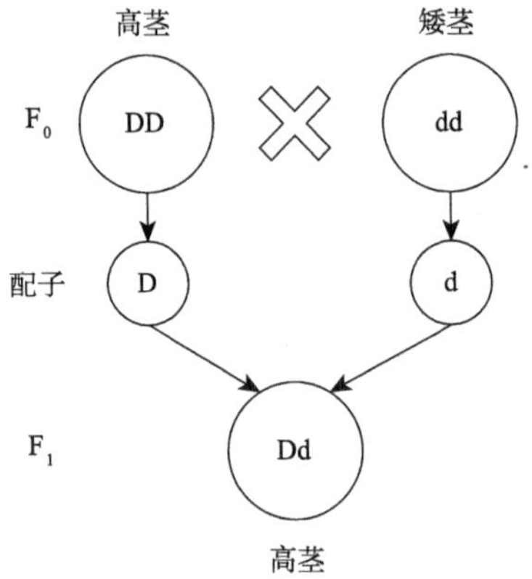

图 1-3-1　分离定律示意图（一）

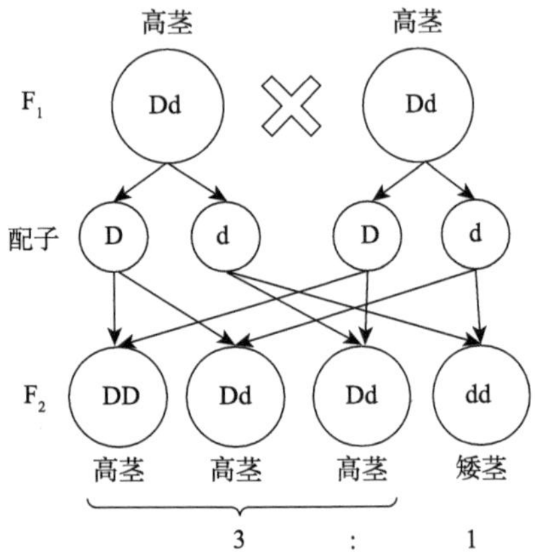

图 1-3-2　分离定律示意图（二）

是彼此互不干扰，各自独立地分配到配子中去的，图 1-3-3 是亲代杂交得到子一代的结果，图 1-3-4 是第一代自交得到子二代的结果。

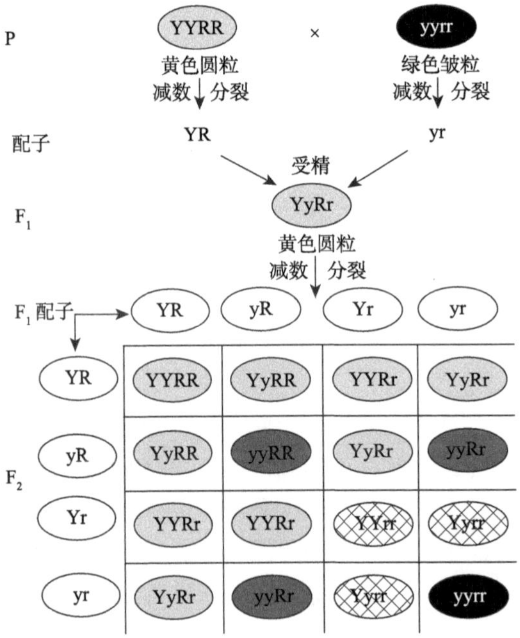

图 1-3-3　自由组合定律图示

遗传定律被重新发现以后历经了百余年的发展，如今已经成为一门重要的学科——遗传学，并形成了由多层次、多个分支学科支持的庞大知识体系。时隔 150 多年，孟德尔在科学探究过程中的创新方法和思维依然能带给我们很多启示。

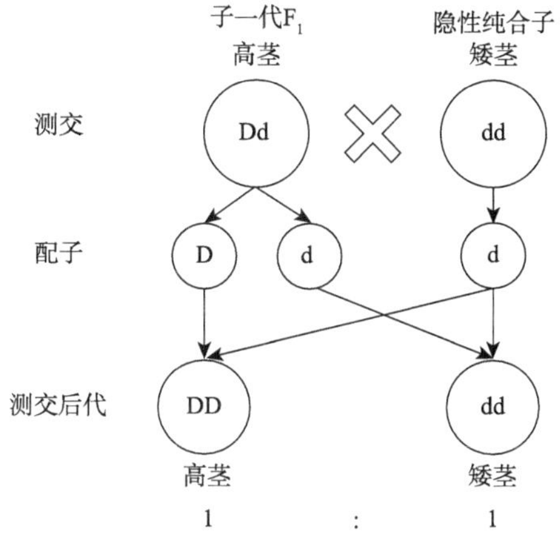

图 1-3-4　测交法图示

3.1　遗传问题热议引起孟德尔的重视

孟德尔接触到生物学并对遗传现象产生兴趣，源于他的家庭情况和职业选择。孟德尔的家庭比较贫困，儿时为了维持生计曾一边上学一边做家教，中学毕业后试图做家庭教师但未成功，后来靠做私人教师来支持学业。1843 年孟德尔进入布鲁诺的圣汤玛斯修道院后不再为生计发愁，他开始集中精力学习经典，后因接触自然科学开始对生物感兴趣，在布鲁诺哲学学院听了农业、园艺和葡萄种植的相关课程。孟德尔在修道院做了 14 年的代课老师，教授中学低年级物理学和自然史，在这一过程中，遗传问题引起孟德尔的重视，他研读前人的研究成果，指出前人虽做过不少杂交试验但未得到普遍规律，这主要是因为所需的工作不仅量大，而且较难。因此他决心要做出规模足够大的试验，并用定量分析的方法分析具有不同性状的杂交后代、确定在不同代之间的不同性状的关系并分析它们之间的相对数量关系等。问题导向加上个人兴趣让孟德尔开始全身心投入遗传现象问题的研究当中。

3.2　心存质疑提出遗传因子假说

在 19 世纪中期，对遗传现象的普遍观念是融合遗传，认为遗传是“黑+白=灰”的模式，即父母的“黑”和“白”简单融合得到子代的“灰”，这种观念从未被正式论证过，是一个被世人普遍接受的、以为不证自明的规律。而当时孟德尔虽然身在修道院，并且还是修道院的神父，但却对这种传统遗传思想产生怀疑，他更认同被神学猛烈抨击的达尔文的进化论。而与此同时，世界各地的生物学家的杂交试验结果也与融合遗传观点相悖，因此孟德尔进行了将近十年的豌豆选种和杂交试验，结合自己的试验结果提出遗传因子假说，为否定融合遗传观念提供了充足的数据证明。正是这种批判质疑性的创新精神，让孟德尔突破传统观念，提出了遗传因子假说，为遗传学的发展奠定了重要基石。

3.3　引入数学统计思想发现遗传定律

孟德尔是首位将数学统计思想移植到生物学遗传问题研究中的学者。早在 19 世纪，植物的杂交试验就已经很普遍了，一批植物育种家、园艺学家、栽培学家在不同地区对不同植物开展一系列杂交研究。这些专家的研究目的虽不尽相同，但大都得到了相似的试验结果，即杂种一代性状的一致性、正反交的同一性以及杂种二代的多态性等遗传现象。但这些早于孟德尔进行杂交试验的学者们没有对杂交后代各种性状的数目进行科学完整的记录和分类，更没有进行统计分析，因此只能得出较为定性的研究结果。而孟德尔将统计的思想移植应用到生物学的遗传问题研究上，最终发现遗传的规律，提出遗传定律。

3.4　逻辑方法辅助和验证遗传规律的正确性

孟德尔在豌豆杂交试验中采用单因子分析法和自创的测交法，其中单因子分析法是孟德尔能够成功的重要原因。该方法是指在每次分析统计结果时仅考虑一种相对性状在子代中的性状的情况，而暂时不考虑其他性状的情况，类似于现在所说的控制变量的思想，最终逻辑推理出分离定律。随后他又研究了两对或多对相对性状的遗传规律，最终发现自由组合定律。孟德尔为验证自己提出的分离定律，还自创测交法，该方法是指让子一代 F_1（Dd）与隐性纯合子（dd）杂交，以此来测定子一代 F_1 的遗传因子组成是否为 Dd，如图 1-3-4 所示。最终测交的结果比例为 1∶1，因此证明了子一代 F_1 的遗传因子组成确实为 D 和 d。

3.5　以果推因，验证遗传因子假说

孟德尔同时代的生物学家大都习惯用培根的归纳法来研究问题，归纳法的思路是通过多次观察后总结归纳出规律。而孟德尔运用逆向思维，使用以果推因的假说演绎法。孟德尔首先根据观察总结提出遗传因子假说，之后运用数理思想进行豌豆杂交试验，用实际研究结果验证假说的正确性。这种先提出假说，然后通过研究再次验证假说的方法就是假说演绎法，由此孟德尔将自己的研究结果上升为一种开创性的新理论。

3.6　孟德尔遗传定律研究给我们的启发

孟德尔发现遗传定律的研究过程蕴含多种创新原理和方法，如图 1-3-5 所示，这些原理和方法放在今天依然具有重要的学习意义。孟德尔在研究过程中将数学统计思想引入生物研究领域，为他的研究带来全新视角。如今，利用移植思维将某一领域的技术、方法或思路运用到另一个领域从而做出新的发现、发明和创新的思维已经被人们广泛应用，成为一种重要的创新思维方式。

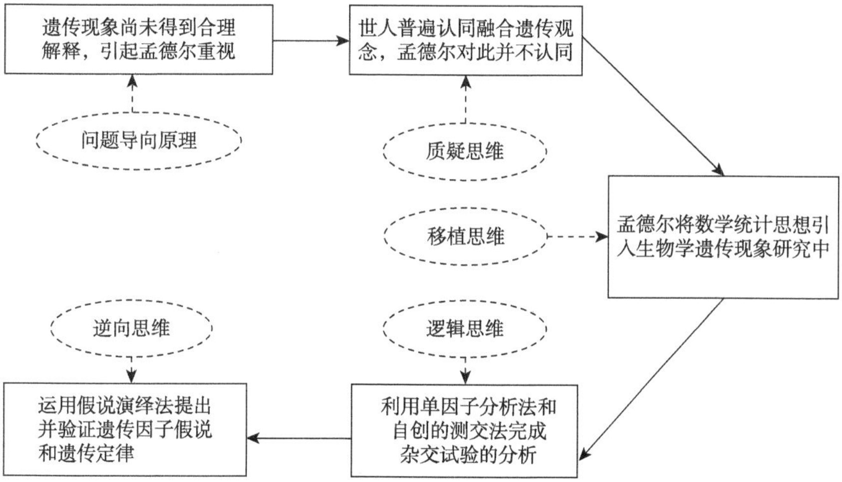

图 1-3-5　孟德尔发现遗传定律过程中蕴含的创新科学原理

孟德尔不仅将数学统计思想引入生物领域中，还加入物理、化学等领域的

思维方式和方法，如假说演绎法就是从物理学中吸取而来的，而遗传因子假说的叫法是从化学领域引申过来的。孟德尔在维也纳大学学习期间，是物理学教授多普勒的实验助手，从多普勒教授那里学习了假说演绎法。同时孟德尔在维也纳大学学习了化学，当时的化学是以道尔顿的原子论为基础，借助微小颗粒（原子）的聚合离散说明物质的性质和化学反应，孟德尔借鉴原子论思想将原子替换为遗传因子，由此提出颗粒式的遗传因子假说。这告诉我们，一种新思想或新发现的产生往往需要多个领域或学科思想的综合集成。同时当代各学科间的联系越来越紧密，甚至有日益统一化的趋势，因此不管是学术研究还是企业研发等创新活动都应该注重培养跨学科学习的意识，丰富自身知识体系，以面对日益复杂的创新活动。

参考文献

樊期曾，杨洪日. 1987. 孟德尔定律的发现及其在遗传学史上的意义. 沈阳农业大学学报，（2）：62-66.

李能国. 2010. 如何分析孟德尔遗传实验的科学方法. 生物学教学，35（2）：56-57.

于翠梅，马莲菊，曹萍，等. 2007. 孟德尔遗传实验中的创新元素. 沈阳师范大学学报（自然科学版），25（3）：411-412.

张宜萍，唐晓春. 2013. 对“孟德尔遗传定律”科学史的再认识. 生物学通报，48（5）：16-17.

第 4 章　化学元素周期表：描绘元素的“族谱”

4.1　化学元素周期表的编制历程

在化学教科书中，都附有一张元素周期表（The Periodic Table）（图 1-4-1）。看到这张表，人们便会想到现代化学元素周期表的最早编制者——德米特里·伊万诺维奇·门捷列夫（Dmitri Ivanovich Mendeleyev，1834—1907）。为了纪念这位伟大的化学家，后人发现第 101 位新化学元素时便将其命名为“钔”（Md）。

4.1.1　众多学者：元素周期规律之路上的不懈探索

在门捷列夫之前，已经有很多学者对化学元素的周期规律进行了探究。约翰·道尔顿（John Dalton，1766—1844）的科学原子论提出后，关于各种元素的相对原子质量的数据日益精确，这就使元素相对原子质量与性质（包括化合价）之间的联系显露出来。1829 年，德国化学家德贝莱纳（Joham Wolfgang Dobereiner，1780—1849）提出“三元素组”的观点。他把当时已知的 54 种元素中的 15 种分为 5 组，每组的 3 种元素性质相似，而且他发现，中间元素的相对原子质量等于较轻和较重的两个元素相对原子质量之和的一半。

法国矿物学家尚古多（B. de Chancortois，1820—1886）在 1862 年提出了“螺旋图”的分类方法。他将已知的 62 种元素按相对原子质量的大小排序，并按此顺序标记在绕着圆柱体上升的螺旋线上，发现这样某些性质相近的元素恰好出现在同一母线上（图 1-4-2）。

元素周期表

Periodic Table of the Elements

原子序数 | 元素符号 | 元素中文名称 | 元素英文名称 | 惯用原子量 | 标准原子量：1 H 氢 hydrogen 1.008 [1.0078, 1.0082]

1	2	3	4	5	6	7	8	9	10	11	12	13	14	15	16	17	18
1 H 氢 hydrogen 1.008 [1.0078, 1.0082]																	2 He 氦 helium 4.0026
3 Li 锂 lithium 6.94 [6.938, 6.997]	4 Be 铍 beryllium 9.0122											5 B 硼 boron 10.81 [10.806, 10.821]	6 C 碳 carbon 12.011 [12.009, 12.012]	7 N 氮 nitrogen 14.007 [14.006, 14.008]	8 O 氧 oxygen 15.999 [15.999, 16.000]	9 F 氟 fluorine 18.998	10 Ne 氖 neon 20.180
11 Na 钠 sodium 22.990	12 Mg 镁 magnesium 24.305 [24.304, 24.307]											13 Al 铝 aluminium 26.982	14 Si 硅 silicon 28.085 [28.084, 28.086]	15 P 磷 phosphorus 30.974	16 S 硫 sulfur 32.06 [32.059, 32.076]	17 Cl 氯 chlorine 35.45 [35.446, 35.457]	18 Ar 氩 argon 39.948
19 K 钾 potassium 39.098	20 Ca 钙 calcium 40.078(4)	21 Sc 钪 scandium 44.956	22 Ti 钛 titanium 47.867	23 V 钒 vanadium 50.942	24 Cr 铬 chromium 51.996	25 Mn 锰 manganese 54.938	26 Fe 铁 iron 55.845(2)	27 Co 钴 cobalt 58.933	28 Ni 镍 nickel 58.693	29 Cu 铜 copper 63.546(3)	30 Zn 锌 zinc 65.38(2)	31 Ga 镓 gallium 69.723	32 Ge 锗 germanium 72.630(8)	33 As 砷 arsenic 74.922	34 Se 硒 selenium 78.971(8)	35 Br 溴 bromine 79.904 [79.901, 79.907]	36 Kr 氪 krypton 83.798(2)
37 Rb 铷 rubidium 85.468	38 Sr 锶 strontium 87.62	39 Y 钇 yttrium 88.906	40 Zr 锆 zirconium 91.224(2)	41 Nb 铌 niobium 92.906	42 Mo 钼 molybdenum 95.95	43 Tc 锝 technetium	44 Ru 钌 ruthenium 101.07(2)	45 Rh 铑 rhodium 102.91	46 Pd 钯 palladium 106.42	47 Ag 银 silver 107.87	48 Cd 镉 cadmium 112.41	49 In 铟 indium 114.82	50 Sn 锡 tin 118.71	51 Sb 锑 antimony 121.76	52 Te 碲 tellurium 127.60(3)	53 I 碘 iodine 126.90	54 Xe 氙 xenon 131.29
55 Cs 铯 caesium 132.91	56 Ba 钡 barium 137.33	57-71 镧系 lanthanoids	72 Hf 铪 hafnium 178.49(2)	73 Ta 钽 tantalum 180.95	74 W 钨 tungsten 183.84	75 Re 铼 rhenium 186.21	76 Os 锇 osmium 190.23(3)	77 Ir 铱 iridium 192.22	78 Pt 铂 platinum 195.08	79 Au 金 gold 196.97	80 Hg 汞 mercury 200.59	81 Tl 铊 thallium 204.38 [204.38, 204.39]	82 Pb 铅 lead 207.2	83 Bi 铋 bismuth 208.98	84 Po 钋 polonium	85 At 砹 astatine	86 Rn 氡 radon
87 Fr 钫 francium	88 Ra 镭 radium	89-103 锕系 actinoids	104 Rf rutherfordium	105 Db dubnium	106 Sg seaborgium	107 Bh bohrium	108 Hs hassium	109 Mt meitnerium	110 Ds darmstadtium	111 Rg roentgenium	112 Cn copernicium	113 Nh nihonium	114 Fl flerovium	115 Mc 镆 moscovium	116 Lv livermorium	117 Ts tennessine	118 Og oganesson

57 La 镧 lanthanoids 138.91	58 Ce 铈 cerium 140.12	59 Pr 镨 praseodymium 140.91	60 Nd 钕 neodymium 144.24	61 Pm 钷 promethium	62 Sm 钐 samarium 150.36(2)	63 Eu 铕 europium 151.96	64 Gd 钆 gadolinium 157.25(3)	65 Tb 铽 terbium 158.93	66 Dy 镝 dysprosium 162.50	67 Ho 钬 holmium 164.93	68 Er 铒 erbium 167.26	69 Tm 铥 thulium 168.93	70 Yb 镱 ytterbium 173.05	71 Lu 镥 lutetium 174.97
89 Ac 锕 actinoids	90 Th 钍 thorium 232.04	91 Pa 镤 protactinium 231.04	92 U 铀 uranium 238.03	93 Np 镎 neptunium	94 Pu 钚 plutonium	95 Am 镅 americium	96 Cm 锔 curium	97 Bk 锫 berkelium	98 Cf 锎 californium	99 Es 锿 einsteinium	100 Fm 镄 fermium	101 Md 钔 mendelevium	102 No 锘 nobelium	103 Lr 铹 lawrencium

图1-4-1　常见化学元素周期表之一

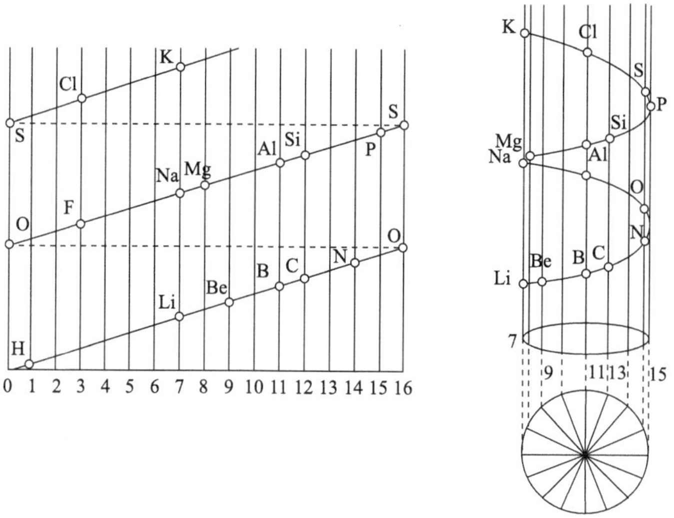

图 1-4-2　尚古多的元素“螺旋图”

1865 年，英国化学家约翰·亚历山大·雷纳·纽兰兹（John Alexander Reina Newlands，1837—1898）把当时已知的元素按相对原子质量大小的顺序进行排列，发现无论从哪一个元素算起，每到第八个元素就和第一个元素的性质相近。因为与音乐上的八度音阶循环类似，他就把元素的这种周期性的变化叫做“八音律”，并画出表示元素关系的“八音律”表（图 1-4-3）。

	No.		No.		No.		No.		No.		No.		No.		No.
H	1	F	8	Cl	15	Co & Ni	22	Br	29	Pd	36	I	42	Pt & Ir	50
Li	2	Na	9	K	16	Cu	23	Rb	30	Ag	37	Cs	44	Os	51
G	3	Mg	10	Ca	17	Zn	24	Sr	31	Cd	38	Ba & V	45	Hg	52
Bo	4	Al	11	Cr	19	Y	25	Ce & La	33	U	40	Ta	46	Tl	53
C	5	Si	12	Ti	18	In	26	Zr	32	Sn	39	W	47	Pb	54
N	6	P	13	Mn	20	As	27	Di & Mo	34	Sb	41	Nb	48	Bi	55
O	7	S	14	Fe	21	Se	28	Ro & Ru	35	Te	43	Au	49	Th	56

图 1-4-3　纽兰兹的“八音律”表

后来，德国化学家尤利乌斯·洛塔尔·迈耶尔（Julius Lothar Meyer，1830—1895）借鉴了德贝莱纳、纽兰兹等的研究成果，从化合价和物理性质方面入手探索元素间规律。在《近代化学理论》一书中刊登了他第一张元素周期表，表中列出 28 个元素，它们按相对原子质量递增的顺序排列，分为六族，并给出了相应的原子价是 4、3、2、1、1、2。1868 年他发表第二张元素周期表，增加了 24 个元素和 9 个总行，并且区分了主族和副族。迈耶尔的第三张元素周期表发表于 1870 年，采用竖式周期表形式，并且预留一些空位给有待发现的元素（图 1-4-4）。

Julius Lothar Meyer（1830—1895） Table from Annalen der Chemie

Supplementband 7,354（1890）

Periodic table according to Lothar Meyer,1870

I.	II.	III.	IV.	V.	VI.	VII.	VIII.	IX.
	B=11,0	Al=27,3		…		? In=113,4	Tl=202.7	
			…		…		…	
	C=11,97	Si=28		…		Sn=117,8		Pb=206,4
			Ti=48		Zr=89,7		…	
	N=14,01	P=30,9		As=74,9		Sb=122,1		Bi=207,5
			V=51,2		Nb=93,7		Ta=182,2	
	O=15,96	31,98		Se=78		Te=128?		…
			Cr=52,4		Mo=95,6		W=183,5	
…	F=19,1	Cl=35,38		Br=79,75		J=126,5		…
			Mn=54,8		Ru=103,5		Os=198,6?	
			Fe=55,9		Rh=104,1		Ir=196,7	
			Co=Ni=58,6		Pd=106,2		Pt=196,7	
Li=7,01	Na=22,99	K=39,04		Rb=85,2		Cs=132,7		…
			Cu=63,3		Ag=107,66		Au=196,2	
? Be=9,3	Mg=23,9	Ca=39,9		Sr=87,0		Ba=136,8		
			Zn=64,9		Cd=111,6		Hg=199,8	

图 1-4-4　迈耶尔发表的第三张化学元素周期表

4.1.2　门捷列夫：继承前人成果，提出自己见解，终揭示元素周期变化秘密

俄国的门捷列夫总结前人的科学创造，根据自己已有的材料经验，并以惊人的毅力、敏锐的洞察力投入艰苦的探索。门捷列夫曾经回忆道："我的周期律的决定性时刻在 1860 年……在会上我聆听了意大利化学家康尼查罗的演讲……正是当时，元素的性质随原子量（相对原子质量）递增而呈现周期性变化的基本思想冲击了我。"此后，门捷列夫通过近 10 年艰苦卓绝的努力，系统地研究元素的性质，使他的思想信念转化为科学理论。

1869 年，他将当时已知的 63 种元素的主要性质和相对原子质量，写在一张张小卡片上，进行反复排列比较，最终揭示了元素性质按相对原子质量递增而呈

现出周期性变化的规律。他将这 63 种元素依照相对原子质量大小排列，并以表的形式展现出来，将化学性质相似的元素放在同一纵行，编制出第一张元素周期表。起初这个发现并不为他的老师认可，但是他并未放弃，坚信自己的元素周期律是正确的。1871 年，他对此前发表的元素周期表进行修正。例如，在 1869 年发表的周期表（图 1-4-5）中，性质类似的各族是横排，周期是竖排。而在 1871 年发表的周期表中，族是竖排，周期是横排，这样各族元素化学性质的周期性变化就更为清晰。同时他像迈耶尔那样，将那些当时性质尚不够明确的元素集中在表格的右边，形成各族元素的副族。在前表中为尚未发现的元素留下的 4 个空格，在新表中则变成了 6 个。这张表揭示了物质世界的秘密，把一些看来似乎互不相关的元素统一起来，组成一个完整的自然体系，正是这样一张神奇的表成为化学发展史上的重要里程碑之一。利用元素周期表，门捷列夫成功地预测了当时尚未发现的一些元素（如镓、钪、锗）的（可能）特性。

			Ti 50	Zr 90	? 100
			V 51	Nb 94	Ta 182
			Cr 52	Mo 96	W 186
			Mn 55	Rh 104.4	Pt 197.4
			Fe 56	Ru 104.4	Ir 198
			Ni=Co 59	Pd 106.6	Os 199
H 1			Cu 63.4	Ag 108	Hg 200
	Be 9.4	Mg 24	Zn 65.2	Cd 112	
	B 11	Al 27.4	? 68	U 116	Au 197?
	C 12	Si 28	? 70	Sn 118	
	N 14	P 31	As 75	Sb 122	Bi 210?
	O 16	S 32	Se 79.4	Te 128?	
	F 19	Cl 35.5	Br 80	I 127	
Li 7	Na 23	K 39	Rb 85.4	Cs 133	Tl 204
		Ca 40	Sr 87.6	Ba 137	Pb 207
		? 45	Ce 92		
		Er? 56	La 94		
		Yt? 60	Di 95		
		In 75.6?	Th 118?		

图 1-4-5　1869 年门捷列夫发表的第一张化学元素周期表

4.1.3　后继之人：继续探索，不断完善周期表

随着理论知识的逐渐发展和实验条件的不断完善，后继科学家不断使化学元素周期表进一步完善化、科学化。1913 年英国科学家亨利·莫塞莱（Henry Gwyn Jeffreys Moseley，1887—1915）利用阴极射线撞击金属产生 X 射线，发现原子序数越大，X 射线的频率就越长，因而他认为原子核的正电荷决定元素的化学性质，并把元素依照核内正电荷（质子数或原子序数）排列。当原子结构的奥秘被发现时，编排依据由相对原子质量改为原子的质子数（核外电子数或核电荷数），从而形成现行的元素周期表。

随着科学的发展，元素周期表中未知元素留下的空位先后被填满。现在常见的元素周期表中共有 118 种元素。元素按照相对原子质量由小到大依次排列，并且化学性质相似的元素在一个纵列。每一种元素都有一个序号，大小恰好等于该元素原子的核内质子数，这个序号称为原子序数。在周期表中，元素是以元素的原子序数排列的，最小的排在最前面。元素周期表中的一行被称为一个周期，一列被称为一个族（8、9、10 纵行称为一个族）。除了常见的长式元素周期表外，还有短式元素周期表、螺旋元素周期表、三角元素周期表等。

在 21 世纪，科学家又利用各种先进的仪器和分析技术对元素周期表中的化学世界进行微观的探索，令化学在材料、能源、环境和生命科学等研究上发挥越来越重要的作用。

4.2　化学元素周期表发现过程中所体现的创新科学原理

一张化学元素周期表，凝结了几代科学家的探索与辛劳，特别是他们对未知世界的渴望、对内在规律的好奇，才最终造就了一张富含人类创新智慧的化学元素周期表。

4.2.1　是什么规律在主导着化学元素?

问题引导型的创造是因问题引导而促成创新。众多科学家为元素周期表的编制做出巨大贡献，在他们的研究历程中，“探索化学元素之间的周期规律”这一问题一直引导着他们，促使他们不断地对此深入研究。虽然他们的研究在当时可

能并不能完全解释现象或者说服其他科学家，虽然他们可能也曾怀疑过，但是他们前赴后继、坚持不懈，围绕着最初的问题“是什么规律在主导着化学元素”将其中的规律一点点揭示出来，为最终编制出较为完整的化学元素周期表奠定重要的基础。

4.2.2　发散与聚合思维助力元素周期规律的发现

19 世纪，科学发展的程度有限、科研的水平也较低，科学家却可以基于原子论而对化学元素的周期规律进行推测、总结。元素周期规律是无形的、隐藏在元素的关系内，科学家从相对原子质量等已知信息入手，通过发散思维探求元素的周期规律。他们发挥各自的科学想象力，设想多种模型并不断尝试探求元素周期规律，“三元素组”“螺旋图”“八音律”都是不同的科学家对元素周期规律发散思考的成果。

虽然每一种元素的相对原子质量、性质都有差异，但其间也存在着千丝万缕的联系，这种联系就是元素周期律。规律是客观的，科学家从不同角度、路径，以不同方法探究，均发现不同元素之间必定有着某种稳定的规律。再通过对不同化学元素各自性质和相对原子质量等的研究，最终发现其中规律并循着这一规律创造了化学元素周期表，将不同性质的化学元素都统一到一张有规律的周期表中，这正是聚合思维的体现。

4.2.3　看一棵树，更要看一片森林

上百种的化学元素不是独立存在的，它们之间存在着客观的联系，是一个完整的系统。化学元素周期规律并不能从一种元素本身体现出来，而是整个元素世界的规律，因此科学家并不是只对某一种元素进行单独的研究，而是在此基础上研究百余种化学元素，逐渐找出它们之间的联系与变化规律。因此，应以系统的思维来研究整个的百余种化学元素，进行元素周期规律的挖掘，否则一张完整的化学元素周期表将无法呈现。

4.2.4　用新元素验证周期律

化学元素周期表的伟大之处不仅在于将已知的百余种元素按照规律排列出来，更在于利用它能够预测一些尚未为人知晓的元素的特性。门捷列夫在成功编制化学元素周期表之后，就成功地预测了当时尚未发现的元素，如镓、钪、锗的

特性。这种从周期表中去推测未知元素的特性，然后进行实践探究的思路就是逆向思维。

随着人们对化学世界越来越深入的了解，在门捷列夫所画出的元素周期表中未出现的元素慢慢地被发现或者被合成并加入元素周期表的大家族中。这些新元素的加入使得当初不够完善的元素周期表趋于完整，并在此验证了约 150 年前门捷列夫等科学家所编制的化学元素周期表的科学性。

4.2.5 逻辑思维点亮探寻元素周期规律之路

在自然界中，自然规律是客观存在的，需要人类去发现、总结。化学元素作为物质的基本构成单位，不同元素之间存在着各种各样的联系，从物理性质到化学性质呈现有规律的相似性和差异性。然而这种联系是隐藏的、不可见的，受当时的条件限制，人们可能不能依赖设备和实验去发现其中规律，而这就需要人们用逻辑思维去发现一部分规律。德贝莱纳、尚古多、纽兰兹、迈耶尔和门捷列夫等多位科学家围绕不同的化学元素，对它们进行长期的研究、比较，对外在的形式和内在规律进行分析、抽象、综合、推理，并假设多种周期规律的模型，最终才能逐步发现化学元素的周期规律，编制元素周期表，并据此预测未知元素。

4.2.6 分分合合的奥秘

基于系统分析能产生新设想，基于系统综合能总结事物规律，化学元素周期表的创造正是分析与综合创造原理的体现。先对各种化学元素的性质进行分析，再对不同化学元素的性质进行综合比较、分析，查找不同元素之间的规律，并对它们进行系统排列而形成化学元素周期表。

4.2.7 一张元素周期表，几代专家的努力

任何创新创造都不是一蹴而就的，而是建立在一定的理论基础之上或是他人的科研成果之上循序渐进、逐步发展的。化学元素周期表的功臣并不止门捷列夫一人，在此之前的道尔顿提出了原子学说，为元素周期规律的发现提供了基础；而众多科学家的研究和发现也在一步一步接近规律的真相。集成不同领域的知识与不同学者的智慧和努力的共同结果，才有了现在的化学元素周期表。

综上所述，化学元素周期表编制及发展历程中所体现的重要创新原理，如图 1-4-6 所示。

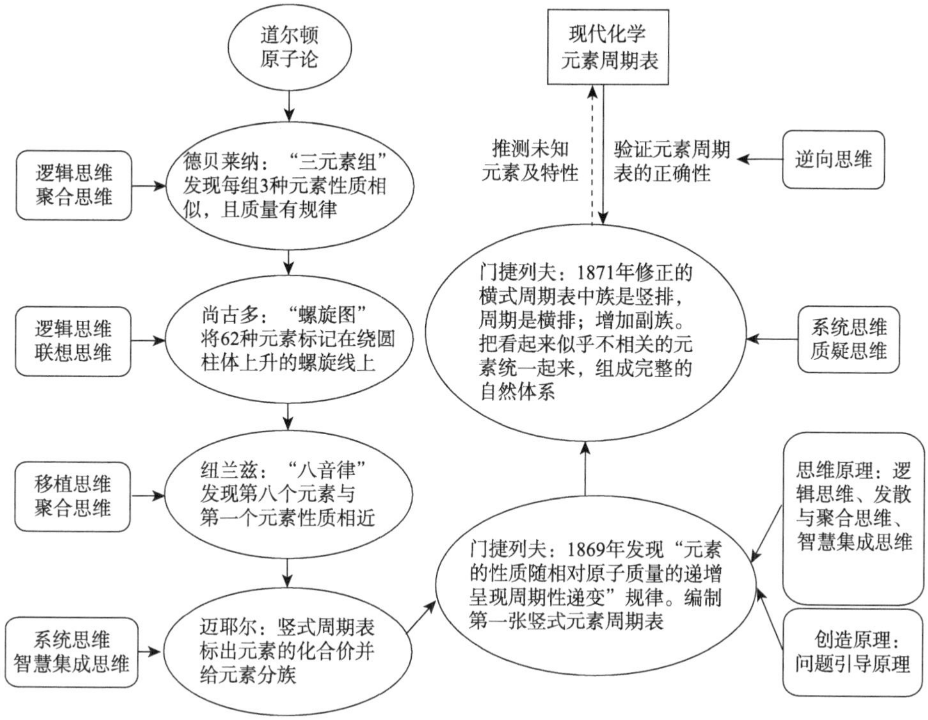

图 1-4-6　化学元素周期表编制及发展历程中所体现的重要创新原理

4.3　化学元素周期表的编制带来的思考

现代化学元素周期表的编制，是化学史上的一个创举，对于促进化学的发展、增进人类对物质世界的认识起到巨大的作用。周期律与周期表把过去认为零散的、好像彼此完全无关的各种元素有机地联系起来，按照元素的相对原子质量和化学性质之间的相关秩序，将其纳入一个系统内，于是它们的性质就出现了一种和谐的规律。这种和谐的规律突出表现在每一种化学元素在周期表中的位置同其物理性质和化学性质（包括比重、颜色、硬度、酸碱性、化合价等）的协调一致等方面，这使周期律在周期表上呈现科学严谨而完美的周期和循环。

化学元素周期表凝聚了数百年来无数科学家思维的火花，凝结了无数科学家钻研的汗水。在这个过程中他们不断地打破思维的禁锢，建立不同元素之间的联系，尝试新的排列方法，创造性地画出了"螺旋图""八音律"等周期表，为化学元素周期规律的发现奠定了基础。而门捷列夫对前人的研究成果进行辩证思考，并加以自身数十年的探寻，以新的方式对元素进行排序并初步揭示元素周期规律。

纵观古今中外的科学发展史，重要的科学发现灿若繁星，这些科学发现几乎没有一蹴而就的。科学伟人伊萨克 · 牛顿曾经说："如果我看得更远的话，那是因为我站在巨人的肩膀上。"一种规律的发现、一项新事物的发明，是智慧与汗水的结晶，是遵循与创新的融合，更重要的是前人与来者的传承。受制于当时的历史发展条件，某一位科学家可能并不能洞察事物的本质，但随着时间推移、条件发展，后继之人在集成前人成果的基础之上继续深入研究，"集腋成裘，聚沙成塔"，终会不断接近本质、揭示规律，推动科学和社会的发展。

参 考 文 献

梶雅范，杨舰. 2003. 门捷列夫的元素周期律发现——其前提条件、历史脉络及其与同时代人的比较研究. 科学学研究，21（4）：352-357.

武志富，黄亮，袁琳. 2004. 化学元素周期表中所蕴含的美. 化学世界，45（1）：55-56.

第5章　世界地图观察中引发的重大发现——“大陆漂移学说”

20 世纪以前，海陆位置“固定论”一直是地质学界的主导思想。当时，多数科学家认为海陆变迁都是在原地垂直升降的，大陆和海洋的基本轮廓和相对位置是不变的。虽然有些地质学家曾思索大陆是否存在大规模的漂移这一问题，但都没有深入研究。直到 1912 年，德国科学家阿尔弗雷德·魏格纳（Alfred Lothar Wegener，1880—1930）首次提出大陆漂移学说。

魏格纳出生于德国柏林，青少年时代的他勤奋好学，曾在海德堡大学、因斯布鲁克大学、柏林洪堡大学（前身为柏林大学）学习。1905 年，魏格纳在柏林洪堡大学获得天文学博士学位，但他对地球物理学更感兴趣，所以在获得博士学位后就放弃天文学方面的发展，专攻气象学方面的研究。

1906~1908 年，魏格纳第一次参加丹麦远征格陵兰的探险队，这次探险使魏格纳获得了许多珍贵资料。探险归来后，魏格纳一边整理从格陵兰搜集的大量资料，一边进行天文学、地质学和气象学课程的讲授和研究。1912 年 1 月 6 日，魏格纳在法兰克福地质协会上提出大陆漂移的理论。1915 年，魏格纳写成《海陆的起源》一书，列举大量的证据，系统阐述大陆漂移学说。在之后的几十年里，大陆漂移学说一直不被主流认可，直到 20 世纪 60 年代，罗伯特·迪茨（Robert S. Dietz）、布鲁斯·希曾（Bruce Heezen）和哈利·哈蒙德·赫斯（Harry Hammond Hess）得出实在的地质证据，解释三大洲为何分裂，证实大陆漂移学说，令大陆漂移学说得以发展。

5.1　热衷科学、积极探险引发灵感

魏格纳首先从地图上大西洋两边南美洲和非洲之间海岸线的相似性中产生

“大陆漂移”的灵感。1910 年的一天，他在病中偶然翻阅世界地图时发现一个奇特现象：大西洋两岸的轮廓非常相似，特别是巴西东端的直角突出部分，与非洲西岸呈直角凹进的几内亚湾非常吻合。自此以南，巴西海岸每一个突出部分都恰好与非洲西岸同样形状的海湾相对应。魏格纳突发灵感，非洲大陆和南美洲大陆曾经是贴合在一起的，中间没有太平洋，只是到后来经过破裂、漂移而分开。

这一想法在魏格纳脑海中从未消失过。次年秋天，魏格纳在翻阅文献时，读到的一篇文章中提到根据古生物的证据，巴西和非洲之间曾经有过陆地相连接的现象。他由此确信大西洋两岸必定存在某种联系，会是一个涉及大陆形成和地球演化的重大发现，值得认真研究探讨。自此，魏格纳从地球物理学、地质学、古生物学和生物学、古气候学和大地测量学等角度开展相关研究。

5.2　突破常规、提出新学说

20 世纪 50 年代以前，由于人们对地球的认知只限于陆地的范畴，当时地质学界根深蒂固的观点是，地球自形成以来，陆地与海洋之间的相对位置一直保持恒定（后人称“固定论”）。

1911 年，魏格纳在马堡大学的图书馆读到了一篇奥地利学者苏斯（E. Suess）有关冈瓦纳大陆的文章。这篇文章提及当时被大西洋和印度洋所分割的几个大陆上（如非洲、南美、印度、澳大利亚和南极等），都存在一些相同的动物与植物的化石和相似的地层沉积序列，并认为这些大陆曾经通过陆桥连接在一起，但现在连接这些大陆的陆桥都已经下沉到海底。出于气象工作者对现代全球气候带分布控制因素的本能认识，魏格纳注意到这篇文章中列举的一些反映古气候信息的沉积物的分布位置，与现代全球气候带分布模式不符。魏格纳对传统“固定论”的解释产生怀疑，并带着质疑开始收集和整理全球各地各种古生物化石、地层和沉积的资料。

1912 年 1 月 6 日，魏格纳在法兰克福地质协会上做了题为“从地球物理学的基础上论地壳轮廓（大陆与海洋）的生成”的演讲，提出大陆漂移的理论。同年 1 月 10 日他又在马尔堡科学协进会做了第二次演讲，题为“大陆的水平移位”。魏格纳的演讲被发表在《彼得曼地理通报》上，摘要被发表在《地质评论》上。此后引起了一场激烈的讨论，很长一段时间内知名权威的坚决反对一直占据上风，但是魏格纳并没有退缩、放弃，他深信自己理论的正确性。

5.3　收敛分析、推翻权威"固定论"

冷缩说、陆桥说和大洋永存说是当时地质学界比较流行的，基于"固定论"解释地壳构造运动、生物地理分布和海陆分布的观点。

魏格纳从三个方面驳斥冷缩说的观点：①引证前人关于阿尔卑斯山脉褶皱收缩量的研究成果，推翻冷缩说观点。②魏格纳认为冷却产生的皱缩作用应该作用于地球的整个表面，而不是地球表面的某一点，然而地球表面的褶皱山系并不是均匀地分布在地球表面。③冷缩说回避了大陆块体和大洋底的性质差别。

陆桥说认为在过去大陆之间曾经有过宽阔的陆地连接，之后深深沉没，成为今天的洋底。魏格纳认为陆桥说不能合理地解释古生物学和生物学事实，特别是涉及陆地之间存在的距离上的变化。他在《海陆的起源》一书中，利用相邻岛屿间植物区系亲缘关系、生物关系以及澳大利亚现代动物区系的分布，有力地驳斥了陆桥说的观点。

大洋永存说以地壳均衡理论为基础，从大陆自古迄今一直未曾变动的假说出发，认为大洋盆地是地球表面的永存现象，位置一直保持不变。魏格纳在古生物学和沉积学已有的研究基础上，对各大陆不同地质时期的古气候信息进行分析整理和归纳。随后发现许多地区过去具有与现在完全不同的气候，以实例充分证明大洋永存说无法合理解释古代气候变化问题——按照今天大陆的配置，无论怎样安放地极和气候带，都不可能与当时的气候相适应。

5.4　全面系统分析论证学说

1914 年，第一次世界大战爆发，魏格纳参加了战争，未能继续研究。后因两次负伤，退出战场，他才利用较长的病假期，对该理论做了比较详细的论述，写成《海陆的起源》一书。

他认为两三亿年前，地球上只有一整块联合古陆，它的周围是一片广阔的海洋。大约两亿年前，在地球自转所产生的离心力和天体引潮力的作用下，地球开始分裂，并逐渐分离成现今的大陆分布。他根据大西洋两岸的大陆形状、地质结构、古生物化石和岩石特征等的相似性，以大量的篇幅，从地球物理学、地质学、古生物学和生物学、古气候学和大地测量学的角度，论证大陆漂移学说的正确性。在这个理论中魏格纳提出 4 个论据：首先，大西洋上的非洲和拉丁美洲相对海岸之间明显地吻合。如果大陆架的边缘与海岸线相契合，两个相对海岸的结合就更明显。其次，大地测量学的测量表明格陵兰是从欧洲移开的。再次，地壳的一大部分位于两条分离的水平线上，大陆、海洋底部以及地壳都是由一种漂浮在较重玄武岩上的较轻花岗岩构成的。最后，在大陆的动植物种类之间有相类似的模式。

魏格纳以孜孜不倦的勤奋精神，不断、反复地提出新的证明材料以支持他的理论。在《海陆的起源》一书每次的再版中，魏格纳都会收集学术界对大陆漂移理论的质疑与批评，并积极搜集许多新资料，对其他地质学家的质疑和批评运用科学的方法加以论证和解释。直到 20 世纪 50 年代，古地磁技术和海洋声呐探测技术的产生，进一步证明魏格纳的大陆漂移学说，人们才认识到魏格纳提出的大陆漂移学说的正确性。魏格纳在发现大陆漂移过程中用到的创新思维原理值得我们学习和借鉴，如图 1-5-1 所示。

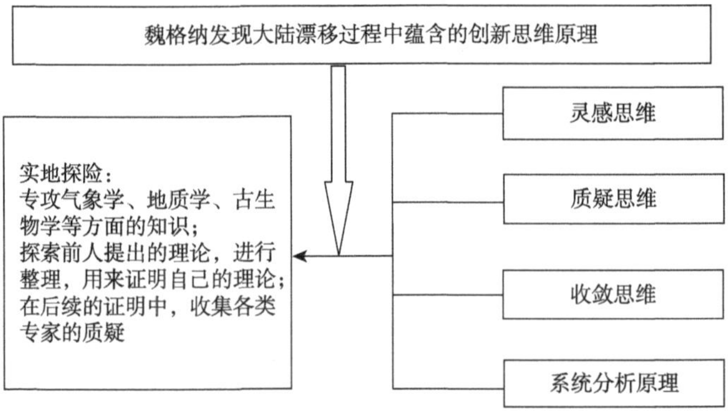

图 1-5-1　魏格纳发现大陆漂移过程中蕴含的创新思维原理

5.5　后继科学家证实大陆的漂移现象

第二次世界大战后，由于古地磁技术的提高，人们能够从岩石中测定出岩石形成时地球磁场的一些磁性信息，并且可以利用这些磁性信息推算古地理纬度和古地磁极的位置。研究发现，世界上许多地方岩层的剩余磁性所反映的古地理纬度与这些岩层现今所处的地理纬度不一样。科学家通过同一地区、不同时期形成的岩层剩余磁性恢复出来地球磁场磁极位置，这不仅与今天的磁极位置不重叠，而且彼此之间也不重叠。

科学家认识到这一事实与地球“固定论”的解释是相互矛盾的。因为如果是从“固定论”的角度来解释这种现象，必然有两种可能：一是我们生活居住的地球曾经有过许多的磁极；二是地球的磁极在地质历史中发生过大规模的迁移。前一种解释显然是不正确的。如果是后一种情况，依据世界各地同一时期形成的岩石剩余磁性恢复的古磁极位置应该一致。但是，科学家把不同时期形成的岩石剩余磁性计算出的古磁极位置，依据时间顺序用曲线连在一起并进行对比，发现与大陆的极移曲线并不重合。这就产生矛盾，到底是什么原因导致古地理纬度与这些岩层现今所处的地理纬度不一样？带着这个问题，科学家进行一系列深入思索，最终发现魏格纳的大陆漂移学说可以完美解释这一问题。大陆漂移学说认为不是磁极在迁移而是大陆之间发生相对位移。同时期科学家利用声呐探测技术对海洋地区地质地貌的探测也最终证明了魏格纳的“大陆漂移学说”。科学家在证明“大陆漂移学说”过程中蕴含的创新思维原理如图 1-5-2 所示。

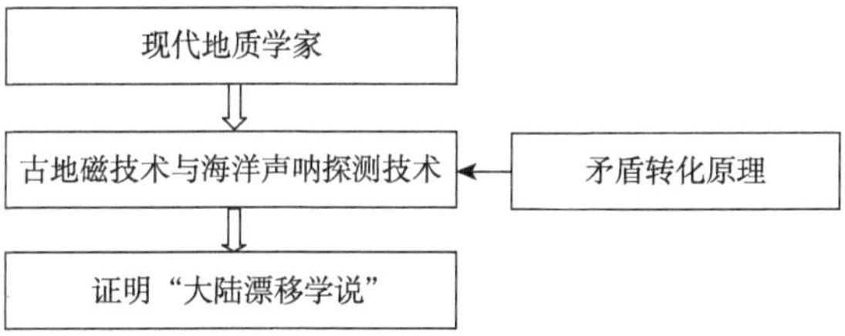

图 1-5-2　科学家在证明“大陆漂移学说”过程中蕴含的创新思维原理

5.6　由“大陆漂移学说”的发现引发的思考

根据魏格纳的好友冯特回忆，魏格纳具有超凡的思维能力、丰富的想象力以及善于怀疑和创新的精神。魏格纳一生的活动范围非常广阔，而且博览群书、精于研究，特别擅长综合和概括。在大气物理学研究上，他善于从整体和全球范围考察问题，最终提出“大陆漂移学说”。魏格纳到后来的地质科学家对大陆板块的研究探索过程中都蕴含着值得我们在今后的学术研究和生活实践中长期借鉴学习的创新思维和创新精神。此外，魏格纳热衷科学，勇于质疑，不被权威束缚，即使其学说后来不被广泛接受也没有气馁，而是坚持不懈、勤奋努力、积极探索，为现代科学家在科研工作中树立了积极的榜样。

参 考 文 献

魏格纳 A L. 2006. 海陆的起源. 李旭旦译. 北京：北京大学出版社：3-10.

第 6 章　几何与代数擦出的火花——笛卡儿解析几何的创立

6.1　曲折艰难的发现之旅

几何，拉丁文是 geometria，是土地、测量二词的合成。相传在埃及尼罗河泛滥后，需要对土地重新测量，由此引发了几何学的产生。公元前 7 世纪至 6 世纪几何学以及几何证明、毕氏定理和公理化的思想开始萌芽。公元前 5 世纪至公元前 4 世纪的柏拉图时期，柏拉图（Plato，Πλάτεων，公元前 427—前 347）及其学派先后提出圆锥曲线、关于比例的理论以及几何定理的逻辑证明等。公元前 4 世纪末至公元前 3 世纪亚历山大时期，几何学与哲学分离，成为一门独立的学科，并与其他学科相结合。欧几里得（Ευκλειδης，公元前 330—前 275）的《几何原本》一书提出一套较为科学和完整的几何理论体系，使人类对数学有了特定的概念。阿基米德（Archimedes，公元前 287—前 212）在欧氏几何的基础上又对平面几何和立体几何进行研究。一直到 17 世纪，几何学的研究都局限在欧氏几何的范围内，没有很大的突破性进展。

代数最初的形式是算术，后来因几何在数学领域占统治地位而成为几何的附庸。代数符号也是使用比较复杂的字母表示，计算很不方便，许多代数学家都试图简化代数的符号表示形式，但效果并不是很理想。直到 1591 年，法国代数学家韦达（François Viète，1540—1603）引入代数的符号体系，他不仅使用字母表示未知数，还用字母来表示已知的数量，最先提出一般的二次方程形式 $ax^2+bx+c=0$。此外，韦达还讨论了代数方程的几何解，证明二次方程的解均可以只用圆规与直尺做出，为代数学的发展起到非常重要的作用，但韦达并没有把几何和代数联系起来，直到勒内·笛卡儿（Rene Descartes，1596—1650）的出现。

笛卡儿于1596年3月31日出生在法国土伦的拉哈那。1617年投身军旅，服役期间，在荷兰的布莱达遇到一张数学难题招贴，由于看不懂上面的语言，旁边的中年人热心地给他做了翻译。第二天他把解答交给那位中年人，引起中年人的极大惊讶，原来这个中年人是荷兰著名的数学教授贝克曼（Isaac Beckerman，1588—1637），从此笛卡儿对自己的数学才华加深了信心，并在贝克曼教授的指导下学习数学。

经过漫长的研究，笛卡儿结合古希腊几何以及韦达的代数学于1637年发表《方法论》一书，书中附录中的《几何学》包含其解析几何的思想。在《几何学》中笛卡儿第一次引入坐标的概念，提出方程表示曲线的思想，推广曲线的概念以及按方程的次数对方程进行分类的方法。从此几何和代数便联系起来，为数学的发展添上了新的光辉。恩格斯曾说："数学中的转折点是笛卡儿的变数。有了变数，运动进入了数学，有了变数，辩证法进入了数学，有了变数，微分和积分也就立刻成为必要了。"

解析几何的创立具有深远的历史意义。首先，解析几何使代数、几何实现完美的统一。它结合代数和几何的优点，为数学研究提供极大的便利。在研究几何问题时，可以用代数表达几何问题，通过研究代数的性质了解几何问题。反过来，在研究代数问题时，可以利用已有的几何性质解释代数问题，从几何图形中得到直观的、新的结果。犹如拉格朗日（Joseph-Louis Lagrange，1736—1813）所说："只要代数与几何分道扬镳，它们的进展就缓慢，它们的应用就狭窄，但是当这两门科学结合成伴侣时，它们就互相吸取新鲜的活力，从那以后就以快速的步伐走向完善。"其次，解析几何促进几何的研究。笛卡儿最初是想通过解析几何在几何中引入一种新的方法，但成就却大大超出他的预想。在平面几何中原本需要分别处理的问题，利用解析几何的方法，就可以得到解决，如在证明三角形的高三线共点问题时，不须考虑交点是在三角形的内部或外部，实现统一的证明。再次，解析几何促进代数学的独立发展，一直以来，几何占据数学家的头脑，而代数学的发展比较缓慢，甚至成了几何的附庸。解析几何的创立，充分展示了代数的作用。因此，在解析几何创立以后，代数学逐步从几何中独立出来，成为一门独立的数学分支。最后，解析几何推动了科学的进步。笛卡儿所处的时代，科学技术的迅速发展迫切需要数学为其提供便利的数学工具，解析几何的创立满足了科学技术发展的要求。通过解析几何，人们对曲线的研究越来越深刻，像大地测量学、航海学、历法学、天文学、军事学等领域，解析几何把形象与路线表达为代数形式，从而得出人们需要的数学知识。通过对抛物线的研究牛顿制作了反射望远镜，人们还利用抛物线的聚焦性质设计制造出现代的探照灯等。

6.2　蕴含的创新科学原理

6.2.1　循序渐进出佳绩

笛卡儿研究几何和代数的联系时，首先讨论了传统的直线和圆的作图问题，通过对几何作图问题的观察、分析，把作图问题归为求线段的长度，只要求得线段的长度，就能利用几何方法画出图形，为此他引进单位线段的概念。接着，他又反复推理、判断，在此基础上又提出解决作图问题的一般原则。“当我们想要解决任何一个问题时，首先假定解答已经得到，并给出图中所要用到的所有线段，不管它是已知的还是未知的；然后我们这样来解决疑难：不区分线段是已知的还是未知的，用最自然的方法来表示这些线段之间的关系，直到能找出两种方式来表达同一个量，这将构成一个方程。”通过构造方程的方式来求解线段的长度，从而可以画出直线和圆。

讨论二次方程的问题时，通过比较分析求线段的思想，笛卡儿同时又利用作图的方法得到方程的根，此后他又进行更深入的研究。在考虑著名的帕普斯问题时，没有按照当时的代数思想（据给定的直线，在直线外取一点并交于已知直线，并使所引线段满足一定的关系）去思考，而是通过反向的思路来讨论：他没有从寻找点这个角度出发，相反，他假设这个点已经找到，用已知量表示从这个点引出的线段，由给定的关系可以得到一个关于 x，y 的方程式，进而得到斜角坐标系的雏形。

科学发现的过程是艰辛的，需要反复地思考和推敲，而数学发现更需要反复地验证。在遇到问题时，可以从反方向思考，我们在日常生活中也需要运用到逻辑思维和逆向思维去解决一些问题。

6.2.2　从蜘蛛网上得到的启示

在解析几何建立的过程中，笛卡儿遇到过许多问题。有一次，他躺在床上苦苦思索如何将代数和几何联系在一起，在百思不得其解的时候看到一只蜘蛛从屋顶拉着丝垂下来，如图 1-6-1 所示，又沿着丝线左右运动，这引起他极大的兴趣。通过确定的蜘蛛网就能确定蜘蛛的确切位置，接着他又联想到屋角的墙面和地面交出的三条直线，由此对于空间中物体的位置，可以通过一组数据来描述，反过来给一组数据也能确定物体的具体位置。这种想法推广到二维，就形成直角坐标系，而直角坐标系的建立为解析几何的建立提供了前提。在笛卡儿思考的整个过程充分体现了联想思维原理。

图 1-6-1　引发思考的蜘蛛网

6.2.3　打破思想的牢笼，探寻真理

笛卡儿从小在教会学校学习，在那里学生不允许质疑，而幸运的是笛卡儿因为体弱多病，享受了可以不去上课，在床上学习的权利。因此笛卡儿能有充分的时间质疑各种事物，他也因此养成了思考的习惯。在建立解析几何之前，韦达因受传统几何思想中的“齐次形式”（方程的各项次数一致）束缚，未能建立几何与代数的关系。笛卡儿认识到如果仍然采用传统方法是不能联系几何和代数的，需要克服原有的观念，为此他抛弃方程“齐次形式”的束缚，成功利用非齐次代数方程表示出了曲线，并扩展曲线的概念，不再以能否画出来判断曲线是否存在，而是认为只要能用方程表示出来，曲线就是存在的。质疑思维是笛卡儿一生都在使用的思考方式，正因为不断地质疑，笛卡儿才取得了非凡的成就。

6.2.4　源于梦境的发现

17 世纪的欧洲是一个变革的时代，封建主义逐步瓦解，新兴资本主义正在兴起，生产力大大提高。整个欧洲的经济正迅速发展，经济的发展必然要求科学技术的提高，而数学的发展又限制了科学技术的提高。在当时的数学领域中，代数和几何是两个互不相关的学科。几何学科已经趋于稳定，并有一套完备的体系，可以说在数学领域中占据着统治地位。而代数才刚刚兴起，在欧洲的发展也比较缓慢。当时还没有学说能够将二者联系起来。笛卡儿在军队服役期间做了三个梦，这些梦改变了他的整个生活面貌，在第一个梦里他被一阵狂风刮得离开教堂，他因右腿无力在街上也无法站定，最终被刮到另一处风力无以施威的地方。第二个梦里，他经历一场暴风雨，一声霹雳使他忽有醒悟，在他的房内火花闪烁，但都没有伤害到他；最后一梦，他正读着奥松尼斯的诗文："我将走向什么样的生活。"笛卡儿认为，第一个梦是警告他过去的错误；第二个梦把真理的精神降临其身，使他获得开启自然宝库的钥匙；第三个梦打开了他通向真理的路径。从那一天开始，笛卡儿就思索着要建立一门新的学科。因此在这些问题的引导下，笛卡儿不断探索，在几何中引入变量，建立了解析几何。

6.2.5　科学发现离不开系统分析

在笛卡儿建立解析几何之前，关于几何与代数的关系已经有学者注意到并进行了一系列的研究，但是最终都没能找到两者之间的联系。笛卡儿系统分析了许多几何学的相关研究，吸收对其有用的，抛弃限制其思想的。对他最有影响的莫过于法国著名的代数学家韦达，将几何和代数联系起来的想法正是在分析韦达的研究的基础上得到的，并且沿用了韦达的代数学符号体系。笛卡儿在原有几何学的基础上增加了自己的想法，结合代数学最新的成果，将代数和几何联系在一起。顺应时代的潮流，以自己的哲学思想为指导，笛卡儿建立了解析几何。

6.3　解析几何建立的启示

解析几何的建立，具有划时代的意义，它为微积分的创立奠定了基础。在建立解析几何的过程中所蕴含的创新原理（图 1-6-2），是对人类社会创新的规律性总结，具有很强的指导作用。在现实生活中，我们也会遇到问题，可能也需要有新的发现，通过了解思维原理、创新原理、决策原理，学会把这些原理运用到实践当中去，来实现更多的创新。

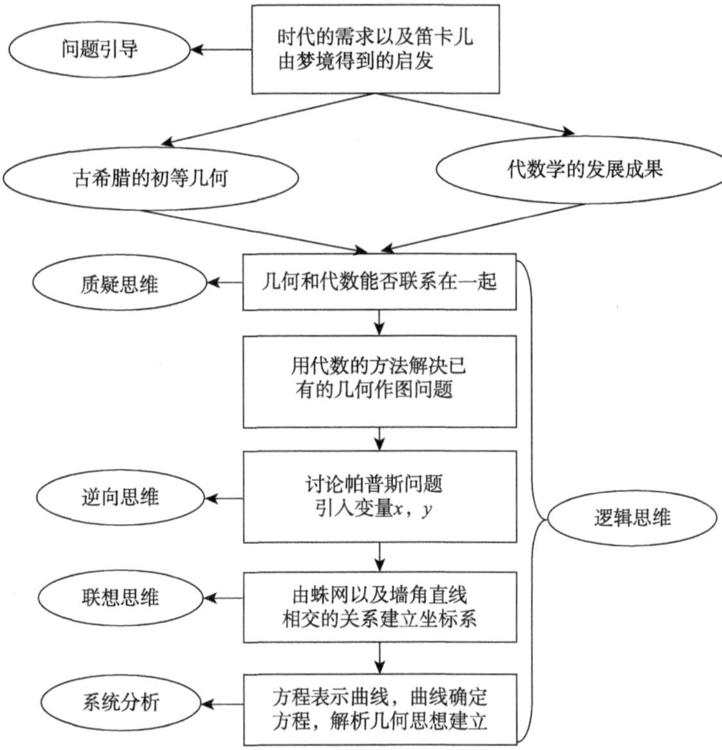

图 1-6-2　解析几何创立过程中的创新思维

参 考 文 献

郭彬彩，王庆东，侯海军. 2002. 数学史与数学家. 西安：西安地图出版社：94-100.

马英典. 2012. 笛卡尔与解析几何的创立. 科技资讯，（36）：165.

袁向东，李文林. 1980. 笛卡尔的《几何》和解析几何的诞生（Ⅰ）. 数学的实践与认识，（2）：75-77.

袁向东，李文林. 1980. 笛卡尔的《几何》和解析几何的诞生（Ⅱ）. 数学的实践与认识，（4）：77-79.

第 7 章　“笔尖上发现的行星”——海王星

在浩渺的太空中，有一颗闪烁着荧荧淡蓝色光的星球——海王星。由于它是一颗淡蓝色的行星，人们根据传统的行星命名法，将其命名为涅普顿（Neptune），意指罗马神话中统治大海的海神，掌管着1/3的宇宙，颇有神通。在太阳系中，按距太阳的平均距离由近及远排列，海王星列为第 8 颗。它的发现被誉为天体力学界的一大非凡成就。这不仅仅是因为它的发现使太阳系的边界向外延展了约 17 亿千米，更为重要的是，在实际观测到以前，天文学家通过天王星轨道的摄动现象（在宇宙中，一颗星体会对附近的另一颗星体的运行轨道产生影响，这种现象叫做摄动）和万有引力定律已经计算出海王星的存在与可能的位置。它是至今为止唯一一颗通过数学计算的方式被预测到的星体，因此，海王星被人们戏称为“笔尖上发现的行星”。

1781 年英国天文学家威廉·赫歇尔（Friedrich Wilhelm Herschel，1738—1822）用自制的天文望远镜发现了天王星，这引发人们对它的运动情况进行进一步的观测和研究。当时，开普勒行星运动三大定律和牛顿万有引力定律已经发表，这奠定了现代天体力学的基础。天文学家利用天体力学理论计算天王星的位置，结果发现，其理论位置和实际测量位置总是不相符，也就是说，它的实际运行轨道与根据万有引力定律计算出的轨道有偏离，但其差异又不能用观测误差来解释。很多学者对这一现象产生极大的兴趣。其中有一位毕业于剑桥大学的英国青年——柯西·亚当斯（John Couch Adams，1819—1892），他在大学期间注意到天王星轨道运动的反常现象——摄动，并通过计算推测未知行星的可能位置和质量，将结果寄给了英国皇家天文台台长艾里。由于人微言轻，他的研究成果没有得到应有的重视。1846 年，法国数学家、天文学家约瑟夫·勒维耶（Urbain Jean Joseph Le Verrier，1811—1877）独立计算出了海王星的轨道、位置和质量，并将材料交给了德国柏林天文台的台长伽勒，当晚伽勒就在离计算位置 1 角秒处看到了一颗蓝色的星体—— 海王星。

由此可以看出，海王星的发现过程不同于以往星体的发现，充满着创新的意味，凝结着众多天文学家创新发现过程中的精髓，那么，海王星的发现过程究竟体现出哪些创新科学原理呢？

7.1　是万有引力失灵还是未知行星的干扰？

赫歇尔在研究天王星的移动状况时，发现这颗星体似乎很不听话，它的运行轨道与人们经过周密计算出来的预测结果始终不相吻合，而且差距越来越大。1830 年天王星运行轨道偏差为 20 角秒，到 1845 年偏差达到 2 角分。众多学者对此进行了猜测，有的对牛顿万有引力定律产生怀疑，认为是牛顿万有引力失灵了。但是万有引力定律在其他场合都十分准确，那这究竟是怎么回事？另一部分学者开始怀疑是受到另外一颗尚未发现的行星的影响所致。虽然当时有不少人提出各种假设，但都缺少证实的勇气。而亚当斯和勒维对这一偏差表现出浓厚兴趣。根据现有的对天王星的观察资料，他们利用万有引力定律反过来推算这颗未知行星的轨道，事实证明他们的这种质疑是正确的，海王星的实际位置和勒维耶通过纸笔计算出来的位置相差不到 1 角秒。在此发现过程中，不仅体现了亚当斯和勒维耶以及众多学者的质疑思维，还体现了他们探索未知现象的渴求，挑战权威的勇气。所以，在运用质疑思维原理时，要跳出固有的认识、观点、理论、做法，多提几个“为什么”，善于从事物发展变化的角度重新审视事物、认知事物。

7.2　影响天王星轨道摄动的第四颗行星

剩余思维法是科学研究中常用的一种逻辑方法。首先考察某个复合现象（由多种原因导致的现象），找出引起这个复合现象的复合原因，其中有的具体现象的具体原因已经确定，而另一些具体现象还没有确定具体原因。然后把已经确定原因的某些具体现象一一排除，那么剩余部分就存在因果联系。

海王星被发现以前，人们曾认为天王星是太阳系中离太阳最遥远的行星。后来，天文学家在计算天王星的运行轨道时，发现它的运行与根据万有引力定律计算出的轨道不符——有四个地方发生偏离。这四处偏离就是天王星运行中的复合现象，经过分析，其中三处的轨道偏离是由于受到三颗已知行星的引力造成的，另一处的偏离却还没有结论。于是，天文学家运用剩余思维法推断剩下的一处偏离可能是由于另一颗未知行星的吸引所引起的。他们通过计算天王星轨道的摄动计算出未知行星的质量、轨道和运行参数，然后开始有意识地寻找这颗行星。果然，柏林天文台最终用天文望远镜找到了这颗行星，它就是海王星。

7.3　直接观测 VS 计算与观测——曲径通幽

已经发现的星体大多是天文学家通过肉眼或者天文望远镜直接观测到的。在发现天王星实际的运行轨道与计算结果不符之后，很多学者都试图通过天文望远镜的观测来找到这个暗藏的“调皮鬼”，但是经过80年的探索，它却依然杳无踪影。因为天王星距离太阳约 28 亿千米，绕太阳一周需要 84 年，如果它的轨道外面再有一颗行星，那找起来无疑是大海捞针。根据开普勒和牛顿等在理论上的发现，依据已发现星体的摄动量计算未知星体的质量、轨道和运行参数已不成问题。现在换个角度思考，是否可以不再通过天文望远镜直接观测而是通过纸笔计算天王星的摄动现象推算出未知行星（海王星）的一些参数？于是，亚当斯和勒维耶不约而同地采用迂回的方法——通过天王星所受到的摄动量来计算这颗未知行星的质量、轨道和运行参数，根据计算结果又重新有目的地进行寻找，终于发现这颗让科学家梦寐以求的行星。在海王星的发现过程中充分体现了迂回原理，它强调侧向思维能力的运用，鼓励人们开动脑筋，另辟蹊径（图1-7-1）。在创新活动中遇到棘手的问题，可以试着改变观点，研究问题的另一方面，采取侧面迂回的策略间接地解决问题。在发明创新过程中，针对认识上所出现的暂时性障碍，人们不妨尝试一下迂回的思维方法，采用侧向、包抄的方式，克服思维盲点。

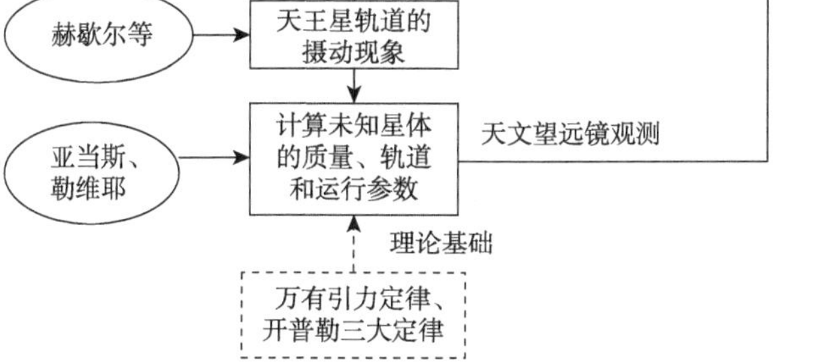

图 1-7-1　海王星发现过程中的迂回原理

7.4　海王星的发现带给人们的思考

海王星的发现过程可谓是“千里投书亿万里外猎新星，百年假说一夜之间变成真”，这一过程凝结着众多天文学家的智慧，也体现了多种创新科学原理的应用（图 1-7-2）。天文学家对天王星轨道的异常现象提出质疑，认为是万有引力定律出错或者是其他行星的影响造成这一现象，亚当斯和勒维耶采用不同于多数天文学家的方法——用纸笔计算出未知星体的位置，然后进行观测并最终发现海王星，在此过程中应用的创新科学原理——剩余思维法也是人们寻找原因的一种重要方法，特别是在科学发现上更是常用这种方法。

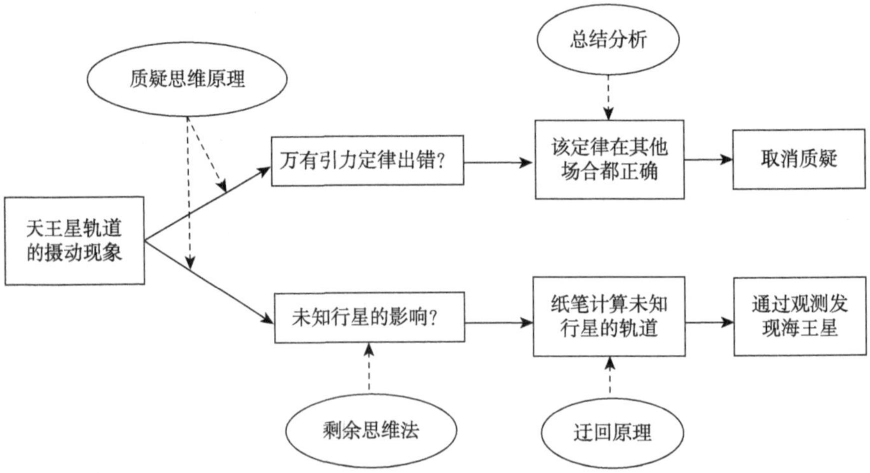

图 1-7-2　海王星发现过程中蕴含的创新科学原理

创新活动既是一个宏观的社会实践过程，又是一个微观的心理反应过程，如果没有正确的创新科学原理指导，创新活动有可能陷入茫无头绪的境地，正如本章中众多天文学家采用传统的思维方式寻找海王星未果。当采用一般的思维方式达不到解决问题的目的时，可以尝试打破思维定式，从问题的侧面或者另一角度看待问题，从而为解决问题提供更多可能的路径。纵观科学史上的重大发明和发现，有不少是小人物、年轻人或者非主流的科学家创造和揭示的，如本章中的亚当斯和勒维耶，他们不拘泥于传统的思考方式，敢于挑战权威，积极运用质疑思维，这一点是值得我们深思的。在创新活动中，创新科学原理是运用创新思维分析问题和解决问题，也是人们使用何种创造方法、采用何种创造手段的依据。因此，掌握创新原理，是人们取得创新成果的重要先决条件。

参考文献

侯光明. 2012. 创新方法系统集成及应用. 北京：科学出版社：49.
张忠元，张强，向洪. 2002. 创新人才学. 成都：电子科技大学出版社：569.
祝娅. 2011. 物理发现中的哲学和创造性思维. 北京：知识产权出版社：227.

第8章　引发电气时代到来的重大发现——电磁感应

1820 年 7 月，奥斯特（Hans Christian Oersted，1777—1851）发现电流的磁效应，第一次将电和磁联系起来，从此关于电和磁关系的研究进入一个新的阶段。

8.1　电磁感应的发现

奥斯特的发现引起法拉第（Michael Faraday，1791—1867）浓厚的兴趣。法拉第在整理资料的过程中思考，既然电流周围能够产生磁效应，那么磁体是否也能感应出电流？在 1821 年至 1831 年，法拉第在该问题的引导下设计一系列的实验，经过 10 余年的艰苦探索，终于发现稳定的电磁感应现象。

1831 年 11 月 24 日，法拉第在向英国皇家学会提交的报告中将产生感应电流的情形概括为五类：①变化着的电流；②变化着的磁场；③运动的稳恒电流；④运动的磁铁；⑤在磁场中运动的导体。他指出感应电流与原电流的变化有关，而与原电流强度本身无关。法拉第把上述现象正式定名为“电磁感应”。电磁感应现象是电磁学的重大发现之一，揭示了电与磁之间的相互关系，为发电机的研制奠定了理论基础，为电力的开发和广泛应用提供了崭新的前景。

8.2　电磁感应发现过程中蕴含的创新科学原理

法拉第发现电磁感应的过程中，问题导向原理、动态原理和科学实验法、逆向思维原理等创新科学原理发挥着至关重要的作用。

8.2.1　逆向思考提出“磁能生电”假设

1821 年，法拉第接到导师戴维（Sir Humphry Davy，1778—1829）交代的一项任务，即评述奥斯特发现电流的磁效应以来电磁学实验和理论的发展概况。在收集整理相关资料的过程中，法拉第对电磁现象的研究产生了浓厚的兴趣，他认为既然电流对磁、磁对磁、电流对电流之间都有作用，那么磁对电流也应该有作用，于是逆向思考：“既然电能够感应出磁，那么磁是否能够感应出电呢？”

法拉第通过整理奥斯特研究结果的有关资料，对电流的磁效应有了更加深刻的认识和理解，然后在此基础上进行分析，尝试打破常规思维，从反方向思考问题，将电生磁原理反向应用。最终法拉第才能够产生关于磁能否感应出电的疑问，并构成法拉第进行漫长实验探索的假设基础。逆向思维从事物的相反面进行思考，可以深化对事物的认识，进而能够为工作学习中遇到的问题提供更多解决途径。

8.2.2　以问题引导进行实验探索

法拉第以“既然电能够感应出磁，那么磁是否能够感应出电呢？”的疑惑为出发点，开始设计相关实验寻找答案。虽然在实验过程中挫折不断，但他并没有轻言放弃，而是将实验结果详细地记录在实验日记中，分析失败的原因，进而对实验不断进行改进。

法拉第发现电磁感应的起源，是引导法拉第进行相关实验的基础。科学实验是人类探索自然科学之谜的重要手段，法拉第发现电磁感应的过程中，基于相关问题创造性地开展实验，以探索磁如何能够感应出电流。例如，法拉第猜想磁感应电是否与通电导线有关，于是在实验过程中尝试用通电的导线近距离感应另一根导线，结果没有发现明显的感应。然后设想换成通电螺线管是否会有反应，结果没有在穿过通电螺线管的导线中发现电流。接着他设想是否与螺线管放的位置有关，将通电螺线管放置于导线上端进行实验探索，但结果仍然令人失望。虽然这几次实验都是失败的，但是却帮助法拉第在一次次基于问题改进实验过程中，逐渐加深了对于“磁生电”的认识。在经过 10 余年的艰苦探索之后，法拉第终于将科学假设与科学实验完美结合，发现具有划时代意义的电磁感应现象。创新始于问题，问题引发思考，进而产生创新行为。创新过程中敢于不断尝试，从失败中找到问题所在，是进行科学探索的重要路径之一。

8.2.3　转变运动状态最终实现“磁能生电”

1831 年 8 月 29 日，法拉第终于首次在实验中观察到磁感应电的现象，他在软铁环上缠绕上两组彼此绝缘的线圈，两组线圈分别连接电池组和电流计，将连接电池组的线路接通，发现电流计发生短暂的偏转。断开电路时，电流表发生相反方向的瞬时偏转，这一惊人的发现激发法拉第关于“磁生电”可能是与变化相关的猜想。于是，法拉第又设计相关实验，发现不仅在电路接通或断开的瞬间可以激发电流，磁铁运动或线圈运动也能激发电流，他逐渐意识到磁感应现象应该是和变化联系在一起的，并最终发现稳定的电磁感应现象。

在法拉第发现磁能感应出稳定电流的创新过程中，蕴含着换向思维原理和动态原理。法拉第受到奥斯特发现磁效应是一种稳定效应的影响，在相当长的一段时间内，他是从稳定条件出发设计实验研究磁如何能够感应出电流。在第一次发现磁可以感应出瞬时电流后，法拉第开始转变自己的思维方式，猜想“磁生电”可能是与变化相关，而非像奥斯特的磁效应一样是稳定效应。法拉第开始设计磁铁或线圈的运动，用实验证明感应电流的产生是与电流的变化相关的。通过改变物体的运动状态进行相关创新探索，正是动态原理在创新过程中的应用体现。我们平时学习工作中遇到瓶颈时，如果能够像法拉第一样在关键时刻勇于转变，也许会发现一片新的天地。

电磁感应发现过程中蕴含的创新科学原理如图 1-8-1 所示。

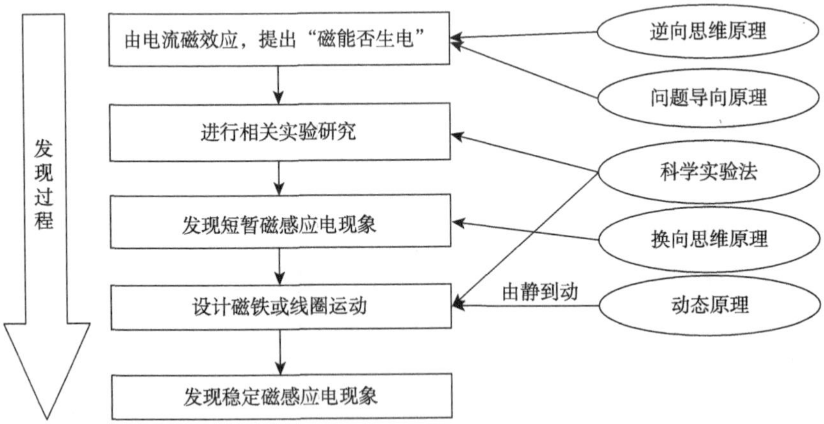

图 1-8-1　电磁感应的发现过程中蕴含的创新科学原理

8.3　偶然中的必然

法拉第发现电磁感应是偶然的，却也是必然的。如果说其首次发现短暂的磁感应电流现象具有一定的偶然性，那么通过设计磁铁或线圈运动发现稳定电磁感应现象则是必然的。在法拉第发现电磁感应过程中，逆向思考“磁能否生电”是其进行创新活动的开始，长达 10 余年的艰苦科学实验探索为其发现电磁感应现象奠定坚实基础。随后，在首次发现电磁感应现象后，他敢于转变思维方式，由静到动设计磁铁或线圈运动，最终使得磁能够感应出稳定电流。

电磁感应的发现表明，伟大的科学发现总是伴随着创新原理和创新方法的探索，我们从这些创新活动中不断总结创新原理，同时创新原理又可以反过来指导我们进行创新实践，如此循环往复，人的认识能力、创新能力就会不断提高。学会创新探索，人人都可以是创新者。

参考文献

梁婧. 2005. 简述电磁感应定律的建立. 大众科技，（12）：62-63.
王跃新. 2010. 创新思维学教程. 北京：红旗出版社：39-42.

第 9 章　生物进化的奥秘

进化论（theory of evolution）是用来解释生物世代之间具有变异现象的一系列理论。查尔斯·达尔文（Charles Robert Darwin，1809—1882）的进化思想是当代生物进化论的核心思想之一。然而从古希腊时期直到 19 世纪，也曾经出现过一些零星的思想，认为一个物种可能是从其他物种演变而来，而不是从地球诞生以来就是今天的面貌。

早在两千多年前，亚里士多德就对动物解剖构造和生理习性及分类做了深入的研究。布丰（Georges-Louis Leclerc，Comte de Buffon，1707—1788）则开创一种新式比较解剖学，预见遗传密码，认为物种是可变的，强调环境对生物的直接影响。拉马克（Jean-Baptiste Pierre Antoine de Monet，Chevalier de Lamarck，1744—1829）是布丰的门生，他认为生物是以渐进的方式变异进化的，进化的原因除环境改变和杂交外，更重要的是用进废退和获得性遗传，进化的动力和方向是生物天生具有的向上发展的内在趋势。但是拉马克的学说有明显的缺陷，即具有唯心主义的倾向，“用进废退”的观点也难以在现代遗传学中找到支持或证据。

9.1　达尔文关于生物进化奥秘的探索

拉马克之后是达尔文的时代，达尔文的观点主要有三个方面：第一，物种是可变的，生物是进化的；第二，生物呈几何级数增长，而生存空间和资源有限，生物之间就存在“生存竞争”，有利的变异能够生存下来；第三，自然选择是生物进化的动力。达尔文为了探索生物进化的奥秘，做出巨大的努力，并各方面搜集资料进行生物进化奥秘的探索，下面我们对达尔文的创新探索过程进行分析。

9.1.1　系统观察引发质疑，质疑开启进化理论新探索

达尔文年轻时期就读过拉马克的著作。16 岁时，达尔文在父亲的安排下学习医学，但他却对动植物更感兴趣，经常到野外采集动植物标本，他的父亲认为他“游手好闲”，将他送进剑桥大学学习神学。在剑桥，达尔文结识了著名的植物学家亨斯洛（John Stevens Henslow，1796—1861）。亨斯洛经常组织学生进行田野旅行，收集昆虫、岩石和植物等，这对达尔文以后的生物学研究起到了启蒙作用。

1831 年，达尔文在亨斯洛的推荐下以博物学家的身份登上了“贝格尔号”，当时达尔文是相信神创论的，他还带了《圣经》参加这次航行。但是在航行中有三件生物事实引起他观念的转变：第一，在南美洲从北向南的航行中，他观察到相似的物种分布在相邻地区，物种是被逐渐替代的，并且地理位置越远的物种差别越大。第二，在离南美洲西岸五六百英里（1 英里≈1.61 千米）的加拉帕戈斯群岛上大部分生物与南美洲大陆上的种类相似，但是每个岛上又有各自的物种，并且每个岛上的差异不大。第三，他从南美洲大陆地下挖掘出别的地区从来没有见过的带着甲胄的大型动物化石，这些化石和生活在那里的某个物种相似又有区别，这表明它们之间有亲缘关系。在这一系列的观察中，达尔文将整个大陆看作一个整体来探究，又从局部去仔细观察，发现物种的逐渐替代规律。他将生物看作有联系的整体，不仅研究不同地域的物种之间的联系（如加拉帕戈斯群岛和南美洲大陆上物种的联系和区别），还研究了灭绝物种与现代物种之间的联系（如古生物化石和现存生物）。他并没有局限于某处或某种生物，而是用整体的眼光看待事物，从系统的角度去思考其中蕴含的规律。这些生物事实与《圣经》中的解释产生矛盾，他开始思考这些相互冲突的地方，并更加质疑神创论。达尔文由现实观察质疑原有权威，由此开启对真理的探索。

9.1.2　动态思维中透视生物演化变异

为了解开这些疑惑，1836 年达尔文回到家乡开始他的研究工作。他对动物的驯养结果进行研究，发现人工选择使得家养状态下的生物和野生状态下的产生区别。例如，对狗的变异品种不断进行选择，就产生多个品种。而在自然界，可以观察到吃叶子的昆虫是绿色的，吃树皮的昆虫是斑灰色的，它们一旦获得这种颜色，自然选择便使这种颜色保存下来。生物个体产生变异，只要这种变异有利

于其在生活环境中的生长，便被自然选择了。在这一观察过程中，达尔文将生物的进化看作不断演化变异的，提出所有的生物都不是上帝创造的，而是在遗传、变异、生存斗争和自然选择中，由简单到复杂，由低等到高等，不断发展变化的。达尔文并没有把自然界的物种当作静止不变的，而是用发展、动态的眼光去研究生物界的进化奥秘。

9.1.3 逻辑思维引导进化创新全过程

在达尔文进化论的研究探索过程中充分体现逻辑思维原理，逻辑思维原理是基于观察、比较、分析、综合、抽象、概括、判断、推理等获得对事物认识的思维过程。达尔文在环球航行中不仅进行地质学的观察，也对沿途的生物进行观察，并对不同时间和空间的物种进行比较分析，综合动植物育种者以及各方面专家的智慧，概括推理出了生物进化规律，其过程体现出达尔文缜密的逻辑思维。

9.1.4 集百家之长终成达尔文进化理论体系

达尔文一边整理旅行带回来的资料，一边实践。他跟许多动植物育种工作者、同时代的著名学者保持联系，虚心听取他们的意见，集众多专家之所长，不断完善自己的观点。例如，达尔文通过研究发现，繁殖能力强的生物数量不一定最多，而能够与环境相适应的物种占据大多数。同时达尔文阅读大量的书籍为他的生物进化论寻找根据，1838 年 9 月，达尔文阅读马尔萨斯的《人口论》，该书阐述了人口为几何级数增长和食物有限算数级增长之间的矛盾而引发的生存斗争的观点，这对达尔文提出生存斗争原理产生影响。达尔文的生存斗争思想既包含一种生物对另一种生物的依存关系，也包括个体生命的保持以及它们能否成功地遗留后代的关系。可以看到，达尔文不仅从动植物学家、育种者那里汲取知识，还受到马尔萨斯《人口论》的启发，提出生存斗争的观点，达尔文进化论观点的形成中蕴含着众人智慧的集成。

9.2 众人智慧构建进化理论大厦
——进化论的发展和完善

达尔文的进化论观点从根本上推翻了“神创论”和“物种不变论”。它把发展变化的思想引入生物界，使生物学发生革命性变革，把生物研究引入一个新的领域，为以后生物学家的研究奠定理论基础，具有承前启后的重大意义。

孟德尔通过进行豌豆实验，利用统计学分析提出分离定律和自由组合定律。摩尔根（Thomas Hunt Morgan，1866—1945）通过果蝇实验提出遗传学第三定律——连锁与互换定律。20 世纪 20~30 年代，首先由 R. A. 费希尔、S. 赖特和 J. B. S. 霍尔丹等将生物统计学与孟德尔的颗粒遗传理论相结合，重新解释达尔文的自然选择学说，形成群体遗传学。以后 C. C. 切特韦里科夫、T. 多布然斯基、J. 赫胥黎、E. 迈尔、F. J. 阿亚拉、G. L. 斯特宾斯、G. G. 辛普森和 J. W. 瓦伦丁等又根据染色体遗传学说、群体遗传学、物种的概念，以及古生物学和分子生物学的许多学科知识，发展达尔文学说，建立现代综合进化论。

许多创新需要知识的集成、智慧的集成、各种条件要素的集成，这就是创新的集成原理。进化论本身不是单个人的发现而是众多发现的集成，这些发现共同解释自然现象。例如，达尔文的有些观点只是揭示生物进化的规律，孟德尔则用实验解释这一现象，使进化论进一步完善和可信，后人也通过各种理论不断完善和发展进化论，进一步揭示生物进化的奥秘，不能不说进化论是众多学者智慧的集成。

9.3　进化论的发现带来的思考

达尔文提出的生物进化论深刻揭示了生物进化的奥秘，不仅在生物领域开辟了新的研究方向，其创新方法和创新思维，以及理论本身也影响着其他领域，图 1-9-1 为达尔文生物进化论探索创新的过程。例如，城市绿地系统的有机进化观点将生物进化论应用于城市研究，将城市绿地看作一个有机的系统，又动态地揭示了城市绿地的变异与进化。技术进化论将技术看作遗传、变异和选择的结果，也体现了创新的系统原理、动态原理和集成原理。因此，优质的创新活动本身就是一种进化，既要有系统的分析、动态的思维，又要吸取前人的智慧成果，敢于继承，还要用动态发展的眼光看待问题，才能有所突破。

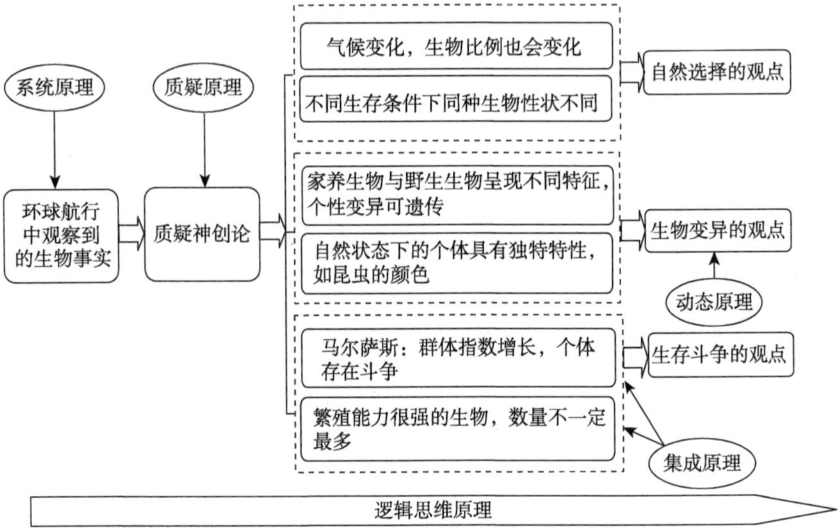

图 1-9-1　达尔文生物进化论的研究过程及体现的创新原理

参 考 文 献

弗图摩 D J. 2016. 生物进化. 第 3 版. 葛颂，顾红雅，饶广远，等译. 北京：高等教育出版社：45.

第 10 章　源于中药植物发现的抗疟神药—— 青蒿素

2015 年 10 月 5 日，瑞典卡罗琳医学院宣布，将 2015 年诺贝尔生理学或医学奖授予中国药学家屠呦呦（图 1-10-1）以及爱尔兰科学家威廉·坎贝尔（William C. Campbell，1930—）和日本科学家大村智（Satoshi ōmura，さとし おおむら，1935—），以表彰他们在寄生虫疾病治疗研究方面取得的成就。屠呦呦的获奖理由是“有关疟疾新疗法的发现”，这一发现挽救了全球特别是发展中国家的数百万人的生命。这是中国科学家在中国本土进行的科学研究首次获得诺贝尔科学奖，它是中国医学界以及中医药成果迄今为止获得的最高奖项。

图 1-10-1　屠呦呦获诺贝尔奖

屠呦呦在获奖发言中指出，这份荣誉是属于中国全体科学家的，而非她一人的。青蒿素的发现是集体发掘中药的成功范例，这一源于中药植物的发现是在屠呦呦团队以及全国众多其他科研机构的艰苦奋斗和团结协作中诞生的，正是他们站在前人的肩膀上并不断创新，才有了这份属于整个中国医学界的最高成就。

10.1　应势所需，启动“523”

疟疾曾是一种严重危害人类生命健康的世界性流行病。尽管产自天然的抗疟药物奎宁（quinine）曾经为人类的健康做出 300 多年的杰出贡献，但因疟原虫对奎宁类药物已产生抗药性，其抗疟作用大大降低。同时，在第二次世界大战期间研究的化学合成药物氯喹（chloroquine）也开始产生相当大的耐药性。所以，疟疾的防治重新成为世界各国医药界的研究课题。

20 世纪 60 年代以来，美、英、法、德等国花费大量人力、物力和财力，寻找有效的新结构类型化合物，但始终没有满意的结果。1965 年，越南战争爆发，美国、越南两军因疟疾而病逝的人数甚至远远超过战斗中的死亡人数。美国曾投入巨资研制新药，然而结果却不能令人满意。焦虑中的越南向我国提出协助解决疟疾困扰的要求，毛泽东主席和周恩来总理下令，帮助越南研制治疗和防治疟疾的药物。1967 年 5 月 23 日，国家科委和解放军总后勤部召开“疟疾防治药物研究工作协作会议”，确立了由全国多部门参加的、以疟疾防治药物研究为任务，代号“523”的紧急军工项目，目的是要集中全国科技力量，联合研发抗疟新药。其全称为中国疟疾研究协作项目，因是绝密军事项目，遂设代号“523”。

该项目先后组织国内 60 多个研究机构、500 多名研究人员参加。起初抗疟新药的研究工作毫无头绪。为此，国家领导人鼓励项目组所有科研人员结合已有知识、经验，最大限度地去发散思维，大胆提出自己的想法和思路。经过科研人员的反复讨论，在“523 办公室”的统一部署下，确定从生药（纯天然未经过加工或者简单加工后的植物类、动物类和矿物类中药材）、中药提取物、方剂、奎宁类衍生物、新合成药、针灸 6 个大方向去寻求突破口。由于“523”项目涉及疟疾防治的多个方面，因此领导小组在此基础上进行组织分工和任务部署：临床研究组赴疟疾疫区，观察先期研发出的疟疾预防药的效果。中医药组一方面查阅文献，一方面深入民间，寻找治疗疟疾的秘方和验方，采集中草药样品，并在疫区就地试用观察。化学合成药组与药厂合作，开展合成、筛选新药的工作。

在这个大型复杂的科研课题攻关的起步阶段，“523”团队的领导小组很好地运用分合思维把这个重大系统工程分为多个组成部分，然后分别针对单个问题去寻找解决途径和方法。工作中还运用系统分析原理，从中药采集、临床研究、新药化学合成等不同的角度全方位地进行研究，以尽快寻求到抗疟疾新药问题解决的有效方案。抗疟科研任务计划制订阶段体现的创新科学原理如图 1-10-2 所示。

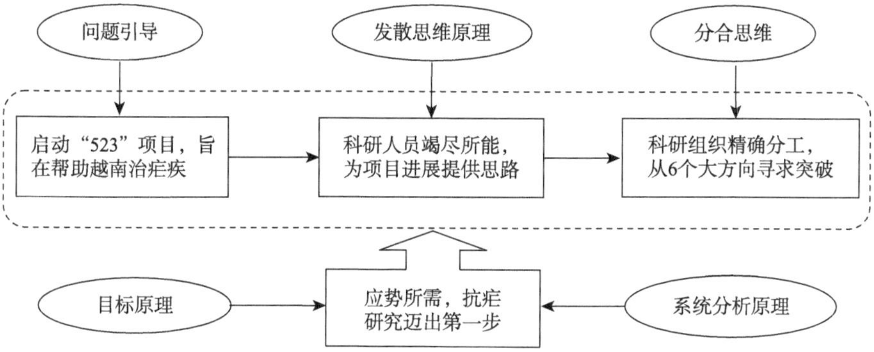

图 1-10-2　抗疟科研任务计划制订阶段体现的创新科学原理

10.2　抗疟研发困难多，借古融今拨“迷雾”

1969 年，屠呦呦被任命为“523”项目中医研究院科研组长，主要担任青蒿素研发中的提取和分离工作。图 1-10-3 为屠呦呦于实验室工作图。屠呦呦系统整理了我国历代医学类书籍，通过走访无数中医专家，搜集有关群众来信等，最后整理出了包含植物、动物和矿物等在内的 2 000 余种药方，总结出一册《抗疟单验方集》。随后，其又从中筛选出包括青蒿在内的 640 种中药抗疟方药集，并且在此基础上进行实验研究，组织鼠疟筛选。在第 1 轮的药物筛选和实验中，青蒿提取物对疟疾的抑制率不高；在第 2 轮的药物筛选和实验中，青蒿的抗疟效果也不能令人满意，实验结果导致在相当长的一段时间里，青蒿并没有得到科研人员的注意。

图 1-10-3　屠呦呦在实验室工作

屠呦呦的研究工作也一度陷入僵局，停滞不前。再三思考后的屠呦呦不再纠结于青蒿提取物的抗疟效果差的问题，而是转变思维，改变过去一味地埋头进行提取和实验的方法，回归原点、搁置目前的难题，重新向中国古老智慧——经典医籍寻求帮助。功夫不负有心人，屠呦呦被葛洪《肘后备急方》中的一句话惊醒："青蒿一握，以水二升渍，绞取汁，尽服之。"她马上对当时最常采用的物质提取法——"水煎"法，提出质疑。她认为之前实验中青蒿提取物抗疟效果不好，问题很可能出在提取方法上，在之前的"水煎"法下高温破坏了青蒿中的有效成分，所以使得青蒿提取物不再具有活性。于是，她重新设计了实验过程，改用沸点较低的乙醚为溶剂来进行药物提取工作。经过反复试验终于在 1971 年 10 月 4 日，在经历了 190 次的失败后，屠呦呦获得第 191 号青蒿素提取样本，该样本对动物体内的鼠疟原虫和猴疟原虫有 100%的抑制率，发现过程如图 1-10-4 所示。1972 年 3 月 8 日，屠呦呦作为中药所的代表，在全国"523 办公室"主持的南京"中医中药专业组"会议上报告了对鼠疟、猴疟抑制率达 100%的青蒿乙醚中性粗提物，这一成果引起全体与会者的关注。

图 1-10-4　青蒿素的发现

无可争议的是，最初发现青蒿提取物具有抗疟活性并且只有在低温提取下才有效的是屠呦呦研究员。至今屠呦呦的低温提取得到青蒿素的方法被认为是当时发现青蒿素的关键所在。据统计在21世纪初期，全世界每年有3亿人患疟疾，其中 90%发生在卫生条件比较差的非洲大陆，每年造成 100 多万人死于非命，并造成大约 120 亿美元的经济损失。而正是从青蒿这种神奇的小草中提取出的青蒿素及其衍生物，挽救了这些饱受疟疾之苦的非洲人民，屠呦呦也因此被称为"青蒿素之母"。

10.3　临床试验证疗效，人工合成制药品

一个药物的诞生要经过从发现，动物试验有效到后面的药理、毒理、质量控制，临床试验，生产工艺等一系列的研究过程。前期屠呦呦的研究证明青蒿素治疗疟疾在动物实验中获得完全的成功，但是青蒿素究竟是否具有药用价值还须经过人体有效性的检验。为了尽快确定这一点，屠呦呦和其科研团队的成员们勇敢地充当首批志愿者。他们在自己身上实验获得成功之后，带领课题组深入海南地区，进行实地考察。1973年9月，青蒿素首次用于临床，在海南省昌江黎族自治县对8例外来人口恶性疟疾及间日疟进行临床观察，结果发现青蒿素对间日疟显示了较好的疗效。1975年，屠呦呦和其科研团队在海南岛农场，以及湖北武汉等地对青蒿素、青蒿素复方、青蒿素简易制剂等进行临床观察，肯定其抗疟疗效。这些临床观察肯定青蒿素在治疗恶性疟疾、间日疟方面高效、低毒的特点。从科学工作者的以身试药到实地考察再到最后的临床应用，每一步都是对新兴事物的评价过程，也只有通过检验，青蒿素的发现才能真正被称为有价值的创新。

验证青蒿素的药用价值之后，最重要的就是人工合成。人工合成是一项极具挑战性的课题，它要求高超的化学理论水平和精湛的生产工艺技术。因此科研工作者将此项工作细化为结晶提取—结构测定—药物合成3个步骤来分别操作，以确保每一步都完美地实现。首先在北京市中药研究所已经证实青蒿粗提物有效的基础之上，由山东省中医药研究所、云南省药物研究所等单位开展单体结晶的提取工作，最终他们从黄蒿中获得青蒿素结晶。

之后，中医科学院中药研究所和中科院上海有机化学研究所等单位开始着手青蒿素化学结构的确定工作。1975年底，中科院生物物理研究所确定青蒿素的确切结构，并发现其抗疟机理。在1977年的《科学通报》上介绍青蒿素的化学结构，1978年确定青蒿素的绝对构型。1979年在《化学学报》上发表的《青蒿素的结构和反应》中又更详细地介绍了青蒿素的相关化学反应。1981年10月由联合国开发计划署，世界银行和世界卫生组织（World Health Organization，WHO）共同主办的第四届疟疾化疗研讨会在北京召开，屠呦呦受邀就“青蒿素的化学研究”作首位发言。她阐述青蒿素及其一些衍生物的制备和在我国取得的显著疗效，引起了广泛关注。到1985年医药工作者通过化学合成、生物合成以及植物组织培养合成等方法发明青蒿素类复方或联合用药。在全国各科研机构以及无数科研工作者的共同努力和协作下，抗疟新药青蒿素正式诞生，于1986年获得国家卫生部颁发的新药证书（图1-10-5）。

新药证书

编号：（86）卫药证字X-01号

中国中医研究院中药研究所

你单位研制的新药 青蒿素 ，根据《中华人民共和国药品管理法》，经审查，符合我部颁发的《新药审批办法》的规定，特发此证。

中华人民共和国卫生部

一九八六年十月五日

图 1-10-5　青蒿素新药证书

10.4　药物研究再升级，抗疟工程创佳绩

抗疟新药的诞生在国内和国际上都引起了轰动，屠呦呦的成果也成为抗疟研究领域的关注焦点。但屠呦呦的研究脚步仍未停止，她在之前研究的基础上反复思考，发现青蒿素仍具有成本高、对疟疾难以根治等缺点。因此，屠呦呦带领团队继续投入青蒿素衍生物的研究中，目的就是要降低药物研制成本、提高药物药用价值，以求最小的投入获得最大的产出。终于，1992 年她发明了双氢青蒿素，这一抗疟药物其抗疟效价、口服型生物利用度和体外杀灭疟原虫的效果分别比原来的青蒿素强 1 倍、10 倍和 5~10 倍，复燃率降至 1.95%，是制备其他青蒿素衍生物的重要中间体，从而实现药物成本的有效降低和药用价值的大幅提高。

从青蒿素发明以来，青蒿素类抗疟新药开始批量生产并投放市场。经过临床实验，尤其是经过西方国家和有关专家的“苛刻”检测，世界卫生组织等国际权威机构陆续对青蒿素在治疗恶性疟疾上的神奇效果给予充分肯定。2002 年 3 月 14 日，美国《远东经济评论》杂志发表了《中国革命性的医学发现：青蒿素攻克疟疾》一文，有学者在该评论中指出“这项研究是整个 20 世纪下半叶最伟大的医学创举”。2006 年 1 月，世界卫生组织宣布青蒿素类药物是全球未来遏制疟疾的希望，并明确要求任何一个国家在改变本国现有的抗疟政策时，必须使用含有青蒿素类药物的复方或联合用药。

至此，青蒿素类抗疟药物在国际上获得充分的肯定，屠呦呦研究员带领的“523”抗疟研究项目组为国际医学界交出一份满意的答卷。当然，这一成果的取得也绝不是屠呦呦一人的功劳，而是当时数以百计的研究人员和团队合作的成果。在“523”科研团队内部，众多科研人员一边探讨，一边试验，不断

调整研究方案。每个小组成员都积极进言献策，在众多的科研机构之间大家也始终本着互相帮助、信息及时交流和成果及时分享的宗旨，力求为抗疟新药研究贡献出自己的一份力量。在这一过程中研究者们很好地运用集成原理和群体原理，最大限度地发挥群体智慧，真正做到集思广益、取长补短，有效促进整体研究工作的进程。

虽然各机构分别独自地进行各地蒿属类植物的筛选，但在"523 办公室"的统一协调之下，彼此之间有很多的交流。在此过程中，"523 办公室"起着十分重要的领导作用，在交通和通信远不如现在的情况下，正是由于他们本着综合分析和系统思考的原则有组织地进行各种专业会议，统筹散落在各地的研究机构以及各个科学工作者的科研工作，并且在全面分析、系统思考的基础上不断地修改研究方案和研究计划，才形成最终的整体方案。由此可见，从发现青蒿粗提物到有效结晶的提取，是一个团队大协作的成果。可以说是屠呦呦推开青蒿素的一道"门缝"，其他人合力打开这扇"门"，这份荣誉不仅仅属于屠呦呦个人，也属于中国科学家群体。如果没有"523"项目，没有"523"项目的系统工程，中国的抗疟药，乃至世界的抗疟药很可能还在迷雾中摸索。青蒿素研发过程中体现的创新科学原理如图 1-10-6 所示。

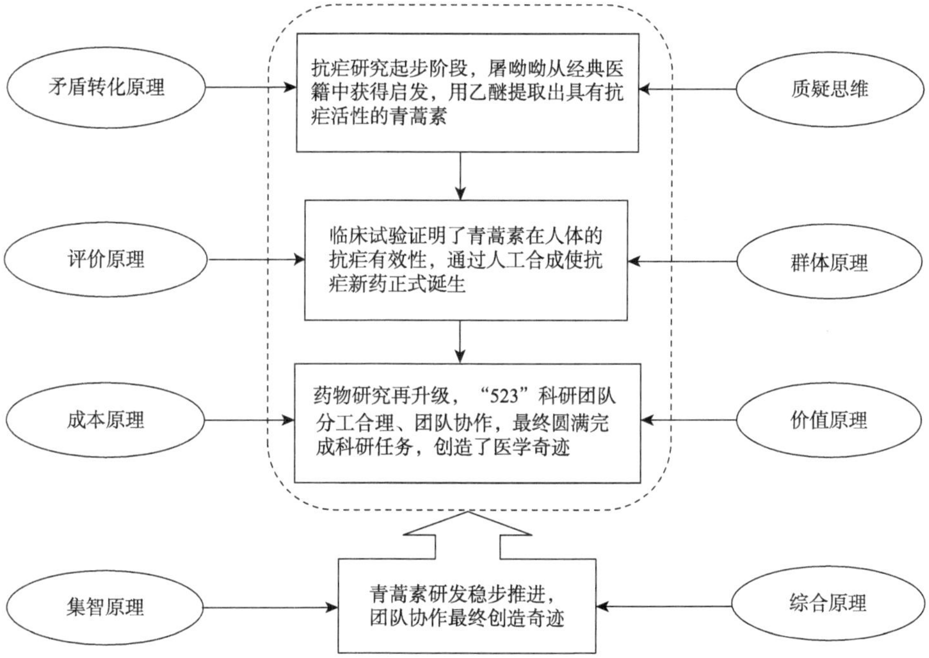

图 1-10-6　青蒿素研发过程中体现的创新科学原理

10.5　传统中医要发扬，科研精神需传承

世界卫生组织认为，青蒿素联合疗法是目前治疗疟疾最有效的手段，也是抵抗疟疾耐药性效果最好的药物。诺贝尔奖评审委员会委员扬·安德森评价，得益于屠呦呦的研究，过去十年全球疟疾死亡率下降了50%，感染率降低了40%。屠呦呦团队与国内其他机构合作开创的这一疟疾治疗新方法，使得世界数亿人因此受益。所以我们可以骄傲地说青蒿素是传统中医药送给世界人民最好的礼物。当然，青蒿素的发现也有力地说明了中国传统药物是一个伟大的宝库，中草药、天然产物的研究还是大有可为的。新药的发现，以及其他功能分子的发现都有可能在向自然学习、探索中获得成功。因此我们一定要继承和发扬我们的传统中医药，从中努力发掘，有所创新。

回顾“523”科研团队青蒿素研发的整个过程充满艰辛，科研成果的取得实属不易。我们的带头人屠呦呦还曾经因为在条件较差的实验室工作，一度患上中毒性肝炎，但她仍坚持工作。无论到野外采集标本，还是在室内进行实验，她都是兢兢业业，充分体现出一个科学家的无私奉献精神。包括她带领团队成员不顾自身安全“以身试药”，只为确定药物对人类的有效性。在当时科研基础薄弱、设备条件极其简陋的情况下，完全是依靠科研工作者坚韧的毅力和大无畏的奉献精神，以及优秀的团队大协作和科学的系统管理，青蒿素的发现这一历史性创举才得以在短时间内获得成功。

纵然青蒿素是在中国大地上开放出来的奇葩，也已经结出了累累的果实。但是今天，我们在感慨之余也还看到青蒿素研究仍然留下了不少的科学问题有待探索，而今天我国的科研条件也已有了翻天覆地的变化，有了知识面更广的一代新人，因此我们要继承和发扬前辈学者的优良品质，大胆地去运用创新思维和创新原理，争取在已经绽放的青蒿素故土上结出更丰硕的科技果实，让科技之光不断照耀着人类社会发展。

参考文献

付彦辉，钟俊，罗素琴，等. 2014. 青蒿素的化学合成研究进展. 中国药学杂志，（10）：795-805.

黎润红，饶毅，张大庆. 2013. “523 任务”与青蒿素发现的历史探究. 自然辩证法通讯，（1）：107-121.

李正风，张改珍. 2015. 科学奖励中的个人与集体—— 以青蒿素获奖引发争论事件为例. 科学学研究，33（6）：810-814.

桑连武. 2016. 疟疾克星青蒿素. 生物学教学，41（3）：58-59.

王满元. 2012. 青蒿素类药物的发展历史. 自然杂志，（1）：38，44-47.

吴毓林. 2009. 青蒿素——历史和现实的启示. 化学进展，（11）：2365-2371.

周程. 2016. 屠呦呦与青蒿高抗疟功效的发现. 自然辩证法通讯，（1）：1-18.

朱安远，郭华珍. 2016. 青蒿素之母——2015年诺贝尔生理学或医学奖新科得主屠呦呦（四）. 中国市场，（22）：260-270.

第二篇　伟大发明故事背后隐藏的创造原理

发明之赞

远古荒蛮的岁月里，人类的祖先在茹毛饮血中艰难寻求着生存之路

不知何时，漫长的进化中他们解放出了一双可以自由运用的手

更有，也许是上帝的恩赐，他们的大脑里萌芽了智慧之火

于是，他们学会了用石头打砸坚果，还知道山洞里可以御寒抵兽……

简单的劳动，加速了他们的进化，由此孕育出了一群高级生灵

打磨过的石器成了狩猎的锐利武器，熊熊之火驱走了黑暗之魔

从此，生存不再完全被动

独立行走，大脑发达，地球上还有谁可与之争锋？

驯养家畜，种植作物，饥饿怎能奈我何？

烧制陶器、冶炼铜器、修建城郭，发明中催生不断进步的生产力

还有，伟大文字的出现

共同缔造出了那古代灿烂的文明！

文艺复兴，解放思想，艺术璀璨，科学闪光

大机器取代了小农作，钢铁鼎沸中人类走进了工业文明盛况

发明的威力如此之大，知识的增长如同爆炸

然而，来不及感慨，我们又已跨入了新时代之互联网……

第 1 章　借你一双慧眼
—— 望远镜与显微镜

遥远星球，似乎遥不可及；微小细菌，似乎不可捉摸。遥远神秘的星球和微小多变的细菌都能紧紧抓住好奇者的眼球，然而再健康的眼睛所能观察到的物体范围也是有限的。但是，人类从不会囿于这个有限的范围，因为人类探索的欲望和动力是不竭的，知识和能力是不断积累的。

富有创造性的人们总会想方设法地借助各种光学仪器来“武装”自己，在一次次尝试、一次次失败后创造出一件件我们熟知的、精巧的“神器”。望远镜与显微镜就是其中十分重要的“武器”，两个光学“武器”构思奇妙、变化万千，但基本科学原理都是光的折射原理。光在不同密度的介质中传播速度不同导致光线发生折射，带来或放大或缩小、或实或虚的视觉效果，让人感受那一幕幕的光学魔法传奇。

1.1　光学魔法传奇如何造就?

光学魔法传奇满足求知者对未知空间和微妙结构的探索欲望，那么这个魔法又是如何造就的呢?

1.1.1　望远镜——让遥远太空变得“触目可及”

2009 年被联合国定为“国际天文年”，这是为了纪念人类科技史上的一项伟大发现——伽利略·伽利雷（Galileo Galilei，1564—1642）发明折射式望远镜 400 周年。望远镜在科技发展史中具有里程碑性质的地位，对近代天文学革命起到最重要、最直接的推动作用。此后，望远镜作为扩大人类宇宙视野的一件利器，在开拓人类太空知识疆域中发挥着无可替代的重要作用。

1609 年，伽利略第一次将自己发明制作的折射式望远镜指向无际星空，成为科技史上一次标志性的事件。但有趣的是，他不是望远镜的最早发明者，望远镜发明者的争论至今还未尘埃落定。通常认为是荷兰的眼镜制造商汉斯 · 利佩希（Hans Lippershey，1570—1619）在 1608 年制造出第一台望远镜。据说，他一时心血来潮—— 也许是想替某一位高度近视的顾客配一副合适的眼镜，将一块用来矫正近视的凹透镜与一块原本用来矫正远视的凸透镜一前一后搭配放置于同一水平线上。透过两块玻璃看景物，他发现远处的物体竟然被放大了。后来，他用一张羊皮纸卷成一个筒，将两块镜片固定下来，结果人类历史上第一个望远镜就此问世，利佩希称之为“明晰镜”。

1609 年伽利略访问威尼斯，在那里获悉一位荷兰人发明了一种能把远处物体放大的镜子，这引起了他的研究兴趣。回到帕多瓦后，他将一块平凸透镜和一块平凹透镜置于一根直径为4.12厘米的铅管的两端，做成一个简易的望远镜。凹透镜在靠近眼睛的一端，为“目镜”；凸透镜在另一端，称“物镜”。当他通过自己的这架望远镜观看外物时，远处物体的直径竟然增大了 3 倍。后人把这个望远镜称为“伽利略望远镜”，其结构如图 2-1-1 所示。

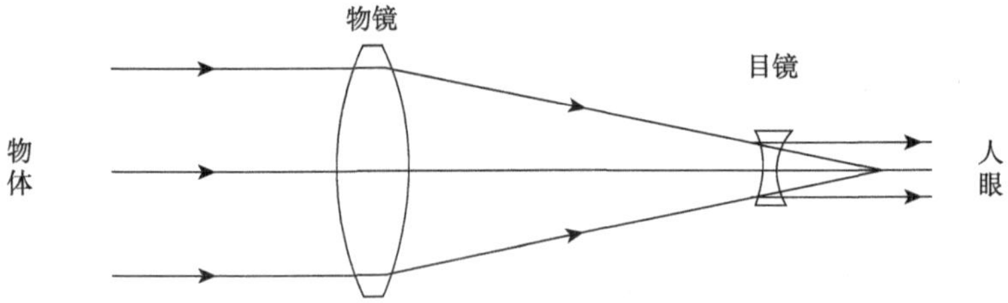

图 2-1-1　“伽利略望远镜”结构示意图

如今人们谈论起望远镜时更多想到的是伽利略而非利佩希。因为对于利佩希来说，望远镜可能只是一个小玩意儿。而对于伽利略来说，它却是科学探索的有力武器。但是毫无疑问，利佩希早先无意间制造出的“明晰镜”给了伽利略以灵感和启发。伽利略长期从事天文研究，对于天边的星球充满好奇，但有限的肉眼视力让他也无可奈何。在此过程中他也许尝试过多种办法、积累了不少经验。当利佩希的“明晰镜”出现时，仿佛一根灵感火柴点燃了伽利略创造思维的火花，从而引导他创造出能够用于天文观察的望远镜。

1.1.2　显微镜——明察秋毫的眼睛

广袤的宇宙空间令人心驰神往，而微观的世界也让人兴趣不减。若想要洞察这微小的世界，显微镜是不可缺少的。与望远镜的原理相似，显微镜是由一个透镜或几个透镜的组合构成的一种光学仪器，类型主要有光学显微镜和电子显微镜两种。显微镜的发明是人类进入原子时代的一个重要标志。

一般认为是荷兰的眼镜制造商詹森父子（Hans Janssen and Zacharias Janssen）约于1590年发明了光学显微镜。他们在长约30厘米、直径约为5厘米的三节锡管的两端分别装上凸透镜和凹透镜，从而组合成一台复式光学显微镜。另一位荷兰人德雷贝尔（C. Drebbel，1572—1633）几乎在同时设计了一台更好的显微镜，因此伽利略将显微镜的发明功劳归于德雷贝尔。

伽利略在1610年也制作了一个显微镜并用以观察昆虫，首次将显微镜用于科学研究。第一台设计较好、性能较高的显微镜是由物理学家胡克（R. Hooke，1635—1703）于1665年制作的（图2-1-2），这也是变倍显微镜的雏形。

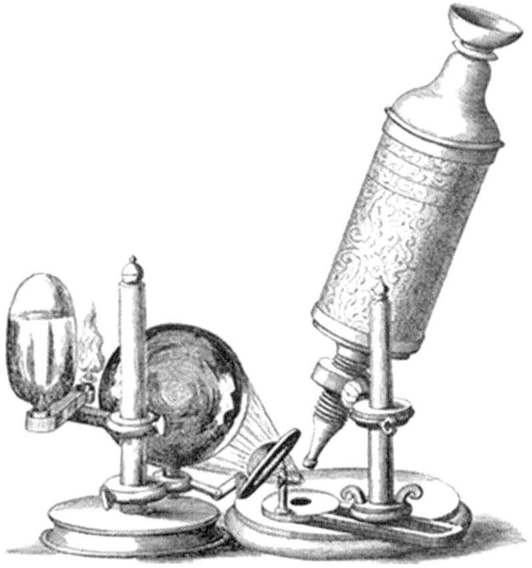

图2-1-2　1665年胡克制造的显微镜模型图

1.2　凹凸透镜的组合，变化万千的视野

继“伽利略望远镜”之后，1611年，德国天文学家约翰尼斯·开普勒（Johannes Kepler，1571—1630）设计出用两片双凸透镜分别作为物镜和目镜的望远镜，使得放大倍数和视场都有明显的提高。“开普勒望远镜”的结构示意图和工作原理图见图2-1-3、图2-1-4。

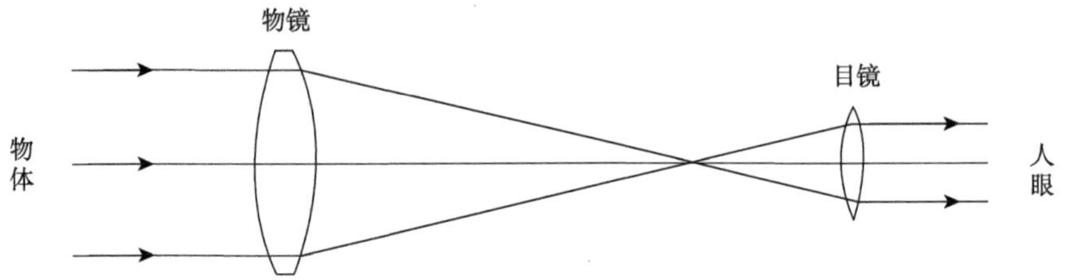

图 2-1-3　“开普勒望远镜”结构示意图

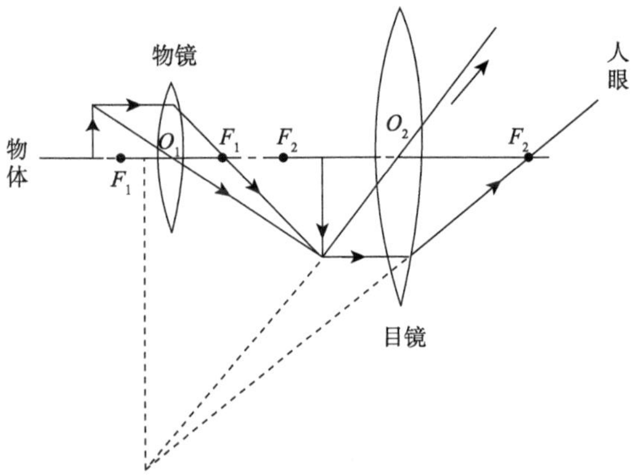

图 2-1-4　“开普勒望远镜”工作原理图

望远镜的物镜使得远处的物体在焦点处呈现一个倒立的缩小实像，而其目镜又把该实像放大为虚像。显微镜的物镜使事物呈现一个倒立的放大实像，其目镜把该实像再次放大为虚像。通过观察早期的望远镜与显微镜的结构示意图及工作原理图可以发现，望远镜与显微镜的核心元素都是透镜，或是凸透镜与凹透镜的组合，或是两面放置于不同位置的凸透镜的组合。

单独一面平凸透镜和一面平凹透镜，不会产生这种意想不到的效果，利用凹凸透镜之间相似或者相异的特性进行组合，创造出一组新的镜片，就能看清远处的物体或观察到细小之物。

通过不同事物的组合创新，创造出新事物，这正是分合创新思维的体现，这也与创新创造原理中的“组合原理”是一致的。使一个系统的各功能、特性或部分之间建立一种联系，其可产生一种新的、想要的或唯一的结果。通过对先前的已有功能进行组合，可以生成新的功能。光学镜片的重新组合、调整相对位置的合理设定，即可组合成望远镜或显微镜，这就是组合原理的两种情况之一，“在空间上，将相同的物体或相关操作加以组合”。

1.3　精密的光学仪器，让目光可以更远更“犀利”

在“伽利略望远镜”“开普勒望远镜”之后，反射式望远镜、折反式望远镜、哈勃望远镜等新式“武器”的出现，让人类的目光不断拓展到更远的地方，从而在发现新事物上不断带给人类新惊喜。

18 世纪 70 年代，英国天文学家、物理学家弗里德里希·威廉·赫歇尔（Friedrich Wilhelm Herschel，1738—1822）发明了反射式望远镜（图 2-1-5）。因为反射式望远镜避免玻璃折射引起的像偏差和色差，像质好、球差小、观察方便，所以当今世界上许多大型天文望远镜都采用反射式。

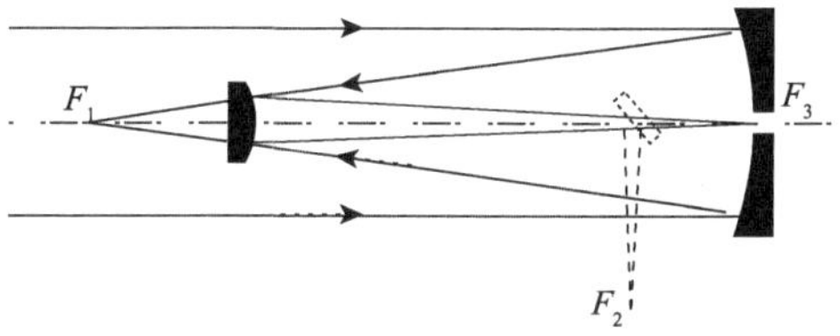

图 2-1-5　反射式望远镜结构示意图

在折射式望远镜和反射式望远镜之后，1931 年德籍俄国光学家施密特（Bernhard Woldemar Schmidt，1879—1935）用一块别具一格的接近于平行板的非球面薄透镜作为改正镜，与球面反射镜配合，制成了可以消除球差和轴外相差的施密特式折反式望远镜，如图 2-1-6 所示。这种望远镜光力强、视场大、相差小，适合于拍摄大面积的天区照片，尤其是对暗弱星云的拍摄效果非常突出。

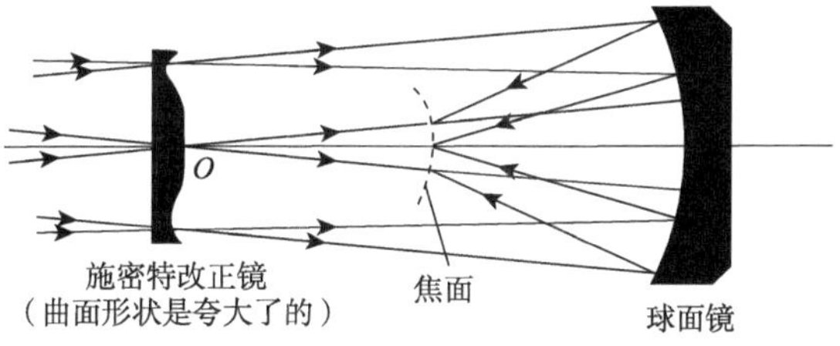

图 2-1-6　折反式望远镜结构示意图

随着技术的发展，射电望远镜、空间望远镜、太阳望远镜等设计更为复杂、分辨率和灵敏度更高的望远镜陆续诞生，帮助科学家去探索更遥远的空间秘密。同时光学显微镜的不断发展促进了电子显微镜的产生。

1840 年，由英国人约瑟夫 · 利斯特（Joseph Jackson Lister）利用低放大倍数的透镜组发明了消色差复合透镜，解决了彩色光晕的问题。

1931 年，恩斯特 · 奥古斯特 · 弗里德里希 · 鲁斯卡（Ernst August Friedrich Ruska，1906—1988）和马克斯 · 克诺尔（Max Knoll，1897—1969）通过研制电子显微镜，引发了一场生物学革命。电子显微镜将电子流作为一种新的光源，使物体成像，使得科学家能观察到像百万分之一毫米那样小的物体。1986 年鲁斯卡因此被授予诺贝尔物理学奖。

据鲁斯卡回忆，他在大学时参加了克诺尔为组长的阴极射线管科研组。小组气氛融洽、互相探讨、彼此激励，这对于他自身成长帮助很大。鲁斯卡、克诺尔和他们的同伴作为一个集体，共同进行电子显微镜的研究，最终设计制造出电子显微镜并逐步提高其分辨率。可见一项重大的科学创新需要不同领域的知识、不同专长的人、不同的条件，通过抽象思维和具体实验找出其中的联系，将这些要素集成才可能带来创新。无论是望远镜还是显微镜，其发展改进的过程依赖于不同领域的科学家、研究者。后人在前人的基础上扬弃、继承，同时代的科学家和研究者之间也互相合作、彼此启发，新观点、新创意也随之迸发。同时，望远镜和显微镜还是一项集成的科学成果，它们集合了光学、物理学、天文学、生物学等诸多学科的知识，不同学科的发展从某一方面为望远镜和显微镜的创新发展提供条件，一点点地改进最终带来跨越式的创新。

1.4　视野有界，创新无限

人类的眼睛是精巧的仪器，帮我们感知色彩、判断大小……目光所能及的范围是有限的，对于遥远的星球、太微小的世界都无能为力。但是智慧和求知欲推动着人类不断突破自身条件限制、创造一些辅助的仪器帮助人类实现梦想。从最初的凸透镜和凹透镜，利用光线的折射原理，一代一代的科学家、制造商等对于望远镜和显微镜的钻研从未停止过，创新理念、改进仪器、提高性能，各种光学仪器成为人们探索新领域、发现新事物的锐利武器。望远镜与显微镜发明及创新原理如图 2-1-7 所示。视野有界，创新无限，望远镜、显微镜等各种光学仪器所演绎的魔法传奇让人类实现了“千里眼”“明察秋毫”，甚至是“透视眼”的梦想，让人类看见前所未知的内容，成为太空探索、生物研究、医疗诊断等领域的重要利器。其实不仅在光学仪器方面，放眼古今中外，探索未知都是人类的追求，创新创造是人类的独特能力，人类的求知欲不会减灭，学习思考不会终止，创新尝试不会放弃，科学和社会的发展不会停止。

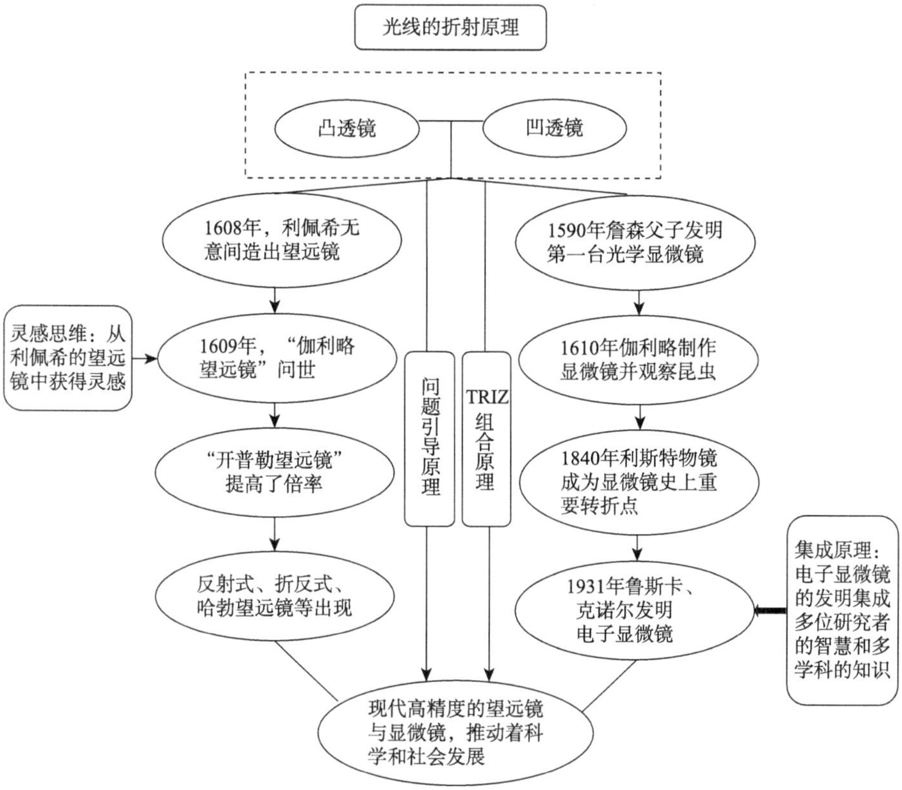

图 2-1-7　望远镜与显微镜的发明及蕴含的创新原理

TRIZ：theory of the solution of inventive problems，发明问题解决理论

参考文献

苏定强. 2008. 望远镜和天文学：400 年的回顾与展望. 物理，37（12）：836-843.

唐玄之，李明. 1995. 光学显微镜简史. 物理，24（7）：439-444.

吴自勤. 1989. 纪念电子显微镜发明人 Ernst Ruska. 物理，18（5）：309-312.

解启荣. 2014. 伽利略与望远镜. 中国校外教育（下旬刊），（8）：113-114.

第2章　千万里聆听你的呼唤——电话

电话的出现使人们有了基于电子媒介的交流工具。它的广泛应用实现了人的远距离通话，人们即使相隔千万里，也可以聆听对方的声音，感受到来自千万里之外的问候，这不仅促进人们感情的维系和培养，也促进工作效率的提高。

1860年，安东尼·穆奇（Antonio Santi Giuseppe Meucci，1808—1889）首次展示了自己的电话发明，但是由于无法支付250美元的专利申请费，他没有取得电话的专利权。电话专利权的拥有者是亚历山大·格拉汉姆·贝尔（Alexander Graham Bell，1847—1922），他于1876年3月申请并获得电话的专利权，而贝尔发明电话的故事也被人们所熟知。

2.1　新想法引航电话发明

贝尔是一个声学生理学家和聋哑语教师，他系统地学习了人的语音、发声机理和声波振动原理。1873年，贝尔成为美国波士顿大学的教授，并开始研究在同一线路上传送许多电报的装置——多工电报机。在研究过程中贝尔萌发了发明电话的想法，希望相隔千山万水的人们也可以如同面对面一样交谈。以这一目标为导向，贝尔开始专注于电话的研究。在后续的探索过程中，一切的研究和思考都围绕发明电话的这一想法来进行。正是这种问题导向的力量才有了贝尔后续的创新。

2.1.1　巧妙的电报机原理移植

在研究过程中，贝尔注意到电报机是借由电流的导线传递来传导电波的，作为声学的研究者，他常常想：为什么不能用导线来传递声音呢？贝尔由导线传导电报信号想到利用导线传导声音信号，把电报的工作原理移植到电话的构想中，以此打开电话试验的新思路。

2.1.2　小事故中的大学问

1875 年 6 月 2 日，贝尔和他的助手沃森分别在两个房间里试验多工电报机，一个偶然发生的事故启发了贝尔。贝尔发现自己房间里电报机上的弹簧突然颤动起来，还发出了声音，他立刻跑去问沃森刚才做了什么。原来沃森房间里的电报机上有一个弹簧粘到磁铁上了，沃森拉开弹簧时，弹簧发生了振动，并发出了贝尔在他的房间里听到的声音，原来是电流把振动的信号从一个房间传到了另一个房间。贝尔的思路顿时大开，他由此联想到：弹簧的振动通过电磁铁的作用转换成电流，并沿导线传递，那么声音既然也是由振动产生的，是否也可以借助磁铁转化为电流传递呢？他通过研究发现电话和电报的相似性和相通性，从偶然事件中得到启发，从小事故中振动的传递联想到振动与电流的相互转化，既然电报可以借助中介物进行传递，那么对于本身无法传递的声音是否同样也可以借助电流这一中介物进行传递呢？

2.2　磁场与声波振动的完美配合

贝尔先利用一个装置将声音转化成电流，电流沿导线传递到另一端后再利用一个装置将电流转化成声音，以此来完成声音的传递（图 2-2-1）。

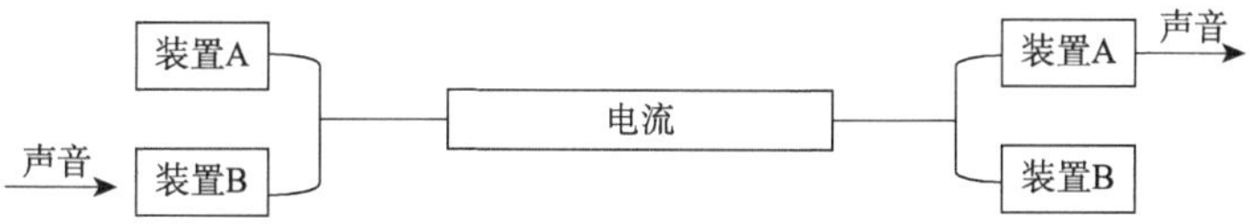

图 2-2-1　电话通话简单示意图

图 2-2-1 中装置 A 和 B 的作用就是使声音和电流相互转化。贝尔设计的声音与电流相互转化的装置便是送话器与受话器。其中送话器如图 2-2-2 所示，由金属膜片、音圈、磁铁等部分组成，它是利用电磁感应原理进行工作的。贝尔把金属膜片连接在电磁开关上，声音振动的声波使金属膜片振动，这样在与金属片相连的电磁开关线圈中就产生了感应电流。随着声音的变化，金属膜片振动的频率和幅度也会随之变化，产生的电流也就会相应变化，这样声音就被转变成不同大小的电流。受话器的结构与送话器类似，如图 2-2-3 所示，但是其作用与送话器相反，通过导线传递过来的电流通过受话器线圈，产生交变磁场，磁场内的一个

衔铁受到电磁力的作用产生振动，带动振动膜片振动，从而产生声音，当有恒定磁场存在时，膜片振动频率与声音电流相一致，便可以重现声音。贝尔在这里充分利用磁场与声波振动的相互配合，送话器利用运动的线圈产生电流，受话器则利用电流作用于线圈产生变化的磁场从而使振动膜片振动，体现了 TRIZ 中的机械振动原理。

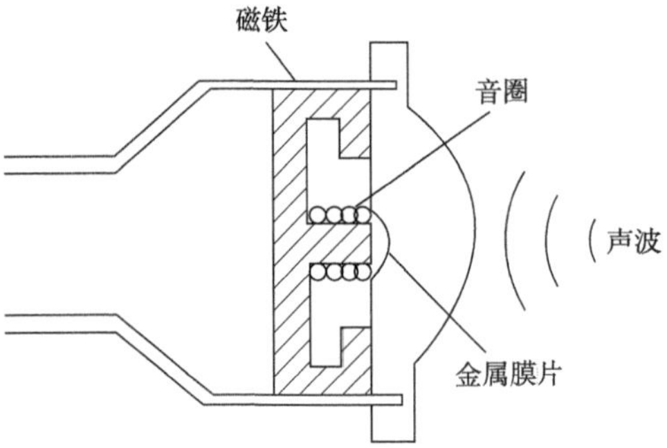

图 2-2-2　送话器原理图

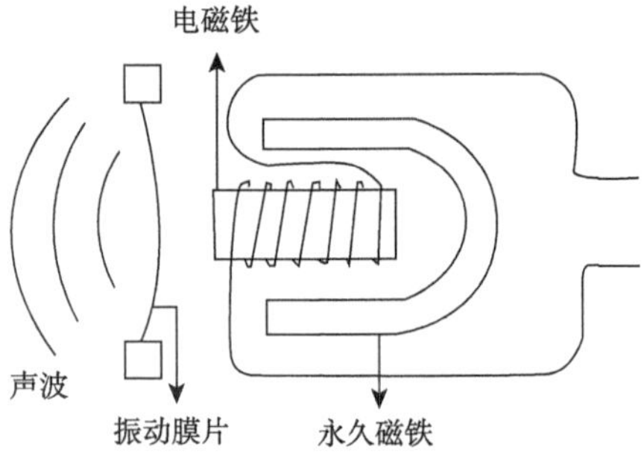

图 2-2-3　受话器原理图

2.2.1　周期的律动

最初的电话机是手摇式发电，采取人工接线的方式，无须拨号，这种方式可靠性低，人工成本高，不利于电话的发展普及。后来出现脉冲拨号方式，脉冲拨号的用户号码以脉冲波方式发送，在拨号时，发号电路送出与号码相对应的矩形方波，控制发送脉冲开关电流，如 1 就发送 1 个脉冲，3 就发送 3 个脉冲，10 就发送 10 个脉冲，每个号码之间都有固定的周期间隔，这样利用周期内脉冲的间歇就完成拨号。虽然脉冲拨号方式有很多缺陷，但为自动接线的发展提供了条件。直到现在，很多电话机还兼容脉冲拨号和双音多频拨号两种拨号方式。

2.2.2　多功能集成

新技术的出现为电话的发展打开新的空间，随着大规模集成电路与光纤通信的推广和应用，交换机和电话都逐步实现电子化，电话进入一个崭新的发展时代，其功能也越来越多。例如，免提功能、视频功能、录音功能、重拨功能等，逐渐实现电话的多功能创新。

在电话的发明过程中，其创新原理如图 2-2-4 所示。首先，是有了发明电话的想法，在目标的指引下朝着特定的方向努力。其次，贝尔敢于联想，从已有的电报中探索其工作原理，敢于把电报的工作原理移植到电话中，并且善于观察，不放过研究中的任何一个小事故，探讨事故发生的机理，进而联想到声音的传递，利用机械振动与电流的转化，从而实现声音的传递。在后续的继续优化过程中，利用固定周期内脉冲间歇，实现脉冲拨号方式。后来又针对脉冲拨号的缺点实现双音多频拨号。随着技术的发展，科学家逐步对电话进行完善和功能扩充，实现了电话的多功能创新。

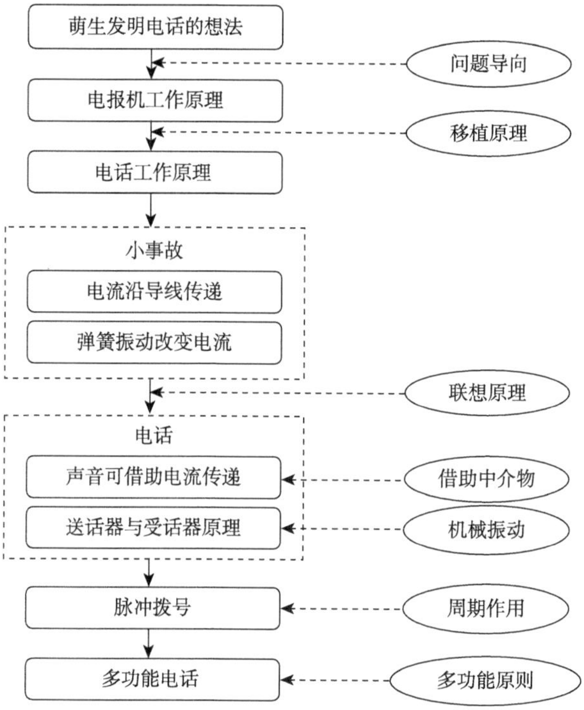

图 2-2-4　电话发明过程中的创新原理

2.3　电话发展与创新启示

电话发明的创新原理对电话后续的发展仍然有着启示作用。随着技术发展，声音的转化仍然有电磁感应原理的身影，其传递也仍然是借助中介物。光纤出现后，电话的信号传输就从原始的电信号传输变成光波传输，其原理就是先把声音信息转换成电信号，然后调制到激光器发出的激光束上，使光的强度随电信号的频率发生改变，这样光波就记录了声音信息，然后通过光纤发送出去，在接收端再把光信号转换成电信号，进一步转换成声音信号，实现新的中介物的通话。

1973 年，马丁·库帕（Martin Lawrence Cooper，1928—）发明手机。手机的通信原理是手机信息源将各种可能的信息转换成电信号，发射机将电信号转换成适合在无线信道中发送的射频信号（高频电磁波），接收机再在空中接收电磁波信号并恢复成电信号，显示设备再将电信号转换成原始信息。不论是电话机的光信号通信，还是手机的无线电通信，其传递信息的基本原理都一样，都是先利用声音振动改变电流的大小，然后再将电信号转换成新的中介物，都是利用了借助中介物的思想。

从初始电话的出现实现远距离通话，再到手机的出现实现随时随地的远距离通话以及多种信息形式的传递，电话作为一种电子沟通媒介提高了沟通效率，缩短了人与人之间的距离，为生活和工作提供了方便。电话在它的发展过程中一步步地被完善，从贝尔电话的发明到通话质量的提高再到载波频率的提高以至于多种功能的实现，体现了动态进化的全过程，这也提示我们在创新中不能脱离原有事物，应该善于从原有发明中得到启示，同时，任何事物都不是一成不变的，都存在完善和发展的可能，只有不断地创新，才能有科技的发展和飞跃。

参考文献

何家振，方兰珍. 1993. 自动电话机原理及维修. 上海：上海交通大学出版社：13-14.
梁湖辉. 2009. 谈电话机的发展. 技术物理教学，17（1）：48-49.
邢修平，王忠诚. 2006. 电话机、手机及传真机维修入门与提高. 北京：电子工业出版社：46-49.
徐乐喜，李勇帆. 2000. 新型电话机电路解析及故障检修. 北京：人民邮电出版社：1-3.

第3章　技术与文化艺术有机融合的现代综合艺术——电影

电影是由照相术和幻灯放映术综合发展起来的一种能展示连续影像画面的技术，也是一种集文学、摄影、音乐和文字等多种艺术形式为一体的现代综合艺术。在当今社会，电影已深入人们生活的方方面面，成为日常生活中不可或缺的一部分。

电影是以人类生理视觉反应为基础的。很早以前人们就发现，当眼前物体被移走后，物体反映在视网膜上的物象不会立即消失，而是会继续短暂停留一段时间（一般为 0.1~0.4 秒）。这种生理原理叫“视觉暂留”。“视觉暂留”原理是电影拍摄和放映的根据，是电影各项技术发明所依赖的基本生理原理。电影的各项技术发明是由众多发明家不断改进完善发展而来的，其中凝结着众多创新思维和心血。

3.1　马奔跑时蹄子是否都离地？——问题导向打开电影发明的窗口

可以说电影的出现与一个有趣的问题有很大联系，这个问题就是马奔跑时蹄子是否都离地。有人认为马奔跑时在跃起瞬间四只蹄子是腾空的，也有人认为始终有一只蹄子是着地的。美国摄影师麦布里奇（Eadweard Muybridge，1830—1904）对此产生浓厚兴趣，一直试图解开其中的秘密。由于人的眼睛很难看清快速奔跑的马蹄子是如何运动的，因此身为摄影师的他想到可以拍摄下马奔跑的整个过程，用照片来验证哪个观点是对的。然而当时的照相术只能单张拍摄而不能连续拍摄，为此他想到一个办法：在跑道上安放一排照相机，当一匹马从跑道一端飞奔到另一端时，会依次把与照相机快门连接的引线绊断，从而拍摄到马奔跑时的照片（图 2-3-1）。1878 年，麦布里奇利用这个方法成功拍摄到 24 张较为清晰的照片，他把这些照片按先后顺序剪接起来组成一条连贯的照片带，根据照片带可以看到马在奔跑时有短暂的时间是四只蹄子腾空的，麦布里奇通过不懈探索成功解决了这个问题。

图 2-3-1　麦布里奇拍摄的跑马运动照片

这种解决问题的思路引起了人们的注意，有人曾快速牵动那条照片带，结果惊奇地发现照片带中静止的马叠成了一匹运动的马，马竟然“活”起来了！一个原本静止的画面竟然动了起来，这引发了人们的强烈兴趣，于是众多发明家开始思考利用这种思路将相对静态的事物用动态的形式展现出来，而这也就是电影得以出现的最初思想来源和动力，为电影的出现打开了一扇窗。

3.2　分解与合成中探索出记录世界的新技术

照相术的发明早于电影，而照相术能被应用到电影的发明中，主要得益于麦布里奇拍摄的跑马照片对人们思想的启发。承袭麦布里奇的思路，人们一边开始研究如何将现实生活中的事物快速、连续地拍摄下来，一边也开始研究如何实现让马“活”起来的效果（这是影像放映机被发明的源泉和动力）。可以说电影的出现需具备两个基本技术条件：一是照相术的发明，它可以将物体运动过程分解为若干相位并逐个记录下来；二是放映机的发明，它可以将记录下来的运动分解相位按顺序组合并放映出来。

电影是由照相术和幻灯放映术结合发展起来的，这两种技术的结合过程体现了分合思维的创新原理（图 2-3-2）。简单来说，电影的发明过程就是先利用可以连续拍照的摄影机，把物体的动作按时间顺序分解成一个个单独的动作画面，记录在胶片上，再利用放映机按一定放映频率把胶片连续投放到银幕上。在这种分解与合成的过程中实现静态影像到动态影像的转变，碰撞出了一种新的展示事物的方式——电影技术。

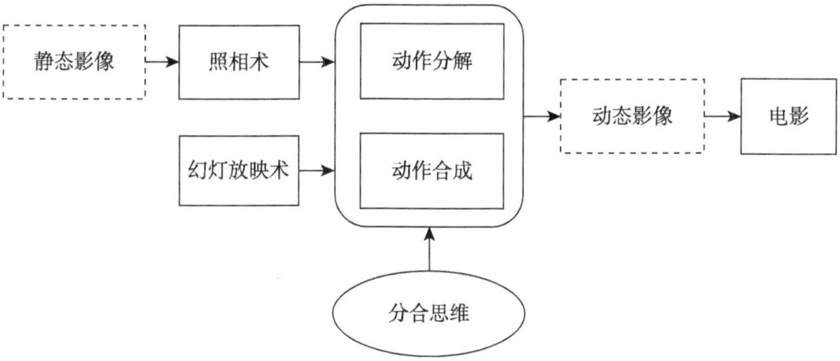

图 2-3-2 电影发明的分合思维

3.3 手枪间歇运动引发联想和模仿创新

照相术的发展为电影的发明提供必备条件，然而人类“视觉暂留”的时间为 0.1~0.4 秒，多个间隔时间过长的照片连在一起并不能给人一种连贯顺畅的视觉感受，因此如何实现快速连续拍摄功能是需要解决的关键技术难点。

其实早在 1874 年，法国天文学家让桑（Pierre Jules César Janssen，1824—1907）就制作出一个可以连续拍摄的摄影转轮——它在 72 秒的时间内连续拍摄了 48 张金星凌日过程的照片。但是让桑的摄影转轮最多只能达到每秒拍摄一张的速度，这远远不能满足实际的要求。

1882 年，麦布里奇在欧洲旅行时将自己拍摄的连续照片带展示给法国定时摄影师马莱（Etienne-Jules Marey，1830—1904），这使马莱受到极大的启发和鼓舞。马莱为这个“活”起来的马感到惊奇和兴奋，但是他认为麦布里奇的拍摄过程太过烦琐而不能进行大规模推广和应用，而让桑的摄影转轮拍摄的时间间隔较长不能满足要求，于是马莱在让桑的摄影转轮的影响下，开始研究能够实现快速连续拍摄，更方便快捷的设备。

马莱从左轮手枪发射子弹的间歇运动中受到启发，联想到可以将这种间歇运动的原理应用到连续拍摄照片的过程中。1882 年，马莱经过不懈努力发明了外形酷似手枪的摄影枪（图 2-3-3）。该摄影枪在手枪的基础上进行改进和调整，在步枪的扳机处安装了一个由铁盒密封的装有感光纸片的感光盘，枪筒改成带有镜头的铁管，感光盘和快门的运动都是由时钟的齿轮装置控制的，当扣动扳机时，感光盘和快门因齿轮装置产生联动反应，由此连续不断地拍摄出影像。

图 2-3-3　摄影枪的外形

马莱的摄影枪在模仿手枪发射原理的基础上，还增加了很多更有价值的功能，这也充分体现了价值工程的思想，即尽可能多地增加功能与降低成本。马莱的摄影枪相较于让桑的摄影转轮，在功能上有很大程度的改善，可实现每秒拍摄 12 张影像，还可以伸缩调整焦距，并通过枪尾的显微镜窥视影像的鲜明度等。

3.4　移植缝纫机间歇运动原理发明影像放映机

电影得以出现的第二个技术条件就是幻灯放映术的发明。随着放映机的出现，人们开始考虑如何利用放映机将拍摄到的连续照片放映出来供人观赏。在实际操作中人们发现，如果将拍摄到的照片像传送带那样不停经过幻灯机的片门时，银幕上就会什么都看不清楚。而让照片做一动一停的间歇运动时，银幕上就会清晰连贯地投射出照片上的影像。因此如何使照片在 1 秒内做到固定次数的动与停的间歇运动是一个极其关键、迫切需要解决的问题。

法国奥古斯特·卢米埃尔（Auguste Lumière，1862—1954）和路易·卢米埃尔（Louis Lumière，1864—1948）两兄弟观察缝纫机工作时发现，缝纫机缝衣服时衣料正是在做一动一停的间歇运动，他们由此联想到电影放映同样需要做到这样的间歇运动。进一步研究后，他们发现缝纫机之所以能够实现间歇运动，主要是应用了带牵引的带爪滑框的工作原理。于是他们将这一工作原理移植到影像放映的技术中，最终在 1894 年发明“活动电影机”，巧妙解决了照片间歇运动通过片门的问题。他们还设计了每秒播放 16 个画格的放映速度，解决了放映画面的清晰度问题。

1895 年 12 月 28 日晚上，卢米埃尔兄弟放映了《火车进站》《工厂大门》等真正意义上的“电影”。电影放映的当天晚上生意并不好，才来了 33 人。但这惊人的消息很快传了出去，第二天足足来了 2 000 人！当放映到火车出站的场面时，惊慌失措的观众们纷纷尖叫着逃离座位躲避火车，生怕火车会撞到他们，以至于每次电影放映前都要再三声明“火车是不会跑出来的！”。由于观众拥挤，警察都不得不前来维持秩序，每天放映 18 场都还满足不了人们的好奇心。

很多创新思想来源于对生活中相似或类似事物的观察和思考，进而产生联想并将思想或原理移植到自身的实践当中。卢米埃尔兄弟从缝纫机的间歇运动中联想到电影的放映过程也需要做类似的间歇运动，进而开始研究缝纫机做间歇运动的原理，发现缝纫机的间歇运动主要是利用带爪滑框的工作原理，进而将带爪滑框的工作原理移植到解决影像放映间歇运动的难题上来，巧妙解决了影片放映的关键问题，成为影像放映技术发展中的一项重大进步。

3.5　声音和影像组合出会说话的电影

早期的电影都是无声的，影片本身不发出声音，剧中人物的对白通过动作、姿态以及插入字幕等方式间接表达出来，如喜剧大师卓别林早期拍摄的电影都是无声的。但是人们并不满足于此，总希望能同时感受视觉和听觉上的双重震撼，于是有人开始考虑如何为无声的电影添加声音。开始时人们尝试由放映员在旁边为电影配音，但是这种做法的操作难度较大，并且观赏效果不好。之后有人想到在电影放映现场进行音乐伴奏，这种方法受到人们的欢迎但不能从根本上解决问题。人们还尝试利用压缩空气来扩大声音，可是发出的声音带有浓重的鼻音。再后来出现留声机，人们用留声机将声音记录在唱片上与影片一同播放，但是这种方法的不便之处在于，演员们必须将他们的嘴唇动作与留声机唱片记录的声音配合起来，否则就会影响观看效果。可以说人们尝试了各种方式，想让声音和影像实现同步放映，但结果并不理想，毕竟这些办法只是弥补了观众的听觉缺憾，不能从根本上解决观众对影片音色配合期望的问题。

1910 年，爱迪生（Thomas Alva Edison，1847—1931）宣布他发明了有声电影。爱迪生的贡献在于他在同一时间里把声音和影像同时记录下来，这在当时是其他人都无法做到的。早在 1877 年爱迪生就发明了一项声音存储技术——留声机，随着无声电影的出现，爱迪生想到：能否将两种技术组合起来，实现影像和声音的同时记录？在这种思路的指导下，爱迪生进行了很多次试验，终于发明了有声电影。有声电影的机理是在拍摄影像时使用两种感光性能不同的底片，一种摄取画面，一种记录声迹，再经过一系列工艺处理，使声迹和画面合印在一条正片上，从而制成同时拥有声音和影像的影片。放映机附有还音装置，影片放映时，在映出画面的同时能使声迹还原为声音。

爱迪生发明的有声电影受到人们的热烈欢迎，它克服了之前各种方法的弊端，实现声音和影像的同步放映，将电影由无声期的纯视觉艺术发展为视听结合的艺术。历史上第一部有声影片是华纳兄弟公司 1927 年出品的《爵士歌王》，纽约的观众在观看电影时突然听到主角开口说了话："等一下，等一下，你们还什么也没听到呢。"这一句话标志着一个电影新时代的来临。

3.6 电影不断创新发展的启示

电影的发明过程中蕴含众多科学创新原理（图 2-3-4），为今后人类的创新发展提供了宝贵的经验。麦布里奇解决"马奔跑时蹄子是否都离地"这一问题的思路，为无声电影的出现打开了一扇窗，催生了连续拍摄功能和影像放映功能的需求，使后人开始持续不断地探索和创新。而马莱在麦布里奇的启发下，运用模仿思维和联想思维，将左轮手枪发射子弹时的间歇运动工作原理加以运用，发明出可快速连续拍摄的摄影枪，并遵循价值工程的思想增加了很多除摄影以外的其他功能。卢米埃尔兄弟则在缝纫机的间歇运动中获取影像放映功能的创新思想，将缝纫机带爪滑框的工作原理移植到电影放映机的发明中，成功解决影像放映中的关键问题。而当连续拍摄功能和影像放映功能都实现后，在动作的分解与合成中，无声电影问世了。为了满足人类视听享受的期望，爱迪生遵循组合原理将声音和影像组合在一张胶片上，实现声音和影像的同步放映，推动了有声电影的出现……

如今电影已经诞生了 100 多年，由无声电影到有声电影，由有声电影到彩色电影，进而到更加复杂的数字电影，人类的创新活动促进科学技术的不断发展，而科学技术的每一次进步都使电影在艺术进步的阶梯上不断登上一个新的高度。创新是人们不断进步的动力，而科学创新原理是人们从事创新实践的理论基础和行动指南，创新虽有大小、高低层次之分，但无领域、范围之限。只要能科学掌握和运用创新的原理，人人都能创新，事事都能创新，处处都能创新，时时都能创新。

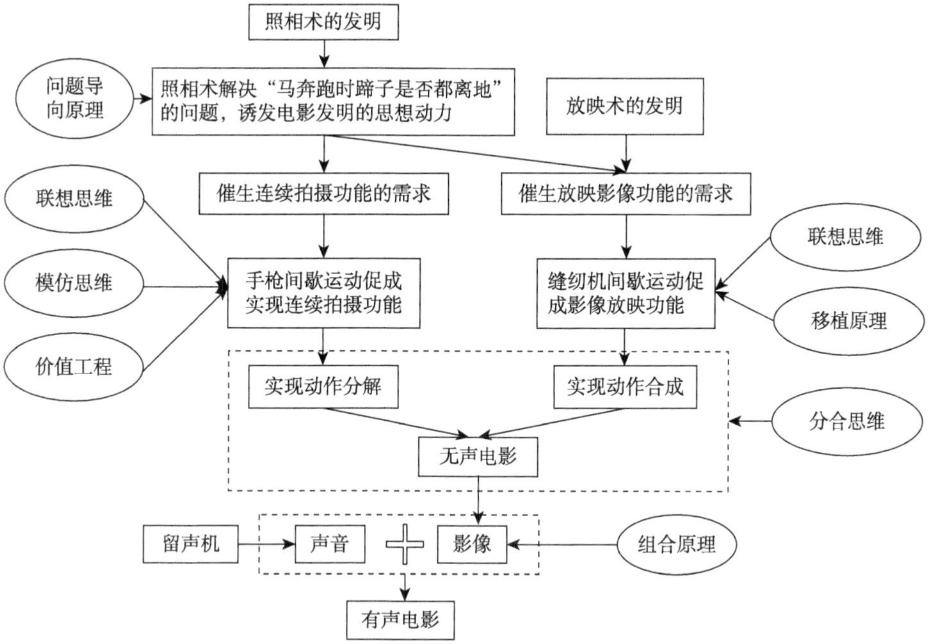

图 2-3-4　电影发明过程中的主要创新原理

参 考 文 献

雷叔. 2013-10-04. 马雷的摄影枪—— 史上第一台便携式摄影设备. http://jandan.net/2013/10/04/primera-camara-portatil.html.

李铭. 2012. 让桑是怎样拍摄金星凌日的. 现代电影技术，（7）：53-59，62.

李铭. 2013. “枪手”马莱是怎样成为电影摄影之父的. 现代电影技术，（8）：54-59.

李铭. 2014. 电影发明中的主要技术问题是怎样解决的（二）. 现代电影技术，（4）：57-62，64.

卢锋，王苏平，沈大为. 2006. 数字技术引发电影创作和电影理论的变革. 现代电影技术，（10）：15-18.

潘天强. 2013-09-22. 第一课：电影发明家：卢米埃尔兄弟与爱迪生. http://i.mtime.com/1010853/blog/7679466/.

星晢. 2011-04-16. 电影的发明和发展. http://blog.sina.com.cn/s/blog_726c84d50100qucv.html.

薛福连. 2009. 电影与缝纫机. 发明与创新（综合版），（8）：47.

第 4 章　侯氏制碱法：开创现代制碱工业新纪元

走进北京化工大学，你会发现校园内矗立着一座杰出科学家的雕塑——侯德榜先生（1890—1974），这是为了纪念他在制碱方面为中国乃至世界做出的巨大成就而建造的。他发明的侯氏制碱法（又称联合制碱法）使中国摆脱了洋碱高价进口的弊病，有力地促进了我国化学工业的发展。他犹如一块坚硬的基石，与范旭东、陈调甫等实业家一起，托起中国近代化学工业的大厦。

侯氏制碱法中的“碱”是指纯碱，学名碳酸钠（Na_2CO_3），是生产玻璃、搪瓷、肥皂、纸张等工业品以及食品、药品和日常生活用品不可缺少的基本化工原料。一包 50 千克的纯碱，现在市场标价为 100 元左右，但在 20 世纪初，1 两（1 两=50 克）碱粉曾比一两白银还贵。为什么价格差异如此之大呢？原来，那时我国工业生产、人民日常生活所需的纯碱全部依赖进口，而在第一次世界大战期间，欧亚交通梗阻，市场吃紧，英国在华的卜内门公司为攫取暴利，囤积居奇，出现了“碱粉比白银贵”的局面。纯碱的匮乏，导致以纯碱为原料的企业倒闭了十之八九，这严重影响国计民生。

20 世纪初期，世界制碱业通常采用的是索尔维兄弟创立的索尔维法（又称氨碱法）。在索尔维法发明之后，英国卜内门公司为谋取暴利，将这一制碱技术完全垄断，中国无法自主生产纯碱，只能从国外高价进口纯碱。为打破国外对中国制碱业的垄断，振兴民族工业，著名实业家范旭东力邀当时已是美国化工学会会员、年仅 30 岁的侯德榜回国担任天津塘沽碱厂总工程师，着手研究新的制碱方法。历时 9 年，他们终于攻破了由少数西方国家垄断和严密封锁的索尔维法制碱技术，成功地生产出质量合格的纯碱。1937 年，抗日战争正式爆发，采用传统的索尔维法制碱成本太高，因此，国人准备向德国购买新的制碱工艺——察安法的专利，但德国与日本暗中勾结，除高价勒索外，还提出种种丧权辱国的条件（禁止在中国东北三省销售中国制造的纯碱），于是侯德榜中止与德国人谈判转而自行研发。终于在1943年，侯德榜成功研制出中国自己的制碱方法——侯氏制碱法。那么，在内忧外患的大背景下，侯德榜先生是如何发明侯氏制碱法的呢？

4.1　“短板”到“长板”的嬗变

传统索尔维法的制碱原理：煅烧石灰石制得二氧化碳（CO_2），将氨气（NH_3）通入食盐水（主要成分为 NaCl、H_2O）中形成氨盐水，然后向氨盐水中通入二氧化碳，生产出溶解度较小的碳酸氢钠（$NaHCO_3$）和氯化铵（NH_4Cl），再将碳酸氢钠过滤出来，经焙烧得到纯净洁白的碳酸钠，溶液中的氯化铵与石灰石煅烧得到的生石灰（CaO）反应生成氨气和氯化钙（$CaCl_2$）。索尔维法制碱原理的化学方程式如下所示：

$$NaCl + NH_3 + H_2O + CO_2 = NaHCO_3\downarrow + NH_4Cl$$

侯德榜仔细揣摩索尔维法的制造过程，发现索尔维法有一个很大的缺陷：没有充分利用食盐和石灰石两种原料，两种原料反应时只利用了一半，食盐中的钠离子和石灰石中的碳酸根离子结合成纯碱，食盐中的氯离子和生石灰中的钙离子结合成了氯化钙，但氯化钙不仅没有实际用途，还占地毁田、污染环境。同时，这种制碱方法造成原料的很大浪费，食盐利用率不高，有近30%的食盐被白白地浪费掉。那么该如何解决这些问题呢？怎样才能使另一半原材料的成分变废为宝呢？针对这些问题，在研制制碱方法的过程中，侯德榜摒弃了石灰石这一原料，转而使用焦炭、空气、水、食盐，并改进索尔维法的具体操作流程，创造了新的制碱方法。这种新的制碱方法的制碱原理的化学方程式如下所示：

$$NH_4HCO_3 + NaCl = NaHCO_3 + NH_4Cl$$

采用这种方法生成的氯化铵是一种化学肥料的主要成分，可以采用在母液中加入食盐的方法使它结晶出来，成为化工产品或化肥，而食盐溶液可以循环使用。通过这种方法制造纯碱，不但极大地提高了食盐的利用率（利用率高达98%），而且在同一个过程中生产出了化肥。由于这种制碱技术具有成本低廉、产品质量高等优点，已经被全世界采用。

4.2 遵循分合思维原理，探究制碱新工艺

1941~1943 年，侯德榜经过 500 多次循环实验，分析了 2 000 多种样品，终于确定了新的工艺流程（图 2-4-1）。侯氏制碱法的特色之一就是将氨碱法和合成氨法结合起来，把氨厂和碱厂建在一起，联合生产，由氨厂提供碱厂所需要的氨和二氧化碳，母液里的氯化铵用加入食盐的办法使其结晶出来，作为化工产品或化肥，食盐溶液则可以循环使用。

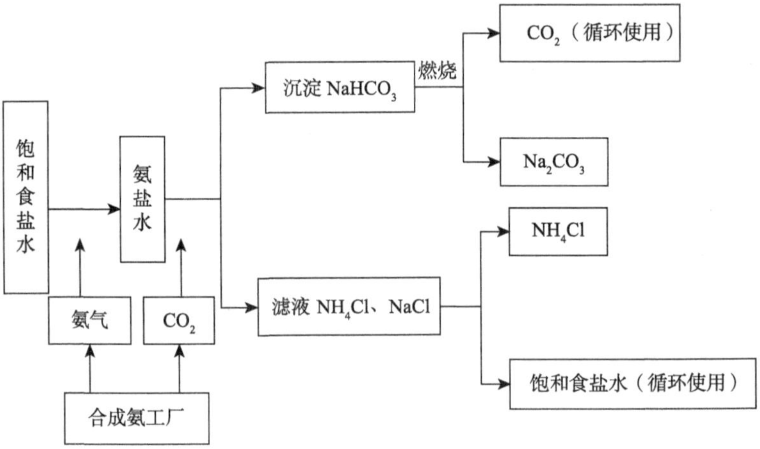

图 2-4-1　侯氏制碱法工艺流程

侯氏制碱法研制过程中体现的分合思维原理除了体现在将氨厂和碱厂联合起来，还体现在制碱的化学反应原理上。在溶液中，离子会向着使该离子浓度减少的方向进行。要制纯碱，就要利用碳酸氢钠在溶液中溶解度较小的特点，先制得碳酸氢钠，再利用碳酸氢钠的不稳定性得到纯碱。要制得碳酸氢钠就要有大量钠离子和碳酸氢根离子，所以就在饱和食盐水中通入氨气，形成饱和氨盐水，再向其中通入二氧化碳，这样溶液中就有了大量的钠离子、铵根离子、氯离子和碳酸氢根离子，其中碳酸氢钠溶解度最小，所以析出，其余产品处理后可作为肥料或循环使用。

4.3　成本与价值比较下的优化

创新并不一定是取代式、颠覆式的，也可以是在原有基础上的改良。侯德榜针对索尔维法原材料利用率低的问题，将氨离子代替钙离子，但这在提高原料利用率的时候，却无形中增加了生产碱的成本，因为在索尔维法中，将石灰石煅烧这一工艺流程相对于合成氨来说成本是较为低廉的，也就是说，侯氏制碱法在针对索尔维法原材料利用率低导致成本高的这一问题进行改进时，虽然大大提高了原材料的利用率，但是却增加了设备的成本。那侯氏制碱法为何又能比索尔维法更胜一筹，成为世界闻名的制碱工艺呢？根据价值工程原理，要综合考虑产品的成本和功能两方面的因素，提高产品价值（功能和成本之比）有以下五个途径：①提高功能，降低成本，大幅度提高价值。②功能不变，成本降低，提高价值。③功能有所提高，成本保持不变，从而提高价值。④功能略有下降，成本大幅度降低，从而提高价值。⑤以成本的适当提高换取功能的大幅度提高，从而提高价值。侯德榜的制碱方法虽然在一定程度上提高了设备的成本，但在同时还提供了另外一种产品——氯化铵，这是一种速效氮素化学肥料，具有很高的使用价值。这一点符合价值工程原理中提高产品价值的原则，虽成本有所增加，但是同时生产出了纯碱和氯化铵化肥，这使得侯氏制碱法的整体价值得以提升。

4.4　侯氏制碱法带给我们的启示

1943 年，中国化学工程师学会一致同意将这一新的制碱方法命名为侯氏制碱法。侯德榜并没有高价出售专利、大发其财，而是主张把这一秘密公之于众，让世界各国人民共享。他把制碱的全部技术和自己的实践经验写成专著《制碱》在美国出版。侯氏制碱法以其独创性和巨大的工业价值，在中国工业发展史上占有独特的重要地位，并且把世界制碱技术水平推向一个新高度，迄今为止仍是世界通用的制碱方法。

侯氏制碱法的发明赢得如此之高的国际地位，其中体现的创新原理值得我们深思（图 2-4-2）。侯德榜针对传统索尔维法原材料利用率低的缺点，采用问题导向原理更换原材料并设计新的制碱方法，创造性地将氨厂和碱厂建立在一起，采用合成氨的方法提供制碱所需要的氨气。可是这又出现了一个问题——合成氨的设备成本提高了。但是侯氏制碱法生产出了氯化铵这一新产品，可用作化肥，从整体来看提升了侯氏制碱法的整体价值，体现出价值工程原理。

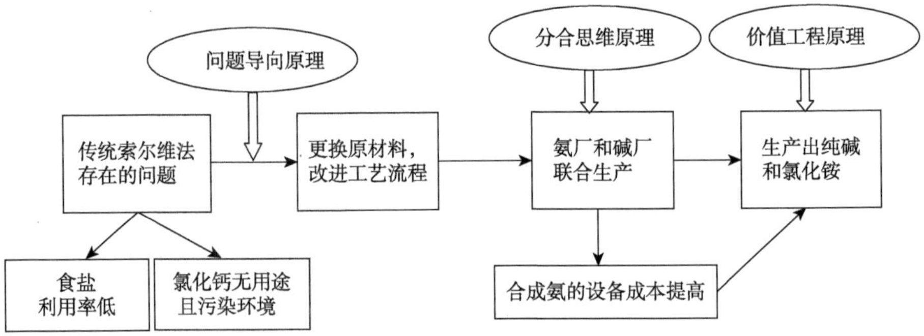

图 2-4-2　侯氏制碱法体现的创新原理

创新的过程并不是一蹴而就的，在进行大量实验工作的同时，还应有意识地运用创新原理，如侯德榜就有意识地采用问题导向原理、创新思维原理，并且新工艺的开发过程也体现了价值工程原理，这些创新原理的应用对侯氏制碱法的发明起着至关重要的作用。所以，创新原理能够为发明创造活动提供基本途径和理论指导，帮助人们打开思维，更好地实践创新活动。

参考文献

侯德榜. 2011. 跨越元素世界. 天津：百花文艺出版社：17-26.

第 5 章　化学能转化为电能的装置——电池

18 世纪是电学迅猛发展的阶段，但人类关于电学的认识主要集中于静电范畴，主要通过摩擦生电来解决用电问题，人们一直渴望获取持续而稳定的电流。

1780 年，意大利解剖家伽伐尼（Galvani，1737—1798）在做青蛙解剖实验的过程中，偶然发现被解剖的青蛙出现收缩现象，并通过研究发现实验过程中有电流经过青蛙体内，伽伐尼将其称为“生物电”。受伽伐尼实验结果的启发，意大利物理学家伏特（Volta，1745—1827）也开始进行相关探究，并对蛙腿收缩现象是“生物电”的说法产生怀疑，认为产生电的根源在于不同金属与湿物体的接触。1800 年，伏特通过将不同的金属浸泡在液体中进行试验，发现有电流产生，最终利用“金属电”原理发明了伏特电池。其后，伏特又通过组合伏特电池发明出伏打电堆。在此基础上，人类又通过克服伏打电堆的缺点，发明了方便携带的干电池。

电池的发明使得电学的研究领域突破静电范畴，为后续相关电学研究提供稳定的电流条件，推动电化学、电磁学等重大科学发现的产生。随着社会不断进步，具有轻巧、便捷、持续、节能、环保等特点的电池成为新的发展需要。为此，电池不断被改进，锂离子电池、燃料电池、太阳能电池、核电池等先后产生，其中锂电池被广泛应用于计算机、手表、照相机等电子设备中，燃料电池较多应用于发电厂、军事、电动车等领域，太阳能电池在航空航天领域有较多应用，核电池主要应用在太空、医疗等领域。

5.1　问题引导，开启探索之旅

1780 年，伽伐尼将被剥皮的青蛙放在起电机旁，无意中用解剖刀触及青蛙时，已死的青蛙腿发生剧烈的抽搐，这个现象引起伽伐尼的密切关注。他重复该实验，仍然发现蛙腿抽搐的现象，蛙腿的收缩是否与电有关的疑问一直困扰着他。为寻求答案，伽伐尼用铜丝将剥皮的青蛙悬挂在铁窗上，发现无论雨天还是晴天，青蛙的腿都会不停地抽搐，只是剧烈程度有所不同，伽伐尼基于此猜想蛙腿抽搐是否与“大气电”有关。随后，他在密闭房间中进行相同的实验，发现蛙腿也会产生抽搐，随即排除了外来电的想法。之后，伽伐尼尝试用玻璃、橡胶、松香、干木等代替金属，没有发现类似现象。1791 年，伽伐尼发表《论在肌肉运动中的电力》，在文章中论述蛙腿抽搐现象是由于在蛙腿的神经和肌肉中有生物电，认为电起源于蛙腿。

伽伐尼在发现蛙腿抽搐的偶然现象后，凭借其高度敏感性认真思考，并据此产生疑问，经过坚持不懈的研究后提出“生物电”的说法。虽然伽伐尼对于蛙腿抽搐现象没有给出正确的解释，但春风不到，草芽不发，正是伽伐尼研究结果的发表引起伏特的注意，伏特据此开始进行相关探索，最终电池得以发明。问题是开启任何一门科学的钥匙，勇敢的质疑才会可能有惊人的成果。在科研工作中，要坚持提出疑问比解决疑问更重要的态度，这样我们才能够开创探索科学的新路径。

5.2　勇于质疑，探究“蛙腿抽搐”原理

伽伐尼的研究引发了当时许多科学家竞相探索电流产生的奥秘，伏特也对“蛙腿抽搐”现象产生浓厚的兴趣。伏特开始重复伽伐尼的实验，发现青蛙腿的抽搐程度与连接青蛙的金属有关系。于是，他对伽伐尼“生物电”的观点提出异议，认为“蛙腿抽搐”现象的产生不是由肌肉组织引起的，而是与金属有关。为此，伏特将一块金币和银币放置于自己的舌头上，将两个硬币之间用金属丝连接，发现舌头有苦味。将两种相连的金属一端放在嘴里，另一端与眼睛接触，会产生光的感觉，这些实验使得伏特认为电不仅能够引起颤动，还会影响味觉和视觉，并由此得出结论——电流产生不是由于青蛙放电，而是动物体内的盐溶液起了验电器的作用，并将出现这种现象的主要原因归结于不同金属与湿的物体接触，提出“金属电”的说法。伽伐尼青蛙实验电流产生原理如图 2-5-1 所示。

质疑是迈向哲理的第一步，如果伏特在重复伽伐尼实验后，没有勇于质疑伽伐尼的“生物电”说法，那么伏特可能不会发明出在电力学史上具有举足轻重地位的电池。我们在日常科研工作中，要敢于持怀疑精神，将其作为科学精神的重要组成部分，通过质疑促进我们不断寻求真理。

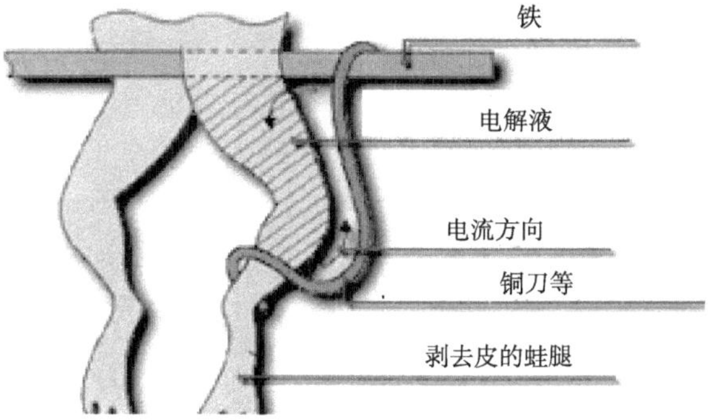

图 2-5-1　伽伐尼青蛙实验电流产生原理

5.3　移植“金属电”原理发明伏特电池

伏特借鉴不同金属接触已死青蛙，青蛙产生抽搐的原理，认为既然青蛙肌肉在产生电流的过程中起着验电器的作用，那么用溶液代替青蛙肌肉，应该也能得到类似结果。依据自己提出的伏特序列，伏特从第一类导体中选取了铜片和锌片，盐溶液则作为第二类导体。伏特认为当第一类导体中不同的金属同时与第二类导体相接触并形成回路时，就会产生稳定持续的电流，于是便将一块铜片和锌片浸在盐溶液中，并用导线将其连接。他发现装置中有较微弱且稳定的电流产生，并且铜片带正电，锌片带负电。

伏特通过借用他山之石，来攻破电力学中只靠摩擦生电的困境，设计出伏特电池。在科研工作中，我们可以通过将现有原理应用到新的领域，促进彼此之间的相互渗透、综合，伴随而来的可能是出人意料的惊喜。

5.4　组合伏特电池，优化电池装置

虽然伏特电池产生了电流，但电流却比较微弱。为获得较强的电流，伏特将很多对铜片和锌片依次叠放起来形成一个圆柱，并在每一对铜片和锌片之间放置一块盐水浸透的硬纸圆片，然后用导线接通叠放形成的圆柱的底端和顶端，他发现装置中会产生较强的电流（图 2-5-2）。在后续的改进实验中，伏特发现将铜片换成银片或者增加金属片都会有更好的电流效果产生。伏打电堆的产生意味着

人类不用再仅靠摩擦生电，可以利用伏打电堆产生稳定且持续的电流。为了纪念伽伐尼的发现，伏特将电池命名为伽伐尼电池。而人们为表彰伏特的卓越贡献，使用伏特作为电动势的单位。

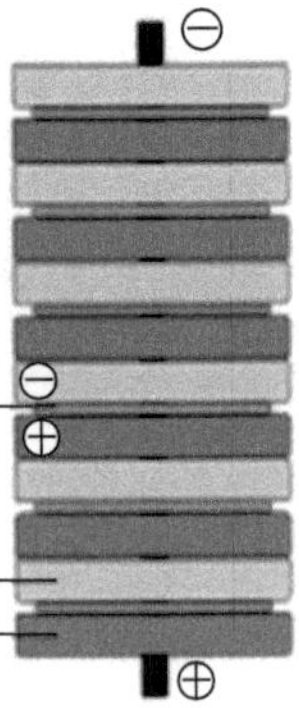

图 2-5-2　伏打电堆

针对单对铜片、锌片及盐水浸透的硬纸圆片产生较弱电流的问题，伏特通过将多对进行组合，产生更为优化的电池装置。在科研工作中我们可以通过组合弥补单个事物单独使用时功能上的缺陷，从而促成愈加完美的结果出现。

5.5　变换电解液产生干电池

虽然伏特发明了伏打电堆，但关于“金属电”的说法是错误的。有学者通过实验证明伏打电堆产生电的主要原因是由于电池内发生了化学反应。由此，得出伏打电堆生电的主要原理，即为通过接通电路将储存的化学能转化为电能。而伏打电堆在实际应用的过程中，开始显现出一些不容忽视的缺点，主要包括不方便携带；在电池不使用时，锌片和电解液仍然发生反应，化学反应产生的氢气会蒙住锌片，使电压下降。伏打电堆的这些缺点促使人类不断对电池进行改进。

1868 年，法国的雷克兰士（George Leclanche，1839—1882）发明锌锰电池。用锌和碳棒做成电池的两极，将糨糊状的氯化铵作为电解液，加入黑色的二氧化锰粉末作催化剂，由此“干”性电池出现，这种电池被称为 Leclanche 电池。1887 年，英国人赫勒森（Wilhelm Hellesen，1836—1892）发明了最早的真正意义上的干电池，电池产生电流的原理类似伏打电堆，但却用糊状的电解液代替液体，干电池不会溢漏，便于携带，因此被广泛应用。

由伏打电堆至发明干电池的过程中，蕴含着置换原理的精髓。干电池产生的主要原因之一就是为解决伏打电堆的缺点，扩大电池的使用范围。将伏打电堆中的电解液状态由液体变为糊状，通过改变克服伏打电堆的不足。我们要学会于现存的事物中发现其不足之处，然后尝试对影响其功能的原因进行分析，多做改变，寻求解决之道。电池发明过程中蕴含的创新科学原理如图 2-5-3 所示。

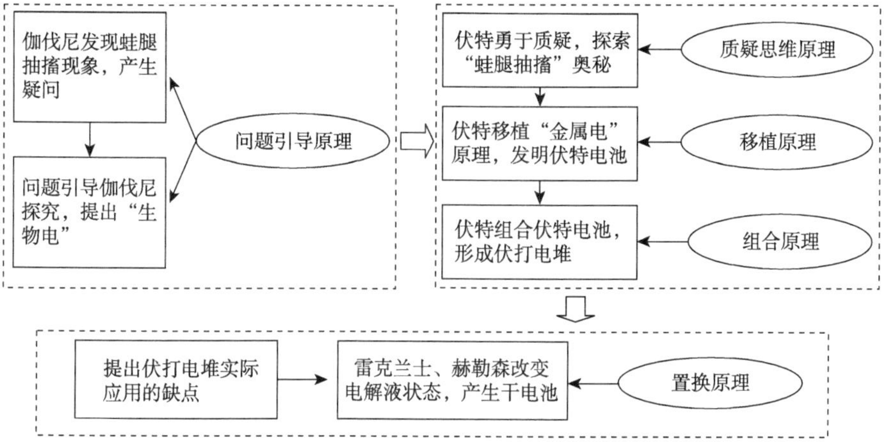

图 2-5-3　电池发明过程中蕴含的创新科学原理

5.6　穷则变，变则通

电池的发明，为电能搭建了一个临时的“小仓库”，有利于我们更加方便快捷的使用电能。在发明电池的过程中，为突破摩擦生电限制，科学家们利用创新不断变革，使梦想得以照亮现实。虽然电池翻开人类文明的新篇章，但是随着在现代社会中日趋广泛的应用，电池也展现其双刃剑效应，对于环境的污染愈加严重。因此，为应对能源短缺、环境恶化，仍需坚持以创新为原动力改进电池，开发出具有节能环保、高能量密度、高循环寿命等特点的新型电池，其中锂电池、燃料电池、太阳能电池、核电池等新型电池都在各自领域不断进行技术创新，促进人类社会的可持续发展。

参 考 文 献

但世辉，陈莉莉. 2011. 电池300余年的发展史. 化学教育，32（7）：74-76.
王正彦. 2009. “蛙腿论战”的科学意义及其在中学探究性学习中的应用建议. 生物学通报，44（2）：38-39.

第 6 章　破解生命之谜的关键点——成功合成人工结晶牛胰岛素

在物质运动发展的漫长演化过程中，人们一直对生命体的构成充满好奇，生命体到底是由什么构成的？19 世纪以前，人们认为有机化合物都是生物的组成成分，然而 1828 年，德国化学家弗里德里希·维勒（Friedrich Wöhler，1800—1882）通过加热无机化合物氨酸获得有机化合物尿素，打破了人们的这一传统观念，使人们对于生命的构成有了新的认识。随后，人们在动物体内发现血红蛋白、卵蛋白等一些蛋白质，这些蛋白质的发现使人们认识到蛋白质与生命现象密切相关，但它的结构如何，有着怎样的作用，这些像谜一样的问题一直深深吸引着人们的好奇之心。

6.1　为解释生命的奥秘，提出人工合成蛋白质

蛋白质结构较为复杂，尽管早期学者对蛋白质做了大量的研究，但对于蛋白质的结构依然无法确定。直到 1924 年，瑞典物理学家斯韦德贝里（T. Theodor Svedberg，1884—1971）通过测定生物大分子的分子量，证明了蛋白质具有固定的大小和组成。1953 年，美国科学家维格纳奥德（Vincent du Vigneand，1901—1974）合成第一个天然多肽激素——催产素。1955 年，英国生化学家桑格（Frederick Sanger，1918—2013）首次测定出天然蛋白质分子——胰岛素的结构，蛋白质的神秘面纱由此逐渐被揭开（胰岛素由 51 个氨基酸残基构成，这些氨基酸残基按一定的顺序接成 A、B 两条链，A 链有 21 个氨基酸残基，B 链有 30 个氨基酸残基，两链之间通过 2 个二硫键相连，A 链中另有 1 个二硫键的内部链接）。

然而此时蛋白质只是生物体活动的产物，如何在实验室中用人工的方法“扭一扭”多肽链，使其变成蛋白质呢？截至 1958 年，各国在蛋白质的人工合成领

域仍然进展不大。在当时的实验水平下，即使是人工合成像胰岛素这样的一个小蛋白质，都是令人生畏的事情。桑格更曾在世界权威杂志 *Nature*（《自然》）上发表评论文章说，“人工合成胰岛素还不是近期所能做到的”。因此，用实验方法制成有活性的蛋白质，解释蛋白质的秘密，成为人类的迫切愿望。在桑格等富有经验的生化学家尚不敢提人工合成蛋白质的时候，中国的科学家率先将这个难题摆到自己的面前。

6.2　路径迂回合成催产素，奠定胰岛素人工合成基础

1958 年，在确定人工合成蛋白质的课题之后，我国的研究学者开始考虑选择哪种蛋白质作为人工合成对象。当时，胰岛素是世界上唯一一个已知化学结构的蛋白质，通过分析当时的蛋白质研究现状，我国的人工合成蛋白质研究小组决定选择胰岛素作为蛋白质的人工合成对象。

虽然确定了合成对象，但是我国在人工合成蛋白质的研究上仍然困难重重，主要体现在合成小组的物质、人才和装备匮乏。通过桑格的研究可以知道胰岛素由 51 个氨基酸和 3 个二硫键组成，然而当时我国除了谷氨酸钠（味精）之外，甚至没有制造过任何氨基酸，更别提相关的合成经验、人才积累及合成设备。而此时在国际上，对于八肽（催产素）人工合成的相关文献记录较为充足，因此我国生化专家决定转变研究思路，迂回前进。既然目前直接人工合成胰岛素的条件还不成熟，那么我们就借鉴目前已有的相关多肽合成经验，先进行催产素的合成，积累经验，然后再合成胰岛素。

我国生化专家钮经义、黄维德、陈常庆、许根俊和王尔文等开始试着合成催产素，并于 1959 年成功合成具有生物活性的催产素。催产素的成功合成不仅发现了合成多肽的关键技术，而且积累了多肽合成方面的经验，为成功合成胰岛素奠定了坚实的基础。

6.3　基于分离原理设计人工合成胰岛素的路径

有了成功合成催产素的经验之后，生化专家们就开始考虑人工合成胰岛素的合成路径。既然胰岛素是由 A、B 两条肽链通过 2 个二硫键连接而成（图 2-6-1），那么人工合成胰岛素是否可以通过先分别合成胰岛素的 A、B 两条链，然后再结合二

硫键来完成呢？如果想试验这条路是否可行，就必须通过分离天然胰岛素，然后重新合成来确定。如果重新合成后的产物与天然胰岛素具有相同的生物活性，那么人工合成胰岛素就可以按照这种方法进行合成。但是，维格纳奥德等国外许多人都曾尝试过把拆开的胰岛素肽链重新组合，以期获得一定产率的天然胰岛素，但这些探索都无一例外地以失败告终。

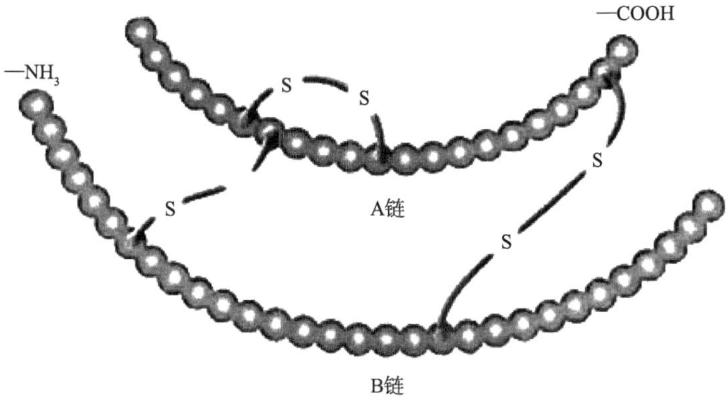

图 2-6-1　牛胰岛素 A 链与 B 链结合示意图

国内的生化专家邹承鲁、杜雨苍等并没有因此而放弃前进的脚步，他们着手尝试分离A链和B链，然后试图使它们正确组合以形成天然的胰岛素。通过多次试验，他们终于成功发现分离并合成天然胰岛素的方法——通过观察和分析天然胰岛素拆合后表现出的生物活性，判断出人工合成胰岛素的有效途径，即先分别合成胰岛素的A链和B链，然后再结合二硫键。这一重大发现为苦苦寻求胰岛素人工合成方法的研究学者们提供了解决思路。

6.4　灵感迸发下突破定式思维，发现人工 B 链连接方法

确定人工合成胰岛素的路径之后，国内的生化专家便开始人工合成 A 链和 B 链的工作。催产素的成功合成推动了人工合成 B 链的工作，B 链合成小组很快就合成了 B 链的重要组成部分：一个 8 肽和一个 22 肽。然而此时，人工 B 链的合成却遇到瓶颈。

由于肽链的合成远非一种成熟的常规技术，对活泼的侧链基团而言，必须小心地保护它们以防它们参与肽链的延伸反应而形成分叉的肽链。但在必要时，却

又要去掉这些保护基团，才能成功地合成所需的胰岛素肽链。因此，在保护试剂上，大家存在许多争议。虽然已经合成了B链的重要组成部分（一个8肽和一个22肽），却一直不能将它们连接起来，导致B链的合成进度缓慢。

直到1964年，通过不断分析、讨论失败的原因，总结经验和教训，一个大胆的想法在B链合成小组研究人员脑海中迸发：在以前的实验中总是采用保护B链的最后一个氨基酸的常规方式，如果打破这个常规方式，会不会有意想不到的效果呢？于是他们决定不保护B链的最后一个氨基酸，让其“赤脚”，结果问题迎刃而解，最终成功合成出人工B链。为测试合成的人工B链是否与天然B链有相同的效果，B链合成小组用人工合成的B链与天然的A链结合生成半合成的胰岛素，结果发现合成产物具有与天然胰岛素相同的生物活性，从而再一次确定人工B链合成成功。

6.5 质疑中大胆探索新路径，成功合成人工A链

人工B链成功合成的同时，A链的人工合成也在稳步进行。A链合成小组很快就合成了A链的重要组成部分：一个9肽和一个12肽。只要成功连接这两段肽链，人工A链就能合成了，然而就在此时A链合成小组遇到与B链合成小组相似的问题，即两段肽链迟迟不能成功连接。

A链合成小组开始分析连接失败的原因，但是小组成员对于失败的原因产生意见分歧。组长汪猷坚持提纯路线，认为只要把工作做得更细致一些，就可能使A链获得更高的纯度，小组成员李崇熙等则对此产生怀疑，他们认为不是纯度不够导致的A链连接失败，而是后12肽的保护基不恰当导致的，需要重新合成后12肽。为尽快合成人工A链，A链合成小组两种思路同时付诸实践。最终，李崇熙等的重新合成路线取得成功，新A链于1965年成功合成。

6.6 系统分析，反复实验，终成正果

人工A链和人工B链的成功合成为人工合成胰岛素的进行奠定了坚实的基础，二者能不能组合出与天然胰岛素具有相同生物活性的产物呢？杜雨苍、张伟军、杜雨苍等开始用人工A链和人工B链做全合成实验。然而在第一次小鼠惊厥实验中，组合后的产物注射到小白鼠身上，小白鼠没有跳，这表明组合后的产物

没有生物活性，人工A链和人工B链组合失败了。

那是什么原因导致全合成实验的失败？是人工A链出现了问题，或是人工B链有问题，还是结合方法不够好？大家开始系统思考整个的人工合成探索过程，由于人工A链合成过程中要求极为严格，所以汪猷断言人工A链肯定没问题。而人工B链与天然A链的结合是很成功的，这证明人工B链也没有问题。结合方法经过了无数次反复试验，说明结合方法肯定也是可行的。这只能说明一次的失败说明不了现在的做法是有问题的，于是他们决定重新试验。

最终在第二次实验中人工A链和人工B链组合的产物通过了小鼠惊厥实验，这证明人工合成胰岛素具有和天然胰岛素相同的生物活性。中国成为世界上第一个成功合成人工结晶牛胰岛素的国家。

6.7 人工合成结晶牛胰岛素给我们带来的思考

人工合成蛋白质是人们向往已久的，也是人类探索生命奥秘的首要方向。中国科研工作者在科研条件艰苦、科研基础薄弱的环境下，提别人不敢提，想别人不敢想，率先将人工合成蛋白质这个难题摆在自己面前。通过这个难题的引导，我国科研工作者在合成过程中大胆探索，应用逻辑思维、系统思维、质疑思维、灵感思维等创新思维，而且还采用问题引导原理、迂回原理、分离原理以及组合原理等创新原理，克服重重困难，成功合成结晶牛胰岛素，如图 2-6-2 所示。我国首次完成结晶牛胰岛素的人工合成，成为世界上第一个用人工方法合成一种具有生物活性的蛋白质的国家，使我国不仅在人工合成蛋白质方面跻身世界前列，而且在揭示生命奥秘的伟大进程中做出重要贡献。

我国科研工作者在人工合成结晶牛胰岛素的研究探索过程中表现出的创新思维和采用的创新原理对我们有重要指导价值。在探索过程中通过在一定条件下进行胰岛素的分离和组合，成功发现胰岛素人工合成路径，这与 TRIZ 理论中分离原理的指导思想一致，而且其中采用的创新方法与后来提出的和田十二法中的一些方法不谋而合，如“改”“变”“联”等。从探索过程中我们可以看出，一个人独立完成任务的工作方式已经不能适应社会的发展，更多时候需要我们积极与具备不同知识技能的人才沟通合作，集合众人知识，才能做出更大的成就。而逻辑思维、灵感思维、系统思维、迂回原理、勇于挑战自己、挑战权威的质疑思维等都会帮助我们发现和解决问题，因此我们要学会应用这些创新思维去指导自己的工作和学习，促进我们取得更好的成绩。

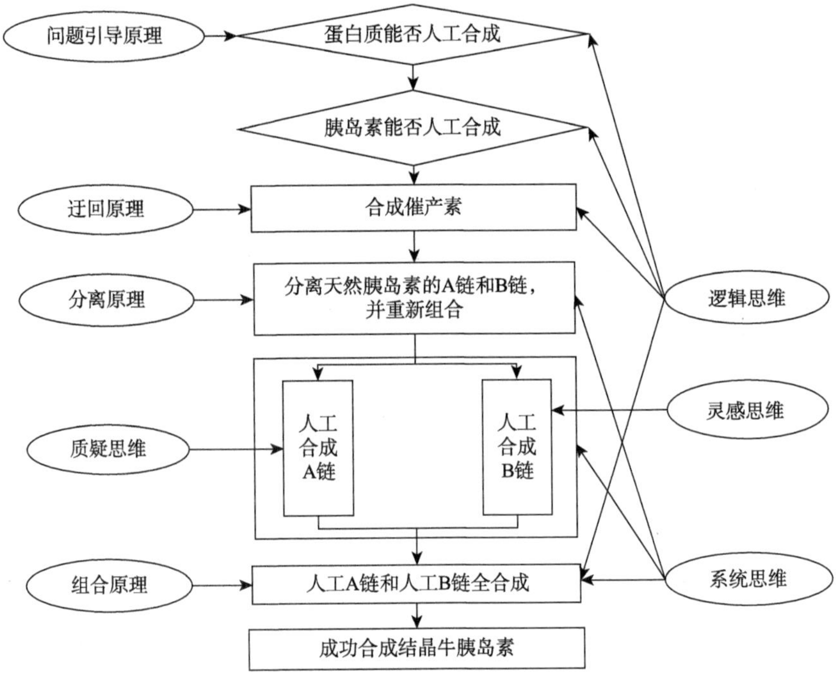

图 2-6-2　人工合成结晶牛胰岛素全过程

参 考 文 献

王芷涯. 2000. 中国科学院上海生物化学研究所胰岛素全合成工作情况. 院史资料与研究，（5）：62-77.

邹承鲁. 2009-09-28. 对人工合成结晶牛胰岛素的回忆. http://www.ibp.cas.cn/kxcb/kpwz/200909/t20090928_2529358.html.

第 7 章　古代中国发明的璀璨之光

勤劳智慧的中华民族很早就创造了自己灿烂的文明，中国的科学技术水平很长时间内在世界上处于领先水平。提到古代中国的科技创新，就无法避开四大发明，它早已誉满全球，名扬天下。无论是节日天空中那绚丽的烟火、茫茫大海上乘风破浪的巨轮，还是承载着人类智慧的书本，都与中国古代的四大发明息息相关。四大发明不但极大地促进了知识的传播，而且在一定程度上推动了社会形态的发展进程。在国家大力推进创新能力建设的今天，重新审视一下先人的创新之源，仍然有非常重要的借鉴意义。

7.1　消灭骑士阶层的利器——火药

火药的发明和传播对社会形态的进程有一定的影响。恩格斯最早把火药与社会的变革联系起来，他指出："以前一直攻不破的贵族城堡的石墙抵不住市民的大炮，市民的枪弹射穿了骑士的盔甲。贵族的统治与身披铠甲的贵族骑士一起同归于尽了。"帮助欧洲新兴资产阶级推翻封建统治的利器——火药，其发明就来自遥远的东方古国——中国。那么，火药是如何发明出来的呢？

7.1.1　无心之举引发火神之威

根据《太平广记》中的记载，隋朝初年，有一个叫杜春子的人去拜访一位炼丹老人，当晚住在那里。半夜杜春子梦中惊醒，看见炼丹炉内有"紫烟穿屋上"，顿时屋子燃烧起来。丹炉何以会发生事故呢？实际上，古代中国很多人相信道教，幻想通过服用丹药来达到长生不老的目的。在丹药的炼制过程中，通常会加入硝石、硫黄等成分，这些成分与木炭进行混合后，在配比达到某种程度时会发生剧烈燃烧甚至爆炸的现象。唐代的孙思邈在《丹经内伏硫黄法》中曾记载烧红的皂角放入硝石与硫黄的混合粉末内会引起剧烈燃烧，他还把炒制后的混合物称为“火药”，用于治疮癣、杀虫，辟湿气、瘟疫，可见火药最开始是作为一种医药来研制的。

由于这种所谓的“火药”在制作过程中经常发生事故，很难控制，当时大多数人的注意力都集中在如何对“火药”进行“伏火”，也就是如何把这种燃烧性能压下去。但火药的易燃性也引起了一些人的逆向思考，能否利用火药的这种燃烧性能呢？发散思维与逆向思维在这里起到很大作用。通过逆向思维，从控制这种药物的易燃性能转而向进一步加强、利用其燃烧性能。通过发散思维，古代中国人逐步意识到，这种粉末的功能可以移植到其他领域，特别是军事领域。

7.1.2 重新组合终成利器

当火药的燃烧和爆炸性能成为主要目标功能后，古代中国人逐步展开了针对火药性能的改进过程。这个过程是一个长期试验与摸索的过程，经过长期的经验总结，人们逐步掌握了配置火药的主要成分，即硝石、硫黄、木炭。在有记载的中国古代火药配方中，又不止于这些成分，人们经常会添加其他成分，用来获得一些额外的功能。中华民族是一个爱好和平的民族，长期以来，火药在中国主要用来制作各种各样的爆竹和绚丽多彩的节日烟火（图 2-7-1）——通过添加不同物质进行重新组合，特别是加入各种金属盐粉末，很多烟火品种被开发出来。当然，火药在军事领域的应用也得到很大进展，根据《武经总要》的记载，唐代军队中所用的火药硝石与硫黄的比例是 1∶1，这时候的火药只有起火燃烧功能，没有爆炸功能，而到了宋代，火药中硝石与硫黄的比例已经改进为 3∶1，这已经非常接近黑色火药的最佳比例。

总体来看，火药在中国的发明是通过炼丹士的无心之举而引起的，结合探索者的逆向思维与发散思维，现代意义上的火药得以发明，随后经长期的试验和改进，对各种成分的重新组合，火药的性能也得到了很大提高。后来，火药经由印度与阿拉伯国家传到欧洲，西方人对火药进行进一步的改良。继黑色火药之后，更多的火药品种被开发出来，在工程事业、娱乐事业中发挥着重要的作用，当然，火药最主要的用途还是制作武器。

图 2-7-1　烟火

7.2　探索世界的导向仪——指南针

人类的脚步几乎布满了我们生活的这个地球，在漫长的历史发展中，人类为了生存不断地去探索未知的地域，如深山老林、沙漠戈壁和茫茫大海。然而，当我们进入陌生地域时，认清前进的方向至关重要，发明一种不受天气条件影响的全天候方向指示仪器的重要意义是显而易见的。指南针的发明，就是基于以上需求而出现的。

7.2.1　对磁石定向的逻辑思考

古代中国人很早就发现了磁石，据推测，这可能是进入深山采集玉石的人发现的。渐渐地，人们逐步了解到磁石的某些特性，如同极相斥、异极相吸。磁石极性的发现对指南针的发明有重要的意义。在对磁石自然状态的长期观察中，古代中国人发现在自然状态下磁石的指南特性。经过对这些自然现象的逻辑思考，人们开始有意识地将天然磁石研磨成长棒形状，用来验证其在较小摩擦力下的指南特性。这样，指南针的雏形——司南，在春秋战国时期就出现了。司南是将天然磁石研磨成勺子的形状，将勺子置于光滑的铁板之上，转动勺柄，当勺子停止下来后，勺柄会指向南方。但司南操作复杂，精度不高，难以携带，并不具有实用价值。

7.2.2　针与盘的结合

到了北宋时期，由于航海与军事等方面的实际需求，人们开始探索具有实用性功能的指南工具。为此，克服摩擦力对磁性物体的影响与保证磁针的稳定性是两个重要条件，为做到这两点，人们做出了一系列的改进。

首先，人们是用磁铁代替磁石，这体现了替代发明原理。磁铁是经过磁化的铁器，可以加工成各种合适的形状，在保留关键功能的前提下，用更适合、更经济的材料代替难以加工、昂贵的材料。其次，要克服摩擦力对磁铁的作用并保持稳定，就必须把磁铁与其他物质进行组合，这体现了组合发明原理。在历史上，与磁铁进行组合的物质经过了持续的进化过程，最早出现过利用水面摩擦力较小的特性，将磁针放在水面上的指南鱼和水罗盘，另外还有把磁针放在碗口的碗唇法、把磁针吊在线上的垂吊法等，但这些形式的指南针都存在稳定性差的缺点。后来人们发现，将磁针重心部位加工成一个凹坑，然后再将其放在垂直固定的针上，按这种方法设计的指南针具有相对稳定的特性，由此具有很大实用价值的旱罗盘终于发明了，如图 2-7-2 所示。罗盘技术后来传到西方，在大航海时代，西方人对罗盘进行进一步的改良，将罗盘与万向架进行结合，这样可以时刻保证指南针的水平方向。指南针的改进过程都是基于明确的目标进行的，这体现了问题导向原理。

图 2-7-2　旱罗盘

指南针的发明归根于对磁铁与地球天然磁性的利用，指南针出现以来，逐步成为人类开拓新生存空间的重要工具。正是在指南针的辅助下，人类才在茫茫大海之上开辟了一条又一条的航线，发现新大陆，使不同的文明在世界范围内交汇。在很长的时间内，利用地球天然磁性的指南针一直是重要的全天候导向仪器，一直到卫星与现代电子技术成熟以后，基于卫星定位的GPS（global positioning system，全球定位系统）能够提供更加准确的定位与导航服务，在很大范围上取代了指南针，但在很多领域，指南针仍然发挥着重要的作用。

7.3　播散知识的方舟——造纸术

纸是古代中华民族集体智慧的结晶，后来中国的造纸术沿着越南—印度—阿拉伯国家—欧洲国家的路线传播到了全世界，为文明与知识提供了记录的载体，让知识得到更广泛的传播。

7.3.1　“蔡侯纸”的制作工艺

汉字“纸”是丝字旁，说明中国古代的纸与蚕丝有千丝万缕的联系。实际上，在中国最早出现的纸是用残留的蚕茧做成的，但这种用丝絮做成的纸产量低，成本高。到了东汉元兴元年，一位叫蔡伦的宦官改进了造纸的方法（图 2-7-3），做成“蔡侯纸”，蔡伦也因此被公认为造纸术的发明者。蔡伦用树皮、麻头、敝布、渔网等原料代替丝絮，使得纸的成本大幅度降低，但纸张的主要性能没有大的下降。经过多位专家的考证，他们认为“蔡侯纸”的制作过程包括四个步骤。

第一是原料的分离，就是用沤浸或蒸煮的方法让原料在碱液中脱胶，也就是把原料中的有害成分——蛋白质分解掉，并把原料分散成纤维状。

第二是打浆，就是用切割和捶捣的方法切断纤维，并使纤维帚化，而成为纸浆。

第三是抄造，即把纸浆渗水制成浆液，然后用捞纸器（篾席）捞浆，使纸浆在捞纸器上交织成薄片状的湿纸。

第四是干燥，即把湿纸晒干或晾干，揭下就成为纸张。

图 2-7-3　汉代造纸工艺流程图

随着科技水平的发展，现代纸张制作实现了流水线作业，生产过程得到了很大的改进，但其基本工艺原理仍然与中国古代的纸张制作相差不大，由此可见古代中国造纸术的科学性。

7.3.2　造纸术中的智慧

蔡伦用便宜而多见的原料代替丝纸需要的蚕茧，是一项非常高明的创举，造纸的成本大幅度降低，但纸张的主要功能得以保留，纸张性能下降的程度不大，完全可以满足书写的需要。这符合现代价值工程的原理，因为增加产品价值的一个途径就是“功能略有下降，成本大幅度降低，从而提高价值”。经过蔡伦的改进，纸张的价值大幅度提高。

在造纸工艺中，也用到了发明创造中的“分离”原理，这在现代发明中也是一个重要的原则。植物纤维往往和蛋白质、胶状体结合在一起，植物纤维是纸的重要组成部分，而蛋白质和胶状体则是有害成分，需要进行分离，古代中国人经过实践，发明了用沤制、蒸煮，以及添加草木灰和生石灰的方式去除这些有害物质，直到现在，造纸仍然离不开添加强碱和高温蒸煮的工艺流程。在“分离”之后，是有用物质的重新组合，各类纤维经过抄纸、压制等工艺紧密地组合在一起，成为纸张。

随着文化交往与贸易活动，中国的造纸术逐步向外传播，向南传播到越南，向东则传播到朝鲜和日本。唐朝以后，造纸术沿着丝绸之路向西传播到阿拉伯国家和欧洲。纸张的大量应用，使记载知识的成本大幅度降低，一方面能够记录更多的知识，另一方面也使得知识得到更大范围的传播。

7.4　推进知识之舟的风帆——活字印刷术

活字印刷术是一种古代印刷方法，一般认为发明者是我国北宋时期的毕昇，他发明的活字印刷术比德国人约翰内斯·古腾堡（Johannes Gensfleisch zur Laden zum Gutenberg，1398—1468）的活字印刷术早约400年，活字印刷术的发明是印刷史上一次伟大的技术革命。

7.4.1　分解增加灵活

在活字印刷术出现之前，人们普遍使用雕版印刷法，这种方法在一定厚度的平滑的木板上，粘贴上抄写工整的书稿，薄而近乎透明的稿纸正面和木板相贴，字就成了反体，雕刻工人用刻刀把版面没有字迹的部分削去，就成了字体凸出的阳文。每一页书都需要刻制一个雕版，一部书需要很多这样的雕版。每个雕版上都有很多固定组合的字，一旦出错，整块雕版就废了。经过观察，毕昇产生这样的设想——能否把一块雕版分解开来呢?

毕昇经过试验，终于发明了制作分解开来的单个活字的方法。他最早曾经试验过用木头刻字，由于木料纹理疏密不匀，刻制困难，而且木活字沾水后变形，这种材料并不理想。经过长期试验，毕昇采用了胶泥活字法，用胶泥做成一个个规格一致的毛坯，在一端刻上反体单字，字划突起的高度像铜钱边缘的厚度一样，用火烧硬，成为单个的胶泥活字（图 2-7-4）。为了适应排版的需要，一般常用字都备有几个甚至几十个，以备同一版内重复的时候使用。遇到不常用的冷僻字，如果事前没有准备，可以随用随制。

图 2-7-4　毕昇胶泥活字法示意图

7.4.2　重新组合提高功效

有了活字后，为了印刷，需要把活字再组合起来。毕昇为了便于拣字，把胶泥活字按韵分类放在木格子里，贴上纸条标明。排字的时候，用一块带框的铁板做底托，上面敷一层用松脂、蜡和纸灰混合制成的药剂，然后把需要的胶泥活字拣出来一个个排进框内。排满一框就成为一版，再用火烘烤，等药剂稍微熔化，用一块平板把字面压平，药剂冷却凝固后，就成为版型。印刷的时候，只要在版型上刷上墨，覆上纸，加一定的压力即可。为了可以连续印刷，他采用两块铁板，一版加刷，另一版排字，两版交替使用。印完以后，用火把药剂烤化，用手轻轻一抖，活字就可以从铁板上脱落下来，再按韵放回原来的木格里，以备下次再用。

活字制版正好避免了雕版的不足，只要事先准备好足够的单个活字，就可随时拼版，大大地加快了制版时间。活字版印完后，可以拆版，活字可重复使用，且活字比雕版占据的空间小，容易存储和保管。这样活字的优越性就体现出来了。

活字印刷术的发明，应用分离与组合的原理，充分考虑个体与整体的关系，体现了系统思维。

7.5　四大发明之创新科学原理总结

在四大发明中，既体现了系统思维、逆向思维、发散思维等创新思维原理，也体现了分离、组合、替代、问题导向、成本—价值优化等发明原理。四大发明中的创新科学原理如图 2-7-5 所示。我国古代的四大发明，运用科学发明原理精准，构思巧妙，体现了我国古代劳动人民的智慧，对我们现今的创新活动也有非常大的指导和借鉴意义。

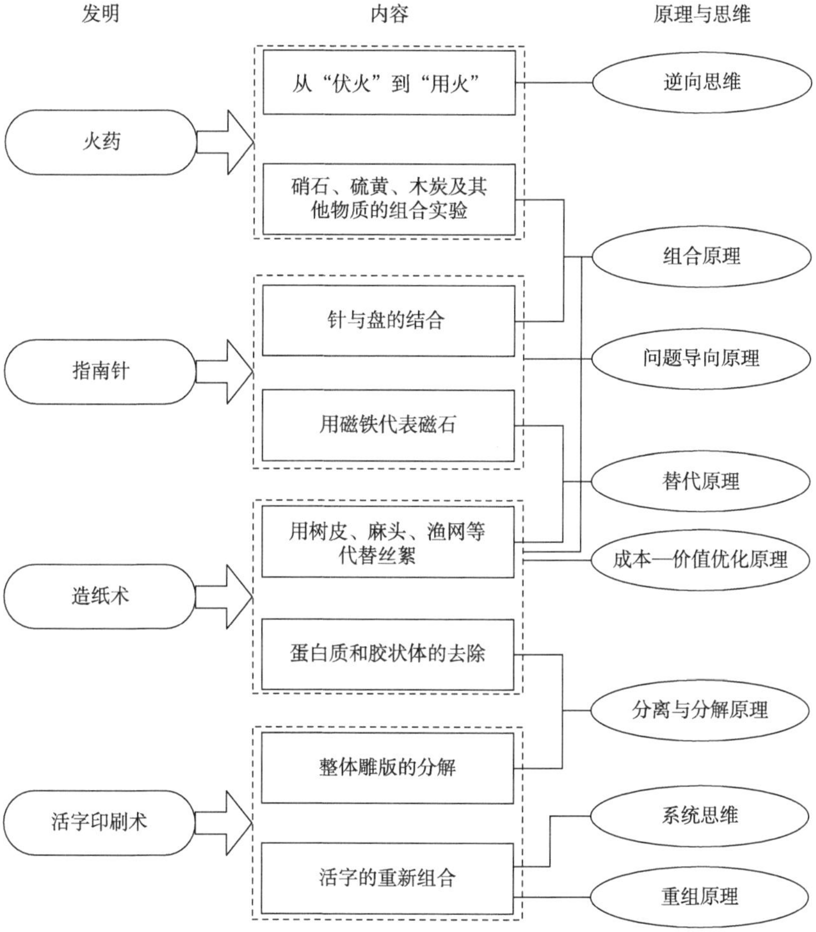

图 2-7-5　四大发明中的创新科学原理

参考文献

潘吉星. 2002. 中国古代四大发明——源流、外传及世界影响. 合肥：中国科学技术大学出版社：21-42，269-285，335-346.

第8章　“以毒攻毒”在免疫学的先导范例——天花疫苗的发明

天花起源于亚非旧大陆，最早有记录的天花发作是在古埃及。公元前 11 世纪埃及法老拉美西斯五世的木乃伊身上发现有天花皮疹的迹象。15 世纪末地理大发现开始后天花由欧洲殖民者相继传入美洲国家、澳大利亚，造成当地居民大量死亡。中国有关天花的记载始于晋代，当时人们已经开始探索天花的防治方法。16 世纪中叶，中国、格鲁吉亚分别独立发明人痘接种术，开辟了人工免疫的崭新途径，此后中国的人痘接种术很快传遍世界。18 世纪末，英国的爱德华·琴纳（Edward Jenner，1749—1823）在中国、格鲁吉亚人痘接种术的基础上进一步发明牛痘接种术。19 世纪初，牛痘接种术又传回中国。20 世纪 80 年代，长期肆虐全世界的天花最终被人类彻底消灭。

8.1　天花——人类曾经最可怕的传染病

天花的英文原称为“pox”（痘病）或“red plague”（赤瘟疫），现用名为“small pox”，是人类迄今为止发现的最大、最复杂的病毒之一。中国古代称天花为痘疮、天行斑疮、豌豆疮、天黯等。天花是由天花病毒引起的烈性传染病，以急起高热、全身脓疱疹和中毒症状为主要临床表现，经呼吸道和皮肤黏膜可以在各种年龄阶段的人群中传播，传染性极强，死亡率高达 20%~30%。更为严重者，可能会造成地区性瘟疫，人类大面积死亡。在人类历史上，记录过多次天花大规模流行的事件。公元前 846 年，入侵法国的诺曼人中爆发天花，诺曼首领为防止天花病毒扩散，下令将所有病人和看护病人的人杀掉。1555 年，墨西哥天花肆虐，死亡近 200 万人，死亡人数占墨西哥全国人口的 30%。16~18 世纪，欧洲每年因天花死亡的人数达 50 万人，亚洲达到 80 万人。最严重的时期是 18 世纪，据估计，在 18 世纪内有近 1.5 亿人死于天花。

天花虽然可怕，但因病毒只会在人身上传染，不会通过动物传染，更重要的是，通过琴纳发现的牛痘疫苗，人类最终找到了有效地、终身性地治愈天花的医疗方法，并获得预防天花传播的有效措施。

8.2 带着问题求索一生的琴纳

琴纳生于英国格洛斯特郡伯克利牧区的一个牧师家庭。在琴纳青少年时期，天花正在整个欧洲蔓延。在英国，有很多人都会传染上这种病，得过天花的成年人的脸上或身上会留下难看的疤痕，病情严重者会变成瞎子或疯子，甚至失去生命。琴纳目睹了这场灾难，从 13 岁开始就立志要解决这个问题，寻找能根治这种疾病的方法。为实现自己的愿望，琴纳跟随当地外科医生学习医术，20 岁成为助理外科医生。当时，在英国民间流行一个传说："一个人只要曾经染上牛痘，便不会再染上天花。"琴纳也注意到患过牛痘的挤奶工不会感染天花。受这一说法的启发，琴纳在此基础上经过长期的艰苦研究，终于在 1796 年试验成功牛痘接种术。

1978 年，琴纳出版《接种牛痘的理由和效果问题探讨》一书，该书主要是从病理学角度对牛痘的来源和牛痘在预防天花有效性两方面来阐释其对牛痘的观察与分析。在牛痘病理的章节中，琴纳列举了 23 件牛痘临床病例，认为"马踵炎"是导致奶牛牛痘流行的直接原因。牛痘经由患"马踵炎"的马匹，感染到铁蹄匠或者马厩工，继而在糟糕的卫生条件下传给农场的奶牛，奶牛患病后经挤奶工之手传染给人类这一疫病传播模式，解释了从马—人—牛—人的线式疾病传播。虽然天花、牛痘和"马踵炎"在临床症状表现上趋近一致，但是到底是什么原因让牛痘病毒如此特殊，以至于感染牛痘之后患者会对天花病毒（自然天花和人工天花接种）产生抗体呢？

琴纳通过长期的研究试验和临床实践发现，能够为天花提供有效抗体的是一种源自"马踵炎"的"真牛痘"（true cowpox）病毒。其中原发性的不能为人类受体提供天花抗体的牛痘则被称为"假牛痘"（spurious cowpox）。虽然牛痘在预防天花有效性上得到证实，但在接种实践中，并不能保证每次都为被接种者提供天花病毒抗体。琴纳认为保证牛痘接种成功的关键因素是被接种牛痘毒株本身所处的发展阶段。假若被接种的牛痘病毒处于活跃期，被接种者只会产生与普通病原体感染相同的临床症状，且多为负面性。这样的牛痘接种并不能让被接种者产生天花免疫。

1799 年，琴纳发表《再论牛痘》，对牛痘进行基础的病理学分析。文中区分了“真牛痘”和“假牛痘”，确定“真牛痘”最佳的接种时机，为应用牛痘接种术预防天花的大规模推广奠定了坚实的理论基础。

8.3 细心观察，善于倾听，灵感迸发

牛痘接种法产生之前，英国受中国影响一直采用人痘接种术，即把天花病患者身上的脓液，以小刀拭在受种者的皮肤之下。受种者因为不是通过空气在肺部染病，因此多数只会出现轻微的天花症状。但这种天花接种有严重的缺点：因为受种者是感染了真正的天花病，故还是有死亡的可能。而且受种者在完全产生抵抗力之前，会把天花传染给身边的人，由此可能会造成大面积瘟疫蔓延，所以这种方法应用危险性很高。

琴纳想寻找一种更安全的方法去预防天花。当他还是一个年轻的学徒时，那里的挤奶女工告诉他：“我们从没有感染上天花，因为我们幸运地感染上了牛痘。”牛痘是奶牛感染的病，并且奶牛经常将这种病传染给人类。牛痘并不是很严重的病，它引起发烧、咳嗽以及手臂上的某些暂时的水泡。琴纳立刻想到：“牛痘与天花不能并存吗？那么，它或许能预防或者治疗天花。”琴纳一直没有放弃这一突发的想法，他意识到必须做出详细的观察研究，详细的记录，才能清楚地理解这一问题。1796 年 5 月 14 日，琴纳进行实验。他从一位患牛痘的挤奶女工手指上提取疫苗，然后再接种到一名 8 岁男孩的两只胳膊上，48 天后又给男孩接种天花患者的脓包内含物。他观察到，男孩身体并未出现天花感染临床症状，在男孩体内显示出对天花的抵抗力。男孩完全没受病毒感染，证明了牛痘能令人对天花产生免疫。这种以牛痘病毒攻克天花病毒的方法，琴纳称它为“预防接种”。

琴纳的可贵之处在于及时把握住他突发的灵感。他并没有停留在群众经验的水平上，而是在 18 世纪实验医学还刚刚萌芽的时期，就把这项研究置于严格的科学实验的基础之上。从这一点来说，他的成就不愧是从经验医学向实验医学发展中的里程碑。

8.4 演绎分析，求真务实

在寻找天花疫苗的整个过程中，琴纳通过运用演绎思维创造性地寻找根

治天花的方法。他从观察开始，了解到牛痘具有预防天花的可能性，开始收集病例，积极研究，然后尝试从患牛痘病的牛身上提取痘苗。琴纳没有直接将痘苗接种在人身上，而是先选择给牛犊接种，再从病牛犊身上提取疫苗，以此减毒增效。再次，琴纳用甘油来保存疫苗，确保疫苗方便安全可靠。最终，琴纳采用锡尔嘎西人首创的在胳膊上划上伤口的种痘法为人体接种，并获得成功。琴纳通过观察研究，总结验证的过程，是其通过演绎思维进行创新的过程。

牛痘疫苗的发现大大遏制天花病毒的发作，降低了死亡率。1807 年，德国巴伐尼亚洲实行义务种痘制。之后，其他国家都效仿巴伐尼亚，接种牛痘。1805 年，牛痘接种术传入我国，我国逐渐开始实施牛痘接种。20 世纪 50 年代，世界卫生组织发动全球对天花进行最后的决战。最后一次天花流行发生在 1977 年索马里。1980 年世界卫生组织宣布天花病毒已经灭绝。

8.5　天花疫苗发明带给人们的启示

1797 年，琴纳将研究结果写成论文呈递给皇家学会。但他的报告受到皇家学会科学家的怀疑，最后被退了回来。面对质疑，琴纳并不灰心，一直致力于尽早将成果推广到疫情肆虐的欧洲大地上。遗憾的是直到 1871 年，英国才出台强制接种牛痘的法令。与此同时，琴纳撰写的文章也被翻译成德语、法语、西班牙语、荷兰语等多种文字，牛痘接种术随之传于世界各地。某种程度上讲，人类因琴纳这位乡村医生的发明而终结了这场可怕的瘟疫。试想，如果当年琴纳没有勇气进行第一例人体实验，或者没有抵抗住皇家学会专家和周围人的讥笑嘲讽，那么这么可怕的病毒还要蔓延多久？幸好，琴纳坚持下来，守住了科学的精神与科学家的无畏。

琴纳不仅战胜了天花而且还发现了预防疾病的方法。牛痘接种术实际是一种以毒攻毒的医疗方法。他利用人体自身可以产生免疫这一机能，实现对疾病的预防，为免疫学奠定了一定的基础。另外，他的研究方法与创新思维也为后人的研究打开了通道，促使路易 · 巴斯德（Louis Pasteur，1822—1895）等针对其他疾病寻求治疗和免疫的方法。图 2-8-1 总结了琴纳在发明天花疫苗的过程中运用的创新思维和创新原理。

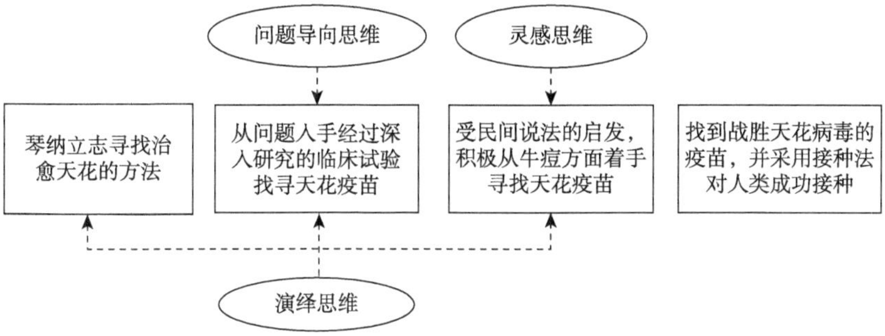

图 2-8-1　天花发明过程中创新思维与创新方法的体现

参 考 文 献

李白薇. 2012. 天花终结者—— 爱德华 · 琴纳. 中国科技奖励，（5）：143-144.

刘学礼. 2002. 叩开现代免疫学大门—— 琴纳牛痘接种术的发明. 生物学通报，37（11）：59-60.

马立强. 2007. 乡村医生降伏天花病魔—— 琴纳（1749~1823）. 科学大众（中学版），（7）：9-11.

第 9 章　源于奔跑木马的发明——自行车

自行车也称脚踏车或单车，是一种实用的代步与健身工具。自行车发明至今已有 200 多年历史，经过不断演变和改进，其结构日趋合理，性能不断改善，功能也不断增多。人们不仅把它作为代步和运载货物的交通工具，还将它用于城乡旅游、体育锻炼和竞赛等方面。自行车用途广泛，且具有对道路适应性强、结构简单、自重轻、造价低廉、容易维护、不需要能源、无污染、无噪声等优点，受到全世界各阶层人士的欢迎。

中国早在春秋战国时期就创造了独轮车。据史料记载，清朝康熙年间（1662—1722）黄履庄曾发明过类似于自行车的双轮小车，这大概就是世界上最早的自行车雏形了，遗憾的是我们并没有将其传承和发展下去。在西方，法国人西夫拉克（Comte de Sivrac）于 1790 年发明了第一辆“木马车”，它是由孩子的玩具木马改制而成的，是现代自行车的起源。这种车没有驱动装置和转向装置，要想使车前进，骑车人必须双脚蹬地，车子才能前进，使用起来很不方便，因此在当时并不具有实用价值。然而，今天我们看到的各式各样已成为人们普通生活工具的自行车却是源于玩具“木马车”的产生。

9.1　控向装置的发明

德国人德莱斯（Karl Drais，1785—1851）发明的“木马车”转向装置，推动了自行车的产生。在德莱斯的家乡有一片森林，而他是负责看管林区的看林人，经常会用到“木马车”巡查林地。由于森林中有许多弯弯曲曲的小路，所以每当他穿越森林时，就要经常转弯。在巡查的过程中他不得不经常搬动“木马车”，这使他疲劳不堪。有一天他在林地休息，想到还有许多地方还没有巡逻，深深苦恼时他心里暗暗思索能不能给“木马车”安装一个可以控制方向的装置，这样既省时又省力，每天的任务就都能按时完成了。回到家后，他开始研究“木马车”的构造，反复试验，终于功夫不负有心人，一天下午，德莱斯试验中用一个三角形的木架子与前轮车轴相连接，再把它与主车架用螺栓连接在一起，如图2-9-1所示。通过控制木架子可以使“木马车”任意改变方向。此后德莱斯发明的控制系统经过不断改进，逐渐发展成今天的更加方便的自行车车把。

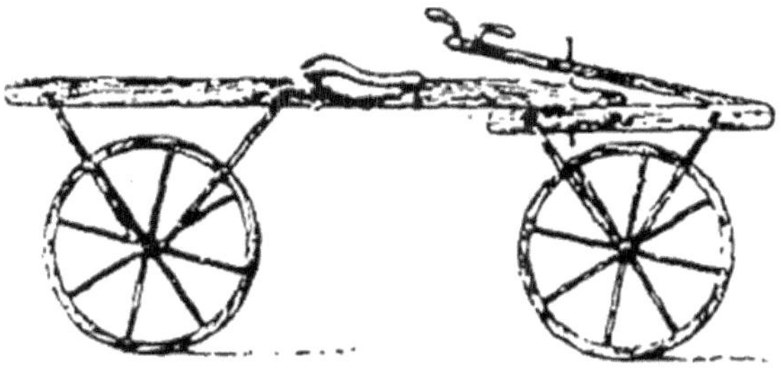

图2-9-1　德莱斯设计的可控方向的“木马车”

今天我们在使用自行车时，很少会有人想到德莱斯。但是他为自行车方向控制方面所做的贡献是不言而喻的。德莱斯长期使用“木马车”巡查林地，给了他很好的实践机会，所以他很快发现“木马车”的控向问题，反复进行试验、分析，最终找到合适的控向装置，为以后真正意义上的自行车的方向控制设计与改进奠定了基础。

9.2　引入曲柄机制的驱动系统革命

跟其他新事物一样，经德莱斯改进过的“木马车”在一段时期内受到人们的欢迎，随着时间的流逝，人们便逐渐发现了它的许多缺点，用脚蹬地不仅费力，而且看起来很不美观，一般只有男性才会使用。但是生活中从来不缺乏创造者，他们总能给你惊喜。1839 年，英格兰的铁匠麦克米伦（Kirkpatrick Macmillan，1812—1878）无意间听到有人抱怨这些问题，他感到很有趣，便开始研究如何使骑车人的双脚离地。在麦克米伦那个时代，手摇曲柄已经很普及了，而且技术也比较成熟。经过反复的思考，他决定将曲柄技术运用到“木马车”上，在后轮的车轴上装上曲柄，再用连杆把曲柄和前面的脚蹬连接起来，形成曲轴如图 2-9-2

所示。麦克米伦首创了用曲轴装置驱动后轮的脚踏自行车，使人的双脚真正离开了地面，由双脚的交替踩动带动轮子滚动。

图 2-9-2　用曲轴装置驱动后轮的脚踏车

1861 年，法国的米肖（Pierre Michaux，1813—1883）父子有一次修理德莱斯式自行车后在坡道上试车，发现这种车放脚很困难，于是对它进行改进，他们在车的前轮上安装上能转动的脚蹬曲轴踏板，这样骑起来省力气，速度也加快了。他们把这辆车取名为“自行车”，如图 2-9-3 所示，这也是自行车名字的由来。1867 年，自行车在巴黎博览会上推出，让在场的所有人都大开眼界。

图 2-9-3　米肖父子改进后的自行车

通过把自行车与曲柄技术巧妙地结合在一起，促成了自行车的创新与发展，这正是组合原理的体现。曲柄是一个已有的比较成熟的技术，当把它和可控方向的“木马车”组合在一起，骑车人就不必双脚蹬地，实现了创新。自行车是主体，通过添加曲柄这一附属事物，从而实现了自行车在功能上的增加和性能上的完善。

9.3　在创新中不断完善的自行车

自从自行车在巴黎博览会推出后，便越来越受欢迎，并且不断有人对其进行改进。1867 年英国人麦迪逊为自行车安装了钢丝辐条，大大减轻了车轮的重量。后来法国人马执又将自行车改为前轮大，后轮小的样式，掀起了自行车热。1874 年，英国人罗松把脚蹬安装在前后两轮的中间，并在自行车上别出心裁地装上链条和链轮，用链条传动后轮来推动自行车前进，这时的自行车已经和现代自行车很接近了，但仍是前轮大后轮小，结构和性能还不够协调与稳定。

直到 1886 年，英国的机械工程师 J. K. 斯塔利（John Kemp Starley，1854—1901），翻阅了大量研究资料，在陀螺效应的启示下想到：自行车在行驶时如果向左侧倾倒，即前轮向左倾斜，这时骑车人操纵把手使前轮向右转，这相当于给前轮一个向右旋转的力矩，在这个力矩作用下，根据右手定则，前轮会由倾斜向直立方向运动。反之亦然。由此，自行车自然会稳定地向前行驶。斯塔利再结合运动学和机械学的其他有关原理设计出的自行车样式，使自行车的前后轮变得同样大小，并为自行车装上前叉和车闸，还用钢管制成菱形车架，首次使用橡胶车轮，使得自行车的安全性和稳定性大大提高。他所设计的自行车车型如图 2-9-4 所示，这已经和今天自行车的样子基本一致了，斯塔利由此被称为“自行车之父”。

图 2-9-4　斯塔利设计的自行车

将某一学科领域已知的原理运用到其他领域正是移植原理的体现。运用移植原理进行创新是扩大视野、开阔思路的重要途径。同时，移植要注意事物之间的相似性、相容性、相通性，要善于通过联想来牵线搭桥，要尊重事物的客观规律性。斯塔利通过比较自行车的车轮和陀螺，发现二者的运动极其相似，并将陀螺效应的原理运用到自行车上，很好地解决了自行车的平衡问题。

9.4　充气轮胎的发明

事物总是在不断发展的，旧的问题解决了就会产生新的问题，好在人类有着无比聪慧的头脑。当人们骑着斯塔利改进后的自行车行驶在凹凸不平的路上时，感到震感很强，很不舒适，且速度较慢。1888 年，有位叫邓洛普（John Boyd Dunlop，1840—1921）的爱尔兰人，因为儿子央求他改装自行车，参加学校的骑自行车比赛，引发其考虑如何提高自行车的速度。有一次他在花园里浇花，当浇到一盆较远的花时，邓洛普像往常一样，将橡胶水管捏扁，水就喷到了那盆花上。这时，邓洛普好像拥有了某种灵感，他想到："橡胶水管有弹性，如果将这做出一个圆环，往里面打足气，套在自行车车轮上，自行车一定会跑得更快。"于是他连忙根据车轮的周长，截下一段橡胶水管。然后用胶将两端接头接牢，往橡胶管里打足气，并封上打气孔，最后将它绑在小轮子上。小邓洛普骑着改装后的自行车参加学校的比赛，结果获得第一名，这让在场的所有人都很惊讶。此后，充气轮胎不断改进和规范化，得到了广泛的推广，并很快在汽车上得到应用。

邓洛普通过联想，把两个不相关的事物联系了起来，找到了加快自行车速度的方法，反映出联想思维的重要性。当然这一切都是邓洛普长期思考所带来的结果，正如世界上从来没有免费的午餐，灵感思维的产生需要日常生活的积累。有些时候，我们只要细心观察生活中的小事情，可能就会有意想不到的收获，正如牛顿被苹果砸中，由此发现万有引力一样。

9.5　自行车发明的启示

自行车发展至今，经历了 200 多年的创新和改进，在外形、材料、结构方面不断更新，逐渐成为轻巧、牢固、方便、舒适和快捷的交通工具。回顾自行车的演变历史，我们可以发现，自行车作为以人力为驱动力的交通工具，其各部分结构、尺寸的设计不仅决定最后的形态，还直接与人的生理因素相配合，决定自行车的骑行性能和骑车人的骑行舒适度，因此具有不同于其他产品的独特个性。随着科技的发展，自行车的种类越来越多，山地车、变速车、高档赛车、电动车等在生活中已经随处可见了。自行车已经由过去单一的人力驱动，逐步过渡到发动机助力车、全电动自行车等。

自行车的发明过程告诉我们发明不是一蹴而就的，而是一个漫长的过程，所谓“冰冻三尺，非一日之寒”说的正是这个道理。从自行车雏形的诞生到真正形成，人们在创新和改进中运用了诸如问题引导原理、组合原理、移植思维原理、联想思维原理、灵感思维原理等，如图 2-9-5 所示，这说明创新是人有意识的自觉行为，需要不断学习和实践。

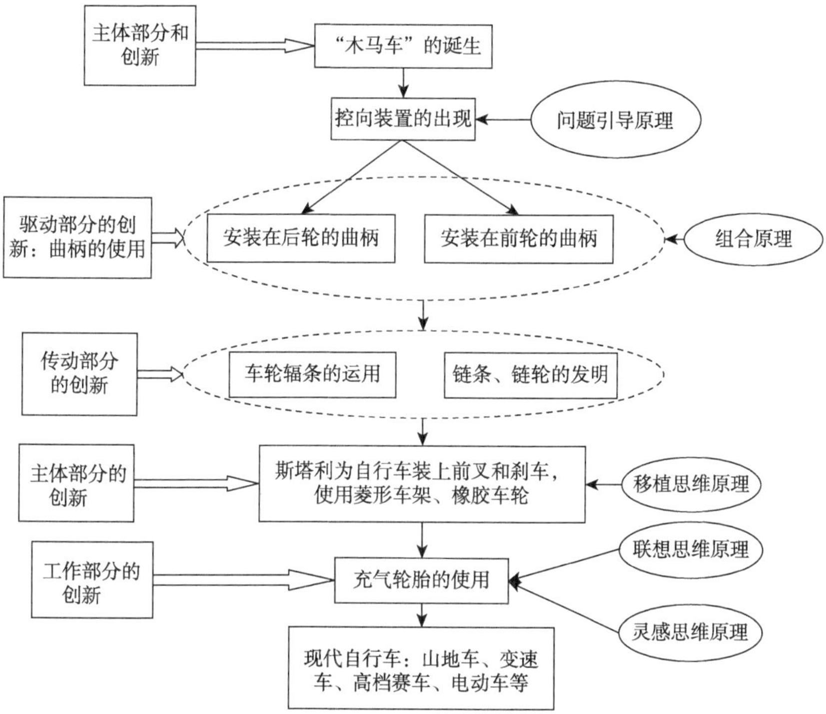

图 2-9-5　自行车发明过程中蕴含的创新原理

参考文献

江国强，石学良. 1989. 自行车发展简史（一）. 中国自行车，（4）：23-29.

孙剑忠，蒋荷林. 1992. 新型自行车装配与维修. 山东：山东科学技术出版社：1-17.
谢佩君，王花蕾. 2008. 探索中外重大发明. 天津：百花文艺出版社：63-64.
郑亚平. 2013. 大众自行车运动知识与实践攻略. 北京：化学工业出版社：1-7.

第 10 章　开创向太空进军的先河——人造卫星

20 世纪 50 年代以前，太空中所有的天体都是宇宙的杰作，人类一直无法参与其中。直到 1957 年，在苏联以著名的火箭工程师与设计师谢尔盖·帕夫洛维奇·科罗廖夫（Сергéй Пáвлович Королёв，1907~1966）为首的科学家的主导下，第一颗人造卫星——重达 83.6 千克的“斯普特尼克 1 号”（图 2-10-1）发射成功，这才正式宣告：人造天体成为现实，人类文明已进入太空时代。

图 2-10-1　“斯普特尼克 1 号”

以现代观点来看，人造卫星是指环绕地球飞行并在空间轨道运行一圈以上的无人航天器，也是目前为止发射数量最多、用途最广、发展最快的航天器。所有的人造卫星都包含两个部分，即专用系统（有效载荷）和保障系统，是执行各自任务（如通信、天气预报）的基础。那么，这些形态和功能各异的卫星最开始是如何问世的？

10.1 从理论向实践的跳跃

早在 300 多年前，牛顿在思考万有引力定律时曾设想过，如果没有空气阻力，从高空以足够大的速度抛出物体，那么物体就永远不会落地，它将成为一颗绕地球运动的人造地球卫星。牛顿认识到天体运行的根本动力所在，从理论上论证了人造卫星的可行性，为后来人类研制和发射人造卫星打下了最重要的理论基础。但限于当时的各种条件，其想法不能真正实施。

时间推至 1952 年，正值冷战阶段，美国、苏联两国投身于全方位军备竞赛中，航空是重要的争霸领域之一。1956 年 2 月的一天，一直在负责开发苏联第一枚洲际导弹——P-7 洲际导弹的火箭专家科罗廖夫在办公室向苏联领导人尼基塔·谢尔盖耶维奇·赫鲁晓夫展示了一个完全陌生的东西，声称要将它发射进太空，让它像一个小月亮一样绕着地球转，最终能飞到月球，甚至将人类送往太空。这预示着他们正要实施人造卫星项目。这种想法看似来得突然，其实不然，宝贵的“灵感”来源于科罗廖夫对系统综合原理的充分把握和对前人成果的巧妙运用，他将不同类别，甚至是完全不同领域的两类或多类事物组合起来，起到了意想不到的创新效果，如图 2-10-2 所示。这主要得益于三个方面：一是当时的火箭发射技术已比较成熟，利用其巨大的推力将卫星送上天是行得通的，而曾与科罗廖夫一起讨论过相关模型和设想的“宇航之父”康斯坦丁·爱德华多维奇·齐奥尔科夫斯基（Константин Эдуардович Циолковский，1857—1935）也有过类似的精确推断。第二，化学科学（金属冶炼、电池技术）和物理科学已出现足够多的成果，不管是卫星外部需要的安全保护材料，还是内部的各类结构（无线电设备、控制设备、各类仪表等）基本都能得到保证。更重要的是，关于卫星达到绕地球运行的各级发射速度和公转速度理论早已有完全的认识。第三，来自美国方面的竞争压力和国家荣誉给了科罗廖夫团队强大的创新动力。就这样，在国家的全力支持下，科罗廖夫引导的团队加紧研制“斯普特尼克 1 号”人造卫星。

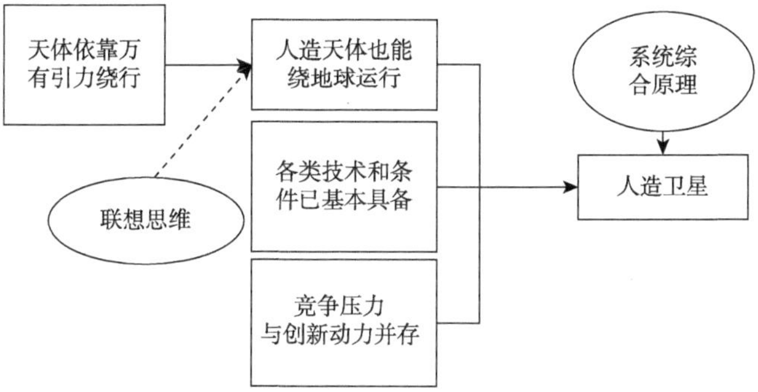

图 2-10-2　人造卫星发明过程中蕴含的创新科学原理

10.2　蝴蝶的启示——为卫星装上保护层

尽管科罗廖夫证明了发射卫星的可能性，但这并不意味着整个落实过程是轻松的、顺利的。最终的关键问题的解决办法却是来源于一种美丽的小动物——蝴蝶，这也成为人类仿生学的经典事例之一。

就在人造卫星的研制进入尾声阶段时，科学家们却被卫星升空之后的散热问题给难住了。根据测算，卫星在距离地球 300 千米高的轨道上运行时，会受到太阳光的强烈辐射，从而导致卫星的温度急剧增加，并很快达到 200℃左右。而卫星运行到地球的阴影区时，其自身的温度又会骤然下降到零下 200℃左右。温度的骤然升高和骤然下降，会对卫星的正常运行和使用造成极大的不良影响。毫无疑问，如果十分棘手的温度控制问题得不到解决，科学家们所有的努力将付之一炬。

就在研究工作陷入僵局时，一位科学家从蝴蝶身上获得了灵感，使难题迎刃而解。这种灵感思维体现了他长期思考的问题，受到外部对象的启发，忽然得到解决的心理过程。他在一个午后看到翩翩起舞的蝴蝶，不由地联想到：蝴蝶飞翔的时候也是需要解决温度控制问题的，那么蝴蝶的温度控制问题和卫星的温度控制问题应该有相同之处。很明显，记忆表象受到诱因，科学家通过联想在不同的思维对象间建立起联系，从而帮助找到解决问题的答案，这便是联想思维的体现。通过研究，科学家发现蝴蝶身体的表面覆盖着一层微小的鳞片，当气温回升的时候，鳞片会自动张开，这样就可以有效改变太阳光光照的角度，起到降低温度的作用。当气温下降时，鳞片会紧紧地贴在蝴蝶的身体上，这样，可以使阳光照射在鳞片上，以吸收更多的太阳能量，保持温度的正常。

受蝴蝶身上的鳞片会随阳光的照射方向自动变换角度来调节体温的启发，科学家将人造卫星的控温系统制成了叶片正反两面辐射、散热能力相差很大的百叶窗样式，在每扇窗的转动位置安装有对温度敏感的金属丝，随温度变化可调节窗的开合，从而保持人造卫星内部温度的恒定，发明过程如图 2-10-3 所示。

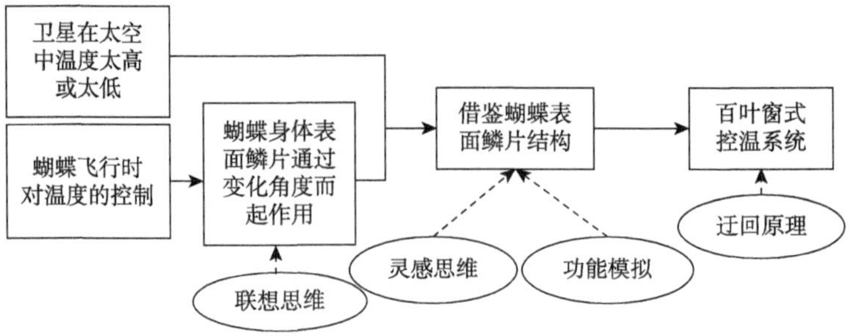

图 2-10-3　人造卫星控温系统发明过程中蕴含的创新思维

10.3　人造卫星的演化

当所有的准备工作完成时，苏联于 1957 年 10 月 4 日成功发射了史上第一颗人造卫星暨人造天体——“斯普特尼克 1 号”。然而，这颗卫星的产生在一定程度上是政治斗争的结果，其结构较为简单——在密封的铝壳内只装着一节化学电池、一支温度计、一台双频率的小型发报机，且性能极不稳定，只运行了几个月的时间——于 1958 年初因失去动力脱离工作轨道并坠入大气层。

此后，随着时代的发展，各类科学技术飞速进步，科学家巧妙利用其中的成果，对最初的卫星进行重大的改造，使其按功能、运行轨道形成不同的类别，结构也越来越复杂，并不断成熟化。例如，将气象仪器等组装在卫星中，形成气象卫星，起到预报天气和自然灾害的作用，如图 2-10-4 所示。而以先进的无线电技术为基础，为卫星安装专用的无线电导航设备，成为导航卫星，从而为地面、海洋、空中、空间用户定位。其他的还有通信卫星、截击卫星等。尽管这些卫星只有科技到达某种高度才可能出现，但更多的是科学家积极运用各类创新理论和创新方法的结果。

图 2-10-4　气象卫星

10.4　由人造卫星的成功发明所带来的思考

1970 年 4 月 24 日，我国自主设计、制造的第一颗人造地球卫星“东方红一号”，由“长征一号”运载火箭一次发射成功。“东方红一号”在运行期间播送了《东方红》乐曲，向全世界展示了我国的科技实力和我国人民的智慧。这是老一辈科研工作者们在极度赤贫的条件下带来的成果。之后，在党中央的领导下，卫星事业蓬勃发展，技术不断进步，规模急剧扩张，影响力也持续上涨。而如今，作为数一数二的航空强国，中国的人造卫星技术已走在世界前列，数量全球第二，发射成功率高，种类齐全。相信在未来，我国的人造卫星事业会更上一个台阶，取得更多的伟大成就。

总之，不管是国外还是国内，人造卫星的发明及发展都说明了人类勇于创新、不畏艰难、敢于探索的精神。20 世纪七八十年代，全球经济相对落后，世界动荡不安，或许生命安全都得不到保证，但伟大的科学家却充分运用各种创新思维，突破现实的阻碍，在异常苛刻的条件下创造了如此重大的发明，为我们的日常生活带来了极大的便利，推动了航空科学的巨大进步，开创了新的纪元，他们的理念和毅力值得我们每一个人尊敬和学习。这也表明，任何主观上的困难不应成为缺乏创新的借口，只有巧妙利用资源，想别人之不敢想才是更好的办法。

此外，遇到难题时，要尽量发散思维，重视对灵感的捕捉，善于发现。当然，也要承认，任何灵感绝不是凭空出现的，而是在艰苦实践、不断思考、长期累积的基础上产生的，好运只垂青有准备的人，这些在学习和工作中都应被牢记。

参考文献

乔阿光. 1997. 第一颗人造卫星的诞生. 科技潮，（11）：49-50.
王昊军. 2006. 蝴蝶的启示. 创新科技，（1）：34.

第三篇　工程建设展现出的人类创新智慧

工 程 之 美

漫漫无际撒哈拉沙漠中，金字塔已经讲述了三千年有关他们的 0.618 之美故事

东起海滨，西至荒漠，蜿蜒曲折的万里长城见证了中华数千年兴衰史

雄伟的古罗马斗兽场，以其圆形结构和对称设计，展示了古罗马人的建筑智慧

桑奇大塔，砖石球形建筑的技艺，蕴含着佛教对人与自然关系的精深理解……

翻越古文明的盛举，进化中的工程更显实用性和设计艺术的完美结合

苏伊士运河联通了欧亚非三大洲，京杭大运河打通了中华南北血脉

巴黎圣母院，集宗教、文化与艺术为一体的哥特式建筑风格经典

印度泰姬陵、北京故宫、颐和园，还有那蕴含知识和信仰的伊斯兰教建筑……

工业时代的工程，透视出功能、材料、设计的刚柔之美

架着钢炮的蒸汽明轮船，启航了开疆掠土的日不落帝国

钢筋铁骨的凯旋门，以其宏伟身躯挺起法兰西曾经的辉煌

自由女神，手擎火炬，见证了崛起的美利坚科技与工业新霸王……

当代工程，竞放着科技性、复杂性、时代性、艺术性的系统集成绚丽

群山穿隧道，钻地探石油，荒漠风发电，高峡出平湖

高楼接云霄，大河横高桥，交通立体网，信网连天下

卫星飞上天，飞船登月上，深海能探测，太空任我翔……

第 1 章　蓝天的尾巴，山峦的项链——青藏铁路

屋脊之巅，雪峰与蓝天相连。就在这峰与天之间，镶嵌着一条“神奇天路”——青藏铁路。称之神奇，是因为它的出现粉碎了许多西方专家一直认为的青藏高原不适合修建铁路的断言。例如，火车旅行家保罗·泰鲁（Paul Theroux，1941—）认为“有昆仑山脉在，铁路就永远到不了拉萨”。称之天路，是因为它是世界上海拔最高、路线最长的高原铁路，就像蓝天的尾巴，盘绕在山峦之上。

1.1　承载着人们近半个世纪梦想的青藏铁路

2006 年 7 月 1 日，青藏铁路实现通车，标志着火车进拉萨的愿望得以实现。远眺神奇天路，不禁让人追忆其从零到整的发展历史。中华人民共和国成立初期，为改善交通，发展西部经济，毛主席曾提出要让火车爬上世界屋脊的宏伟目标。越昆仑，抵喜马拉雅，为雪域山峦修筑一条钢铁项链的愿望在那时已深深根植在人们心中。1958 年，青藏铁路西格段（西宁—格尔木）开始铺建，格拉段（格尔木—拉萨）初步进行定测。然而，随着“大跃进”运动的推进，铁路等重工业的发展规划超出我国实际生产力水平，致使在 1961 年不得不停止青藏铁路西格段和格拉段的建设（王蒲，2008）。

1966 年，“文化大革命”开始，中国经济发展与建设也因此停滞不前。直到 1973 年毛主席见到尼泊尔国王，一句“青藏铁路要到拉萨，到中尼边境”再次唤醒了人们的记忆。1974 年，青藏铁路迎来了它的第二次春天，西格段恢复施工、格拉段展开勘测。但由于我国的财力、物力所限，解决高原冻土的技术不成熟，最终在 1984 年只完成了对青藏铁路西格段的修建，格拉段被搁置。

19 世纪末到 20 世纪初，我国综合国力有了明显提升，“西部大开发战略”开始实施，铁路进西藏是战略中的重要组成部分。青藏铁路（格拉段）、甘藏铁路、滇藏铁路和川藏铁路同被纳入选择范畴。尽管青藏铁路（格拉段）存在着高原冻土的技术难题，但经过相关工作小组的实地考察和反复论证后，大家认为青藏铁路（格拉段）具有前期工作准备充分，线路短、投资小、地势平、施工易等优势，最终敲定格拉段修建方案。

1.2　“天路”修建面临的高原冻土难题

铁路修筑的冻土问题已历经百年，面对冻土，无论是俄罗斯的贝加尔铁路还是美国的阿拉斯加铁路，修筑时都采用“被动降温”的措施，这种措施类似于在冰箱还尚未普及的年代，卖冰棒的人用棉被包裹冰棒以减缓其融化速度而不是对其进行冷却处理。贝加尔铁路和阿拉斯加铁路面对的都是高纬度冻土，纬度越高，冬季越长，冻土越稳定。所以，“被动降温”法在一定程度上解决了铁路修筑的冻土难题。

然而，青藏铁路（格拉段）面对的却是低纬度高海拔冻土，纬度越低，太阳辐射量相对越大，冻土越不稳定。低纬度高海拔冻土就像是一个敏感的孩子，它随着温度的变化而变化。当温度升高时，它会融化，身体的体积随之“变瘦”；而当温度降低时，它又会冻结，体积自然膨胀而“变胖”。若在这样敏感的冻土上搭建路基和钢轨，则路基和钢轨会随着冻土的融化与冻结而变化，最终使本应平直的铁路轨道变得上下起伏，这必然会为在此轨道上运行的火车埋下安全隐患。与此同时，国家还提出了“火车平均运行时速达100千米/时”的要求，而国外高纬度冻土地带火车的运行时速也仅有 50~60 千米/时（冉理，2007）。所以，原有的“被动降温”法显然不能解决青藏铁路（格拉段）的修筑难题。探索新思路，运用新方法以解决低纬度高海拔冻土难题的要求摆到了青藏铁路负责人的面前。

1.3　动态逻辑思维引领冻土问题解决

程国栋（1943—）院士是解决青藏铁路（格拉段）冻土难题的主要负责人之一，追寻着青藏铁路工程的梦想，他坚持冻土研究 40 余年（央视国际，

2006），从理论积累到试验模拟再到实况检测，程院士和他的团队在解决冻土问题上提出了更具有逻辑性、动态性的指导思想。

踏上拉萨的征途，路畔沿线，我们看到了清水河的高温细颗粒，穿越昆仑山隧道和风火山隧道，我们不禁想到“保护冻土使其不融沉”这一青藏铁路修筑第一阶段的指导思想。“爬过了唐古拉山，遇见了雪莲花”，伴着郑钧的歌声，火车驶进唐古拉山以北的地区，而解决冻土难题的指导思想也上升到第二个阶段——“主动冷却冻土”。

指导思想从“保护冻土使其不融沉”到“主动冷却冻土”具有逻辑性、动态性。因为，第一阶段是为第二阶段铺基垫石，第一阶段的收获和经验为第二阶段的动工做好理论准备。与此同时，第二阶段的新数据、新思想在指导此阶段工程实施的同时还可以进一步反馈、补充和完善第一阶段已完工的工程。同时，无论是第一阶段指导思想下的先河工程还是第二阶段指导下的创新工程，“试验观测、数据评估、预警建议和管理应用”4个环节都贯穿始终（图3-1-1）。

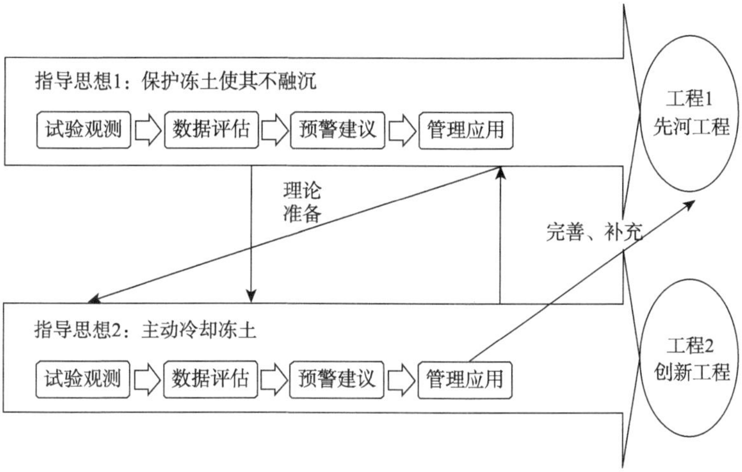

图3-1-1　动态逻辑思维

试验观测主要是通过长时间的实况检测以及试验模拟来获取不同地貌单元冻土的温度和变形情况的数据。然后，将获得的冻土温度和变形数据与实况数据进行比较评估，其中包括冻土温度是否超出之前上限，路基变形是否超过沉降量等方面，并将评估结果反馈给施工建设单位。随后，将前两个环节所获得的数据逐次分析，获得新的数据结果，再给出预警和建议。最后，新的数据一方面指导下一步施工建设，另一方面补救之前已完成的工程，即所谓的管理应用。

1.4　试验移植，主动为路基降温

修筑青藏铁路，主动为路基降温的措施来自最基础的室内试验研究。基于基础原理，利用试验进行功能模拟，论证后将基础试验用于保护路基的措施中去，可以说这些措施是将实验室的基础试验移植到铁轨边的应用。空气对流试验的移植形成碎石护坡，相变试验的移植立起热棒，辐射产生温差试验的移植架起遮阳板。

1.4.1　碎石护坡——空气对流原理为冻土筑起空调

程国栋院士了解到，我国的天山、日本的死火山口以及欧洲南部的阿尔卑斯山的山坡上，碎石下的平均温度要低于普通路面的温度。而后，其团队通过室内模拟试验解释这一现象的原因，即气体对流原理（图 3-1-2）：冷空气向下运行，热空气向上运行。

图 3-1-2　碎石下气体对流机制

在气温低冷的冬季，冷空气向下进入碎石缝隙从而将热空气挤出，使之上行，形成对流。这就像空调一样，保证冻土既与外界相通，又将温度维持在一定范围内。而到了温度较高的夏季，热空气在上，冷空气在下，无对流。所以，无论是冬季还是夏季，无论是寒冷还是温热，碎石下的温度相对稳定。

1.4.2　热棒—— 相变原理构成天然冰箱

热棒就好像一个冰箱，将冻土的温度控制在一定的范围内，以免其“太热”而“流汗变瘦”。其底部置于冻土中，上部裸露在空气里，内部填充液态氨。当冬季来临，地面的温度要比空气的温度高，液态氨吸热蒸发后变成气态向上运行，从而带走冻土中的热量，当气态氨遇冷后再次凝结为液态而下沉，如此循环往复以稳定冻土温度。热棒中的氨从液态变为气态再变回液态，这一吸热过程，恰恰是相变原理的体现。夏季的时候，上热下冷，冻土稳定。具体如图 3-1-3 所示。

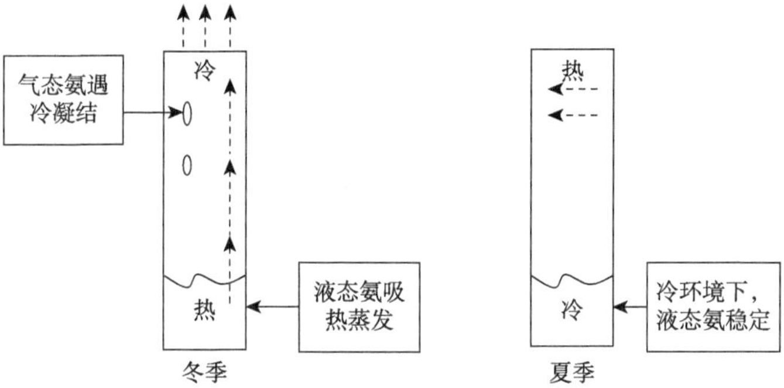

图 3-1-3　热棒相变原理的体现

1.4.3　遮阳板—— 辐射原理造就缩小阴阳坡温度的使者

“为什么同样纬度和同样海拔高度的情况下有些地方有冻土而有些地方则没有冻土？”这是程院士在接受记者采访时提到的问题。基于太阳辐射原理，我们知道太阳光辐射使得阴坡（无太阳照射面）和阳坡（有太阳照射面）的温度不一样。就比如说，我国白天，窗户朝南的宿舍明显比窗户朝北的宿舍的温度要高一些，那是因为太阳辐射总来自于我们的南边。所以，程院士及其科研团队想到利用遮阳板减少太阳辐射从而缩小阴阳坡温差，起到稳定冻土作用。

1.5　创新让钢铁项链闪耀山峦

天路的通行，告诉我们创新除了天马行空的想象外，还需要有缜密的逻辑思维和来源于生活与实践的点滴知识积累。“不积跬步，无以至千里；不积小流，无以成江海。”在青藏铁路修筑过程中，从试验观测到管理应用的动态设计思维，无疑是基于观察、比较、分析、择优的逻辑思维过程的体现。而碎石护坡、热棒、遮阳板的设计，无疑是通过基础试验进行功能模拟后，再将试验移植到实践的应用。碎石护坡让我们感受到对流原理的律动，热棒让我们领悟相变原理的微妙，遮阳板让我们体会到辐射原理中太阳辐射所带来的差异，整个创新过程如图 3-1-4 所示。

“呜——”伴着汽笛声，又一辆火车驶向拉萨。自 2006 年青藏铁路通车以来，短短 10 年时间，青藏铁路运送货物达 4.48 亿吨，运送旅客达 1.15 亿人次，对促进西藏地区经济的发展、沿线旅游业的繁荣产生了重要的影响。青藏铁路的运营通车，延伸了我国横跨东西的铁路干线，增强了东、中、西部的交流往来，对促进西藏进步和民族团结具有深远影响。

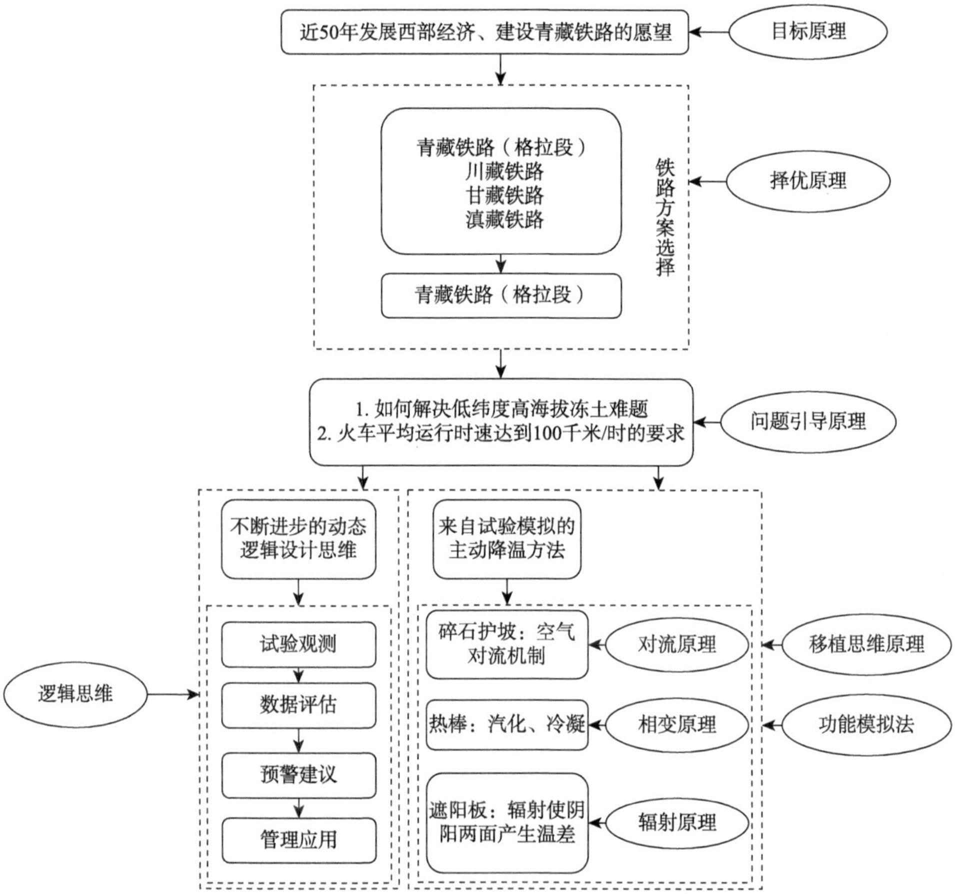

图 3-1-4 青藏铁路建设过程中蕴含的创新原理

参 考 文 献

李炜，杨亮，王河，等. 2005-11-16. 天路历程. http://www.cctv.com/science/20051116/100876.shtml.

冉理. 2007. 青藏铁路多年冻土工程的探索与实践. 铁道工程学报，（1）：32-40，59.
王蒲. 2008. 青藏铁路建设的历史考察. 当代中国史研究，（4）：22-30.
杨柳波，马文，常川. 2015-08-27. 通车9周年 青藏铁路给西藏带来了什么？http://www.tibetol.cn/html/2015/xizangyaowen_0827/20516.html.

第 2 章　跨越海峡的悬索桥
——金门大桥

当船只驶进金门海峡，首先映入眼帘的便是金门大桥（Golden Gate Bridge），两根主缆垂下的一根根吊杆像一把竖琴在弹奏优美的乐曲，其雄伟的整体造型也与两岸的山崖完美融合，深橘红色的桥身在蓝天碧海的映衬下更加气势恢宏，如图 3-2-1 所示。这座大桥显然已经成为圣弗朗西斯科的地标性建筑，它横跨 1 900 多米长的金门海峡，北连加利福尼亚州，南接半岛，全长 2 737 米，两个钢塔之间的跨度为 1 280 米，在当时是世界上跨度最大的悬索桥。

追溯它的历史，这座宏伟建筑从 1933 年开始建造，历时 4 年，于 1937 年 5 月建成通车。金门大桥被称为近代桥梁建筑工程的一大奇迹，这不仅仅是因为它史无前例的超长跨度和体现出的美学价值，还因为金门海峡恶劣的地理环境和气候条件，使得金门大桥设计和建造过程的每一步都需要工程师攻坚克难，不断探索和创新其思维和技术，才造就了这一伟大工程。

图 3-2-1　蓝天下的金门大桥

2.1　交通问题引导人们“另辟蹊径”

1915 年，随着圣弗朗西斯科海上贸易的发展，往来于金门海峡的轮渡越来越多，交通越来越拥挤，然而贸易往来对交通的需求却越来越大，轮渡不再能满足人们对快速运输的需求。为了缓解压力，当地轮渡公司增加了航线，但是这仍旧不能解决问题。而且当时人们已经不满于轮渡公司垄断的高价格，因此，人们开始呼吁在金门海峡上建立一座大桥用来缓解交通，因为大桥可作为公路使用，它比轮渡更加方便快捷，能够解决当时的交通拥堵问题，满足人们对快速交通的需求。1918 年，身为监事会成员的理查德·韦尔奇（Richard Welch）注意到这一问题，提议监事会请求国会批准金门大桥的建造，并在同年获得许可。1919 年圣弗朗西斯科的工程师迈克尔·奥肖内西（Michael M. O'Shaughnessy）在圣弗朗西斯科市监事会的要求下开始做建造金门大桥的资金可行性研究，自此金门大桥的筹建工作步入正轨。

金门大桥的建立源自经济发展带来的交通拥堵问题，现有的轮渡交通无法满足人们的需求，即使增加航线也不能缓解交通问题，人们不是执着于改进现有的交通方式，而是“另辟蹊径”，寻求解决交通问题的新方法，提出在金门海峡上建立一座大桥的创新想法。正是在解决交通拥堵问题的引导下，才有了建造一座大桥的新想法，才有了工程师的各种调查和努力，才有了后续设计和建造过程中的各种创新。

2.2　集群体智慧终成完美设计

1919 年，奥肖内西请求相关部门对金门海峡的岩石状况进行勘探，1920 年调查完成后，他将结果寄给了约瑟夫·贝尔曼·斯特劳斯（Joseph Baermann Strauss，1870—1938）、弗朗西斯·麦克马思（Francis McMath）以及古斯塔夫·林登塔尔（Gustav Lindenthal，1850—1935）三位著名工程师。麦克马思没有给出回应，斯特劳斯和林登塔尔都认为项目可行，其中林登塔尔估计造价可能会高于 7 000 万美元，远远高于奥肖内西的预算。斯特劳斯于 1921 年，根据奥肖内西的预算提出了混合悬臂吊桥设计方案，一方面是因为吊桥方案可以中间不要桥墩，既可以降低建造成本又可以不影响水上交通，另一方面是因为吊桥方案可以将跨径拉长到 1 000 米以上，可以横跨金门海峡，虽然他的这一设计得到了其他工程师的肯定，但是并非完美。有公众提出其中存在的问题，因此斯特劳斯对这一方案继续修改。修改后的方案，由于当地公众认为其破坏了当地风景的和谐而遭到反对。

后来斯特劳斯要求查尔斯·埃里斯（Charles Alton Ellis，1876—1949）与里昂·莫易赛弗（Leon Moisseiff，1872—1943）设计了成本更低的纯悬索桥方案。在以往的悬索桥设计方案中通常使用弹性理论，但这一理论在计算活载（施工和使用过程中的可变载荷，如桥梁上车辆产生的载荷）内力时忽略了恒载（长期作用于结构上的不变载荷）初始内力，误差会随着桥梁跨度和刚性的减少而增加，而金门大桥属于跨度在 1 000 米以上的悬索桥，这样必然会引起较大误差。莫易赛弗在金门大桥的设计中运用 1862 年有关学者提出的挠性理论来代替弹性理论，并总结之前在设计曼哈顿悬索桥时的经验，简化和完善了计算方法，这样设计的悬索桥误差更小，重量更轻，成本更低。由于悬索桥一般柔性较大，不适于行车，因此在桥面上用加劲梁加强，保证了一定的刚性。最终，经过他们的共同努力，设计出如图 3-2-2 所示的纯悬索桥方案。

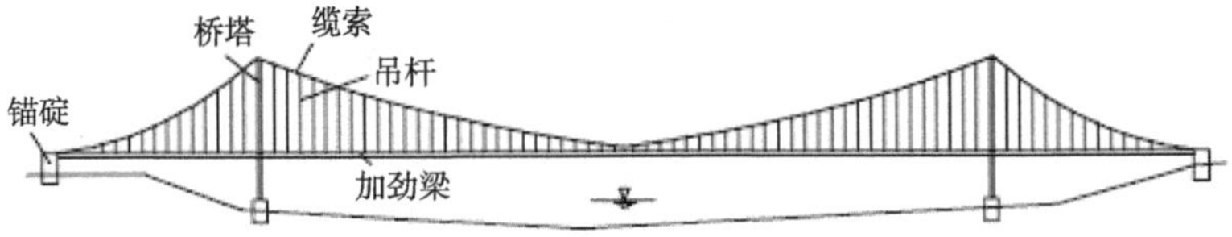

图 3-2-2　莫易赛弗与埃里斯共同设计的方案

后来又有建筑师根据圣弗朗西斯科周围的环境给金门大桥设计了国际橘的颜色，这种颜色不仅与周围环境相融合，而且还具有国际气息，易于在大雾中辨识，更增添了金门大桥的美学价值。

斯特劳斯的设计是基于以往的设计经验，在修改的过程中参考了公众的意见，集合了公众的智慧。莫易赛弗与埃里斯在斯特劳斯设计的混合悬臂悬索桥的基础上，运用多种新型理论和方法，集合多人智慧，多种理论，才设计出既坚固又美观的悬索桥。可以说是各种理论的综合应用与多种方法的集成，以及多人智慧的集成，才有了金门大桥完美设计的创新。

2.3　多种建造工艺集成成就宏伟工程

大桥的建造过程主要包括锚碇、桥墩、桥塔、主缆的建造和桥面的铺设以及浇筑。虽然金门大桥不是世界上第一座悬索桥，已有一定的经验可循，但是却是世界上第一次在海湾入海口建造的一座大桥，入海口特殊的地理环境使得大桥的建造不能够完全按照以往的经验，需要工程师们不断地探索和利用其他建造工艺。

2.3.1　预建栈桥，保障桥墩建设

大桥北部桥墩采用传统工艺很快就建好了。可是南部桥墩的建造就没有这么顺利了，因为南部桥墩选在远离海岸 335 米，水下 18~24 米处的岩石上，距离海岸较远，不方便材料的运输。工程师们从另外的角度思考，既然南部桥墩的建造位置离海岸较远，可不可以先建造一个栈桥来保障材料的运输呢？在桥墩建造遇到困难时，采用迂回的方法“绕道而行”，先建造栈桥，这样桥墩建造所需的材料运输问题便迎刃而解，也就可以建造桥墩了。

由于其特殊的地理环境，在栈桥的建造过程中有很多新工艺的应用与集成。首先需要开凿洞穴，一般情况下是在岩石中打出小洞往里填充炸药，但是金门海峡属于开放海域，而且岩石都是蛇纹石，挖掘机没有办法进行挖掘，建筑团队根据这种情境只好思考新的工艺。最终他们决定往钢管里填充炸药，并将钢管深入相应位置进行爆破。当时栈桥的结构也进行了一番选择，由于开始的钢结构被风吹散，设计师决定用圆木代替钢结构，因为这样既可以减少栈桥所受的海水的冲击力，又可以节省时间。最终栈桥在 1934 年 3 月 8 日建成。

2.3.2　特定情境下的桥墩修建方法

接下来就是南部桥墩的建造过程，一般情况下桥墩的建设需要平静的海面条件，但是金门海峡位于入海口处，十几条河流从此进入海洋，水面活动剧烈，海浪冲击力十分强烈，另外还有南北太平洋两股相反方向的洋流一天两次经过这里，两股水流造成巨大的冲击，这对建造桥墩十分不利。最初斯特劳斯决定采用沉箱法建造一个围堰，但是基于环境的考虑，他放弃了这一想法，决定使用一个个独立的箱体围建，并决定增加围堰的深度。在实际操作中，工程师直接采用混凝土浇筑围堰，再将围堰内的水抽干，之后再进行桥墩的浇筑，并且嵌入桥塔的建筑。这样，南部桥墩终于在 1935 年完工。

在桥墩的建设过程中，由于洋流汹涌冲击的特定情境，斯特劳斯等工程师们再三思考其建造工艺，最终决定使用围堰浇筑法建造南部桥墩，将创新原理中的情境原理表现得淋漓尽致。

2.3.3　预设安全网，提高施工安全性

在桥墩建造完成后桥面的建造过程就开始了，由起重机将船上的钢板吊起进行铺设。由于桥架在离水面 70 多层楼高的地方，工人要在没有扶手的钢板上操作，这对于施工来说是十分危险的。为了安全起见，斯特劳斯斥资 13 万美元在桥的下侧预先安装了安全网，在大桥施工期间只有 11 人坠桥身亡（这在当时是一个相当低的工伤数字），而有超过这个数目两倍的工人因为安全网获救。在这一方案的设计中，斯特劳斯预先发现桥面建造过程中的低安全性，预先采取措施，通过增设安全网来补偿低安全性，有效减少死亡率，挽救了多名施工人员的性命。

在整座大桥的建造中，工程师集成使用了很多已有工艺，也根据特定的环境创新使用了很多新的工艺。栈桥修建中创新使用钢管爆破工艺，用新的材料代替原来的钢结构；桥墩建造中除了北部桥墩采用传统工艺外，南部桥墩使用了围堰浇筑法；桥面的铺设中也预设了安全网来保证安全。总之，金门大桥这一创新之举的完成，并不是单一技术的成就，而是多种已有工艺和新工艺的集成。

2.4　基于全生命周期的成本控制

在金门大桥征集方案的过程中，有工程师提出了接近 7 000 万美元的设计方案，而斯特劳斯的方案是根据奥肖内西的预算进行的，在后来的设计中也更加注重成本的控制，最后他提出的成本是 2 700 万美元，将成本很好地控制在了预算之内。在后期的资金筹集过程中，斯特劳斯采用了发行债券的方式，因此每天都有 5 000 美元的利息成本，为减少利息成本就必须尽快建好大桥，使其投入使用获得收益。工程师们为控制工期使用了平行工序法制定工期表，争取相近的工序能够同时开工同时完成，来减少时间浪费。这一方法很好地控制了成本。

从大桥的设计到施工阶段，每一个步骤都特别注重成本的控制，工程师在设计中引入了新的理论与设计方法节约材料减少成本，在施工中采用了创新的管理方式以缩短工期节省成本，最终将大桥的成本控制在 3 550 万美元，对于如此巨大的工程，这样的费用支出堪称一个奇迹。

2.5　金门大桥建造过程的启示

金门大桥是当时跨度最长的第一座在海峡上建造的大桥。正是由于工程师们的创新精神才克服了种种困难，才有了建造工艺和管理方法的创新。金门大桥从开始修建到最后的竣工，处处蕴含着创新科学原理，如图 3-2-3 所示。其修建是由于交通问题引发的对快速交通的需求，由问题引发建造大桥的需求，在目标的引导下开始了一系列的创新过程。在设计过程中，集成了多位工程师的智慧与多种设计理论，在建造中，面对桥墩建造的困难，不轻言放弃，“绕道而行”预先建造栈桥，又根据其独特的环境，基于情境原理进行技术和工艺上的创新，还采用创新的管理方式来控制成本，最终造就了金门大桥这一桥梁奇迹。

悬索桥的发展对一些特殊场合下的运输也有着启示作用，现代许多货运方式都采用了悬索技术。林业索道、缆索起重机等不仅采用了悬索技术，而且集成了电脑科技，逐步应用了遥控跑车及遥控索道，使索系简单化、运营操作简易化。

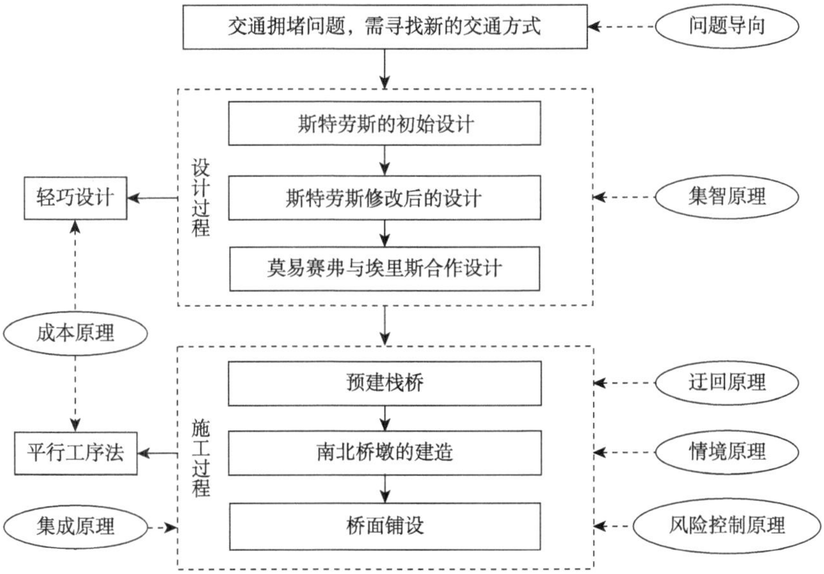

图 3-2-3　金门大桥的创新过程以及创新原理

参 考 文 献

Strauss J. 1987. The Golden Gate Bridge：Report of the Chief Engineer to the Board of Directors of the Golden Gate Bridge and Highway District. Califonia：Golden Gate Bridge and Highway District：231.

徐冬梅，王大明. 2015. 旧金山金门大桥建设的技术与管理创新. 工程研究：跨学科视野中的工程，7（1）：106-115.

第3章　走出神话的月宫旅行——“阿波罗”登月工程

每当夜幕降临，皎洁的月光洒向地面，不禁让人产生无限遐想。千百年以前人类就对月球产生了极大的兴趣，许多人都梦想到上面潇洒走一回，亲眼看一看这个充满梦幻的“仙境”是否真的有令人神往的广寒宫，美丽的嫦娥，芳香的桂花酒……但由于当时技术条件的限制，这一直是可望而不可即的梦想。然而，美国在 20 世纪 60 年代至 70 年代初组织实施的“阿波罗”载人登月工程，使这一梦想最终变成现实，登月工程成为世界航天史上具有划时代意义的一项巨大成就。

1969 年 7 月 16 日，巨大的“土星 5 号”火箭载着“阿波罗 11 号”宇宙飞船从美国卡纳维拉尔角肯尼迪航天中心点火升空，开始了人类首次登月的太空征程。美国宇航员尼尔·阿姆斯特朗（Neil Alden Armstrong，1930—2012）、巴兹·奥尔德林（Buzz Aldrin，1930—）、迈克尔·柯林斯（Michael Collins，1930—）驾驶着“阿波罗 11 号”宇宙飞船跨过 38 万千米的征程，于 7 月 20 日下午 4 时 17 分降落在月球表面，4 时 56 分，阿姆斯特朗第一个走下登月舱，在月球表面留下人类的第一个脚印，他激动地说：“这一步，对一个人来说是小小的一步；对整个人类来说，却是巨大的飞跃。”因为这一步实现了从地球到月球的梦想，这一步跨过了 5 000 年的时光。那么，如此伟大的工程是如何实施的，它的创新过程又蕴含着怎样的创新科学原理呢？

3.1　“冷战”背景下的政治目标

1947 年开始，以美国为首的资本主义阵营，与以苏联为首的社会主义阵营展开了政治、军事等方面的角斗，从此揭开了长达近 50 年之久的“冷战”。20

世纪 50 年代末至 60 年代初，苏联连续获得数个空间竞赛第一：1957 年 10 月 4 日发射第一颗人造地球卫星，1961 年 4 月 12 日第一位航天员加加林进入太空……苏联在航天技术方面连续取得伟大成就，使多项科学技术领先的美国受到较大的压力，它深感这是一个极其严重的政治问题，于是在加加林进入太空之后，美国就雄心勃勃地提出一定要赶超苏联的口号，下定决心要显示美国作为世界头号超级大国的科技水平。在 1961 年 5 月 25 日肯尼迪总统向全世界宣布实施雄伟的载人登月计划："我认为我们的国家应当在这个十年结束之前，达到把一个人送上月球并使其安全返回地球的目标。"由此可见，载人登月的决定是一项政治性的决定，其基本目标是通过实现首次载人登月而使美国在航天技术上超越苏联，主要目的是为了在全世界人民的心目中重新确认美国航天技术的领先地位。当然，这样一项浩大工程的实施决策还要考虑其潜在的经济、军事、科技价值，要在技术和经济上具有可行性。

3.2 系统管理下的壮举

"阿波罗"登月工程历时约 8 年，耗资约 256 亿美元，动员了上百个科研机构，120 所大学，2 万多家企业，先后有 400 多万人参加。一项规模如此宏大的工程，工程技术的复杂程度难以想象，仅"土星 5 号"火箭就有上百万个零部件，涉及成百上千种复杂的工序，只要有一处隐患，就可能造成"箭毁人亡"的惨剧。从这种意义上来说，"阿波罗"登月工程实际上是一个巨大的、通过政府组织实施的系统工程。中国著名科学家钱学森曾指出："系统工程是一门组织管理的技术。"也就是说，如此庞大的登月工程之所以能如期圆满完成，非常关键的一点就在于运用系统工程的原理进行有效的管理。

面对如此复杂的工程，怎样把比较笼统的初始要求（使航天员安全登月并返回地球）逐步转变为成千上万项具体工作，怎样把这些工作最终组合形成一个技术上合理、经济上合算、研制周期短的完整系统成为一项难题。为解决这一难题，在"阿波罗"登月工程的实施过程中，美国建立了强有力的管理组织，加强对阿波罗计划整体过程的管理，并将管理工作全过程划分为编制计划、分析评价、控制指导及督促检查等阶段。为此，美国国家航空航天局载人航天飞行办公室进行了改组，下设项目管理部、系统工程部、试验部、质量和可靠性部、飞行控制部，国家航空航天局各大航天中心也相应成立系统管理部门。在国家航空航天局上下部门和各中心之间，在各中心与承包商之间，建立高效的系统管理网络。这个网络涉及 4 个管理层次：承包商、火箭与系统经理、项目经理、项目办公室。国家航空航天局根据评估结果对说明书、设计和硬件进行更改，创造性地运用新的管理方法，推广使用电子计算机从事生产与科研的管理。“阿波罗”登月工程的总负责人韦伯博士后来总结说：“我们没有使用一项没用过的技术，我们的技术就是科学的组织管理。”

3.3　群体智慧的结晶

一项重大航天工程从决策目标、方案设计到方案选择并不能由一人拍板定案，而是综合众多航天领域专家以及其他领域人士的智慧做出决策。而对于“阿波罗”登月工程来说，从方案设想、酝酿、设计到最终方案形成，可以说凝聚了无数科学家的心血和智慧，在此过程中体现的专家智慧集成如图 3-3-1 所示。其中，早期由美国陆军、空军、海军及一些相关机构提出的登月设想构成了登月设想方案集Ⅰ，基于这些设想美国国家航空航天局酝酿形成了阿波罗登月计划，该计划最终获得美国总统及国会批准。乔治·劳领导的登月小组提出直接登月法 Y_1 与地球轨道对接法 Y_2，弗莱明委员会提出直接登月法 Y_3，冯·布劳恩提出地球轨道对接法 Y_6，喷气推进实验室提出一个月球表面对接方案 Y_5，伦丁提出一个折中的月球轨道法 Y_4，多兰研究小组提出一个月球轨道对接法 Y_7，兰利研究中心的工程师霍博特提出一个月球轨道对接法 Y_8，这些方案构成了阿波罗登月设计方案集Ⅱ；8 个设计方案可以综合为直接登月法、地球轨道对接法、月球轨道对接法 3 类基本登月方案，形成了阿波罗登月计划可行方案集Ⅲ；最后，经过多个机构专家的反复研究、交流，在美国国家航空航天局的组织领导下，形成了 3 个方案的评价排序顺序，月球轨道对接法成为第一优选方案。

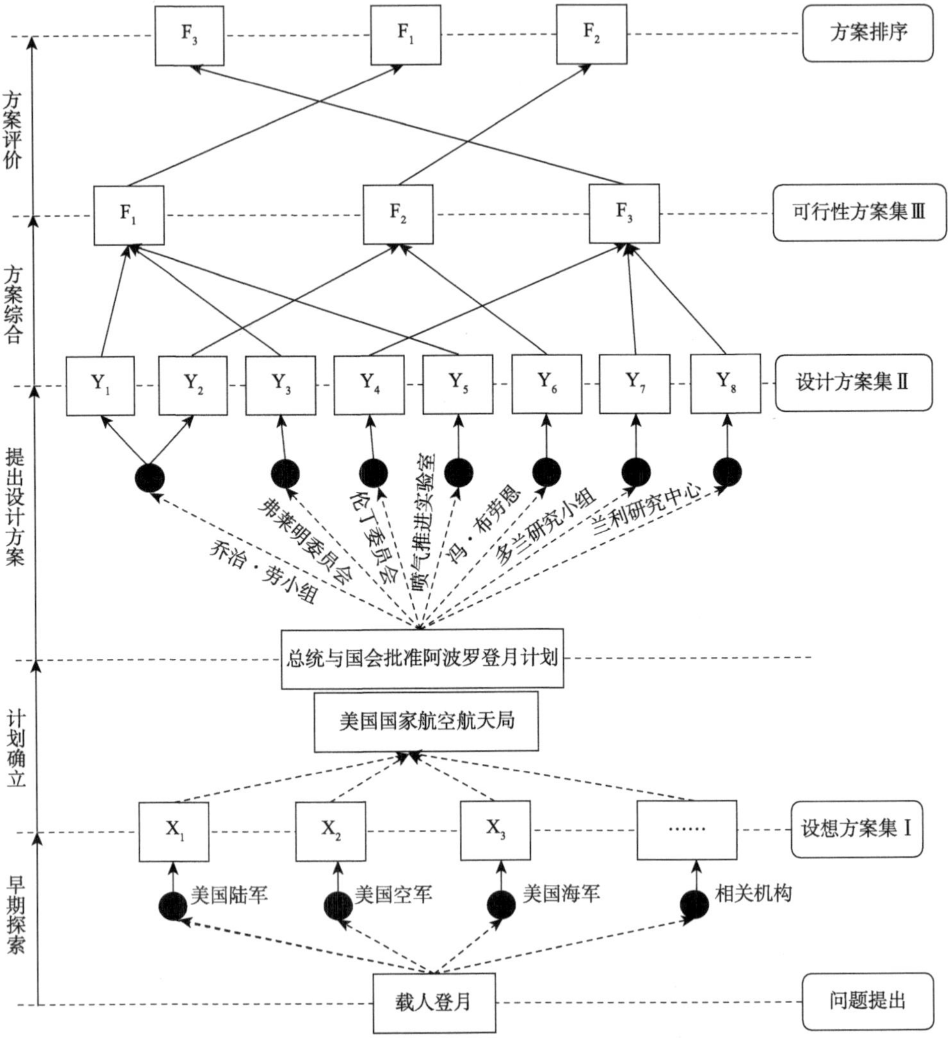

图 3-3-1 阿波罗登月计划方案形成的群体智慧集成过程

3.4 技术集成之佳作

登月飞行是一个极为复杂的科学技术实现过程，从火箭运载、登月飞船安全登月到宇航员安全返回等，都需要一系列技术的支持。按照月球轨道对接法，整个飞行过程有 88 个步骤，特别是在远离地球 38 万千米的月球轨道上交会对接，要求飞船和运载火箭有极精确的控制设备，同时要求各部件高度可靠。为完成登月并安全返回，要为 3 名宇航员提供较长时间的、适合的生活环境和工作条件，要有精确可靠的通信联系和跟踪控制设备。此外，整个设计要便于进行月球探险和进行各种科学实验。根据这些要求，登月飞船要有防高温、防辐射而又坚固轻巧的外壳，还要携带高度精确可靠的推力系统、控制和导航系统、稳定系统、通信和跟踪系统、电源系统、生命保障系统以及重量高达 40 多吨的科学实验用的各种仪器设备。为此，美国专门设计了土星-V 三级火箭和“阿波罗”飞船。土星-V 火箭的研制被列为国家最重要的计划之一，设计者在结构上做了大胆的革新，其中 J-2 发动机的技术突破成为土星-V 研制成功的关键，它使用液氧-液氢作为推进剂，比冲高达424秒，并具有第二次点火能力，这项现代火箭技术的最高成就为将“阿波罗”飞船送往月球奠定了基础。“阿波罗”飞船采取层层分解、同步进行的办法进行研制，对不同技术方案均给予同等的机会，结果仅用 4 年时间就完成了由几百个部件构成的复杂系统。至于“阿波罗”飞船和土星-V 的装配，若按常规到发射场组装，必须建造一个巨大的发射台和装配架，这样必将花费许多时间。美国国家航空航天局决定打破常规，在肯尼迪宇航中心建造一座装配大楼，在楼里组装好 130 米大飞船。再用超巨型履带运输车运到发射场，这一决策取得了成功，以往发射前的准备时间都要数月之久，这次只用了十几天。

3.5　“阿波罗”登月工程带给我们的启示

在“阿波罗”登月工程实施期间共有7组21名宇航员参加登月飞行，6组获得成功，先后有 12 人到达月球表面进行探测活动，这足以彰显美国在航天领域取得的巨大成就。如此浩大工程的成功实施对于指导如今的工程项目具有重要意义，它其中体现的创新科学原理仍然值得我们深思和学习借鉴（图 3-3-2），而我国也学习借鉴其经验，成功实施了“嫦娥工程”。虽然最初实施“阿波罗”登月工程是出于政治斗争，但其意义远远超出政治之外。在科学上，它使人类对月球及近月空间有了首次直接的研究和认识；在技术上，它取得了许多重大技术突破，具体体现在运载火箭、载人飞船、制导与控制、高性能材料、航天器交会对接、长效燃料电池、远距离通信等方面，这不仅为后来的航天计划奠定了基础，而且使许多新技术在国民经济各领域得到广泛应用；在管理经验上，“阿波罗”登月工程在大型科学工程项目管理上也积累了丰富的经验。作为一项复杂的重大航天工程，它从登月的提出、方案的形成以及登月工程的实践都凝结着众多专家及参与人员的集体智慧。为保证登月方案的完美实施，美国国家航空航天局采用了系统工程的思想组织和管理众多的参与单位和人员，最终成功登上月球。“阿波罗”登月工程的成功体现了人类的探险与开拓精神，显示了人类的巨大创造力和能动性，它将作为 20 世纪最伟大的科学工程和壮举之一被载入史册。

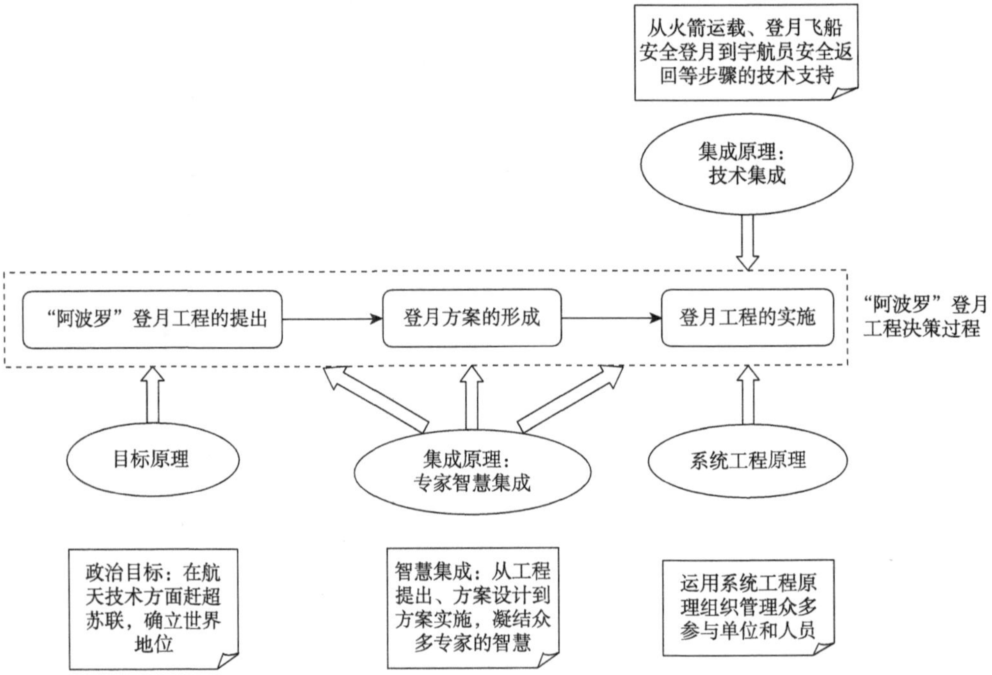

图 3-3-2　“阿波罗”登月工程决策过程及创新科学原理

参 考 文 献

李成智，李建华. 2010. 阿波罗登月计划研究. 北京：北京航空航天大学出版社：74-80.

第 4 章　川蜀水利工程之魂——都江堰

中国古代著名水利工程都江堰，位于四川省都江堰市西 1.5 千米处的岷江中，是目前世界上唯一留存的以无坝引水为特征的古代水利工程。作为我国最古老的水利工程之一，2 200 多年来，都江堰一直在农业灌溉、城镇和工业供水、生态和文物保护、防洪、旅游、发电、水产和养殖等各方面发挥着极其重要的作用，为川西平原的发展做出了巨大贡献。都江堰的建成不仅使成都平原成为我国“水旱从人”的著名粮仓，而且也是使成都平原被誉为“天府之国”的一项惠民工程，堪称“川蜀灵魂”（张成岗和张尚弘，2004）。

都江堰渠首枢纽由鱼嘴、飞沙堰、宝瓶口以及百丈堤、金刚堤、人字堤等部分组成，其中主要工程是鱼嘴、飞沙堰和宝瓶口三大部分，如图 3-4-1 所示。三大部分的科学布局与有机组合，巧妙、高效地实现了分水、排沙、溢洪，并将持续稳定的灌溉用水引入成都平原。

图 3-4-1　都江堰

4.1 构想水利工程，掌控岷江龙头

公元前 256 年李冰被任命为秦国蜀郡太守，在上任之初，他便考察民情，了解到当地百姓生活困难，经常为洪涝灾害所累，常年颗粒无收。为救民于水火之中，李冰决心治理水患，他不畏艰险，经过一番实地考察，发现流经成都平原的岷江是水患的根源。李冰尝试过许多不同的方法，但都以失败告终，如加固岷江沿岸的水堤，可是每次都被洪水冲垮。在当地百姓的引导下，他沿着岷江逆流而上，沿途数百里对岷江沿岸地形地貌进行详细记录，并实地测量、搜集岷江水情等相关数据。他认为，要想彻底解决这一难题，就需要修建一个兼具控水和引水两大功能的水利工程。怎样让岷江水持续而稳定的进入成都，使航道畅通，同时又要在洪水季节，控制江水不危害平原的城市，成为李冰思考的重点。经过和当地有治水经验的百姓讨论，李冰选择在山丘和平原的分界点上建造都江堰，以锁住岷江的咽喉。李冰充分利用成都平原西北高东南低的自然地形特点，把渠首工程选在岷江进入成都平原的入水口，使渠首工程处于整个平原灌溉体系的制高点，利用水往低处流的自然属性，不但克服了整个引水渠进水难的问题，而且抓住了岷江龙头，掌握了调控岷江水流方向与流量的主动权。

李冰自上任以来一直关心民生疾苦，为解决水患，不辞劳苦，同当地百姓一起找到了水患的根源。李冰多次尝试失败后，提出修建具有分流和引水功能的都江堰这一水利工程，并充分利用地形优势，将整个工程的主体修建在成都平原的入水口，为都江堰的顺利建成打下一个坚实的基础。

4.2 岷江分流的智慧——鱼嘴

为了对岷江水流进行有效控制，李冰提出一个大胆的想法，在江心建造分水堰。按照李冰的设想，将大量的石块累积在一起投入江心，依靠累积的重量便可以有效地阻断水流，可是当造堰团队将大量石块投入岷江中时，湍急的岷江水却将石块全部冲走了，石块根本露不出水面。投石块的方法失败了，但李冰并未放弃，他认为石块的重量相对于水流的冲击力还太小，如果加大石块的重量，那么石块被冲走的概率就会降低。如何增加石块的重量呢？李冰冥思苦想。不久，当地百姓建议李冰用竹笼将石块聚集在一起，从而增加一次性投入江中的石块重

量。于是，李冰请他们用竹子编织大型竹笼，在竹笼里填满大石块和鹅卵石，再投入江中（段跟定，2012）。这一次，这些石块竹笼完全抵抗住了水流的冲力，很快就筑起了坚固的分水堤堰。由于分水堤堰的前段酷似鱼嘴，所以岷江堤堰也被人们称为鱼嘴。

当江水流至鱼嘴时，被分成内外两江，靠西边的支流是外江，它顺岷江而下；靠东边的支流是内江，为引水河，是岷江改道通往成都的工程。因为都江堰工程位于岷江弯道处，根据水流弯道原理，当岷江水流量较少时，岷江水受弯道影响，更多的流向内江；当岷江水流量较多时，则更多的流向外江，起到防洪减灾的作用。所以鱼嘴可以有比例地调节分水量。春耕时节需要更多水源用于农田灌溉时，内、外江的分水量比例可控制为 6∶4；而当洪水季节来临时，内、外江的分水量比例可控制为 4∶6。

李冰在修筑鱼嘴时，善于采纳当地有治水经验的百姓的建议，利用竹笼来装石块和鹅卵石，增加一次性投入江中的石块重量，从而抵抗住水流的冲击，成功地筑起分水堤堰，这充分体现了集智原理。李冰还巧妙地利用了岷江周围的自然环境，借助自然的力量，使整个工程与自然完美地结合起来。

4.3　让湔山敞开怀抱——宝瓶口

然而就在李冰的团队完成了分水堤堰工程之后，岷江水在坐落于成都平原西北方向的湔山前戛然而止，这座大山成为内江流入成都平原的障碍，而湔山又是江水流入平原的必经之路，怎么样才能把水引入成都平原呢？那就只有凿开湔山。战国时期尚未发明火药，也没有先进的开凿工具，要把大山劈开，就只能依靠人力。但是由于湔山山体极其坚硬，虽然李冰投入了大量人力、物力，工程进度仍然十分缓慢。而此时因为缓慢的进度，人们开始质疑开山工程的现实性。虽然凿开湔山意义重大，但所耗费的时间和精力巨大，即使是成功开凿出来也是得不偿失。要想获得更大的价值，就必须削减时间，缩减劳动消耗，加快进度。于是，李冰鼓励大家为开山进言献策，希望能从不同角度寻求加快进度的方法。这时，一位有经验的工匠向李冰提出以火烧石的办法。这种办法首先要在坚硬的岩石上挖出沟槽，之后用火烧石体直至通红，再将冰冷的江水浇在岩石上，根据热胀冷缩的物理学原理，石体便自行裂开。这个方法被李冰采纳并试用成功，随后被广泛使用，大大加快了工程的进度，使得工人信心大增，竭尽全力开凿湔山。光阴荏苒历经 8 年，湔山终于敞开怀抱。工人开凿出一道宽约 20 米的裂口，而这道口子因形似瓶口也因此被人们称为宝瓶口，其旁边与湔山分离的山丘则被称为离堆。从此汩汩清流从宝瓶口奔流而出，永久性地灌溉着成都平原。

在建设宝瓶口时，因为它的功能是明确的，为了使这项工程的价值最大化，就需要降低劳动消耗以及时间等。为达到这一目的，李冰从善如流，鼓励百姓提出自己的看法。对自己不擅长的领域，让更有经验的工匠发挥才智。正因如此，才有人向李冰提出以火烧石的办法，完成开山工程，使岷江之水进入成都平原。

4.4 排沙泄洪的法宝——飞沙堰

在宝瓶口发挥功效之后，为使都江堰工程的功能更加完善，李冰的造堰团队又对分水堤堰的尾部进行改良（段跟定，2012）。他们建造了宽度达 200 米以上、高为 2 米的溢洪道，被称为飞沙堰，还建造了平水槽用于分洪。这项工程，对流向宝瓶口的内江水进行水量的再次控制，既稳定了灌溉用水，又有效降低了泥沙的淤积程度。

在堆砌飞沙堰时，李冰仍采用石块竹笼的办法，并按照不同时节取水量的差异，合理地固定了飞沙堰堰顶的相对高度位置。如果内江水位上升到一定高度时，多余的江水就可以通过平水槽和飞沙堰流向外江，流向宝瓶口的内江水水位就可以降低，使成都平原灌溉区免受洪水侵袭。与此同时，由于水流的冲击和惯性，江水中的沙石被引导抛至飞沙堰，使得宝瓶口的泥沙淤积大大减少（段跟定，2012）。值得一提的是，飞沙堰的分洪飞沙效果，在内江水量越大时，越明显；当内江水量超过某个最大值时，水流就会直冲飞沙堰，将由竹笼垒砌而成的飞沙堰冲毁，于是几乎全部的上游来水都由此进入外江，从而保证了灌溉区的防洪安全，同时大幅提高了整个工程的价值。

飞沙堰建造成功后，李冰的团队又建造了一些有利于排沙的工程设计。例如，将内江设计成凹地，外江设计成凸地，根据水体力学原理，当岷江水位较高时，表层水流流向凹地，底层含沙较多的水流流向凸地，也就是外江，极大减少流入内江的泥沙。

在都江堰工程基本完工之后，李冰在每年洪水来临之前都会组织人员对都江堰进行年修，从而保证都江堰工程的持续运转。不仅如此，在李冰之后的历朝历代，朝廷都会定期派人对都江堰进行维护。

4.5　都江堰的系统思想

都江堰工程之巧妙在于它是一个人与自然共生的工程系统。工程设计不但注重各部分所依据的科学原理，而且重视各部分之间及工程与环境间的相互联系和协调（张成岗和张尚弘，2004）。鱼嘴的作用在于分流，而宝瓶口的目的是将岷江水引入成都平原，飞沙堰的功能则是进一步对内江水分流，以及净化进入成都平原的岷江水（新增功能）。鱼嘴、宝瓶口、飞沙堰的功用既有明确分工，又互相依托、互相联系，缺一不可。同时三部分组成一个工程系统，形成一个有机整体后，产生了巨大的聚合效应，使得工程每部分的功能都超出自身的分工。另外，都江堰巧妙而有效地把自然规律中的诸多因素控制和调动起来，为人所用，达到最佳的工程效果，体现了“天人合一”思想。

4.6　都江堰修筑带来的启示

都江堰工程是我国古代水利史上的瑰宝，是中华民族智慧的结晶，它历经两千多年的沧桑变化，仍然保持着旺盛的生命力，是水利工程建设史上的典范。它建造设计过程中蕴含着的众多的创新原理，值得我们深思和借鉴，如图 3-4-2 所示。从都江堰最初的构思上来说，任何伟大工程都不是凭空产生的，都有其最初的目的，都是具有问题导向的，这对我们全面认识事物具有重要意义。从都江堰的三大主体部分来说，伟大工程之所以伟大，是因它不仅体现了个人的智慧，更重要的是它所包含的集体智慧。一个人的力量是有限的，但是所有人的力量汇聚在一起将会产生超乎想象的力量。从都江堰的整体构造来说，它是一个系统工程，一个与自然完美结合的工程，它的分流、排沙等功能相辅相成，共同构成了一个整体，为三峡大坝的建设提供了很好的借鉴作用。都江堰工程展现出的中华民族自强不息、一脉相传的精神，不断激励着后人。

历史遗留给我们一个神话般的都江堰，我们还需传承和延续这段神话，以使都江堰适应时代的需要，永葆活力。

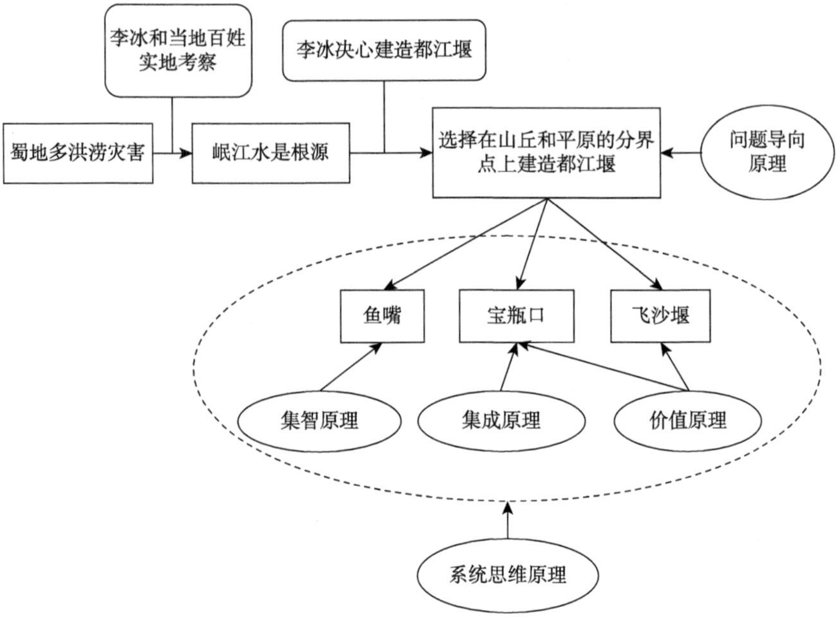

图 3-4-2　都江堰工程体现的创新原理

参 考 文 献

段跟定. 2012. 李冰与都江堰的创建历史. 兰台世界，（36）：117-118.

张成岗，张尚弘. 2004. 都江堰：水利工程史上的奇迹. 工程研究：跨学科视野中的工程，1（1）：171-177.

第5章　黄沙瀚海中诞生的古代建筑奇迹——古埃及金字塔

金字塔（pyramid）是古代修建的一种方锥形建筑物的形象称谓，该类建筑物底座多呈四方形，越上越窄，直至塔顶。古埃及文中金字塔被称为“庇里穆斯”，意思是“高”，这种类型的建筑物在埃及、美洲国家等地均有分布，其中以埃及金字塔最为著名。由于其外形类似汉字的“金”字，因此在中国被形象地称为“金字塔”。埃及金字塔是古埃及奴隶制国王的陵墓，这些古埃及的统治者在历史上被称为“法老”。作为世界古代建筑奇迹之一，埃及金字塔数量众多，目前发现的金字塔共有 96 座，这些金字塔大小不一，分布较为广泛，其中以埃及首都开罗西南尼罗河西岸古城孟菲斯一带的金字塔最为集中。埃及金字塔是古埃及文明最具影响力和持久力的象征。

5.1　古埃及人为什么要修建金字塔?

与中国古代帝王普遍将陵寝深藏于地下不同，古埃及金字塔修建在地上，且高耸入云，气势宏伟，成为醒目的标志性建筑（图 3-5-1）。那么，古埃及的法老们为什么要将自己的陵寝建成金字塔的形状呢?

据考古学家和历史学家考证，古代法老之所以如此热衷于修建金字塔主要有两个原因。一是修建金字塔具有巨大的宗教象征意义：古埃及人崇拜太阳神，古代埃及太阳神“拉”的标志是太阳光芒，而金字塔方锥形的形状正是模仿刺向青天的太阳光芒，象征古埃及法老神圣的宗教权威。为达到这一目的，金字塔需要被修建成醒目的“地标”建筑，象征法老至高无上的宗教神权与专制统治权力，以供民众膜拜瞻仰，从思想上巩固法老的统治地位，这种宣传“君权神授”的做法在古今中外的历史上并不罕见。

图 3-5-1　埃及金字塔及狮身人面像

二是金字塔有其“实用价值”：考古学家在金字塔中发现的铭文中有这样的话，“为他（法老）建造起直达上天的天梯，以便他可由此上到天上”。对于古埃及的统治者来说，高大的金字塔就是他们死后的天梯，他们的灵魂可以借此上达天庭继续自己的来生。在这种宗教思想的感召下，古埃及的法老们热衷于为自己修建高大的金字塔，并想尽各种办法将遗体进行妥善保存，以备灵魂转世之用。

5.2　金字塔是如何建成的？

历经 4 000 多年的风吹雨打，当年建造金字塔的方法早已湮没在历史长河中，变得无从考证。金字塔是怎么建造出来的，是由哪些人建造的，甚至是由什么材料建成的，这些都是未解之谜，至今仍是考古学家争论的热点。

5.2.1　依靠系统思维聚集人力物力

对于到底是哪些人修建了金字塔，历史上始终众说纷纭。古希腊历史学家希罗多德（Herodotus）在实地考察胡夫金字塔之后，认为金字塔主要是由奴隶修建的，人数多达 10 万人，这些奴隶在烈日曝晒和监工的皮鞭下辛苦劳动，整个工程历时 30 多年之久。希罗多德的说法在历史上长期占据主流地位，金字塔也在一定程度上被认为是法老残暴统治的见证。然而，在 2003 年，埃及最高文物委员会通过对金字塔建造者墓葬遗址的发掘考证，认为金字塔是由当地具有自由身份的农民和手工业者建造的。哈瓦斯说，古埃及人是怀着虔诚的心情自愿参加建造金字塔的，并没有受到强迫。此外，从人性的心理角度来考虑，一些历史学家认为如此精妙绝伦的建筑仅仅依靠强迫那些没有太多劳动技巧的奴隶来建造是几乎不可能的，其中必须要有具备优秀设计才能的建筑师和熟练技能的工人，并且在发自内心的虔诚和自愿的情况下，才能建成这一宏伟工程。

无论金字塔是由奴隶还是自由人建造的，受当时的技术水平所限，其建造过程中需要的劳动力数量无疑是惊人的。每当开始修建一座金字塔时，法老往往向全国发出动员令，征召全国最优秀的科学家、建筑师、学者前来从事金字塔的设计工作，此外还有大量的施工人员——来自全国各地的工匠、农民、奴隶、囚徒等来从事金字塔的施工工作，这些劳动力共同组成一支庞大的建筑大军。这支劳动力大军在短时间内被迅速招募和动员起来，并进行有效组织，在建造过程中，通过控制工程的进度和质量来完成这个在今人看来都难以完成的宏大工程，其中蕴含了复杂的管理问题。金字塔能够在相对短的时间内建成，体现了古埃及劳动人民在工程进度控制和质量管理方面具有较高的水平。

5.2.2　巧夺天工的建筑设计蕴含逻辑思维

金字塔能够屹立几千年而不倒的一个很重要的原因是其设计外形符合最稳定的三角形原理。金字塔面与面之间的角度是 51 度 50 分 9 秒，这与有“自然塌落现象的极限角和稳定角”之称的 52 度角几乎相等，而 52 度角被物理学界认为是最稳定的角。沙漠中虽然经常会有风暴，但由于金字塔独特的造型，风的破坏力被化解到最低限度。此外，人们知道磁力线的偏向作用可以使地面建筑，甚至高山崩塌，而金字塔塔基正好处于磁力线中心，它随着磁力线的运动而运动，随着地球的运动而运动，因此它所承受的振幅极其微弱，地震对它的影响也就不大。这使得后世的考古学家无不惊叹：金字塔的设计者居然在几千年前就已经知道了从事物的源头来推断事物的处理方式，从磁力线、风向等开始考虑，趋利避害进行金字塔的设计工作。这些超前的逻辑思维和设计理念让我们在今天仍然感慨不已。

5.2.3　运用膨胀的物理原理开采石料

古埃及金字塔建造时需要数量庞大的石料，以胡夫金字塔为例，共用约 230 万块石块建成，这些巨石大小不一，重量从 1.5 吨到 160 吨不等。以当时古埃及的科技发展水平，没有什么机械设备，完全依靠劳动力，那么这些石块是如何开采出来并被堆砌成金字塔的形状的呢？由于年代久远，这些成了难解之谜。

根据希罗多德的记载，建造胡夫金字塔的石头是从“阿拉伯山”（现西奈半岛附近）开采来的，修饰其表面的石灰石是从尼罗河河东的图拉开采运来的。但开采石头在当时并不是一件容易的事情，那时的古埃及人既没有炸药，也没有钢钎（当时尚未发明冶铁和炼钢技术），仅能用青铜的凿子在岩石上打眼，然后插进木楔，灌上水，当木楔被水泡胀时，岩石便被胀裂。这样的方法在今天看来也许很笨拙，但却恰如其分地运用了物理学中的膨胀原理，在 4 000 多年前是一项了不起的技术。

5.2.4　变滑动摩擦为滚动摩擦完成石料运输

由于石块巨大的重量，现代科学家猜测古埃及人应当掌握了某种相对容易搬运移动的技术。美国印第安纳大学物理学家约瑟夫·韦斯特（Joseph West）经过研究认为，古埃及人将建筑石块捆绑上木棒，使直角巨石变成了十二边形结构（图 3-5-2）。基于这种结构搬运巨石，很大程度地减轻了石块运输中的摩擦阻力。这种推测虽然没有得到考古界的证实，但可以肯定的是，古埃及人必定运用了创新的方法，否则直接依靠人力拖动如此数量众多和体积庞大的巨石几乎是不可能的。

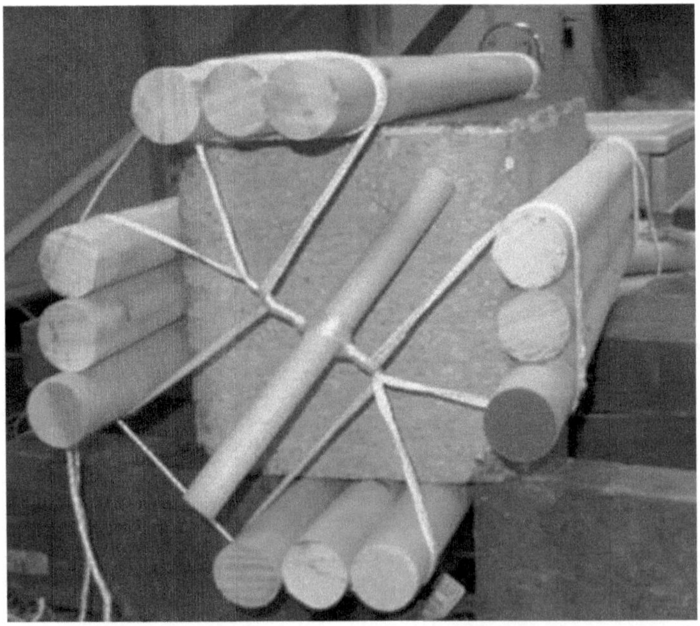

图 3-5-2　古埃及人搬运巨石的工具

5.2.5　借助坡道迂回建造金字塔

古埃及人将巨型的石块堆砌到如此高的高度，必定需要高超的技巧。在没有大型起重设备的条件下，直接将石块举起显然是不可能的。据考古学家推测，古埃及人可能采取了迂回的办法，在金字塔旁边修筑了一条坡道，如图 3-5-3 所示。顺着坡道把大量的石块沿斜面拉上高处，在建造过程中，如同今天高层建筑的脚手架一样，工人们修一层坡，砌一层石块，逐层加高金字塔。当金字塔建成后，坡道被拆除，但这种推测仍需进一步考古发掘来验证。

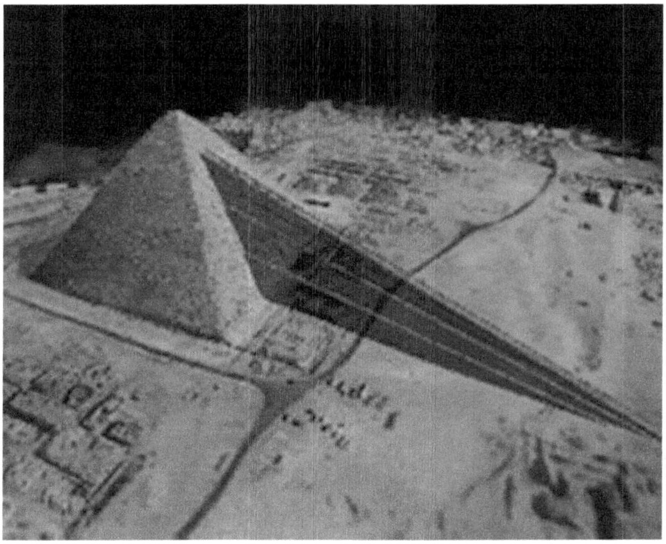

图 3-5-3　考古学家推测古埃及人用以堆砌巨石的坡道

5.2.6　遵循组合原理实现石料的无缝衔接

大金字塔共由大约 230 万块石灰石和花岗岩垒叠而成，令人吃惊的是这些石块之间没有任何黏着物，一块石头叠在另一块石头上，中间不用任何黏合材料，完全靠石头自身的重量堆砌在一起，表面接缝处严密精确，历经 4 000 多年的风吹雨打，石缝之间都插不进哪怕一把锋利的小刀。许多考古学家认为，金字塔的设计者事先根据建造模型将整个金字塔进行分解，由专业的工匠在每一个石块上标注不同的符号，代表每块石头应该摆放的位置，在建造过程中，根据标记的位置，每块巨石严丝合缝地进行对接。这体现了古埃及人高超的设计理念和组合原理的熟练运用，也表明古埃及人在建筑学、几何学、物理学方面达到了一定的高度。金字塔建造过程中蕴含的创新科学原理如图 3-5-4 所示。

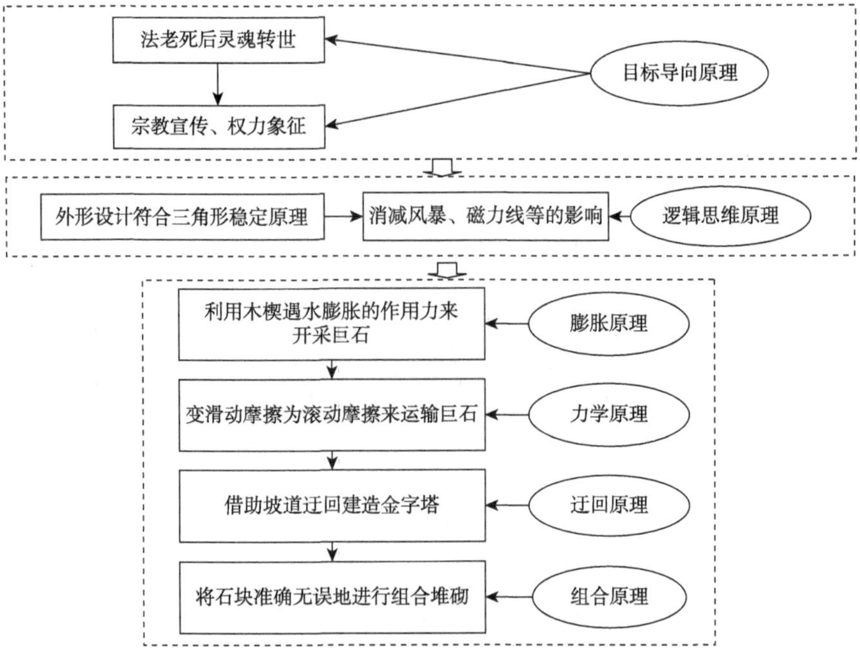

图 3-5-4　金字塔建造过程中蕴含的创新科学原理

5.3　金字塔带给我们的启示

每当后人参观金字塔时，无不被几千年前古埃及人的聪明智慧和创新思想所折服，许多在今天凭借现代化的工程机械都困难重重的工作，在数千年前的古埃及，在没有任何现代机械设备的帮助下，古埃及人民充分发挥创新思维，巧妙借助已有条件完成了今天看似无法完成的宏伟工程。不得不说，金字塔本身就是古埃及文明最有力的象征，是古代文明史上的奇迹。古埃及人在建造过程中，超前的设计理念、创新的建造方法和严格的工程管理，是金字塔得以建成的关键要素，也从根本上保障了几千年屹立不倒的伟大工程的完成。今人在赞叹古埃及人的聪明才智时，也应该从金字塔的建造中借鉴设计、质量管理、工程管理等有益经验，避免豆腐渣工程的出现。

事实上，在漫长的人类文明史中，像金字塔这样闪烁着创新理念的古代建筑还有很多，中国作为四大文明古国之一，也有很多保存至今、令人叹服的伟大建筑，这些都是古人留给我们的宝贵财富，象征着我们祖先在创新道路上的不懈追求，激励着我们向先辈学习，不断创新，不断前进。

参 考 文 献

郭景萍. 2008. 情感社会学：理论·历史·现实. 上海：上海三联书店：489-494.
悠悠. 2014-09-05. 金字塔巨石是如何搬运的呢？石块加木棍. http://tech.qq.com/a/20140905/012777.htm.

第 6 章　开拓地下空间的交通先锋——伦敦地铁

18 世纪，英国的工业革命为伦敦带来巨大变革，然而作为一把双刃剑，在促进伦敦经济空前发展的同时也带来了拥堵问题，伦敦地铁（图 3-6-1）便是为缓解交通压力应运而生的一项伟大交通系统创新工程。从 1845 年律师查尔斯·皮尔森（Charles Pearson，1793—1862）提出修建“伦敦中央火车站”开始，至 1863 年第一条大都会线开通，地铁经历了从无到有的整个过程。100 多年来，伦敦地铁不断创新发展，逐渐形成了较为完善的地铁网络系统。伦敦地铁作为世界上第一条地铁，将城市交通运行体系扩展至地下空间，开启了人类交通运行方式的新纪元。

图 3-6-1　伦敦地铁

6.1　开拓新空间，解决拥堵难题

英国第一次工业革命将人类带入蒸汽时代，伦敦作为英国的政治、经济中心，是工业迅猛发展的典型代表，经济发展带来就业机会的增加，进而引发劳动力人口向伦敦的聚集，1800年至1831年，伦敦人口由100万增加到175万。1832年伦敦发生的霍乱疾病及城市的拥堵使越来越多的中产阶级搬向郊区居住，由于人们需要乘坐马车往来，反而更加重了交通拥堵问题。

为解决拥堵问题，人们提出通过拓宽道路以疏解马车流量，但大规模道路改造会产生大规模的拆迁，拆迁不仅会导致巨额的拆迁费用，同时也可能会损害伦敦古老建筑。通过修建铁路来缓解拥堵也成为公众热议的方法，1836 年，从德特福德到伦敦桥的第一条铁路开通，然而铁路并没有缓解伦敦市中心拥堵问题，主要是由于铁路通过远距离运输将更多的劳动力输入伦敦，同时由于英国议会立法限制，火车站被建在离伦敦市中心较远的地区。

1845 年，查尔斯·皮尔森提出修建“伦敦中央火车站”，将铁路遍布伦敦，以此来缓解拥堵问题，却被议会否决。随后一群承包商提出修建地下道路的设想，皮尔森据此提出修建地铁的相关方案，最终在 1852 年伦敦委员会通过皮尔森的地铁提议。1863 年，第一条运行区间为帕丁顿至东区法林顿的地铁修建完成，被称为大都会线。在地铁方案提出的过程中，皮尔森勇于打破定式思维，不再局限于地面车辆运行，将乘客的出行方式扩展至地下，实现由地上到地下的革命性飞跃，奠定了这项伟大工程的开端。

6.2　技术组合，突破隧道瓶颈

修建地铁必然要挖掘隧道，伦敦地铁隧道经历了由浅埋至深埋的发展历程。在地铁发展的早期阶段，通常采用明挖法修建浅埋隧道，即先挖开道路，然后进行轨道的铺设和隧道修建，最后再恢复地面。1863 年至 1884 年共有 5 条地铁线路——大都会线、汉默史密斯及城市线、地区线、东伦敦线和环线，它们均采用浅埋隧道。这一时期，列车主要由蒸汽机驱动，需要良好的通风来排放浓烟，浅埋隧道可以为地铁提供大量的通风口。浅埋隧道虽然技术简单、快速有效，但是会对环境造成较大影响，并且在施工期间会导致严重的交通拥堵。

为解决这一问题，工程师们创新性地采用了盾构技术建设深埋隧道。

1890~1979 年，伦敦利用盾构技术新修建的 7 条地铁线路，全部都为深埋隧道，即完全在地下修建的隧道。詹姆斯 · 亨利 · 格雷哈特（James Henry Greathead, 1844—1896）是伦敦地铁历史进程中一位标志性的人物，1869 年格雷哈特采用圆形敞开式盾构在泰晤士河下修建了一条外径为 2.18 米的人行隧道。1886 年格雷哈特创造性地将盾构技术和空气压缩技术相结合，首次发明压缩空气盾构，通过运用压缩空气平衡土压及水压，使整个盾构能够游离于地下水位水体下运作，以此来阻止地下水的入侵，从而为含水地层中隧道修建提供新的解决途径。1890 年，英国首次出现世界上第一条电气化地铁线路，蒸汽列车牵引逐渐成为历史。电力牵引解决蒸汽机排放浓烟产生的污染问题，盾构技术的出现奠定技术基础，最终应用在地铁的修建过程中。

地铁从最初浅埋隧道发展至深埋的过程中，工程师们发散思维，设想通过地下直接进行隧道挖掘以克服地表挖掘再回填方式产生的诸多不利影响，采用空气盾构技术进行含水底层隧道的修建，这些创新使得地铁隧道挖掘进入崭新天地。

6.3　系统规划，提升交通综合效率

伦敦地铁在最初进行修建时并未进行统一规划，主要依据客流量而定，并且多数是沿着城市干道进行建造的。这虽然有利于缓解拥堵问题，但是缺乏合理规划的结果就是伦敦地铁线路网过于庞大，增加换乘的次数。

伦敦地铁在后期开始进行统一系统规划，以同心圆的方式将伦敦由内向外划分为 6 个区，其中最中心的区域为 1 区。如今伦敦地铁全长 408 千米，包括 12 条地铁线路，共设有 275 个乘车站点，12 条线路中有 11 条线路都经过 1 区，使地铁穿越繁华的商业区，不仅有利于解决市中心的交通拥堵问题，而且实现了交通与商机的紧密契合。伦敦地铁线路的布局考虑了向外延伸的可行性，为地铁后续扩建提供便利。各线路之间相互交织贯通，使乘客不出地铁站就可以到达伦敦的各个区域。

伦敦地铁有效地连接了城市其他交通工具，地铁站口多数与公交车站、火车站相连接，方便乘客出行，如伦敦内环线还连接了多数郊区铁路终点站。伦敦地铁的运行间隔主要考虑地理位置及运行时段，就市中心而言，高峰时期为 2 分钟，其他时间段为 5~6 分钟；其他地区高峰时期的运行间隔为 5~6 分钟，其他时间则为 10~12 分钟，运行间隔设计行之有效地缓解了人流拥挤问题，伦敦地铁线路如表 3-6-1 所示。伦敦地铁的系统规划对于提升城市的交通综合效率卓有成效。由此可见，从系统的角度思考问题，勇于挣脱局部束缚，从整体把握事物，

是必不可少的成功砝码。

表 3-6-1　伦敦地铁线路

线路名称	全长/千米	车站	开通年份	区域
贝克鲁线	23.3	25	1906	5，4，3，2，1
中央线	74	49	1900	6，5，4，3，2，1，2，3，4，5，6
环线	22.5	27	1884	1
地区线	64	60	1868	4，3，2，1，2，3，4，5，6
东伦敦线	7.4	8	1869	2
汉默史密斯及城市线	26.5	28	1863	2，1，2，3，4
朱必利线	36.2	27	1979	5，4，3，2，1，2，3
大都会线	66.7	34	1863	6，5，4，3，2，1
北线	58	50	1890	4，3，2，1，2，3，4，5
皮卡迪利线	71	52	1906	6，5，4，3，2，1，2，3，4，5
维多利亚线	21	16	1969	2，1，2，3
滑铁卢及城市线	2.5	2	1898	1

6.4　提升价值，推动地铁稳步前行

在地铁准备修建初期，关于这项工程的各种质疑纷纷出现：地铁是否会坍塌，机车喷出的浓烟是否有毒，票价是否过于昂贵，投资是否回收周期过长，等等。在伦敦市政府的强力支持下，出现了敢于吃螃蟹的第一批企业投资者，他们具有投资远见，相信地铁未来能够带来长远价值。地铁运行的结果是喜人的，有资料显示，1868 年，英国一家地铁运营公司都市地铁一周的收入约为 1 000 英镑/千米，基本相当于同时期英国铁路干线收入的 12 倍。

1863 年，又有工程师提出建造环线伦敦地铁路线，而非仅靠直线运行。环线地铁始建于 1867 年，并于 1884 年完工。北线、滑铁卢及城市线、中央线、贝克鲁线等线路接连开通，随着地铁线路的日益增多，城市的长途运输路线变得愈加便捷，这是马车或其他交通工具所无法具备的。

6.5　技术集成，构建地下安全运行系统

作为一项复杂工程，地铁通过集成各种创新技术，最终演奏出一曲美妙的交

响曲。隧道挖掘技术为地铁的修建奠定了基础，隧道挖掘技术经历了由随挖随填至深层挖掘，并在后续发展中不断进步，是地铁发展过程中的重要组成部分。列车是地铁的主体运行部分，由初始蒸汽机发展为电动车牵引，优化乘客的乘车环境，发展趋向节能环保。伦敦地铁于 1971 年在维多利亚线应用计算机和遥控技术操纵列车，建立交通控制系统，便于控制车辆的进站、出站时间。地铁的安全系统也是地铁的重要组成部分，国王十字街大火及伦敦地铁爆炸等事件使地铁的安全系统得以不断改进升级。

地铁的修建及运行过程中，隧道挖掘技术形成地铁运行空间，列车技术决定地铁的运行主体，计算机技术实现地铁的有效控制，安全系统保障地铁的运行环境。此外，还有地铁监控等其他各项技术的有力支撑，正是这些技术的有机集成最终编织出复杂的地下网络系统，为人们的出行提供最坚实的保障。集成能够通过使各部分最大限度地发挥作用，进而实现整体功能，因此能够合理利用各部分进行集成是实现创新突破的重要途径。

综上所述，伦敦地铁建造及发展过程中蕴含的创新科学原理，如图 3-6-2 所示。

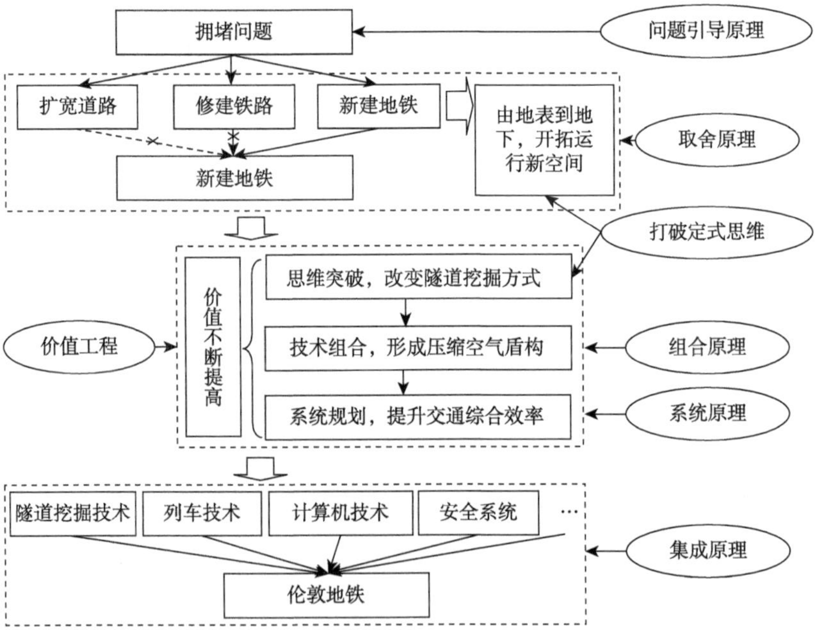

图 3-6-2　伦敦地铁建造及发展过程中蕴含的创新科学原理

6.6　发展不息，创新不止

地铁有效地缓解了交通压力，提高空间利用率，为公众出行提供便利，促进地铁建设及运营相关领域就业，带动郊区经济发展。地铁自产生后开始在世界范围内不断推广应用。北京也因其严峻的交通拥堵问题开始修建地铁，从 1969 年北京开通我国第一条地铁开始，地铁规模不断发展壮大，北京地铁从单线运行到网络化，地铁逐渐成为城市交通的骨干，有效地缓解了北京的地面交通压力，促进北京经济的快速发展。

当今地铁产业技术不断发展前进，为乘客出行提供更加安全、可靠、便捷的服务。相较于其他交通工具而言，地铁具有清洁环保等特点，是减轻环境污染问题的有效途径，但地铁较高的运营成本却对其发展造成阻碍，需要更多的创新方法来降低成本，促进地铁持续发展。

参考文献

贺鹭. 2013. 维多利亚时期的伦敦地铁. 史林，（5）：147-156.

王宇飞. 2013. 关于地铁盾构法施工新技术的研究. 施工技术，（11）：63-64.

第7章　沟通亚非欧三大洲的航海咽喉要道——苏伊士运河

在国际航海中，苏伊士运河（Suez Canal）具有“世界上最重要的捷径”的美誉，人们为什么给予它这么高的评价？究其原因，主要有两点。其一，它地处要道，连接了亚、欧大陆之间的南北双向水运，成为连通亚、非、欧三大洲的重要国际航道。其二，它连通了地中海与红海，成为大西洋与印度洋间的最短航线，大大缩短了航程。与绕道好望角相比，在亚、欧大陆往返的船只可以节省 5 000 海里左右的航程。同时好望角具有“风暴角”之称，足见其危险性，而苏伊士运河水面平静，较为安全，因而受到人们的青睐。苏伊士运河安全、便捷的优势使其航海地位日渐突出，这也使得越来越多的人开始关注它的形成过程。那么开凿苏伊士运河的想法从何而来，其开凿过程又是如何开始的呢？

7.1　是否存在沟通东西方的更短的交通路径？

从交通不便的古代到交通发达的现代，为了加强东西方之间的沟通与交流，人们一直在寻找各种方法和途径。古有埃及开凿法老运河，加强与蓬特（地处非洲东海岸的索马里与厄立特里亚之间）之间的贸易往来，然而泥沙的沉积和红海北端向南推移导致这条运河不久就被阻塞。近有葡萄牙人发现好望角，开创东西方贸易的新航道，但好望角是风暴之角，想通过好望角就要克服重重危险。如果有一条沟通东西方的更安全更短的交通路径该多好呀！为此人们不断进行探索。

18 世纪，法国拿破仑（Napoleon Bonaparte，1769—1821）发现如果开凿一条运河直接连通地中海和红海，他就可以借此直接通往富庶的东方，而不必绕道危险的好望角，这是一条沟通东西方的更短的路径，因此他计划建造一条连接地中海和红海的运河。然而拿破仑手下的工程师勒佩尔通过计算，得出红海海平面比地中海海平面高 10 米的错误结论，这就意味着运河的挖凿需要建立船闸，耗时耗力，运河开凿计划因此搁浅。此后，英国探险家弗朗西斯（Francis Rawdon Chesney，1789—1872）指出地中海和红海的海平面高度相差无几，并向英国政府提交苏伊士运河开凿的可行性报告，但并未受到政府当局的重视。

从古至今跨越千年，人们想要寻找一条更短的沟通东西方路径的想法从未停止过。这个想法一直引导人们做出各种探索，直到法国工程师费迪南德·德·莱塞普斯（Ferdinand de Lesseps，1805—1894）将这一想法变成现实。

7.2　迂回探索运河开凿路线

1833 年，一次偶然的机会，莱塞普斯读到当年勒佩尔工程师提出的关于《开凿苏伊士运河》的报告，这个报告中提到的开凿一条沟通地中海与红海的人工运河的想法深深吸引了他。这一运河的开通意味着找到了一条更短的沟通东西方的路径，而这会给埃及、法国，乃至全世界带来巨大的利益，因此他决定通过自己的努力将这一想法变为现实。如果想要开凿运河，就必须先设计出一套切实可行的开凿方案，如何去设计这个开凿方案呢？首先就是确定开凿的路线。地中海与红海之间的最短距离为 120 千米，一般情况下取道最短距离是最优的开凿方案，莱塞普斯当时想采用这一开凿路线。

莱塞普斯的开凿计划吸引了法国工程师里南特（Linant Pasha，1799—1883，苏伊士运河的首席工程师）的关注。他之前就有连通地中海与红海的想法，并做了大量实地考察，积累了丰富的经验。得知莱塞普斯的计划后，他认为取道最短距离开凿运河，虽然路程短，但是这一地段多盐渍地、沙漠、丘陵等，开凿难度非常大。如果利用沿途几个天然湖泊：曼札拉湖、提姆萨赫湖、大苦湖、小苦湖，虽然会使运河中间有一些弯道，但可以大大减少施工量。于是他便向莱塞普斯提出自己的建议。莱塞普斯听到建议后，进行了系统、理智的思考和分析，他发觉利用天然湖泊进行运河开凿的方式虽然会增加运河的长度，但在节约成本方面具有明显的优势，于是他采纳了里南特的建议。

7.3 聚众家研究，解开船闸设立难题

计划的第二步就是确定运河河道是否要设立船闸，根据勒佩尔的结论，地中海与红海海平面相差 10 米，这就意味着必须要设立船闸，否则船只无法顺利通航。而弗朗西斯则指出地中海与红海海平面相差无几，这让莱塞普斯陷入困境，到底谁的结论是正确的呢。

1847 年法国宗教团体圣西门的研究解开了莱塞普斯的困惑。圣西门召集法、英等国的工程师对地中海和红海水位进行重新测量，发现地中海与红海海平面相差无几。这一结论的给出让莱塞普斯看到在运河河道设立船闸是不必要的。为确保这一结论的正确性，莱塞普斯立即与圣西门取得联系，并加以确认。在得到肯定的回复后，莱塞普斯在运河计划中果断放弃设立船闸。

莱塞普斯通过汇集勒佩尔、弗朗西斯、圣西门等相关研究方的研究结论，并进行分析归类和进一步确认，最终解决运河河道船闸是否设立的问题。这种锲而不舍的精神为他成功设计出运河开凿计划奠定了坚实的基础。

7.4 系统优化设计方案

在设计运河开凿方案时，当地的地势和气候也是一个不可忽视的问题。苏伊士地峡是一片浩瀚的沙漠，常年炎热少雨、饮水奇缺，如果在这里开凿运河，劳工的日常饮水如何供应成为一个难题。

如果从其他地方运水，在沙漠中不仅难以找到水源，而且运输成本非常高。莱塞普斯想在运河附近再开凿一条淡水渠，以此来保证劳工的日常饮水。但多开凿一条淡水渠就意味着施工量增加了一倍，不仅会加大预算，而且会延长施工时间。那么这条淡水渠应不应该开凿呢？通过权衡相关成本与功能，莱塞普斯觉得如果不能保证劳工的日常饮水，何谈运河开凿。因此，开凿淡水渠被列入计划之中。最终莱塞普斯写出了一份详细的运河开凿计划书，并于 1854 年获得苏伊士运河开凿权。

莱塞普斯全方位的思考进一步优化运河开凿方案，他不仅从运河开凿本身进行思考，而且考虑到当地的气候、劳工的日常生活等问题，这些问题看似不重要，但如果不能妥善解决就会严重影响运河的开凿。莱塞普斯提前考虑到这些问

题，并从成本和功能的角度进行衡量，妥善地解决了这些问题，这与他缜密的思维模式密不可分，也为后人树立了榜样。

7.5 价值驱动，造福全球

经过几年的准备，1859 年苏伊士运河工程开始动工挖凿。在技术条件落后、生活条件艰苦的情况下，埃及人民历时10年零8个月完成了苏伊士运河的开凿，1869 年苏伊士运河顺利通航。苏伊士运河的开凿花费了 1 680 万英镑的成本，由于饥饿、疾病导致 12 万埃及人民付出生命。虽然在苏伊士运河开通过程中埃及人民付出了巨大的代价，但运河在后期发挥的作用以及后来的衍生价值为埃及带来了繁荣与发展，也为全世界带来了无可估量的价值。

苏伊士运河的开通，为埃及带来了巨大的收入，1994 年运河收入超过 20 亿美元。为了能够增加续航力，苏伊士运河河道经过 7 次改造，现在苏伊士运河的收入成为埃及仅次于侨汇和旅游的第三大外汇收入来源，2017 年苏伊士运河收入超过 53 亿美元。

同时，苏伊士运河开通之后，在欧洲与亚洲之间往返的船只不用再绕道好望角，航程缩短5 000海里左右，从伦敦直航上海的航程由120天以上缩短到55~60天，航程缩短了一半，这不仅节约了航行时间，而且降低了海上运输成本。苏伊士运河的开通为世界航海事业做出了巨大的贡献。

7.6 苏伊士运河的开凿带给我们的思考

苏伊士运河是世界上第一条用于旅游和贸易的人工运河，不论从其对世界航海事业的贡献上，还是对人类的创新能力上看，苏伊士运河的开凿都是人类历史上改造自然的伟大工程。从世界航海事业上看，苏伊士运河的开通大大缩短了东西方之间的航行距离，节约了海上航行时间，降低了海上运输成本。同时，该工程将利用自然条件与人工改造相结合，充分体现了人类的创新能力。

尽管这一工程早已完工，但其开凿过程中应用到的创新思维和创新决策原理对后人都具有重要的指导意义（图 3-7-1）。从人类的需求引导人类萌生想法、制定方案、实施计划，其间汇集了人类伟大的智慧和无穷的创造力。虽然过程漫长而又坎坷，但最终理想变为现实。这也让我们明白一件事情从萌生想法到最终实施可能会遭遇很多困难和挫折，但是有问题的引导就会给我们指明努力的方向。虽然途中充满阻碍，但只要我们全方位考量，制订翔实可行的计划，朝着目标努力前进，就一定可以到达成功的彼岸。

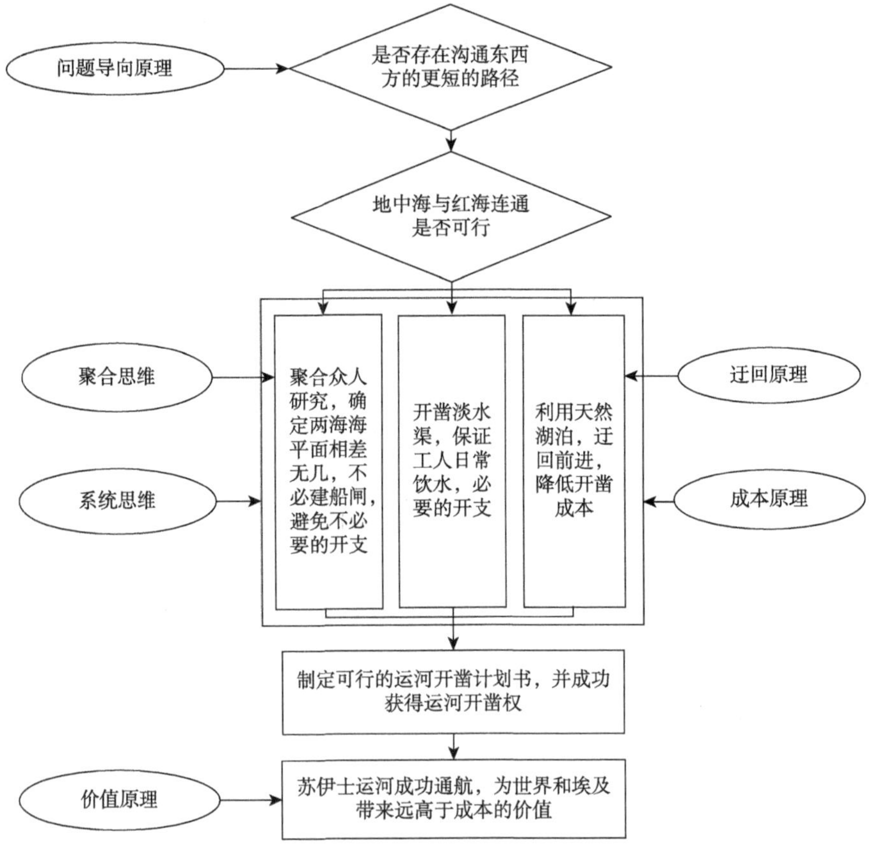

图 3-7-1　苏伊士运河开凿过程蕴含的创新原理

参 考 文 献

马海兵. 2006-08-25. 苏伊士运河—— 埃及的黄金水道. 光明日报，009.

王士清，田明. 2011. 埃及法老时期的尼罗河—— 红海运河. 内蒙古民族大学学报（社会科学版），（3）：57-61.

岳菲菲，陈婷. 2014-08-07. 埃及开建新苏伊士运河 总统称将不会引入外资. http://news.cnr.cn/gjxw/gnews/201408/t20140807_516157848.shtml.

第 8 章　系统集成创新的中国第一坝——三峡大坝

三峡大坝（图 3-8-1）历经百年磨砺，终于在 2003 年投入使用，实现蓄水发电、防洪调旱和安全通航的功能，在经济功能和防洪功能上实现双丰收。三峡大坝工程体现了中华民族奋发向上、勇攀高峰的精神和意志，当这个百年梦想化为当今世界上规模最大、最先进的水利枢纽工程，让我们回眸过去，寻找百年梦想三峡大坝中蕴含的创新科学原理。

图 3-8-1　三峡大坝鸟瞰图

8.1　因何提出三峡工程设想

三峡工程的最初设想源于孙中山先生。20 世纪初的清朝战乱频繁、民不聊生，经济日渐萧条。此时，接受过国外先进教育的孙中山得知世界上已经发明出可以通过水力进行发电的水力发电机，由此产生兴建水利水电工程拯救风雨飘摇的中国的想法。他经过反复构思于 1917 年夏天在《建国方略》的第二部《实业计划》中提出建设三峡大坝工程的设想。

据了解，从公元前 185 年到公元 1191 年，长江中下游共发生大小水灾 214 次，平均 10 年一次，这给两岸百姓的生命和财产带来巨大损失。孙中山构思的三峡工程，不仅能解决防洪问题，还能在发电和航运等经济方面发挥重要作用，如果三峡工程建成，在当时可以供全国的火车、电车和各种工厂使用，制造更大的生产力。孙中山虽然提出了三峡工程的设想，但因经济、技术、资源条件等问题，国家没有心力将这一设想付诸实践，三峡工程的设想一度被湮没。

中华人民共和国成立之后，国家经济百废待兴，同时长江流域的洪水灾难不断发生，严重威胁沿岸百姓的生命和财产安全。在这一背景下，国家领导人开始将目光转向三峡工程。1958 年，毛泽东主席根据周恩来总理对三峡多次的实地考察结果做出批示，正式启动三峡工程。但是，国内随后爆发的自然灾害使国家陷入经济发展的低谷，三峡工程再次被搁置。

1982 年，邓小平同志从防洪、发电和经济效益等多方面出发，再次将三峡工程提上日程，以提升我国电力供应能力，增强抗洪抗灾能力并提高长江流域的航运能力。

三峡工程的设想体现了问题导向原理，从孙中山到毛泽东再到邓小平，无一不是为了解决防洪抗灾、实现发电效益和航运功能的问题而提议修建三峡工程。尽管孙中山的早期设想在当时并没有获得支持，但却为实现中华民族经济振兴和解救长江沿岸百姓于水火之中这一梦想播下了种子，也为后人提供了宝贵的想法和建议。

8.2 三峡工程及其坝址的反复论证与决策

三峡工程建设与否的问题一直存在很大的争议。我国中央领导集体在三峡工程的决策过程中，经过多次慎重的论证，既要客观分析工程的有利方面，同时又要想办法尽量降低建造可能带来的各种不利影响。经过半个世纪的反复推敲和论证，建设三峡工程的伟大实践终于落地。

三峡大坝的选址问题也是一个反复论证、对比和选择的过程。如今的三峡大坝坐落于湖北省宜昌市夷陵区西陵峡中段南岸的三斗坪，而三峡坝址的选定历经了二十几年才得以最终确认。三峡工程选址的初期，主要考虑 2 个坝区：一是从三峡出口南津关到石牌的南津关石灰岩坝区，并在该坝区初选了 5 个坝段；二是从莲沱到美人沱的美人沱花岗岩坝区，并在该坝区初选了 10 个坝段。经过勘察研究，最终选择南津关石灰岩坝区的南津关坝段和美人沱花岗岩坝区的三斗坪坝段进行更加深入的地质勘查。经勘查，三斗坪的河谷开阔，基岩是坚硬完整的花岗岩，具有修建混凝土高坝的优越地形、地质和施工条件，且江中有中堡岛顺江分布，具备良好的分期施工导流条件，因此在 1959 年初步将美人沱花岗岩坝区的三斗坪确认为三峡工程坝址。之后在 1979 年的选址会议上，经过综合论证分析，这一选址得到最终确认。

三峡工程建设与否以及其选址过程充分体现了科学决策思想与择优原理。在讨论工程建设与否的过程中，国家领导人坚持反复论证、科学决策的原则和思想，积极考虑工程的利与弊，并针对工程的弊处反复论证，提出合理解决方案；在工程的选址过程中，众多专家首先选择了 2 个坝区、15 个坝段进行初步论证，确保提供了尽可能多的备选方案，随后各路专家集思广益，充分发挥集体智慧分析每个坝段的优势和劣势，最终经过多次研讨会，确定科学的坝址评价标准，进行综合评价和科学论证后选出最优方案——三斗坪。

8.3　系统工程思想贯穿三峡工程始末

三峡工程的论证、施工和管理是一个庞大的系统工程问题，这项工程牵扯到国家和地方省市的众多部门，涉及工程论证、工程建设、文物保护、生态环境、移民安置等众多子系统，如此巨大的工程必然需要一种统观全局的系统思想来看待。

在工程论证期间，按照系统工程方法论，采取“先专题，后综合”——综合与专题交叉论证的方法：每个专题都是一个子系统，子系统中又包含众多更小的子系统，每个子系统中都集合了众多专家学者，他们共同进行工程的反复论证和推敲，最终的论证结论是：三峡工程是必要的，技术上可行，经济上合理，并提出“一级开发，一次建成，分期蓄水，连续移民”的建设方案。随后更是在 1992 年的第七届全国人民代表大会第五次会议上投票决议，建设三峡工程的提议最终获得通过。

在工程施工建设期间同样采用了系统工程思想。三峡工程建设由枢纽工程、输变电工程和移民工程三个系统构成，而三峡工程的施工阶段包括三期工程，三大系统必须根据工程施工阶段的进度各自编制进度计划和投资流程，并实现相互衔接，确保施工阶段各目标的顺利实现。

在工程管理上，采用系统工程——项目法施工管理的方法对工程的全过程进行组织管理。葛洲坝集团公司成立指挥部，代表葛洲坝集团公司全面负责三峡工程的招投标及施工项目管理，该公司为工程的一级管理单位；集团所属各有关单位相应成立二级管理单位——施工指挥部；现场施工管理相应建立三级施工管理指挥部。这些举措形成了“三级管理，两级核算”体系的运行机制，以适应集中指挥、统一调度、集中力量打攻坚战的管理模式。三峡工程是一个巨大的系统，涉及众多相互牵连、相互影响的子系统，运用系统工程思想来管理和建设三峡工程是最为科学有效的方式。

8.4　三峡工程是集成创新的结晶

集成创新贯穿了三峡工程论证、设计和施工等的全过程。三峡工程是多学科、多领域、多行业集成创新的结晶，涉及水文、气象、地质、航运、生态环境、机电设备、移民搬迁、电力系统等众多领域。

在三峡工程的论证和设计过程中，全国数十家科研院所、数万名科技人员都参与其中，他们完成各类科研成果和设计报告数万份。三峡工程的复杂性决定了每一项设计和方案的选定都要经过大量深入细致的对比研究，是集成各家所长开展的一系列探索、研究和集成工作的过程。三峡工程的施工过程，更是在借鉴和集成国内外先进技术的基础上实现自主创新的过程。例如，在大坝混凝土施工中，首次使用性能优良的Ⅰ级粉煤灰和高效减水剂，并优化了混凝土配合比，使优选出的大体积混凝土配合比单位用水量达到世界领先水平；首创混凝土骨料二次风冷技术，创立了一整套大容量、全方位、全过程的综合混凝土温控生产体系；在双线五级船闸建设中，取得了控制爆破、岩体锚固、船闸输水、超大规模人字门制造安装等几十项技术突破；在两次大江截流中，针对水深、堤头坍塌严重的难题，创造性地采用了深水平抛垫底措施；在围堰防渗施工中，引进了国际最先进的防渗墙设备，结合自行开发的新设备与新工艺，探索出世界领先水平的水下防渗施工技术，等等。正是这一系列集成创新和克难攻坚，确保了三峡工程的顺利建设。

8.5　百年梦想实现——三峡工程带来的思考

三峡工程是世界上建筑规模最大的水利工程，也是中国有史以来建设的最大型的工程项目。三峡工程自建设投入使用之后就发挥着至关重要的作用：在防洪方面，三峡水库减轻了长江中下游的防洪压力，能够全部解决常规洪水，即使遇到千年一遇的洪水，经三峡水库调蓄后下游的相应流量也不超过77 000米^3/秒；在发电方面，截至2014年11月4日，三峡电站累计发电量突破8 000亿千瓦时，相当于累计为社会节约原煤消耗4亿吨、减少二氧化碳排放8亿吨、减少二氧化硫排放800多万吨；在航运方面，从2003到2014年，三峡蓄水通航的11年间，累计过闸货运量超过7亿吨，同时降低了航运风险以及成本。

诚然，三峡工程具有不可抹杀的重要作用，但由它所引发的移民搬迁、生态恶化、地质灾害、国防安全等诸多风险问题，使得三峡工程从开始筹建的那刻起，便存在巨大的争议。三峡工程到底是利大于弊还是弊大于利的问题，仁者见仁，智者见智，也许现在就对三峡工程决策的好坏下结论还为时过早，相信时间会给出最公正的答案。而我们更应该思考的是三峡工程从论证到设计再到施工建设的全过程中所体现的创新科学原理（图 3-8-2），其中的经验也可以为其他大型工程提供参考。

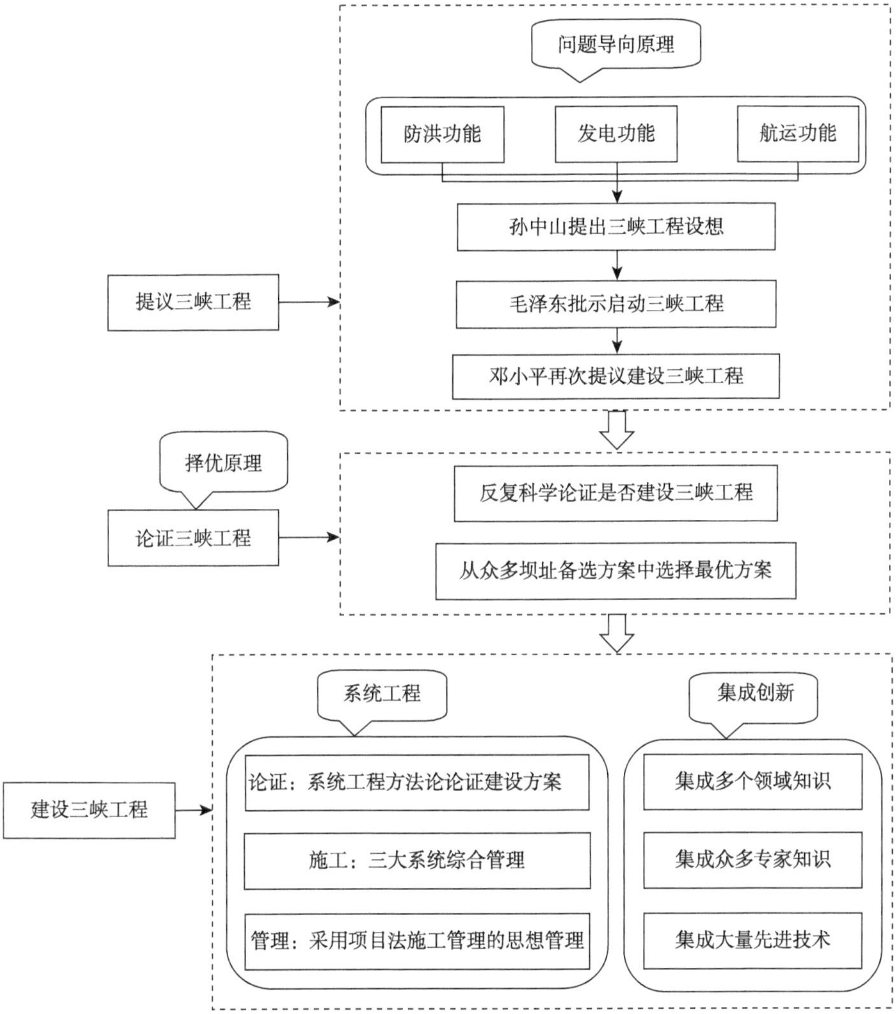

图 3-8-2　三峡工程中蕴含的创新科学原理

参 考 文 献

迟文江. 2002. 中国三峡工程. 武汉：湖北教育出版社，北京：中国三峡出版社：64-89.

郭树言. 2003. 三峡工程系统管理的实践//中国高科技产业化研究会.高科技产业的系统工程管理论文集. 高科技产业的系统工程管理：104-118.

李木子. 2014. 三峡工程的科学决策和发展前景. 中国科技信息，（Z1）：207-208.

刘彦伟. 201-07-20. 三峡防洪 作用几何. http://view.news.qq.com/zt2010/sxfh/index.htm.

孙志禹，王建平，陈先明. 2000. 大江截流及二期围堰主要技术问题优化决策. 武汉水利电力大学（宜昌）学报，（2）：95-101.

屠蕴雯. 2001. 论系统工程方法的应用. 科技情报开发与经济，（6）：61-62，65.

佚名. 2014-12-15. 三峡电站今年发电量有望居世界各水电站之首. http://www.360doc.com/content/14/1215/13/3163421_433073326.shtml.

张雪. 2014-11-03. 三峡工程航运效益凸显. http://paper.ce.cn/jjrb/html/2014-11/03/content_220467.htm.

第 9 章　承载美妙音符的音乐殿堂——悉尼歌剧院

悉尼歌剧院（Sydney Opera House）坐落于悉尼港的贝尼朗岬角（Bennelong Point）上，于1973 年正式落成。它特有的建筑造型，犹如即将乘风出海的白帆，加上它西面著名的悉尼港湾大桥，与周围景物相映成趣，如图 3-9-1 所示。悉尼歌剧院已经成了澳大利亚著名的标志性建筑和旅游景点，每年都有无数的游人来这里参观游览。2007 年 6 月 28 日，悉尼歌剧院被联合国教科文组织评为世界文化遗产，堪称建筑界的经典。

图 3-9-1　悉尼歌剧院

9.1　澳大利亚向世界展示形象的窗口

像悉尼歌剧院这样宏伟的建筑得以建成代价自然不菲，那么，澳大利亚为何不惜耗费如此巨大的人力、物力和财力在海边修建这么一栋规模宏大的歌剧院，这栋伟大建筑的修建背景是什么呢?

在历史上，澳大利亚凭借丰富的矿产资源、优良的农牧业产品而闻名世界，它们为澳大利亚经济的腾飞提供了原始积累。第二次世界大战结束后，澳大利亚政府开始进行重大经济结构调整，大力发展旅游业和现代服务业，而这需要修建一系列配套的基础设施吸引游客。同时澳大利亚直到 1927 年才摆脱英国的殖民统治，成为一个独立的联邦国家，作为新兴的经济体，澳大利亚需要在国际舞台上展示自己的良好形象。悉尼作为一座著名的旅游城市和港口城市，是澳大利亚对外宣传的窗口，修建像歌剧院这样的地标性建筑，对外可以集中展示澳大利亚的人文素养和风土人情。而恰在当时，悉尼并没有歌剧院，悉尼音乐学院的院长尤金·艾因斯利·古森斯（Eugene Aynsley Goossens，1893—1962）游说当时的政府建造一个能够表演大型戏剧作品的场所，这与悉尼市政府的想法不谋而合，于是 1954 年，古森斯成功取得了当时执政的工党来自新南威尔士州总理的支持，修建歌剧院的提案就这样得到通过。

9.2　从淘汰的废纸堆中捡回的非凡创作

当人们在感叹如此美轮美奂的建筑是如何设计并建成的时，有一个人物必然被提及——丹麦建筑师约恩·乌松（Jørn Utzon，1918—2008），如图 3-9-2 所示，正是这位当时默默无闻且年仅 37 岁的建筑师设计了这座伟大的建筑，乌松的名字也得益于这座建筑而名扬世界。但很多人并不知道，当初在悉尼歌剧院的设计方案评选过程中，乌松的方案险些被埋没在众多设计作品中，幸亏当时的方案评委会主席、芬兰籍美国建筑师艾罗·沙里宁（Eero Saarinen，1910—1961）慧眼识珠，从被淘汰的废纸堆中将乌松那只有潦草几笔的方案重新选出来，这才使得这一伟大的设计方案没有被埋没。沙里宁认为乌松设计的壳形方案具有“伟大的简单布局”与“统一的结构表现”，在他的极力推荐下，最终评委们一致认为这个方案最能代表歌剧院的理念，最富有创新性，由此乌松的设计方案得以戏剧性地中标。

图 3-9-2　青年时代的乌松

9.3　橘子瓣引发建筑外形的设计灵感

所有人第一次看到悉尼歌剧院时，无不为它新奇的建筑外形所折服，也从心底佩服设计师的独具匠心，但人们也许很难想象这个伟大的设计灵感居然来自一个橘子。1957 年，当乌松得知澳大利亚政府向海外征集悉尼歌剧院设计方案的消息后，决定尝试一下。但他在此之前从没有去过悉尼。为了在设计中体现当地的特色，他到处寻找周围去过悉尼的人，通过他们对悉尼的描述了解建筑的周围环境，此外，他还通过书本了解悉尼的地理和气候环境。那一段时间他一直沉浸在设计里，废寝忘食，终日研究世界各地歌剧院的建筑风格，回忆之前游历世界各国时见过的著名历史建筑，但都没有从中获得灵感。有一天，妻子见他为了创作茶饭不思，就随手递给他一个橘子，他此时仍然沉浸在思索中，只是下意识地随手接过橘子，漫无目的地用小刀在橘子上划来划去，橘子被他的小刀竖着划了一道又一道，橘子被切开了。当他回过神来，看着那一瓣一瓣的橘子，一道灵感的闪电划过脑海。“啊，灵感有了！”小刀在橘子上划过，让他突然获得了悉尼歌剧院外观造型的构想。

虽然人们赞扬建成后的悉尼歌剧院像扬帆出海的船队，又像一枚枚巨大的白色贝壳矗立海滩，但是乌松当初的灵感却来自一个小小的橘子。就像不是所有人看到苹果落地都会想到万有引力，橘子在生活中非常平常，但是并没有人将其与歌剧院联想到一起，除了乌松。乌松之前扎实的理论知识学习和丰富的实践经历，在橘子带来的灵感启发下，迸发出这一富于创新性的设计方案。在设计过程中，乌松勇于突破前人对歌剧院的设计窠臼，大胆创新，终于取得突破。

9.4 移植思维解决建筑的基座问题

乌松在想出橘子瓣的外部设计结构后，曾苦恼过一段时间，因为如此庞大的外部结构需要坚实的基座来支撑，而基座如何设计又成为一道新的难题。这时，乌松丰富的游览经历再次帮了他的忙。乌松为了丰富自己的知识阅历，曾到欧洲、北非、亚洲等世界各地旅行，力图在多元文化中寻找新的设计灵感。在游历世界的过程中，墨西哥尤卡坦半岛戒台寺、伊斯法罕清真大寺的屋顶、摩洛哥有防御工事的村庄、与自然环境完美结合的日本房屋、西藏寺庙的色彩、大同的佛教庙宇和紫禁城的皇家建筑，以及宋代建筑手册《营造法式》等都带给他很多设计灵感，使他获得了非凡的空间体验。

最终乌松想到曾经看过的来自于玛雅文化中前哥伦布时期的庙宇。玛雅人向上天祈求，表示感谢，因此在平台上建庙，屋顶就像背景天空的白云。乌松根据这一灵感设计出白瓷片覆盖的三组贝壳形混凝土拱顶，并最终取得悉尼歌剧院设计权。

9.5 集群体之智慧，解决结构设计难题

虽然乌松的方案极具创新性，但也正因为如此，才给建造带来了巨大的难题。因为它不仅需要理论上的合理性，而且还要符合建设的各种实际要求。任何一项建筑工程的建造，它的设计过程必然由建筑设计和工程结构设计两者紧密结合组成。当工程进入结构设计阶段，主持工作的任务，落到了欧洲结构学泰斗奥维·阿鲁普（Sir Ove Nyquist Arup，1895—1988）的肩上。阿鲁普从结构学的角度，尽管认为乌松的设计方案存在许多不合理之处，但由于感佩其新颖的设计外形，于是甘冒风险与初露锋芒的乌松合作。

首先，从结构力学角度来看，乌松最初设计屋顶时考虑的壳顶厚度 100 毫

米、壳底厚度500毫米的壳结构方案难以实现，因为设计方案中的屋顶壳体呈斜向悬挑，违背了壳体的基本受力状况，在重力作用下增加了壳体倾覆的风险。其次，通过屋顶模型试验，结构工程师们认为歌剧院屋顶要用现浇钢筋混凝土做成椭圆形的双层薄壳，中间有一个空气层，但是这种做法需要庞大的模板与复杂的支架体系。最后，经过建筑师与结构工程师的互相研讨与反复沟通，乌松放弃了最初设想的无法实现的屋顶结构设计理念，决定采用预制混凝土拱券来设计屋顶结构。具体做法是，构成歌剧院屋顶的大大小小的三角形壳片都从球的壳面割取，使每条拱券具有相同的曲率半径，解决施工上的模板难题。经过细致研究，乌松与工程师们确定球的半径为76.3米，这些三角形的球面壳片可以划分成许多细肋，这些肋类似于中国竹子折扇的扉骨，再用钢绳索将它们固结成一片。同时，这些肋还可以分成小段，用钢筋混凝土在地面上预制，再吊装拼合，组成歌剧院屋顶。

歌剧院的结构设计是一个反复论证、不断试错的过程。这中间集合了建筑师、结构工程师等众多专业工程师的集体智慧。在这样的反复沟通和博弈过程中，人们发挥集体智慧，通过智慧集成最终才产生了这个伟大的作品。悉尼歌剧院 40 多年的发展证明，它错落有致的外壳结构所引发的自由的想象空间，是乌松留给澳大利亚人巨大的精神财富。那些看似随意相邻的，鸟翼状的巨大外壳是那座浑然一体的歌剧院最为出彩的地方，具有无穷的人文张力，由此成为澳大利亚朝气蓬勃的象征。

9.6　带着问题寻求最佳的表面材料

乌松在选择歌剧院表面材料时也是颇费周折。首先，歌剧院表面曲线和结构的高难度，以及创新性的设计，给表面选材增加难度；其次，由于悉尼是个海滨城市，会有很多鸟类栖息在建筑物上，清洗鸟粪代价很高，因此需要找到一种能尽量避免需要后期清洗的材料；最后，由于澳大利亚温差极大，大西洋日夜湿咸的海风及强烈的阳光也给表面材料选取增加了困难，人们不希望歌剧院带来光污染。面对这些问题，乌松积极探索，在咨询了大量的专家和试验了大量材料后，最终找到了符合自己要求，并能解决所有问题的材料。

乌松最终采用了瑞典公司的产品，运用了白色和浅米黄色共 8 种不同规格，总计 105 万多片的瓷砖。这种瓷砖通过表层特殊材料和颜色的拼合所折射出的光线对鸟的视力产生刺激（但是对人的视力没有不良影响），可以避免海鸥和各种鸟类落在屋顶上排泄粪便，以节约巨大的清理费用，并能长久保持剧院外观的整洁。时间证明乌松当初对悉尼歌剧院表面材料的选取具有先进性和预见性，歌剧院尽管已建成40多年，但仍然很难从瓷砖上找到裂纹，而且歌剧院顶层从建设以来从未进行过专业清洗，只通过大自然中雨雪的洗刷就能一直保持亮丽如新。

乌松在整个设计和建造过程中用到的创新思维原理总结如图 3-9-3 所示。

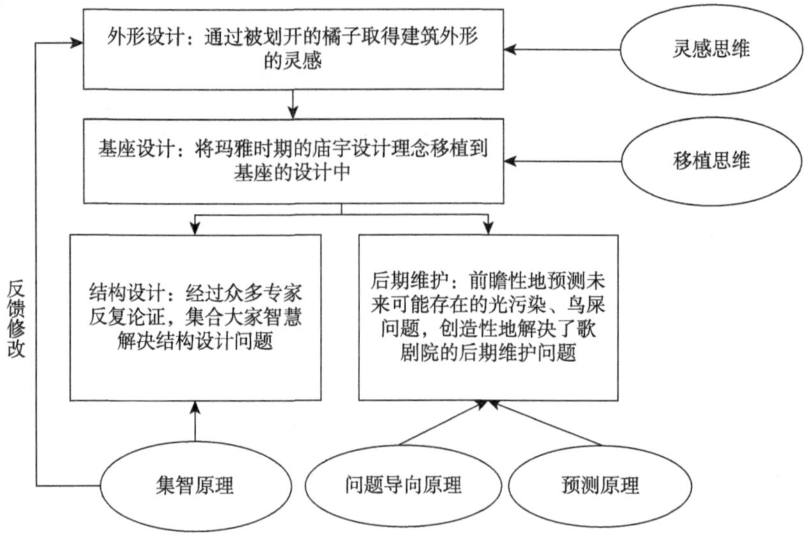

图 3-9-3　悉尼歌剧院设计过程中蕴含的创新科学原理

9.7　案例总结与启示

作为建筑大师，乌松对 20 世纪建筑界的最大贡献在于他对建筑自然与简洁理念的重新定义。他的建筑作品不仅尊重自然的法则与人文价值，而且对建筑的真实功能和架构的表达直接明了，而这种设计理念本身又蕴含着充满诗意的抒情方式，恰如生机勃勃的自然本身一样。2003 年 5 月 20 日，普利兹克建筑大奖的颁奖仪式在西班牙首都马德里举行，乌松被授予这项建筑界的“诺贝尔奖”，以表彰他创造了一座 20 世纪最伟大的歌剧院建筑——悉尼歌剧院，以及他对人类建筑事业所倾注的一丝不苟的态度。乌松一生的作品为数并不算多，但几乎无一例外都充满创意。人们从他的作品中所获得的人文精神和思想启迪，远比这些建筑物所提供的实际功能要多得多。

参考文献

江滨，刘晓龙. 2014. 约恩·伍重：卓越的有机建筑设计大师. 中国勘察设计，（7）：68-73.
刘少才. 2008. 悉尼歌剧院 南太平洋上不沉的风帆. 中国房地产业，（11）：66-69.
孙凤岐. 2003. 悉尼歌剧院——20 世纪伟大又浪漫的建筑. 世界建筑，（8）：90-92.
王骏阳. 2011.《建构文化研究》译后记（下）. 时代建筑，（6）：142-149.

第 10 章　连接英国和欧洲大陆的纽带——英吉利海峡隧道

英吉利海峡隧道（法国称之为拉芒什海峡隧道），又称英法海底隧道，它横贯于英国的福克斯通和法国的加来之间，由三条 51 千米长的平行隧洞组成，其中，水下部分为 38 千米，是世界上海底段最长的铁路隧道。

英吉利海峡隧道是欧洲在实现一体化进程中的产物之一，它将英国和欧洲大陆紧密地联系在一起，对英法两国的跨海交通，乃至整个欧盟的地面交通格局的改善发挥了重要作用。该隧道的建设前后历经 8 年多的时间，最终于 1994 年正式通车。实际上，关于英吉利海峡隧道修建的构想、尝试和争议，最早可追溯到 19 世纪的拿破仑一世时期，它的整个建造过程充满波折。那么，它是如何建成的呢？

10.1　交通瓶颈催生的伟大工程构想

自古以来，英吉利海峡都是横亘在英国和欧洲大陆之间的天然屏障。这片狭窄海域，历来都是兵家战略要地。尽管历史上在此发生过多次军事冲突和海战，但是本着人类对天堑变通途的美好夙愿，英法两国先后有多名工程师提出在英吉利海峡上用通道连接两国的想法，但受限于当时的政治、经济和技术水平，这一工作始终没有真正实施。直到 1986 年 2 月 12 日，英国与法国签订了关于隧道连接的坎特布利条约（Treaty of Canterbury），这才标志着修建海底隧道的工程真正得以施行。那么为什么英法这对宿敌愿意放下成见，共同成就这一“世纪工程”呢？

首先，第二次世界大战结束以来，欧洲包括英法两国经济高速发展，带来了两国之间以及英国和欧洲其他国家之间货运量和客运量的剧增。传统的海运和空运已无法满足经济发展对庞大运输能力的迫切需要。为从根本上解决这一矛盾，人们开始寻求一种新的陆路运输方式。经过反复对比和论证，相比于修建海上桥梁、人造道路等设想，修建一条供火车或汽车行驶的海底隧道更为可行。其次，在这一时期，和平与发展成为时代主旋律，英国已不再把英吉利海峡作为抵御外敌的军事屏障，而且为了自身发展，英国也需要敞开怀抱，促进国内与欧洲大陆的全方位交流。通过修建海底隧道，能够促进英吉利海峡两岸的往来交流，增强经济活力。不难看出，两国开展隧道建造的目的既符合两国经济发展的需要，也适应当今世界的政治形势。

10.2　线路走向的确定蕴含最优选择原理

早在坎特布利条约签订之前的 20 世纪 50 年代，当英法两国意识到海底隧道不会威胁本国的国家安全时，便联合成立了英法海峡工程公司，展开这一宏大工程的前期勘察论证和路线选择工作，其中海底隧道经过的路线最为关键。尽管历史上已存在多种线路设想，但综合考虑地质、经济、施工等多种因素，这些全都遭到了工程人员的否决。为了确保路线的科学可行，英法海峡工程公司从 1958 年就开始了地质钻探工作。经过不懈的努力，工程地质人员发现英吉利海峡的海底存在一层泥灰质白垩岩，该岩层抗渗性好，硬度不大，裂隙也较少，易于掘进，是开建隧道的理想位置。后来的隧道线路就布置在它的下部，距海底 25~40 米，这也是在专家的群体智慧下确定的理想方案。在前期工作的基础上，相关研究小组后来再次对地质做了详细的勘探，并经多方比较后确定了最优的隧道联络线——西起英国福克斯通，东至法国加来，这也接近海峡最窄处。正是工程师群体的不断探索、去劣存优，才能在如此复杂的地理条件中探寻到理想方案。

10.3　柳暗花明，以 BOT 巧解资金难题

在 20 世纪 70 年代中期，当前期勘察论证工作基本就绪后，两国开始隧洞施工，但在仅仅进展了 15 个月后，就因资金问题被迫停工。然而，面对资金上的困难，两国并未就此放弃，而是采用迂回的手法，在之前的公共出资方式之外，独辟蹊径，从融资模式中探寻到了新的方法。

虽然只依靠公共财政行不通，但当时有多家欧美私人集团有意参与这一工程的资本运作，因此利用私人部门筹资便成了最好的选择。英法两国在1985年发出对海峡通道工程出资、建设和经营的招标通知之后，由数家银行集团、建筑公司等组成的CTG-FM集团（Channel Tunnel Group-France Manche S.A.）提出的双孔铁路隧道提案（欧洲隧道系统）于1986年中标。这不仅使工程的资金问题从根本上得以解决，还得到了最佳的隧道方案，实乃一举多得。CTG-FM集团和两国政府签订了一个长达50年的经营权转让协议。这便是后人津津乐道的BOT模式（build-operate-transfer，建设—经营—转让），英吉利海峡隧道也成为BOT成功运用的代表案例。虽然两国政府是迫于现实不得不引入BOT，但这种基于迂回原理的创新手法却产生了意想不到的效果，不但大大促进了工程的进展，也为世界上其他大型工程建设项目的融资难题提供了一种具有重要指导意义的范例。

10.4 以创新思维助力隧道工程的方案设计

10.4.1 不拘惯例，构造史无前例的主辅隧洞结合模型

优秀的设计是成就伟大工程的前提条件，正是由于英吉利海峡隧道在设计中的周密考虑，为以后施工建设的顺利开展奠定了基础。在欧洲隧道公司（Eurotunnel，由CTG-FM集团于1985年分裂演变而成）的提案中，工程师本打算将隧道设计成传统的大跨度双线铁路共用隧洞。然而，英吉利海峡最窄处也超过30千米，隧道的长度必然相当可观。而且施工有较大的风险——在压力作用下，空气流通会成为明显的问题，里面一旦出现突发事故，可能来不及处理而造成人员伤亡，也很容易引发堵塞。

为此，工程师打破常规、发散思维，从安全、可靠的角度出发，结合现实条件和前人的宝贵研究资料，借鉴了19世纪后期一位英国设计师的图纸，终于创造出了广受后人称赞的双线模型。在最终方案中，隧道总共包含三条通道，如图3-10-1所示。其中，主隧道为两条直径达7.6米的平行隧洞，一条供巴黎至伦敦的火车通行，另一条供穿梭列车营运，专门载运乘汽车穿越海峡的人员及其车辆。第三条则是位于主隧道之间的辅助通道（后勤服务洞），直径为4.8米，也是整个工程的点睛之笔。这种开创性的设计后来被证明为施工及运营带来了安全和便利。

图 3-10-1　英吉利海峡隧道通道

10.4.2　物尽其用，确保洞内的充分安全

在英吉利海峡隧道的设计中，安全始终被放在极重要的位置。为此，工程设计人员也在此基础上采取了一系列创新举措。

为应对突发意外，设计人员在辅助通道的 1/3 和 2/3 处，分别为两条营运主隧道设计了横向联结隧洞。当铁路出现故障时，可把在一侧隧道内运行的列车转入另一隧道继续运行，而不中断整个隧道的运营业务。在辅助隧道线上，每隔 375 米，都有通道与两主隧道相连，以便维修人员工作和在紧急情况下疏散人员，如图 3-10-2 所示。此种设计，让辅助通道尽可能发挥最大的作用，体现了一种完满原理的思想。目前我国有些工程的设计中恰恰缺少这种极为重要的思路，其设施利用率普遍偏低。

由于隧道太长，加上位置较深，解决施工中的通风隐患就显得十分重要。研究人员对空气循环的途径和风机的布置都做了详细的规划和研究，不仅设置通风管，同时利用隧洞本身作为通风通道，使开挖面的风量达到国际通风标准。与此同时，辅助通道还可以向主隧洞输送新鲜空气，并保持其气压始终高于主洞，使主洞中的烟气在任何情况下都不能侵入。

为了加强安全，工程师还在不少地方运用了移植的方法，有时只是简单地综合了不同的先进技术，就产生了意想不到的效果。例如，列车在很长的隧洞中高速行驶时会产生气压差和空气动力阻抗，这要求更高的驱动力。为此工程师每隔一段距离沿隧道设置一个卸压管，让其从辅助通道的顶上跨

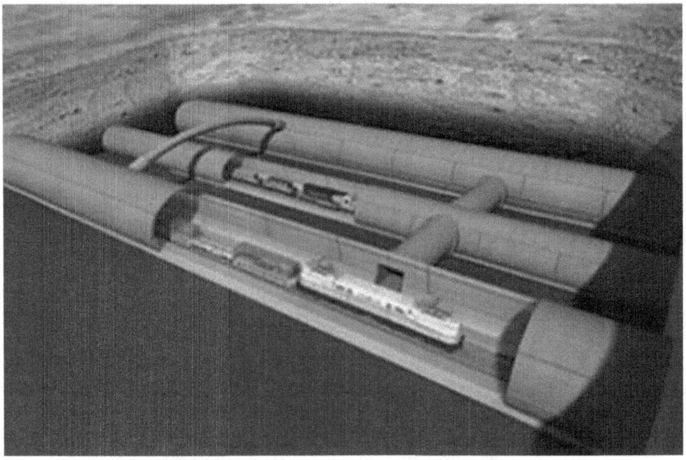

图 3-10-2　英吉利海峡隧道通道模型

过，把两个铁路主洞连接起来，有效避免了在管中产生气流冲击。此外，研究人员还采用了一些先进的设备装置，如在铁轨上安装减震系统，利用信号系统来使列车自动减速，等等。

10.5　稳中求进，以差异化处理为施工保驾护航

当设计工作全部完成后，施工于 1987 年 12 月正式开始。英吉利海峡隧道是一项十分巨大的工程，可借鉴的经验非常之少，其长度、挖掘量在全球同类型工程中都是数一数二的，加上地质条件和技术以及复杂的结构等，这些都使施工面临着较多的困难。然而，施工方的积极创新最终保证了隧道的顺利施工。

这些创新工作中非常重要的一方面就是工程人员能够运用差异化手法，对施工问题进行全方位、多角度的分析和综合考虑。具体体现在以下几个方面：第一，钻探首先在辅助通道中开始，而后才是在主隧道中，这样形成的时间差异方便人们及时了解前方主隧道位置的地质情况，又能将其作为物料的运输通道和存放地，还能防止安全事故的威胁。第二，因地制宜，根据地质的差异选取不同的施工方法。施工方考虑到隧道两侧的地质不同，进而安排了不同的掘进机，其他的处理方式也有所差别，以保证效率。在这种系统分析的思维的作用下，挖洞速度较之以往明显加快，掘进工作也被控制在规定期之内。

10.6　从整体环境着眼，将维护生态作为工程的重要职责

英吉利海峡隧道工程的规模是空前的，涉及的方方面面必然会对周边环境产生影响。但工程师运筹帷幄，提前就想好了应对之策，在实施过程中，整体上就环保做了许多努力。例如，沿线设置遮挡视线和隔音的屏障，并在车站及周围进行绿化，等等。最终，隧道两端的环境都得到了很大的改善。之所以能取得这样良好的效果，主要得益于工程人员的长远目光。很明显，为了实现英吉利海峡隧道这一伟大工程，他们并未只是从隧道本身入手，而是预先综合环境、人文等因素，使隧道与周围的一切融为和谐的一体，实现共同发展，成为系统综合原理的经典案例之一。这种宝贵的思想在生态恶化的今天更应值得提倡。

10.7　运营后带来的高价值

从 1986 年英法两国正式签订修建隧道的条约开始，一直到 1994 年隧道落成通车为止，工程总耗资约 1 050 亿法郎（约 1252 亿元），这在当时是一个相当大的数目，但从隧道后来创造的价值来看，这笔巨额投资是值得的。

政治上，隧道将英国与对岸的欧洲大陆真正连接起来，融为一个整体，巩固了地区安全，深化了欧盟的一体化。英国与欧洲各国在文化、经济、旅游、思想上的交流也变得更加便利，地区活力得到了加强。经济上，隧道促进了欧洲统一市场的成型，这不仅有利于欧洲经济的发展，对全球也产生了重要的影响。交通上，火车经隧道从伦敦行驶到巴黎或者布鲁塞尔，平均时间比乘飞机更短，为出行和贸易往来提供了极大的方便。同时，经由区间列车，各种大小汽车可以全天候地通过英吉利海峡，从而使欧洲公路网连成一体，通行成本大幅降低。另外，隧道建设过程中累积的创新成果和经验，对后世也是一笔宝贵的财富。无论从哪一方面来说，该隧道都是利国利民的工程，是两国顺应时代所趋和极具先见之明的体现。英吉利海峡隧道建造过程中体现的创新科学原理如图 3-10-3 所示。

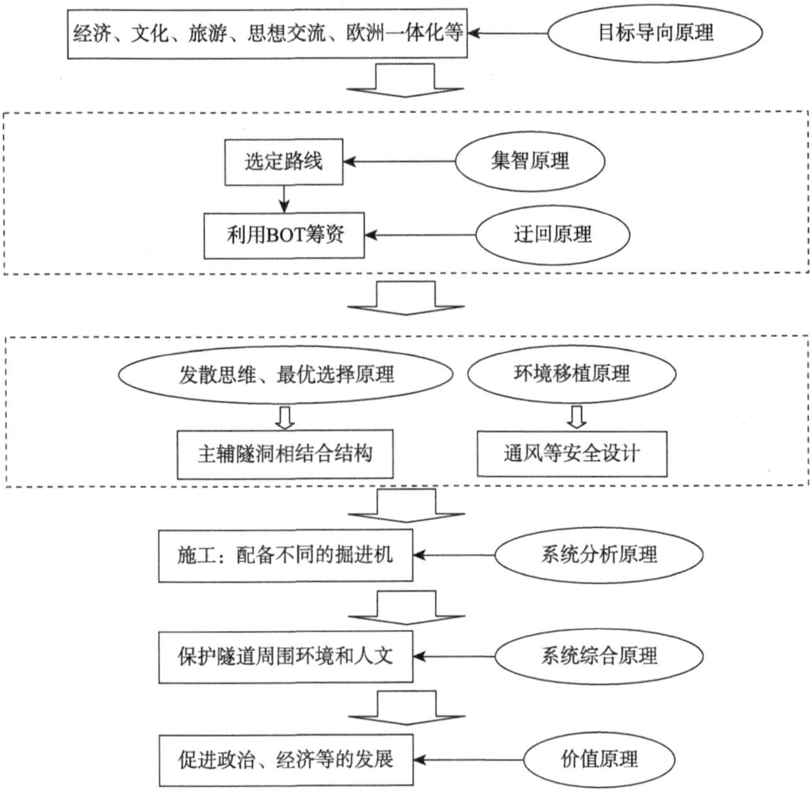

图 3-10-3　英吉利海峡隧道工程实现过程中蕴含的创新科学原理

10.8　英吉利海峡隧道的建设带来的启示

作为复杂大规模工程项目，英吉利海峡隧道对欧洲乃至全球有着不可估量的影响。它的问世是人类对大自然改造的象征之一，说明了人类的创造性和能动性。大型工程由于牵涉很多方面，涉及的资金规模也十分之大，因此在实施之前应有全面的准备，做好应对各种不利情况的措施，使其最大程度发挥作用。

我国目前也在打造类似的项目，如渤海海峡隧道，其长度和资金可能都远超英吉利海峡隧道。我们可从英吉利海峡隧道的建造过程中汲取有用的建设经验，特别是安全、筹资等方面，同时就它们后来遇到的一些问题做好应对准备。只有从长远出发，充分准备，大力集结各行各业各个群体的智慧，鼓励创新，才有可能以最少的消耗带来最完美的结果。

参考文献

蔡观. 1994. 英吉利海峡隧道的挑战. 交通与运输，（4）：38-39.
胡杰明. 2012. 英吉利海峡隧道在可持续发展方面的启示. 综合运输，（1）：77-79.
李炎，牟焕森. 2009. 英法海底隧道工程：历史过程和成功经验. 工程研究：跨学科视野中的工程，1（1）：90-96.

第四篇　技术创新应遵循的基本创新原理

技 术 之 歌

从电闪雷鸣的恐惧中走出，用虔诚捧起那光明之火
骨针穿过厚厚的兽皮，羞涩裸露中向野蛮道别挥手
磨石成器，搭棚成居，弯木制弓，集体捕兽
当泥巴捏出了陶器，坛坛罐罐便成为生活的主流……

采集实践中摸索出了耕种方法，狩猎活动里学会了如何养驯
当在艰辛探究中掌握了炼铜铸铁，生产工具便得以频频演化
财富在农耕文明中积累，国家在私欲膨胀中兴起
于是，金戈争雄，铁马纵横，战车征天下……

时光荏苒，中世纪的黑暗再也遮挡不住文艺复兴的曙光
思想奔放，知识集慧，科技四射光芒
隆隆的蒸汽机响，牵引工业之车驶向远方
电气、电子、计算机，工业革命始终在不断创造辉煌……

飞天入地中，人类悄悄然已进入了信息社会
电脑互联网，通信联全球，工厂无人化
技术已趋于高度集成化、复杂化、信息化、智能化
不需评说：创新兴民族，科技强国家！

第 1 章　穿越万年时空的技艺明珠——中国陶瓷技术

陶瓷是人类一项伟大的发明，在人类发展史上具有重要的地位。陶瓷发祥于中华大地，是中国这个文明古国对人类社会进步所做出的又一个重大贡献。从旧石器时代晚期开始，陶瓷技术与中华民族相伴而生、共同演进，书写了一篇人类文明进化的绚丽史诗。可以讲，陶瓷技术是中华民族传承万年的美丽瑰宝，她因其极高的实用性和艺术性而备受世人的推崇，是中国古人灿烂的科技成果以及对美的追求的塑造，是中华民族勤劳与智慧的又一个真实写照。

1.1　科学考古揭示陶器万年之龄

我们习惯称谓的陶瓷实际上是陶器和瓷器的总称，它们虽是两个种类，但可说是一对亲生兄弟。陶器出现的很早，其用陶土烧制，质地相对松散，烧制温度较低（一般为 700~1 000℃）。瓷器则比陶器晚出现数千年，可以说是在陶器基础上的创新发明，其质地坚硬、细密、釉色丰富，烧制温度一般在 1 300℃左右。事实上，陶器和瓷器使用的黏土性质虽然差异很大，但二者的烧制工艺却有相似之处，故人们常常把陶土在窑炉中高温烧制出的物品统称为陶瓷。

中国的英文名是 China，英文里也可解释为陶瓷，可见在西方人的历史记忆中陶瓷的故乡就是中国。事实上，欧洲人掌握瓷器制造技术要比中国晚 1 000 多年，而陶器技术虽然还不能定论是最早产生于中国，但中国是世界上最早应用陶器的国家之一的事实却毋庸置疑。

现代考古发现已证实陶器的出现已有 1 万年之久。中国黑龙江松花江流域的哈福文化属于旧石器时代晚期，从其发现的泥塑炻胎陶器陶片来看，中国陶器的产生时期可以追溯到距今 17 000 多年前（图 4-1-1 为泥塑炻胎陶器胎龙，是原始人追求精神文化活动时期至高崇敬的见证物）。河北省阳原县泥河湾标准地层记录了第三纪晚期至第四纪地球演化和生物、人类进化的历史，被誉为考古界的“天然博物馆”。1972 年以来，该地区先后发现了旧石器时代文化遗址数十处，出土的属于旧石器时代晚期的陶片，说明陶器生产至少已有 11 700 多年的悠久历史。在我国河北省徐水县南庄头遗址里发现的陶器碎片，经鉴定其时间在 10 800~9 700 年前，而这个时期正属于新石器时代早期。1972 年在河北省武安磁山首次发现新石器时代的早期文化遗址——磁山文化遗址，放射性碳素测定其距今 7 900 年以上，考古发掘出了陶器、石器、骨器、蚌器、动物骨骸、植物标本等约 6 000 余种。这说明中华民族早在 7 000 多年前就已掌握农业、畜牧业、制陶业的相关技术，开始进入人类的早期文明发展期。此外，1973 年首次发掘于浙江省余姚河姆渡并被命名为河姆渡文化的时间距今有 7 000 年左右，在该文化遗址出土了大量的黑陶，其造型简单，但已刻画花纹。在河南省渑池县仰韶村发现的新石器时代遗址和陕西省西安市郊发现的半坡遗址都属于母系社会遗址，距今约 6 000 年，考古发掘出了大量做工精美的彩陶。

图 4-1-1　泥塑炻胎陶器胎龙

从陶器技术发展演化出瓷器技术经历了一个漫长的过程。我们把制陶中烧造温度较高、烧结程度较好的称为“硬陶”，施釉的陶则被称为“釉陶”。而“瓷器”则是高岭土经过高温烧造形成的胎质密、釉色品质优良的烧制品。一般认为由陶器向瓷器过渡有一个中间产物——原始青瓷。在我国发现最早的原始青瓷出土于山西省夏县东下冯龙山文化遗址中，距今约 4 200 年，器类有罐和钵。此外，考古研究者在我国的黄河流域、长江中下游及南方地区均有原始青瓷发现。“原始瓷”在有文字记载的商、周都有较为广泛的使用，主要器形有尊、碗、盘、瓶、瓮、罐等（图 4-1-2 是 1959 年在安徽省屯溪区西郊 1 号土墩墓出土的一件西周时期的酒器——原始青瓷尊）。可见，原始瓷从商代出现后，经过西周、春秋战国到东汉，历经了 1 600~1 700 年的变化发展，由不成熟逐步到成熟。

图 4-1-2　西周原始青瓷尊

中国瓷器究竟起源于何代，一直有诞生在1 600多年前的晋代和1 300多年前的唐代两种说法。考古研究的结论是，中国真正意义上的瓷器产生于东汉时期（25～220）。20 世纪 80 年代初，浙江省上虞县发掘出两条 6 米长的汉代龙窑，宏明等研究人员对采集到的许多古窑瓷片进行了科学化验，综合陶瓷考古、陶瓷工艺、陶瓷科学等学科的理论与方法科学论证了 1 800 多年前的东汉完成了由陶向瓷的过渡。（图 4-1-3 展示的是浙江省上虞县面官镇出土的东汉时期青釉水波纹四系罐，它为我们展示了瓷器烧造工艺发展的初期情况）。

图 4-1-3　东汉青釉水波纹四系罐

一般认为，我国的白釉瓷器萌发于南北朝，到隋朝已经发展到相对成熟阶段。唐代瓷器的制作技术已接近现代高级细瓷的标准，艺术创作也达到一定高度。宋代瓷器在烧瓷技术上则达到了完全成熟阶段，其制瓷业蓬勃发展，涌现出大量名窑，生产出汝、官、哥、钧、定等独具风格的历史名瓷。元代是中国瓷器生产承前启后的转折时期，景德镇制瓷工艺产生了新的突破，最为突出的则是青花和釉里红的烧制。明清时期的制瓷技术更趋精湛，瓷器生产的数量和质量都达到高峰，而且从明代中晚期至清初的200余年中国瓷器外销属于黄金时期。

陶器是利用天然物按照人的意志创造出来的一种崭新的东西，它在人类文明史上具有极其重要的地位。史学界认定新石器时代的三个基本特征是：使用磨制石器、发明陶器、出现了农业和畜牧业。发明陶器能成为三条件之一，充分说明了其在推进人类社会进步上的重大价值。我们由此可以思考一个问题，人类为何要发明陶瓷且何以能够掌握陶瓷技术？实际上，人造物的发明可以说都是源于人类的需求，陶瓷也不例外。可以看到，首先出现的陶器都是生活实用品，如碗、盘、罐等，这说明陶器的初期功能主要是盛水或放食物。那么，陶器是如何被人类掌握的呢？这可能是一个极其漫长的认识—实践—再认识的过程。土是人们日常接触最多的物质，我们可以发挥充分的想象力，古人可能在某个偶然机会下发现：用火烧过的泥巴（黏土）很坚硬且不渗水，这可能启发他们尝试用泥巴捏成一定形状放进火里烧制，以期望得到他们想要的东西（陶器）。可以想到，泥土的选择、制胚、造型、烧制，整个工艺的认知、形成和掌握都是一个艰难的过程。就这样，可能经过很多代、很多人的尝试，在经历了无数次失败后，最终他们创造出第一件成功的陶器物品。

陶瓷技术的产生与发展过程，从某一侧面展示了人类利用自然、改造自然的历程，说明人类是如何在实践探索、经验总结、知识积累中提升自己能力，进化自身智慧的。

1.2 在陶瓷起源传说中感悟华夏文明史

女娲（传说中女娲的生卒年份：公元前 7759—前 7653）是中国上古神话中的创世女神，被认为是华夏民族的人文先始。女娲不仅是传说中开世造物的大地之母，还是补天救世的英雄和抟土造人的女神。《山海经·大荒西经》《楚辞·天问》《说文解字》等秦汉典籍都对女娲有记载，事实上，女娲活动的时期正好处于母系氏族社会向父系氏族社会过渡的时期，女娲信仰属于原始社会我国最早的民间信仰之一。

传说中女娲用黄土仿照自己造成了人，创造了人类社会。我们这里姑且不讨论女娲造人传说的社会意义，就其“抟黄土造人”传说而言，说明那时已有陶器制作工艺了，这与考古中国陶器已有万年之久的证据有一定吻合性。

在中国传说中，人们往往要把一个重要的发明和“圣人”联系在一起。陶瓷技术是人类社会的一项伟大发明，当然也毫不例外地与一些“圣人”的活动联系在一起。除了女娲的“抟黄土造人”传说外，许多古籍中也有神农氏、舜帝、宁封子与陶瓷制作相关的传说记载。

我们可以遥想，在那遥远的远古时代，不知道经过多少艰难困苦，人们获得了黏土经火烧之后可变成硬块的认识，逐渐掌握黏土的特性、造型的方法和烧制的工艺，在迫切需要有一种能耐火烧盛器的需求驱动下，最终发明出陶器。传说是一种文化传承方式，虽然很多故事是虚构的，但也不能完全否定其中可能存在的历史事实。从我国的一些陶器起源传说看，与考古起源于旧石器晚期、新石器早期的证据基本是吻合的。基于陶器传说去理解其演化发展可以让人感悟到，陶器与华夏文明的形成与发展相伴相生，它不仅是一种逐渐由粗糙向精致演变的器具，更是一种人类不同时期文化的承载者。

1.3 寻找那能够烧制成型的泥土

远古时期人类的生活条件艰辛，主要是被动地适应大自然环境，会主动制作的东西极少。从已出土的陶器最早时间是在旧石器晚期与新石器早期的事实可以分析出，那时的人类正开始走向定居生活，定居生活需要像陶器所具有功能的那样器具，这样的器具能使定居生活更方便舒适，而且正因为定居人们才可能有条件去试验烧制陶器。从生活最直接的需求看，当时的古人一定渴望能够有一种可以盛水、盛物乃至烧水煮饭的器物。因此，这种需求和问题的形成长期引导着他们去不懈探索可能的实现方法。也许是某个偶然时间他们发现篝火里烧制过的泥土会变得十分坚硬且不渗水，从而启发了其用泥土烧制器物的想法。我们可以想见，认识能力还十分低下的古人在探索陶器制作上一定经历了一个漫长而艰难的过程。

中国新石器时代的古人一般都是就地取材，黄河流域的红土、河谷中的沉积土和黑土等都是适宜制陶的天然黏土，这些地区成为制陶之地自然就顺理成章了。就烧制陶器的泥土而言，今人知道它是一种以含水铝硅酸盐为主的由多种微细矿物组成的混合体，主要化学成分为三氧化二硅、三氧化二铝和结晶水。这种知识古人当然是不可能拥有的，他们主要是通过反复实践、认知逐渐积累起一种经验——那个地方、那种土更容易被捏成一定形状并烧制出来。

黏土由岩石经过长期风化与地质作用而成，有的疏松柔软沉积河床中，有的呈致密坚硬块状隐藏于丘陵或山地中。事实上，黏土的种类不同，物理化学性能也各不相同，且不同地区的黏土由于成分差异可呈白、灰、黄、红、黑等不同颜色。从已出土的不同时期、地域的古代陶器可以看到，它们有不同材质、形制、颜色，这说明我们的古人在长期实践中不断积累着对各种黏土性质及其应用方法的经验，如同认识和掌握其他事物一样，把它变成了能改变自己生存能力的有用知识和智慧。

中国新石器时代早期陶器使用的陶土一般都不经过淘洗，但大概自中期以后则出现了淘洗杂质的方法，这就可以制成较为细致的陶器（如仰韶文化的彩陶）。为了防止陶器加热时发生破裂，有的陶器黏土中被加入了砂粒、稻草末、稻壳、植物茎叶和蚌壳粉末等，这种再加工原料的做法充分展现了我们祖先在制陶实践中善于思考、勤于探索、敢于创造的特质。

1.4 追忆造型方法的演化历程

古人用泥塑物的知识可能远比陶器造型要知道得早，就陶器造型方法的产生而言也是源远流长。从各种方法的产生、发展、更新历程看，陶器造型方法可谓在创新—继承—再创新的螺旋循环中不断得以演化发展。

1.4.1 远古陶器造型方法的产生

最早的陶器制作当时一定是手工的。从我国考古出土的陶器文物以及现今遗存的一些民间陶器古法制作工艺可以推断，我国新石器时代的陶器制作方法大致可分为手制、模制和轮制三种。

手制法又可分为捏塑法、泥片贴筑法、泥条筑成法。小型器物以及较大器物上的附件可以采用捏塑法——用手工直接捏出所需器物形状。泥片贴筑法主要流行于我国南方地区，是大致将泥料先搓成泥球，再按成泥片，然后经过手捏、拍打或滚压使泥片之间互相粘贴在一起筑成坯体的方法。在海南省黎族地区的村寨至今保留着古老的泥片贴筑方法成型的制陶工艺，其为探索人类早期制陶方法提供了一个珍贵的例证。其实，积小成大、由局部到整体是我们构造物品的基本思路，泥片贴筑法也体现了这一思路，是一个由同质小泥片组合堆砌造物的过程。

泥条筑成法（泥条盘制法）是包括甘肃省在内的黄河流域从距今约 7 000 年前的仰韶文化开始直至青铜时代一直被采用的主要制陶方法：用手掌将泥条或泥团前后搓动，伸展成所需粗细的条状，然后用泥条进行盘筑，用泥浆粘接后挤压形成构想中的塑造物。该法可以制作出其他任何成型方法所能做出的圆形、方形、异形器物乃至雕塑作品等，是陶艺成型的技法之中最为方便、造型表现力最强的技法之一，因此这种古老的陶器造型方法至今仍被广泛使用。对于泥条筑成法，今天的我们很难知晓它是如何被古人掌握的，但我们不妨做一个大胆推测：先于制陶，人类已学会了用各种植物材料编织自己所需器物（材料易得、工艺比制陶简单），将这种编织原理移植到陶器造型上就是由泥条盘旋编织出自己希望得到的器型。

模制法即以模具为依托的陶器成型方法。最早出现的是模具敷泥法：先烧制一个实心泥质模具，然后以此内模为依托，直接将泥料挤压成泥片，一层又一层地敷贴到模具上，陶胎成型后再脱模。例如，我国最早的彩陶即大地湾文化遗址中出土的彩陶，经专家研究认为就是以这种方法制成的。从考古证据看，成熟阶段的模制法盛行于黄河中游的庙底沟和龙山文化中，该法不同于模具敷泥法之处在于它是在模具上垒筑泥条。基于模具造型是一个很了不起的想法，古人在此法形成中一定发挥了联想思维。

轮制法是指将泥料放在陶轮上，借其快速转动的特点用提拉的方式使泥料成形的工艺。由于只有转速达到每分钟 90 周以上，坯体才能迅速成型，低于这个速度的转轮一般只能理解为修整坯体。考古证据表明，仰韶文化中已出现了慢轮修整技术，一是发现在一些陶器口沿留有轮旋的痕迹（图 4-1-4、图 4-1-5），二是大地湾文化遗址中还发现了从仰韶早期到晚期成系列的制陶转盘。

图 4-1-4　1999 年秦安县大地湾遗址出土的宽带纹三足彩陶钵

图 4-1-5　1975 年山东省胶县三里河出土的新石器黑陶（有环形轮制痕迹）

轮制法制成的陶器具有器壁厚薄均匀、造型规整的特点，且大大提高了制作质量和效率，是制陶工艺的一大进步。因此，该法至今在很多手工制作陶器或陶瓷的地方仍能见到。轮制法从现代物理学原理看主要是应用了旋转运动所产生的离心力去实现空腔造型，古人当然不可能知道这背后的科学原理，但在实践中却发现了这一现象并掌握了其应用方法。

1.4.2　古代到近代的瓷器造型方法的发展

瓷器的出现比陶器晚得多，但造型原理基本是相同的。因此，瓷器造型技术可以说是继承了陶器造型技术并进一步演化与发展。就陶器造型的三类基本方法而言，在早期的瓷器制作中可以说是被直接继承。其后造瓷流程逐渐专业化，制瓷技术日趋成熟，高水平的瓷器制作对手制技法提出了很高要求，而模制的具体方法和模具类型也不断丰富，轮制的机械装置水平则不断被改进与提高。

瓷器生产要比陶器复杂得多，以窑为中心的手工作坊式生产是其主要生产方式。瓷器出现后其制作过程逐渐流程化、专业化，形成了系统的制作工艺。其造型工艺基本包括：设计、练泥、拉坯、印坯、利坯、挖足、晒坯、刻花、施釉等。整体看待事物一直是中国古人朴素的哲学思想，瓷器制作的工艺流程化、不断完善化，反映了古人能够以系统思维思考问题，善于在实践与认识互动中总结、分析、归纳事物的内在关系，在继承前人成果的基础上不断推陈出新。瓷器造型从单一方法向综合流程化演化，促进了分工合作，有利于提高个人技能及整体生产效率（图 4-1-6 是对古代陶瓷生产场面的描述）。

图 4-1-6　古代陶瓷生产场面

瓷器制作工艺走向成熟化的一个重要标志是设计的专门化。中国瓷器种类繁多，既有一般的家庭实用器具，又有价值连城的高档艺术品。这种现象实际上是中华文化特征的一个重要写照：把对美的追求赋予生活的各个方面，将生活中许多实用物融入文化元素而使其艺术化。从古代到近代的不同时期，我国出现了许多著名的瓷器类型，它们展示出的不仅是高超的烧制技术，更是造型设计的艺术美。古人瓷器设计的灵感可能来源于对生活、生产的感悟，来源于传统文化的继承与启迪，来源于设计师的特质和修为，而设计师最基本的素质应是具备丰富的想象力，具有极强的形象思维能力。

1.4.3　现代瓷器造型方法的创新

现代瓷器造型工艺与陶瓷设计都已发展成为了具体的学科。就瓷器设计而言，要成为一个设计师首先应接受系统正规的教育，需要学习美术、中外陶瓷史、陶瓷造型基础、图案设计、电脑辅助设计、陶瓷装饰、陶瓷材料工艺学、陶瓷工艺及设备等一系列课程，并结合实习、实践活动培养实际动手能力。在实际工作中，设计师应具有一定的科学文化素养、较强的美术基础和审美能力，应对中国传统陶瓷艺术、现代陶瓷艺术和陶瓷科学技术理论有较深的理解，具备系统的陶瓷设计与工艺专业技能。具体的创作设计中，设计者要同时兼具使用者、欣赏者和生产者等多重身份，设计原则应该遵循“经济、适用、美观”三要素，创作具有实用功能与美学价值的作品。

除艺术作品外，现代产业化陶瓷成型已全面走向专业化、工厂化、机械化，其基本工艺可分为可塑成型、注浆成型、压制成型三大类。其中可塑成型工艺有雕塑和拉坯、旋压成型、滚压成型、挤压成型、注射成型、塑压成型、扎模成型等方法；注浆成型有空心注浆、实心注浆、真空注浆、流延成型、热铸模成型等方法；压制成型有干压或半干压成型、等静压成型等。此外，还有许多基于基础工艺的新成型技术创新，如陶瓷纤维成型、陶瓷粉末成型、快速无模成型、原位固化成型等先进技术。

现代瓷器造型创新体现在多个层次、多个维度上，是集物质、技术、文化为一体的系统创新，是综合众多学科理论与技术方法的创新，是在继承、扬弃与再拓展中的不断创新。因此，现代瓷器造型体现出的创新思维与创新原理很多，但最具代表性特征的应是系统综合创新原理和集成创新原理。

1.5 烧制工艺的不断完善与革新

烧制是陶瓷生产中最为关键的环节，而不同时期、不同类型的陶窑所能达到的烧制温度不同，也就决定了其成为衡量制陶工艺水平的一个基本标志。

从对我国某些少数民族所保留的一些原始制陶工艺看，陶器制作曾有过平地堆烧的阶段，而陶窑的出现大约在我国新石器时代。已有的考古发现表明，黄河流域、鄂北和辽西一带在新石器时期已出现了横穴和竖穴两种陶窑结构，它们大体上代表了中国原始陶窑发展的过程。其中，竖穴窑比横穴窑先进一些，但不论哪种窑都是由火膛、窑室与火道为基本构成部分的。据学者们对现今云南省傣族烧窑的研究，推测新石器时代陶窑大致是用植物的茎秆涂泥封顶的，这样既可保持窑内温度，又有利于空气的进入。利用氧化作用可产生红陶；用渗水入窑的方法来实现还原气氛可烧出灰陶；使用烟熏渗碳可制成黑陶。

中国新石器时代制陶工艺的发展，以黄河流域为最先进，陶器的烧成温度可达 900~1 050℃。至商周时期，陶器已进化为原始瓷器，它是一种用含铁量在 2%左右的黏土成型，经过人工施釉，在 1 200℃左右的高温下烧成的青釉制品。到东汉烧制出成熟的青瓷，从而成为我国陶瓷发展史上的一个重要里程碑。东汉瓷器烧成温度在 1 250℃以上，相对于原始瓷器，它在原料粉碎、成型工具、胎釉配制方式上都有重要改进，窑炉结构也有很大的进步，故烧成技术基本上达到现代瓷器的要求。

此后的三国、两晋、南北朝瓷业有进一步发展。浙江一带的越窑以生产青瓷闻名，它的品种繁多、式样新颖，已深入生活的各个领域，其烧制工艺一直处于领先地位。北方瓷器生产虽晚于南方数百年，但通过改进生产技术、提高工艺水平，并结合北方的人文特点烧制出了白瓷。白瓷的产生，对瓷器的发展有极深远的影响，至唐代已形成“南青北白”两大窑系的格局。

宋代是我国瓷器空前发展的时期，出现了百花齐放、百花争艳的局面。宋代集瓷器之大成，名窑迭出，品类繁多。“汝、官、哥、均、定”五大名窑举世闻名，其生产的产品都是当世珍品。此外，还有耀州窑、湖田窑、龙泉窑、建窑、吉州窑、磁州窑等，其产品也是风格独特，各领风骚。

元代在景德镇设“浮梁瓷局”统理窑务，为景德镇瓷业生产的发展创造了有利条件。元代在制瓷的很多方面都有创新和发展，如发明了瓷石加高岭土的二元配方，烧制出大型瓷器，并成功地烧制出典型的元青花、釉里红及枢府瓷等。尤其是青花瓷的制瓷工艺有了新的突破，它以钴料作为呈色剂在胎上作画，然后罩以透明釉，经高温一次烧成呈白地蓝花的釉下彩瓷。可以说，青花瓷充分体现了中国的民族特色，其烧造工艺达到了中国陶瓷史上的极致，具有划时代的意义。

明代从洪武三十五年（1402）开始在景德镇设立“御窑厂”，使景德镇成了全国的制瓷中心。明代以降则白瓷为大宗，其致白釉的烧制成功、以铜为呈色剂的单色釉瓷器的烧制成功、瓷器加釉方法的多样化，标志着中国制瓷技术的不断提高。景德镇生产的青花瓷、白瓷、彩瓷、单色釉等品种，繁花似锦、五彩缤纷。其烧制出许许多多的高精尖产品，如永宣的青花和铜红釉、成化的斗彩、万历五彩等都是稀世珍品。

清朝康、雍、乾三代瓷器的发展臻于鼎盛，达到了历史上的最高水平。康熙朝不但恢复了明代所有精品的特色，还创烧了很多新的品种；雍正朝的粉彩非常精致，制瓷工艺到了登峰造极的地步；乾隆朝的单色釉、青花、釉里红、珐琅彩、粉彩等品种在继承前朝的基础上，都有极其精致的产品和创新的品种出现。

从旧石器晚期到新石器时期，我们的祖先就学会了烧制陶器。在距今 4 000 多年前，先人们又在继承陶器技术的基础上烧制出原始瓷器。东汉时期，已初步掌握了烧制瓷器的技术工艺，其后的宋代制瓷技术达到完全成熟。无论是陶器还是瓷器，都是基于先人们生活、生产需求的引导在长期的生产实践中不断摸索、积累经验而发明的。他们在观察、模仿、实验中探索技术，在继承与生产实践中不断总结方法，最终完全掌握陶瓷制作的技术。而在历朝历代中，瓷器烧制的工艺方法始终处于不断创新发展之中，使得陶瓷不仅被广泛应用于社会生产、生活的各个领域，还使陶瓷成为中华文化的一种重要传承载体。

1.6　集器物、艺术、文化于一体的绚丽技艺

纵观中国陶瓷的产生与发展史，我们不仅可以从中窥视中国陶瓷技艺的博大精深，更可以从中领略中华民族劳动人民的勤劳和智慧。陶瓷首先是一种实用器

具，它是基于人类的需求而有目的的被发明创造出来的，是人类认识自然、利用自然、改造自然的产物，它在一定程度上改善了人们的生存条件，提高了人们的生活质量，故在人类生产史上具有里程碑的意义。

从粗糙的陶器制作，到彩陶和原始青瓷的出现，再到真正意义上的瓷器诞生，陶瓷工艺在不断的探索、继承与创新中逐渐成熟，生产出的产品种类越来越丰富，质地越来越细腻，造型越来越美观，应用的领域越来越广泛。随着陶瓷技术的不断提高，陶瓷不仅成为人们最基本的生活器具、建筑材料，甚至生产工具，还逐渐成为人们审美追求的重要载体。黏土的可塑性可以让艺人们尽情发挥想象力，设计出各种各样造型美观的艺术品；瓷器的质地细腻、晶莹光亮，让人情不自禁地被她骨质里的美感所征服；绘画艺术的融入与色彩元素的加入，更使得瓷器成为艺术表现力最为丰富的载体之一。

陶瓷在中国不仅是一个人造物，更是源远流长的中华文化的信息载体和传播者。陶瓷首先具有使用价值的物质功能，但早在远古时期我们的祖先就已开始在陶器上刻上装饰图案，涂抹上五彩的颜色，以充分表达自己对美的追求，对客观世界的理解。瓷器产生后，其物质功能不断增强的同时，其精神文化的功能更是得到淋漓尽致的发挥。从既满足实用需求又具有丰富想象力的造型设计，到色彩斑斓的图饰象征和寓意，再到神话传说、生活故事、宗教信仰等元素的融入，中国瓷艺处处彰显着中华儿女的民族个性、心理趋向、审美意识和价值观念，展示着中华儿女的勤劳、智慧、创造力以及对美好生活的向往，记录着中华民族的文明进程与兴衰史。

中国陶瓷的发展史是一部伟大的人类创造发明史，是中华民族对人类社会的又一项重大贡献。生活的艰难迫使古人在利用自然资源中探索问题的解决方法，创造新事物，由此发明了陶器、瓷器。对生存质量改善的渴望刺激着古人不断探究和创新制瓷技术，使瓷器制造技术得以不断完善和日趋成熟。对精神生活的追求让古人把文化和艺术元素融入瓷器制作中，使瓷器成为一种文化的载体和艺术表现形式。这蕴含着古人朴素的系统哲学观、辩证思维、审美观、价值观。在具体的创作中，丰富的想象力、模仿和借喻力、抽象思维力、集成创新力等都是古人把制瓷技艺推升到登峰造极层次的主要因素。可见，博大精深的中国瓷器技艺处处体现着中华民族伟大的创造力，图 4-1-7 从创新科学原理上给出了一个对中国瓷器创新发展过程的初步分析。

现代陶瓷业除陶瓷艺术品仍保留单件作坊式制作方式外，日用陶瓷、工业陶瓷、建筑卫生陶瓷等都已采用工厂大批量生产方式，机械化、自动化、计算机辅助设计等制造技术已被广泛应用。陶瓷创新不仅体现在新工艺、新材料、新品种、新用途上，还体现在与当代人文环境相结合的文化创意上，体现在可持续发展与绿色生产理念上，充分展现出其创新发展的包容性、多样性、时代性、科学性特征。

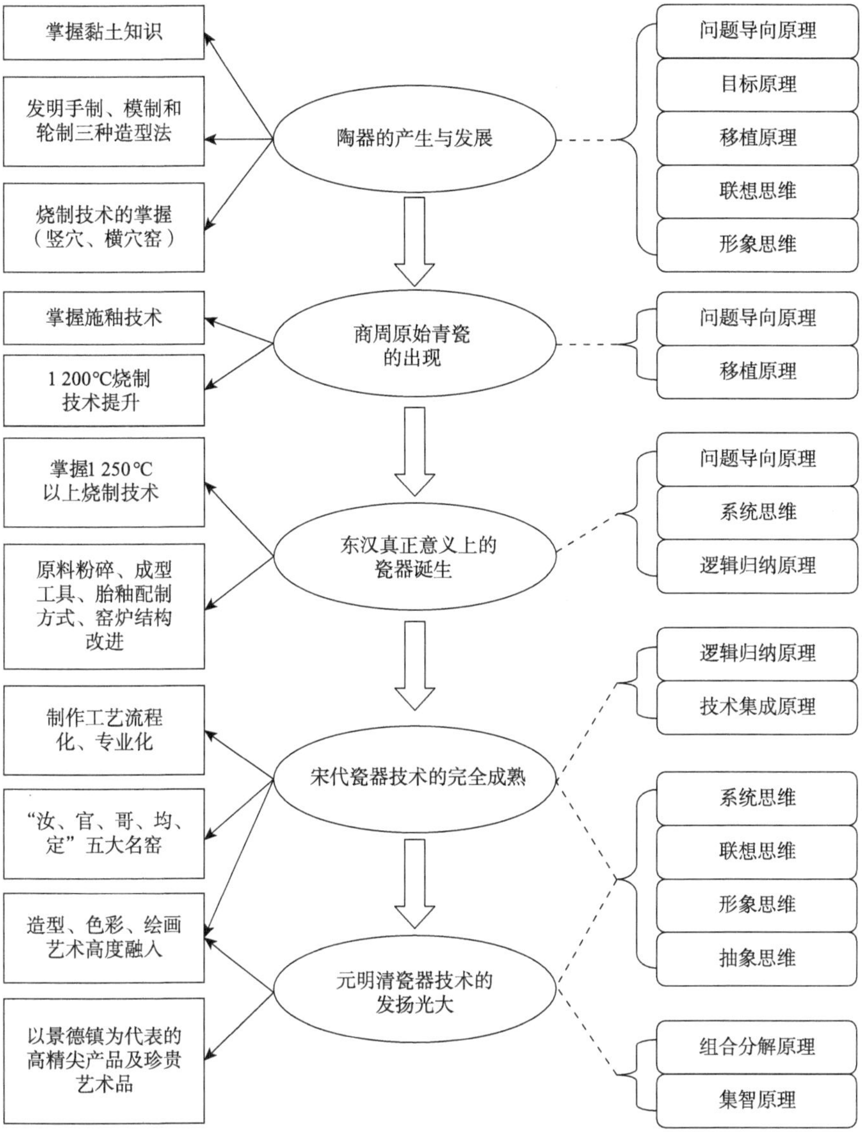

图 4-1-7　基于创新科学原理的中国陶瓷创新发展演进过程分析

回溯远古，我们被古人的聪明智慧深深折服；眺望未来，我们为现代科技高度发达下的人类创造力不断提升而充满自豪。我们坚信，在古老技艺与现代科技的有机结合中，在文化传承与技术不断创新中，中国陶瓷将会继续焕发出持续的青春活力。

参 考 文 献

李露露. 1993. 泥片贴筑制陶术的“活化石”——黎族制陶工艺调查. 中国历史博物馆馆刊,（1）：98-103.

佚名. 2010-07-09. 陶器的制作方法（二）. http://art.taoci.com/baike/20100709152931. htm.

第2章 变“减”为“增”的新型快速成型技术——3D 打印技术

你看过电影《十二生肖》（Chinese Zodiac，2012）吗？还记得影片中国家保护文物十二生肖铜兽首是如何被复制的吗？主人公通过佩戴专业扫描手套来扫描剧中十二生肖铜像，并将立体数据模型发送到专业设备中，与此同时，他的伙伴通过一台神奇的机器，几分钟的时间就制作出形状相同的复制品，可谓偷天换日，神奇至极。

当时你一定在想这肯定是科幻的，日常生活中是不可能存在这种神奇技术的。然而科技的发展已经使这种带有科幻色彩的想法变成了现实，没错，它就是 3D 打印技术。虽然 3D 打印技术从出现至今的发展时间并不长，但它迅猛的发展速度已经超乎人们的想象，不仅技术变得越来越成熟，而且应用领域也越来越广泛，受到了越来越多人的喜爱。然而 3D 打印技术的发展并不是一蹴而就的，也并不是一开始就受到了人们的热捧，那么它是如何发展的，中间又经历了哪些变化？

2.1 开模难题引思考，多维联想奠基础

在传统制造业领域，开模（机械生产或工艺生产的名词，指模具组的制造）是一件非常令人头疼的事情，耗时长、难度大、成本高。这一问题也同样困扰着美国的一名工程师查尔斯·胡尔（Charles W. Hull，1939—）。1983 年，胡尔在一家叫做“紫外线产品”（ultraviolet products，UVP）的中型紫外线设备生产制造厂工作，作为工厂的副总裁及资深的工程师，他需要不断开发新产品。然而，为新产品设计所需制作的小塑料部件耗时长达两个月，而且一旦设计有问题需要修改，就一切都得重来，这样耗时耗力的制作让他感到既恼火又束手无策。胡尔不禁在想，如果有一种技术可以快速制造模具就好了！在这一难题的引导下，胡

尔不断思考解决之道，最终在 1983 年有了突破。

作为工程师的胡尔在深知开模难题在当时并不容易解决的情况下，并没有放弃探索，而是在这一技术难题的引导下深度思考，不仅多方了解研究现状，系统思考现有技术的不足，而且努力寻找解决之道。其实，在胡尔之前就曾有美国工程师提出过分层制造三维立体地图的想法，只是当时并没有人将分层制造的想法应用到模具制造领域。胡尔在了解到分层制造的想法后，就联想到是否可以通过这一方法解决现有的开模难题。然而将一种新型的方法应用到一个新的领域并非易事，虽然这一想法并没有让胡尔马上解决开模难题，但却为其解决当时的技术难题奠定了基础。

2.2　灵光一闪生想法，树脂层叠解难题

1983 年的一天，胡尔用紫外线固化桌面上一层涂料的时候，一个大胆而又新奇的想法闪现在他的脑海中。他想既然这种涂料可以在紫外线照射下快速固化，如果用紫外线一层层地反复照射它，材料就会一层层地叠加起来，从而得到一个实实在在的物体。这样就可以自己制造出三维立体的物品，而不用专门到精密工具制造者那里定做塑料模型，还可以根据需要随时做出调整，既省时又省力。

胡尔通过组合一系列厚度很小的"二维"薄层断面，制作出三维立体物品，这完全不同于传统制造业制作三维立体物品的方法，可以说是完全相反的过程（图 4-2-1）。传统制造法是通过削减材料制作工件，而胡尔则是通过组合材料来制作工件，这一想法打破了传统减材制造的定式思维，利用逆向思维的方式，通过材料的层层叠加制造三维立体物品。这一制作模式完全颠覆了原有的制造模式，为制造业提供了新型的制造模式。

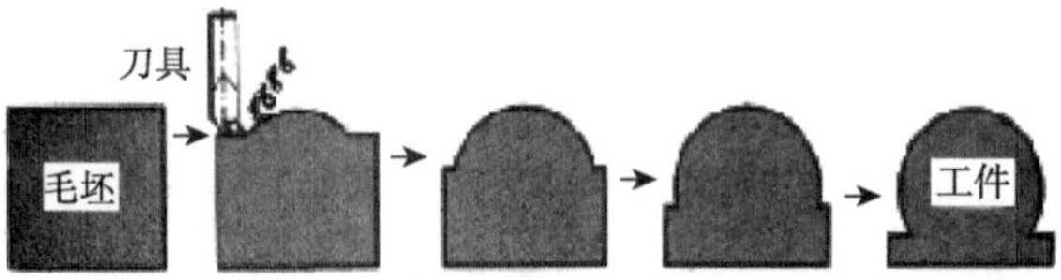

（a）传统制造法

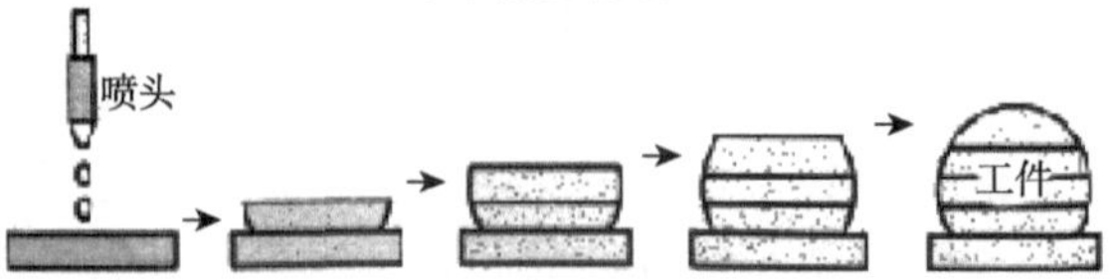

（b）胡尔的制造法

图 4-2-1　传统制造法与胡尔的制造法的对比

2.3 多种技术相融合，形成快速成型SLA新技术

有了全新的想法之后，胡尔便着手开始研究如何将自己的想法变成现实。通过不断实验，胡尔发现当用高强度的紫外线照射一种叫 goopy（可被紫外光固化的感光树脂）的材料时，两者会发生聚合反应，形成固态。于是他便尝试将这种材料放在一个大容器中，并在容器里放置一个可上下移动的升降平台，用来承载打印出的物体。升降平台最初与液体上表面平行，容器上方的紫外激光器射出的紫外线照射到液体表面指定的位置，将液体固化，即完成一层物体的打印。随着升降平台的不断下移，一层一层的物体被打印出来，并最终“累积”出三维物体（图 4-2-2）。而且为了控制升降平台和紫外线扫描装置，胡尔通过编程软件来实现，控制平台上升到树脂表层的附近时，只会有薄薄的一层液体喷涂在上面。最终胡尔将自己的设想成功变成现实，他将其发明的技术称为立体平版印刷（stereo lithography appearance，SLA）技术。

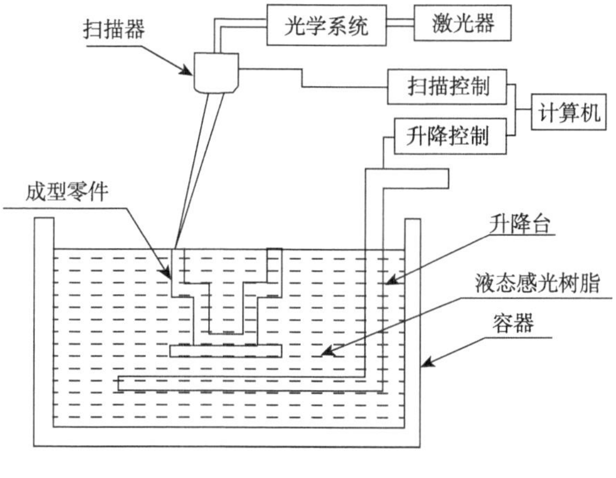

图 4-2-2 SLA 技术工作原理

胡尔通过系统思考，多次实验，最终成功地发明了 SLA 技术。在这个过程中，他应用到电脑绘图、固态激光与树脂固化等技术，并将这些技术集成在一起，通过紫外线与光固化材料的聚合反应形成固态化合物，然后层层叠加这些固态化合物形成三维立体物品（图 4-2-3），创造了制造史上的先例。他的成功让我们看到想要在传统制造模式上有所创新，就必须打破原有的定式思维。墨守成规只会束缚我们的思维，敢想敢做才是王道。同时要善于借

助新兴事物的力量，利用现代高科技手段，只有这样才能适应时代发展的需要，不被淘汰。

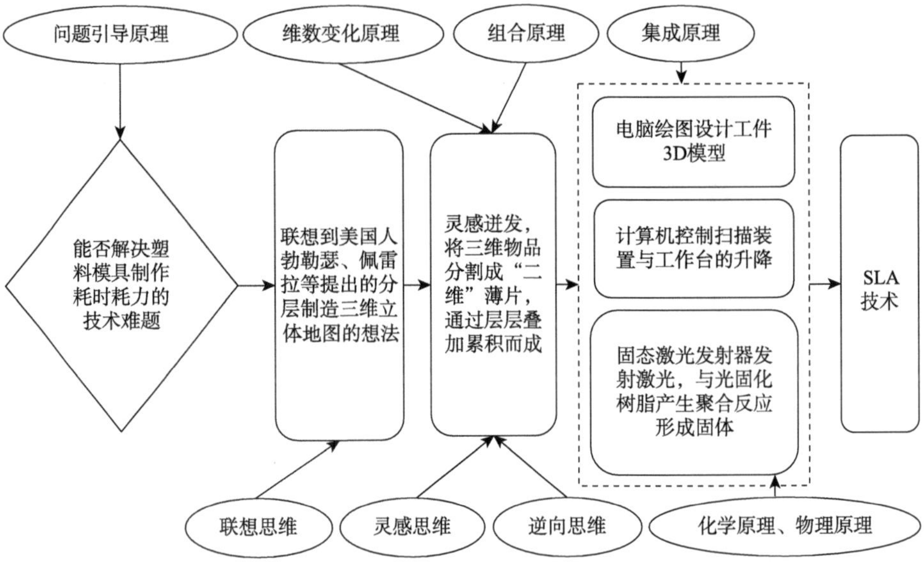

图 4-2-3　SLA 技术发明过程中蕴含的创新科学原理

2.4　巧妙移植喷胶枪原理，形成快速成型 FDM 新技术

由于 SLA 技术所采用的光固化材料价格昂贵，所以它的推广和普及受到了一定的限制，直到 1988 年斯科特 · 克伦普（S. Scott Crump，1954—）的研究改变了这一现状。

1988 年，克伦普想要为女儿制作一只玩具青蛙，但他不想用传统的注塑成型技术去完成玩具的制作，他想通过其他比较独特的方式去完成，而且这个想法在他多次使用喷胶枪的时候就产生了。喷胶枪可以将塑料熔融后重新造型，他想如果把聚乙烯和烛蜡混合物装进喷胶枪，是不是可以一层一层堆叠出青蛙的形状。有了这个想法之后，他便潜心研究，最终在 1989 年成功地做出了一个青蛙玩具，并在此基础上发明了熔融沉积成型（fused deposition modeling，FDM）技术（图 4-2-4）。

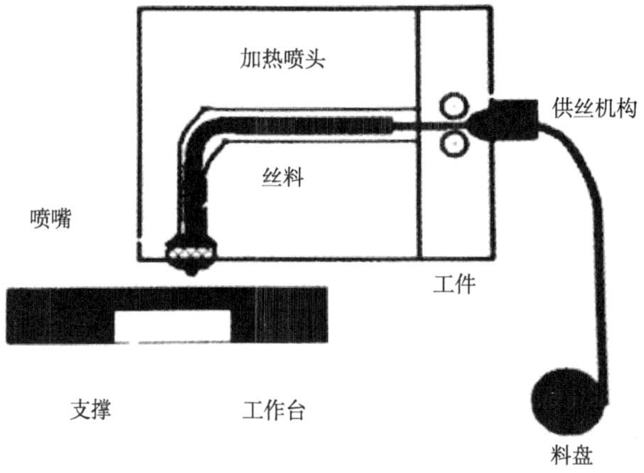

图 4-2-4　FDM 技术成型原理

克伦普在 FDM 技术中依然采用材料层层组合的方式制作三维立体物品，不同之处在于他巧妙地将喷胶枪的工作原理移植到 FDM 技术中，并将光固化材料转换为热塑性材料，在物品的制作过程中不再采用聚合反应，而是利用热塑性材料被高温熔化之后能够迅速冷却成型的凝固原理。其间他采用数字制图设备控制喷射位置和工作台的移动，将数字制图、计算机控制、塑料成型等多种技术集成于一体，最终成功研发出 FDM 技术（图 4-2-5）。

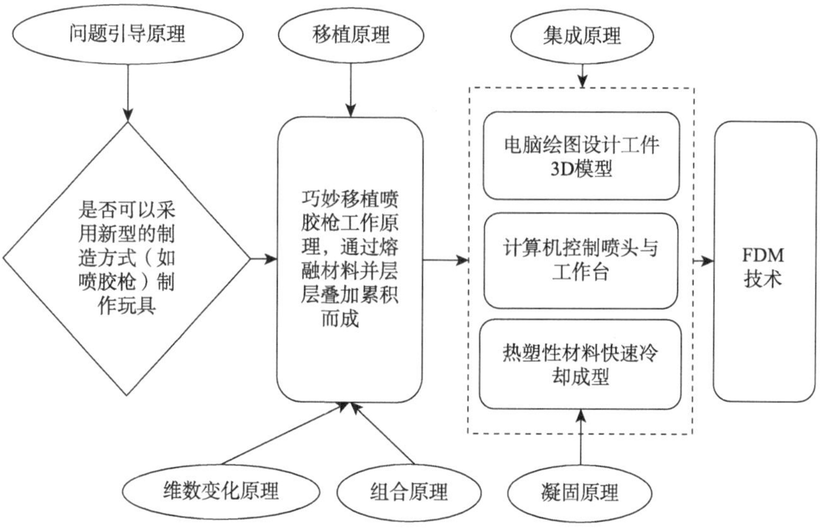

图 4-2-5　3D 打印技术之 FDM 技术发明过程中蕴含的创新科学原理

2.5　妙用 CAD 设计与高能射线，形成快速成型 SLS 新技术

几乎在 FDM 技术提出的同时，另外一种新型 3D 打印技术也诞生了，它就是选择性激光烧结（selective laser sintering，SLS）技术。这一技术的成功发明为模具的制造提供了另外一条新的途径。那么，它是如何被提出来的呢?

1981 年，卡尔·戴卡德（Carl Deckard）在暑期实习时接触到了当时非常罕见的计算机辅助设计（computer aided design，CAD）工业设计，当时这一技术的应用还不是非常普遍，戴卡德在接触到这一技术时，感觉这一技术非常的神奇，它能够直接设计三维立体的模型。联想到当时模具生产困难，他便想到如果利用 CAD 文件直接生产模具来取代手工就好了，于是他便潜心研究利用 CAD 文件直接制造三维立体物品。1984 年，戴卡德发现利用激光、电子束一类的高能射线烧结粉末成型具有可行性，于是他便想是不是可以将这一技术应用到模具制造中，通过高能射线将粉末一层层烧结，就可以组合出一个三维立体物品。有了这一想法后，戴卡德进行了多次试验，最终于 1989 年在其硕士学位论文中提出了 SLS 技术（图 4-2-6）。

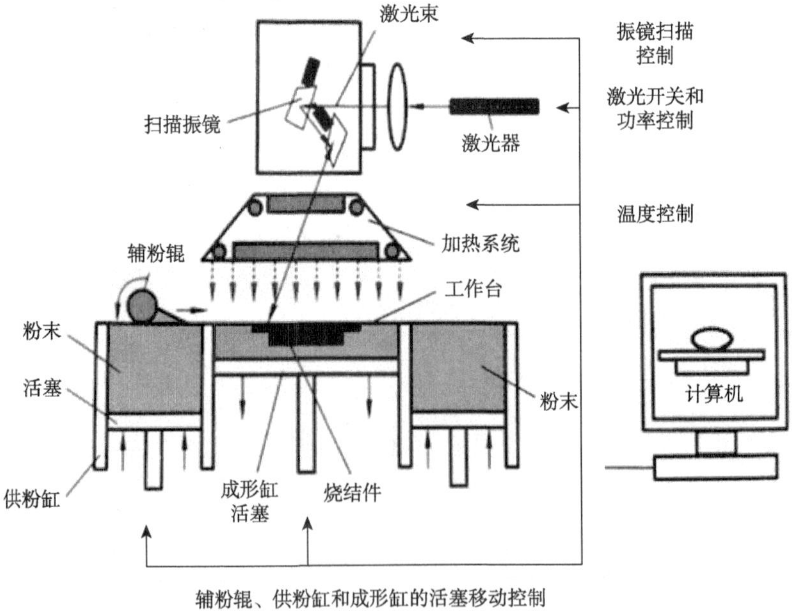

图 4-2-6　SLS 技术成型原理

在这里我们不得不佩服戴卡德思维敏锐，在知道人工制造模具较为困难的前提下，当他接触到 CAD 工业设计后很快就联想到通过该技术解决模具制造的难题。在这一目标的引导下，戴卡德潜心研究，并依然遵循通过材料层层叠加组合出三维立体物品的原理，利用 CAD 绘图，设计出所需工件，然后在计算机的操控下对粉末进行扫描，使粉末熔化黏结。他成功地将电脑绘图、计算机控制、激光烧结等技术集成于一体，最终提出 SLS 技术（图 4-2-7），而且 SLS 技术不同于 SLA、FDM 技术，它是通过粉末烧结的烧结原理制作出三维立体物品，这是 3D 打印工艺的又一进步与发展。

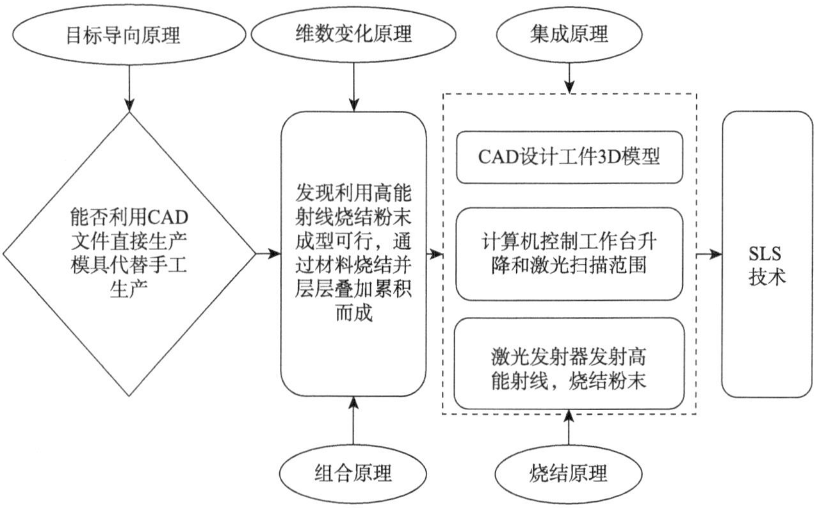

图 4-2-7　3D 打印技术之 SLS 技术发明过程中蕴含的创新科学原理

2.6　层层黏结辟新径，“2DP”成功变“3DP”

随着各类 3D 打印技术研究的深入，麻省理工学院也加入了该技术研究的行列。他们在遵循原来二维打印原理的基础上，通过更改原有的喷墨打印机的打印方案，将二维打印（two-dimension printing，2DP）技术创新转变为三维打印（three-dimension printing，3DP）技术（图 4-2-8）。在 3DP 技术中依然沿用了材料层层叠加组合的原理制作三维立体物品，并且利用电脑绘图设计所需工件，通过计算机技术控制铺粉和约束性溶剂喷射装置，将电脑绘图、计算机控制、黏结等技术集于一身。其独特之处在于他们将原有喷墨打印的原理移植到现有研究中，并将原来的“墨水”变为约束性溶剂，变纸张为铺粉装置，通过约束性溶剂黏结材料粉末制作三维立体物品（图 4-2-9），这一新颖的想法进一步促进了 3D 打印技术的发展。

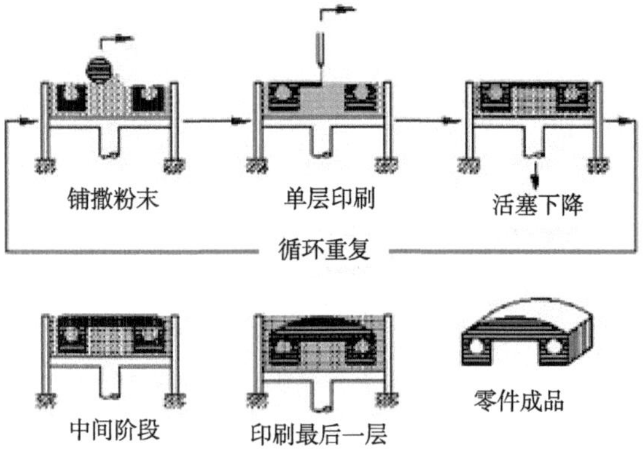

图 4-2-8　3DP 技术成型原理

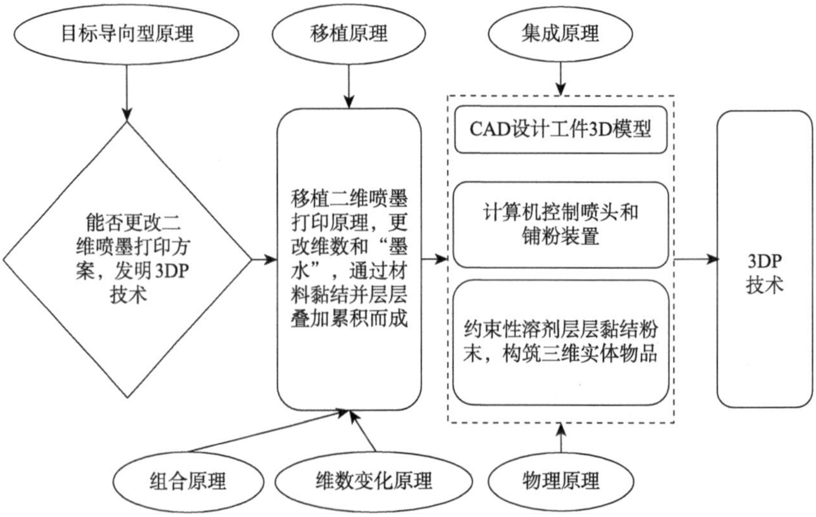

图 4-2-9　3D 打印技术之 3DP 技术发明过程中蕴含的创新科学原理

2.7　3D 打印技术的发明带给我们的启示

每当人们看到应用 3D 打印技术打印出来的物品时，都会觉得不可思议。它能打印出无缝的衣服、可供人类居住的房子、会跑的车子、健康的食物等，这些以前只有在神话和科幻大片中才能看到的场景，如今逐渐成了现实。3D 打印技术极大地方便了人类的生产和生活，虽然该技术还在进一步发展和完善，但它发明过程中蕴含的创新科学原理却值得我们学习和深思。

3D 打印技术打破了传统“减材制造”的定式思维，采用材料层层叠加组合的增材制造模式生产新产品。而且它无须任何模具、刀具和工装卡具，直接根据产品CAD数据快速制作出新产品，打破了传统制造模式在复杂结构零部件制造上的局限。不仅如此，3D 打印技术还改变了传统打印技术的空间维数，实现了二维平面向三维立体的转变，同时它实现了电脑绘图、固态激光、树脂固化、计算机控制、黏结、激光烧结等多种技术的集成，并且其中涉及多个学科领域，如光学、化学、材料学、计算机科学等，是一个跨学科、多技术集成的典型案例。

目前3D 打印技术越来越成熟，从最初的SLA、FDM 技术，逐步衍生出SLS技术、激光成型（digital light processing，DLP）技术、紫外线成型（ultraviolet，UV）技术、3DP 技术等。它应用的材料也从最初的感光树脂、塑料扩大到金属、陶瓷、玻璃、纤维等。这些处处显示出人类在技术发明和改进中的创新力，同时也让我们看到传统的制造模式已经不能满足人类的需求，必须通过跨学科、多技术的集成，逐步改进现有模式，才能进一步推动社会的进步。

参考文献

Hickey S，刘晓燕. 2014. 查克·赫尔：对技术影响深远的3D 打印之父. 英语文摘，（11）：15-18.

佚名. 2016-07-06. 3D 打印工艺介绍之三维印刷工艺（3DP）. http://www.dayinmao.com/xinwen/show-1724.html.

张力春. 2013. 斯科特·克伦普——“3D 打印”的缔造者. 现代班组，（8）：52.

第 3 章　解读遗传奥秘，谱写生命天书：基因技术

春去秋来，日月交替，大自然生生不息，用规则悄悄演绎着生命的轨迹。夏去萧瑟，冬来肃杀，风起云涌，用规则默默诉说着时间的更替。鹰击长空，鱼翔浅底，世间万事万物都遵照物竞天择的法则，适者生存。

而作为高等进化生物—— 人类，我们不仅感慨于生物界的多彩，更好奇、渴求生命的奥秘。因而我们从未停止过对生命的探究，尤其对人类生命。五千年的华夏文明用盘古开天辟地、女娲抟土造人的神话来解释人类生命的起源。达尔文发现生物进化论，归纳出“生物在变异、遗传与自然选择作用下演变发展，从而物种淘汰和产生”的整体规律。

然而，历经岁月的洗礼，我们始终在生命探索的道路上磕磕绊绊，艰难前行。相当长的时间里，我们并没有揭开人类生命神秘的面纱，解读不了具体生物如何变异、如何遗传的生命天书。直到 20 世纪初，基因（遗传因子）这把钥匙为我们打开了尘封已久的大门。

基因通过复制把遗传信息传递给下一代，使后代出现与亲代相似的性状。人类大约有几万个基因，储存着生命孕育、生长、凋亡过程的全部信息，通过复制、表达、修复，完成生命繁衍、细胞分裂和蛋白质合成等重要生理过程。

基因科学的发展为我们揭晓了生命奥秘，但是人类在探索之路上并没有止步。既然基因是生命的密码，那么我们如何利用基因治愈遗传病、优化生命呢？基因技术的诞生与发展为你解读技术雕琢生命分子，谱写生命天书的生命创新故事。

3.1　源于群体智慧开启生命组合再造之门

基因被认为只是一个交换、重组和突变时无法再分的单位，它的物理、化学

性质仍然是个谜。科学家竭力置身于生命奥秘的探究，终于在众多实验发现中，群体智慧开启了生命组合再造之门。

3.1.1　基因“剪刀手”——限制酶的发现

1965 年，瑞士微生物遗传学家阿尔伯（Arber Werner，1929—）首次提出生物体内存在具有切割基因功能的限制性内切酶，并且在 1968 年成功分离出 I 型限制性内切酶。1970 年，美国分子生物学家汉密尔顿·史密斯（Hamilton O. Smith，1931—）首次分离出Ⅱ型限制性内切酶。1971 年，美国微生物遗传学家内森斯（Nathans，1928—1999）首次使用Ⅱ型限制性内切酶实现了对基因的切割。

3.1.2　基因“缝合针”——DNA 连接酶的发现

DNA 的分子链可以被切开，那么能被缝合起来吗？1967 年，3 个实验室的科学几乎在同时发现并提取出一种可以连接 2 个 DNA 片段并修复断裂口的酶物质。科学界将这种 DNA 连接酶形象地称为“缝合”基因的“缝合针”。

3.1.3　基因技术核心—— DNA 重组技术的诞生

基因“剪刀手”和基因“缝合针”的合作，就可以把两种 DNA 片段重新连接起来。那么，基因就可以实现重组，生命就可得以组合式创新。

1972 年，美国生物化学家保罗·伯格（Paul Berg，1926—）首次将剪切后的 DNA 分子连接组成新 DNA 分子，首创基因重组技术。1973 年，美国生物化学家斯坦利 N. 科恩（Stanley N. Cohen，1935—）和赫伯特 W. 博耶（Herbert W. Boyer，1936—）合作将两种不同基因拼接的复合基因引入细菌，实验成功。至此，在基因科学革命的推动下，基因技术的核心——DNA 重组技术正式诞生。其技术原理如图 4-3-1 所示。

我们不难发现，基因技术开启创新生命的历程，是一代科学家集体的智慧累积，体现了技术创新的群体原理（图 4-3-2）。基因技术原理是将某物种的单个基因进行复制并将其植入另外一种生物物种的细胞内，通过对生物某些特定性状的添加或者删除以达到改变其遗传构成的目的。其本质就是利用组合原理实现不同生物体之间遗传信息的合理转移，形象地体现了组合创新原理。而实现基因重组的基础是基因的分割，这又得益于内切酶这一“剪刀手”，这是分割变形创新原理的具体体现。

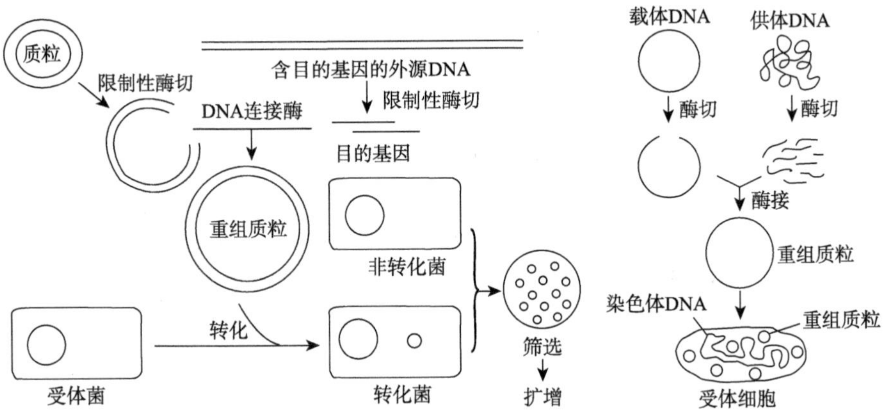

图 4-3-1　DNA 重组技术原理

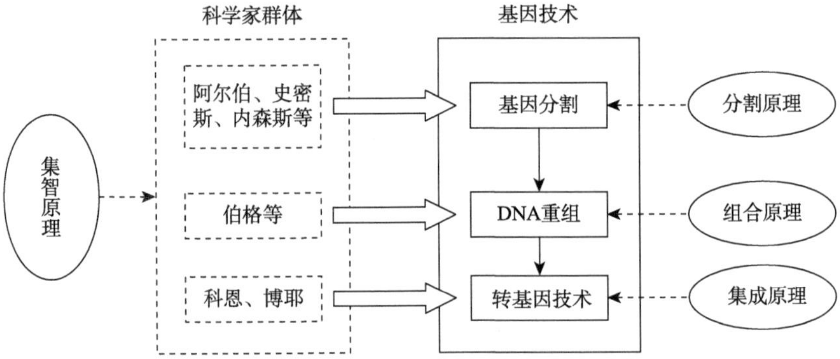

图 4-3-2　DNA 重组技术创新原理

3.2　基于中介物原理探索基因技术创新应用路径

基因技术的目的是在于获取人类预期的产品，像抗生素等生物制品，或者是通过改造微生物、植物、动物，甚至是人，使他们具有所期望中的特性，实现在分子水平上的重组，以对生命进行干预和控制。实现这一目的，就需要解决如何实现组合的技术难题。如何将抗虫基因成分导入小麦，如何将抗癌基因注入人体细胞。在破解这一技术难题的过程中蕴含了 TRIZ 第 24 条创新原理——中介物原理。

中介物原理是指："利用某种可轻松去除的中间载体、阻挡物或过程，在不相容的部分、功能、事件或情况之间经调解或协调而建立的一种临时链接。"科学家在推动基因技术的应用中，就是利用这一原理寻找合适的基因导入载体，实现最终的基因重组。

3.2.1 胚胎干细胞法

胚胎干细胞是从原始性腺或早期胚胎中分离出来的一类细胞，它具有多向分化、体外培养无限增殖、自我更新等特性。而胚胎干细胞法恰恰利用这一特性，将其作为外源基因导入胚胎干细胞，利用转染外源基因中的抗性筛选标记，在培养液中加入相应抗生素筛选转染后的胚胎干细胞，再将阳性的胚胎干细胞注射入感受态囊胚，并将其移植入假孕雌性动物体内。子代得到嵌合体转基因动物，再通过杂交繁育得到纯合目的的基因个体，即可培育出转基因动物。

3.2.2 病毒介导法

病毒介导法是将外源基因置换到病毒基因组中，以病毒作为载体系统，通过病毒对植物细胞的感染而将外源基因导入植物细胞的一种植物转基因方法。科学家利用的就是植物病毒载体表达水平高、速度快、宿主广的优点，将其作为基因载体。

除了胚胎干细胞法、病毒介导法，植物农杆菌、动物精子、动物体细胞核等中介物也纷纷凭借突出的基因载体特质被科学家用来破解基因技术难题，开拓了基因技术创新应用的路径（图 4-3-3）。

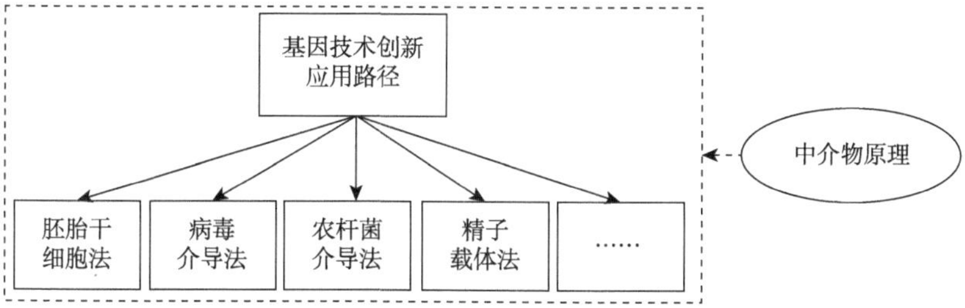

图 4-3-3 基因技术创新应用路径原理

3.3 问题导向原理推动基因工程全面造福人类

技术层面上，我们完全可以实现将一种生物 DNA 中的遗传密码片断连接到另外一种生物DNA链上去，也就是说，我们可以按照人类的愿望，设计出新的遗传物质并创造出新的生物类型，这就像极了技术科学的工程设计——按照人类需求重新“施工”基因并“组装”成新的基因组合，创造出新的生物。通常，我们把这种依照人的意愿由重新组装基因到新生物产生的生物科学技术，称为“基因工程”，或者“遗传工程”。首先支持人类基因组工程的是美国碱基排列分析法的创始人吉尔伯特（Walter Gilbert，1932—）。随后，科学家纷纷投身于破解人类自身基因密码，以促进人类健康、预防疾病、延长寿命的基因工程之中。

科学家把基因组图谱看成基因工程的指路图、化学中的元素周期表。因此1987 年，美国科学家提出了“人类基因组计划”，目标是确定人类的全部遗传信息，确定人的基因在 23 对染色体上的具体位置，查清每个基因核苷酸的顺序，建立人类基因库。1999 年，人的第 22 对染色体的基因密码被破译，“人类基因组计划”迈出了成功的一步。可以预见，在今后的 1/4 世纪里，科学家就可能揭示人类大约 5 000 种基因遗传病的致病基因，从而为癌症、糖尿病、心脏病、血友病等致命疾病找到基因疗法。2000 年，科学家正式公布了人类基因组“工作框架图”。2001 年，中国、美国、日本、德国、法国、英国等 6 国科学家和美国塞莱拉公司联合，在原“工作框架图”的基础上，经过整理、分类和排列后得到了更加准确、清晰、完整的人类基因组图谱及初步分析结果。这次公布的人类基因组图谱蕴含有人类生、老、病、死的绝大多数遗传信息，破译它将为疾病的诊断、新药物的研制和新疗法的探索带来一场革命，对生命科学和生物技术的发展起到重要的推动作用。随着人类基因组研究工作的进一步深入，生命科学和生物技术将随着新的世纪进入新的纪元。

这不由使人重新思考“技术”的含义，它是人类为满足需求和愿望，遵循自然规律，在长期利用和改造自然的过程中，积累起来的知识、经验、技巧和手段，是人类利用自然改造自然的方法、技能和手段的总和。基因技术是人类首次利用基因改造生命的手段，它为攻克疾病和提高农作物产量开拓了广阔的前景。然而，在基因技术进步中，熠熠生辉的绝不仅仅是转基因羊“多莉”的诞生、转基因产品与基因制药的发明，更是人类基因工程运用系统思维合力完成这一生命改造技术的创举。

这一重大生命工程中形成了众多技术创新成果，体现了系统工程的思想。各国分工合作，分别承担优势领域的科研任务，是价值创新原理与系统创新原理的现实写照（图 4-3-4）。此后，基因技术研究更加迅猛地、更大规模地在全世界范围内展开，其产业化进程不断推进，其成果开始全面造福人类。

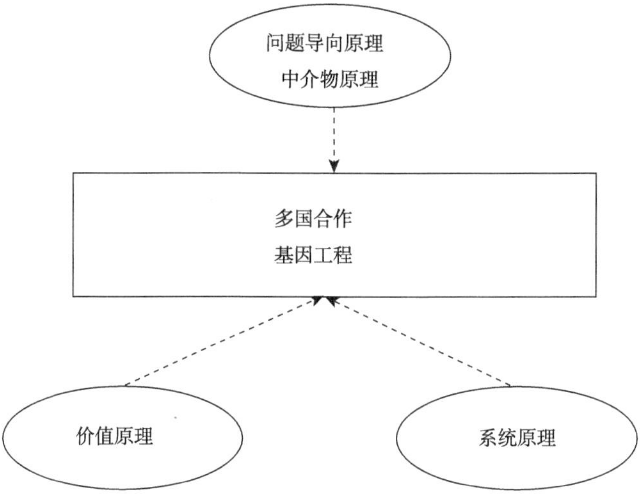

图 4-3-4　基因工程蕴含创新原理

3.4　重大技术发展：创新中突破与持续

基因技术的发展，根本源于人类对生命奥秘的探索，而具体是从一个假设开始的，它缘于对客观现象的解释，经过一个多世纪的探索，这一假设“因子”的客观性不但得到了实验的证实，它的结构及在生命体中的作用也日益清楚。在这一历程中，基因技术取得的成就属于众多科学家而非单个个体，这充分体现了人类创新研究的集体思维。基因技术蕴含创新原理如图 4-3-5 所示。

20 世纪，基因技术的发展打开了人类了解生命并解析生命的窗口。诺贝尔奖极其关注这一领域的探索，100 年中对其共颁奖 18 次，足以证明其发展的创新性。而生命探索作为人类共同课题，基因技术研究由个人行为到实验室工作、国家工程再到国际合作，充分体现了创新活动的发展规律。

21 世纪，基因技术这一突破性技术创新广泛应用于农牧业、食品产业、医疗保健、环境保护等领域。在应用推广中，我们仍需要不断创新。依靠先进创新思维的培养、科学创新原理的掌握与匹配创新方法的运用，加快推进基因技术产业化进程，促成其成果全面造福人类。

如果，以基因技术为镜，我们不难发现重大技术发展的一条规律：重大创新实现技术突破，持续创新完成技术应用。而在这些创新中，无一不需要群体的智慧、众力的合作以及方法的指导。

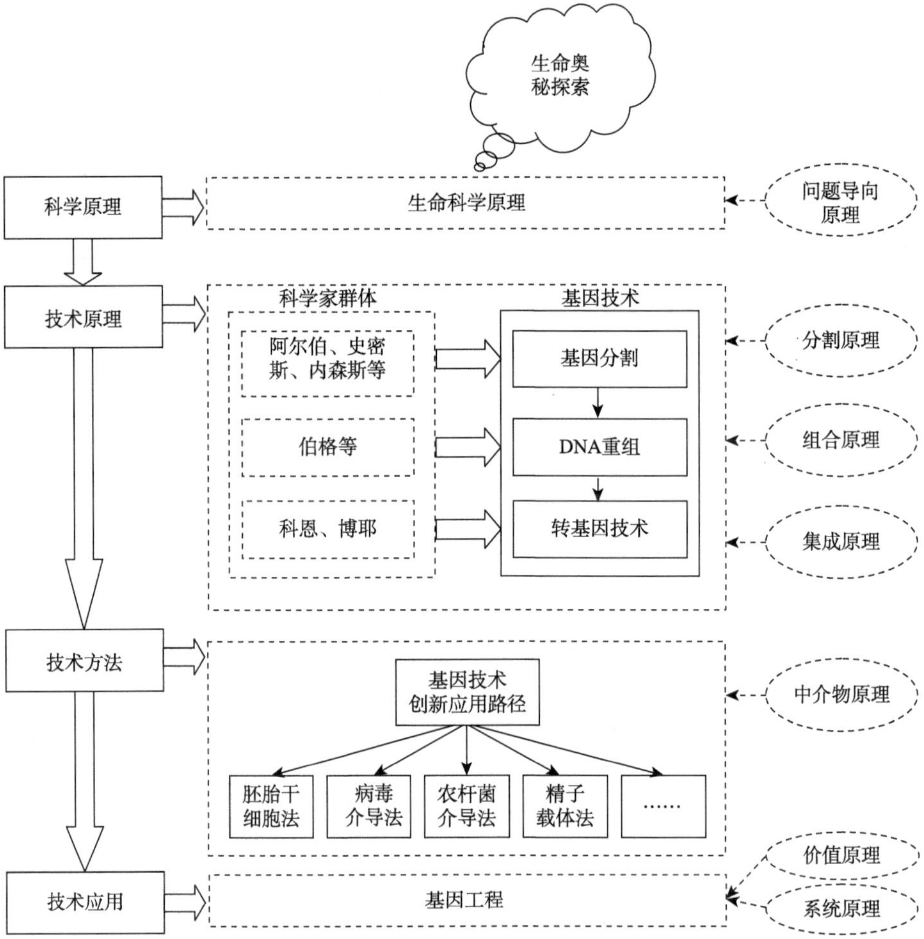

图 4-3-5　基因技术蕴含的创新原理

参 考 文 献

白文林. 2014. 动物分子育种的研究与实践. 沈阳：辽宁科学技术出版社：204.

宫立江. 2015. 人类意识之源. 北京：中国广播影视出版社：47.

刘钢. 2014. 基因发现简史. 求知导刊，（1）：152-153.

刘训涛，曹贺，陈国晶. 2011. TRIZ 理论及应用. 北京：北京大学出版社：92.

赵倩，姜鸿明，丁晓义，等. 2000. 植物基因工程发展现状与展望. 青岛农业大学学报（自然科学版），17（4）：281-286.

第4章　从模仿到自主创新的跨越式发展——中国高铁技术

是谁缩短了漫漫回家路，是谁让天空不再朦胧于浓烟滚滚，是谁让刺耳的鸣笛化成风的悦音？

是你让回家的路不再遥遥无期，是你让我们的视线不再被烟雾遮挡，也是你让震耳欲聋的声频变为飘浮的和音。

你，是谁？你，就是推动中国高速铁路发展的高铁技术！

很多人认为，中国的高铁技术开始于2004年的技术引进，却不知1999年到2003年修建的秦沈客运专线才是中国自主探索高铁技术的开始。由于自主研发的技术不稳定，不能满足市场运输需求，离商业化运营有很大的差距，最终被叫停。但是，这却奠定了中国高铁技术的基础，储备了高铁技术人才，让我们拥有了相对完整的装备制造体系。

4.1　回溯我国关于发展高铁技术的重大决策

岁月流转，在历史的长河中，铁路的发展取得过骄人的成绩。但是，铁路脆弱的载运能力与市场庞大的需求矛盾突出，“一票难求”的现象长期存在，货物运输时间的不确定影响着生产生活。而同时期，对比国内其他运输基建，公路建设突飞猛进，航空运输旅客数量持续增长，都与铁路的发展存在着鲜明的差距。对比国外，欧洲国家、日本等地的高速铁路发展已然成熟。因此，要满足国内市场庞大的需求，要促进国民经济的发展，要缩小与发达国家间的差距乃至赶超，就容不得铁路落后，而发展高速铁路成为国家发展战略的必然选择。

伴随着时光的步伐，我们迈进了2004年，而这一年也是中国铁路转折而不平凡的一年。1月份，《中长期铁路网规划》（2005年~2020年）出台，欲构筑中国大地 1.2 万千米的铁轨脊梁，这决定了高铁技术将成为未来发展铁路的核心技术。

自主研发？技术引进？关于高铁技术的获得方式早已争辩不休。“中华之星”的实例在一定程度上已经证明依靠自力更生很难在短时间内掌握具有自主知识产权的关键技术，这就延长了列车正式投入运营的时间，不仅加大了投资风险，而且实现不了技术上的赶超。庞大的运输需求给不了自主研发太多的时间消耗，中国国民经济的发展也无法承受自主研发的时间代价。与此同时，随着综合国力的提升，我国已经具备了技术引进的技术基础与资金支持。所以，采取引进技术实现再创新的方式，不仅可以在相对短的时间内获得高铁的核心技术，还能够缓解运输压力，推动产业发展，进而促进社会经济的进步。

于是，2004 年 4 月，国务院在关于研究铁路机车车辆装备问题的专题会议上提出了“引进先进技术、联合设计生产、打造中国品牌”的要求，18 个字的箴言为高铁技术的发展确定了方向。

在短时间内获得高铁的核心技术，满足庞大市场运输需求，进而推进国民经济发展是铁路发展的战略目标，为了实现这一目标而做出以引进先进技术再创新的方式发展高速铁路的重大决议，这恰恰是基于目标原理做出的创新决策。

如果走完全封闭、依靠自力更生获取自主知识产权关键技术这条路，产品的技术稳定性得不到保障，产业化的风险和代价都很大。而采用引进再创新的方式获得高铁技术所付出的风险代价要相对较小。高铁技术的创新决策原理如图 4-4-1 所示。

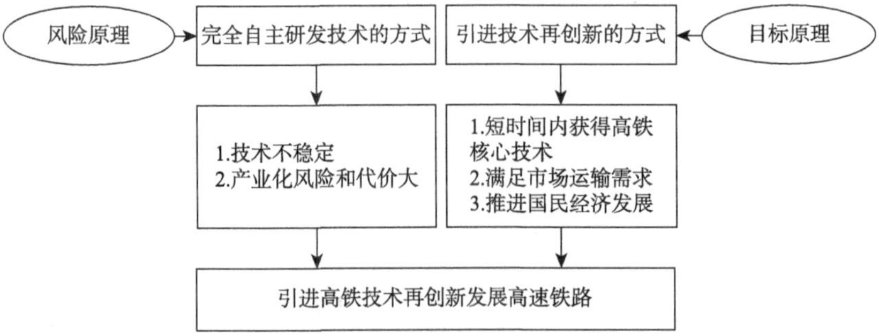

图 4-4-1　高铁技术的创新决策原理

4.2　模仿创新，降低时间成本获得更高价值

确定了发展高速铁路，确定了以引进先进高铁技术的方式发展中国自己的高

速铁路后，青岛四方股份有限公司与加拿大的庞巴迪公司联合生产，形成了CRH1系列动车；与日本的川崎重工业株式会社合作，产生了CRH2系列动车。紧接着，唐山轨道客车有限公司引进德国西门子公司的技术，诞生了CRH3系列。而长春轨道客车股份有限公司则应用法国阿尔斯通公司的技术，让CRH5系列动车驶于铁轨。三年的筑梦历练，只为今朝的惊世绝俗。2007年4月，“和谐号（CRH1~CRH5系列动车组）”奔跑在世人面前，200千米/时刷新了中国铁路的运输时速，如图4-4-2所示。

图4-4-2　CRH1/2/3/5系列动车车型

CRH1到CRH5，“和谐号”从生产到运营，我们掌握了“动车组总成、车体、转向架、牵引变流、牵引变压、牵引控制、列车网络、制动系统以及牵引电机”9项关键技术以及10项辅助技术（空调系统、集便装置、车门、车窗、风挡、钩缓装置、受流装置、辅助供电系统、车内装饰材料、座椅）。

如果没有采用模仿创新的方式，而是选择完全自主研发的路径，在我国还尚未完全掌握成熟高铁技术的情况下，不仅会延长高速铁路正式投入运营的时间，还会因技术研发而消耗大量的人力、物力、财力，无疑增加了我国获取关键高铁技术的成本。而采取引进消化吸收获得核心技术的方式，对于迅速做大市场，有着非常明显的效果。株洲电力机车厂产值的增幅就是一个有力的证明，2005年其产值还是20亿元，到2010年则上升至180亿元，说明通过模仿获得核心高铁技术，可以让我们在短时间内获得更大的价值。模仿，让我们用短短的3年，掌握了世界高速铁路发展40年所取得的卓越技术，缩短与世界技术先进国家的差距；模仿，让我们降低了时间成本，从而获得了更大的效益，同时，也为中国高铁技术走向自主创新架起桥梁。高铁的模仿创新过程及效果如图4-4-3所示。

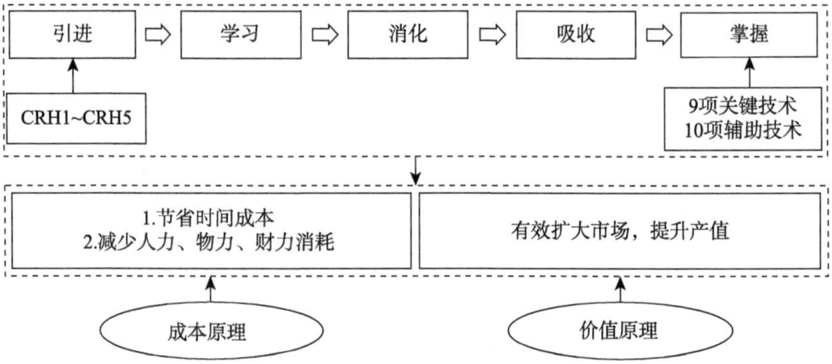

图 4-4-3　高铁技术模仿创新过程及效果

4.3　自主创新打造中国高铁技术脊梁

中国高铁技术从模仿开始，但其目标是具有自主产权，实现自主创新！于是，在京津城际客运上，我们看到了中国自己的高铁技术影子。这也是中国真正意义上的首条自主创新的高速铁路，无砟轨道是模仿学习后自主创新的最好的答卷。因为，无论是日本的新干线，还是德国的科隆线、法国的法兰克福线，都是部分线路无砟，而京津城际客运却是全程无砟。

2008 年 8 月，京津城际客运正式运营，350 千米/时的运行时速由梦想变为现实。如果一年前的“和谐号”告诉世人的是“引进、模仿”，那么京津城际客运无疑诠释出“模仿实现自主创新”。在这条铁路线上，我们感受到无砟轨道技术的创新，看到了无砟轨道被大面积地铺建应用，这无疑向世界宣告：中国在拥有自己的高铁技术上更进一步。

自主创新有了第一步，就会有接下来的第二步、第三步。而真正让中国自主创新的高铁技术闪耀世界的是京沪高铁的集成。京沪高铁，相对于最初所引进的技术，它的车头更具有流线的美感；它的转向架更具减震效果；它的网络控制系统可以更准确地掌握火车运行时速及车体间的距离间隔，从而可以更有效地指挥火车运行。

2010 年，在国人为中国高铁技术的迅速成长感到自豪，全球因中国高铁技术的极速发展感到震惊之际，380 千米/时的京沪高铁正式投入运营。380 千米/时，这是在 2010 年，全球铁路运输的最高平均时速，它让中国的高铁技术进入世界领先行列。

中国高铁技术从无到有，从“和谐号”动车组，到京津城际客运，再到京沪高铁，这是三步跨越式的发展，这体现着赶超世界一流的雄心壮志。中国高铁技术从 200 千米/时到 380 千米/时的运输时速的进步发展，书写出一段由模仿到自主创新的历史。

那么这些技术又是如何实现创新的呢？

4.3.1　流线车头铸造记：曲面原理弱阻力，复合材料升强度

动车速度的提升，离不开车头的冲风破浪。所以，动车车头提速冲锋时，需要削弱空气阻力对其的影响。然而，速度与阻力本身就是一对技术矛盾。我们知道，运动物体的速度越快，其所受的空气阻力就越大。为解决这一技术矛盾，设计师们改进了最初引进的动车车头模型，设计出更加细长的流线型动车车头，从而使空气阻力降低了 12%。车头变得更加圆滑，克服了速度与阻力矛盾所带来的技术难题，正是运用曲面化原理所实现的创新。

瞧，图 4-4-4 所示的这些细长的流线型车头就像是一颗颗破膛而出的子弹，冲破了无形的阻力屏障。

图 4-4-4　新型动车车头

车头形状的创新，仅仅解决了空气阻力问题，而制造车头的材料“高强度，低重量”的要求还没有满足。动车高时速运行，会产生高空气压力，这就要求车头足够坚硬。而材料越坚硬，其质量也相对较重，这就使得动车的运行速度大打折扣。高强度低重量的制造材料不禁让制造师们寤寐求之。

车头的制造材料要求“高强度，低重量”，而两者恰恰是一对技术矛盾。为解决这对矛盾，制造师们根据复合材料的创新科学原理，找到了加固的铝合金板来制作动车车头，解决技术上的矛盾，保证了动车在高时速下可以承受高压力。

高速动车车头的流线设计和复合材料的使用，解决了技术矛盾带来的难题，实现了我们所追求的运行时速，两组矛盾的解决，让我们感受到矛盾转化原理是如何帮助我们实现创新的，如图 4-4-5 所示。最终，我国在动车车头技术上的优化创新，推动了中国高铁技术的进一步发展。

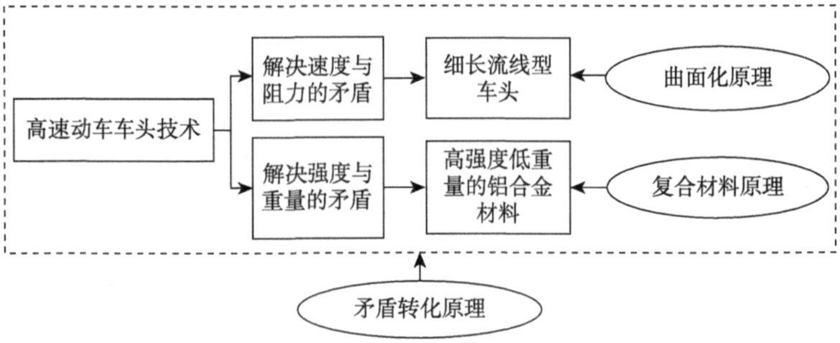

图 4-4-5　高速动车车头技术创新的创新原理

4.3.2　铁轨去砟记：嵌套原理构筑高速动车的坚固脊梁

动车在高速运行的情况下，产生的空气动力效应致使铁轨周围的道砟颗粒粉化、飞溅，这不仅影响铁轨的使用寿命与后期维护，还为高速动车的运行安全埋下隐患。无砟混凝土轨道板替代传统有砟轨道的需求呼之欲出。但是，单纯的混凝土板都无法承受普通快速列车在运行时所产生的压力，更何况是运行时速更快的动车呢。

为应对动车高时速时所产生的巨大压力，设计师在普通的混凝土板内嵌入钢条网以增强整体支撑能力。

首先，用钢条做出“井”字网。然后，将两张“井”字网置于模具中并用混凝土覆盖。在两张钢网之间，夹有一排排负有 500 吨拉力拉直的钢缆，待混凝土凝结固化后，这些拉紧的钢缆支撑起整个混凝土。而如此坚固的混凝土板，将成就最坚固的无砟轨道。

将具有支撑强度的钢条嵌套在混凝土中，增强混凝土板整体的抗压能力，恰恰是嵌套原理的体现；与此同时，钢条和混凝土的集成使用造就了坚固的轨道板，亦是集成原理成就了无砟轨道技术方面的自主创新，如图 4-4-6 所示。

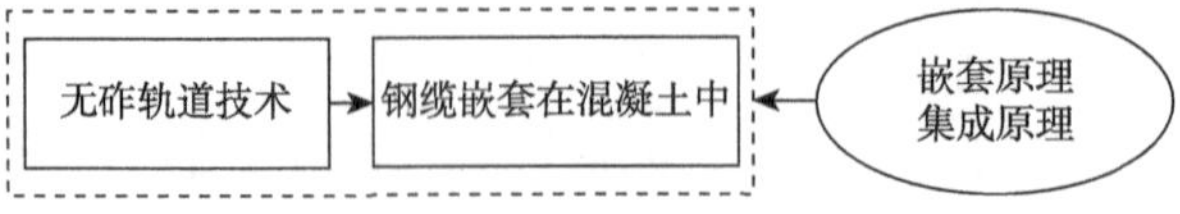

图 4-4-6　无砟轨道技术的创新原理

4.3.3　控制系统诞生记：多孔记录运行时速，系统控制车体运行

伴随着动车运行时速逐步提高，动车司机对信号灯的辨识能力也变得越来越弱，当动车时速到达 380 千米/时，司机无法看到信号灯。从长远角度来看，传统的信号灯指挥体系将不适应我国高速铁路网络的发展需求。

为解决这一问题，首先，一个内有 200 个孔的金属盘速度传感器被安置于动车车轮之上，它随着车轮的转动而转动。当光线通过一个小孔，从金属盘的一侧照射到另一侧时，速度感应器就会记录一次闪光。动车速度越快，闪光速率越高。

安装多孔材料的速度传感器，正是多孔材料创新科学原理的应用。它可以让我们准确地把握动车运行时速，为控制系统有效指挥多列动车运行提供保障。

另外，动车的底部装有类似于磁卡的盒子，它会收集动车的运行速度、所在位置等相关数据，然后传输给中央控制电脑。中央控制电脑系统指挥每列动车运行。现在，动车司机可以看着车上的信息来驾驶列车，他既可以看到前方目标点的距离，又可以看到自己所在的位置，还可以看到允许行驶的速度指令是多少。

从记录每列动车的相关运行数据，到中央控制电脑收集到数据后进行统一控制指挥，最后，再将这些信号传输到各司机所在动车应答器上，构成了一个完整的综合系统。整个动车控制系统，正是应用系统综合原理所实现的创新，其过程如图 4-4-7 所示。

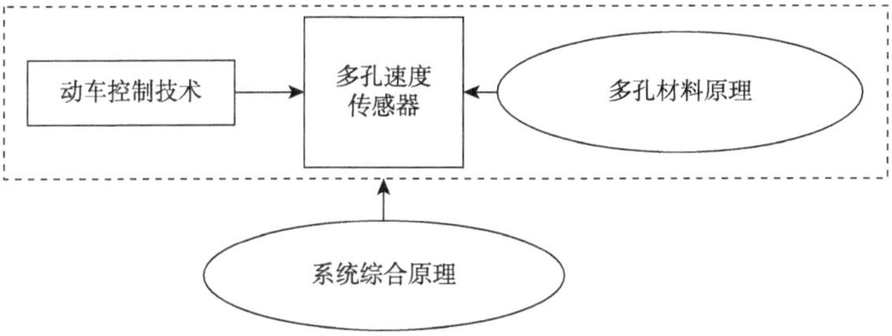

图 4-4-7　动车控制技术创新的创新原理

4.3.4　转向架优化记：参数改变原理为动车的稳定性保驾护航

转向架的优化创新，保证了动车不会因其高速运行而发生剧烈的左右晃动。

鉴于动车转弯的需要，动车的车轮表面不是水平而是有斜度的，斜度让动车转弯运行时变得灵活，但却造成车体左右的晃动。随着动车行驶速度的加快，其左右晃动的幅度也会变得越来越厉害。因而，设计师们在转向架上安装了抗蛇形

减震器，加强了二系悬挂空气弹簧柔度，有效限制了车体过大的横向移动，最终实现车体平稳运行的效果。

抗蛇形减震器应用于转向架，加强二系悬挂空气弹簧柔度，都是在改变转向架的参数设置，是参数改变原理应用所实现的创新。转向架的优化，有效缓冲并调节车体位移，让动车运行稳定舒适，其创新过程如图 4-4-8 所示。

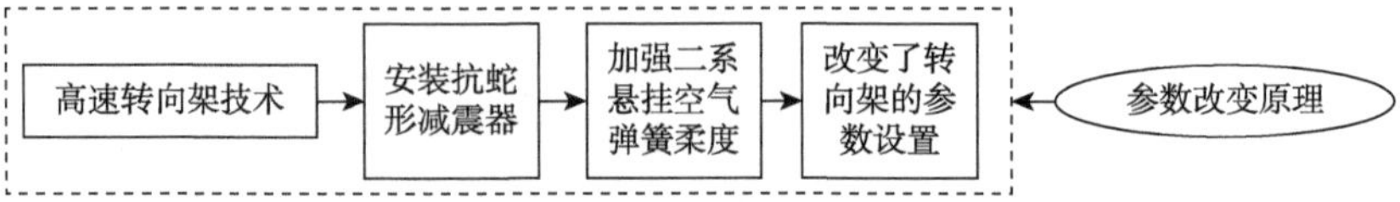

图 4-4-8　转向架技术优化的创新原理

4.4　集成创新，跨越发展赢得未来

中国高铁技术的创新，是多技术的集成创新。如果没有高速动车车头技术的创新，没有无砟轨道的应用，没有高速转向架技术的优化，没有动车控制技术准确的指挥，就不会有今日位于世界领先行列的中国高铁技术，其整个创新过程我们用一张图进行了总结，如图 4-4-9 所示。

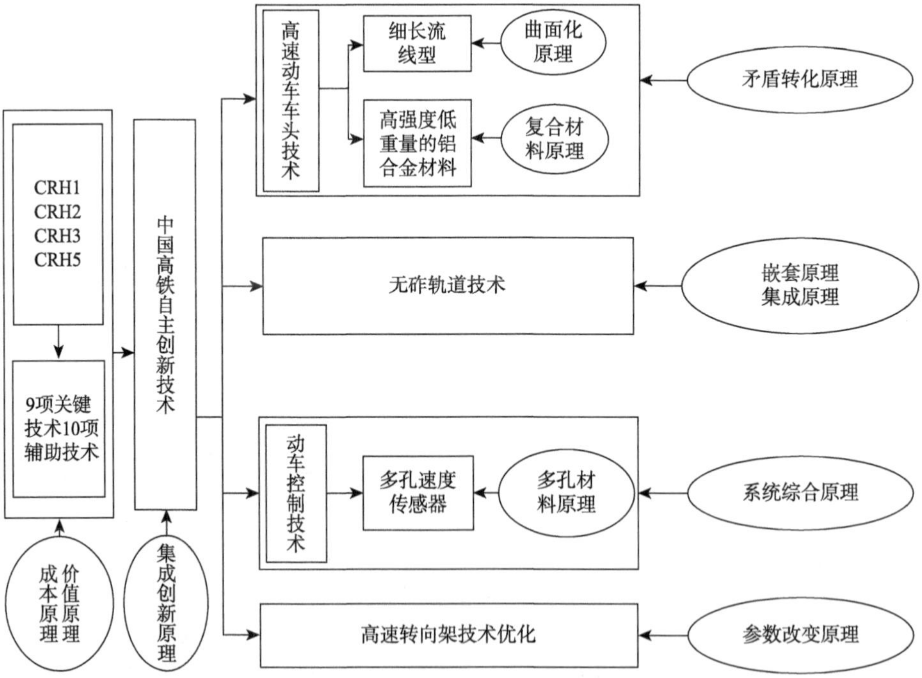

图 4-4-9　中国高铁技术创新科学原理

“熔铁为路，以速其行”。高铁技术的引进、吸收、再创新，让我们用短短5年的时间，收获并超越了世界高铁40年发展所取得的成果。让曾经的天涯海角，压缩成华夏神州的一日生活圈。2020年的1.8万千米高速铁路梦离我们越来越近，到那时，我们将看到条条钢铁巨龙盘卧在中国大地，那些因地域问题而被隔绝的经济和文化将沿着条条铁轨沟通绵延。而中国高铁技术的集成创新，也将中国推进全球高铁技术领先行列，使得世界的目光聚焦在中国，开启了中国高铁技术“走出去”之门。中印尼合资公司的组建，让中国高铁“走出去”取得历史性突破；习近平总书记的访英之旅，亦基本手握“高铁”项目订单，而这也将进一步带动我国国民经济的发展与繁荣。

参考文献

何华武. 2007. 创新的中国高速铁路技术（下）. 中国工程科学，（10）：4-18.

李政，任妍. 2015. 中国高铁产业赶超型自主创新模式与成功因素. 社会科学辑刊，（2）：85-91.

严冰，张庆园. 2011-01-01. 中国高铁：带着世界飞. 人民日报海外版，008.

张丽华，李娟. 2011-03-17. 沉寂的“中华之星”：中国高铁创新路径之辨. 第一财经日报，A08.

赵建军，郝栋，吴保来，等. 2012. 中国高速铁路的创新机制及启示. 工程研究：跨学科视野中的工程，（1）：57-69.

第 5 章　模仿的艺术——机器人技术

2011 年 3 月，日本福岛第一核电站受强震的影响，放射性物质发生泄漏。为减少伤亡，探查核电站内部情况，东京电力公司利用机器人进入福岛第一核电站的机组内检测放射线剂量、温度和氧气浓度等数据，以决定救援人员、工作人员是否可以进入，机器人成为福岛核电站事故处理的另一只眼睛。

2011 年 12 月 9 日至 2012 年 2 月 5 日，中国自主研发的长航程极地漫游机器人顺利通过“身体素质”测验，并首次在内陆冰盖地区完成 30 千米的自主行走，为大范围的极地考察提供了保障。机器人的使用，减少了科考人员在极地的风险。

很多人都看过日本动漫《哆啦 A 梦》，在机器猫“哆啦 A 梦”的口袋里有任何你想要的东西，任意门、时光机、竹蜻蜓、记忆面包……不仅如此，它还懂得人类的感情，会思考、会说话、会照顾人、会体贴人、会流眼泪……如今，各种服务型机器人已开始出现在人们的生活中，机器人正朝着更加智能化迈进。

5.1　人类的助手——机器人

关于“机器人”的设想，早在文艺复兴时期就出现过，不过那时的“机器人”更像是一种机械装置。20 世纪 40 年代之前，机器人只出现在电视屏幕中，现实中很难看到。直到诺伯特·维纳（Norbert Wiener，1894—1964）建立了一门新的科学——控制论，机器人才得到快速发展。现代机器人的研究始于 20 世纪 50 年代。第二次世界大战以后，一方面世界格局形成两极分化的局面，美国和苏联为争夺太空领域的主导权纷纷开展高科技的研究。另一方面，战后许多国家需要重建，但是许多工作危险性很高，不适合人工去完成，同时企业也希望降低劳动力成本。在这些现实问题的引导下，国家和企业开始研究机器人技术。20 世纪 60 年代美国的工程师发明了通用机械手，这种机械手被广泛应用于工业当中。此后，应用于太空探索的机器人得到快速发展，如“漫游者”号等。进入21世纪，随着计算机技术的发展成熟，更加智能化的服务型机器人被发明出来，成为人类生活不可缺少的一部分。

机器人发展至今，大体经历了3个阶段。第一阶段：示教再现型机器人。这类机器人没有安装任何传感器，对外界环境没有感知能力。它的行动路径、运动参数等需要操作人员示教或通过编程设定，机器人重复再现示教的内容。第二阶段：感觉型机器人。这种机器人配备了简单的内、外部传感器，不仅能感知自身运行的速度、位置和位姿等，还能把感知的信息构成一个闭环系统，具有简单的自动调节功能。第三阶段：智能型机器人。此类机器人配备复杂的感觉系统，不仅能感知自身内部的各项参数（关节的运行速度、加速度等），而且能通过外部传感器对外界复杂的环境进行感知、提取、分析、处理，最终做出适当的决策，完成程序设定的任务。

国际标准化组织（International Organization for Standardization，ISO）对机器人的定义是：“机器人是一种自动的、位置可控的、具有编程能力的多功能机械手，这种机械手具有几个轴，能够借助于可编程序操作来处理各种材料、零件、工具和专用装置，以执行种种任务。”机器人主要由机器人机构、控制器、驱动器、传感器、执行器组成。

不管是在电影里还是在现实中的机器人，要想让它们按照我们的意志去完成任务，都少不了一些关键技术。那么在机器人研发的过程中，这些关键的技术又是如何突破的呢?

5.2　仿生运动机制的动力学模型探讨

从小我们就开始学习如何走路、说话、思考。当行走在大街上被障碍物挡住去路时，我们自然会寻找其他的路。过马路的时候，我们会注意来往的车辆。说话的时候，我们知道张开嘴。吃饭的时候，我们知道拿起餐具。所有这些看似简单的动作，一旦让机器人去完成，却需要非常复杂的实现过程。

实现机器人仿生的功能，需要采用严密的系统方法来分析机器人的动力学特性，并且建立动力学的模型和控制方法，这些决定了机器人对处理事物的动态响应（如机器人在碰到障碍物向左转还是向右转，走路时是先迈左脚还是右脚等）。机器人专家们在建立模型时，对于同一对象的同一运动形态通常不会只使用一种方法，而是采用多种不同的方法，如牛顿—欧拉方法、凯恩方法、拉格朗日方法、旋量方法、高斯最小拘束原理等。在所有这些方法中，最受专家们青睐的莫过于拉格朗日方法，它是以标量力学为主要特征，通过引入动力学函数建立系统的动力学方程。与其他方法相比，采用这种方法，方程中使用的未知变量的数目可以减少到最低程度，因此不必解除约束。那么利用理想约束力做功为零的原理，所建立的动力学方程不含理想约束反力，可以减少建模过程中出现的问题。

5.3 机器人大脑—— 运动控制技术

当建立动力学模型的工作完成之后，就需要对机器人的运动进行进一步的控制。在现实世界，机器人在行进过程中，如何控制身体的各个部位处在恰当的位置格外重要。要让它们按照人的想法行动，就需要为机器人设计一个计算机控制系统。通过这个系统为机器人设定一些参数，机器人便能完成基本的任务。更高级的机器人运用人工智能的方法，根据庞大的计算机信息数据库，便可以实现自动控制。机器人控制的方式包括点位式、轨迹式、力矩控制方式、智能控制方式。

计算机技术本身是一项应用非常广泛的技术，当它与机器人技术结合在一起，便产生了更加智能化的机器人。在技术创新中，善于利用组合原理，往往能产生 1+1>2 的效果，是发明创造过程中不可缺少的思路。

5.4 机器人模型技术——虚拟样机技术

在计算机技术没有普及之前，研究人员要想开发一种新产品，需要经过 4 个阶段，即产品设计、性能试验、样机制造和产品生产。随着计算机技术的发展和普及，传统产品开发显得越来越不符合时局，诸如开发周期长、消耗大、成本高等，这极大影响了现代制造业的发展。为改变这种局面，在产品开发领域出现了一种新的技术——虚拟样机技术，它的结构如图 4-5-1 所示。

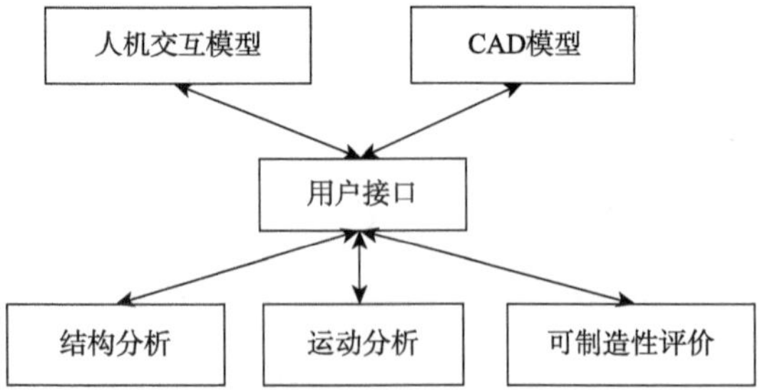

图 4-5-1　虚拟样机技术结构

虚拟样机技术是一种基于智能设计技术、并行工程、仿真工程及网络技术的先进制造技术，它以计算机仿真和建模技术为支持，利用虚拟产品模型，在产品实际加工之前对产品的性能、行为、功能和产品的可制造性进行预测，从而对设计方案进行评估和优化，以达到产品生产的最优目标。

将机器人技术同虚拟样机技术结合之后，一方面许多新类型机器人可以通过三维仿真软件展示出来，可以快速确定可行的机器人设计方案。另一方面虚拟样机技术的采用降低了机器人设计初期的成本。此外，通过仿真不仅可以预测机器人在实际环境中的性能，而且还能在仿真过程中嵌入其他的有关信息（如在模型中加入制造信息）。如果仿真得到的机器人模型不具备某些需要的功能，便可以对设计方案进行重新评估与改进。机器人虚拟样机技术的使用极大地提高了机器人的设计效率、缩短了机器人开发周期，并且伴随着机器人开发周期的不断发展和完善，使一次性开发成功成为现实。

机器人虚拟样机技术集多种技术于一体，包含智能设计技术、并行工程、仿真工程和网络技术等，其中计算机技术是最重要的技术。这体现了在机器人制造过程中集成原理的运用。在机器人仿真过程中，可根据需要随时在模型中加入有关信息，这也反映了嵌套原理在机器人制造中的应用。

5.5　机器人感应器官——传感器技术

自然界的许多生物自诞生以来，就有发达的感觉器官，所以总能适应各种复杂多变的环境。如何使机器人也具有感知环境的能力成为机器人专家亟待解决的问题。

20 世纪 70 年代，机器人传感器技术开始发展起来，主要包括机器人视觉、力觉、触觉、接近觉、距离、速度、加速度、姿态、位置等传感器。传感器可分为内部传感器和外部传感器。内部传感器用于检测机器人系统自身的参数，如位置、速度、加速度等；外部传感器用于识别外部环境、工作情况和目标的信息。有了这些传感器，机器人也能像人类一样感知外界环境。机器人传感器的应用，为更高级的智能行为提供了基础。

传感器信息融合技术是 20 世纪 80 年代发展起来的一门技术。传感器信息融合包含传感器对环境信息采集模块、信息加工处理模块、结果输出模块 3 个模块，如图 4-5-2 所示。传感器采集的信息经过模/数转换、数据检验、信息分类等环节到达融合中心进行融合，进而得出对环境的描述。传感器信息加工处理模块根据目标任务对数据采集、转换、处理和融合的过程进行统筹协调。机器人传感器融合的方法包括加权平均法、卡尔曼滤波、Bayes（贝叶斯）推理、Dempster-Shafer（邓普斯特-谢弗）证据推理、模糊逻辑、神经网络等算法。通过这些方法，机器人能够根据环境的描述，做出合适的判断，自动调节自身状态。每一种融合方法，都有其各自的优缺点，所以在选择它们时，往往会综合分析运用多种方法，取长补短，以提高机器人系统的自学能力和导航的精确度。

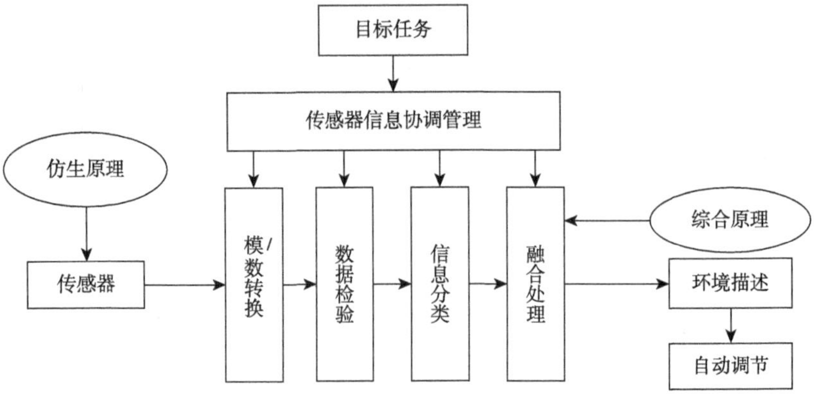

图 4-5-2　传感器信息融合结构

5.6　机器人技术的启示

机器人技术的不断完善是人们不懈探索、勇敢尝试的过程，本章总结的创新过程可以用图 4-5-3 来表示。随着机器人技术的发展与日趋成熟，各种各样的机器人出现在人们的视野中。在工业生产中，弧焊机器人、电焊机器人、分配机器人、装配机器人、喷漆机器人及搬运机器人等得到广泛应用。在军事领域，机器人主要用于战地侦查、目标跟踪、排雷救险、突袭爆破。在科考领域，使用复杂材料设计的机器人代替人类进入深海和太空。在服务行业，家庭机器人更加智能化，如日本发明的医护机器人，能够为老人提供很大的帮助。未来，机器人技术将获得更为突破性的发展，或许像哆啦A梦那样的机器人终有一天将出现在人类的生活中。

技术是文化的一部分，新的技术就像黑夜中的火把，点燃了人们内心的希望，谱写了人类历史的辉煌篇章。自人类诞生以来，经历了许多技术变革，每一项新技术的发明都蕴含了许多科学家的心血。毫不夸张地说，21 世纪，机器人技术将会取得更大的突破，造福人类社会。

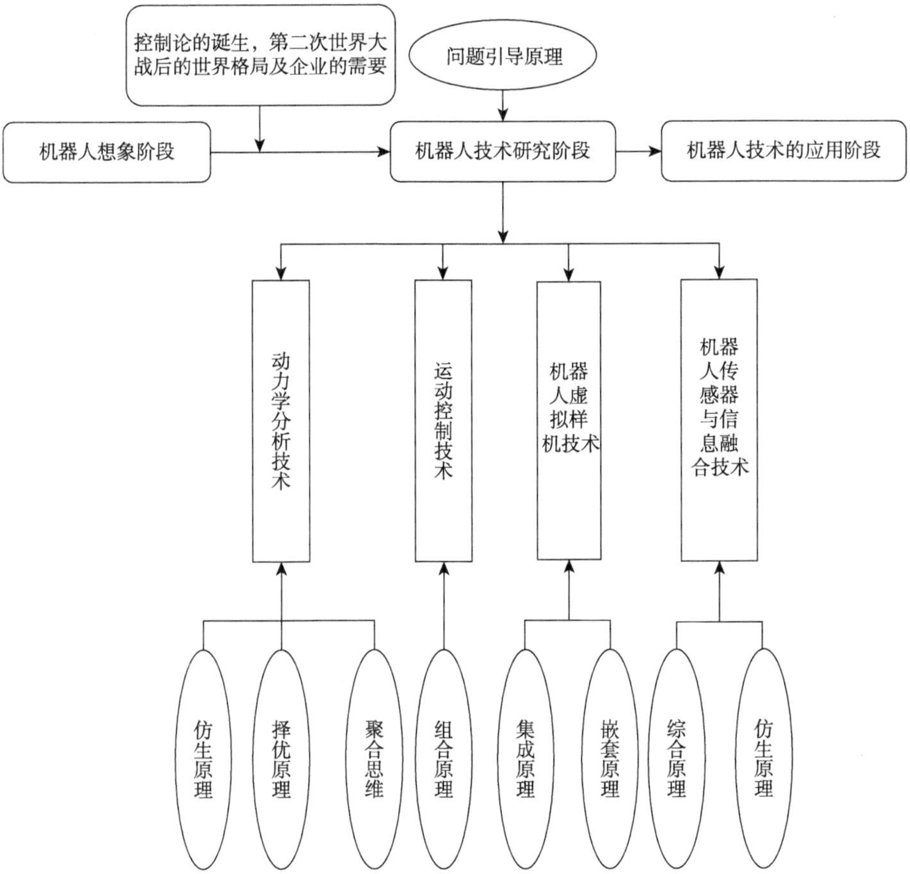

图 4-5-3 机器人技术体现的创新原理

参 考 文 献

陈恳. 2006. 机器人技术与应用. 北京：清华大学出版社：107.
赵小川. 2013. 机器人技术创意设计. 北京：北京航空航天大学出版社：14.

第6章　人类第一次工业革命的引发者——蒸汽机技术

蒸汽机是一种能量转换装置。它的出现触发了第一次工业革命，标志着全球进入“蒸汽时代”，并引发了机器的发明和使用热潮。直到 20 世纪初，蒸汽机仍然是世界上最重要的原动机（利用能源产生原动力的机械），如图 4-6-1 所示。后来才逐渐让位于内燃机和汽轮机等。

人类首次尝试利用蒸汽的力量能追溯到公元 1 世纪初，在我们得到成熟的蒸汽机技术之前，先辈们经历了无数的尝试和变革，从无到有，克服多种困难，积极创新，才使得该技术变得日益成熟。那么，它发展的各个阶段是怎样的呢？

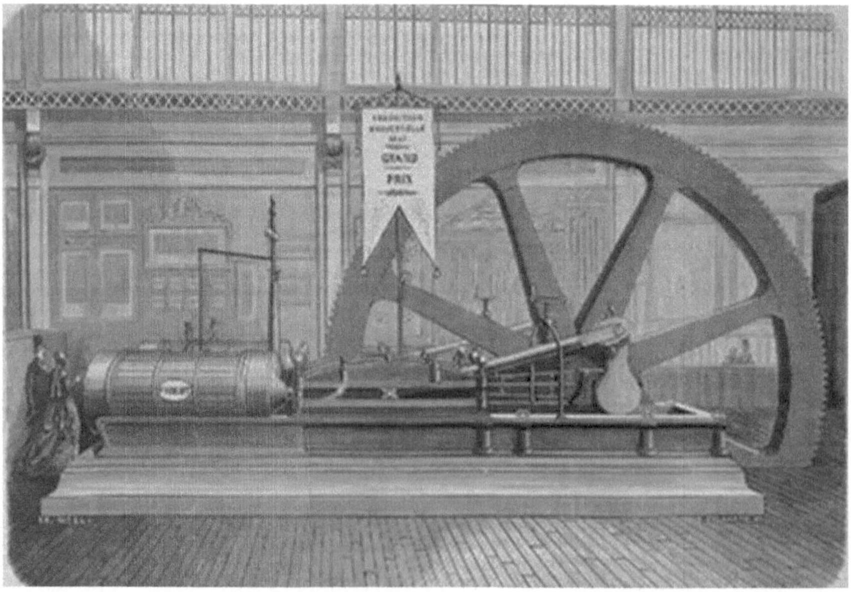

图 4-6-1　蒸汽机

6.1　神话传说激发的创造灵感

大约在公元 1 世纪时，马其顿开辟新城，带来了思想上的解放，科学被要求具有物质力量，时尚也鼓励科学与技术结盟，而这为各类科技的发展创新带来了极为有利的条件。在如此全新的环境下，古希腊有一位名叫希罗（Hero，约 10—70）的著名数学家，从古希腊神话故事的伊欧罗派尔（伊欧罗派尔，意思是伊欧罗斯的球。在希腊神话里，伊欧罗斯是风神，伊欧罗派尔是一个可以起风并且能控制风力和风向的球）中得到灵感，发明了最早借力蒸汽的装置——汽转球，这可以说是有文献记载以来的第一台蒸汽机。灵感从来都不是自发出现的，只有以刻苦的努力为前提，它才有可能来临，希罗的经历也是如此。他平时就喜欢动手，勤于思考，从幼年起就看了很多神话文学作品，充满了想象力。充足的知识积累和活跃的创新思维，使希罗联想到：能否以伊欧罗派尔为原型，利用空气的力量来推动物体的运动呢？这种想法是开创性的，因为此前从未有人勇于设想人力可以被替代。有了想法之后，经过不断尝试，希罗得到了汽转球的结构，如图 4-6-2 所示。希罗正是利用蒸汽比空气轻，能向上移动的特点，让蒸汽的运动路径与球体相连，从而使得装置被加热时，蒸汽能推动球体运动。尽管汽转球的结构极为简单，几乎不能提起任何重物，并且希罗只是以好玩的心态发明了这个玩具，也并未知晓其中的能量转换机制等科学原理，但它的运转却开启了人类蒸汽动力利用技术的先河。

图 4-6-2　汽转球

6.2　模仿坎锅工作过程，发明蒸汽动力提水装置

任何重大的科技研究，离不开其时代背景，只有顺应时代的需求，才会产生创新的火花。受到现实条件的各种制约，在希罗发明汽转球后的 1 500 多年里，人们运用蒸汽的技术一直没有大的提升，直到 17 世纪下半叶的工业革命时期，这种局面才有实质性的变化。此时，数学、物理、化学等科学学科飞速发展，人类对自然的认识和改造能力得到长足发展，法国物理学家丹尼斯·帕平（Denis Papin，1647—1712）的蒸汽装置就是在这种背景下问世的。经过不懈努力，他于 1679 年成功设计和制造了世界上第一台坎锅（现代高压锅的前身），而这个伟大的发明，成为他后来全面开发蒸汽功能的关键。帕平的成功看似偶然，却也蕴含着必然。

当坎锅问世后，有一次帕平特别注意到：在坎锅工作时，锅内蒸汽在高温高压的作用下，会慢慢外逃，而锅盖上起保护作用的松动安全阀就会被热蒸汽推动。他不禁思考，能否依照这个逻辑，来模仿坎锅的工作过程，从而达到利用蒸汽提水的目的？这里，移植原理开始发挥作用。他很快动手研究，并认识到最大的阻碍在于坎锅的安全阀很不稳定，由蒸汽带动的运动无法产生足够平稳的拉力。经过大量的实验和多次失败，帕平终于在 1690 年左右得到了最理想的模型：在一个圆筒中巧妙地放入一个活塞，此活塞功能就类似于坎锅的安全阀，运用此装置，帕平第一次成功使用蒸汽进行提水。

6.3　以节省人力成本为导向，“纽科门机器”应运而生

诚然，帕平让蒸汽发挥作用是极其了不起的，但他的蒸汽装置过于简易，效率很低，只能将水提高数米，自然无法满足实际的需求。但是这却吸引了很多人加入提高蒸汽机效率的研究队伍中来，英国人托马斯·塞维利（Thomas Savery，1650—1715）就是其中一员。塞维利将圆筒的锅炉功能和汽缸功能分开，发明了无活塞式蒸汽抽水机，又名“矿工之友”。“矿工之友”能使蒸汽将水提得更高，整个装置的结构也更复杂、精密，但仍然存在力量不够大，危险性较高等弊端。因而它依然无法真正大规模用于人类的生活和生产中。直到 10 多

年后，英国人托马斯·纽科门（Thomas Newcomen，1663—1729）在“矿工之友”的基础上发明了“纽科门机器”，才使得人们利用蒸汽提供动力进入真正的实用阶段。

当时，科尼什锡矿里的积水问题一直比较严重，而用畜力排水成本太高，很不划算。纽科门主要以这个问题为导向，和一位好朋友研制出了便于排水的蒸汽机。他俩从已有的成果出发，充分吸收先行者的智慧，既保留“矿工之友”锅炉和汽缸分开的优点，又运用帕平发明的圆筒中活塞的功能。类似的处理方式在创新活动中是很常见的，毕竟，个人的力量通常是有限的，继承先辈的成就，创造出自己的东西，提高资源的利用率，实为智慧的做法。经纽科门两人的改造，蒸汽装置不再需要有人专门启闭开关，节省了大量的人力。这种“纽科门机器”的出现，让蒸汽的力量进入真正的实用阶段，并为后来詹姆斯·瓦特（James Watt，1736—1819）改良旧式蒸汽机奠定了十分重要的基础。不得不说，这是人类利用自然力量技术上的一大飞跃，同时也说明，只有抓住事物的根本矛盾，将精力花在正确的方向，才能有事半功倍的效果。

6.4　直面能量耗费难题，为“纽科门机器”安装冷凝器

“纽科门机器”由于其实用性而被英国社会广泛使用，但它固有的缺点也给生产带来了某种程度的不便。18 世纪 60 年代，詹姆斯·瓦特在修理“纽科门机器”装置的时候发现：和提水的效率相比，该装置所消耗煤的数量太大，明显不划算，机器的热效能太低。为什么会有如此惊人的耗费呢？这成了瓦特心里最大的疑问。通过不断实验并多次请教同行专家后，瓦特确认最大的耗费就在汽缸上。为了使汽缸里的蒸汽发挥作用，气缸要先变冷，再被加热，浪费的热量太多。如此，问题的根本就找到了。为克服这一难题，瓦特反复地思考、不断实验，但一直没找到理想的解决方案。某天在实验室用炉子烧水时，他注意到：水烧开时，茶壶盖会不断跳动。瓦特从中得到灵感：茶水想要凉，可将其倒在杯里。蒸汽想要冷，何不把它从汽缸里也“倒”出来呢？当然，没有之前的大量研究，瓦特也无法联想到这一点。自然而然地，解决问题的方向变得逐渐明确。他很快设计出一种和汽缸分开的冷凝器，使两者有机地组合在一起。经改造后的新机器，即“单动作蒸汽机”，让蒸汽直接通到冷凝器中冷凝，汽缸不必用冷水去淋。终于，蒸汽热能向动能的转化过程变得更为便捷、高效。热效率提高了 3

倍，用的煤却只有原来的 1/4。

瓦特之所以能解决这个难题，在于他善于分析并掌握了其中的主要矛盾，使创新工作具有更明确的导向性和目的性。

6.5　改变活塞运动轨迹，蒸汽压力直接做功

矛盾是事物发展的动力，持续的探索则是前进的车轮。消除了蒸汽冷凝问题后，瓦特并没有停止研究，他逐渐注意到，蒸汽装置工作时，蒸汽的冷凝似乎只是发挥了一种作用——造成活塞内外空气压差，最终是为了让大气压力做功。显然，蒸汽的驱动功能没有得到充分利用，存在一定的动力损失，而且整个过程消耗的时间相对较长。也就是说，经过改造的蒸汽机还有一个突出的缺陷——效率不高。瓦特心里产生了疑问，为什么不可以直接利用蒸汽产生的压力来做功呢？为此，他先从蒸汽机原有的各个部件为切入点进行研究，只是多次尝试之后，也未有大的起色。后来，瓦特吸收了大量的机械学和热学相关知识，打破常规，充分发挥发散思维，从阀门入手，由阀门推动活塞，同时借助变换活塞的运动轨迹，他成功将一个离心调速器连接在进气活门上，使其自由调节进气量。这种改进的结果是，蒸汽压力推动活塞不停地做功，机器的工作效率得到了全面提升，瓦特还凭借此大动力的“双动作蒸汽机”获得专利。他对前人的成就不盲从、不迷信，大胆质疑，不断提升蒸汽机技术使其最大可能符合人类的需要。瓦特改进蒸汽机之前，人类生产所需动力全部依靠人力和畜力，伴随蒸汽机的发明和改进，很多以前依赖人力与手工完成的工作自蒸汽机发明后被机械化生产取代，可以说瓦特两次改进的蒸汽机将工业革命推向了高潮。

6.6　由蒸汽机技术的发展历程所带来的启示

如前所述，对工业革命乃至整个现代化进程而言，蒸汽机技术的发明是极为重要的。在它的基础上，人类才有了更多创新。不难看到，在蒸汽机技术的整个发展历程中，以解决问题为导向的创新思维起到了巨大的推动作用，它是实现创新的基本方法之一，能让我们的努力不偏离方向，提高效率，节省精力。这也说明，遇到问题要善于思考，找到事物的本质，敢于对权威提出质疑，在此基础上，发散自己的思维，积极创新。当然，我们也能看出，蒸汽机技术发展的过程

绝不是一蹴而就的，不断的尝试和失败是必经的途径。这或许要持续很长的时间，需要几代人的坚持，但创新的宝贵价值就在其中。

蒸汽机技术发展历程中所体现的创新科学原理如图 4-6-3 所示。

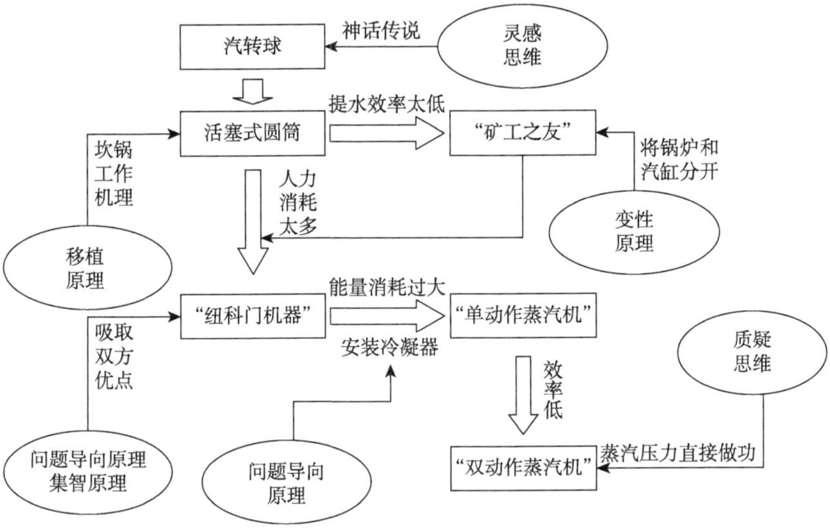

图 4-6-3　蒸汽机技术发展历程中所体现的创新科学原理

参考文献

陈国友. 1999. 瓦特是蒸汽机的最大革新家. 发明与革新，（10）：29.

第 7 章　见微知著：革命性突破的纳米技术

蓝天白云，锦绣河山，我们无时无刻不享受着宏观世界里触手可及的美好事物。宏观世界的美好触手可及，而微观世界里同样有另一番别致的风景，那就是纳米级的世界。

像毫米、微米一样，纳米只是一个尺度概念，有十亿分之一米，究竟怎样去形容它呢？形象地讲，如果把 1 纳米立方的物体放到乒乓球上，效果就如同乒乓球放在地球上一般。再者，一根发丝，把它径向平均剖成 5 万根，每根的厚度即约为 1 纳米，仿佛沧海一粟。

那么，我们时常提及的这一革命性突破——纳米技术，究竟是什么呢？简而言之，纳米技术就是在纳米级上构建神奇材料的技术，它突破了用单个原子、分子构造新物质的大门，研究结构在 0.1~100 纳米范围内材料的性质和应用。纳米的尺度虽然微乎其微，但是纳米技术的世界却是极其宏大的，因此，我们需要见微知著，别具慧眼，从一个独特的角度去感受纳米技术的奇妙，体验这一革命性技术带给我们的视觉冲击。

7.1　源于奇思妙想产生的纳米技术

“问渠那得清如许，为有源头活水来。”凡事都要讲究来源，纳米技术的灵感来自 1959 年著名的美国物理学家理查德·费曼（Richard Feynman，1918—1988）在一场演讲中提出的新想法：“为什么我们不能把单个的分子或者原子进行控制和组合，用一个个原子去制造我们想要的物品呢？”在当时，这一想法似乎有点天方夜谭，但科技的发展总能让我们梦想成真。

其实，从石器时代开始，为了把物质做成有用的形态，人类从事的很多技术活动，如狩猎工具箭头的磨尖，甚至是如今的芯片光刻技术，都与一次性地削去或者融合数以亿计的原子有关。费曼以此为基础，结合他长期的思考与坚持不懈的探究，终于，他的灵感思维为我们开辟了新技术的起点。自此，人们便开始尝试着向原子造物这一目标进军。费曼这位物理天才的奇思妙想，让世界开启了奇幻的“纳米之途”。如图 4-7-1 所示。

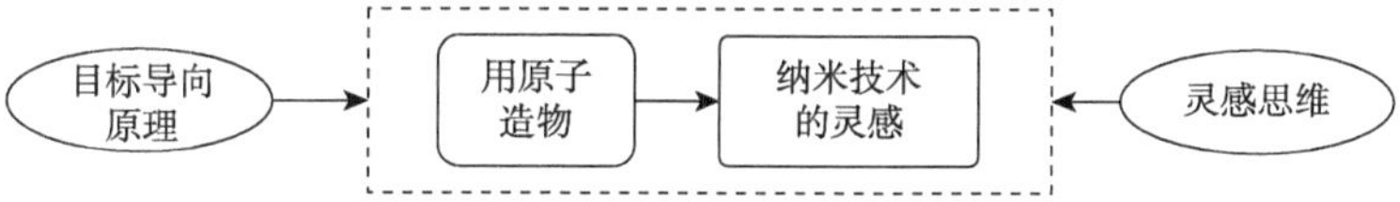

图 4-7-1　纳米技术灵感的创新思维与决策原理

7.2　触发纳米技术诞生的“导火索”——STM 的发明

任何一场革命都有一个导火索，纳米技术也不例外，触发这一技术诞生的“导火索事件”是扫描隧道显微镜（scanning tunneling microscopy，STM）的产生。国际商业机器公司（International Business Machines Corporation，IBM）的格尔德·宾宁（Gerd Binnig，1947—）和海因里希·罗雷尔（Heinrich Rohrer，1933—）在 1981 年发明了 STM，这使人们第一次可以观察并操纵单个原子。

如今，我们对微小的事物特别感兴趣，为什么？这是因为我们有了新的慧眼，即测量工具，它是可以在原子尺度上雕琢材料的新工具。20 世纪 70 年代初，一位名叫罗伯特·杨（R. Yang）的科学家在“场发射显微镜”的仪器关键部位上已经做到了和如今 STM 的功能非常接近的程度，它被杨称作“形貌仪”，但该仪器不能产生隧道电流，所以分辨率不高是一大难题。

然而，宾宁和罗雷尔在看到杨的“形貌仪”后想到：能否在此基础上利用隧道效应再发明一种新型显微镜？后来两人花了很长时间才使这一设想趋于成熟，他们制作的第一台 STM 实体，达到当时前所未有的高分辨率，一举观测到单个原子的真面目。可以试想，若是二人没有展开丰富的想象去质疑、思考问题，就很难有今天我们所看到的 STM，如图 4-7-2 所示。

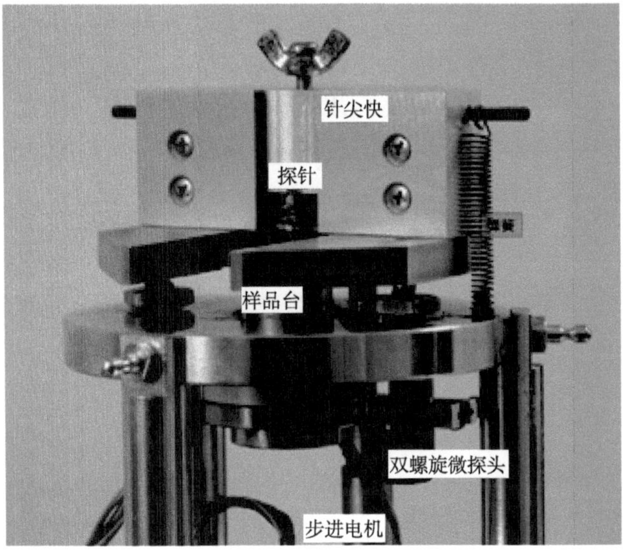

图 4-7-2　扫描隧道显微镜

那么，扫描隧道显微镜又是如何运作的呢？其实，它的工作原理并不复杂，就像留声机的一根唱针轻轻拂过唱片一样简单，与之不同的是，留声机释放的是一段余音缭绕的旋律，而 STM 形成的是一张美丽的原子图片。它由一个原子组成的带电探针缓缓地通过材料，电流从探针流出，在流过表面起伏的样品时电流会有高有低，好似蜻蜓点水一般美妙，如此，便能在计算机系统上得到样品的轮廓图，如图 4-7-3 所示。

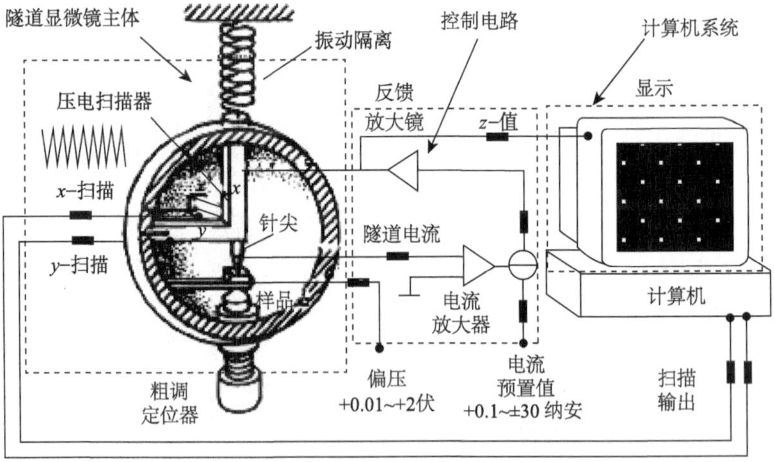

图 4-7-3　扫描隧道显微镜构造原理

样品表面高低起伏，不能一概而论，通过把这一难题进行分解，不同起伏的表面采用不同的探测模式，问题得到解决，这个过程也体现了分合思维的原理。基于此，可以将 STM 的工作模式分为恒高模式与恒流模式两种，如图 4-7-4 所示。恒高模式就是在扫描的时候始终保持探针高度不变，只能用于表面形状起伏较小的样品。恒流模式是保持隧道电流恒定，保持样品与针尖的距离不变，主要用于观察表面起伏变化较大的样品。

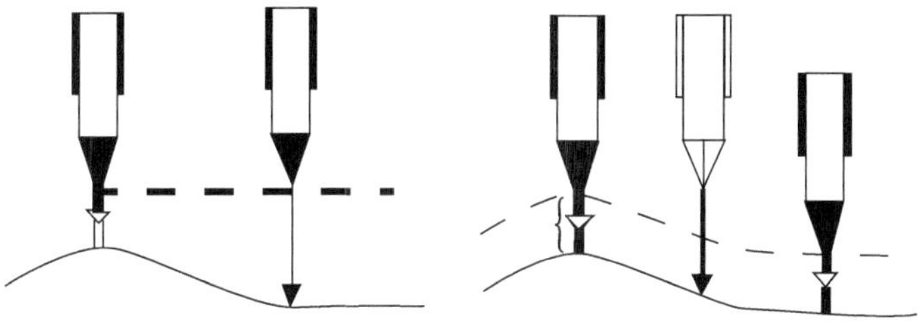

图 4-7-4　STM 的工作模式

这之后又陆续出现很多仪器，纳米研究和加工的工具不断发展，科学工具的改进使纳米技术的发展驶入快车道，此时，实现费曼所设想的操纵单个原子已指日可待。1989 年，IBM 院士唐纳德（Donald Mark Eigler，1953—）成为历史上第一个控制和移动单个原子的人，随后他和他的团队用单个的氙原子写下“IBM”，以此拉开了纳米科技的序幕。关于 STM 的创新思维原理如图 4-7-5 所示。

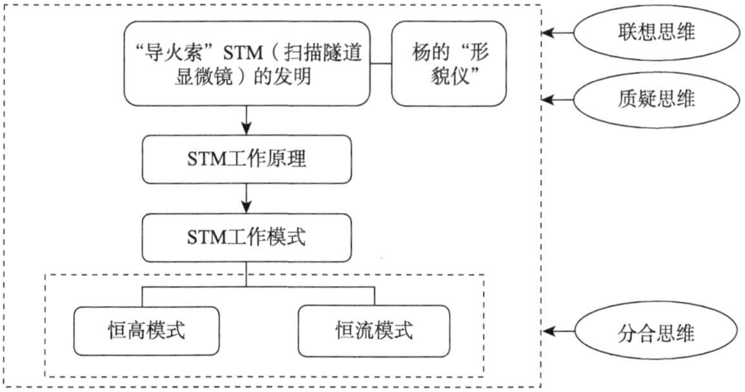

图 4-7-5　“导火索”STM 的创新思维原理

7.3　含苞待放，集群突破——纳米碳管的发现

尼古拉·加夫里诺维奇·车尔尼雪夫斯基（Nikolay Gavrilovich Chernyshevsky，1828—1889）曾言：“追上未来，抓住它的本质，把未来转变为现在。”纳米碳管的发现是纳米技术走向产业化的关键一步，使费曼对材料改进的预言变成了现实。早在1985年，哈罗德·克罗托（Harold Kroto，1939—）和李察·埃里特·斯莫利（Richard Errett Smalley，1943—2005）就制备出C_{60}，它是碳的同素异形体，也是制备纳米碳管的基础。随后1991年，日本电气公司（NEC Corporation，NEC）发现了纳米碳管（图4-7-6），即管状的纳米级石墨晶体，这一发现使各国研究机构纷纷加入此行列，纳米技术发展呈现集群突破的态势。

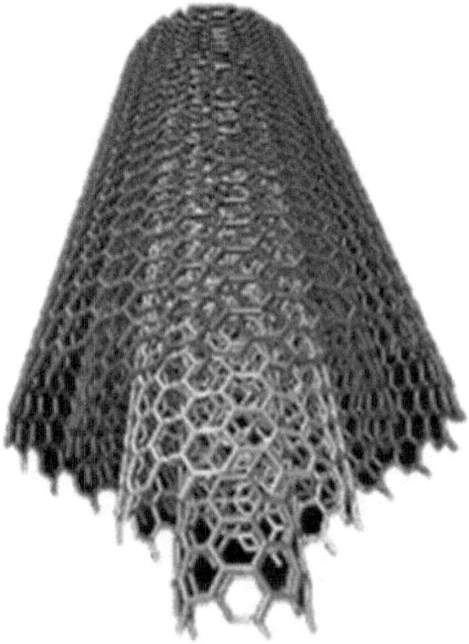

图4-7-6　纳米碳管

关于纳米碳管的合成方法主要有电弧放电法、激光蒸发法和化学气相沉积法三种。电弧放电法制备纳米碳管是通过加热至高温后，石墨电极直流放电而产生的；激光蒸发法制备纳米碳管是利用可见激光蒸发含有过渡金属催化剂的石墨靶，在低压惰性气体环境中形成的；化学气相沉积法则是碳氢化合物在较高温时裂解为碳原子和氢原子，碳原子在催化作用下形成纳米碳管。这三种方法的制备

装置示意图如图 4-7-7 所示，三者均运用了科学实验法，研究者们根据研究目的，利用科学仪器、设备，通过人为地控制或模拟，营造一定的实验环境，排除干扰因素，成功制备了纳米碳管。

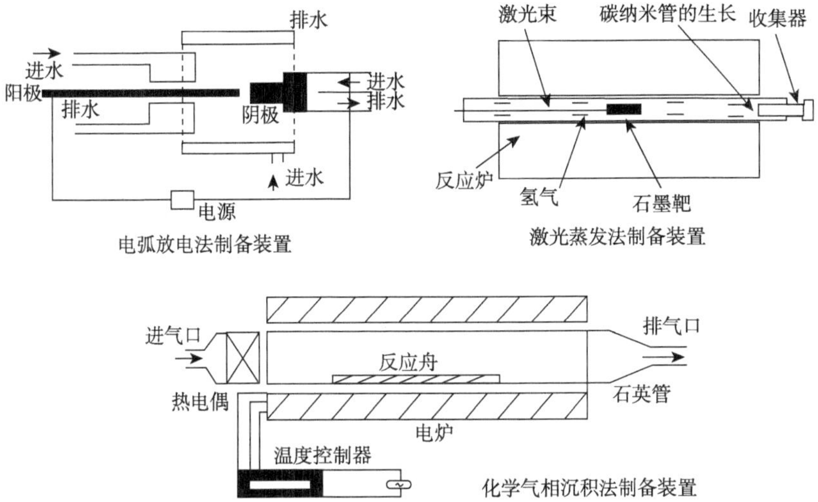

图 4-7-7　纳米碳管主要合成方法制备装置示意图

对电弧放电法、激光蒸发法和化学气相沉积法这三者进行比较后，大致可得到如下结论。首先，化学气相沉积法所用的仪器设备相对于前两种方法来说比较简单，工艺参数也更易于控制，成本低。其次，电弧放电法得到的纳米碳颗粒会相对多一些，化学气相沉积法得到的会少一些。最后，化学气相沉积法所得到的纳米碳管的形状也不尽相同，就像可伸缩的金箍棒一样，纳米管的有序排列不同，纳米碳管的长度也不同，可能能得到超长的纳米碳管。

纳米碳管的特异性能使纳米技术的实现成为可能，技术的创新也需要在不同的设想和方案比较中做出选择，通过对比三种方法的优缺点，明确哪种方法适合所要生成的纳米碳管的性能，从而决定最适宜的合成方法。

7.4　点亮希望的曙光
——纳米技术的应用前景

弹指之间，半个世纪过去，“纳米技术”一词我们已经耳熟能详。而现在，纳米技术的前沿触角，究竟已经伸向了何处？

我们将纳米技术分为 4 个主要方面：纳米材料、纳米动力学、纳米生物学和药物学、纳米电子学。这 4 个方面并非独立的个体，而是相辅相成，彼此渗透，相互贯通，下面分别从这 4 个方面来介绍纳米技术的应用前景。

7.4.1　纳米材料——材料科学领域的前沿

纳米材料是纳米技术发展的先导，在整个新材料的研究应用方面占据着核心的位置。纳米材料种类繁多，分类标准也多种多样，其中，按材料物性来分主要包括纳米磁性材料、纳米半导体材料、纳米非线性光学材料、纳米热电材料等。

值得一提的是，纳米磁性材料具有十分特别的磁学性质，除了制成磁记录材料，它还运用于广播电视、雷达导航等。然而，你能想到这一材料是从刚出生的小海龟身上发现的吗？因它们要往返于美国佛罗里达州与英国寻觅食物才能得以生存，来回需要 5~6 年，海龟能够长途跋涉依靠的就是头部的纳米磁性材料为其准确无误地导航。研究人员利用功能模拟法，模拟海龟头部的天然纳米磁性材料，对其材料结构进行改进，揭示纳米磁性材料新的、未知的属性，为人类所用。

同样，其他种类的纳米材料，也有着广泛的应用前景。例如，纳米半导体材料制作的新型高效太阳能电池，微小、环保又能提高电池性能；建筑中用来做外墙的纳米陶瓷材料，具有自清洁和防雾功能等。

7.4.2　纳米动力学—— 带动纳米技术发展的小马达

纳米动力学的应用领域主要是微机械和微电机，运用的是一种类似于集成电器设计和制造的新工艺，用于有传动机械的微型传感器和执行器、光纤通信系统等，其特点是部件很小，如家用个人气象站，能通过无线电波不断地为我们发送最新的气象报告，它主要包括传感器集成件和显示控制台两部分，传感器集成件可以随时收集天气情报，然后通过显示控制台接收信号，将信息显示出来，于是我们就有了天气的晴雨表。

7.4.3　纳米生物学和药物学——人类健康新保障

随着技术的发展，纳米生物医用材料在人类康复工程中逐渐发挥重要作用，它在人造皮肤、人造血管、组织修复、器官替换方面已显示出巨大的潜在应用价值。

纳米生物学领域的典型应用就是 DNA 分子计算机。它是一种生物形式的计算机，它的四种代码（四种碱基 A、T、C、G）构成不同序列，可以存储大量的生命信息。

在纳米药物学领域，如需要开发具有溶水性能的新药物，但目前现有的新药物，即使是微米粒子的细粉，也大约有半数不溶于水，但如粒子为纳米尺度，即超微粒子，则可溶于水，解决了医药领域的又一难题。

7.4.4　纳米电子学——多领域的交叉结合

纳米电子学使微电子与光电子紧密结合，可以用来提高激光器、光探测器和传感器的性能。如果将纳米计算机用于雷达，可以把信息处理能力提高 10 倍甚至几百倍。纳米电子学与纳米生物学相结合可研制生物分子器件。由此可见，纳米电子学作为纳米技术中不可或缺的一部分，在与其他学科相结合时，可以发挥出巨大功效。纳米技术的应用前景如图 4-7-8 所示。

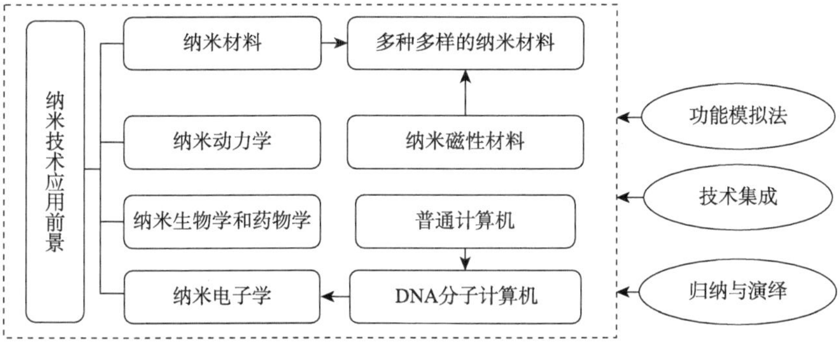

图 4-7-8　纳米技术的应用前景

见微知著，在肉眼看不见的纳米尺度下蕴藏着巨大的发展机遇，在过去的几十年里，我们见证了纳米技术的蓬勃发展，技术的集成性让我们不禁大胆地去预测，在技术进一步发展的同时，新的器件也会不断涌现，如蜜蜂大小的直升机，甚至还会有清除雾霾降低污染的纳米机器人，等等，把我们带入纳米技术的神奇世界。我们对纳米技术发展过程中的创新原理进行了提炼和归纳，如图 4-7-9 所示。

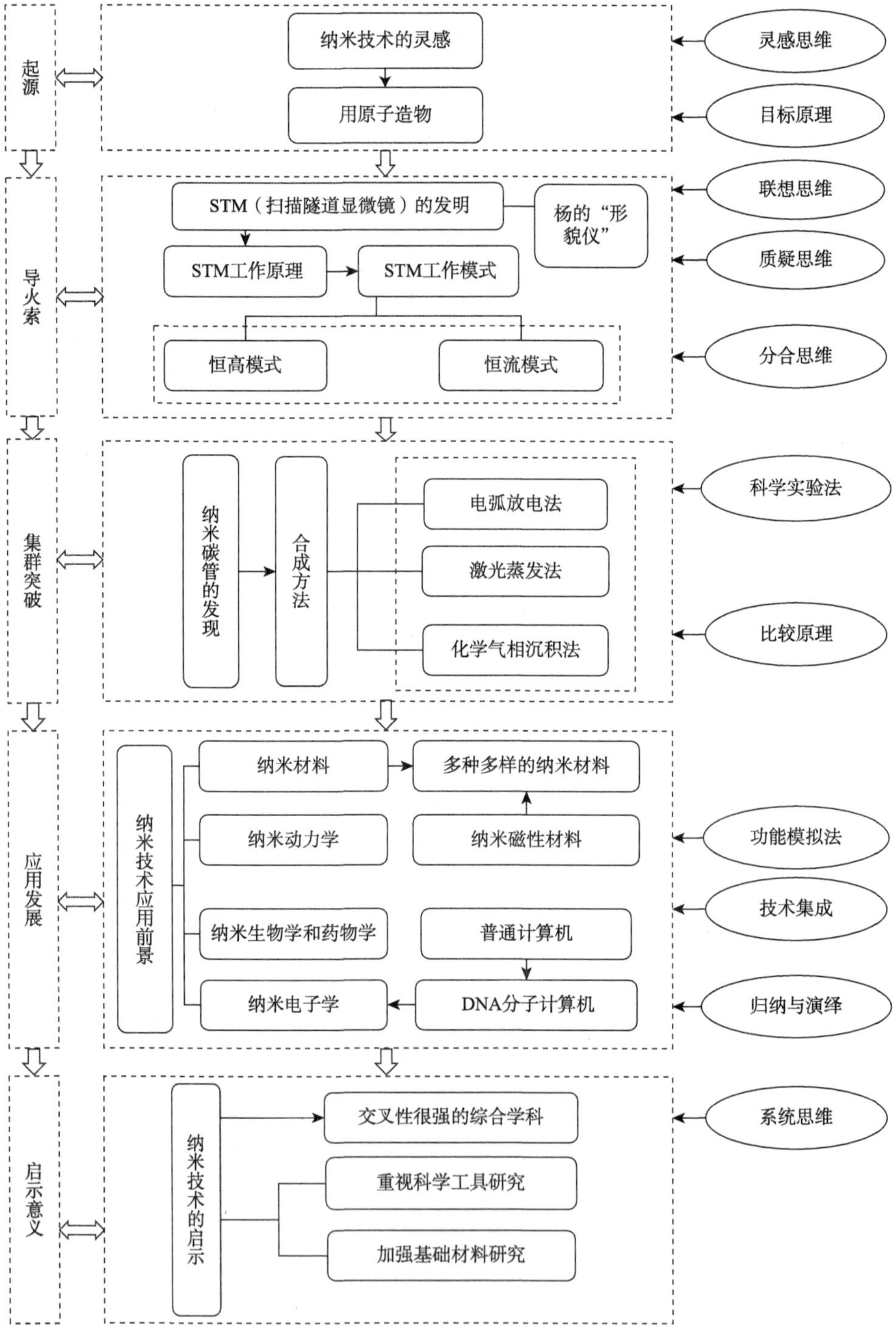

图 4-7-9　纳米技术发展过程中的创新原理

7.5　扬帆远航——纳米技术带给我们的启示

试想一下，未来的某天，我们会不会实现这样一幕场景：抓住一大把原子，随心所欲地把它们变成我们想要的任何东西？众所周知，纳米技术是一门交叉性很强的综合学科，研究内容涉及现代科技的广阔领域。我们把纳米技术看成是一个完整的系统，那么随之发展起来的分支学科则可视为纳米技术系统中的各种要素。尤其重要的是，这些学科也正在相互融合、相互渗透，仿佛木桶壁上的每块木板，缺一不可。因此我们认识纳米技术也要用系统的观点去探究，抓住各要素之间的联系，从整体上去把握，实现 1+1>2 的效果。

"一万年太久，只争朝夕。"这是中华伟人毛泽东主席留给我们后辈的谆谆教诲，所以我们要见微知著，要从现在做起，一方面要重视科学工具，加大对关键科学仪器研发的支持力度；另一方面还要加强基础材料的研究，纳米技术几乎涉及各行各业，一旦材料得到突破，其他的难题也有望迎刃而解。

岁月的指尖划过历史的长河，便掀起一个时代的革命性浪潮。纳米技术，方兴未艾，让我们借纳米技术的双臂，打开通往未知世界的又一扇大门。

参考文献

齐磊，曹剑英. 2013. 扫描隧道显微镜简介. 赤峰学院学报（自然科学版），（3）：67-68.
沈琳. 2015. 纳米技术及纳米材料在环境治理中的应用探讨. 石化技术，（7）：23.
王国豫. 2011. 纳米技术：从可能性到可行性. 哲学研究，（8）：97-128.
王升高，汪建华. 2002. 纳米碳管及其合成. 材料导报，（3）：37，47-48.

第 8 章　“无所不能”的计算机

计算机（computer），亦称“电脑”，是一种用于高速计算的电子计算机器，自其产生以来，对人类的生产活动和社会活动产生了极其重要的影响。

在我们的日常工作中，在特殊领域的复杂生产过程中，计算机在提升生产力水平、工作效率等方面都发挥着重要作用。通过计算机，我们能够编程实现精确操作，自动、高速处理海量数据，永久保存宝贵资料，实现复杂逻辑的运算与仿真，还可以在工作之余进行游戏消遣。可以说，计算机已经成为我们工作生活中不可或缺的一个部分。计算机以强大的生命力飞速发展，其应用领域从最初的军事科研应用扩展到社会的各个领域，形成了规模巨大的计算机产业，带动了全球范围的技术进步。无法想象，我们的现代社会如果没有计算机将会是个什么样子！

8.1　需求驱动下诞生的计算机

计算机是 20 世纪最先进的科学技术发明之一，其起源可追溯至 17 世纪早期。早在 1623 年，德国科学家施卡德（Wilhelm Schickard，1592—1635）就曾建造出世界已知的第一部机械式计算器，该机器利用 11 个完整的、6 个不完整的链轮进行加法运算，借助对数表进行乘除运算，并经由钟声输出答案。自此以后，先后又有多种不同形式、不同计算原理的计算器问世。而影响深远的，当属 1946 年问世的第一台电子计算机——ENIAC（中文名：埃尼亚克）。

1946 年 2 月 14 日，美国军方定制的电子计算机“电子数字积分计算机”（electronic numerical integrator and computer，ENIAC）在美国宾夕法尼亚大学问世。这台计算机使用了 17 840 支电子管，大小为 80 英尺（1 英尺=0.304 8 米）×8 英尺，重达 28 吨，功耗为 170 千瓦，其运算速度为每秒 5 000 次的加法运算，造价约为 487 000 美元。在其后的 60 多年里，随着半导体技术的发展，计算机硬件从电子管到真空管，从晶体管到集成电路再到超大规模集成电路，以惊人的速度迅速发展。直到今天，从运算速度为每秒千亿次的大型工业计算机到便携实用的个人家用笔记本电脑，无不体现了计算机技术在各个方面的重大创新。

计算机由硬件系统和软件系统组成，其主要构成部件如图 4-8-1 所示。

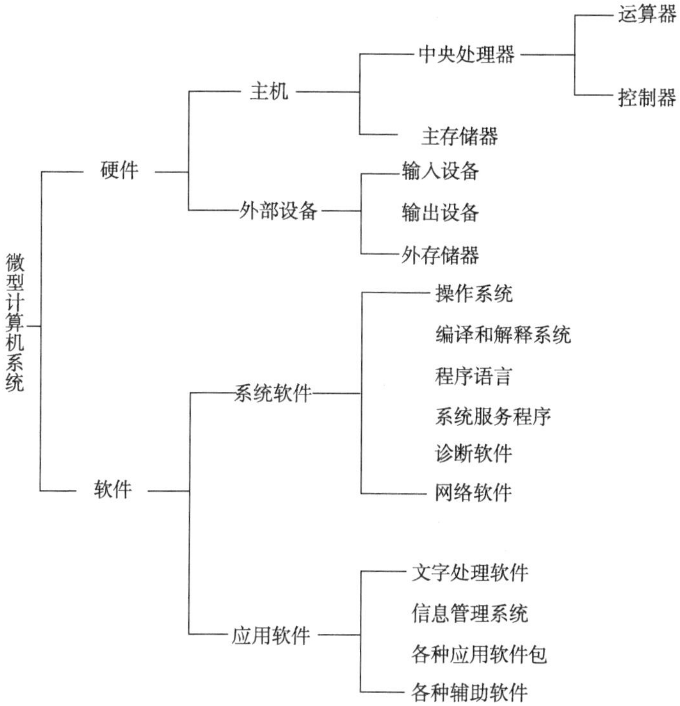

图 4-8-1　计算机系统的构成

8.2　飞速发展的计算机硬件技术

如果把计算机比喻成一个人，那么它的硬件系统犹如人的躯体，是计算机正常运转的基本组成部分，也决定了计算机的性能。回顾计算机的硬件发展历程，在整个 20 世纪 50 年代，真空管计算机居于统治地位，应用领域以军事和科学计算为主。到了 60 年代，晶体管技术被成熟应用于计算机领域，因晶体管体积更小，速度更快，能耗更低，价格更加低廉，性能更加可靠。因此晶体管计算机逐渐淘汰了真空管计算机，这一阶段的计算机应用领域以科学计算和事务处理为主，并开始进入工业控制领域。到了 70 年代，由于集成技术的发展，半导体芯片的集成度更高，每块芯片可容纳数万乃至数百万个晶体管，还可以把运算器和控制器都集中在一个芯片上形成微处理器，并且可以用微处理器和大规模、超大规模集成电路组装成微型计算机。集成电路技术的引入极大地降低了计算机生产成本，缩小了计算机的体积，满足了用户和市场对计算速度的迫切需求，使计算机从此开始走向千家万户。此后，计算机主要是基于大规模集成电路及超大规模集成电路进行生产，产品走向了通用化、系列化和标准化。计算机硬件的发展变化日新月异，性能呈指数趋势提升，体积也朝着便携方向不断缩小，应用领域从科学计算、事务管理、过程控制逐步走向家庭。

计算机从最初的超大笨重，到当今的小巧便携，其硬件系统遵循摩尔定律在不断地提升技术、性能，集成技术更是使其实现了硬件系统的重组、叠加、可重复利用等。回顾计算机硬件系统的演变历程，可以看出其中蕴含的创新原理如图 4-8-2 所示。

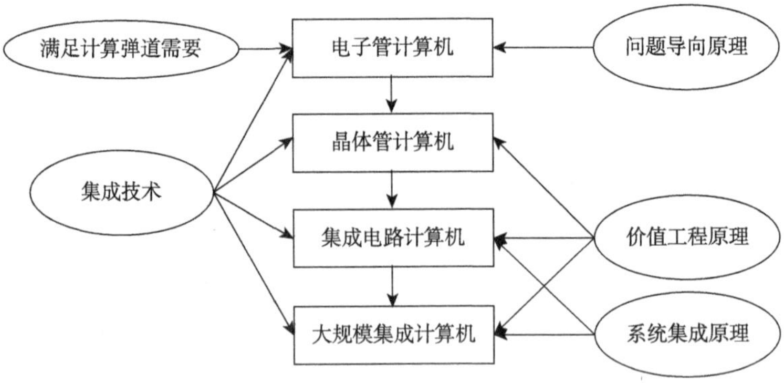

图 4-8-2　电子计算机硬件的发展历程及其中蕴含的创新原理

8.3　运算速度问题成就了冯·诺依曼的伟大构想

早期设计的机械计算装置使用的是十进制或者其他进制，利用齿轮的不同位置表示不同的数值，这种计算装置更加接近人类的思想方式。人们被十进制这个人类习惯的计数方法所困扰，设计的电子计算机也一直延续这一做法，使用电子管来表示 10 种状态。而这一做法，对于只能表示开和关两种基本状态的电子管来说就显得过于复杂。

说到计算机的发展，就不能不提到美国科学家冯·诺依曼（John von Neumann，1903—1957）。他是 20 世纪最重要的数学家之一，在现代计算机等诸多领域内有杰出建树。20 世纪 30 年代中期，冯·诺依曼大胆地提出，抛弃十进制，采用二进制作为数字计算机的数制基础。

在 1944 年，诺伊曼参加了原子弹的研制工作。在对原子核反应过程的研究中，要对一个反应的传播做出“是”或“否”的回答。解决这一问题通常需要通过几十亿次的数学运算和逻辑指令，尽管最终的数据并不要求十分精确，但所有的中间运算过程均不可缺少，且要尽可能保持准确。为此，研究室聘用了 100 多名女性计算员，用台式计算机从早到晚计算，但还是远远不能满足需要。无穷无尽的数字和逻辑指令如同沙漠一样把人的智慧和精力耗尽。被计算机所困扰的诺伊曼在一次极为偶然的机会中知道了 ENIAC 计算机的研制计划，从此他投身计算机研制这一宏伟的事业中。诺依曼基于自己深厚的数学理论基础，突发灵感，对 ENIAC 的两大设计思想做了进一步的论证，为计算机的设计树立了一座里程碑。设计思想之一便是二进制，他根据电子元件双稳工作的特点，建议在电子计算机中采用二进制。他列举了二进制的优点（容易表示、运算简单、可靠性高等），并预言，二进制的采用将大大简化计算机器的逻辑线路。实践证明了诺依曼预言的正确性。如今，逻辑代数的应用已成为设计电子计算机的重要手段。

二进制代码语言由两个基本字符 0 和 1 组成，是计算机可以直接识别、不需要进行任何翻译的语言。每台机器的指令，其格式和代码所代表的含义都是硬性规定的，故称之为面向机器的语言，也称为机器语言。采用二进制代码设计的计算机，开启了电子计算机时代的到来。

诺依曼的另一设想便是计算机应该按照程序顺序执行，即预先编制计算程序，然后由计算机按照人们事前制定的计算顺序来执行数值计算工作。ENIAC 证明电子真空技术可以大大地提高计算技术，不过，ENIAC 本身存在两大缺点：①没有真正的存储器。ENIAC 只有 20 个暂存器，它的程序是外插型的，指令存储在计算机的其他电路中。在解题之前，必须先想好所需的全部指令，通过手工把相应的电路联通。这种准备工作要花几小时甚至几天时间，而计算本身只需几分钟。计算的高速与手工的低速之间存在着很大的矛盾。②它用布线接板进行控制，这项工作要搭接几天，计算速度也就被这一工作抵消了。针对这两个问题，诺依曼提出了程序内存的思想，即把运算程序存在机器的存储器中，程序设计员只需要在存储器中寻找运算指令，机器就会自行计算，这样，就不必每个问题都重新编程，从而大大加快了运算进程。他的这一思想标志着自动运算的实现，也标志着电子计算机的成熟，成为电子计算机设计的基本原则。

冯·诺依曼的这个理论也被称为冯·诺依曼体系结构。后来的电子计算机都采用冯·诺依曼体系结构进行设计，所以冯·诺依曼是当之无愧的“计算机之父”。分析其中的成功之道，可以说，冯·诺依曼在数学方面的基础是很重要的主观因素，但最重要的，还应是当时社会对科学计算工作的迫切需求，即以最短的时间完成大量的计算，并确保计算的精准度，以提高工作效率。这体现出来的问题导向和需求导向的创新原理，也启发我们进行创新思考。

8.4 容量与速度的需求促进了存储技术的突破

随着物理元器件的变化，不仅计算机主机核心技术经历了颠覆性的更新换代，其外部设备也在不断地变革，如存储器。存储器是计算机系统中的记忆设备，用来存放程序和数据。计算机中的全部信息，包括输入的原始数据、计算机程序、中间运行结果和最终运行结果都保存在存储器中。自世界上第一台计算机问世以来，计算机的存储器件就在不断地发展更新，从一开始的汞延迟线、磁带、磁鼓、磁芯，到现在的半导体存储器、磁盘、光盘、纳米存储等，无不体现着科学技术的快速发展。

早期计算机的存储器采用串行的延迟线存储器，不久又用磁带、磁鼓等形式的存储器。20 世纪 50 年代中期，主要使用磁芯存储器作为主存。这些磁性存储器的存储速度低、容量小，无法满足计算机中控制器的计算速度要求，导致计算机整体运算速度不高。60 年代中期以后，半导体存储器已取代磁芯存储器。在逻辑结构上，并行存储和从属存储器技术的采用提高了主存的供数速度，缓和了主存和高速的中央处理器速度不匹配的矛盾。

当前，大规模集成电路和磁盘依然是主要的存储介质。由于科学计算和数据处理对存储系统的要求越来越高，而且计算机核心系统硬件的快速发展，也要求有与之匹配的高速、大容量的存储系统，这就需要不断改进已有的存储技术，研究新型的存储介质，改善存储系统的结构和管理。为满足需要，传统的磁存储、光盘存储容量继续攀升，新的海量存储技术已趋于成熟，研究新的存储模型，利用新型材料制作大规模集成电路、大容量的存储器也已成为现实，信息也实现了永久保存。正是因为计算机用户的需求和计算机自身硬件发展的要求，才促进了计算机存储技术的不断创新，同时存储技术的创新也影响了计算机硬件和软件系统的演变。

8.5 计算机的广泛应用催生了软件系统的创新

计算机的软件系统相当于人的神经系统，用以支配计算机硬件系统按要求进行工作。计算机软件是计算机的灵魂，其中的计算机操作系统提供对计算机硬件控制的调用和应用程序所必需的功能，从最初的机器语言、汇编语言等，到分时操作系统以及结构化、规模化程序设计，再到实时操作系统和网络管理系统，是伴随着计算机硬件系统的不断变革而不断发展演变的，对于计算机的普及应用也起到了至关重要的作用。从这点上来说，系统软件的创新演进体现了用户需求导向的创新原理。系统软件的应用界面也由命令式向交互式、可视化操作演变，也是为了更好地解决用户的各种操作问题，满足用户的各种需求。基于硬件技术发展而来的操作系统软件，使得计算机更广泛、更方便地应用于各行各业当中。

而基于程序设计语言开发的计算机应用软件，从面向过程研发到面向对象研发，从模块化到组件化，从人机对话到人机结合，不断创新发展，丰富和扩展了计算机的应用领域。可以说，用户有什么样的需求，就会有什么样的满足需求的计算机应用软件。需求导向的创新原理在计算机软件系统的发展过程中体现的一览无余。

8.6　综合集成终将带来计算机技术的新革命

ENIAC 是以雷达脉冲技术、核物理电子计数技术、通信技术等为基础设计研制的。现代的计算机，则更紧密地结合了电子技术（特别是微电子技术等），应用物理技术（电磁、光学、超导等技术），机械工程技术（精密制造、计量等技术），通信技术等。而控制论、信息论、算法论、语言理论、离散数学等，为计算机技术的发展提供了重要的理论基础。可以说，计算机技术从单一化领域逐步发展到多元化领域，是在诸多学科和工业技术基础上得以产生和发展的，在几乎所有科学技术和国民经济领域中得到广泛应用的同时又促进了这些学科和工业技术的发展。

随着社会经济的发展，各行各业对计算机技术的要求越来越高。未来的计算机技术将向超高速、超小型、并行处理、智能化的方向发展。不久的将来，综合集成先进技术设计研制的量子计算机、光子计算机、生物计算机、纳米计算机等将会遍布我们生活的各个领域，获得广泛的应用。

第 9 章　将汉字写进计算机的创举——汉字激光照排技术

在 11 世纪中国人毕昇发明活字印刷术以后，世界各国很长时间内都在采用这种古老的印刷方式。尽管德国人谷登堡于 1448 年发明了铅活字，在一定程度上提高了印刷效率，但这种活字排版的方式始终没有发生大的改进。随着人类科技的进步，活字印刷已经无法满足现代社会对于文化传播的需要，人类迫切需要一种能够快速、高效地显示并打印文字、图形的新技术。进入 20 世纪 70 年代，计算机技术和光学技术得到飞速发展，西方国家开始研究将这两大先进技术结合起来，用于印刷出版，这就是照排技术。

9.1　用照相原理代替活字排版的照排技术

传统的活字印刷主要有三个步骤，即制活字、排版和印刷，每一步都需要耗费较多的人力物力，且效率低下。如果要从根本上提升印刷效率，就必须改变这种传统的活字排版印刷方式。19 世纪中叶，照相技术发明以后，人们可以利用感光胶片冲洗出图像来。匈牙利人普罗兹索尔德（E. Przsolt）大胆设想能否将照相技术移植到印刷领域，利用感光胶片直接印制出需要的文字和图像来呢？他于 1896 年，将打字机和照相机相结合，发明了第一台手动照排机原型机。1946 年，美国英特尔公司在其基础上，经过完善，推出了第一台商用照排机，它以透明字板代替铅字，用感光底片或相纸代替铅版。英文字母的字模被制作在一块有透明度的模板上，通过键盘的控制，把选中的字符对准一个窗口，然后用很强的灯光照射，使这个字符在底片上感光，然后再照下一个字符，最终形成了写满字母的底片，可以用于印刷，其原理如图 4-9-1 所示。

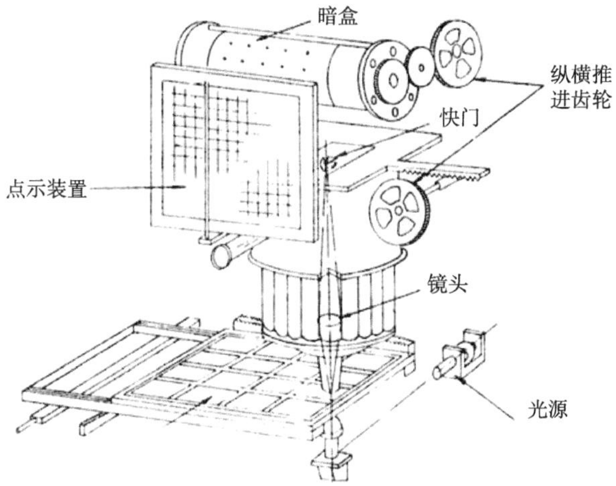

4-9-1　第一代手动照排机原理

第一代照排机是手动输入，只能在胶片上改错字，效率的提升程度有限。为此，美国福顿公司引入自动化设备，于1951年研制出第二代光学机械式照排机，被称为光子 200。其原理是将字板缩印在胶片上，将该胶片装在可高速旋转的环形支架上。在环形支架中心设置光源，将要排印的字符和排版格式输入计算机后，计算机控制环形支架的旋转角度和光源启闭，光源通过胶片上所需的字符而使底片感光，随后底片自动做相应的移动，从而构成了计算机排字系统，如图 4-9-2 所示，这意味着排字排版进入了一个新阶段。第二代照排机曾一度是欧美 20 世纪 60 年代电脑排版的主力。

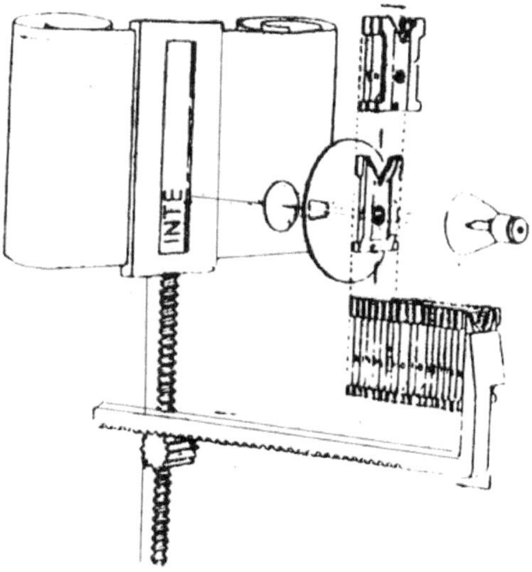

图 4-9-2　第二代光学机械照排机原理

第三代是阴极射线管照排机，由当时联邦德国的鲁道夫海尔（Rudolf Hell）公司于1965年研制，20世纪60年代末逐步成熟。在此设备中，已经没有看得见的字版了，它把所有的字模以数字化形式存储在计算机内，输出装置是一个超高分辨率的阴极射线管，依靠它发光在底片上成像，原理如图 4-9-3 所示。进入 20 世纪 70 年代，三代机开始在欧美广泛使用。第三代照排机可以实现在荧光屏上改正错字，这对于印刷业来说是一种巨大的飞跃，它标志着印刷业摆脱了铅与火的历史，迎来光与电的革命。

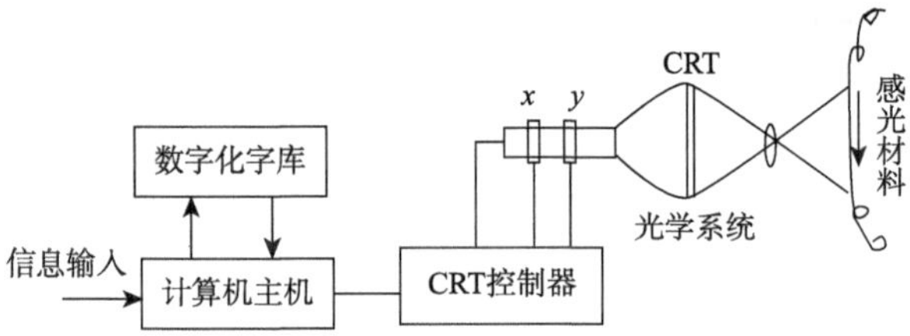

图 4-9-3　第三代阴极射线管照排机原理

第四代为激光照排机，1976 年，英国蒙纳公司（Monotype）创新性地将激光技术应用到照排机上，开发出一款名为 Lasercomp 的激光照相排字机，该设备克服了电子易散焦的缺点，适用范围扩大到可进行书籍、报刊等的整版编辑和输出，原理如图 4-9-4 所示。并且相应地发展了排版软件系统，使其整体性能得到进一步提高。但在 20 世纪 70 年代，受限于当时的技术条件，即使在国外，激光照排技术仍然不是十分成熟，还处于样机研制阶段，尚未形成广泛的商业化。

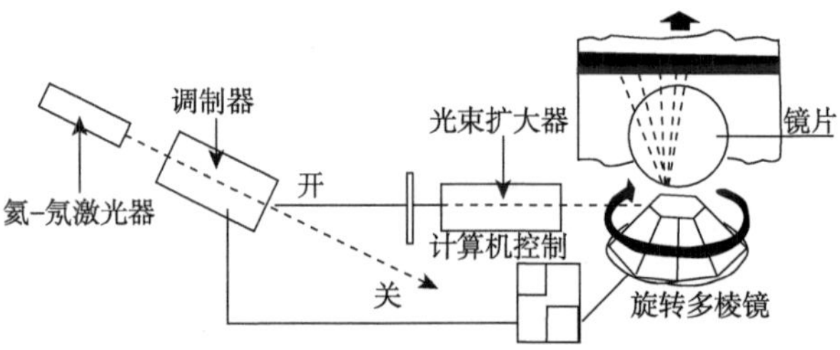

图 4-9-4　第四代激光照排机原理

照排技术带来了印刷技术的创新。在过去传统的活字印刷过程中，主要采用分解原理将整篇文章分解成一个个文字，并分拣出与这些文字对应的铅活字，再根据文章内容将这些铅活字进行组合，形成一篇完整的文章后进行印刷。在照排技术尤其是激光照排机诞生后，计算机排版代替了传统的铅活字和分拣工作，照相技术被移植过来，利用感光胶片制成可印刷的版面。相对于铅活字排版，激光排版不仅可以极大地提升排版效率，而且还有着易改动、成本低、污染少等诸多优点，从而引发了印刷行业的革命，并极大地推动了电脑的普及和应用。

9.2　“748 工程”开启将汉字写入计算机的研究

在国外照排技术飞速发展的同时，20 世纪 70 年代的中国仍然在采用铅活字印刷方式，出版能力低，而如果能利用计算机技术对汉字进行信息处理和输出，必然会极大地提升印刷效率。在当时汉字输入和输出计算机的问题以及汉字排版软件的研究虽然备受关注，并有多家公司和个人从事这方面的研究，但并没有取得突破性进展。

众所周知，在计算机中，文字通常是以点阵形式存储和显示的，由于英文字母数量少，其数字化的存储量也较小，而汉字字模的组合却高达 100 万个以上，若用传统的点阵汉字，存储量将高达200亿位。而1975年国产计算机内、外存总共不足 7 兆，根本无法存储进去。如果要实现汉字的激光照排，必须能够将汉字的存储降低到一个合理的范围，并可以快速地读取汉字信息，汉字的存储和输出在当时被认为是一项无法解决的难题，以至于一度有人提出：是放弃计算机，还是放弃汉字？为解决这一核心技术难题，1974 年 8 月，在周恩来总理的关怀下，国家计划委员会批准设立国家重点科技攻关项目“汉字信息处理系统工程”，简称“748 工程”，目的就是解决汉字情报检索、汉字通信和精密照排问题。其中精密照排不仅是汉字信息技术应用的一个重要方面，也是世界印刷出版业正在重点攻克的难关。

9.3　“当代毕昇”王选的科技创举

提及汉字激光照排技术的研制，科学家王选必然是其中最关键的人物。那么，王选是如何实现关键难题的突破呢？

9.3.1 以敢为天下先的气魄冲击科学制高点

1974年，北京大学计算机专业教师王选（1937—2006）（图4-9-5）因身体原因在家中养病，当他得知国家将推进汉字信息处理技术研究的消息后，立刻下定决心积极参加这个项目。因为他长期以来就有一个梦想，就是要攻克汉字信息处理技术，彻底解决汉字排版印刷依靠进口的现状。在研究方向上，王选没有循规蹈矩地沿着西方国家的研究路线从一代机开始研究，他敏锐地意识到，为了体现后发优势，搭上文字排版技术的发展快车，必须从高起点开始。王选决心跨越当时的光学机械式二代机和阴极射线管式三代机阶段，直接向国外最先进的第四代激光照排机发起冲击，研制汉字精密照排系统，一步跨过西方 40 年走的路。

图 4-9-5　王选

9.3.2 在非议中攻克汉字存储还原的关键难题

王选深知，科学研究仅有敢为天下先的勇气是不够的，必须找到解决关键问题的方法，而如何攻克汉字字形信息量大这一难题显然是研究的关键。王选认为，若采用传统的点阵汉字，存储量必然过高，可以采用逆向思维，考虑利用新的处理方式来存储字模。这时，王选的数学知识背景发挥了作用，他很快想到用轮廓加参数的数学方法描述汉字字形。于是，他不停地统计和计算，完全沉浸在汉字的一笔一画里。王选从系统集成的思维出发，经过长时间的研究和试验，直到 1975 年 5 月，“全电子照排系统”的初步设计方案终于完成。该方案将横、竖、折等规则笔画用一系列参数精确表示，曲线形式的不规则笔画用轮廓表示，让庞大的汉字字模缩小为原来的五百分之一，并实现了失真程度最小的字形变倍和变形，解决了汉字信息在计算机中的存储问题。

然而，由于王选的研究方向十分超前，在当时遭到很多非议，很多专家认为他的研究思路不切实际，过于冒进。1975 年 11 月，汉字精密照排系统论证会在北京召开，王选用计算机展示了模拟实验的结果。由于与会的部分专家不能理解王选的思路，在他们听来这就像是“天方夜谭”，有人甚至说这是玩数学游戏，结果他的方案当时没有被通过。

但王选并没有气馁，他抓紧分分秒秒，努力解决高倍率汉字压缩和高速不失真还原汉字轮廓等难题。在研究过程中，王选在自己雄厚数学功底的基础上，开发设计出一套递推算法，可以使压缩后的汉字信息快速并且毫不失真地还原，从而巧妙地解决了汉字的计算机存储和输出等世界难题。1976 年 6 月，王选的方案模拟实验成功，并获得了专家的一致好评。9 月，电子工业部“748 工程”办公室正式将汉字精密照排系统研制任务，下达给了王选所在的北京大学。

9.3.3　“华光 I 型机”的横空出世

在前期研究的基础上，王选和他的研究团队积极开展原型样机的研制，他的科研团队在两年后就实现了关键技术上的突破，率先设计出提高字形复原速度的专用芯片，并与光学专家经过反复探讨实践，研制出了激光照排机的关键设备——栅格图像处理器，使汉字字形复原速度达到 700 字/秒的世界领先水平。终于，汉字进入计算机的大门被王选的智慧叩开了。1979 年，历经千辛万苦的汉字激光照排系统原理性样机——“华光 I 型机”的硬件部分终于调通。1979 年 7 月 27 日，经过几十次试验，我国第一张用激光照排系统输出的报纸样张（图 4-9-6），终于在未名湖畔诞生了。1981 年 7 月，华光 I 型样机通过国家计算机工业总局和教育部联合举行的部级鉴定，鉴定结论是“与国外照排机相比，在汉字信息压缩技术方面领先，激光输出精度和软件的某些功能达到国际先进水平”。

汉字信息处理

计算机—激光汉字编辑排版系统主体工程研制成功

汉字编辑排版系统的工作流程和软件

滚筒式激光照排机的工作原理

第四代排字机

汉字字模信息的存贮

图 4-9-6　第一张用激光照排系统输出的报纸样张

9.4　华光激光照排产品的产业化发展

王选在激光照排技术的核心难题取得突破后，并没有沾沾自喜。他深知，如果没有转化为产品，技术再强也只是一纸空谈，因此他做出了又一次重要的抉择——打造产品，投入市场。他决定从原理性样机——“华光Ⅰ型机”转型到Ⅱ型机，这一转型不仅是王选工作内容的转变，也是他身份的转型。这意味着他要从实验室走向市场，从科学家变为工程师，从一个实验型创新者转为实用型创新者。很快，王选研制出Ⅱ型机系统，并获得中国十大科技成就、日内瓦国际发明展金牌和国家科技进步一等奖等重大奖励。面对这些奖励，王选并没有满足，他一次又一次投入机器的改进当中，并尽可能多地采用当时世界最先进的计算机软硬件成果。

仅在Ⅱ型机通过鉴定的半年后，华光Ⅲ型系统正式面世，这也是我国第一个实用科技排版系统，该系统能够方便而规范地排印各种复杂的公式、符号和表格。随后又出现了能够处理复杂版面的Ⅳ型机。1987 年，《经济日报》成为我国第一家使用华光Ⅲ型机的报纸，到 1993 年，国内 99%的报社、90%以上的黑白书刊出版社和印刷厂真正用上了“中国制造”的印刷机——以王选技术为核心的国产激光照排系统。2002 年 2 月 1 日，国家主席江泽民将 2001 年度国家最高科学技术奖授予王选，这也是对王选取得成就的褒奖。

汉字激光照排技术在研制过程中蕴含的创新科学原理如图 4-9-7 所示。

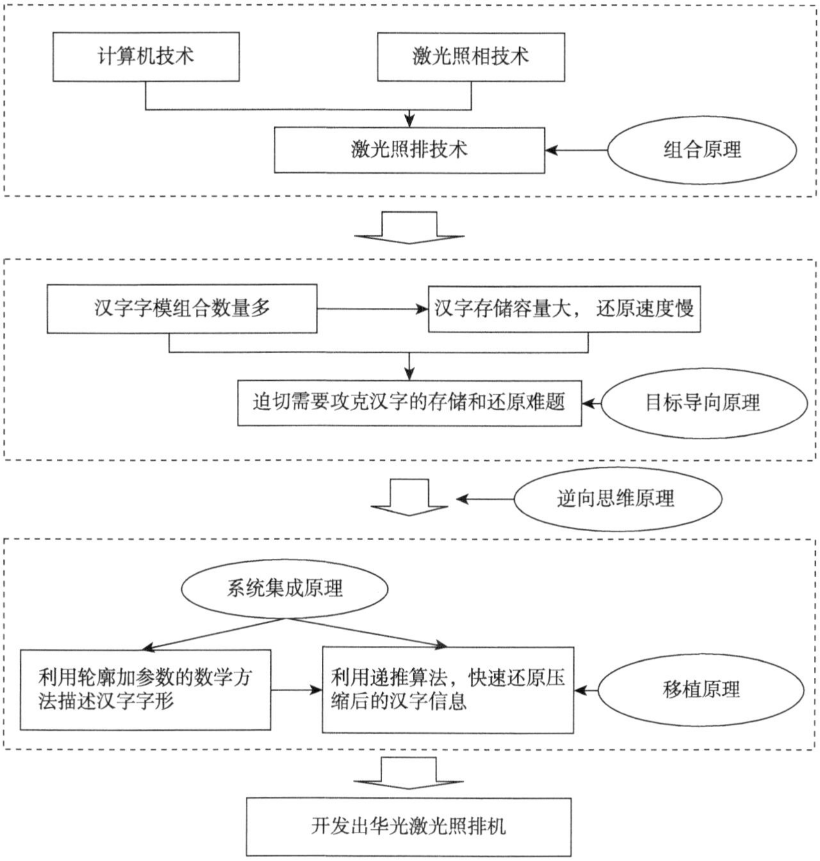

图 4-9-7　汉字激光照排技术研发过程中蕴含的创新科学原理

9.5　王选的科学精神带给我们的启示

现代科技发展史上，我国在计算机领域的很多技术都落后于国际一流企业，但正是因为有着“当代毕昇”称号的王选所主持研发的汉字激光照排技术，使我国在现代印刷出版领域一直保持领先，此外，中文可以写入电脑，就意味着世界上其他非字母类语言都可以写入电脑，中国智慧为世界做出了卓越贡献！

科学精神是先进文化和先进生产力的重要体现，是造福人类的崇高品质。王选以科学家的高度责任感和勇攀科技高峰的气魄，提出直接研制第四代激光照排系统，在面对巨大非议的情况下，他顶住压力，独立自主成功研制出具有世界先进水平的汉字激光照排系统，让中华汉字文化进入了一个新时代。王选是著名科学家，不仅在于他取得的科研成就，更在于他的高尚情操和大眼光、大胸怀。尽管取得了举世瞩目的成就，但王选始终以一个普通科技工作者自居，在物质上甘于朴素，同时，他始终追求科学真理，勇于提携和培养年轻人，他当年带领的年轻团队，很多人后来都成长为汉字信息处理领域的知名科学家。斯人已去，精神永存，王选这种始终保持科学家本色的高尚情操永远值得我们尊敬和学习。

参考文献

王选，陈保华，李尔溪，等. 1981. 微程序汉字点阵生成器及其模拟和故障诊断. 计算机学报，（2）：44-49.

王选，吕之敏，陈竹梅，等. 1984. 高分辨率汉字字形的放大和缩小技术. 计算机学报，（6）：20-28.

第 10 章　谱写复制生命的乐章——克隆技术

曾几何时，人们还沉浸在“世界上没有两片完全相同的叶子”的哲学魅力里；曾几何时，人们还对孙悟空“拔一根毫毛，吹出猴万个”的本领艳羡不已。但就在 1997 年 2 月 22 日这天，伴随着来自英国的小绵羊多莉（Dolly）（图 4-10-1）“咩咩”的叫声，克隆（clone）这个词一夜之间传遍了世界的每一个角落。人们意识到，复制出一模一样的动物不再只是神话故事中才有的情节。从此，越来越多的科学家投入克隆技术的研究中，它深深地吸引着人们不停地探索，不断地突破，人类利用克隆技术的潜力也远远超过了神话故事中的想象，取得了一个又一个让人们为之赞叹的成果。

图 4-10-1　克隆羊多莉

“克隆”这一术语的提出源自 1963 年 J. B. S. 霍尔丹（J.B.S.Haldane，1892—1964）在题为“人类种族在未来两万年的生物可能性”的演讲上采用的术语 clone，该词的中文译名为“克隆”。这一词来自希腊文 klone，原意为树木的枝条繁育，即插枝的意思。克隆是指通过无性繁殖的方法从一个细胞或个体中产生一组遗传上完全相同的细胞或个体。“无心插柳柳成荫”这样的诗句不仅让我们领略了自然美景，也引发了人们对植物无性繁殖的思考。为什么植物能进行无性繁殖而动物不能呢？为解答这一问题，科学家对人工诱导动物无性繁殖进行了大量的研究，我们现在所说的克隆也通常是指人工遗传操作动物繁殖的过程。

克隆技术从无到有，它的每一步发展，每一次突破的进程中都蕴含了深刻的创新科学原理。在赞叹这项伟大科学技术得以成功之余，我们对其体现出的创新科学原理进行了分析讨论，以更好地揭示“生命复制”奇迹背后所隐藏的科学原理和创新规律。

10.1 克隆技术诞生的前奏曲——核移植实验

虽然复制生命这样的想法在很早之前就萌生了，但是克隆技术的发明却并非是通过奇思妙想得以实现的。生物学家在研究动物细胞分化的可逆性问题时灵感思维迸发，提出了核移植的假想实验，这是核移植技术的开端，也是克隆技术的前奏曲。

德国胚胎学家汉斯·思佩曼（Hans Spellman，1869—1941）毕生从事两栖类胚胎早期发育的研究。1914 年，他在对蝾螈的胚胎做研究时，通过一个实验否定了分化不可逆转这一理论，这为克隆技术的诞生提供了一个大的理论前提。思佩曼在蝾螈受精卵分裂为二细胞（二分裂球）时，用新生儿的头发在两个分裂球之间结扎，然后收紧用于结扎的头发，细胞核便集中到一边，细胞质留在了另一边，有核部分开始分裂，无核部分停止分裂。将结扎的头发略微松开，使其中一个分裂球的核通过细胞质进入无核部分，此时原来无核的部分在获得细胞核后又开始分裂，结果每个分裂球都发育成一个完整的胚胎，如图 4-10-2 所示。这一实验结果证明了细胞核中包含有能使个体发育的遗传物质，也成功地实现了人工双生，而利用新生儿头发进行结扎这一灵感使蝾螈实验成为经典。这蕴含的灵感思维并非是无意识情况下产生的一种突发性的创造思维，而是思佩曼在长期的胚胎研究实验中积累了足够的知识，在思维高度专注的状态下迸发出来的。灵感思维这一创新科学原理像一把钥匙一样，开启了核移植这扇通往克隆新世界的大门。

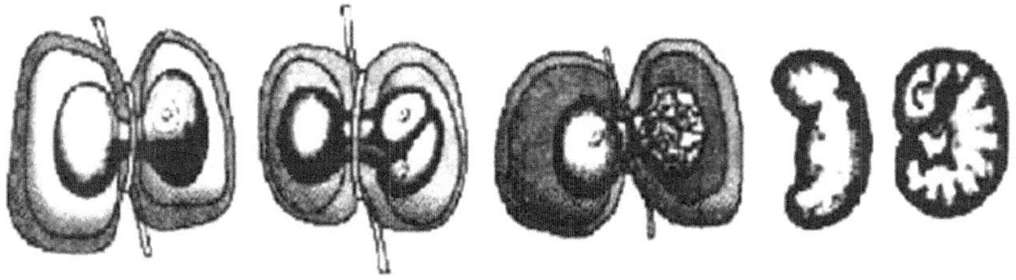

图 4-10-2 蝾螈实验示意图

受到蝾螈实验的启发，1938 年，思佩曼在对这些结果进行分析总结时，提出核移植的设想。既然无核的蝾螈分裂球在获得细胞核后就能继续分裂发育，那把一个细胞的细胞核取出，放到一个没有细胞核的卵细胞内，对融合后的细胞进行培育，使其分裂发育成新的个体在理论上也是可以成功的。联想思维将蝾螈实验中得出的细胞核可以使分裂球分裂发育这一结果与细胞核移植这一想法有机地联系到一起，在这种具有逻辑必然性的联想下，核移植构想成功诞生。由于技术上的限制等原因，思佩曼并没有能将他核移植这一伟大构想用实验来证实，但是这一想法的提出似乎让人们看到了克隆生物个体的可能性，也为后人进行核移植实验提供了研究思路。

思想是驱动实践前行的不竭动力，创新思维产生的成果—— 核移植构想，启发了科学家们进行实验验证。

1962 年，英国发育生物学家约翰·伯特兰·格登（John Bertrand Gurdon，1933—）根据思佩曼的细胞核移植构想做了克隆青蛙的实验尝试。格登将成年青蛙体细胞的细胞核移植到另一只青蛙的卵细胞中，卵细胞成功存活、发育，但每次得到的克隆青蛙都会在蝌蚪阶段死亡。虽然格登最终没有培育出青蛙，但是他利用成年供体细胞成功地克隆了一种生物—— 蝌蚪，并且证明了分化的细胞核还具有发育全能性。关于核移植技术的创新科学思维原理如图 4-10-3 所示。

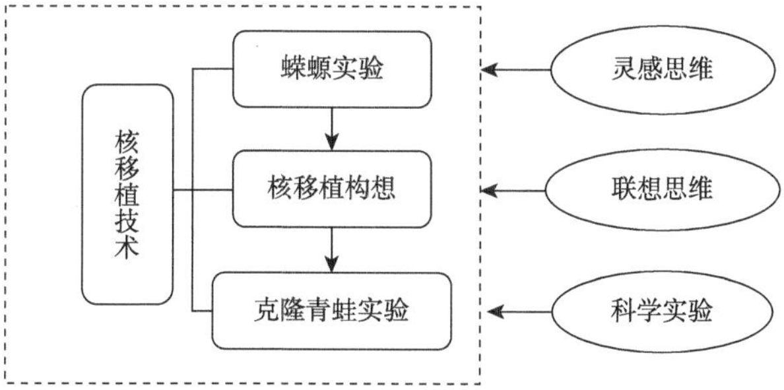

图 4-10-3 核移植技术的创新科学思维原理

10.2　克隆技术的变奏曲——克隆羊多莉

20 世纪 70 年代末，核移植技术在两栖类和鱼类上的研究已经较为成熟，但是对于哺乳类动物的研究才刚刚起步。由于哺乳动物的卵母细胞要比两栖类的小得多，且容易受损伤，因此操作难度要大很多。虽然在 20 世纪 80 年代初，哺乳动物核移植研究就已经拉开了序幕，但是科学家克隆出的动物都是从处于发育初期的胚胎中提取的细胞核，而且克隆的动物也没有能够长期存活的，也就是说，之前的克隆动物并没有实际的应用价值。

核移植实验只是为克隆技术提供原理支持的前奏曲，而奏响克隆技术变奏曲的是克隆羊多莉，多莉的诞生标志着克隆技术的真正成功——多莉不仅存活了下来，而且还生了 6 只正常的小羊，这是克隆发展史上绝无仅有的先例。多莉的成功克隆不仅证明了从一个具有自身特征的成年细胞提取出的基因物质是能够进行重新编写并产生全新一代的，而且也向世界展示了，实现大规模具有实用意义的克隆是有可能的。

然而，多莉的成功克隆却来之不易。伊恩 · 威尔马特（Ian Wilmut，1944—）和基思 · 坎贝尔（Keith Campbell，1954—2012）以问题为导向，对利用成年细胞进行克隆实验失败的原因进行分析，发现可能是因为捐赠者的细胞发育周期和卵细胞的发育周期不一致导致的。在尝试了各种能够强制供体细胞减缓周期节律的方法后，他们得出了结论，从供体细胞中提取出的重要营养物质能让供体细胞进入休眠状态，这就解决了供体细胞核和受体卵细胞发育周期不一致的问题。但是这样做会带来一个新的问题，等到把处于休眠状态的细胞核植入卵细胞后，没有办法让细胞核脱离休眠状态。问题引导创新原理使威尔马特不断循着问题失败的原因分析，然后尝试各种方法去解决问题，虽然在这个过程中不断遇到新的问题，但是随着一个个新问题的发现和解决，克隆技术的探索进程在不断向前推进着。

为了实现克隆成功这个目标，威尔马特尝试了很多方法来解决实验中遇到的问题。终于有一天，他想到了电击使昏迷的病人苏醒在医学上的应用。既然电击能使昏迷的病人苏醒，那处于休眠状态的细胞核受到电击或许也能脱离休眠状态。注意到这两者之间的相似性和相通性之后，威尔马特尝试将电击法“移植”到克隆技术中解决细胞核休眠的问题。实验证明，电流真的使细胞核和卵细胞同时活动起来，并且电击之后二者的发育节律保持一致，细胞也成功进入分裂阶段，等到每个胚胎充分发育后便可植入母羊体内。1996 年 7 月 5 日，多莉诞生了，并成为第一只真正利用成年供体组织培育出的克隆动物，从此复制出一模一样的生物由幻想变成了现实（克隆技术流程如图4-10-4所示）。电击法也成为克隆技术中的关键方法，在后来的实践中被广泛采用，移植原理的运用效果也得以完美呈现。

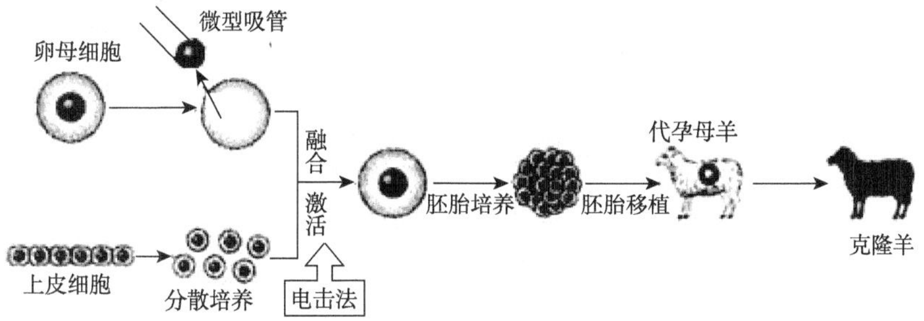

图 4-10-4　克隆技术流程图

创新决策正是以目标实现为根本导向才能支持科学家几十年如一日地进行科学实验以获得成功，克隆技术的成功也体现了目标原理。威尔马特将克隆羊作为他的目标并为之不断努力，最终获得了成功，培养出了“多莉”。关于克隆技术研究过程中体现的创新科学原理如图 4-10-5 所示。

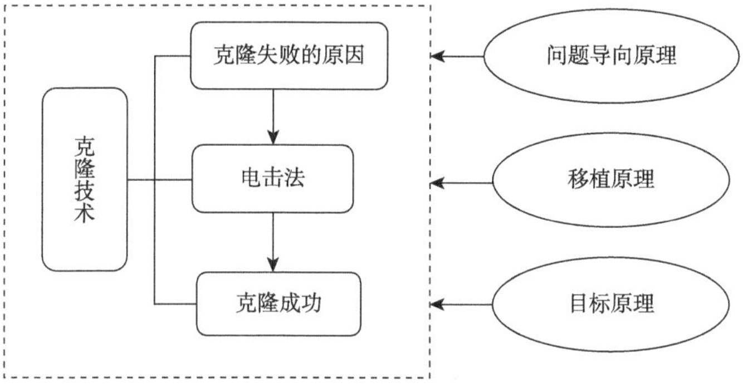

图 4-10-5　克隆技术的创新科学原理

10.3　克隆技术的进行曲——实际应用

从多莉的诞生到今天已经过去了 20 年，在这个日新月异的新时代，克隆技术早已蓬勃发展。任何的科学技术都要有其实际应用的意义才能体现它的价值，科学技术不断发展，应用领域也愈加广泛，克隆技术的进行曲将一直进行下去。如今，克隆技术已经在医学和农牧业领域得到了广泛应用。

在医学方面，单克隆抗体技术发展的较早也较为成熟。1975 年英国首先研制成功淋巴细胞杂交瘤技术。科学家运用组合原理，将淋巴细胞与骨髓瘤细胞进行融合，使产生的杂交瘤细胞同时具有这两种细胞的属性，既能产生针对特定抗原的单一抗体，又能实现无限繁殖。单克隆抗体问世后很快应用于临床实践并不断地发展，目前单克隆抗体已经用于诊断白血病、多种癌症、遗传疾病与心血管疾病，具有很大的医学价值。

在器官移植方面，克隆技术也做出了突出贡献。如果把克隆器官用于器官移植，既可以解决移植器官短缺的问题，又可以杜绝排异反应。排异反应一直是器官移植的一大困扰，克隆技术的应用，成功地运用还原原理，不再去纠结如何克服排异反应，而是回到器官移植最初的原点，即给患者提供一个健康的、匹配的器官，克隆器官完全满足这个要求。克隆技术培植出新的皮肤，制造的人造膝盖等，都为广大患者带来了福音。

在农牧业方面，科学家利用克隆技术培养出大量具有抗旱、抗倒伏、抗病虫害的优质高产品种，大大提高了粮食产量。畜牧领域，科学家充分利用现有的畜禽品种资源，培育出具有优良性状的品种、品系和种群，如高产奶牛。在同样条件和投入下，克隆技术使畜牧生产获得了最大的产出和效益。这些优良品种的价值被充分发挥利用，满足了人类的需要，体现了价值原理。

虽然克隆技术在医学和农牧业领域为人类解决了许多难题，带来了很大便利，但我们仍需运用辩证思维原理，用辩证的视角来看待克隆技术。克隆技术所带来的伦理问题一直是人们关注的焦点，也引发了社会的热议，尤其是关于克隆人问题的讨论。尽管有一些国家已经制定了相关的法律试图阻止人类对克隆人的研究，但是在全球范围内还没有形成监管克隆人行为的有效机制。关键问题是如何处理科学探索与伦理道德的关系。如果人们能够将这一问题加以解决，便可以引导克隆技术研究走上更科学的道路。

关于克隆技术应用中体现出的创新科学原理如图 4-10-6 所示。

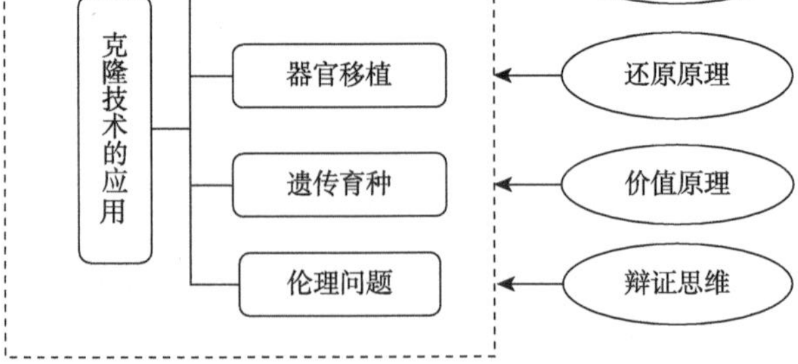

图 4-10-6　克隆技术应用中体现出的创新科学原理

10.4　克隆技术带给人们的创新启示

倘若没有对自然界的思考，没有对生命的探索，没有对真理的追求，克隆技术不会被发明创造出来，更不会在短短 20 年间迅速发展起来。在克隆技术这篇复制生命的乐章中，从前奏曲到变奏曲再到进行曲，每一曲都蕴含着众多创新科学原理的运用（图 4-10-7）。当然，克隆技术发展至此还远没有结束，克隆技术的应用领域还有更广阔的天地等待着我们去开发、探索，这篇乐章还将继续谱写出更华丽的乐曲。

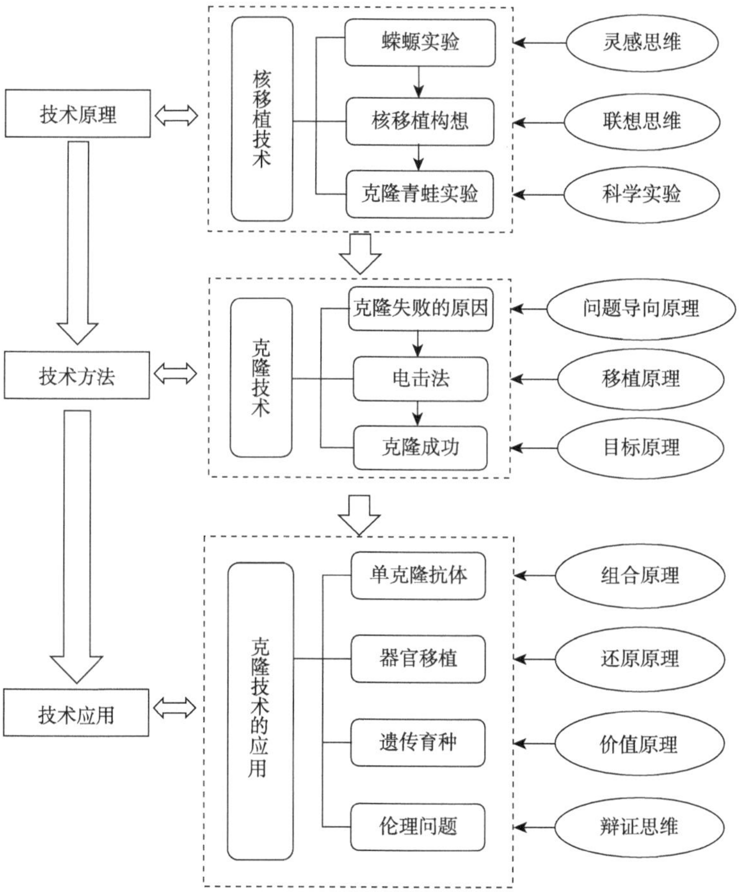

图 4-10-7　克隆技术发明中体现出的创新科学原理系统解析

参 考 文 献

陈甜甜. 2012. 浅析克隆技术的应用前景. 电子世界，（12）：71-72.

《复制生命的克隆技术》编写组. 2010. 复制生命的克隆技术. 广州：广东世界图书出版公司：4.

李建凡. 2002. 克隆技术. 北京：化学工业出版社：1.

刘海军. 2010. 动物克隆技术. 天津：天津科技翻译出版公司：3.

第五篇 生产制造能力演进中的创新机理

制造之誉

从有意捡石到磨石为具，看似简单的技能掌握你却留下了上百万年的记忆

从自然采集到学会农耕，生产技术的进步将你的生存力由被动演化到主动

渴望着盛水煮食的器具，熟悉的土和火融合竟巧妙地烧制出了不朽的陶器

一个世界伟大技术发明，由此揭开了人类主动利用和改造自然的全新履历……

知识积累和技术创新步履缓缓，但始终持续推动着社会生产力的不断进步

生产出现了盈余，劳动者冶炼出的青铜却被制成了贵族们享用的专利器具

当炼炉里流出滚滚铁流时，他被锤炼为耐用的器具，还有那锐利的冷兵器

耕作、酿酒、造纸、织布，似乎惬意的自给自足中，岁月悄然流逝数千年……

忽如一夜，汽笛长鸣，蒸汽动力牵发了一场震撼人类社会的生产方式革命

油煤奠基能源之脉，机器主宰制造之业，工厂规模生产替代低效手工作坊

科技成为社会发展之魂，知识呈现爆炸式增长，教育实现了普及与体系化

宏伟的时代啊，列车陆通四方、钢船跨洋远航、需求商品化、生活城镇化……

电力革命给人类带来了驱暗的灯火，为工业生产提供了便捷的动力能源

当计算机呱呱坠地时，有谁曾预见他能成为信息技术和工业信息化之领袖？

微电子、生物工程、新型材料，技术革命推动着制造创新、生产方式变革

慨之今朝制造新趋：自动化、信息化、数字化、虚拟化、网络化、智能化……

第1章　延千年文明之梦，品中华纺织之韵

“唧唧复唧唧，木兰当户织。”重温《木兰辞》，遥望过去，我们耳畔仿佛又响起了木兰织布的机杼声……伴随着这一声声有节奏的响音，一幅灿烂辉煌的纺织史画卷徐徐展开，呈现在我们眼前，似乎向我们诉说着它那悠悠的故事……

众所周知，中国是世界文明古国，也是世界上最早生产纺织品的国家之一，被誉为“衣冠王国”。从原始社会延续至现代社会，纺织的发展经历了简单机具到机械化大生产的革命性变革，其间不知又有多少创新发明的小故事发生呢?

时光如梭，岁月如流，让我们一起穿越千年的灿烂文明，从纺织的原材料、纺纱技术、织造技术、染整技术等方面，在技术演化创新发展的历程中，一同领略中华纺织韵味的魅力。

1.1　起源于编织成布的纺织文明——原始机具阶段

旧石器时代早中期的原始人类就已经利用阔大的树叶、树皮、兽皮、羽毛等防寒蔽体，旧石器时代后期至新石器时代早期产生了育蚕抽丝、纺纱线等技术。人们经历了由动物皮毛、植物编成的席子为简单的御寒之物，到后来的既保暖又美观，以麻、棉、丝等织成布来替代植物根茎的过程。

传说在大汶口文化时期，黄帝的元妃嫘祖发明了养蚕缫丝，蚕丝成为纺织技术所需的重要原材料。传闻嫘祖多病无食欲，几位女子本想为嫘祖摘些野果，她们在桑树林里发现了白色小果，以为找到好鲜果，采摘回来后，发现小果嚼不动且无法下咽，也没人知道这是什么果子。细心的嫘祖观察了缠绕在白果上的丝线，又询问了来源，思考片刻后，她高兴地对周围女子说：“这不是果子，虽不能吃，但却有缫丝的大用处，你们为黄帝立下一大功。”不久，嫘

祖病情好转，经过仔细观察，弄清了这种白色小果是一种虫子口吐细丝绕织而成，她打破惯性思维，另辟蹊径，变换新的视角去思考问题，从而发现了养蚕缫丝的“新大陆”。此后，在嫘祖的倡导下，华夏儿女便开启了养蚕、取丝、织绸的历史。

原始机具阶段的纺纱，人们利用已有的搓绳技术，即把绳子拉紧，一端不动，另一端向一个方向旋转，直到绳子绷紧后就拧在一起。技术之间的相似性让劳动者智慧迸发，他们联想到可以把此技术的原理移植运用到新的事物上，于是就创造出了绩和纺的技术。绩是先将植物茎皮劈成极细长缕，然后逐根拈接，纺则是利用回转体的惯性先把纤维松解，再把多根拈合成纱。织造技术是从早期渔猎用的编结制品网罟，以及装垫用的编制品筐席演变成后来的腰机和综版式织机。原始腰机（图 5-1-1）是现代织布机的始祖，也是新石器时代纺织技术上的重要成就之一，它的出现真正解决了人们的穿衣问题。到了新石器时代晚期，人们就已经开始利用天然色素进行染色和装饰，如用赤铁矿粉末将麻布染成红色等。

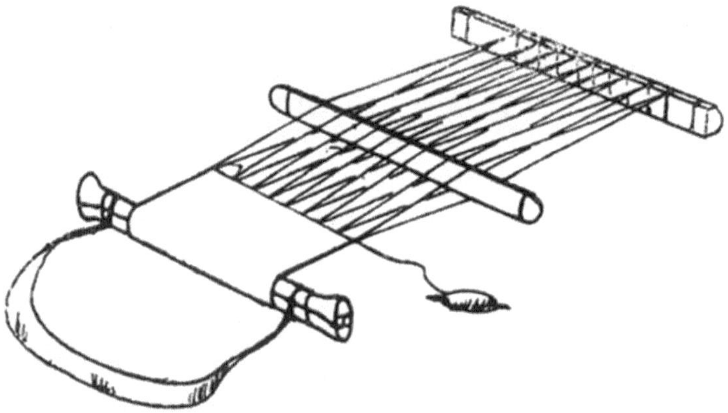

图 5-1-1　原始腰机

原始机具阶段是纺织技术的最初形成阶段（表 5-1-1），纺织以手工为主，虽然只是采用简单的工具织造出单调的几何图案，但已经奠定了纺纱技术的基础。

表 5-1-1　原始机具阶段纺织情况表

时间	原材料	纺纱技术	织造技术	染整技术	面料特点
原始社会	旧石器时代早中期：原始人类学会用树叶和兽皮防寒蔽体 旧石器时代后期至新石器时代初期：发明纺纱线、育蚕抽丝等	创造出绩和纺的技术	最原始的织具：骨针； 最早的纺织工具：纺坠； 原始的织机：腰机和综版式织机	利用天然色素进行染色和装饰	江苏吴县草鞋；原始绞纱葛织物

1.2　复杂机具的产生与演进推动纺织技术不断成熟——机械与作坊阶段

秦汉到清末，是纺织的机械与作坊阶段，大宗纺织原料几经更迭。从汉到唐，麻逐步取代了葛；宋至明，棉又取代了麻。宋代范成大的《缫丝行》里提到："缫车嘈嘈似风雨，茧厚丝长无断缕。今年那暇织绢着，明日西门卖丝去。"生动地摹写了当时妇女缫丝的情景，富有浓郁的生活气息。机械与作坊时期，手工纺织机器逐步发展提高，出现了多种形式，如缫车、纺车由手摇单锭式发展到多种复锭（每台 3~5 锭）脚踏式。织机形成了素机和花机两大类，花机又发展出多综多蹑（踏板）和束综（经线个别牵吊）两种形式。

纺纱方面，中国古代的纺车形成了独立的发展体系，它兼有纺纱和加捻合线的功能，经历了由手摇纺车到脚踏纺车（图 5-1-2），再到水力纺车，由单锭到多锭的发展过程。

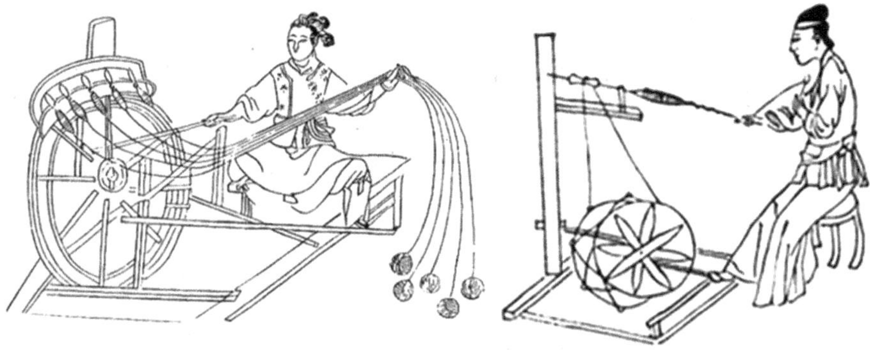

图 5-1-2　手摇纺车（左）与脚踏纺车（右）

大纺车大约出现于宋代，是在复锭脚踏纺车的基础上创制而成的。大纺车（图 5-1-3）由加捻卷绕、传动和原动 3 部分构成。加捻卷绕的关键部分是锭子部分，用来承托锭子底部的铁锭杆。纱管由木车成，中空，套在铁锭杆上紧配成一体。大纺车一般用于纺制麻纱，而麻缕又比较粗松，在纱管上绕的量少，所以就要经常停车换管，但这大大降低了工作效率。人们以减少换管这一目标为导向，将管边加大，使之能容纳较多的麻缕，然而管边直径过大过重，则皮弦就无法靠摩擦带动锭杆回转。古代的纺织工匠对这一矛盾进行了细致分析，他们发现把锭杆加长，使锭杆在轴承到脚铁环之间的距离，等于或大于锭子前端木纱管的长度，巧妙地运用杠杆原理，使铁环前移靠近纱管边，就可以减少锭杆在木轴承处的摩擦力，问题自然迎刃而解。

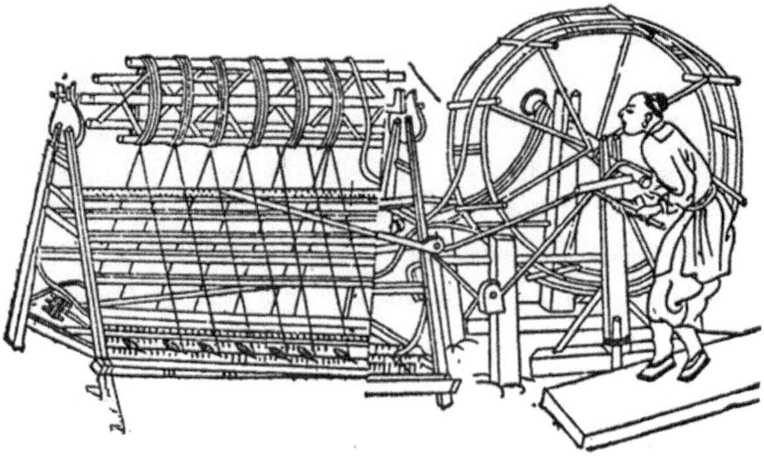

图 5-1-3　大纺车

水力大纺车出现于宋代，由大纺车与水转原动机构组合而成。其原动机构是一个直径很大的水轮，利用水流冲击水轮上的辐板，发生连续的推动力，促使水轮旋转。水力大纺车是古代世界中的先进纺纱机械，在西方，直到 1769 年，才由英国人创造出水力纺机并建立欧洲第一个水力纺纱厂。

织造方面，宋末元初的黄道婆在棉纺织工艺上做出了重大贡献，可归纳为捍（搅车，即轧棉机）、弹（弹棉弓）、纺（纺车）、织（织机）之具和“错纱配色，综线挈花”等织造技术。捍、弹、纺、织分别代表了 4 个主要工艺，能够概括整个棉花初加工和纺织过程。海南省黎族人民织造的著名棉织物，黎单、黎巾、黎幕都是色织布，织造时要进行“错纱配色”。我们从综线挈花分析，可能其是利用了束综提花装置，以织造大提花织物，这种大提花装置在丝织上其实早已采用，能织造出“折枝”、“团风”和“字样”。黄道婆比欧洲早 400 年发明出脚踏“三绽三线”纺纱车和“踞织腰机”织布机，提高了织锦质量，成为“中国古代伟大的女纺织家”。以“踏车椎弓”织出的黎锦、筒裙的图案艳丽素雅，有鸡花纹、马尾纹、青蛙纹等 200 多种，被誉为“机杼精工，百卉千华”。

染整技术方面，西汉已开始用化学方法制取朱砂、胡粉，唐朝分多色套染和单色染，绯、紫、黄、青等最为流行，宋代有用硫黄熏白。明代的《天工开物》《天水冰山录》记载有 57 种色彩名称，清代的《雪宧绣谱》已出现各类色彩名称共计 704 种。

机械与作坊阶段是纺织技术的成熟阶段（表 5-1-2），一方面纺织机具得到了改进和完善，另一方面纺、织、印、染及后期处理的各个工艺流程已趋完善，形成系统，同时纺织品的种类在这一阶段也得到充分的发展，显示出各自的特点。

表 5-1-2　机械与作坊阶段纺织情况表

时间	原材料	纺纱技术	织造技术	染整技术	面料特点
秦汉至清末	从汉到唐，麻逐步取代了葛。宋至明，棉又取代了麻	纺车：宋代大纺车（减少换管、加长锭杆）	宋末元初的黄道婆在棉纺织工艺上做出重大贡献：①捍、弹、纺、织 4 个主要工艺和“错纱配色，综线挈花”等织造技术；②“三绽三线”纺纱车和“踞织腰机”织布机	西汉已开始用化学方法制取朱砂、胡粉；唐朝分多色套染和单色染，宋代有用硫黄熏白；明清颜色种类繁多	汉代：马王堆汉墓的绒圈锦；隋唐：纱罗织品；南宋：缂丝；明代：妆花、改机、漳缎、云布、丝布等

1.3　步入机器生产的纺织时代—— 工业化生产阶段

1764 年，詹姆士·哈格里夫斯（James Hargreaves，1721—1778）发明珍妮纺纱机，这之后西欧国家大量倾销“洋纱”“洋布”，猛烈地冲击了中国手工纺织业，再加之中国鸦片战争的失败，内忧外患的情境下，我国不得不做出创新决策。1870 年我国开始引进欧洲纺织技术，开办近代大型纺织工厂，从此形成了少数大城市集中性纺织大生产和广大农村中分散性手工机器纺织生产长期并存的局面，这是大工业化纺织的形成阶段。

合成纤维的生产是在 20 世纪 30 年代中期开始的，当时采用了几种碳链类成纤高聚物，将其溶液用干法或湿法纺丝制成纤维，纤维品种主要有涤纶、锦纶和腈纶，其次是丙纶、维纶和氯纶，它们作为第一代合成纤维为纺织工业的发展提供了大量的原料。

在纺纱方面，主要有清梳联合机和转杯纺纱等。清梳联合机俗称清钢联，是当代棉纺技术的一项重要发展，将原来清棉机对棉流的加压、成卷、落卷、堆放、搬运以及梳棉机的上卷、换卷、退卷、搭接头等一系列人工操作进行压缩，组合成了开清棉机的棉流经过输棉管道和连接棉箱直接喂入梳棉机，从而合并时间上相邻的操作，达到了降低成本、节省时间和空间的效果。

转杯纺纱是自由端纺纱方法之一，也是目前各种新型纺纱中较为成熟，并已大量推广应用的一种纺纱新技术，利用机械力和空气力相结合进行纺纱，转杯纺纱喂入的纤维条经开松、输送、凝聚、加捻卷绕成纱。转杯纺纱机的纺纱杯有自排风式和抽气式两大类，对这两类进行比较，大致分析出如下利弊：前者占地面积小，不需要增加附属设备，投资省，但加捻器内容易积聚灰尘，断头后需要清扫杯内的灰尘和断纱头；而后者锭距大，可采用容量较大的条筒喂入，加捻器内不会积聚灰尘，断头后无须清扫杯内的灰尘和断纱头，但需要增加附属设备，因而占地面积略大。将这两种类型进行归纳总结后，依据不同的需求来对纺纱杯的类型进行比较，从而做出决策，使之更符合纺纱种类的要求。

中华人民共和国成立后，纺织生产迅速发展，已能制造全套纺织染整机器设备，化学纤维生产也迅速发展起来，逐步形成了集体化大生产的纺织工厂体系。

步入纺织的机器生产时代是纺织生产技术的转型阶段（表 5-1-3），这一阶段对传统纺织机具进行了机械化改造，将原本用人力操作的机具改造成为用蒸汽和电力驱动的机器，极大地提高了生产能力和纺织产品的产量，减轻了劳动强度，同时也使纺织品的种类和生产质量得到了丰富和提高。

表 5-1-3　工业化生产阶段纺织情况表

时间	原材料	纺纱技术	织造技术	染整技术	面料特点
清末至改革开放	合成纤维：涤纶、锦纶、腈纶、丙纶、维纶和氯纶等	清梳联合机：合并时间上相邻的操作。 转杯纺纱：纺纱杯分自排风式和抽气式两大类，依据需求进行选择	对传统纺织机具进行了机械化改造：将原本用人力操作的机具改造成为用蒸汽和电力驱动的机器	全套纺织染整机器设备	面料多是机织的“洋布”、粗棉布、麻布

1.4　再造中华纺织辉煌—— 精细化、智能化生产阶段

改革开放以来，一大批高新技术的应用改进了传统的纺织工业，现代纺织业成了百花盛开的大观园。试想一下，如若黄道婆走进现代纺织大观园，看到人们穿着丰富多彩的时装，会是怎样的一番赞叹呢？

在原材料上，纺丝多种多样，在纯天然的基础上创新出了仿天然、化学品以及混合品等，化学纤维纺丝逐渐得到广泛应用，有液晶纺丝、凝胶纺丝等。液晶纺丝是指溶致性液晶聚合物溶液或溶致性液晶聚合物熔体，经干喷、湿纺或熔纺而成纤的方法。在自然界，蚕丝就是由生物高分子液晶得到的天然纤维，而液晶纺丝突破了人工制造纺丝材料与自然界天然形成的界限，模仿桑蚕吐丝，通过分析桑蚕吐丝的结构特点和机理，模拟其功能，采用具有液晶状态的溶液来纺丝，开辟了现代化学纺丝技术的新途径。

在纺纱方面，这一时期有喷气纺纱，摩擦纺纱以及其他新型纺纱。喷气纺纱是一种非传统纺纱方法，分为单喷嘴式和双喷嘴式两种，它利用喷射气流对牵伸

后，纤维条进行加捻，纤维条上一些头端自由纤维包缠在纤维条外围纺纱；摩擦纺纱是一种自由端纺纱，具有与转杯纺纱相似的喂入开松机构，将喂入纤维条分解成单根纤维状态，而纤维的凝聚加捻则是通过带抽吸装置的筛网来实现的。

在织机方面，我国积极引进国外先进技术，学习借鉴先进经验，这一时期主要有剑杆织机、片梭织机、喷气织机以及其他新型织机。剑杆织机是使用往复移动的剑状杆叉入或夹持纬纱引入梭口的无梭织机。片梭织机（图 5-1-4）在机器的一侧增加了一个供纱系统，片梭引纬方式是利用其内部的梭夹钳口夹住纬纱的纱端而将纬纱引入梭口的。喷气织机是新型织机的一种，它的引纬方法是用喷射出的压缩气流对纬纱进行牵引，将纬纱带过梭口来完成。喷气织机某种程度上蕴含了分合思维原理，先把喷气织机分解为单喷嘴、主喷嘴两种喷射方式和管道片、异形筘两种防气流扩散方式，这是“分”的思维，再运用“合”的思维把它们进行有效的组合，就形成了三种引纬类型：①单喷嘴+管道片形式；②主喷嘴+辅助喷嘴+管道片形式；③主喷嘴+辅助喷嘴+异形筘形式。这一创新原理遵循了将喷气织机的结构进行分解，把零部件标准化，再进行整体组装的生产工艺，从而形成了新的途径和方法，产生了喷气织机的三种引纬类型。

图 5-1-4　P7300 型片梭织机

这一时期的染整技术是一个充分体现科技与艺术交融、结合甚为密切的加工过程，它既承担了开发纺织品花式品种的重任，又必须不产生污染源、不污染环境，生产出不影响人们身体健康的环保产品。因此，采用高新技术、新工艺、各种灵活适用的联合机、智能化一体机等成为其发展的方向。在染整加工中，超声波技术具有传统工艺无法比拟的优点。由力学理论可知，任何材料的损伤和破坏都起源于材料中的原始缺陷和裂缝，而纤维高分子物无定形区的空隙正好提供了这种可能。当超声波作用于纤维材料时，所传送的能量也必然有一部分转化为裂纹扩展新表面所需的能量，引起裂纹的扩展，致使纤维表面如同被腐蚀一样，随着纤维内部比表面积的增加，纤维吸附染料的能力必然会大为提高。但是，纤维微结构发生上述的变化，也不可避免地会使纤维强力等物理机械性能发生变化，损伤面料。所以，就产生了不破坏面料纤维与纤维染色不佳这样一组矛盾，为此，生产者们一般采用折中原理，在工艺设计和操作时把这种损伤控制在允许范围内而达到两全其美，超声波这种加热的特点，有可能实现织物的低温染色，既可节约能源，又可缩短加工时间，而且无染料泳移，着色也比较均匀。

精细化、智能化生产阶段是在继承与发展中不断进步，不断创新的阶段（表 5-1-4），人们在满足了基本的需求后，开始标新立异，朝着个性化的方向发展。

表 5-1-4　精细化、智能化生产阶段纺织情况表

时间	原材料	纺纱技术	织造技术	染整技术	面料特点
改革开放至今	纺丝多种多样，化学纺丝广泛应用。 液晶纺丝（模仿桑蚕吐丝）、凝胶纺丝等	喷气纺纱，摩擦纺纱以及其他新型纺纱等	剑杆织机、片梭织机、喷气织机以及其他新型织机	方向：高新技术、新工艺、各种灵活适用的联合机、智能化一体机。 应用：超声波染整技术	多种多样，新颖奇特

1.5　创新纺织，创造生活

回顾整个纺织发展史，我们不难发现：现代新型纺织技术虽与传统纺织技术差别很大，但传统纺织技术中经验的积累以及问题的创新解决为现代纺织技术发展提供了借鉴。人类的创新思维能力是永无止境的，在创新中不断积累经验和技术，提高生产力水平。在纺织文明演进过程中融入了科学创新原理（图 5-1-5），指导人们不断创新，由最初的防寒蔽体到如今的靓丽时尚，打造了纺织技术一个又一个不断发展的里程碑。

原始机具阶段，嫘祖发明了育蚕缫丝，这一时期人们展开丰富的联想，把搓绳的技艺移植创造出了绩和纺的技术；在机械与作坊阶段，工人们为了实现大纺车减少换管这一目标，把管边加大，然而却又面临着种种矛盾，之后巧妙运用杠杆原理使问题迎刃而解；步入工业化生产阶段后，在内忧外患的情境下，我国引进国外先进设备和技术，创新思维原理被灵活地运用于纺纱设备中，如清梳联合机的组合原理和转杯纺纱的比较原理等；在精细化、智能化生产阶段，化学纤维中的液晶纺丝，模仿桑蚕吐丝的功能，开辟了现代化学纺丝技术的新途径。另外，这一时期的超声波染整技术，是人们采用折中的办法以达到两全其美的创新实践—— 既不损坏面料又能染色均匀，为我们的生活增添了一抹鲜艳的色彩。

合上这幅展现纺织韵味的历史画卷，仿佛如同一场延续的梦，我们在此刻短暂的相逢，穿越千年，那个替父从军的花木兰手中织布的机杼声，已悄然演变成

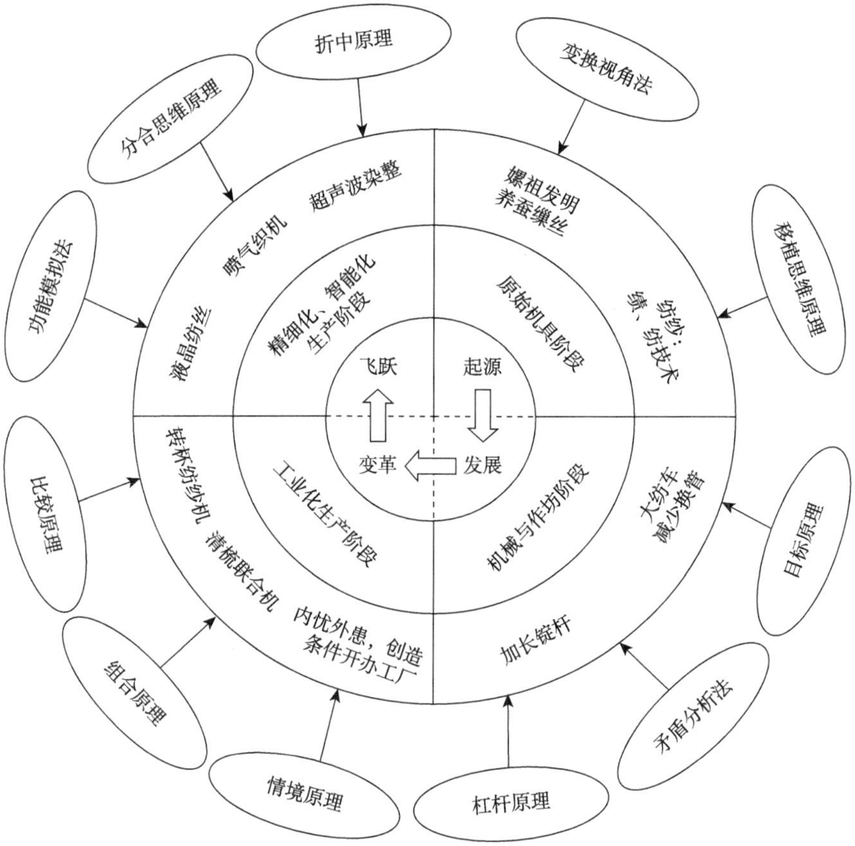

图 5-1-5　中华纺织文明演进中的科学创新原理分析

如今大机器的轰隆声，生产方式与制造工艺的演进作为社会发展的驱动轮，推动着我们进入更绚丽的纺织时代，站在时代的前沿，去创造更为时尚的潮流。

参考文献

徐顺成. 2013. 亲历《针织工业》与我国针织染整业的发展变化. 针织工业，（12）：21-25.

杨纪朝. 2011. 纺织行业现状与发展分析. 棉纺织技术，（1）：2-5.

祝大震. 1985. 我国水转大纺车的结构特点和演变过程. 中国科技史料，（5）：20-23，62.

第2章　冶炼工艺——石器时代向金属时代过渡的桥梁

冶炼，又称冶金或金属冶炼，被誉为人类文明出现的标志之一。通过冶炼工艺，人们得以从各种各样的矿石中提炼出大量的金属，用于各类生产活动，有力地推动了社会发展。可以说，现代世界的方方面面都离不开冶炼。

冶炼工艺不是一成不变的，从出现到成熟，经过了相当长的时间，其间的演化也极为复杂。据考古发现，其发展至今已经有至少五千年的历史。古往今来，在全球不同的地区，产生过多种冶炼工艺，而每一种工艺的出现都伴随着文明前进的脚步，体现着人类伟大的创新思维。

2.1　移植制陶技术，探索炼铜之法

根据权威专家的观点，金属的最早使用是在新石器时代（约一万年前）。人们最初使用的金属全部从自然界获得，如自然铜、陨铁、金和铂等。这些金属化学性质不活泼，难以被氧化，因而能在天然环境中稳定存在较长时间。得益于金属的优点和天性，人们在使用过程中逐渐发现，在很多用途上（如打猎、建筑等），天然金属完全可以取代之前一直采用的石器工具，其耐用度及效率也远高于后者。然而，天然金属资源总是有限的，但在这一阶段人们尚没有获得金属的其他方式，这与当时金属需求量的持续扩大形成了显著的矛盾。

所幸的是，古人从当时的制陶术中得到了灵感。在新石器时代早期，制陶术便已出现，而到了晚期，该技术已相对成熟。特别是平地堆烧法，其要求的工作温度非常高，超过了 1 000℃，虽远低于铁和其他主要金属的熔点，但超过铜的熔点（1 083.4℃）。制陶时，需要将黏土置于高温中烧制，而当某些含铜元素的矿石掺杂在黏土中时，温度条件得到满足的前提下，铜元素就能够被还原生成纯

度较低的铜（其他金属无法被还原，因为温度太低）。

这是一种无意识的结果，但人们却惊喜地发现，这种非天然的铜和天然铜相似度极高，于是不禁联想：为什么在烧陶的过程中会得到铜，能否生产更多的铜呢？以当时的主观及客观条件，他们不可能在短时间内回答这个问题。而从结果出发毫无疑问是一种虽“笨”却最为现实的思维，于是他们追本溯源，努力实践，逐渐弄懂了生成铜的最关键因素——高温和铜矿石，还意识到了它和制陶工艺之间的相似性。多次实验之后，人们得到了较为可行的手段：移植制陶中的平地堆烧法，即在平地上，将天然含铜矿石和木柴分层堆放、燃烧，当达到一定温度时，矿石熔化流出铜液，让铜液和炼渣流进火堆旁的坑内，进行分离。整个冶炼过程（如下料、加热、回收等）和制陶很相似。这种冶铜的“堆烧法”带来了意想不到的结果：尽管最终炼制的铜量少、纯度低、杂质多，却象征着人类从混合物中获得金属的伟大尝试，对人类文明的进程带来了深刻的影响。全世界不同地区出现还原金属的时间各不相同，大体是相互独立发展的，但毫无例外都是从炼铜开始，且后来的冶铜工艺也都脱胎于烧陶技术。

古人之所以能成功开创铜的冶炼，得益于他们以现实为基础，善于观察，大胆设想，在物资匮乏的条件下，不断尝试，追本溯源，抓住关键，将冶炼过程最核心的因素抽取出来，从而集中精力研究实现的手段。这种伟大的创新是对还原原理的充分体现。另外，他们就地取材，联想到制陶术所带来的启示，成功将已有经验巧妙应用到新的生产对象上，取得创新成果，移植原理的作用和高效率不言而喻。

2.2　低温难炼纯铜，竖炉终圆人梦

堆烧法冶铜的出现意味着整个石器时代的远去和青铜时代的到来，但这种得到铜的方法利用的是自然通风，还原很不充分，获得的铜不仅产量有限，纯度也很低。严格来说，此种技术还算不上真正的冶炼工艺。而随着人类生产能力的提高，对铜的需求迅猛增加，因此，找到能生产大量高纯度铜的方法成为迫切需求。

古人在使用堆烧法的过程中，不断累积的经验，使他们找到了导致问题的原因：温度虽足以还原铜，但依然不够高，不利于铜原料和杂质的分离；自然通风无法创造稳定的还原条件，难以人为控制。关键的矛盾就在于此，那么该如何解决呢？智力上的发展使人们认识到，只有这两个主要问题被解决了，才能达到目的。随后比堆烧温度更高的烧陶的窑炉的出现激发了人们的思考，人们想到：能

否把这种温度用来炼铜呢？经过对窑炉的不断改善，人们终于发明了熔炼铜的设备——竖炉（图 5-2-1）。

图 5-2-1　一种用于冶铜的竖炉

和堆烧法冶铜不同，在竖炉冶铜的过程中，加热在炉内进行，可以保证更高更恒定的温度，并且其特有的风嘴结构也让人工鼓风变得可行，从而使冶铜的程序变得容易控制。因此，竖炉冶铜法是冶炼工艺的真正开端，它的出现使铜的冶炼规模大大扩张，代表了青铜时代最高的冶铜水平。

古人在物资条件相对匮乏的社会条件下，从面临的问题本身出发，发挥想象力，在已有的事物中寻找突破口，提出具有开创性的竖炉冶铜，问题导向原理的高效性不言而喻，灵感思维也在其基础上实现了运转。这绝非是碰运气所致，而是主观能动性的生动体现，同时也表明：只有抓住核心矛盾，才能使创新工作具有更明确的目的性和方向性，进而使更多的资源聚集到解决问题的过程中，促进办法的早日出现。

2.3　多法改进工艺，人工冶炼铁水

其实，在天然金属的早期使用中，除了铜以外，陨铁也是使用对象之一，只是它不仅含量少，而且也不好打造，在生活中的用途很有限。然而，在竖炉冶铜中，氧化铁是溶剂之一，加上由于偶尔能保持足够高的温度，使得铁在竖炉底部被还

原，从而冶炼出具有一定纯度的铁，而且这种铁（也就是海绵铁）的性质和陨铁有着显著的差别。随着还原铁的数量越来越多，人们发现，和铜相比，不管是活性、用途广泛性，还是硬度等重要特征，铁显得更优越，因而其需求量也快速递增。

现实需求推动人们开始寻找冶炼铁的工艺。在铁器时代的早期，人们就想到，既然在竖炉冶铜中还原了铁，能不能以此类推，利用炼铜的过程来生产更多的铁呢？他们依葫芦画瓢，设想用铁矿石（一般是较富的铁矿石）取代铜矿石，将碎铁矿石与木炭混装或分层装入竖炉内，炼好一炉铁后停炉出铁，出铁位置不固定。

然而，付诸实际行动之后才发现，炼铜所用的竖炉在大部分时候仍无法保证还原铁所需的高温。那么如何解决呢？看来照搬是行不通的，人们又开始积极思考：在原材料、流程等没有问题的前提下，那么就只剩下炉子的问题了。受益于社会技术水平的不断提高，人们经过多次的失败后认识到，将竖炉的炉壁加厚能有效提高炉内温度，而尝试采用新材料制作的竖炉，不仅耐用度增强，炉内温度也进一步提升，为冶铁创造了最重要的条件。但仅仅达到温度的要求是不行的，因为冶铁所需的鼓风量也大大高于冶铜，否则，冶炼过程不稳定，还原条件也不充分，产生的铁的质量还是较差。古人依然从竖炉本身下手，充分运用创新思维，将原来的一个风嘴增加为若干个，并同时从多个风嘴进行鼓风，进风量大大增加，满足了冶铁对还原条件的高要求。

值得一提的是，在竖炉演变的黄金期（如中国的宋代），古人就已通过实践，将石灰石及白云石选为最理想的溶剂，并沿用至今。就这样，竖炉冶铁成为现实，铁的生产变得规模化，而铁在日常生活中的使用量迅速超过了铜。相对于冶铜，冶铁充分体现着人类创新能力的显著跃进。

在竖炉冶铁工艺的发展中，人们迂回思考，克服思维盲点，改变思维方式，积极面对各种困难，从而取得了理想的结果。这正是迂回原理的集中体现，说明遇到问题，从多方面思考，可能会得到意想不到的创新结果。此外，改变竖炉炉壁的厚度（尺寸改变）和增加风嘴的数量（数目改变），改进冶铁工艺，充分展现了变性原理的精髓，这看似简单的变化却蕴含着巨大的能量。

2.4　工业革命兴起，高炉拉升铁质

与之前的工艺相比，竖炉冶铁不管是在产量还是纯度上都有极大的进步，但它生产的是块状的海绵铁，纯度低，远比含铁量高的炉渣还难以熔化，要运用到实际生活生产中并不方便，这种缺点在人类进入近代后显得尤为显著。直到 14 世纪早期，借助前人累积的宝贵经验和高效的思考及解决问题的模式，许多技术

人员将竖炉冶铁的过程作为一个整体进行系统分析，包括炉型、筑炉、耐火材料、燃料、鼓风等，发现问题主要仍在于鼓风量不够大，炉内温度不够高。

工业革命时期，依托于当时科学技术的全面发展，科学家将竖炉改造成巨大的高炉。与竖炉不同的是，制造高炉的材料有很强的耐火性、抗压性，加上水力鼓风的运用，高炉鼓风量增大，促使高炉炉缸温度提高，于是炉内海绵铁可以大量渗碳而熔化，这样就产生了非常可观的生铁。此时冶铁原料不仅包含之前普遍使用的天然富块矿，还有烧结矿和球团矿等更难被还原的物质，而木炭也被能产生更好还原效果的焦炭所取代。同时，将第一次还原产生的生铁和矿石一起装炉再一次熔炼，便得到熟铁，产量增加，纯度也提高。经过几代人的努力，高炉冶铁工艺被持续改进而变得成熟，成为今天最重要的冶金技术，该方法生产的铁占世界铁总产量的95%以上。

科学家就竖炉冶铁存在的问题，对整个工艺做了足够周全的探究，对问题进行全方位、多角度把握。研究过程看似复杂、费心，实际却能对考察对象了解得更透彻，相应地，也使解决方案具有更好的针对性。这种系统分析的思想往往能产生稳中求进和滴水不漏的效果。

2.5　提纯增效减污，电化冶金显威

英国的工业革命让人类社会整体进入现代化，社会经济和科技都有了划时代的进步，而冶炼工艺的发展也顺应了这一趋向而快速发展。在新的时期，依托社会的进步，物质条件的极大提升，各种学科和技术之间的交流变得异常频繁，思想的碰撞闪烁着火花。现实条件使得人们能不断思考并实施：将不同事物的优点结合起来，以创造更大的价值。由此，许多创新成果应运而生。多种类型的冶炼新工艺便是这种创造性思想的代表产物，其中最具代表性的就是电化冶金，即利用电化学反应。在电解槽内，借助直流电能转变为化学能从金属盐水溶液或熔体中提取和处理金属。用这种工艺生产金属，产品纯度高、产量大，操作容易、安全性高，设备制造容易标准化，对环境的污染也相对较少，在现代社会的金属生产中具有越来越重要的地位。例如，电解提取的电锌量已达到锌总产量的80%，而其他金属用此工艺得到的产量也在不断增加。

电化冶金成型于19世纪初，是伴随着现代科技的系统化趋势才得以产生的。经过多年的演变、发展，科学家将不同类别、领域的知识和技术（特别是电学方面的）组合起来，并吸收以往冶金术的优势，才使得今天的电化冶金工艺不断完善、成熟，这个过程体现了系统综合原理的实际运用，同时也包含着移植原理的思想。

2.6　冶炼工艺的演变带来的启示

综上所述，冶炼工艺的发展呈现出从简单到复杂的总体走向，这是人类发挥创新思维的结果，即便存在某些运气成分，也是在刻苦的思考和总结的基础上得到的。解决各类实际问题时，应敢于设想，学会从已有的事物中寻找灵感，提高模仿（移植）能力，这也不失为一种便捷、卓有成效的创新手段。在现代化的今天，金属已成为日常生活必不可少的一部分，冶炼工艺更是层出不穷，较最初的形态有了极大的改进，但我们不能止步于此，而是应像前人那样，不断创新，寻求更好、更高效的方法，以使冶炼技术不断前进，创造更多的成果。

冶炼工艺发展过程中所体现的创新科学原理如图 5-2-2 所示。

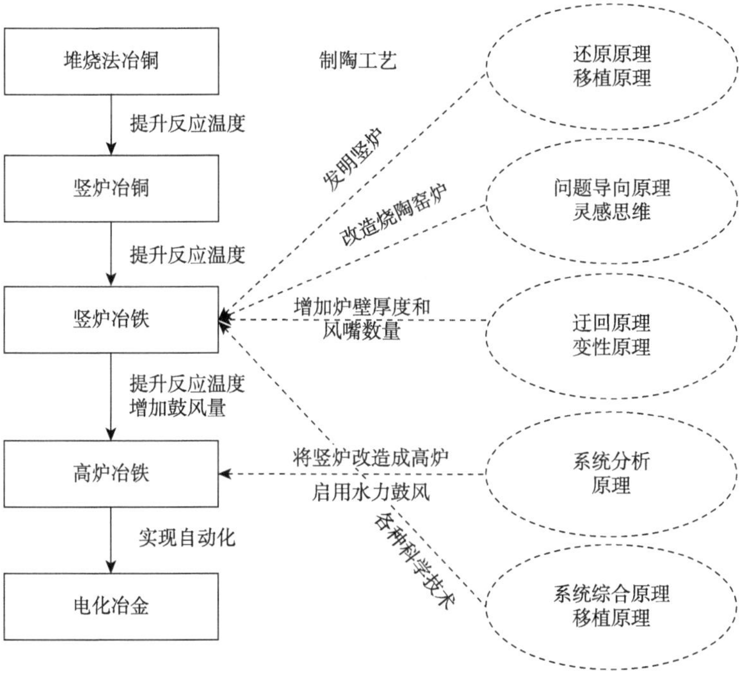

图 5-2-2　冶炼工艺发展过程中所体现的创新科学原理

参考文献

泰利柯特 R F. 1985. 世界冶金发展史. 华觉明译. 北京：科学技术文献出版社：1-10.

第3章　让生产精益求精，尽善尽美

第二次世界大战之后，日本经济遭受重创，日本的企业面临需求不足、技术落后和资金短缺的困境，汽车产业也未能幸免。相较于处在全球汽车产业发展顶峰的美国而言，日本的汽车产业衰败不堪。1937 年到 1950 年，日本丰田汽车公司的年产量还不及美国福特公司的日产量。然而经过几十年的发展，2003 年丰田汽车的销售量超过美国福特，在全球汽车销售排行榜上紧随美国通用汽车之后，位居第二，而其纯利润位居世界第一。是什么原因使丰田汽车公司从一个默默无闻的小公司发展成为世界知名的大企业呢?

没错，这一切都要归功于丰田汽车公司采用的"丰田生产方式"（后被美国学者定名为"精益生产方式"）。这种生产方式能够使生产系统很快适应不断变化的用户需求，精简生产过程中一切无用、多余的东西，实现最优效果。如此有效的生产方式一定是人们不断积累和探索的结果，那它是如何产生的，其中又经历了什么?

3.1　低成本目标开启丰田生产方式创新之路

第二次世界大战导致整个日本社会处于经济极度贫乏状态，日本的所有产业百废待兴，汽车产业也未能幸免。作为汽车生产制造商的丰田汽车公司也面临重重危机，原材料极度缺乏、汽车销量大幅度降低、资金短缺、职工工资无法兑现等，丰田甚至濒临破产。为挽救丰田，当时丰田汽车公司的总经理丰田喜一郎（Kiichiro Toyoda，1894—1952，1937~1950 年任丰田汽车公司总经理）提出"降低成本，消除不必要的浪费"的目标。

喜一郎的这一目标引导了丰田汽车公司的发展，虽然当时的汽车主流生产模式是以美国福特汽车为代表的大批量生产方式，但在日本工程师丰田英二（Eiji Toyoda，1913—2013，1967~1984 年任丰田汽车公司社长）和他的伙伴大野耐一

（Taiichi Ohno，1912—1990，1975~1978 年任丰田汽车公司副社长）对福特汽车厂进行学习和考察后，发现大批量生产方式并不完全适合当时的日本。为找到适合日本的生产方式，达到降低成本，消除不必要的浪费的目标，丰田英二和大野耐一对当时的生产模式进行了改善和创新。这一举措使丰田创新性地提出了新的生产方式，帮助丰田成功摆脱原有的困境，推动丰田逐渐发展成为世界一流汽车生产制造商。

3.2　适时适量生产，消除库存浪费

3.2.1　巧妙移植超市补货原理，生产方式变“推”为“拉”

关于消除浪费，丰田喜一郎有过这样一种构想，他说：“像汽车生产这种综合工业，最好把每个必要的零部件，非常准时地集中到装配线上，工人每天只做必要的数量。”丰田以前的生产方式是各工序严格按照生产计划生产。但是由于各个工序发生故障时间不同，导致有的工序生产的部件多，有的工序生产的部件少，使有些部件短缺，有些部件则堆放在仓库，带来生产效率低下、库存压力大的问题。这些问题一直困扰着当时以大野耐一为代表的丰田管理者。

直到有一天，大野耐一了解到美国超级市场的操作流程：在运营优良的超级市场中，商品的补充根据消费情况而定，当某种商品的数量减少至一定程度时，才会进行补货作业。受到这一原理的启发，大野耐一想到如果将这一原理应用到工厂作业中，打破原来的生产顺序，逆向推进，以最后一条组装线为起点，由后向前推进，即前一道工序等到后一道工序用完或者接近用完其所供应的材料或零部件时，才进行补货作业（图 5-3-1）。这样以生产工序的最后一条组装线为起点，后一道工序在需要的时刻去前一道工序领取正好需要的那一部分工件，前一道工序只需要生产被领取的那部分工件就可以。这种做法有效地减少了库存，提高了工作效率。

大野耐一巧妙移植了超市补货的原理，将其应用到工厂生产中，他不拘泥于常识，打破传统的定式思维，逆向思考，创造了后工序到前工序取件的流程，从而使推动式生产变成了拉动式生产。最后一道工序每拉动一下，这条生产绳就紧一紧，带动上一道工序的运转，从而控制生产量，减少库存，实现准时化生产。

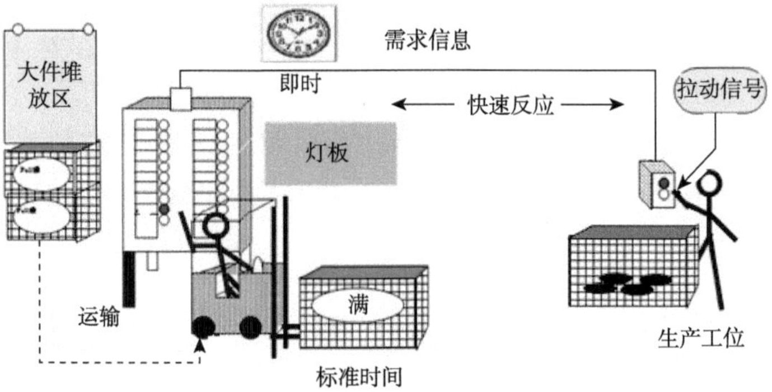

图 5-3-1　大野耐一改良后的生产流程图

3.2.2　引进国外快速换模法，迂回实现小批量生产

拉动式生产中后工序到前工序取件，后工序取走多少，前工序下次准备好同样的数量即可，然而，如果在某一段时间内集中领取同一种零部件，会造成前方工序的闲忙不均，引发生产混乱。

要解决这一问题，就必须缩小批量，迅速变换冲模，以最小批量从前工序领取必要的零部件，达到后工序每天以相近似的时间间隔领取数量相近的零部件。快速换模成为当时解决问题的关键。然而当时更换一次模具平均需要耗时 1 小时，如果一天需要制作 8 种零件，那么一天的生产效率就是零，如何做到快速更换模具，提高生产效率呢？丰田工程师们想到了丰田在巴西工厂的汽车生产，当时丰田巴西工厂每天的汽车生产量只有 2~3 台，零件需求量很小，而外包商接受的订单至少要 1 000 个零件，因此很难找到外包商给他们制造零件。巴西工厂决定自己制造零件，通过多次试验和改进，最终成功地把换模时间缩短至 15 分钟，并能自己制造所有零件。既然国内没有这项技术，为何不从国外引进，这样也能达到快速换模的目的。因此丰田从巴西引进换模技术，实现小批量生产。

日本丰田没有强制国内技术人员开发快速换模方法，而是采用从国外引进的方式，迂回前进，不仅节省了时间，而且加强了企业间的技术交流。这让我们看到当遇到困难的时候，摒弃常规，采用迂回包抄的方式，有时候可以达到意想不到的效果。

3.2.3　优化机群布局，实现不间断生产

丰田引进的快速换模技术为缩短生产前置期，实现多品种、小批量生产提

供了技术保证。但是，传统的产品生产和零部件加工机器是按照以工艺技术为中心的“机群式”设备布置方式，即把同一类型的机床设备布置在一起。在这种布置方式下，工序与工序之间缺少联结，各个工位所加工出来的产品堆积在机床旁，生产过程中需要生产到一定的数量才将这些产品和零部件定期送到需要的部门，这种间断式的流程造成了人员、库存等方面的浪费，而且小批量生产使各个部门每次的需求量减少，次数增加，这样就导致了单位时间内运输费用的增加。

运输费用增加会导致产品成本的增加，这是丰田必须摒弃的，那应该如何改变这一现状呢？既然“机群式”设备布置方式不能适应小批量生产，是否可以通过改变设备布置方式来改变这一现状呢？丰田人想到了另外一种方案——以产品为中心的“单元式”设备布置方式，即还原产品加工程序，按照产品加工程序串联不同功能的设备。实践证明，按照产品加工程序的要求摆放机器，可以缩短物流路线，简化运输工作，减少零件制品在工序内的等待时间，提高人员利用率，解决库存积压浪费和小批量生产所带来的费用增加问题。于是丰田采用了新型的设备布置方案，其中最典型的是U形布置方式（图 5-3-2）。

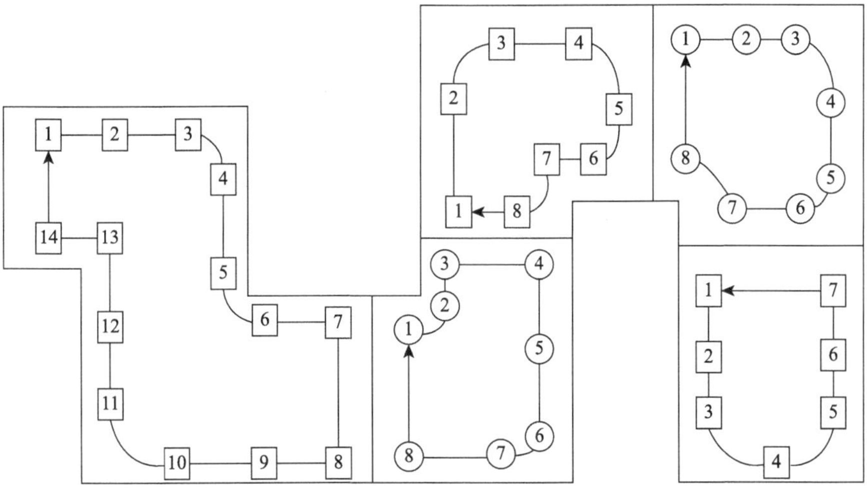

图 5-3-2　丰田的U形单元组合生产线

通过对比分析传统以工艺技术为中心的“机群式”设备布置方式和以产品为中心的“单元式”设备布置方式，丰田发现以产品为中心的“单元式”设备布置方式还原了产品的加工程序，更适合小批量生产，故而选用以产品为中心的“单元式”设备布置方式。这也让我们看到，通过比较，可以发现各种方式方法的优势和不足，我们才能结合实际情况，选择更适合自己的方式方法。

3.2.4 大胆质疑中改善传统标准化作业

泰勒科学管理方法中的标准化作业是通过调查影响工作的主要因素，发现有关因素和时间之间的规律，明确制定出员工必须遵循的工作步骤。这一生产管理方式在 19 世纪中后期到 20 世纪初得到西方国家管理者的大力认可，并迅速发展。第二次世界大战后，日本积极引进泰勒的科学管理方法，并制定了一系列的工作标准，企业管理也取得了显著的效果。然而，丰田却对这种生产管理模式提出了质疑。传统标准化作业把人当作生产链上的一个零件，片面地追求熟练工种带来的高效率，这种生产管理模式压抑了工人的劳动积极性，而且固定的工作岗位也抑制了雇员发挥更大的潜力，不利于员工的成长和工作中的创新，因此传统的标准化模式并不适合丰田。

丰田的管理者认识到，想要在汽车制造行业强于竞争对手，就必须打破传统官僚式的标准化作业模式，把员工当作问题的解决者，而不是只知道接受命令的工具，制定出切实可行的、能授权员工的标准。因此丰田管理者对泰勒的标准化作业进行了改进，由现场监督人员决定具体的标准作业，使标准作业具有可行性和公平性，同时激发了员工的主人翁意识。他们还用循环时间对作业人员进行再分配，减少了作业流程中人员的使用量。

丰田通过质疑传统标准化作业的适用性，发现传统标准化作业的劣势，并进行相应的调整，最终形成了网络化、有弹性和创新的标准化作业模式，提高了工作效率。由此可以看出，经典的理论并不是在任何时候都是适用的，大胆质疑，才能发现问题，并进一步改善，找到更合适的解决办法。

3.3 及时发现生产问题，努力改善产品品质

3.3.1 应用自动化原理，自动识别生产故障

第二次世界大战后，为提高生产效率，日本从欧美进口了很多自动化设备来替代人工。尽管是自动机械，但在实际生产中每台机床边还需配备一名工人看管，当发生故障时，再去叫修理人员来修理。为什么买来的自动机械不能自动生

产，还需要靠人来监管呢？

此时，丰田自动织机的创始人丰田佐吉（Toyoda Sakichi，1867—1930）的“自动化”思想启迪了丰田人。在丰田佐吉的工厂，一个人可以同时照看四五十台纺织机，这都要归功于丰田佐吉发明的一种具有自动停止功能的新型织机，这种纺织机在棉纱被切断或者纱料短缺时会自动跳闸，这时机器停止运转，纺织工人就会采取相应解决措施。如果将织布机自动跳闸的原理运用到自动化设备上，当工序出现故障时，设备就自动停止生产，这样在丰田是不是一个工人也可以照看多台机器，而不是一个人只能照看一台机器。通过不断研究，丰田技术人员找到了使自动化设备在工序出现故障时自动停止生产的方法——安装传感器，即将传感器装到机械上，当有工序出现故障时，自动机械马上停止生产，这一方法有效解决了自动机器需要专人看管的问题，实现了人机分离。

丰田人巧妙地将织布机自动停止原理移植到汽车生产过程中，不仅有效地解决了人机不能分离的问题，而且达到了有效监管产品质量的效果。这种将已有的方法和原理移植到新事物上，解决新问题的思维模式值得我们每一个人学习，也让我们看到传统的方法和原理并不一定是过时的，在解决新问题上，它们有时候会发挥重要的作用。

3.3.2　形象展示问题所在，诞生目视管理法

在生产现场，最让管理者头疼的就是不能及时发现管辖区内发生了什么问题，或者知道问题却因为信息量过少而束手无策。例如，在生产线上装上了传感器，当有工序出现故障时，生产马上停止了，但是问题出现在哪个环节呢？这就需要管理者一个一个环节去检查，费时费力。要是有个特别明显的东西可以提示具体哪个环节出现了问题就好了。什么东西比较醒目呢？丰田人联想到鲜艳的颜色、灯光等是能够让人一眼就注意到的，于是他们就想在各个机床上安装指示灯，哪个机床出现问题，哪个指示灯就亮，这样就可以马上发现问题所在，从而提高管理人员和修理人员的工作效率。

丰田人通过形象思维，在出现异常的部分利用指示灯警示管理人员，有效地解决了管理者不能及时发现管辖区内存在异常的问题。随后这种思想被广泛应用到生产的各个环节，发展成为后来的目视管理。这种创新思维巧妙地利用了人对各种色彩的视觉感知，使人一目了然的发现问题所在，可以说是生产管理上的又一创新。

3.3.3 执果索因，揭示问题产生的根源

在生产过程中，自动化生产能够在产生问题时自动停止生产线，目视管理能够形象反映问题所在，这些措施都有效地反映了生产中出现的具体问题，然而它们不能自动解决这些具体问题。如何有效地解决这些具体问题，使生产中不再出现同样的问题呢？要想解决问题就必须找到问题产生的最根本原因，这时丰田技术人员就会根据问题不断问自己“为什么”，如果“为什么”没有问到底，最根本的原因就没有找到，问题就不会彻底解决，以后还会发生同样的问题。因此他们会由问题出发，追根溯源，最终发现事情的因果关系或者隐藏在背后的“真正原因”。例如，为什么美国的生产率比日本高？一定是日本存在着大量的浪费。为什么日本生产中存在着大量浪费？因为生产过量、生产现场管理不善。为什么会产生生产过量？因为没有控制过量生产的机能。此时，他们找到了问题产生的根源，然后根据这一根本原因寻找解决问题的途径，问题就会被解决。

丰田人自问自答的问题分析方式为他们解决生产中遇到的问题提供了最有效的途径。这种从问题出发，追根溯源，寻找问题产生源头的逆向思维方式可谓功不可没。这也让我们看到，生产过程中追根溯源的问题解决模式才能从根本上解决问题，否则解决办法就不会奏效。

3.4 弹性化作业制，提高员工利用率

自动化设备的引入节省了人力，但是生产线上都是定员制，在产量减少时，人数不能与减产成等比例的减少，使人均产值下降。如何做到人均产值不下降，又能提高人员利用率呢？

要达到这一要求，就要打破原有的生产定员制，将作业人员和生产设备分离，并按照生产需要动态随机组合作业人员和生产设备，随时调整生产现场的作业人数，实现少人化生产。然而要实现这一目标存在重重困难。一方面，在传统生产方式中，工人通常只会操作一种设备，如果要打破定员制，就必须保证员工能够适应多个岗位的工作。另一方面，在生产过程中存在实际上不足一人的工作量却需要一个人进行作业（也称为“半端工数”）的现象。这些问题降低了员工利用率。丰田管理者根据这些问题，做出了相应的调整。首先，他们逐步培养作业工人成为多面手，即一个工人可以操作多种设备，在根据生产随机组合工人和

设备时，工人可以随时适应工作调整，保证生产顺利进行。其次，用自动化机器代替半端工数，有些生产无法消除半端工数，采用指定半端工数作业人员支援固定区域工作的方式，提高了员工利用率。

丰田将原来作为一个有机整体的作业人员和生产设备分开思考，得到了一个新的思路，按需动态组合作业人员和生产设备，可以迅速调整作业人员人数，达到少人化生产的目的。这也让我们看到把思考对象在思想中加以分解，有时候可以产生新思路、新方案，为我们解决问题提供了新途径。

3.5　经验升华为理论，成就经典生产管理范式

丰田以消除不必要的浪费，降低生产成本为目标，在原有生产模式的基础上进行改革和创新，最终成功摆脱濒临破产的困境，并逐步发展成为世界知名的汽车企业。在这快速发展的几十年里，丰田公司创造性提出的准时化生产、自动化生产等生产模式都发挥了不可估量的作用。丰田的快速发展引起了世人的关注，1985 年美国麻省理工学院“国际汽车计划”（International Motor Vehicle Program，IMVP）专项研究小组查阅公开的资料和实地考察，系统对比分析了大批量生产方式与日本的丰田生产方式，并于 1990 年出版了《改变世界的机器》一书，第一次把丰田生产方式定名为 lean production，即精益生产方式，将丰田的成功经验升华为可供人们学习的系统知识。

精益生产方式能有效地降低成本、消除不必要的浪费、改善产品质量，这是丰田在经过几十年不断探索和改善的基础上得到的，其中蕴含了多种创新科学原理（图 5-3-3），可谓是生产管理模式的一大创新。

精益生产方式的问世为企业界和学术界学习丰田生产的精髓提供了有效的途径。随着企业界和学术界对精益生产方式研究的深入，如今的精益生产方式已经不仅仅是丰田生产方式，它对原有的丰田生产方式进行了大量的补充和改进，各种新理论的方法不断涌现，如大规模定制与精益生产相结合、单元生产、JIT（just in time，实时生产系统）Ⅱ等，精益生产方式不断完善。精益生产方式也不再仅仅局限于制造业，它广泛应用于建筑设计和施工、服务行业、民航和运输业、医疗保健领域、通信和邮政管理，以及软件开发和编程等。相信精益生产方式会造福更多企业，为企业的腾飞插上翅膀。

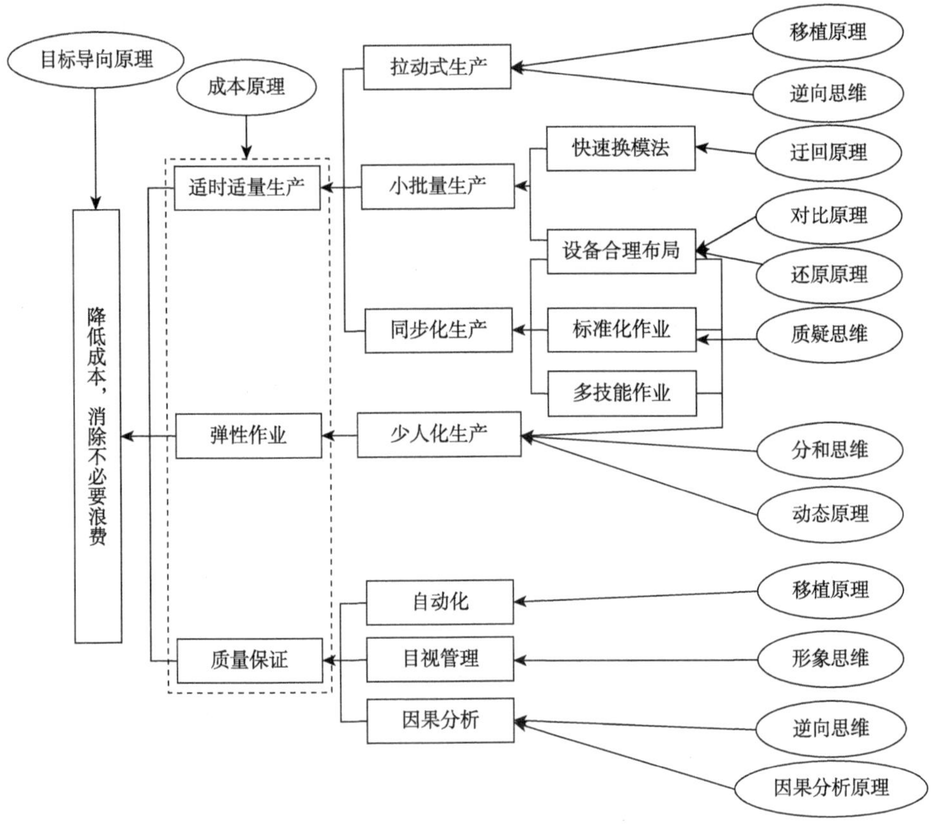

图 5-3-3　精益生产方式形成过程中蕴含的创新科学原理

参 考 文 献

大野耐一. 2006a. 大野耐一的现场管理. 崔柳译. 北京：机械工业出版社：75-84.

大野耐一. 2006b. 丰田生产方式. 谢克俭，李颖秋译. 北京：中国铁道出版社：40-52.

邓羊格. 2007. 打开丰田管理的黑匣子—— 从 TPS 到 TOTAL TPS. 浙江工商，（3）：32-35.

黄文，成波，柴宝亭. 2007. 丰田管理模式全集. 武汉：武汉大学出版社：2-20.

石清城，杨波，许慧玲. 2013. 丰田式精益现场改善之术. 北京：机械工业出版社：3-10.

第4章　面向全球集成共享资源的制造模式——敏捷制造

20 世纪中后期，随着信息技术与互联网的高速发展，新知识、新技术快速广泛地传播，企业间、地区间甚至国家间的经济联系和互动变得越来越紧密，全球经济向着一体化方向发展。在此背景下，消费者可以获得来自全球范围内的产品和服务。而企业为获得顾客青睐，不得不对新的需求做出快速反应，从而使得产品的生命周期逐渐缩短，市场也变得难以预测。技术、环境和思维的变化促使人们思考和探索更能适应全球经济常态下的制造模式，使企业可以在激烈的市场竞争中获得主动、赢得先机。

4.1　全球信息化背景下的超前战略探索

20 世纪七八十年代，新工艺和新设备的应用使得制造业整体效益有所提高。系统科学、运筹学等新知识进入管理领域，提高了企业的经营管理水平。新知识与新技术的出现，涌现出精益生产、集成制造、并行工程、虚拟制造、仿生制造等一大批关注产品成本与企业整体制造效益的新制造理念。这些新的理念也在潜移默化地影响改变着全球制造格局。

到了 20 世纪 90 年代，信息高速化发展，全球经济互动越来越密切，来自德国和日本的高质量产品大量占据着美国市场，迫使美国制造业将关注产品成本转向关注成本和质量。消费市场的需求变得多样化，产品更新换代的速度随之加快。例如，日本生产的汽车更新换代速度快于美国。市场竞争变得日益严峻，美国制造商开始关注产品响应市场的速度。与此同时，制造危机与市场困境，让美国开始思考怎样的制造模式可以让自己重获制造优势。于是，美国政府资助里海大学的雅柯卡研究所和通用汽车等 100 多家制造企业，耗费大量的人力、物力来分析和研究 400 多篇优秀报告，最终形成了一份代表新的生产方式的发展战略，即《21 世纪制造企业战略》。这份战略中，“敏捷制造”首次被提出。

敏捷制造理念被提出的整个过程如图 5-4-1 所示，这让我们看到政府、企业，以及学术界的专家们带着对问题的思考，群策群力，通过对已有的制造模式进行研究探讨，取其精华，去其糟粕，最终形成了敏捷制造这一具有预见性的超前制造理念，这正是集智原理的应用，引导了生产方式的创新。

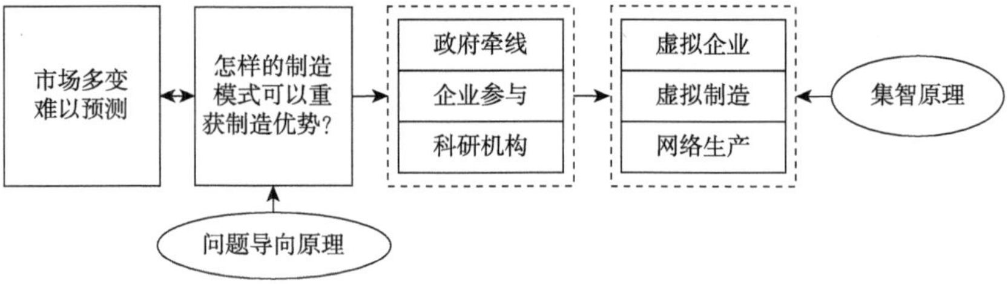

图 5-4-1　敏捷制造诞生的创新过程

敏捷制造这一战略理念是基于全球化背景，在吸收和总结多种制造模式与理念后形成的最终探索。那么，当市场机遇出现时，制造实体要如何实现敏捷制造呢?

4.2　虚拟企业——敏捷制造实现的组织模式

竞争环境快速变化，产品越来越复杂，对于某些产品仅靠一个企业的力量，已不可能快速且独立进行开发、生产、投入市场，于是，企业间有了合作，合作的深入发展，有了企业联盟。此时，计算机科学的发展，让人们有了“虚拟”的概念。由此，学者们开始思考：面对市场的多变需求，可不可以根据特定的任务，将一个公司内部某些部门或不同公司的资源、技术和人员进行最优配置，快速组成一个临时性企业，并用计算机网络加强企业内成员的联系和互动，从而快速地响应市场需求和变化，当任务完成时，虚拟企业自行解体，各成员转入其他任务中去。

虚拟企业的理念诞生于企业合作的形式之下，实现在计算机创造的“虚拟”环境中，是将企业合作与虚拟相结合后移植应用的结果，这恰恰是聚合思维与移植思维这两种思维原理相结合产生的创新。那么，虚拟企业具体是什么，它又是如何实现敏捷制造的呢?

首先，虚拟企业是伴随着特定的任务和目标而产生的，随市场机遇的存亡而聚散。当市场需求发生变化时，企业所追求的目标随之变更，虚拟企业需要跟随市场变化调整组织结构，解散并再重新组合新的虚拟企业。这种跟随市场趋势，根据特定目标成立或解散的过程，实现了组织形式的创新，正是市场导向原理和目标原理的应用。其次，围绕特定的任务和目标，虚拟企业聚合着不同地区的资源，并且在正式运行前，分析其自身是否达到最优状态，这正是基于择优原理对虚拟企业的现有状态做出的调整和评价。再次，虚拟企业这一组织形式，实现了不同组织部门、不同地域的公司，其各种分布资源、人和物质跨组织、跨行业、跨地区的高度统一和协同，恰恰反映了协同创新原理。最后，虚拟企业的实现，有效减少了相关的开发工作量，大大缩短了产品上市的时间，降低了生产成本，实现了“1+1>2”的效果，是价值原理完美的创新诠释。我们对虚拟企业的创新原理进行了归纳，如图 5-4-2 所示。

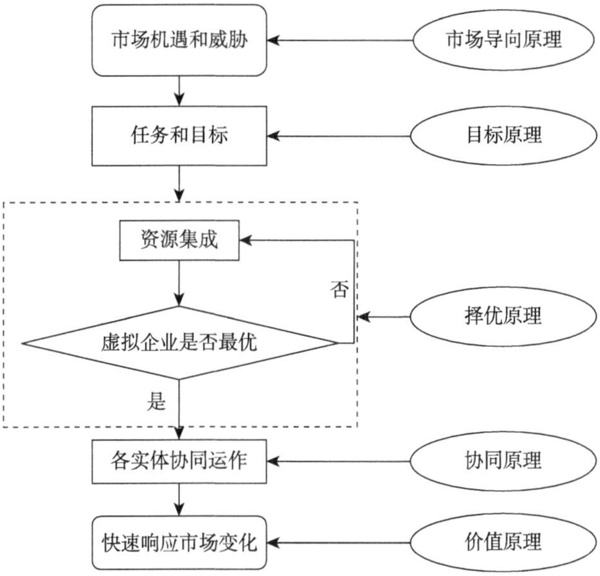

图 5-4-2　虚拟企业的创新原理

4.3　虚拟制造——敏捷制造产品的制造方式

虚拟企业的组织模式迫使制造商们开始寻求新的产品制造方式，那么怎样的制造方式可以将分布的资源集成共享，让虚拟企业的各个单元能够及时获得来自不同环境、不同地域中的生产、工艺以及产品的信息，从而在这些信息互动碰撞后使产品不断完善呢？带着对“如何将分散资源聚集到产品生产中”这一问题的思考，人们想到了虚拟制造，想到了这个可以对实体产品进行模拟生产的制造方式。而虚拟制造提出的整个过程，也让我们看到了聚合思维的创新应用。那么，虚拟制造又是如何促进敏捷制造的呢？

虚拟制造和虚拟企业一样，都是在市场机遇下产生，都是以市场导向为前提，这也正是市场导向原理的再次应用。然后，虚拟制造基于产品的概念，利用仿真等虚拟现实的技术，通过计算机设备构建产品模型，从而获得三维立体的可视化效果。对产品及其制造过程的仿真，使人沉浸在虚拟环境中，主观上产生了产品及产品生产流程的存在感，折射出形象思维的创新指引。另外，在计算机上，我们对产品模型的形式、功能、实现方式进行预测、讨论和评价，而这也正是预测原理和评价原理的生动体现。

在虚拟制造过程中，产品设计人员或者体验用户可以进入虚拟的环境中，及早发现产品虚拟制造中存在的问题，从而有利于及时进行反馈和更正，进而对虚拟产品和虚拟制造系统进行修改完善以敲定最终方案。由此可见，虚拟制造实现了产品和制造过程的优化，体现了优化原理。系统和产品优化后，进入实物的制造和生产阶段，即可使新产品开发一次便获得成功。虚拟制造的整个过程，诠释了虚拟制造是如何让制造变得更加敏捷，更快地响应市场需求的，其所体现的创新原理如图 5-4-3 所示。

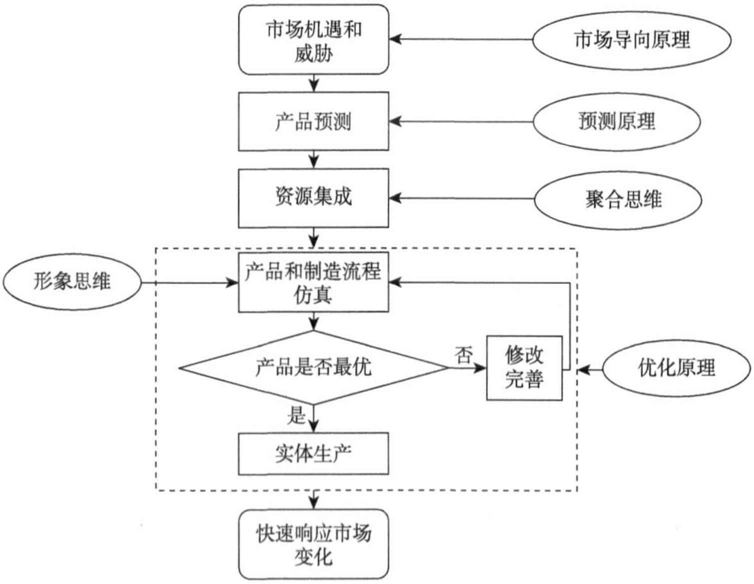

图 5-4-3　虚拟制造体现的创新原理

4.4　网络生产——敏捷制造的资源优化平台

敏捷制造中的虚拟企业理念强调全球资源集成和共享，强调共同制造，共同生产。敏捷制造中的虚拟制造提出产品间的信息要不断互动完善，以追求更优的产品与更好的用户体验。资源共享与产品信息交互的需求让人们开始思考这两者的实现方式，思考有没有一个可以将这两者巧妙结合的东西，就好像学校为我们提供了一个学习的平台，让人和知识有机结合。类似的思考让人们联想到了“平台”，利用互联网搭建一个“平台”，而这个互联网平台被称为网络生产。在网络生产中，资源的选择可以反复斟酌，从而为产品制造找到价格更便宜但质量更优质的原料。信息、原材料，以至产品有了追踪和被追踪、完善与再完善，从而使最终产品收获了更高的体验评价。网络生产的提出，正是联想思维创新思维模式下诞生的成果。那么，网络生产的运作过程又是怎样的呢?

具体来看，网络生产利用信息和通信技术将特定目标任务所需要的资源相互联系起来以实现生产。基于互联网、数据库和面向信息需求者的技术，可以实现企业间应用程序、多种数据源的集成，进而解决不同环境下，不同应用系统间的信息共享。网络生产基于信息集成系统而存在，打破地域、企业边界，实现一般信息的传递和共享，这正是系统思维和集成原理所实现的生产条件的转变和创新。

另外，网络生产要满足敏捷制造系统中不同企业、不同部门基于不同任务而产生的多方需求，同时还需支持信息需求个体在地理分布上的差异。这就要求网络生产具有可重构和可变性，这恰恰是基于情景原理所产生的创新。网络生产系统创新原理如图 5-4-4 所示。

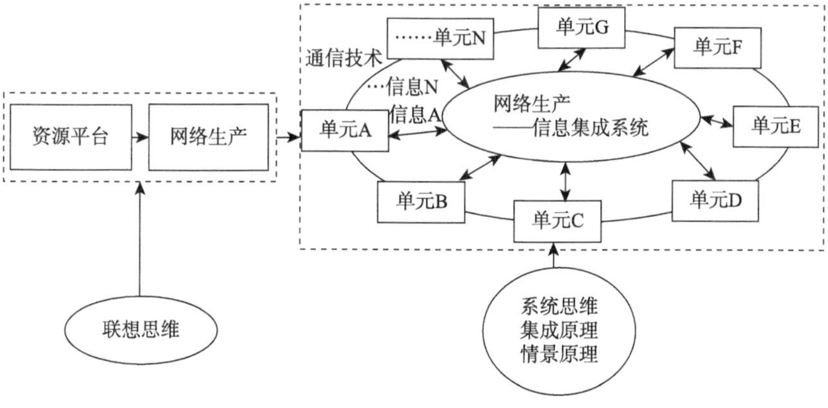

图 5-4-4　网络生产系统创新原理

网络生产强调与产品相关的经济实体对其所负责部分的产品监控与追踪，使这些经济实体可以不断改进和完善其部件产品，努力提高部件产品的质量，达到理想的用户体验效果，更好地满足用户需求，从而可以对市场变化做出迅速的反应，更好地实现敏捷制造。

4.5 创新，让企业生产更敏捷

敏捷制造是在多变的市场环境下，在先进的制造思维和制造技术的基础上诞生的，是对 20 世纪制造技术的集成又是对 21 世纪新制造理念的预测。它适应趋势的发展，为企业应对市场变化提供了灵活且快速的方法，可以使企业在竞争中获得主动权。另外，敏捷制造为各国现有的生产制造方式提供借鉴参考的同时也提出了挑战，并逐渐成为世界各国学习的方向。

正是创新的思维让人们有了敏捷制造的概念，正是创新的决策让制造商将视野拓展到全球范围，借助互联网，将内外部资源联结集成，打破时空界限，搭建起可利用全球资源的虚拟系统，让虚拟概念成为新时代的标签，让生产制造更加敏捷快速地响应市场需求。正因为敏捷制造理念的提出，在今天，我们才能看到无工厂企业，才能听到创新空间，才能发展并实践众包和众筹。而这些新的模式，都是在吸收敏捷制造基本思想后创新而来的，它们亦将更快地响应市场需求，更敏捷地实现生产，从而为我们的生活带来更具体现效果的消费追求。

参 考 文 献

郝冬冬. 2014. 市场开放、网络生产、技术提升与价值链增值. 科技管理研究，（18）：121-126，131.

李军，秦大同. 2003. 敏捷制造、虚拟制造系统与 CSCW 框架体系. 北方工业大学学报，（1）：50-53.

刘战强，艾兴. 2002. 虚拟制造技术及其应用的现状与发展展望. 山东大学学报（工学版），（3）：211-217.

王细洋，杨卫平，王有远. 1999. 敏捷制造：内涵与关键. 南昌航空工业学院学报（自然科学版），（1）：1-7.

姚博，魏玮. 2013. 全球网络生产、外商投资深化与出口篮子成熟度. 当代财经，（3）：90-98.

第5章　人机一体化的智能化制造系统

2015 年 3 月 5 日，李克强总理在政府工作报告中指出，要实施“中国制造 2025”，坚持创新驱动、智能转型、强化基础、绿色发展，加快从制造大国转向制造强国[①]。2015 年 5 月 8 日，国务院印发了《中国制造 2025》，提出我国实施制造强国战略第一个十年行动纲领。

国际上，西方国家也纷纷提出制造业发展战略，这些战略都将智能制造作为制造业的发展方向，如美国的《先进制造业国家战略计划》、德国的“工业 4.0 计划”和日本的《制造业白皮书》等，“智能制造”已成为新一轮工业革命的核心。

那么到底是什么原因，让各国政府如此重视“智能制造”？首先，智能制造的提出并不是横空出世，而是制造业发展的一个阶段、一个形态。其次，智能制造所体现的不仅是制造技术，更是现代信息技术与制造技术的深度融合，这种融合或许并没有产生新技术，但这些技术的组合本身就是变革性的创新。

5.1　制造方式演化的高级阶段

自第一次工业革命以来，制造业发生了翻天覆地的变化。20 世纪 50 年代以后，科学技术的发展进入了一个空前繁荣的时代，电子信息技术和自动化技术发展迅速，以互联网为代表的信息技术革命为制造业注入新的生命力，计算机集成制造、敏捷化制造、虚拟制造等技术系统应运而生。同时，随着社会的发展，人们的经济水平得到大幅提高，消费者的需求在不断变化，这促使制造业由最初的规模化战略、成本导向战略发展到现在的质量战略、服务战略。因此，为了更好地满足市场和社会需求，智能制造应运而生。

---

① 李克强. 政府工作报告——2015 年 3 月 5 日在第十二届全国人民代表大会第三次会议上. http://www.gov.cn/guowuyuan/2015-03/16/content_2835101.htm，2015-03-16.

1988 年，美国学者首次提出智能制造这一概念，探讨了智能制造的内涵与前景。1990 年 4 月，日本同美国、澳大利亚，以及欧盟等国家和地区建立了国际 IMS（intelligent manufacturing system，智能制造系统）研究中心机构，制定了国际上最大的制造技术计划——IMS 研究计划。进入 21 世纪，借助计算机技术和人工智能技术的智能制造发展到了新的阶段。

智能制造是制造业发展的一个形态，是在产品设计和制造过程中具有感知、分析、决策、执行功能的制造系统的总称。它继承了之前的制造技术和系统的优势，并不断补充新的内容。其本质是制造技术与信息技术的深度融合，是各种知识的集中体现，是集成创新的成果。现代传感技术、互联网技术、自动化技术是其基础，智能制造正是通过信息物理融合系统（cyber-physical system，CPS）将人工智能技术与制造装备深度融合与集成，从而实现设计、制造、服务过程智能化和制造装备智能化。综上，可以说移植原理、集成原理、组合原理是智能制造最核心的创新原理。

5.2　核心技术创新夯实智能制造基础

对于智能制造，其本身并没有产生出新技术，但是它通过将其他技术移植到制造系统中，形成了制造业发展的新的形态，图 5-5-1 为智能制造核心技术体现的创新原理。

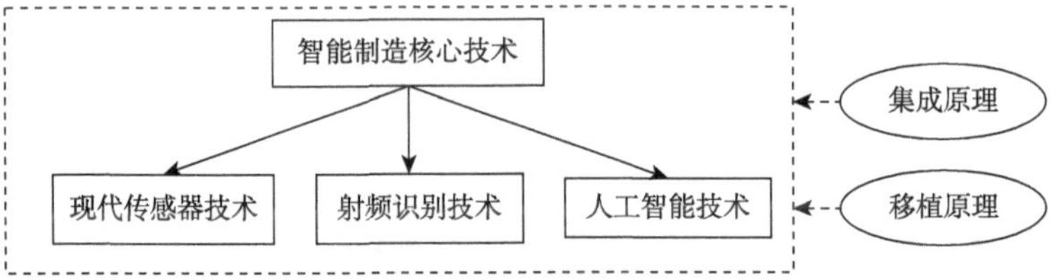

图 5-5-1　智能制造核心技术体现的创新原理

5.2.1　智能制造系统下的现代传感器技术

传感器技术是一种比较成熟的技术，广泛应用于各行各业。传感器是一种检测装置，能“感受”到被测量的信息，并将信息按一定规律转换成为电信号或其他所需形式的输出，以实现信息的传输、处理、存储、显示、记录和控制等要求。

在智能制造系统中，传感器技术得到极大的利用。例如，将足够数量的传感器布置在工厂的不同位置，再结合计算机网络，就可以形成一个传感器网络，从而可以监控不同位置的物理或环境状况（如温度、声音、振动、压力、运动或污染物等）。而传感网络中的每个节点由1个或多个传感器、1个无线电收发器、1个很小的微控制器和1个能源（通常为电池）构成。这些单个节点组合而成的网络，其作用远大于单个节点作用的简单相加。

将传感器技术移植到制造系统中，就像为制造系统增加了一双眼睛，使其能够时刻察觉到周围环境的细微变化。

5.2.2　智能制造系统下的射频识别技术

在一个智能制造系统中，我们需要时刻掌握系统中每个物件的状态，射频识别（radio frequency identification，RFID）技术就能满足这种需求。

RFID 技术又称为无线射频识别，是一种无线通信技术，可以通过无线电信号识别特定目标并读写相关数据，而无须识别系统与特定目标之间进行机械或光学接触。只需将含有产品信息的无线设备贴在物件表面，并采用 RFID 接收器进行自动的远距离识别和读取，就能实现对生产物件的信息读取、实时跟踪和定位。其原理是由无线设备发送无线电信号，处在不同位置的 RFID 接收器对电信号进行识别和读取，随后将读取的信息传递到一个软件系统中，从而确定物件的信息和位置。

通过将 RFID 技术移植到制造系统中，系统便能轻易获取物件信息，并能对系统中的物件进行跟踪和定位。

5.2.3　智能制造系统下的人工智能技术

在智能制造系统中，几乎每个环节都体现着人工智能技术，它是整个智能制造系统的核心技术。

人工智能技术本身是研究、开发用于模拟、延伸和扩展人的智能的理论、方法、技术及应用系统的一门新的技术科学。人类一直希望克服自身智力的不足，期望利用技术系统对人脑的部分功能进行代替、延伸和加强，让机器完成那些单靠人的智能无法进行或带有危险性的工作，从而使人类的智慧能集中到那些更富于创造性的工作中去。在智能制造系统中，人工智能技术是整个系统的大脑，控制着系统的运行。可以说，将人工智能技术移植到制造系统中是智能制造的起点。

智能制造的这些核心技术，在智能制造系统中各司其职，每种技术对制造系统的单方面作用都很有限，只有当这些技术集成在一起时，才能发挥出巨大的作用，保证智能制造系统的正常运作。

5.3　信息化、网络化推动智能制造升级

随着生产效率的大幅度提高和产品的极大丰富，工业制成品的市场竞争越来越激烈，而消费者的话语权却越来越大，最大限度地满足消费者的个性化需求成为企业的重心。传统的制造模式已经不能满足市场的需求，制造企业需要以一种全新的制造模式来适应复杂的市场环境。为加快对消费者需求的响应速度，互联网思维被引入智能制造中，消费者通过互联网能够自行对产品进行设计，对生产过程进行监控，由此网络技术的应用呈爆发式增长。互联网技术、云计算、大数据、宽带网络等一系列技术构成的广义互联网成为智能制造升级的保障。

为更好地服务消费者，制造业出现了由单纯制造向服务型制造模式转变的新趋势。在服务型制造模式下，制造企业以“产品 + 服务”的形式为客户提供全面解决方案。制造模式创新使智能制造不再是空中楼阁，而是真实存在于消费者之中。智能制造的升级离不开互联网，将互联网技术融入智能制造中，体现了集成原理，但其本质上是互联网思维同制造业的结合，所以也蕴含着组合原理，具体如图 5-5-2 所示。

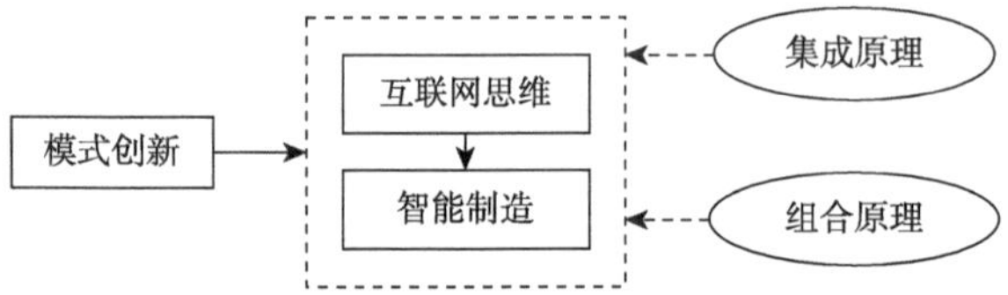

图 5-5-2　智能制造模式创新体现的科学原理

5.4　组织方式创新实现智能制造的推广应用

19 世纪中叶到 20 世纪中叶的工业社会阶段，制造系统和模式使刚性的大批量生产、流水线和泰勒工作制得到广泛的应用。到了 20 世纪后半叶，市场需求的多样化迫使工业制造向多品种、小批量、缩短生产周期方向演进，刚性制造模式逐渐被柔性制造模式所代替，与之对应的生产组织也由金字塔式的科层管理向扁平化、矩阵式管理的方向演变。到了网络化制造阶段，一些企业发展为平台型

企业，通过研发平台、营销平台和信息平台实现与大量中小企业的连接。扁平化有了新的内涵，集中垂直式管理被分散合作式所代替，生产者与消费者的联系更加直接。智能制造阶段，整个生产系统更加人性化，更能适应消费者的需求；而且生产过程不再依赖人的智慧，不需要人去监督；CPS 成为一种新的组织方式，成为智能制造的一种表现形式，得到广泛应用。

CPS 亦称“虚拟网络-实体物理”生产系统，是计算、通信和物理过程的高度集成。通过在物理设备中嵌入感知、通信和计算能力，实现对外部环境的分布式感知、可靠数据传输、智能信息处理，并通过反馈机制实现对物理过程的实时控制。CPS 具有实时、安全、可靠、高性能等特点，能实现大规模复杂系统和广域环境的实时感知与动态监控。在环境变化时，CPS 可以动态地自我调整以满足用户需求，而人处于辅助地位。CPS 集成了多种系统，包括计算机系统、工业控制系统、无线传感器网络、物联网、网络控制系统和混杂系统等，因此具有其他各种系统的特点，体现了系统原理。此外，CPS 将企业的产品设计、制造过程和优化管理集成起来，实现技术流程和业务流程的融合，使产品在制造质量、时间、成本方面拥有巨大的竞争优势，体现了集成原理。智能制造组织方式创新体现的创新原理如图 5-5-3 所示。

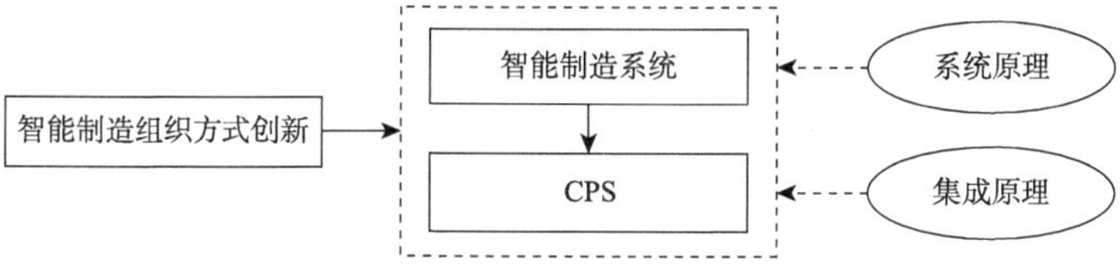

图 5-5-3　智能制造组织方式创新体现的创新原理

5.5　展望智能制造

未来，智能制造研究将会取得更大的进展：智能制造基础理论和技术将会有一个统一的标准和规范；智能装备将成为各国研究的热点，如智能工业机器人、智能高端设备等；智能系统将会更加完善、高级；智能服务将越来越普及，涉及的领域将更广泛，如数据分析与决策支持、智能监控与诊断、智能服务平台等。

智能制造是制造业发展的一个阶段，它继承了之前先进制造的所有优势，是集成创新的成果。在实现智能制造创新的过程中，既有技术创新、模式创新，也有组织方式创新——技术创新的内容包括现代传感器技术、人工智能技术和

RFID 技术；模式创新的内容包括互联网思维的应用，体现了组合原理、集成原理；CPS 是组织方式的创新，体现了系统原理、集成原理。我们对智能制造的整个 CPS 创新过程进行了归纳，如图 5-5-4 所示。

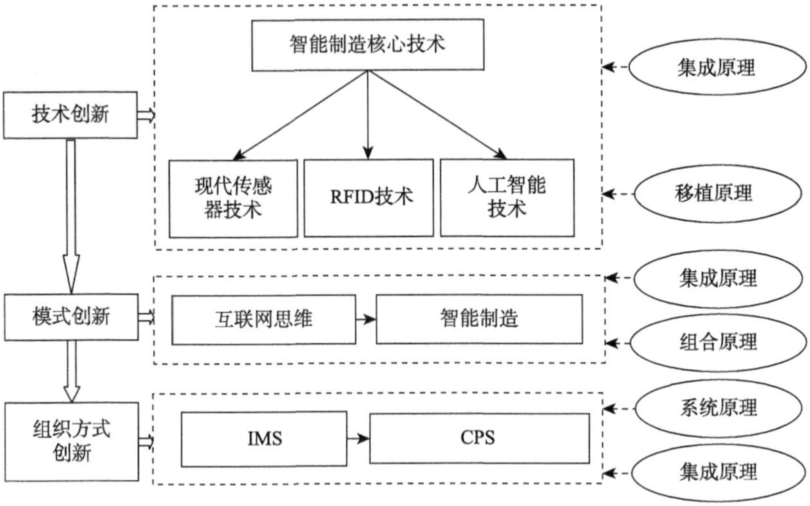

图 5-5-4　智能制造的创新体系

参 考 文 献

温景容，武穆清，宿景芳. 2012. 信息物理融合系统. 自动化学报，（4）：507-517.

第 6 章　谱写个性化需求与规模化生产的协奏曲—— 大规模定制

当你走进大街小巷的超市商场，琳琅满目的商品是不是让你眼花缭乱呢？在现代生活中，人们在衣、食、住、行各个方面都有了更多的选择，影响人们选择的因素有很多，这些因素中消费者的个人偏好这一因素起到了越来越大的作用。在物质生活极为丰富的今天，人们的消费需求已不再局限于自己“需要的”，而是渴望得到自己“想要的”。不同的消费者期望得到自己想要的消费品，这些消费品既具有功能上的共性，又能满足不同消费者的个性需求。站在生产商的角度设想，如果生产厂家按照每一位消费者的个性需求定制产品，那一定耗资巨大。但生产厂家如果仍然生产千篇一律的产品，虽然生产成本有所降低，但并不能满足客户的需求，从而缺乏市场竞争力，可能会造成更大的损失。

6.1　矛盾蕴含机遇，生产模式革新

迎合大众个性化需求成为产品设计和生产的新要求。满足个性化需求就要实现个性化生产，如果每一件商品都分析客户需求后才进行产品设计、加工生产、市场销售这些环节，那么每一件产品都将成为定制商品。或许这样做最终能满足客户的个性化需求，但定制化生产带来生产成本加大、设计生产周期延长等弊端也会另生产商为难，毕竟生产商的最终目的是盈利，如果不将增加的成本转嫁到购买者身上，即提高商品价格，生产商就很难盈利。而商品价格的上升又会导致购买者重新考虑对商品的需要程度。购买者面对价格高的产品往往有更多的期待，或是宁愿选择不那么“称心”但基本功能完好的非定制商品，定制商品不能与非定制商品竞争，就会出现滞销，定制产品生产商更难盈利。没有盈利，定制产品就难以继续定制生产。

如何降低定制产品的生产成本，或者说如何让大批量生产的产品能满足消费者的个性化需求？

正如哲学家约翰·杜威（John Dewey，1859—1952）所说“只有面临问题时，我们才会思考”。在这种困境下，尽管企业竞争的焦点仍然是市场份额，但是简单通过大规模流水线生产的降价手段已无济于事，问题的关键是为客户提供他们真正想要的产品。这一现实需求引导人们观察现象，思考问题——既然有理想的两个标准，即降成本、多要求，那怎样将两者的优点相结合，互相弥补呢？当社会发展给制造业提出“如何将满足个性化的需求和高效率低成本的生产结合起来”时，创新的生产模式就已经开始酝酿发酵，人们将理想目标的要素分解为两部分：一部分是“大规模”，另一部分是“定制”。由此提出了“大规模定制”的概念，乍看矛盾，但其可行性在技术不断进步中大大加强。

大规模定制的中心思想是将客户按需求细化，进而以精分细化客户需求为定制目标，批量划分层次进行制造。大规模定制的可贵之处就在于同时满足个性化需求和达到规模效应的生产。

6.2　理想催生技术，模块化设计产生

大规模定制将看似相互矛盾的观点组合起来，从生产方式的目标出发，吸收作坊手工生产和大规模流水线生产的优点，创造出兼具低成本和满足顾客个性化需求的生产方式，如表 5-6-1 所示。

表 5-6-1　大批量生产和大规模定制的比较

特点	实现核心	实现目标	模式特征
作坊手工生产	满足有限客户的要求	客户的满意；成本由客户承担	需求单一；市场狭小；产品开发周期短；成本高；完全依赖固定客户
大批量生产	效率保证，依靠稳定性和可控性	客户可承受的最低成本和价格	需求稳定；市场统一；低成本；商品标准化；产品开发周期长；产品生命周期长
大规模定制	柔性生产和快速反应，争取客户，开发市场	依据客户需求制定产品，提供客户想要的产品	需求动态；市场分散；产品开发周期短；质量高

在个性化市场中，企业留住客户、吸引客户的方式将不再完全依靠产品展示式的销售方式，而要采用新的手段及时、快速、有效地与客户对话，直接了解客户对产品提出的明确要求，并能当场确定下来。

然而不同客户在描述其需求时并不能让企业完全明白理解，撇开设计行业的

艺术追求难以落实之外，供求双方的信息交流成本相比于大批量生产和手工作坊生产都极高。如何倾听不同客户的现实需求，正确理解并快速实现，又能缩短企业研发周期，降低生产成品？供应商追本溯源，既然要满足客户个性化需求，那么制造方的设计方案从一开始就应该让客户参与进来。

因此，需要建立一个能代表客户需求意愿的产品设计系统。客户有个性化需求，但不一定会设计或者其描述的出发点与制造方并不一致，而设计系统的模块化设计可以帮助客户准确表达需求。模块化设计要求系统可以模拟需求者的使用情境，并在形成设计方案后将设计方案传递到任何距离范围内的制造基地。将客户不同的描述方式进行模块化，大大降低了客户与生产商之间的交流成本，也为延迟策略打下了基础。这一系统成为大规模定制在设计系统中的创新，成为计算机辅助大规模设计系统的雏形。

除此之外，供应商还发现，不同的需求方虽然所订产品的成品不同，但半成品多是相近甚至完全相同的，如果将不同产品的各功能进行模块分割并归类为通用模块和特殊模块，通过不同的模块组装就能减少制造的复杂性，进一步降低生产成本。模块的组装过程蕴含着创新的组合原理，具体如图 5-6-1 所示。

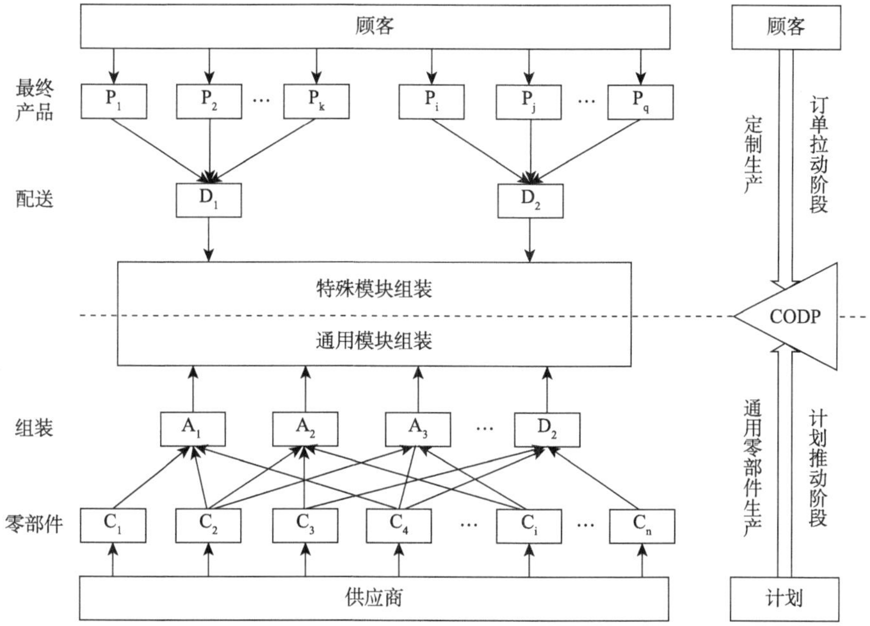

图 5-6-1　组合原理在大规模定制生产中的应用

这种创新的生产方式把产品的定制活动推迟到供应链的下游进行，生产过程中定制活动开始的点即为客户订单分离点（customer order decoupling point，CODP）。CODP 是企业生产活动中由基于预测的库存生产，转向响应客户需求的定制生产转换点。在客户订单分离点 CODP 以前，生产系统按计划推动生产，主要生产标准零部件及其通用零部件，而在 CODP 以后，由客户订单拉动生产过程。这种根据客户需求延迟制造的创新做法也体现了情境原理的应用。

模块化设计为延迟策略提供了基础，通过标准化的模块和零部件，定制生产商把客户的定制要求延迟到供应链的下游，就可以对客户需求做出快速响应。模块化设计与延迟策略是大规模定制的两大创新点，二者相互结合可以协调个性化需求和成本控制的对立统一，充分体现出大规模定制生产的优势。

世界著名生产制造商如惠普（HP）公司、丰田（Toyota）公司、戴尔（Dell）公司、摩托罗拉（Motorola）公司、贝纳通制衣公司（Benetton）等，都在采用各种方式实施模块化设计，以提高其国际竞争力。据有关资料统计，目前美国和欧洲的大公司中有 70%在按这种生产方式重新经营和规划其生产系统。在国内，华为、海尔等集团也在采用不同的方式实施大规模定制生产，并取得了初步成效。

6.3　技术集成支持，科技孕育机会

大规模定制的实现有赖于先进高效的设计、制造技术和能力提升，以及严密的分工合作。单独一个企业几乎无法具备实现定制所需的所有资源，为此企业需要相互配合才能获取完成定制所需的资源。无论是快速响应顾客的需求，还是将分属不同市场主题的设计集成整合制造资源，都需要有系统的思想宏观把握。

另外，大规模定制系统除了需要人、财、物等资源的协同，如供应商、分销商和零售商等供应链上的合作伙伴参与，也要依赖数据库、柔性制造系统、计算机辅助设计、计算机辅助制造、计算机集成制造和电子数据交换等技术支持。人们运用各种计算机技术以实现供求双方的实时互动。例如，运用计算机图形学和图像处理技术，将科学计算过程和工程应用实践中产生的数据及计算结果转换为图像；运用大数据抓取分析与云计算技术模拟产品生产等。这一过程也间接催生了科学可视化（scientific visualization，SV）和虚拟现实（virtual reality）两个热点研究领域。

6.4　大规模定制引发的思考

从刀耕火种到工业革命，从手工制作到规模生产，旧的生产范式在生产力的

革新中一次次造就新的生产范式，为人们带来定制化的商品，满足人们展示个性的需求，更让我们在这一过程中看到创新的伟大力量。

大规模定制使看上去矛盾的两种生产方式有机结合，其形成与发展本质上是企业为适应社会经济的发展，满足新的消费需求特点，不断改进创新生产方式，提高竞争力的结果。大规模定制的演进过程处处迸发着人类智慧（图 5-6-2）。不断适应，不断创造是人类的宿命，也是人类明天更美好的前提。

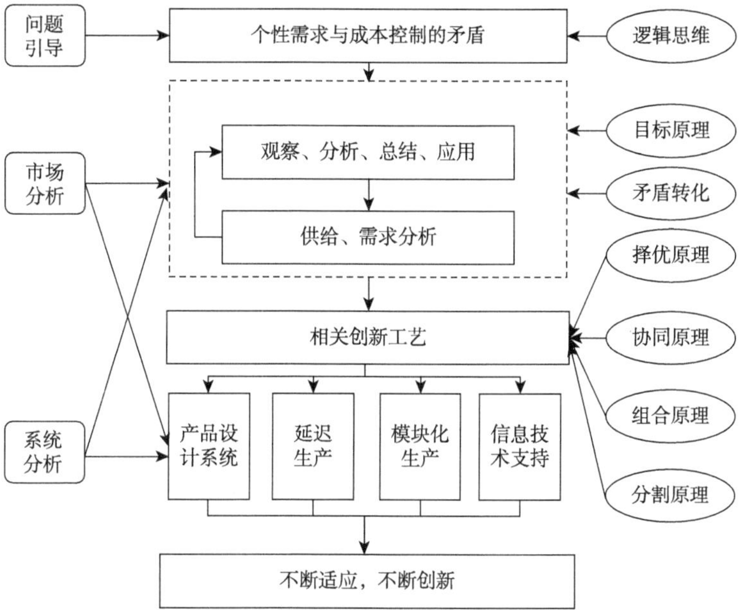

图 5-6-2　大规模定制的科学创新原理分析

参 考 文 献

陈国权. 1999. 中外制造企业实施批量客户化生产的研究. 高技术通讯，（3）：30-34.

郑华林. 2002. 面向大规模定制的生产管理模式及其产品族建模技术研究. 重庆大学博士学位论文：29-30.

第 7 章　杯小乾坤大，壶中日月长
——中国酿酒工艺的传承与创新

曹操借酒抒怀："对酒当歌，人生几何？譬如朝露，去日苦多。慨当以慷，忧思难忘。何以解忧？唯有杜康！"酒，如同精灵一般流淌于中国绵延的历史长河中。酒，不仅是人们高兴的时候助兴、悲伤的时候解忧的饮品，更是贯穿中国文化的一道亮丽风景。它几乎构成了千百年来不管是中国帝王将相、文人墨客，还是凡夫俗子生活的一部分。酒对人们生活产生的巨大影响，是任何一种饮品都不能相比的，而这人间佳品得益于精湛的酿酒工艺，图 5-7-1 和图 5-7-2 分别是古代和现代人们的酿酒图。

图 5-7-1　古代酿酒

图 5-7-2　现代酿酒

诗曰：杯小乾坤大，壶中日月长。这琼浆玉露到底是如何酿造的，让我们一起慢慢品味中国酿酒工艺的传承与创新。

7.1　灵感思维美妙了生活：酿酒缘起

酿酒是利用微生物发酵生产含一定浓度酒精饮料的过程。但早在能道出这一科学原理之前，我们就已享美酒数千年。那么中国酿酒工艺起源于何时？

在古代，人们往往将酿酒的起源归于某某人的发明，把这些人说成是酿酒的先祖，由于影响非常大，以致成了正统的观点，如表 5-7-1 所示。

表 5-7-1　酿酒起源观点总结表

代表性观点	佐证
仪狄酿酒	公元前 2 世纪史书《吕氏春秋》云："仪狄作酒。"汉代刘向编辑的《战国策》则进一步说明，"昔者，帝女令仪狄作酒而美，进之禹，禹饮而甘之，遂疏仪狄，绝旨酒，曰：'后世必有饮酒而亡其国者。'"
杜康酿酒	东汉《说文解字》中解释"酒"字的条目中有："杜康作秫酒。"《世本》中也有同样的说法
酿酒始于黄帝	汉代成书的《黄帝内经·素问》中记载了黄帝与岐伯讨论酿酒的情景，《黄帝内经》中还提到一种古老的酒——醴酪，即用动物的乳汁酿成的甜酒
酒与天地同时产生	"天有酒星，酒之作也，其与天地并矣"

对于这些观点，宋代《酒谱》曾提出过质疑，认为"皆不足以考据，而多其赘说也"。但是，酿酒早在夏朝或者夏朝以前就存在了，这是可信的，这一点也已被考古学家所证实。夏朝距今约四千多年，而目前已经出土距今五千多年的酿酒器具。这一发现表明：我国酿酒至少在五千年前就已经开始，而酿酒之起源当然还在此之前。

前面提及的关于酝酿起源的观点虽难以考据，但作为一种文化认同现象，我们倒是可以想象这一传统工艺诞生是从模仿大自然的杰作开始的。在远古某一天，人们可能先接触到某些天然发酵的酒，浓郁酒香让人不禁取一瓢来品试，之后微辣的液体在体内流动，身体格外轻盈，世界格外美丽，思想格外开阔。人们微醺于这人间仙酿的美妙，不断尝试去仿制。追求美好生活的智慧人们，不断积累传承仿制的经验，最终形成酿酒工艺。

所以，可以说，酿酒工艺缘于热爱生活的古人对自然界中发酵现象的细微观察与巧妙运用。就算不能确认是哪位古人或是哪些古人，我们仍感激这些源于生活的灵感思维，能让后人举杯邀明月，把酒话桑麻。同时亦是一代代人对这生活灵感思维与酿酒技艺的传承，造就了中国酿酒工艺的不断创新与发展。

7.2　发散思维丰富了工艺：酿酒工艺多品类多功能

本质上讲，酿酒是利用根霉菌的糖化作用把淀粉转化成葡萄糖，再利用酵母菌在厌氧环境下，将糖类分解为酒精与二氧化碳。智慧的人们在创新与发展的过程中，创造了丰富的酿酒工艺种类。总体而言，可分为酿造酒工艺、蒸馏酒工艺和配制酒工艺三大类，如表 5-7-2 所示。

表 5-7-2　典型酿酒工艺分类

酿酒工艺种类	酿造酒工艺	蒸馏酒工艺	配制酒工艺
特点	原料经糖化（或不经原糖化）发酵后采用压榨方法使酒和酒糟分离的酿酒工艺	含淀粉或糖较多的物质为原料，经过糖化、发酵后，采用蒸馏工序的酿酒工艺	用成品酒或食用酒精作为酒基，再配以香料、中草药和添加适量的糖或食用色素的酿酒工艺
代表酒型	啤酒、黄酒、果酒等	白酒、白兰地等	药酒、青梅酒、竹叶青等

在上述三类酿酒工艺中，中国以其独有的白酒酿制工艺而享誉全球。而白酒酿造工艺又可以分为固态法、固液结合法和液态法三类，如表 5-7-3 所示。

表 5-7-3　典型白酒酿酒工艺分类

白酒酿造工艺	固态法	固液结合法	液态法
主要类型	①大曲酒：原料主要是小麦、大麦，再加一定数量的豌豆。可分为中温曲、高温曲和超高温曲。 ②小曲酒：小曲是以稻米为原料制成的，多采用半固态发酵。 ③麸曲酒：分别以纯培养的曲霉菌及纯培养的酒母作为糖化发酵剂，发酵时间较短。 ④混曲法白酒：主要是大曲和小曲混用所酿成。 ⑤其他：以糖化酶为糖化发酵剂，加酿酒活性干酵母（或生香酵母）发酵酿制而成的白酒	①半固、半液发酵法白酒：以大米为原料，小曲为糖化发酵剂，先在固态条件下糖化，再于半固态、半液态下发酵，而后蒸馏制成。 ②串香白酒：采用串香工艺制成。还有一种香精串蒸法白酒，在香醅中加入香精后串蒸而得。 ③勾兑白酒：将固态法白酒（不少于10%）与液态法白酒或食用酒精按适当比例进行勾兑而成	又称“一步法”白酒，生产工艺类似于酒精，但在工艺上吸收了白酒的传统工艺，酒质一般较为淡泊；有的工艺采用生香酵母加以弥补

人们多向思考、发散思维，为实现酿酒，不断运用已有的知识、经验，通过推测、想象，沿着不同的方向去思考，并基于事物联系性挖掘新知识、发现新事物、寻找解决问题的新途径，最终发散思维丰富了酿酒工艺。

7.3　中国传统酿酒工艺的演进：从得天独厚到独具匠心

由于酿酒用的原料不同，所用的微生物和酿造过程也不一样，因此具体的酿酒工艺各异。但实质上，中国白酒酿造都有相同的工艺流程，如图 5-7-3 所示。

传统酿酒工艺在实现微生物生化机理过程中受到自然环境深刻而重要的影响，主要表现为对原料、糖化发酵及发酵设备等的影响。所以不同地域形成了风

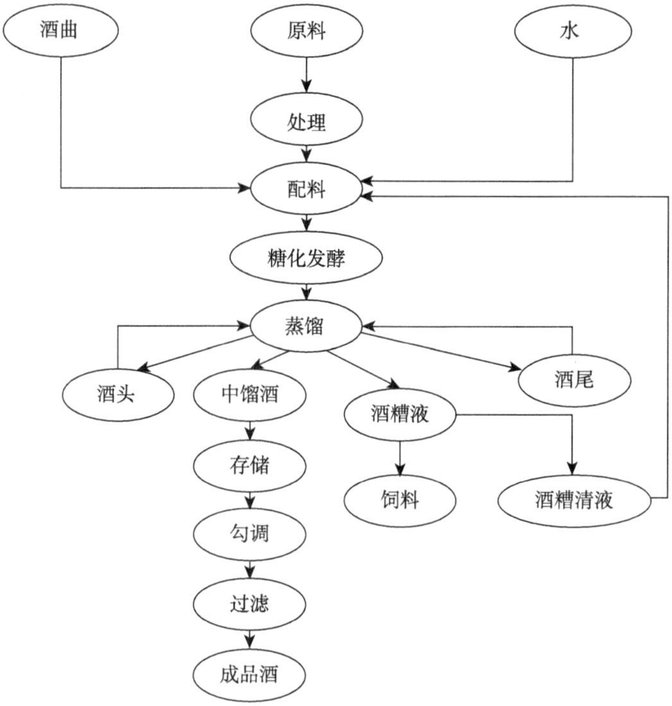

图 5-7-3　酿酒工艺流程

格各异的酿酒生产工艺，生产出特定质量和口感的酒类。我国南北地域条件的差异，使我们传统酿酒业形成了四种典型的生产工艺模式，即酱香型、浓香型、清香型、米香型酿酒工艺。主要区别如表 5-7-4 所示。

表 5-7-4　典型白酒对比

生产工艺模式	酱香型	浓香型	清香型	米香型
特点	酱香突出、幽雅细致、酒体醇厚、回味悠长、清澈透明、色泽微黄	芳香浓郁、绵柔甘洌、香味协调、入口甜、落口绵、尾净余长	清香纯正、醇甜柔和、自然谐调、余味爽净	无色透明、无悬浮物、无沉淀、蜜香清雅、入口绵甜、落落爽净、回味怡畅
主要分布	贵州、四川等	四川、江苏、山东、河南、安徽等	山西、河北、东北、内蒙古等	广西、广东、福建等
主要品牌	茅台、郎酒等	泸州老窖、五粮液、古井贡酒、双沟大曲、洋河大曲、剑南春等	汾酒、二锅头等	桂林三花酒等
气候	高温、高湿	湿热适中	寒冷干燥	湿热
工艺特色	大曲为糖化发酵剂，入窖温度较高，两次投粮、多次发酵	原料多种，以高粱为主，以大曲为发酵原料，入窖温度适中，发酵采用混蒸续渣工艺	原料主要是高粱和大曲，入窖温度较低，清蒸清烧	以大米为原料、小曲为糖化发酵剂，以米饭前期固态培菌糖化，后期加水转缸半液态发酵，液态蒸馏

可以说，酒是自然的产物。而传统的酿酒工艺，是各地人们在遵循基本的生化机理前提下，依靠得天独厚的自然资源，因地制宜演绎而成。这体现了古人的群体智慧。但热情的人们在追求美好生活的过程中，除了依靠得天独厚的自然，更是展现了人类的独具匠心。在典型浓、清、酱酒的中间地带，还有几个彰显地域特色香型的传统酿酒工艺。

7.3.1　聚合思维制曲，绽放口子窖奇葩改进制曲工艺

若作酒醴，尔惟曲蘖。一般制曲原料为小麦、大麦、豌豆。以小麦为主，辅以大麦和豌豆制曲是江苏、安徽一带的特色，是微生物培养需求与地域资源结合的产物。江苏地区的传统为中温曲及中高温曲，安徽则更靠内陆，气温夏季更高，冬季更低。因此口子窖的大曲分为两部分，即中低温菊花心曲及超高温大曲。两种大曲分别培养混合使用，可以互补一下微生物区系及酶系。口子窖的酿酒工艺采用“大蒸大回”，贮存采用“三步循环储存”，是在浓香型工艺的基础上，结合自身特点的补充和完善。制曲因地制宜，酿酒工艺与自然环境相谐调，使得口子窖在众多的浓香酒中独树一帜，具有独到的风格。

7.3.2　分合思维酿制，打造兼香型白酒

除了酒曲的创新，更有地区利用分合思维，采用两种或多种酿造工艺。白云边酒脱胎于酱香酒生产工艺，但又结合了自身的地域特点。大曲为中高温的包包曲，窖容大小类浓香。工艺特点是“酱头浓尾”，其前几轮发酵工艺为典型的酱香工艺，随着轮次增多，淀粉含量降低，后几轮则转变为浓香工艺，带有部分浓香的特点。山东湿热少雨，“芝麻香”生产工艺带有清香与酱香的部分特点。湖南酒鬼酒的生产工艺采用小曲纯种糖化、大曲续糟泥窖发酵，带有南方小曲酒与浓香型大曲酒双重的工艺特点。分合思维使得白云边等白酒充分发挥地域特点，利用工艺取舍打造兼香型佳酿。

7.3.3　联想思维改进工艺，书写玉冰烧传奇

水质佳良、米料充足、酒缸陈旧，三者兼备酿成佛山石湾米酒，诞生于1830年“陈太吉酒厂”的产品更是获有“其味独醇”的盛誉。但是，陈太吉的孙子陈如岳发现太吉酒庄的米酒虽然味道香醇，但酒液浑浊，味道偏苦，容易上头，因此一直思考改良的办法。1895年清明节，石湾莲塘村举行乡饮酒礼，

陈如岳发现乡中父老喜欢一边喝酒一边吃肥肉，经询问发现是因为肥肉香滑甘甜，一口肉一口酒可以把酒中原有的苦涩与辣味去除，使酒变得甘甜。陈如岳进一步联想到本地人向来有把药材、蛇等入酒泡制药酒的习惯，于是尝试在酿好的米酒中添加肥猪肉进行浸泡，试图去除酒中苦味。实践证明，经过肥肉浸泡后，米酒中的辛辣与苦味不见了，在原有的“其味独醇”的基础上，形成了新特色：酒味绵甜柔和，豉香浓郁；酒液清澈，不再混浊。酒中添加的“肥肉”，就像一块泡在酒中晶莹剔透的“冰块”，而蒸馏的米酒民间俗称“烧酒”，陈如岳创造性地把这种米酒取名为“肉冰烧”。又因“肉”字不雅，粤语的“肉”字与“玉”字同音，而且浸酒的猪肉呈白玉色，于是就把“肉”字改为粤语同音的“玉”字，浸泡过“肥肉”的米酒清澈透明，显得冰清玉洁，所以最后确定以“玉冰烧”三字为酒名，这就是“玉冰烧”名称的由来。从此，肥肉泡酒也成为陈太吉酒庄的核心技艺，玉冰烧米酒因为其独特的酿造工艺和优良品质而成为石湾米酒的代表。

因此，如果说我国传统酿酒工艺的成功最初是因为依靠得天独厚的自然环境形成的话，那么其随后的发展与改进，则取决于人们匠心独具的核心技艺。人们因地制宜，问题导向，通过聚合、分合、联想等创新思维，克服自然环境的不足，弥补典型工艺的缺陷，以实现生产更香醇的美酒为生活目标，最终酿成了多品种多用途的中国白酒。中国传统酿酒工艺中体现的创新方法如图 5-7-4 所示。

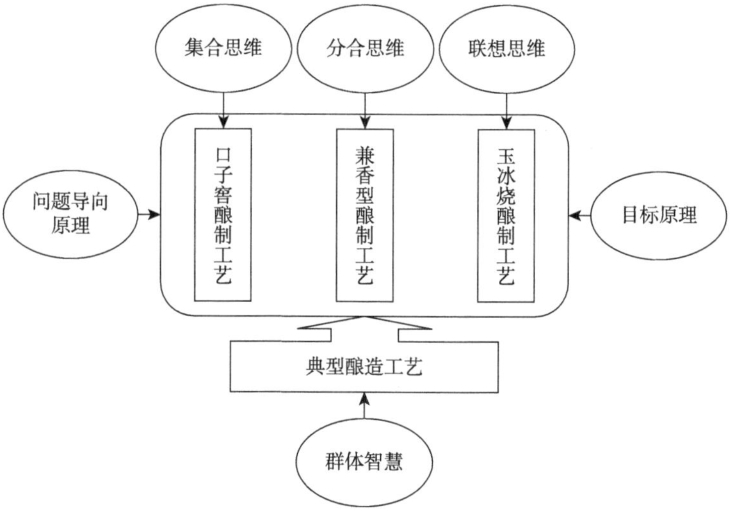

图 5-7-4 中国传统酿酒工艺创新原理

7.4 与时俱进的中国现代酿酒工艺

传统白酒经上千年的发展，经人与自然无数个春秋的反复磨合，锤炼了精湛的工艺技术，使酿酒技术近乎完美。但是由于受到环境条件及科学技术水平的制约，不足之处也是很明显的：酿酒微生物区系不稳定、大曲性能不确定、发酵过程不能有效控制、蒸馏效率低、产物不稳定等。现代人与时俱进，在传承传统工艺的基础上，不断创新。

7.4.1 机械化的助力

近年来对酿酒行业影响最大的却是机械化带来的变革。提高酿酒设备机械化水平的初衷是减轻劳动强度，改善工作环境，解放劳动力。但它带来的直接效果却是：提高了劳动效率；提高了酿酒生产的标准化水平；带来了酿酒生产以依靠人工经验操作控制为主，转向依靠数据分析定量控制为主的重要转变。酿酒设备机械化，体现了机械系统方法在酿酒工艺中的运用。酿酒生产由依靠长期经验积累的复杂劳动，转变为依靠科学数据定量控制的简单劳动，生产操作逐渐规范统一。这在一定程度上解决了生产操作的不统一、不稳定，班组间、窖池间产量和质量波动大的问题。

7.4.2 原料的优化与选择

现代酿酒抓核心，从源头上解决传统工艺的不足。酿酒材料逐渐走向专业化种植。原料品质的优化与选择，使酿酒企业从根本上解决了品种不稳定、质量不统一的问题。我国先后诞生了以薯类原料为中心的“烟台试点”，以橡子原料为中心的“周口试点”，菝葜根（金刚刺）为中心的“常德试点”等。同时，现代酿酒工艺还不断尝试新原料、新辅料，以实现新功能酒水的酿制。

7.4.3 微生物技术的应用

微生物技术的深入发展将为传统的白酒生产注入新的活力，引发新的变革。酿酒微生物在发酵中发挥着重要作用，主要表现在明确酿酒功能菌，简化生产工艺，剖析微生物的代谢产物，实行可控式优质发酵，进行基因改良等。这不仅大大缩短了酿制时间、节约了成本，还有效控制了酿造过程，提高了酿酒质量。微生物技术移植酿酒工艺，促进酿酒业巧借嫁衣健康发展。

可以看出，酿酒工艺于与时俱进中传承创新，在集成核心工艺流程的基础上发展，利用现代工艺与技术解决了传统酿制的技术难题与工艺瓶颈。机械系统引入、源头解决核心问题、巧借嫁衣等方法使得酿酒工艺重新焕发活力，展现出新的面貌。中国现代酿酒工艺中体现的创新方法如图 5-7-5 所示。

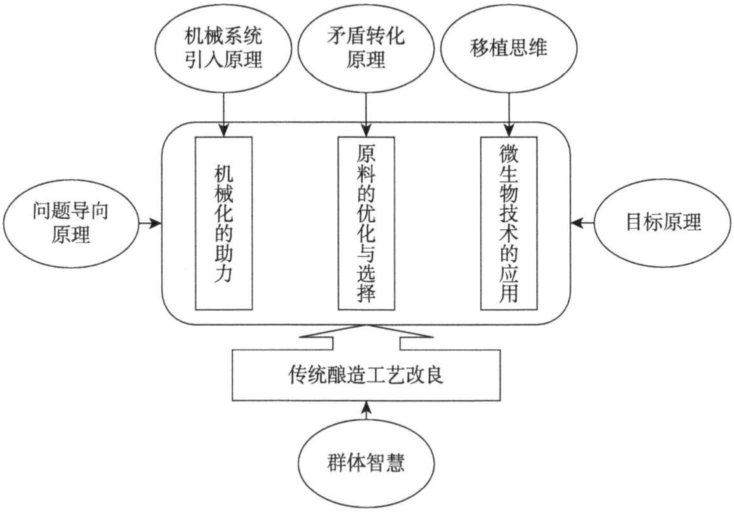

图 5-7-5　中国现代酿酒工艺创新原理

7.5　植根生活，传承创新

得益于历代智慧人们对生活的热爱、对酿酒工艺的创新，现在的我们可以享用多品类的美酒。逢年过节，我们用酒表达欢庆；招朋待客，我们无酒不欢；食疗保健，我们亦可寻向杯中酒。

酿酒工艺，中国自古有之。历史绵延，中国酿酒工艺不断传承发展。传统工艺历来是一个国家和民族传统文化的代表与象征，沉积着特定的时代与环境造就的特有价值观和审美观，从其身上可以看到那个年代所特有的生活艺术与生活文化。传统工艺的发端起源于人们的日常生活所需和生产所需，它凭借着人类自身的智慧和手艺，为世界文明史书写了浓墨重彩的一笔。传统的酿酒工艺经过数百年的锤炼，已达到人与自然的和谐统一。但世界是发展的，环境是变化的，摒弃传统酿酒技术的合理内核，就会失去发展的根基；但若固守传统，故步自封则会失去发展的机遇，落后于时代。

“感觉到的东西我们不一定能够深刻地理解它，但理解了的东西，我们能更深刻地感觉到它的存在。”这些原本与百姓生活休戚相关的传统工艺，随着现代科技的日新月异，物质产品的极大丰富，开始与人们的生活渐行渐远。这固然有社会大环境对传统工艺忽视的客观原因存在，究其最根本的原因还是在于传统工艺的发展在保留其精神内核的同时没能迎合现代人当下的生活所需，脱离了生活需求的传统工艺及其产品创造也就没有了扎根生存的土壤。所以，传统工艺的传承，真正需要关注的是如何深入挖掘现代生活需求，如何运用这些底蕴丰厚的传统工艺为现代人创造更美好的生活。通过要素整合创新提供更合理有用的产品，传统工艺借由这些产品重新走进并融入现代人的生活，成为其密不可分的一部分，才能实现真正意义上的文化传承。

参考文献

季海. 2013. 最美的发明. 合肥：合肥工业大学出版社：106.

梁玲琳，朱麒宇. 2011. 再论中国传统工艺传承中的要素整合创新. 包装工程，（12）：101-103.

毛泽东. 1975. 实践论. 北京：人民出版社：12.

信春晖，马冬梅，王万伟，等. 2014. 白酒酿造浅说（一）. 酿酒，（6）：32.

第 8 章　人工制造改变世界的奇葩：石油化工

来自地下的黝黑石油，也许会让你觉得遥不可及。它经过了上亿年的演化，经过了数千道不同工序的加工，又经过了千万千米的风雨兼程，才从最初的生物形态逐渐演变成我们生活中不可缺少的宝贵财富。石油就像是个大魔术师，衣食住行中都能找到它的影子，它在我们的生活中扮演着既熟悉又陌生的角色。您了解石油化工工艺吗？

蒸馏工艺生产了煤油，照亮了生活；催化工艺生产了汽油、柴油，方便了我们的出行；合成工艺生产了化纤原料，我们才会有那么多鲜艳漂亮的衣服……不同的石油化工工艺生产了各式各样的产品，丰富了我们的生活，提高了我们的物质文化水平。那么石油化工工艺是如何生产这么丰富的产品的呢？石油化工工艺的流程是怎样的？工艺流程中又蕴含着哪些创新原理呢？让我们一起来领略石油化工工艺的世界吧。

8.1　追溯石油化工的发展历程

随着时代的发展、科技的进步，能源对工业、企业和人类生活等越来越重要，人们对能源及其产品的急需加上技术工艺的进步，成为石油化工发展的重要推动力。石油化工与我们的生活紧密相关，不仅方便我们的生活，而且将我们的生活变得更加丰富多彩。那么石油化工是怎么发展起来的呢？让我们追随历史的脚步来领略石油化工的发展历程、石油化工工艺的演进和石化产品的多样吧。

石油化工是 20 世纪 20 年代兴起的以石油为原料的化学工业，起源于美国。初期主要依附于石油炼制工业，利用常减压蒸馏工艺将原油蒸馏后馏分出石脑油、煤油、渣油等后期生产的重要原料，后来这些原料逐步形成一个独立的工业体系。

20世纪20~30年代，我们利用催化工艺和裂解工艺生成乙烯、丙烯、苯、甲苯等单烃，将其作为原料生产其他石油化工产品。第二次世界大战前后，战争推动石油化工业迅速发展，石油化工在芳烃产品生产及合成橡胶等高分子材料方面取得了很大进展。

20世纪50年代石油进入蓬勃发展时期，合成工艺生产的塑料、合成橡胶、合成纤维等材料的迅速发展，使石油化工在欧洲国家、日本及世界其他地区受到广泛的重视，石油化学工业的新工艺、新产品不断出现。石油化工新工艺，特别是合成材料方面的成就，使生产上对原料的需求量猛增，推动了烃类裂解和裂解气分离工艺的迅速发展。

20世纪70年代初，石油化工生产的各种石油化学产品已经多达数千种，石油化工成为各工业国家的重要基干工业。

石油化工的主要工艺和产品如图5-8-1所示。随着经济的发展和科技的进步，人类的需求越来越多样化、时尚化、环保化，石油化工工艺将会不断创新、不断前行，生产出更多满足人们生活需要的产品。

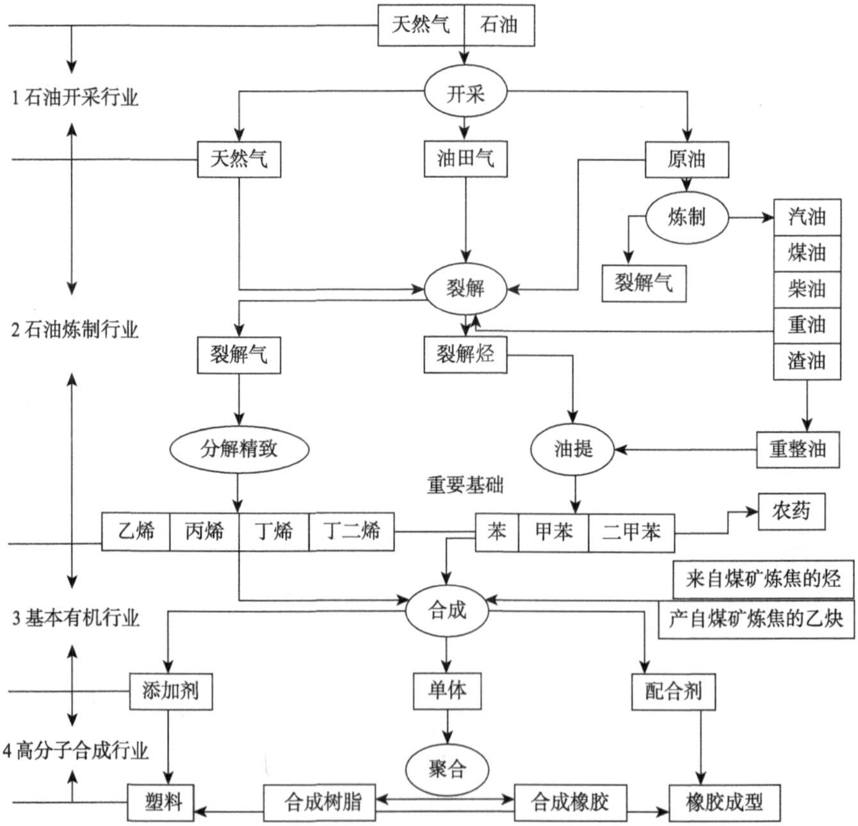

图 5-8-1　石油化工的主要工艺和产品

8.2 点亮人类光明的蒸馏工艺

在没有电灯的古代，人们使用油灯照明，所用燃料一般是动物油脂和一些易燃的干草等天然原料，是煤油的生产让人们的夜间不再黑暗，照亮了人们的生活；是沥青让人们能每天走在宽阔的马路上，方便了人们的出行。那煤油、沥青等产品是怎么来的呢？是石油化工的常减压蒸馏工艺生产了它们，造福了我们。

常减压蒸馏的工艺原理是通过精馏过程，在常压和减压的条件下，根据各组分相对挥发度的不同，在塔盘上气液两相进行逆向接触、传质传热，经过多次汽化和多次冷凝，将原油中的汽油、煤油、柴油馏分切割出来，生产出合格的汽油、煤油、柴油、蜡油、渣油，以及残渣沥青等。常减压蒸馏工艺一般包括常压蒸馏和减压蒸馏两个部分。

原油的常压蒸馏，即原油在常压（或稍高于常压）下进行的蒸馏，所用的蒸馏设备叫做原油常压精馏塔（简称常压塔），其所用的原料和产品不同于一般精馏塔，具有以下工艺特点：①常压塔的原料和产品都是组成复杂的混合物；②常压塔是一个复合塔结构；③常压塔下部设置汽提段，侧线产品设汽提塔；④常压塔设置中段循环回流，在保证各产品分离效果的前提下，取走精馏塔中多余的热量。

减压蒸馏所依据的原理与常压蒸馏相同，关键是减压塔顶采用了抽真空设备，使塔顶的压力降低到几千帕。减压塔的常用抽真空设备是蒸汽喷射器或者机械真空泵，其中机械真空泵只在一些干式减压蒸馏塔和小炼油厂的减压塔中采用，被更广泛应用的是蒸汽喷射器。蒸汽喷射器的工作原理是利用高压水蒸气在喷管内膨胀（减压），使压力能转化为动能从而达到高速流动，在喷管周围形成真空，从而将塔中的气体抽出。我们可以发现，蒸馏工艺原理很好地诠释了分离原理和逆向原理等创新原理，气体和液体逆向接触，并最终通过分离馏分将煤油、石脑油等分离出来。

8.3 加速原料反应的催化工艺

我们做饭使用的燃料是液化石油气或天然气，我们驾驶的汽车使用的燃料是汽油和柴油。那液化石油气、汽油和柴油又是怎么得到的呢？

液化石油气、汽油和柴油主要以石脑油、煤油、渣油等馏分油为原料，利用催化工艺生产而来。催化工艺是利用催化剂生产石化产品的过程，主要包括催化裂化工艺、催化重整工艺和催化加氢工艺等，具体详见表 5-8-1。结合表 5-8-1，我们可以发现在催化工艺的生产过程中主要运用了分解原理、移植原理和借助其他物的 TRIZ 原理，借助催化剂进行催化，利用蒸馏馏分分解出产品，最终生产出我们生活中常用的汽油和柴油等。

表 5-8-1 催化工艺的原理、流程及技术

催化工艺	工艺原理	工艺流程	工艺技术
催化裂化工艺	以常压重油或减压馏分油掺入减压渣油为原料，与再生催化剂接触，在480~500℃的条件下进行裂化、异构化、芳构化等反应	①反应—再生系统。 ②分馏系统。 ③吸收—稳定系统	预提升技术、新型喷嘴进料技术、混合温度控制技术等
催化重整工艺	以常减压蒸馏初馏塔、常压塔顶来的直馏石脑油为原料，与氢气混合后，加热，进行预加氢反应，以去除硫、氮、氧等杂质，与氢气混合加热进入重整反应器，在铂催化剂的作用下，进行脱氢芳构化反应和其他反应	一般工艺流程包括原料预处理和重整两部分。但生产芳烃还需要进行芳烃抽提和芳烃分离等	连续重整工艺
催化加氢工艺	在 Pt（铂）、Pd（钯）、Ni（镍）等催化剂存在下，烯烃和炔烃与氢进行加成反应，生成相应的烷烃，并放出热量	一般包括加氢处理和加氢裂化	加氢处理技术、芳烃深度加氢技术、加氢裂化技术

8.4 生成化工原料的裂解工艺

我们平时经常听到“三烯三苯”，它们是很多石化产品生产所需的原料。三烯即乙烯、丙烯和丁二烯，三苯即苯、甲苯和二甲苯。就拿乙烯来讲，乙烯在农业上可以作为催熟剂，在一定温度、压力和一定催化剂条件下可以聚合生成树脂，我们从乙烯中可以得到一系列的衍生物，应用非常广泛。那乙烯是怎么生产的呢？

乙烯主要是利用烃类裂解工艺从石脑油等原料中裂化分解而来的。裂解工艺主要包括管式炉裂解工艺、蓄热炉裂解工艺和流化床裂解工艺，具体详见表 5-8-2。

表 5-8-2 裂解工艺的原理和技术

裂解工艺	工艺原理	工艺技术
管式炉裂解工艺	石油烃通过管式裂解炉进行高温裂解反应以制取乙烯	鲁姆斯裂解炉、凯洛格毫秒炉、三菱倒梯台炉的裂解工艺
蓄热炉裂解工艺	裂解原料在水蒸气存在的条件下与高温蓄热砖接触，借助蓄热砖提供的热量和温度条件进行裂解反应，随着蓄热砖的温度逐步下降，当温度降至一定程度，则停止裂解原料进料，用蒸汽吹扫，再用燃料和空气进行加热升温，同时烧除积存的结炭，如此反复循环	伍尔夫法、派塞法、筒形蓄热炉裂解法
流化床裂解工艺	以流动床方式循环固体颗粒热载体，循环的热载体在加热器或再生器中被加热，在反应器中则利用热载体积蓄的热量进行烃类裂解反应	鲁尔煤气公司砂子炉法、巴斯夫流动床法、东大流代流动床法等

在经历了裂解工艺后，石脑油等原料生成了裂解气，人们将裂解气通过分离工艺分别得到乙烯、乙烷、丙烯、丙烷等产品，这些分离出来的产品是将来生产多种多样合成材料的重要原料。主要的分离工艺包括顺序分离工艺、前脱乙烷工艺和前脱丙烷工艺，具体详见表 5-8-3。

表 5-8-3　分离工艺的工艺原理和适用范围

分离工艺	工艺原理	适合范围
顺序分离工艺	由裂解单元来的裂解气经压缩脱除大部分重烃和水、经碱洗脱除酸性气体，深度干燥后进入脱甲烷塔，由脱甲烷塔塔顶分离出甲烷和氢气后，釜液送至脱乙烷塔，由脱乙烷塔塔顶分离出乙烷和乙烯，塔釜液送至脱丙烷塔……各组分按 C1、C2、C3……的顺序先后分离	适用于当 C4 馏分中不含有大量丁二烯的情况
前脱乙烷工艺	裂解气经过压缩、碱洗、干燥等工序后，在 3.6 兆帕下进入脱乙烷塔，塔顶出来的甲烷、氢气在冷箱中进行分离，塔底出来的 C2 馏分在乙烯塔中分离成乙烯和乙烷。脱乙烷塔的釜液依次进入脱丙烷塔、脱丁烷塔、丙烯塔等，分离成丙烯、丙烷、C4 馏分和 C5 馏分	适用于轻质原料
前脱丙烷工艺	裂解气经过三段压缩压力约 0.96 兆帕，经碱洗干燥后冷至−15°C，进入脱丙烷塔，C4 以上馏分由塔底分出。然后进入压缩机四段，压缩升压到 3.7 兆帕，进入加氢脱炔反应器，然后送往冷箱，在冷箱中分离出富氢，其余馏分进入脱甲烷塔，甲烷馏分从塔顶蒸出塔釜液送至脱丁烷塔	适用于裂解重质原料的裂解气的分离

结合表 5-8-2 和表 5-8-3，我们可以看到，将石油烃等裂解原料进行分解，将分解出的气体或液体进行馏分分离的过程，充分诠释了分解原理和分离原理等创新原理在该工艺中的运用。

8.5　打造新型材料的聚合工艺

合成材料又被称为人造材料，是人为地把不同物质经化学方法或聚合作用加工而成的新材料。合成树脂、合成纤维和合成橡胶号称 20 世纪三大合成技术，是材料发展史上的一次重大突破。合成材料在很多方面已经能够代替天然材料，它们既满足人类的时尚需要，又满足人类的舒适需求。那么这些合成材料是如何生产的呢?

8.5.1　时尚漂亮衣制品的天堂：合成纤维

我们身上穿的各种漂亮衣服、袜子等都是合成纤维生产的。合成纤维的生产过程是将单体经聚合反应制成成纤高聚物，经纺丝成型和后处理而制得的化学纤维，主要体现了合成原理。其生产有三大工序：合成聚合物制备、纺丝成型、后处理。

与天然纤维和人造纤维相比，合成纤维的原料是由人工合成方法制得的，生产不受自然条件的限制。除了具有化学纤维的一般优越性能，如强度高、质轻、易洗、快干、弹性好、不怕霉蛀等外，不同品种的合成纤维各自具有某些独特性能。

8.5.2 安全环保包装品的世界：合成树脂

我们电脑的屏幕，汽车上的保险杠、塑料油箱，生活中用的塑料袋、收纳盒、电磁炉上的底盘等都是合成树脂生产的。合成树脂是由低分子原料——单体（如乙烯、丙烯、氯乙烯等）通过聚合反应结合成大分子而生产的。工业上常用的合成树脂聚合工艺主要有本体聚合、悬浮聚合、乳液聚合和溶液聚合四种，具体详见表 5-8-4。

表 5-8-4 聚合工艺的原理、优缺点和适用范围

聚合工艺	工艺原理	优点	缺点	适用范围
本体聚合工艺	单体在引发剂或热、光、辐射的作用下，不加其他介质进行的聚合过程	产品纯净，不需复杂的分离、提纯；操作较简单，生产设备利用率高	物料黏度大，混合和传热困难，反应器温度不易控制	常用于聚甲基丙烯酸甲酯（俗称有机玻璃）、聚苯乙烯等树脂的生产
悬浮聚合工艺	单体在机械搅拌或振荡和分散剂的作用下，单体分散成液滴，通常悬浮于水中进行的聚合过程	物料黏度低，容易传热和控制；一些工序较为简单，可直接用于成型加工；产品较纯净、均匀	反应器生产能力和产品纯度不及本体聚合工艺，而且不能采用连续法进行生产	75%的聚氯乙烯树脂采用悬浮聚合工艺，聚苯乙烯也主要采用悬浮聚合工艺生产
乳液聚合工艺	借助乳化剂的作用，在机械搅拌或振荡下，单体在水中形成乳液而进行的聚合	物料黏度低，易于传热和混合；生产容易控制，残留单体容易除去	聚合过程中加入的乳化剂等影响制品性能。反应器的生产能力比本体聚合工艺低	用于生产丁苯橡胶、丁腈橡胶、氯丁橡胶、聚丙烯酸酯乳漆、聚醋酸乙烯酯胶乳（俗称白胶）和聚氯乙烯等
溶液聚合工艺	单体溶于适当溶剂中进行的聚合反应	生产操作和反应温度都易于控制	需要回收溶剂	工业溶液聚合可采用连续法和间歇法，大规模生产常采用连续法，如聚丙烯的生产等

8.5.3 可塑可弹胶制品的乐园：合成橡胶

我们平时穿的鞋子及汽车轮胎等都是由合成橡胶生产的，合成橡胶是由不同单体在引发剂作用下，经聚合而成的品种多样的高分子化合物，单体有丁二烯、苯乙烯、丙烯腈、异丁烯、氯丁二烯等多种。主要工序：①单体的生产和精制。合成橡胶的基本原料是单体，精制常用的方法有精馏、洗涤、干燥等。②聚合过程。聚合过程是单体在引发剂和催化剂作用下进行聚合反应生成聚合物的过程。有时用一个聚合设备，有时多个设备串联使用。合成橡胶的聚合工艺主要有乳液聚合、溶液聚合、悬浮聚合、本体聚合四种。③后处理。后处理是使聚合反应后

的物料（胶乳或胶液），经脱除未反应单体、凝聚、脱水、干燥和包装等步骤，最后制得成品橡胶的过程。

8.6　创新石化工艺、激发思维灵感

近年来为了推行时尚环保主义，许多环保题材随之获得关注，创新生产更加环保以及满足人类新的需要的石化产品成为形势所趋。例如，聚酯类环保纤维就是运用组合原理和分解原理，充分利用宝特瓶碎料、聚酯碎布料与长丝等原料，先进行化学降解，然后把单体纯化，再借由化学反应制成聚酯初始原料，因此纯度较高，在应用端与回收次数方面也较不受限制。随着科技进步和人们生活质量的提升，对更多新型、时尚、美观及环保产品的迫切需求使得石油化工工艺的不断创新成为必然趋势。

石油化工是近现代科学革命的产物，石油化工工艺凝结着众多物理、化学等科学家的智慧，也体现了多种创新科学原理，其发展过程中主要的创新原理如图 5-8-2 所示。它的发明和应用是不拘泥于传统的思考方式，善于移植其他领域较为完善的体系和发现异常现象，以及抓住关键问题，充分借助其他物，运用分解、分离等原理，来改变事物的形状、气味或结构等属性以达到创新的目的。在创新活动中，创新科学原理是运用创新思维分析问题和解决问题，也是人们使用何种创造方法、采用何种创造手段的依据。因此，掌握创新原理，是人们取得创新成果的先决条件。

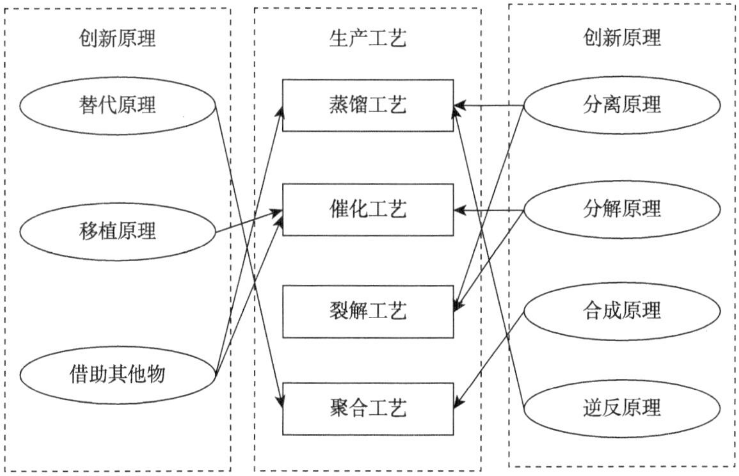

图 5-8-2　石油化工工艺中的创新原理

第 9 章　流水线作业开启人类大规模生产时代

18~19 世纪，西方国家通过对殖民地的商品输出和掠夺积累了大量的财富，两次工业革命后，科学技术以及经济迅速发展起来，商贸交易频繁，市民富庶，人们的生活方式发生了很大的变化，需求趋于多样化、丰富化。传统作坊式的手工生产甚至大机器生产已经无法满足日益剧增的社会需求，社会生产能力提高的需求非常迫切，因此当时整个西方都在孕育新的生产方式。

20 世纪初，福特汽车装配流水线的诞生，改变了过去手工作坊式生产的限制，实现了汽车大规模、高效率的生产。福特公司也因为汽车装配流水线而跃居汽车行业的老大，全世界的汽车制造商都争相模仿“福特模式”，大量廉价的汽车开始进入寻常百姓家。之后，制造业的诸多领域都被打上了流水线的烙印，流水线作业真正成就了工业生产方式的革命性转变，为大规模生产时代的到来奠定了坚实的基础。

9.1　孕育于劳动分工基础的流水线作业

历史上，最初的工业品基本都是作坊式的手工生产，一个工人或几个工人一起组装零部件、制成成品，然后再一起开始制作下一件。在以前的汽车制造方式中，汽车的各个部件分别是工厂的各个地方制造的，然后再拉到一起组装成车。这样的生产方式浪费时间、人力，效率低、成本高。1769 年，英国人乔赛亚·韦奇伍德（Josiah Wedgwood，1730—1795）开办埃特鲁利亚陶瓷工厂，他在工厂内实行精细的劳动分工，把制陶过程分成几十道专门工序，分别由专人接力完成，每个人只负责其中一两道工序。这种典型的分工合作是后来流水线作业诞生的重要思想基础。1780 年，美国的奥利弗·伊万斯（Oliver Evans，生卒年不详）发明了一系列的机器和传送设备，将面粉制作的一道道程序连成一个体系，谷物从磨粉机的一端倒入，面粉从另一端流出。这套设备为了避免原料袋在各加工步骤之间搬运，引入了传送装置，这种装置成为后来流水线作业的重要配备，输送式作业也成了流水线生产的重要形式。

9.2　福特汽车装配线定型流水线作业模式

在福特公司发明汽车装配流水线之前，汽车工业完全是手工作坊型的，效率很低，每装配一辆车大概需要一个月，当时一年大概生产 12 辆汽车，这一速度远远不能满足巨大的消费市场需求。正因为这种供不应求的局面，使得汽车成为当时的奢侈品，只有贵族才有消费能力。为改变这种局面，使汽车走进更多家庭，1908 年 3 月 19 日，福特公司生产了价格低廉的 T 型汽车，一时间 T 型汽车风靡美国，实现了普通人也有能力购买汽车的目标。但是订单量的急剧增加令福特十分苦恼，因为现行的作坊式生产耗时、耗力，生产一辆完整的汽车前后需要 728 个人工小时，产量根本无法满足需求。为提高生产效率，福特公司采用了各种办法，但无论是增加工人、厂房还是添置新设备都收效甚微。

一次偶然的机会，福特公司的一名工程师威廉 C. 克莱恩（William C. Crane，生卒年不详）在参观芝加哥的一家屠宰厂时看到，一头头待宰的牛一直处于流动状态，工人站在原地不动，在传送带边上重复着几个肢解切片的动作，从剥下动物的皮毛，取出内脏，再到肢解动物的各个不同部位，很快地就把一个个整体分解成了各个不同的部分。这种“拆卸线”作业方式以传送带为基础，工人只是反复做相同的动作，工作效率极高。这种作业方式令威廉·克莱恩感到震惊，他联想到将屠宰场“拆卸线”的整个流程颠倒过来，把分步操作的方法移植应用到汽车的装配上就可以形成汽车的“装配线”。之后他把所受启发写成报告提交给了公司高管。

1913 年，福特公司开始在自己的工厂使用流水线作业来装配汽车。流水线作业最初用于装配发动机，后来又用于装配变速器和汽车底盘，最后经过反复试验，用于 T 型车的生产装配上。在实际操作前，技术人员首先将 T 型汽车全套复杂的装配工作分解为一连串相对简单的动作，并为每个工作制定了最省力、产出率最高的标准范式。在实际操作时，将汽车底盘在传送带上以一定的速度从一端向另一端输送，传送带运行中所有工人按照预先安排好的位置站在传送带两边，按照组装顺序有秩序地依次组装各个零件，每个工人每次都装配同样的部件，到流水线终端时，一辆完整的 T 型汽车就组装完成了。在这之前，T 型车采用固定工位包干到底的方式组装，每辆 T 型汽车的组装时间是 22 小时 18 分钟，采用流水线作业后，到 1925 年每 10 秒就能装配一辆 T 型车，生产效率较之前相比得到了极大的提高。汽车的成本和售价也大幅下降，T 型车在 1910 年售价为 780 美元，1914 年则只要 360 美元。流水线作业的运用使福特公司首次实现了高效率、低成本的汽车生产模式，为公司带来了巨大的收益。

至此，世界上第一条真正的流水线正式成型。流水线生产方式不仅仅是福特的成功，更是一次工业生产方式的革命。神奇的流水线，从汽车工业推而广之，改变了整个世界的生产方式。这种劳动组织和生产管理方法，把整个生产过程分解为许多极简单的纯机械动作，降低了对劳动者的技术要求，复杂劳动转化成了简单劳动，有利于机械化和自动化程度的提高。过去是人跟着部件走，现在是由固定位置的人来装配活动着的部件，每一道工序都科学地规定时间，分工更细而效率更高。由于工序被分解为各种单一的环节，所以在人事安排和劳动调度上，可以说是一次彻底的解放。流水线作业成型阶段体现的创新科学原理可解析如图 5-9-1 所示。

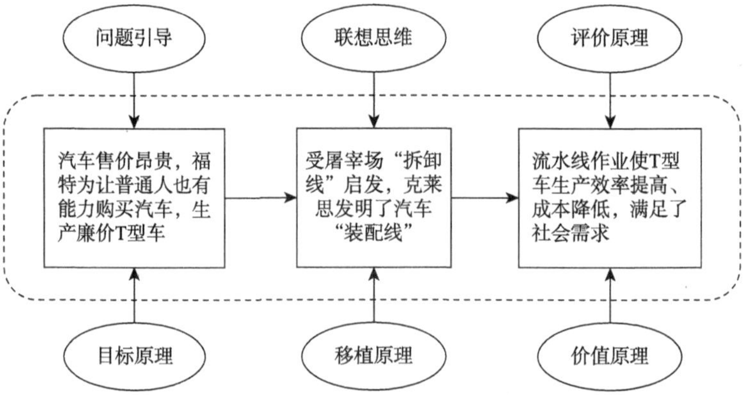

图 5-9-1　流水线作业成型阶段体现的创新科学原理

9.3　流水线作业在大规模生产应用中更加成熟

流水线作业把一个生产过程分解为若干个子过程，前一个子过程为下一个子过程创造执行条件，每一个过程可以与其他子过程同时进行。概括来说，流水线的基本特征就是功能分解、分工协作，空间上按顺序依次进行，时间上重叠并行。这样的作业方式可以很好地将复杂的生产过程化繁为简，最大程度地节约人力、时间成本。流水线作业还是人和机器的有效组合，在大机器运转的车间，每个流水线工人在一个复杂的大工程中只是重复完成自己负责的少数工作，通过彼此之间的分工合作来完成一项系统工程，由于工人只负责单项工作，而且重复度高，因此对工人素质的要求不高，人工成本降低，工人也会因为不断地重复而操作愈发熟练，从而提高了生产效率并降低了生产成本。高效率、低成本的作业方式彻底改变了传统作坊式的手工制造。

随着流水线作业的发展，流水线作业的标准化也逐渐成熟起来。流水线作业标准化，就是在调查分析的基础上，将现行流水作业方法的每一操作程序和每一动作进行分解，以科学技术、规章制度和实践经验为依据，以安全、质量、效益为目标，对流水作业过程不断进行改善，最终确定一套最优化的流水作业程序，逐步达到安全、准确、高效、省力的作业效果。标准化的作用主要是把企业内成员所积累的技术、经验，通过文件的方式来加以保存，以规避因为人员的流动，而导致的整个技术、经验跟着流失的风险。如此一来，每一项工作即使换了不同的人来操作，也不会在效率与品质上出现太大的差异。

现在，流水线作业已经融入各种生产模式中，并被应用于加工制造的各个领域。除了产品的装配和零件的机械加工外，在铸造、锻造、热处理、电镀焊接、油漆，以及包装等方面，也都得到了广泛的应用。流水生产线大大提高了工作的专业化水平，使各工序采用高效率的专用设备和工艺装备成为可能。流水线作业使产品的生产工序被分割成一个个的环节，工人间的分工更为细致，产品的质量和产量大幅度提高，极大促进了生产工艺过程和产品的标准化。制成品被大量生产出来，尤其是多样的日用品在流水线上变成了标准化商品。流水线以标准化、大批量生产降低了生产成本，并渗透到生活的各行各业，催生了大规模生产时代的到来。流水线作业成熟阶段体现的创新科学原理可解析如图 5-9-2 所示。

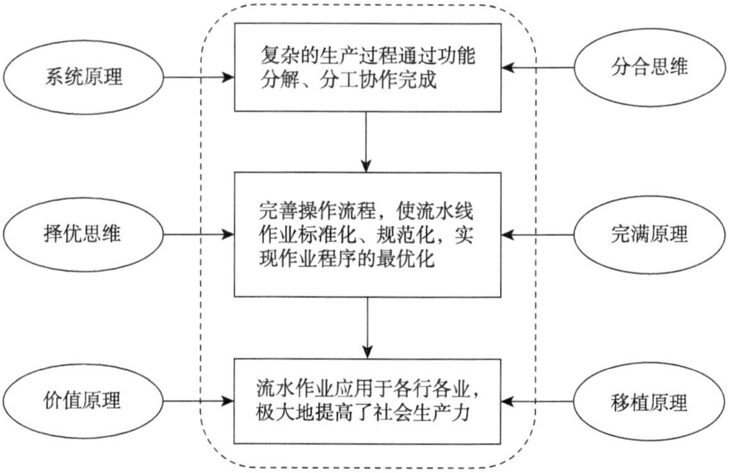

图 5-9-2　流水线作业成熟阶段体现的创新科学原理

9.4　流水线作业仍将拥抱未来

当今社会是信息时代，在互联网的大背景下我们获取信息的数量和速度是不可想象的。我们的社会已经进入一个市场需求向多样化发展的新阶段，而我们这些被互联网“惯坏了”的消费者早就难以容忍大规模生产时代的单调乏味了，我们翘首期待的是独一无二和个性化需求的满足。下一步，企业管理者只有实现从“福特时代”到“定制时代”的华丽转身才是时代所趋。

纵然流水线作业无法满足顾客个性化的需求，但在工业时代，流水线作业提升了体力劳动者的工作效率，使每一个生产岗位有了标准化和通用性，高效率、低成本的优势使得流水线作业无论何时都有自己独特的地位。当今互联网技术的存在使信息交流、贸易往来不再需要付出高昂的交易成本；高新技术的发展使得各式各样特殊材料的获得成本极大地降低；互联网金融的出现使得创业者能轻而易举地找到资金来源；商品的制造过程也能被程序化的微型设备简化和完成；新媒体技术的发展使得营销宣传、运输配送等不再是成本高昂的运营行为。因此，在未来的发展中，流水线作业将会与现代信息技术、新材料技术，以及互联网等技术相融合，进而实现生产方式的智能化、多样化，以原先流水线生产的成本和速度实现多品种、小批量的定制生产，来迎接21世纪顾客个性化需求的挑战。

参考文献

贾红谱. 2012. 汽车史上的第一之世界上第一条汽车装配流水线. 汽车纵横，（6）：138-139.
唐炯炯. 2013. 开启“国民化”时代的汽车“流水线”. 汽车科技，（4）：54-55.
王金虎. 1997. 20世纪前期美国汽车工业快速发展原因. 河南大学学报（社会科学版），（5）：83-86.
王丽萍. 2009. 流水线：世界经济助推器. 理财，（10）：41-42.
徐海涛，穆宗信. 2015. 装配流水线上的标准化作业. 装备制造技术，（9）：234-235.
尹淑凡. 1998. “汽车大王”和神奇的流水线——亨利·福特与“福特制”. 汽车运用，（4）：14-16.

第 10 章　各显神通的先进制造工艺

20 世纪 80 年代以来，复杂多变的外部环境，使传统的制造工艺已经不能满足市场需求，各国制造业纷纷寻找对策以获取竞争优势。随着计算机技术和信息技术在制造业中的广泛应用，人们逐步转换思维，摆脱传统制造观念的束缚，使制造工艺有了突破性的发展。这些新工艺不仅为国家现代制造业、高新技术产业的发展提供技术支撑，还能满足人们对个性化和多样化产品的需求，为我们的生产、生活带来很大的改变。

为了在激烈的竞争中掌握主动权，各国纷纷开始研究或引入先进制造工艺，如精密工程、快速成型技术、特种加工等。当然，先进制造工艺并不是对传统制造工艺的完全摒弃，而是在保持传统工艺的基础上，通过变更工艺材料或系统化工艺方法而产生，是在吸收高新技术成果的基础上实现的传统制造工艺“质”的进步。特别是近年来资源约束加强及环境污染问题的严重，对先进制造工艺提出了新的发展要求。因此，通过分析这些先进的现代制造工艺，可揭示其中所蕴含的科学创新原理，启迪我们如何科学运用创新之法去创造更加完美的产品。

10.1　精密工程成就苹果卓越工艺

精密工程的快速发展，给我们的生产、生活带来很大改变。导弹的命中精度主要取决于精密加工而成的惯性仪，无人飞机、精密制导、精密雷达、汽车关键零件的制造都与精密加工密切相关。除了在航空、航天、汽车等领域有广泛的应用，精密加工也逐步渗入我们的日常生活中。在 2016 年 11 月闭幕的中国国际高新技术成果交易会上，深圳市牧激科技有限公司负责人拿着一根薄薄窄窄的玻璃来回折扭。玻璃竟然能像塑料一样随意扭曲！这离不开超精密激光加工技术。

精密工程是某个历史时期所能达到的、高加工精度的各种精密加工方法的总称。随着技术进步及新方法的采用，精密加工精度已提至纳米级，由此可见，今天的精密加工完全可能变成明天的普通加工。近年来，国外在机床上利用计算机进行先行性的前端控制，以实现超精密加工，计算机与精密加工的结合开启了精密工程发展的新趋势。在精细理念的指导下，精密加工逐步向微细加工发展。微细加工是在半导体集成电路制造技术的基础上发展起来的，并吸收了电子束、离子束、激光束等高能束加工，是一门多学科集成的高新技术。在现阶段，纳米级加工成为超精密加工技术的顶峰。通过将纳米技术应用到精密加工中，拓展了传统制造业的范畴，形成了一个包含工程学、自然科学和生物学的交叉领域，精密加工技术更加丰富多样。同时，超精密加工技术已成为国防工业研制现代武器装备的关键技术，也是衡量一个国家科学技术能力的重要标志之一。

现如今，在我们的日常生活中已出现越来越多的精密加工产品，各式各样的电子产品就是其中的典型代表。众所周知，电子产品更新速度快，市场竞争十分激烈，而苹果公司却能成为该行业的佼佼者，这与其不断创新的产品制造工艺密切相关。公司设计团队不仅利用精密加工生产出一体成型的手机外壳，使产品更为轻薄、便携，而且还能生成各种颜色，如金色、深空灰、黑色等。其中，广受追捧的 iPhone“亮黑”色（jet black）就是直接用超精密加工的铣刀做出来的。这种对精密加工技术的不断改进与革新，体现了苹果公司一贯坚持的原则——“再精简、再精进，始终是我们所执着的方向”。

10.1.1 多种先进技术组合运用，创造“一体成型”工艺

浑然天成的壮观景象让我们惊讶于大自然的鬼斧神工，与之相比，人工制成品则有很多棱角、组装痕迹和冗杂部分，使用起来也有诸多不便。而苹果团队则巧妙运用了精密加工这一魔法棒，使其电子产品不仅轻薄，而且外观、手感极佳。

在生产 MacBook Air 之初，苹果其他系列的产品虽拥有一定的市场占有率，但与市场上其他产品差异不大。那么如何能使苹果笔记本与众不同，获得更高市场占有率呢？乔布斯想到了一个字——“薄”。那么如何实现产品轻薄呢？设计团队在电脑机身上找到了突破口。以往的笔记本外壳是将多种金属材料堆砌挤压而成，因而显得十分厚重，现在为了实现产品的精简化，设

计团队逆向思考，反其道而行之，改变原来的添材加工方式，对整体金属材料做减法。通过将厚金属块掏空成一个整体框架，由一个部件取代多种部件，实现电脑机身的轻薄化——这就是苹果公司“一体成型”工艺的初步设想。2008 年，苹果公司首次应用这种工艺推出了最新超薄笔记本——MacBook Air，它不管是重量还是厚度都远远低于当时最流行的轻薄电脑。该款产品一投入市场，就得到了消费者的青睐。“一体成型”工艺是一个技术体系，苹果公司在金属加工过程中，利用组合原理，通过将数控加工、激光加工、精密磨削等技术巧妙结合，创新关键技术，形成技术体系。“一体成型”工艺也成了苹果产品机身制造历史上的分水岭，并很快在手机、平板等产品中迅速推广。

由于“一体成型”工艺改变了以往的金属堆砌加工方式，因此对加工材料的硬度、重量及能否上色等方面有了新要求。于是，设计团队选取了多种金属材料，如钛、钢、铝等材料进行加工实验，结果发现铝既易于加工又轻巧，同时经过阳极氧化工艺还能呈现出不同的颜色。此外，由于需要直接在金属铝上铣出功能键、输入端口、电池等位置，因此，加工时对不同的部分需要使用不同的刀具。为达到理想效果，设计团队开展了一系列实验，研究不同加工刀具的形状、材料等会形成怎样的加工效果。通过在原有刀具的基础上，改变刀头的大小、与材料的接触面积、刀具的接口等，设计团队找到了合适的刀具和材料，这些都在一定程度上改善了原有的加工工艺，提高了加工精度。

10.1.2　精湛“亮黑”工艺，让“苹果”光彩夺目

正是有了神奇的大自然，我们才能生活在一个五彩缤纷的世界，享受蓝天白云、青山绿水给我们带来的视觉盛宴。大自然的美丽、神奇可以为设计者带来灵感，我们是不是也能像大自然那样，让产品拥有不同的色彩？由此出现了各种染色工艺，如利用颜料、化学反应等方法，心灵手巧的设计师甚至还可以利用精密工艺为产品“涂”上美丽的颜色。

2016 年 9 月，苹果公司推出了一款颜色独特的手机——亮黑色 iPhone 7，产品一经上市，其亮丽的颜色就引起了消费者的注意。亮黑色与以往的上色工艺有所不同，金属机身在数控加工后，要经过多次打磨抛光，才能使其表面可以像镜面一样光滑。随后利用阳极氧化工艺对机身上色、镀膜，形成手感与外观俱佳的“亮黑”色 iPhone 7。所以，这种工艺最大的难度主要在于如何打磨出镜面效果。经过反复对比不同的打磨技术，设计团队最终将陶瓷打

磨技术应用于金属抛光。那么，设计团队是怎样想到将陶瓷打磨技术应用于金属抛光的呢？

数控机床加工成型后的金属外壳首先要进行抛光，但是传统的抛光方法极易对材料造成损伤，而且打磨方向和打磨纹路较难控制。为达到更好的抛光效果，设计团队召开了多次集体会议，通过发挥集体智慧和利用知识互补，大家提出了各种方案，并根据不同的方案开展了小组实验。经过反复对比实验，设计团队在3D 抛光机的基础上，增加了一个旋转的机械头，形成了一种全新的打磨方式——3D 旋转抛光。将机身固定在机械头上，利用机械头灵活、均匀地转动来提高打磨效果。与此同时，设计团队还利用了新的抛光砂。这种抛光砂是一种特殊粉末，能够和机身上的化合物结合在一起，以此消除金属外壳表面的不平整。这个方法为精密磨削提供了一个新思路，即可以通过加工物品与其他化合物之间的物理或化学作用，来提高加工物表面的光滑度。在精细加工中，所需加工的物品往往也呈微型化，一些加工方法可能会损害加工物品，或者有些打磨工具根本无法抛光精细零件。因此，借助加工物品与抛光砂的物理、化学反应，能有效提高精细产品的打磨要求。

然而，铝材容易氧化，而抛光之后的机身经过阳极氧化后极易出现裂纹，其亮度很难达到标准。鉴于此，设计团队提出了一个新方案，我们既然想把金属打造出类似陶瓷的镜面效果，那为什么不利用陶瓷的抛光方法来加工金属呢？经过反复实验，对比多种抛光结果，设计团队挑选出适合金属铝的抛光方式，并且在磁粉量、抛光时间、接触面积上都做了很大改善。通过将改进的陶瓷打磨方法移植到金属加工中，设计团队在产品机身上打磨出亮黑的镜面效果。

10.1.3 精密技术孵化“苹果”的不平凡

苹果公司借助于精密加工，在对各种精密工艺集成的基础上，成功开辟了电子产品加工的新模式，并且创造了“一体成型”、“亮黑”色等先进的加工工艺。苹果设计团队不仅专注于各种工艺的组合创新，还擅长根据需求创造新的加工方式。苹果公司之所以能不断推出新产品，成为电子产品行业的佼佼者，就在于其对产品、生产工艺、材料的不断创新。这也得益于苹果拥有一个出色的设计团队，设计师们不仅能巧妙地利用灵感、联想等思维，还能通过实验等方法将这些思维转化为成果。我们对苹果公司加工工艺中蕴含的创新科学原理进行了提炼，如图 5-10-1 所示。

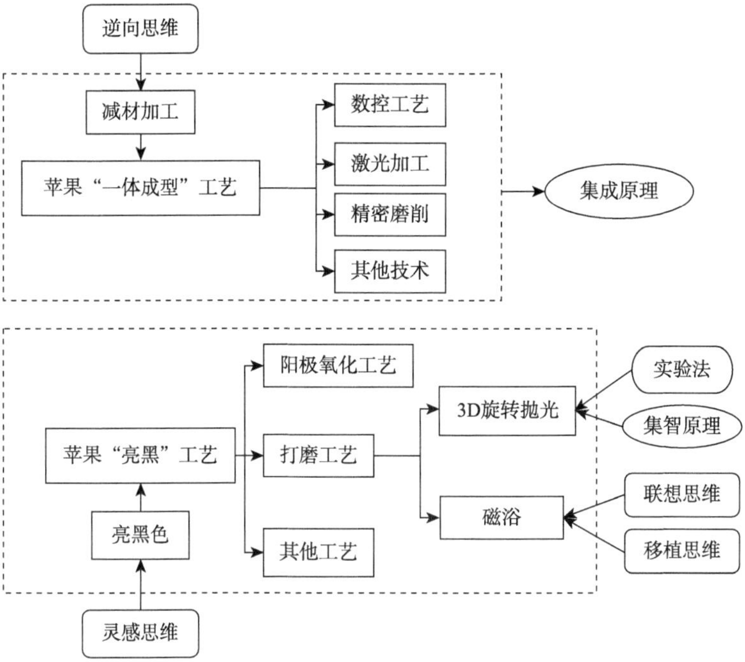

图 5-10-1　苹果公司加工工艺中蕴含的创新科学原理

10.2　高能束加工助力中航工业打造非凡工艺

在航空航天等领域中，对产品的质量、精度、抗压性、抗腐蚀性等要求极高。随着科学技术的快速发展，各种新型材料不断涌现出来，但是这些材料拥有复杂的结构，传统的制造工艺不能满足新材料的加工要求，如材料是否具有可加工性、加工精度能否满足、材料表面能否保证完整等。这些新的挑战成为加工技术不断创新的推动器，制造者通过将机械加工与物理、化学、生物等其他学科的新技术进行综合集成，不断创新制造工艺。例如，激光、电子束等高能束的发现，不仅是物理学领域的重要突破，还为半成品或原材料的加工提供了新思路。通过将计算机与高能束等技术相结合而形成的高能束加工工艺是 21 世纪最重要的先进制造工艺之一。

高能束加工是一种以高能量密度的束流（激光、电子、离子束等）为热源，对材料进行加工的特种加工技术，集光学、金属物理、机械设计及计算机技术等于一体。高能束加工主要包括焊接、切割、打孔、喷涂、表面改性等各类工艺方法，且具有常规加工所无法比拟的优点，这使其在航空航天、高新技术等领域的重要作用凸显。鉴于此，中国航空工业集团公司（简称中航工业）将高能束加工引入我国的航空制造业中，并成立了实验室对该技术进行系统研究，取得了显著的研究成果。

10.2.1 巧用活性剂，革新激光焊接工艺

铆钉是连接飞机蒙皮和框架结构的关键。由于长期处于高温、湿度大的环境下，铆钉容易生锈，甚至可能发生脱落或断裂等情况，这会严重影响飞机的飞行安全。而且，随着飞机蒙皮材质的变化，对铆接工艺也提出了新要求。因此，各国研究者开始探寻使飞机蒙皮与机身连接起来的新方法。经过长期的思考和实验，研究者们发现激光焊接能够有效地将二者连接起来。空中客车 A380 就使用了激光焊接技术来取代原来的铆接工艺，而且铆钉的减少使得飞机的重量减轻，铆钉的激光焊接工艺成为航空制造业历史上的一次重大技术革命。

中航工业北京航空制造工程研究所认识到激光加工的优越性，开始探索利用激光焊接代替铆接工艺的途径。然而实验的进展并不是很顺利。第一，材料有问题，硬铝合金的焊接性能极差，且工艺要求极其复杂，很难保证焊接效果；第二，焊接过程可能会使金属内部留下气泡，且焊接点的结构比较脆弱，使蒙皮和机身“貌合神离”。这些问题促使研究团队开始在新材料上“做文章”。经过长期调研和查阅相关资料，研究团队认为钛合金耐热性能好、抗腐蚀性强，是机身材料的首选，但是在激光焊接过程中钛合金容易出现咬边现象。难道就没有一种“胶水”，能让蒙皮和机身结合起来吗？如果有，什么东西可以充当胶水的功能？正是这种发散思维让研究团队探索可以充当“胶水”的添加材料。团队经过反复实验，最后发现活性剂不仅可以改善咬边，同时还能提高激光功率密度。制造工程研究所研究团队的灵感加反复的实践，成功开发了活性剂激光焊接技术，实现了飞机钛合金蒙皮和框架结构的对接，推动了我国航空制造业的发展。

10.2.2 多技术集成，复合涂层工艺为飞机“量体裁衣”

现如今，我们身上各式各样的衣服不再局限于避寒、遮体，人们个性化需求带来了产品创新。与我们一样，飞机也需要“穿衣服”。飞机机身的材

料主要是金属材质，但金属极易被氧化、腐蚀，使飞机维修难度加大，进而影响飞机寿命、降低其可靠性。金属材质的缺陷使制造工程研究所的成员不断探索新的机身材料，尤其是复合材料。同时机身涂层也要随着材料的变化而变化，在此情况下，中航工业利用高能束加工，为飞机设计了合适的“防护服”。

神奇的大自然为设计师开启了一扇窗，自然界的生物经过多年的适应发展，形成了独特功能。例如，荷叶具有自我清洁功能，这与荷叶表面超微纳米结构及水滴和荷叶的接触角度有关；而快速游动的鲨鱼在水中受到的阻力极小，这主要取决于鲨鱼表面的鳞片及其分泌的黏液。在一次小组会议中，研究人员提出：“为什么我们不能利用荷叶效应和鲨鱼皮的减阻特点来研制绿色涂层呢？”

一项工艺的创新往往来源于研究者的奇思妙想，但这种奇思妙想的出现离不开研究者长期以来对涂层研究所积累的经验和认识。已有的经验让研究团队认识到存储润滑剂需要依托像荷叶表面一样的微米、纳米级的稳定结构，因此形成新涂层的重点还需依靠加工工艺的创新。研究团队据此开展了一系列实验，不断研究、对比各种不同的材料及打孔技术，最终选定了硬质陶瓷及激光微加工技术。将多种技术与激光束等孤立的技术以某种方式集合起来，使各种技术形成有机整体，这种集成工艺既能在硬质陶瓷表面形成小孔来储存润滑剂，还可以开发出微存储器结构的飞机表面涂层。制造者通过巧思，将不同的技术集成起来，形成了一种具有新功能的复合工艺。它能发挥出比原有技术更大的效应，使新涂层既能防水、可自净化，又能减少飞机阻力，降低资源消耗。

10.2.3　中航工业学创结合，高能束加工显神通

中航工业成功地将高能束加工技术应用在我国航空事业中，并取得了显著成果。数控工艺、精密加工与高能束的有机结合使这种复合技术发挥出比原有技术更大的效应。同时，设计团队还利用实验研究革新了激光焊接工艺，最终形成了中航工业独特的制造工艺技术体系。正是因为研究团队不断地将创新意识融入高能束加工技术中，才有了航空制造业中创新的高能束加工体系，同时，团队的创新行为还会影响到其他团队，促进人们共同创新以不断推动我国航空制造业的技术进步。中航工业高能束加工工艺发展过程中蕴含的创新科学原理如图 5-10-2 所示。

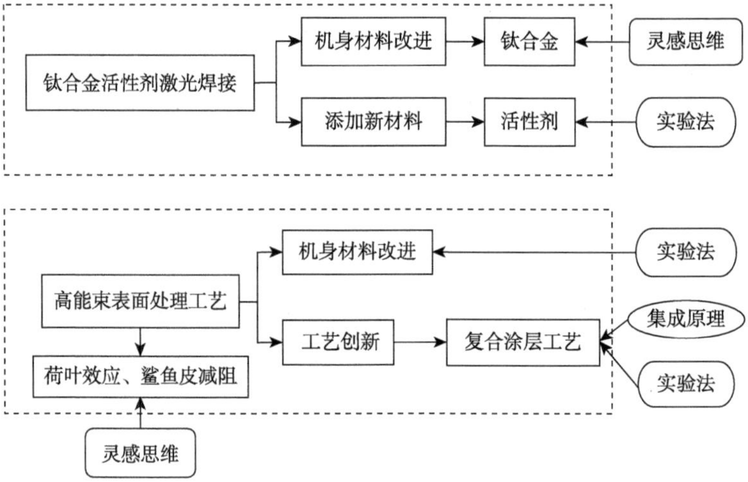

图 5-10-2　中航工业高能束加工工艺中蕴含的创新科学原理

10.3　3D 打印技术，颠覆传统工艺的“增材加工”

是否想象过这种情况，我们居住的房子，吃到的美食，穿的衣服，开的汽车可能都是打印出来的？现在有一种技术，只要把你的想法变成图纸或直接输入电脑中，在短时间内机器就可以做出你想要的物品。这就是 3D 打印技术，它就像是一根魔法棒，能依据我们的想法快速生产出各种产品。

消费者需求的多样化及个性化，使得企业不得不放弃少品种、大批量的生产方式，而采取多品种、小批量的现代生产方式，甚至是私人订制的生产方式。同时，市场的快速变化要求企业具有高度的灵敏性，能抓住瞬息即逝的机会，使其在市场竞争中取得竞争优势。这就需要企业根据市场需求变化而不断地迅速开发、生产新产品，逐步从被动适应消费者转变为主动引导市场。在此背景下，3D 打印技术逐步发展起来。

10.3.1　突破传统定式思维，SLA 拉开 3D 技术研发序幕

3D 打印技术的起源可追溯至 20 世纪 70 年代末到 80 年代初的快速成型技术——一种集激光、新材料、计算机数字控制、计算机辅助设计等于一体的新型制造技术。在这种传统成型方法的基础上，3D 打印技术开启了一种全新的思维模式，即“增（添）材加工”——通过利用各种手段有序添加材料，以达到零件的

设计要求，为零件成型开辟了一条新路径。这种由突破传统定式思维带来的成型技术创新，不仅可以大大缩短产品生产的时间，还能节省原材料，提高成品率。

根据不同的成型原理，3D 打印技术主要分为 5 类，即高分子聚合反应，如液态树脂光固化；叠层实体制造，如薄材叠层制造（laminated object manufacturing，LOM）；烧结和熔化，如激光选区烧结；层压制造，如层压制造技术（layer laminate manufacturing，LLM）；熔融沉积，如丝材熔融挤出成形。3D 打印技术发展前景巨大，应用范围极广，只要存在的东西几乎都可以通过 3D 打印复制出来，如汽车、房屋、食品等，只有想不到，没有做不到。

1983 年，查尔斯·胡尔发明了液态树脂光固化技术。然而，他并没有止步于此，多年的实践经验使他意识到加工材料不应该仅限于液体。因此，他于 1990 年再次提交专利，特别强调 SLA 技术的材料包括“能够固化的材料”或“能够改变其物理状态的材料”。他长期的研究及坚持不懈的探索，使 19 世纪学者提出的关于增材加工的构想变为现实。在此过程中，胡尔及科研团队依靠集体智慧的充分发挥，克服了多种困难，如紫外线控制、应用软件设计、成本控制等，同时还努力调动大家参与研究的积极性，最终成功发明新技术，拉开了全球性 3D 技术研发的序幕。胡尔发明液态树脂光固化工艺过程中所蕴含的创新科学原理如图 5-10-3 所示。

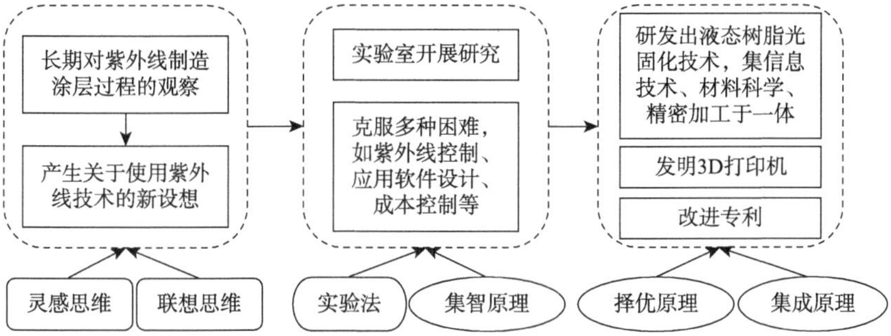

图 5-10-3　液态树脂光固化工艺中蕴含的创新科学原理

10.3.2　3D 打印技术再现新突破，使实物从液体中“生长”出来

经过长时间的发展，3D 打印技术更加成熟，打印材料更加多样，应用范围更加广阔。但此时的 3D 打印技术又面临着新的问题——打印时间过长。打印一个拳头大小的物品，依据不同的精细要求，打印时间可能达到半天甚至几天。这主要是由于固化树脂的粘连效应会影响 SLA 技术的打印速度，聚合速度过快导致打印出来的材料会粘在玻璃板上，因此需要在树脂完全固化之前降低树脂池，

保证玻璃板与固化树脂之间留有缝隙，不断重复这一过程会降低打印速度。这一阶段，如何缩短打印时间成为发展 3D 打印技术的主要突破口。

“有时卷雪从天下，端是源头蓄得来”。任何事物都不会凭空出现，人们也许很难想到，改进 3D 打印技术的灵感竟然源于电影——《终结者 2》，其中有这样一个场景，液态金属机器人 T-1000 从一摊类似水银的液体中重建自己。北卡罗来纳大学化学教授、Carbon3D 的 CEO（chief executive officer，首席执行官）约瑟夫·德西蒙（Joseph DeSimone）受此启发，结合其研究专长及对 SLA 打印问题的分析，提出了 3D 打印技术的新方向。经过长期探索，德西蒙教授与两个合作者，爱德华·萨穆尔斯基（Edward Samulski）教授及亚历克斯·叶尔莫什金（Alex Ermoshkin）博士共同开发了这项新技术，并将其命名为连续液态界面制造（continuous liquid interface production，CLIP）技术。从本质上讲，它是一种立体光固化技术，但是这项技术的优势在于突破了逐层打印成型方式，采取连续液态界面成型方式，使物品“生长”出来。在相同条件下，它比其他 3D 打印技术快 25~100 倍。

在研究之初，德西蒙教授受到电影的启发后想到，如果可以让 3D 物品从液体中生长出来，就会大幅度提高打印速度。基于此，研究小组重新思考了 SLA 技术的打印过程及其背后的物理、化学原理，认真分析了 SLA 打印时间较长的原因。他们认为利用可调节的光化学方法，可以使液态树脂里“长出”新物品。那如何能让光和氧气同时发挥作用呢？研究小组在多次实验的基础上决定将树脂池底部换成能够使氧气进入，同时也不会阻挡光线的玻璃窗格。玻璃窗格就像是一个多孔的隐形眼镜，可以让促进聚合的紫外光与抑制聚合的氧气达到平衡。德西蒙团队以化学知识为基础，转换研究思路，采用透光玻璃板使底板和固化树脂底部之间形成一片不能被固化的区域，避免出现 SLA 技术中固化树脂的粘连效应。这种新技术不仅大幅度提高了打印速度，还能使 3D 打印技术应用于批量生产，为立体物品加工提供有利的技术支撑。我们对该过程中蕴含的创新思维和原理进行了提炼，如图 5-10-4 所示。

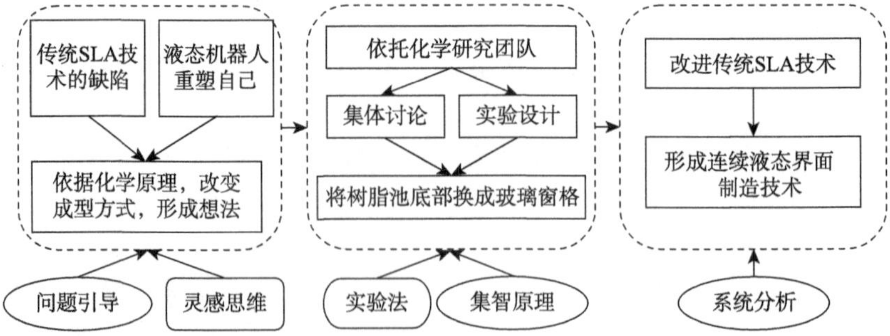

图 5-10-4　连续液态界面制造工艺中蕴含的创新科学原理

10.3.3　融入记忆新材料，3D 打印技术升级为 4D 打印技术

如果未来某天你从网上订购了一套家具，到货后是自己依靠说明书组装，还是请工人甚至利用机器人组装？也许谁都用不着，未来的家具可以自己完成组装。是否觉得有点不可思议？这完全有可能发生。我们每个人都是一个生活在四维空间中的三维个体，时间这一维度让一切三维物体随之发生改变。这就是 4D 打印技术的奥秘，即人们可以通过软件设定时间，物品就会在相应时间段内自动改变成你所需要的形状。

“你设计了某些东西，打印出来，它还能进化……”美国麻省理工学院 4D 打印项目研发负责人斯凯拉·蒂比茨表示：“这就像是把智慧植入材料当中。”沿着这个方向，来自佐治亚理工大学、新加坡科技大学和西安交通大学的研究团队已经着手开发新的复合材料。他们首先研究并对比了不同研究团队所使用的材料，发现这些材料存在不少问题，如哈佛大学和麻省理工学院等使用的水凝胶材料，很难使物品保持形状。鉴于此，研究团队认为可以设计一种拥有“记忆”功能的材料，一旦外部环境发生变化，它能向记忆中的形状转变。研究团队开展多次头脑风暴，探讨如何能让材料拥有“记忆”，最终，团队创造性地在复合材料中加入一种软质材料，并向材料植入内应力，加热后，周围材料软化，软质材料会释放内应力，从而使形状发生变化。

为节约时间和材料成本，研究团队想到是否可以直接利用 3D 打印机打印出 4D 产品？研究团队将 3D 打印机看成一个整体，通过系统分析 3D 打印机的整个打印流程，对比 3D 与 4D 技术之间的差别、加工流程及加工材料的特殊性，他们在 3D 打印工序中增加了后续训练工序，使 3D 打印机也能打印出 4D 产品，这种技术上的集成在很大程度上简化了 4D 打印技术。4D 打印技术的发展为产品设计开启一扇新大门，使产品在使用时可以具有多种形状。这一工艺体现的创新原理如图 5-10-5 所示。

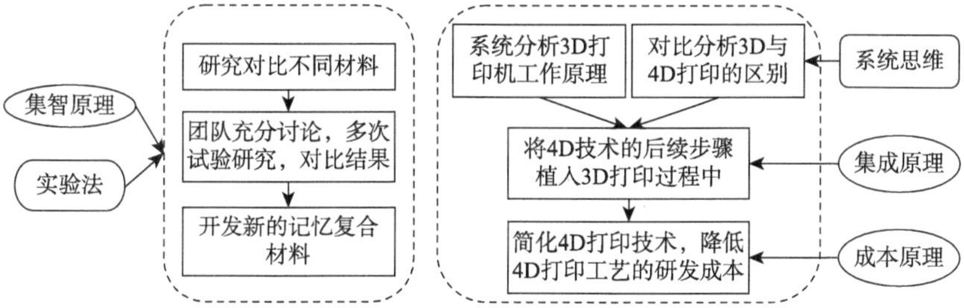

图 5-10-5　4D 打印工艺中蕴含的创新科学原理

10.4　直挂云帆济沧海——先进制造工艺带来的启示

先进制造工艺是由多门学科交叉融合而成的综合集成技术，其研究内容非常丰富，应用领域极其广泛。整个先进制造工艺就是一个大系统，它所包含的各种技术是其中的要素或子系统，这些技术系统之间相互作用、相互融合，不断形成新技术。我们只有从系统的观点出发，认识先进制造工艺，才能从整体上把握不同技术以及技术之间的联系，更好地指导我们的创新实践。

近40年的发展中，为更好地适应市场需求的复杂性和多样化，先进制造技术逐步向精密化、柔性化、网络化、智能化、绿色化、集成化等方向发展。这也为我们革新先进制造工艺提供了新思路，如先进制造工艺的绿色化需要我们在制造产品时要考虑减少材料浪费、节省能源、资源回收、降低污染等问题，我们要基于所掌握的知识来改进或革新现有技术，使其能为我们生产更多、更好的产品。

进入 21 世纪后，社会经济、市场需求、技术创新的发展预示着制造业会发生巨大变化。因此，先进制造工艺成为各国制造业发展的关键竞争力。我们应该紧紧抓住这个机遇，积极运用并不断改进、革新先进制造工艺，形成新的工艺体系，为我国迈向“智造”大国提供技术支撑。

参考文献

陈根. 2015. 4D 打印：改变未来商业生态. 北京：机械工业出版社：2-3.

陈俐，巩水利，姚伟. 2008. 活性剂对钛合金激光焊焊缝成形影响. 焊接，（11）：32-37.

杜志忠，陆军华. 2015. 3D 打印技术. 杭州：浙江大学出版社：1-2.

房贵如. 2001. 先进制造工艺的技术特征及发展趋势（上）. 机械工人·冷加工，（2）：3-5.

卡尼 L. 2014. 乔纳森传 苹果首席设计师. 汪琪，岳卉，王文雅译. 北京：中信出版社：253-264.

李长河，丁玉成. 2011. 先进制造工艺技术. 北京：科学出版社：133-139.

马国佳，李淑青. 2013-06-03. 中航工业制造所高能束表面工程专业技术创新综述. http://app.cannews.com.cn/print.php?contentid=24707.

孙燕华. 2006. 先进制造技术. 西安：西安电子科技大学出版社：3-6.

王贵成，王振龙. 2013. 精密与特种加工. 北京：机械工业出版社：171-172.

王恒. 2015-04-13. 制造所激光焊接技术团队：勇闯难关 潮头领航. http://www.cannews.com.cn/

2015/0413/123946.shtml.
王润孝. 2004. 先进制造技术导论. 北京：科学出版社：41-42.
严炎，刘星. 2015-03-19. 革命性新 CLIP 技术问世　利用光和氧气进行 3D 打印. http://tech.ifeng.com/a/20150319/41016772_0.shtml.
佚名. 2017-05-12. 4D 打印相比 3D 打印更简单更快速. http://www.gongkong.com/news/201705/361264.html.
张德欣. 2006. 飞行器制造技术. 哈尔滨：哈尔滨工程大学出版社：230-237.
朱林，杨春杰. 2013. 先进制造技术. 北京：北京大学出版社：64-71.

第六篇　设计创意之灵感迸发真相

设 计 之 魂

粗糙的原始陶器早已注入了孕育生命之泥土气息
万年岁月却不能消退她对美的描绘
纵然是牧羊在荒原与孤漠
线条简略也要将心梦留刻于青山峭壁……

五彩翡翠被研磨成绝伦的饰品
透明的玉石在雕琢中成为高雅之器
当甲骨承载着象形字迎来文明曙光时
沉重的青铜鼎铮铮铸就了华夏浩然正气……

不知何时柔软的丝绸被锦绣为华丽的使者
无声的木制器具附着上了生命活力的印记
建筑塑形，绘画求意
灿烂的瓷器已然将形意融为一体……

工业之轮相约艺术聚会，实用与唯美从此形影不离
彩虹当练万水河，路网星罗五洲地
城镇群楼千万姿，设计借风计算机
看明朝，梦更幻，智慧社区已斑斓，网络互联盛世启……

第 1 章　飞来的钻石：卢浮宫玻璃金字塔

卢浮宫的玻璃金字塔由著名的美籍华人设计师贝聿铭（Leoh Ming Pei，1917—）设计，它高 21 米，底宽 30 米，作为卢浮宫的入口，位于整个宫殿的中轴线上（图 6-1-1）。玻璃金字塔享誉全球，堪称建筑史上的奇迹。不管是在年代、材质，还是在造型上，极具现代美感的金字塔与周围的古老宫殿建筑都形成了鲜明的对比，让每一位到访的观众都置身于美的享受中。

集美学、科学性、艺术性、方便性和实用性为一体的玻璃金字塔给卢浮宫带来了意想不到的生机，被誉为飞来的钻石。它既是艺术设计史上的佳作，又体现着对数理科学原理的充分运用，处处蕴藏着创新的智慧。

图 6-1-1　玻璃金字塔外观

1.1　古代与现代元素整合的设计创意

20 世纪 80 年代初，新上任的法国总统弗朗索瓦 · 密特朗提出要修复整个法国的文化建筑，其中最重要的项目便是卢浮宫的翻修和改建。为此，法国政府广泛征求设计方案，其间收到了法国和其他国家多名建筑大师的应征。最终，经过层层遴选，贝聿铭的方案获得了 13 位馆长的肯定。

在设计之初，根据法国政府的要求，入口处必须要与地下空间完美结合，保证安全性和便利性。因入口处不能对地下空间的上层造成太大的压力，所以要在入口面积尽可能大的同时保证重量尽可能小。鉴于此，贝聿铭想到，同等底边的条件下椎体结构的表面体积最小，且能覆盖较大的建筑面积，减少突兀感。经验颇为丰富的贝聿铭又联想到，既然是椎体，而且卢浮宫历史又非常悠久，古典庄严，何不采用埃及的金字塔造型呢？不仅能满足要求，还极具象征意义，单纯却不简单。

然而，这就出现了一个很大的问题。众所周知，金字塔本是古埃及用石头为死人建造的坟墓，这实在是不好的寓意，方案必然招致否决。贝聿铭本想放弃这种想法，但某一天，当他再重新审视此方案时，突然想起：尽管金字塔入口和埃及金字塔类似，但可以只是借鉴后者的外形，在本质上与其是完全不同的，这种造型体现了一种崇敬过去而又面向未来的深刻理念，可与古老的卢浮宫交相辉映，融为一体。于是，设计过程中的主要矛盾被克服，反而成就了建筑界的一大经典。

贝聿铭打破常规，从人们通常所认为的禁忌出发，反其道而行，逆向思维得到充分运用。当然，他敢于如此设想，和他在平常大量的工作中的经验积累、多领域知识的涉猎是分不开的。

1.2　通透玻璃材料尽显卢浮宫风采

作为全球四大博物馆之首的卢浮宫，历史悠久，馆藏丰富，极具知名度和艺术价值，其平面布局如图 6-1-2 所示。不难看出，在建金字塔入口之前，游客去一个展厅需要穿过其他多个展厅，有时甚至要绕行七八百米。而游客数量本来就居高不下，拥挤和不便带来不小的安全隐患。因而，新建的入口必然位于U形的中间地带，从而使游客能及时分散，快速到达目标展馆。一开始，贝聿铭想，入口建筑的材料理所当然要选用建卢浮宫的石材，这样才能形成整体，显得不冲突。然而，如此一来，卢浮宫四周的建筑就会被入口阻挡，它将反次为主，不利于整体的视觉效果。贝聿铭转念一想，入口既要建在中心地带，又要不遮挡周围宫殿，也就是说，入口墙面只能是透明的，那是什么呢？当然是玻璃。

图 6-1-2　卢浮宫平面布局

但他也有犹豫，因为玻璃是典型的现代元素，而卢浮宫已有接近 800 年的历史，这种搭配会不会太不协调，形成强烈反差？然而他最终并未放弃，并意识到，水晶般的玻璃将带来充足的现代美，能为地下设施提供良好的采光，这非常符合他自己一贯以来追求阳光的性格，其十足的通透性不仅不会显得抢眼，反而能体现对卢浮宫深层的敬意。凭借着独特的美学理念和对环境赋予的独特景观认识，通过后续的精心设计，贝聿铭使金字塔形的玻璃入口与古老的卢浮宫实现了自然而又和谐的融合。

贝聿铭敢于选择玻璃这一貌似与卢浮宫不协调的物质作为入口的材料，主要得益于他逆向思考、发散思维、打破常规，最终找到最好的解决办法。同时，正是他直接以入口墙面的材料为思考对象，才能在否定了石材之后，快速想到更好的替代物，问题导向原理对于效率的提高得到了很好的说明。

1.3　网状钢结构完美融合结构和美学

贝聿铭最初为了施工的方便，为金字塔的每个面都设计了一整块的玻璃。但分析了施工方案后，他发现这种安排极不安全，因为所需的玻璃块将非常巨大，容易发生结构错乱，在技术上实现起来也有很大的难度。而且，整块的玻璃也使得入口与周围环境不搭，单调感较强，缺少美感。那么，如何解决呢？贝聿铭想到，既然整块玻璃太巨大，那么把它们分解成很多小块呢？如果这样，各个玻璃块之间靠什么来连接固定或者说支撑呢？他有过多种想法，但综合考虑了玻璃本身的物理性能以及其他的因素之后，最终决定用钢结构来连接玻璃块。于是，金字塔的主体结构被设计成了一个庞大而复杂的索网体系。

贝聿铭之所以采用此种结构是因为，一方面，由索网上引出的爪件固定在每块玻璃的角上，每块玻璃均由四对十字型的爪件角部支撑，每一对爪件由内外两只爪件合并共用紧固件。这样可以使各玻璃块之间没有填缝，也可以避免各块玻璃之间的相互作用带来的重量加强。同时，为避免金字塔表面的凹凸不平，所有索和杆件的预应力都是经过详尽计算的，可以刚刚好地承担玻璃的自重。另一方面，贝聿铭的想法是以光、影和运动为设计亮点。来自大自然的光线穿过透明的玻璃材料流淌到室内，带给室内温暖和灵动之感，这样，网状钢结构不但能起到支撑、承载的作用，也赋予玻璃一种力量与特别的艺术美。玻璃透明不遮挡原建筑的立面，从视觉上、空间原理上使原有建筑群的感觉不被削弱，再加上人的运动与光线的变化，整个空间充满了活力。玻璃金字塔不仅是体现现代艺术风格的佳作，也是运用现代科学技术的独特尝试，最终得到了专家和人们的认可。

贝聿铭在最初的设想被否定后，积极思考，通过改变材料的形态，从而找到更合理的解决方式，很明显，这种迂回的思维是以变性原理为条件的。而关于玻璃块连接方式的确定，是对多种关键因素分析评价后所做的最佳选择，这充分体现了最优选择的原理。

1.4 外围环境设计提升金字塔魅力

一直以来，贝聿铭都在遵循建筑融合自然的空间观念，认为应根据当地的自然生态环境，因地制宜，合理安排建筑与其周围相关因素之间的关系，使建筑和环境之间成为一个有机的结合体。玻璃金字塔的设计也不例外，并将该理念体现得淋漓尽致。

贝聿铭在确定了塔的造型后就想到，除了和卢浮宫本身相呼应以外，金字塔的周边也应显得浑然一体。为了将古典与现代充分融合，贝聿铭设计金字塔的底边与周边建筑物平行，亦即与方位平行，从而形成了类似埃及金字塔的布局，这是一种看似简单却很严谨的巧妙移植。但是，普通游客可能难以感受到这一点。怎样才能将这种远古符号充分显示，从而给游客更好的观感体验呢？根据贝聿铭的设计方案，水池周边会有三个采光井，既然如此，何不在这些采光井的地面处也各设计一个与入口金字塔相同的小金字塔，这既能作为采光井的地面设施，又能形成对主塔的烘托，使后者更威严更突出。贝聿铭继续改进设计方案——由于玻璃金字塔要发挥入口作用，他便将周围的水池分成了三座三角形的小水池。流动的水给贝聿铭带来新的灵感：水是流动的，又处于金字塔周围，能起到衬托的效果，于是他就地取材，在水池中设计了喷水池，喷出的水柱与周边的静态建筑相对照，增强了玻璃金字塔的动感效果，使得静止的建筑物有了生命力。

贝聿铭为彰显玻璃金字塔所代表的古典意味，不仅在大小、尺寸、比例上，就连方位布局，也都参考埃及金字塔而设计，这是移植思维的典型体现。他能从水的活动中得到灵感，并非偶然，而是建立在大量的工作经验和积极思考的基础上的。卢浮宫玻璃金字塔设计过程中体现的科学创新原理如图 6-1-3 所示。

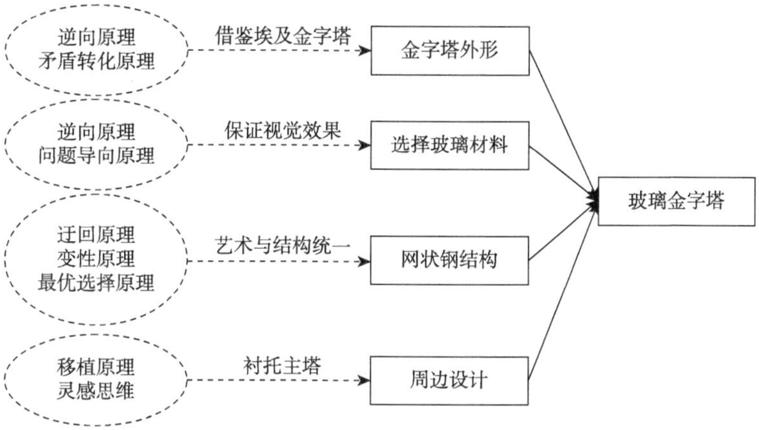

图 6-1-3　卢浮宫玻璃金字塔设计过程中体现的科学创新原理

1.5　卢浮宫玻璃金字塔的设计过程带给我们的思考

玻璃金字塔的设计是一项相当复杂的工作，需要综合考虑卢浮宫和周围的环境等各个方面，同时，还要严格遵循政府的要求，考虑不同文化背景下人们的接受程度，等等。但贝聿铭巧妙构思，大胆创新，最终排除层层质疑，克服重重困难，使其设计方案脱颖而出，得到专家和大众的认可。这也给我们以启示——

在追求创新的过程中，我们应敢于突破陈旧思维框架，不惧困境，懂得就地取材，节省成本，以最小的消耗换取最好的结果。

参 考 文 献

闫小琴. 2012. 贝聿铭与巴黎卢浮宫金字塔设计. 赤峰学院学报（自然科学版），28（5）：37-38.

第 2 章　福娃迎奥运，祝福传五洲

2001 年 7 月 13 日，北京获得 2008 年奥运会主办权的消息沸腾了中国，神州大地一片欢腾，在兴奋之余，随之而来的是严峻的考验。一系列奥运会筹备工作接踵而至，如奥运会场馆的建设、市场开发、与国际奥林匹克委员会的沟通等，其中作为每届奥运会的标志性符号，奥运会吉祥物的设计更牵动着亿万中国人的心。

在进入 2008 年奥运会倒计时 1 000 天的时候，北京奥运会吉祥物经过海选、预选、入围、修改组修改等多轮程序最终揭开了它神秘的面纱，5 个活泼可爱的吉祥物——“贝贝”“晶晶”“欢欢”“迎迎”“妮妮”（图 6-2-1）展现在人们眼前。与历届奥运会吉祥物相比，福娃的设计从数量到形象上都突破了传统模式，北京奥运会第一次将吉祥物变为 5 个，是数量最多的一次。在吉祥物形象的设计思路上第一次把动物和人完美地结合起来；在设计理念上第一次把奥运的元素直接融入吉祥物身上。

图 6-2-1　北京 2008 年奥运会吉祥物——福娃

这些创新突破让北京奥运会吉祥物的造型赢得了满堂喝彩。在为北京奥运会吉祥物设计喝彩的同时，我们会情不自禁地想，福娃是平面形象设计中的一个优秀设计艺术成果代表典例。它将人与自然和谐关系的理解，体育竞技与奥运精神关系的理解，生命、健康与运动关系的理解有机地融入设计理念中，将时代气息与中国传统文化元素巧妙地渗入形象艺术设计中，使福娃图案不仅彰显出生动的视觉传达效果，更将人类对生命的感悟、对自然的敬畏、对美好未来的期望深刻地蕴含其中。福娃的形象把华夏文明、中华崛起、中国和善的信息与美丽北京的盛情传播到了五洲四海！那么，如此有意义的设计是如何从设计师脑中迸发的？其中经历了怎样的曲折呢？

2.1　蕴含多重设计理念，传播中华盛情活力

作为每一届奥运会的形象大使，奥运会吉祥物广泛出现在奥运会各个领域，而且每一届奥运会都会根据举办国家的历史和文化选择恰当的吉祥物，体现奥林匹克精神、传达当届奥运会的举办理念以及主办城市的历史文化和人文精神。2008 年北京奥运会吉祥物的设计是展现华夏五千年文明的良好契机，也是让世界了解中国的重要时机，因此北京奥运会吉祥物的设计不仅吸引了国人的目光，也吸引了世界的目光。

为了能够设计出有意义又深受大众喜爱的奥运吉祥物，第 29 届奥林匹克运动会组织委员会（简称北京奥组委）为奥运吉祥物的设计设定了目标：吉祥物的设计需要发扬中国传统文化精髓，吸收现代设计创新思维，体现绿色奥运、科技奥运、人文奥运的北京奥运会理念和奥林匹克精神，创造世界人民熟悉喜爱的奥运会吉祥物。

这一目标的设立为设计奥运会吉祥物提供了大方向，引导着参与奥运会吉祥物设计的设计师们不断修改完善自己的设计，为最终成功地设计出深受大众喜爱的奥运吉祥物指明了方向。

2.2　广开渠道纳言，全民献计献策

虽然设计目标为吉祥物的设计指明了方向，但华夏文明源远流长，如何设计出既能深刻反映中国文化，又能反映奥运理念和奥运精神，还能深受大众喜爱的

奥运会吉祥物呢?

为解决这个难题，北京奥组委决定动员全世界人民参与到吉祥物的设计中，用全社会的智慧来解决这个难题。2004 年 8 月 5 日到 12 月 1 日，北京奥组委正式启动了2008年奥运会吉祥物征集工作。经过4个月的紧张征集，奥组委收到有效参赛作品 662 件。其中，中国内地作品 611 件，港澳台作品 12 件，国外作品 39 件。

北京奥组委让全社会参与 2008 年吉祥物设计的这一举动，聚集了全民的智慧，调动了大众参与吉祥物设计的热情，不仅为 2008 年奥运会吉祥物的设计开阔思路，而且避免了个人或团体设计过程中考虑不周全的问题。

2.3　精细甄选作品，奠定设计基础

2008 年奥运会吉祥物征集工作结束后，北京奥组委邀请国内著名的画家和工艺美术大师作为评委，对 662 件作品进行评选。

评委们经过认真仔细的考察，第一轮从 662 件作品中选择出 50 件优秀的作品，随后又从50件作品中选择出6件作品。经过两轮紧张激烈的评选，拨浪鼓东东、中国虎娃、熊猫胖豆、美猴王详详、龙龙、阿福娃娃 6 件作品成为最受推崇的作品。但是评委们一致认为现在选出的 6 件作品没有一件能够完全符合奥运会吉祥物的要求，还需要进行修改，因此北京奥组委决定将这几件作品作为主要的修改方向。

2.4　改变定式思维，组合开拓新径

尽管确定了修改方向，但能不能从这 6 件当中最终产生吉祥物呢？修改小组围绕着 6 件作品，从不同角度进行了修改。然而，让修改小组困扰的是，无论怎么修改，每件作品都很难达到奥运会吉祥物的要求。拨浪鼓单腿的形象无法与马术、田径、球类等多种运动的形象相匹配；老虎的形象不错，但作为单个吉祥物，1988 年汉城奥运会上已经用过；熊猫是中外赞誉的一个形象，但由于用得太多，再创作的余地十分有限；孙悟空是中国家喻户晓的形象，却也很难在造型上获得突破；中国龙的概念非常硬朗，但它有王权、皇族的特征，亲和力较差；阿福娃娃由一堆圆乎乎的小泥人组成，也是没有脚，且表现的地域

性概念很强。

既然单件作品很难达到奥运会吉祥物的要求，那将几个形象组合成一组作为北京奥运会吉祥物是否可行呢？历届奥运会上曾有组合的出现，如 2000 年悉尼奥运会的吉祥物是米莉、澳利、悉德，2004 年雅典奥运会的吉祥物是 Athena（雅典娜）、Phevos（费沃斯），那么北京奥运会吉祥物是不是也可以选择组合形象？经过分析和讨论，设计专家们认为组合形象可以有效解决现有设计难以承载中华文化的博大精深、中国地域的辽阔宽广，以及群众对百年奥运的热爱的难题。于是他们一方面继续围绕原有的 6 个创作思路深化创作，一方面寻找设计组合形象的灵感。

吉祥物设计小组在单一作品无法达到奥运会吉祥物要求的情况下，打破定式思维，寻找几个形象组合在一起以传达中华文化和奥运理念，为设计出有新意的奥运会吉祥物开辟了新的设计思路。

2.5　“五行”哲学启迪，五彩“福娃”现世

若要设计组合形象，那么选择几个形象进行组合呢？虽然从悉尼奥运会开始，就比较流行组合型吉祥物，但组合中吉祥物的数量一般是两个，最多三个，中国选择几个吉祥物最为合适成为困扰修改小组成员的难题。此时，设计小组联想到一个运用中国五行理念设计的作品《喜娃》（图 6-2-2），这是一幅用五种不同颜色的娃娃代表中国“五行”的作品。“五”这个数量能不能符合要求，能不能满足设计上要求吉祥物具有综合含义的需要呢？

图 6-2-2　应征作品之一《喜娃》

专家们想到，中国古代“五行”金、木、水、火、土代表着人与自然和谐相处的哲学理念，数字“五”寓有完满之意，而且在中国有“五福临门”“五星连珠”等饱含祥瑞之义的成语。“五”深刻表达了中国这个拥有五千年历史的国家，企盼世界万物和谐一统的心愿，同时也蕴含了海纳百川的宽广胸襟，而且与现代奥运会五环的标志，五环的色彩遥相呼应，体现五大洲共同盛会的主题，因此他们决定采用五个吉祥物组成一个组合的方案。

2.6　融贯古今中外元素，“和谐”主导设计剧本

组合的数量确定之后，修改小组专家们又开始讨论要把吉祥物设计成什么形象。最终目标是让北京奥运会吉祥物涵盖中国文化，意蕴 56 个民族数千年的文化传统，更要体现 21 世纪构建和谐社会的文化特色。

这时设计小组想到了中国民间艺术浑圆的基调——在中国民间凡是那些代表可爱和谐含义的图形，一定都是浑圆的，无论是金童玉女，还是寿星老人，他们都是白白胖胖、身段浑圆的，这是中国古代的“混沌、对称、圆融”的美学观念。而现代卡通形象能使人产生愉悦的心理，便于拟人化艺术处理。因此修改小组专家们决定将北京奥运会吉祥物设计成以浑圆为基调的卡通艺术形象。

北京奥运会吉祥物的设计在系统思考中外艺术特色的基础上，继承中国传统民间泥娃的圆润、敦厚、可爱，借鉴现代卡通形象的简练、机灵、动感，并将两者有机地结合在一起。这既是当今造型理念的体现，又是几千年博大精深的中华艺术造型形式的荟萃和融合，融古贯今，中西合璧，将民族性和世界性融于一体，呈现出一种开放、开阔的艺术与设计姿态。

2.7　集智共设“动物”造型，卡通形象寓意精深

修改小组专家从金木水火土出发，把五行衍生为“天空、大地、海洋、森林、圣火”五个概念，寻找各自对应的吉祥物形象。

为了尽可能多地照顾到各国不同的审美习惯和民族爱好，被选择的代表形

象从龙、猴子、鱼、熊猫、圣火到龙、藏羚羊、鱼、熊猫、圣火，再到沙燕、藏羚羊、鱼、熊猫、圣火，过程可谓是一波三折。猴子知名度过高，不利于奥运吉祥物知识产权保护，且对其内涵和外延的定义与开发难有新意。龙是中华民族文化的象征，但在国外却是邪恶的象征。而网络上呼声较高的藏羚羊形象健康，是国家保护动物，能体现绿色奥运的主题。燕子作为天空的代表形象，体现出对自然的一种关爱。因此，设计小组最终决定选择藏羚羊和沙燕替代猴子和中国龙。

在北京奥运会吉祥物代表形象的选择过程中，专家们集成群体智慧，通过系统分析发现猴子作为吉祥物的缺陷，同时考虑到中外文化对龙的理解存在差异，最终确定圣火、熊猫、鱼、藏羚羊、沙燕作为吉祥物代表形象。这不仅凸显中华文化，而且照顾到不同国家人们的心理和审美感受，是人文奥运的一种体现。另外，选择具有代表性的野生动物，如大熊猫、藏羚羊和沙燕等，是为了更强烈地表达出人类保护环境和生态的紧迫性和危机感，与绿色奥运的主体相融合。

2.8　“福娃”穿戴有讲究，奥运凸显中国风

北京奥运会吉祥物的整体形象设计与以往的卡通吉祥物不同，是孩子和动物的结合体，通过小孩戴帽的形象展现出来，这种形象是如何被创作出来的呢?

中国的老虎帽给设计小组带来了灵感。在中国的民俗文化中，童帽寄托了长辈深深的祝福和厚爱，最常见的有虎头帽、狮子帽、狗头帽等，孩子们头戴虎头帽、脚蹬老虎鞋，个个打扮得像极了民间工艺品，令人喜爱不禁。五个娃娃，是人的形象，又分别代表四种不同的动物及传说中的火娃形象，这正体现了人与动物、人与大自然和谐共存的关系，是人文奥运理念的深刻体现。最终，奥运会吉祥物创作修改小组将中国新石器时代的鱼纹、水纹图案、宋代瓷器莲花造型、敦煌壁画中的火焰纹样、青藏地区的装饰造型纹样、北京传统的沙燕风筝的图案移植到吉祥物的帽饰上（图 6-2-3），形成北京奥运会吉祥物最终的形象。

设计小组的创作灵感为五个娃娃的修改设计提供了新思路，为实现人与动物的完美结合提供了新途径。通过对中国传统设计元素的巧妙运用和组合，将华夏五千年文明融入现代的设计中，这不仅是民族性的体现，也让我们不禁赞叹中国

图 6-2-3　北京 2008 年奥运会吉祥物头饰艺术元素来源

文化的博大精深。其实许多古老的文化都在潜移默化地影响着我们，在适当的时候会激发我们的灵感，从而为达成目标提供很好的解决思路。

2.9　独具匠心定名称，北京热情欢迎您

北京奥运会吉祥物中每个娃娃都有一个朗朗上口的名字，分别是“贝

贝”“晶晶”“欢欢”“迎迎”“妮妮”，这五个名字组合起来就是“北京欢迎您”的谐音。这种起名字的方式也与中国传统民俗喜好用叠音字表达对孩子喜爱的习惯一脉相承。这种对吉祥物取名的处理方式把传统的民族习俗和具体的设计项目有机联系起来，既表达了对中国民俗风情和地域习惯的尊重，也向全世界发出了友好的邀请。

2.10 福娃精彩奥运年，中华扬名奥运史

北京奥运会吉祥物的设计无疑是成功的，在其设计过程中蕴含着深刻的创新科学原理（图 6-2-4），从北京奥组委设定设计目标，到吉祥物数量的选择，到吉祥物代表形象的选择和优化，再到方案的最终确定，一步一个脚印，最终成功设计出让世界惊叹的奥运会吉祥物。五福娃是群体智慧的结晶，凝聚了中国古代的文化精华，它的设计有助于传播中国文化，促进中国文化产业的发展，展现了我们的大国工匠精神。

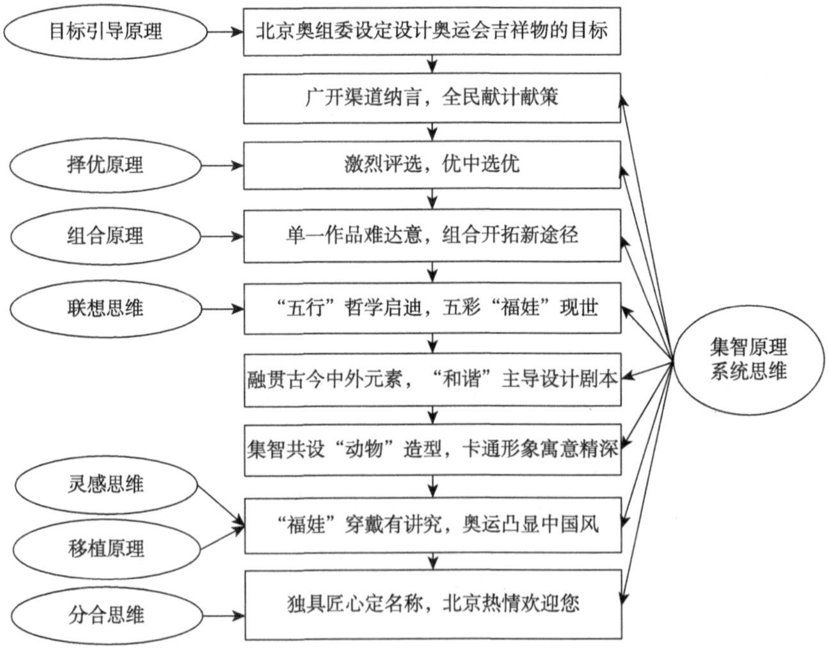

图 6-2-4　奥运会吉祥物设计过程中蕴含的创新科学原理

参考文献

佚名. 2004-11-25. 北京2008年奥运会吉祥物设计方案（上）. http://blog.sina.com.cn/s/blog_4b426607010005tr.html.

佚名. 2008-07-24.《北京奥运揭秘》：福娃的诞生. http://news.cctv.com/china/20080724/101394.shtml.

佚名. 2005-11-19. 五个福娃四个“爹”. http://www.china.com.cn/chinese/feature/1041334.htm.

佚名. 2005-12-15. 五福娃背后智囊团讲述：清华园里孕育福娃原型. http://news.sohu.com/20051215/n240987446.shtml.

第3章　受“上帝”宠爱的克里斯汀·迪奥服装设计

我得承认，服装就是我的生命。我所知道、目睹、听闻的任何事物，我生活中的方方面面，最终都转变成设计作品。它们长期萦绕在我的脑海，直到我把它们从梦想世界中带出来，化为实物。

——迪奥品牌创立者克里斯汀·迪奥

Dior，在法语中是“金子”和“上帝”的意思。半个世纪以来，这个名字和他同名的品牌一直是华丽与高雅的代表，而简称 CD（Christian Dior，克里斯汀·迪奥）的高级女装及其他产品，也一直以朝霞般的绚丽统治着巴黎的时尚潮流。如果说顾客就是上帝，那克里斯汀·迪奥一定是最受上帝宠爱的设计。这个既陌生又熟悉，既阳春白雪又令人趋之若鹜的品牌已经成为高贵、奢华、性感的象征，它的创立者就是克里斯汀·迪奥（Christian Dior，1905—1957）。

迪奥以精湛的工艺技术丰富作品的内在意蕴，其创新能力又被称为时装界的“拿破仑”，对创新的不断追求将时装的美发挥到极致，这也使得他的每一款设计几乎都成为时装界的经典作品。

3.1　花冠礼服绽放巴黎“新面貌”

1905 年，迪奥出生于法国一个贵族家庭，受母亲的影响，他从小热爱田园风光、自然植物。学生时代，迪奥开始迷恋线条与建筑设计，并开始展露出绘画天赋，梦想成为一名建筑设计者。然而，在选择大学时迪奥却拗不过父亲，被迫进入巴黎政治大学学习。事实上，这一段时间成为迪奥生命中最自由的时光。在大学里，他结识了巴黎许多前卫艺术家，现代艺术的新思潮撞击着迪奥年轻而敏感的心，也丰富着他的艺术积累。

1930 年，迪奥父亲破产，母亲去世，居无定所、穷困潦倒的迪奥寄住在朋友家中。在设计师朋友的影响和鼓励下，他开始尝试画时装画勉强度日。1933年，迪奥开始绘制服装草图，并把他设计的6张素描画以每张20法郎的价钱卖给了女帽商人。此后，他开始学习时装设计，为报纸、杂志及一些商家设计图样，走上了服装设计师的道路。在学习锻炼的过程中，迪奥获得了纤维商业大王的赏识，并无条件资助他独立开店。1946年9月，迪奥在巴黎蒙田路三十号正式开张营业。

1947 年 2 月 12 日，克里斯汀·迪奥举行首次时装发布会。在这次发布会的创作中，迪奥将记忆中母亲那些收腰、宽裙摆的晚装与他最爱的幽谷百合盛开花型相结合，由植物的花朵形状联想到女性的身体曲线并将二者相结合，创造出了花冠礼服系列。他甚至将幽谷百合嫩枝线条也通过裙装的褶皱体现出来，如图 6-3-1 所示。条条长裙犹如一束束盛开的花朵。这套礼服设计的灵感来源于花朵，但又通过最终的作品展示出女性曲线与自然的糅合，将花朵的清新典雅从植物元素中提取出来应用于服装设计。

图 6-3-1　幽谷百合造型礼服

迪奥不仅对服装设计本身进行了创新，更将服装发布会现场用鲜花装点，使得整个发布会花团锦簇，香气袭人。这样三维的“美”让所有在场的女人都从战争的冷酷坚韧中苏醒过来。迪奥的“新风貌”花冠系列首次发布即大获成功，人们对迪奥的推崇席卷整个欧洲服装界。

这次令人瞩目的发布会一扫第二次世界大战以后巴黎时装界的沉闷，使简洁优美的线条、高档华丽的面料重新回归。迪奥唤醒了人们对美的追求。在战争中心力交瘁的女子仿佛一夜之间找到了自己，看到了希望。她们把对美的一切赞颂都给了迪奥，在她们心中迪奥的名字成了年轻、希望、未来的代名词。

事实上，不仅是巴黎，战后的欧洲人们普遍缺乏安全感，社会期待传统家庭模式大范围回归，男人承担养家糊口的职责，女性则被期望成为贤妻良母，而经济学家则希望通过消费刺激饱受战争摧残的经济。迪奥的设计与当时的社会期望不谋而合，他设计的服装窄肩、细腰，丰满的胸部和奢华的大裙摆设计使人缅怀 19 世纪富足的维多利亚摄政时代。即使很多女性无力负担一件真正高级时装的价位，但她们至少买得起象征希望与繁荣，体现女性魅力的迪奥仿制品。迪奥之前，对于普通百姓来说，衣服多是用来遮挡身体，御寒保暖。迪奥之后，服装在人们生活中的地位从必需品上升为艺术品，迪奥的设计将服装引领成为设计艺术。

继“新面貌”之后，在 1947 年的秋冬时装展中，迪奥利用不同的材料组合、不同的裙裾长短搭配给服装带来不同的造型感。这次他使用了大量的纤维织品，下垂的褶边一直吊到脚踝处，这种大裙摆中自然的下垂线在动态与静态下所体现的形式美以及在光影下的轮廓造型都完美地展现了“线”在服装中的运用技巧。他设计的一套拖地长裙，由大量绸布衬托起来的双层褶边组成，在设计中他将服装原材料放置在模特身边，不断尝试造型，整条裙子有 60 磅（1 磅≈453.6 克）重。图 6-3-2 展示了迪奥设计的礼服。迪奥奢华的用料，精细的剪裁制作，继续强调女性魅力的柔美与曲线，使女性美达到极致，进而确立了迪奥风格。

图 6-3-2　迪奥亲自设计礼服

从 1947 年开始的连续 10 年，迪奥每年推出 2 个系列，而每一个系列的设计重点他都放在时装造型线的变化上。尽管自然肩形和纤细的腰身仍是造型的主要特点，但其他细节的变化，如裙长、袖口、领口等，成为每年新款式的重点。他在服装设计上不断运用组合原理和移植原理，将花朵、光线、自然光影和现实生活中的元素不断组合创新。1948 年秋，他推出“锯齿造型”。接着是“垂直造型”、“倾斜造型”、“自然型”和“长线条”、“波纹曲线型”和“黑影造型”，一直到 1953 年著名的“郁金香造型”，如图 6-3-3 所示。

图 6-3-3　迪奥郁金香型礼服半成品与设计手稿

在这一系列的设计中其基本造型线都是由“新面貌”演化出来的，这种演化不仅依赖于迪奥本人在线条、比例、结构上的惊人造诣，更得益于他丰富的联想思维和不断迸发的灵感。

3.2　线形设计迎合女性新定位

第二次世界大战后，更多的妇女走出家门就业，不同年龄、不同种族、不同教育水平以及不同阶层的妇女都纷纷加入劳动大军。女性就业的目的也从战争中简单的维持生活到越来越多的追求自我价值的实现。女性就业状况的变化促使她们的社会地位和自我意识不断提高，虽然战后女性在就业平等和社会公平上还存在着一些问题有待解决，但是战后女性就业状况及其社会地位的变化还是将她们向公平和平等推进了一大步。

在这种背景下，迪奥逆向思考，既然女性在社会角色中已经担任了越来越多的新角色，对女性的美的认知也不再仅仅局限于身体曲线美，而应拓展到女性新的思想和内涵等方面。在新的社会角色转变过程中，迪奥在服装设计上将女性从服装的束缚中解放出来，他打破自“新风貌”以来设立的“8”字形女装，不再去迎合男性审美的窄腰、大胸、丰臀的裙装，推出不束腰，不突出女性胸部和臀部的直线外形，即看起来像英文字母的H形，强调女装的功能性，提出“朴素、简洁的现代女性味”概念。H 形改变了迪奥以往塑造女性美的标准，转而表现女性的自然美、思想与内涵的美，这种发散思维的设计概念不仅推翻了他的过去，更将他的设计推向了新的高峰。

迪奥创作外廓的改变并未动摇他追求线条和造型的初心。他将青年时期就喜爱的建筑结构运用到服装设计上，甚至通过面料与建材实现服装造型的力度。迪奥推出“A 形线”造型，收肩的幅度，放宽的裙子下摆，形成与埃菲尔铁塔相似的A 字形轮廓，这种款式的裙摆呈喇叭状。《时尚》杂志称“A 形线”是“巴黎最负重望的线条，这是自毕达哥拉斯以来最美的三角形”。迪奥设计的A 字形女装如图 6-3-4 所示。

图 6-3-4　迪奥设计的 A 字形女装

1955 年秋，迪奥发表了“Y 形线”，次年又发表了“箭形”设计，再次获得喝彩。1957 年，他的最后两个系列是“自由形”和“纺锤形”，这些服装在造型上已经完全不同于“新风貌”的外轮廓。迪奥开创了用大写的英文字母 A、H、Y 来命名他的时装系列的先例，后来出现的五种基本廓形形式S形、H形、Y形、A 形、X 形便是从此演变而来。如果说受花朵形状启发而设计花冠系列礼服是出色的联想思维案例，那么将服装概括为 S 形、H 形、Y 形、A 形、X 形则是出色的发散思维的体现。

3.3　三维设计烘托舞台造型效果

迪奥认为服装展现的是一个人的整体，在系统思维的指导下，他一直尝试以外造型线来把握服装设计整体形象的方法。这种方法就是把服装的造型作为一个立体的、可以不断塑造的空间造型来对待，即服装也应当像绘画、雕塑一般是一种造型艺术，而且这种造型还要联系实际的穿着功能，表现穿衣人的个性。

因此，在服装发布会上，迪奥要求模特在表演的时候要具有舞台的效果，而不仅仅是穿着衣服在台上走路（图 6-3-5）。他要求她们在天桥上以特定的步伐和节奏来回走动并做出各种动作和造型，通过模特的体态和动作传达出时装的文化内涵，呈现时装在各种动态下的视觉效果。这种服装设计、剪裁缝纫、舞台效果、灯光音乐的配合使得迪奥的时装发布会别具一格，生动热烈，各种感官效果的集合让服装不再仅仅是衣服而成为一种文化的繁荣。这种时装表演在当时引起极大的轰动，人们在观看时装表演的同时领略了时装艺术的魅力。在第一次崭露头角后的十年中，迪奥操纵着女装的造型线条，他在设计上的每一次变化都会引起一阵骚动，他以其系统的审美思维、超人的才华和敏锐的艺术感觉领导了一个时代。

图 6-3-5　迪奥亲自指导时装模特

3.4　打造商业商标，实现设计价值

迪奥不仅是一位艺术家，还是一位营销家。他认识到，自己的目的不在于出售服装，而是出售自己的设计，他想让全世界的女性都穿上他设计的服装。这一目标如何实现呢?

迪奥换位思考，站在购买者的角度考虑之后为购买者提供了两个选择。一种是可以购买表演中展示的原创时装；另一种是可以购买专利。购买专利的买主一般是某个地区或国家的厂商，他们必须按照规定的设计、面料来制作，自行组织加工生产，每个具体的设计大约生产数千件，服装成本自然降低。迪奥明白人们总是会考虑成本与收益，因此降低成本的同时不折损他自己设计的价值就是最有效的营销方法，这一营销概念是成本原理和价值原理在服装产业最出色的运用，也给所有抨击迪奥奢侈的人们一记响亮的耳光：迪奥并非不懂控制成本，只是他不愿用服装设计的美感来承担成本压力。

除此之外，迪奥是第一个注册商标并确立品牌概念的人，也是第一个用如此个人特征鲜明的单词 Dior 作为注册商标的设计师。他说：“我们是出卖点子的商人。”尽管这在现在早已司空见惯，但当时时装界还没有商标、标准合同、产品形象等这一类的名词，是迪奥创造了它们，并使它们成为现在商业中不可缺少的内容。迪奥通过这种方式把法国高级时装从传统的家庭式作业引向了现代企业化操作，开创品牌特许经营，将法国巴黎迪奥专卖店的繁荣移植到世界各地。为了有效地移植“迪奥”的品牌风格，克里斯汀·迪奥针对公司形象的一致性，制定了一套政策。由迪奥公司为各地的零售商设计了“公司手册”，其范围涉及迪奥品牌的各个方面，甚至房屋内的装饰都要按照巴黎店的风格统一，世界各地的代理商每两年都要聚集巴黎参加一系列的研讨会。这一设计理念经营模式成为世界服饰业的杰出典范，延续至今。

3.5　服装设计升华时尚概念

尽管克里斯汀·迪奥本人辉煌的时装艺术生涯只有短短的十年，但在这十年中他所留下的优美典范与卓越贡献却是深刻而久远的。他注重彰显女性曲线美，强调精细做工凸显线条与造型的设计风格一直影响着时装界的设计师，而他在时装中对肩、胸、腰部等细节的处理，至今还是设计师创作所惯用的设计

语言，并且成为设计师创作灵感的源泉。迪奥对于时装艺术交流以及时装营销理念的创新开创了时装领域的新纪元，他使得法国的高级时装从象牙塔中走出，向平民化发展。

直到现在，时装艺术领域的设计师和服饰公司都以迪奥为榜样，追求时装设计和营销文化的不断创新。从迪奥服装设计品牌的兴起、建立、繁荣的过程中，我们能看到创新思维和创新原理所起到的巨大作用，如图 6-3-6 所示。

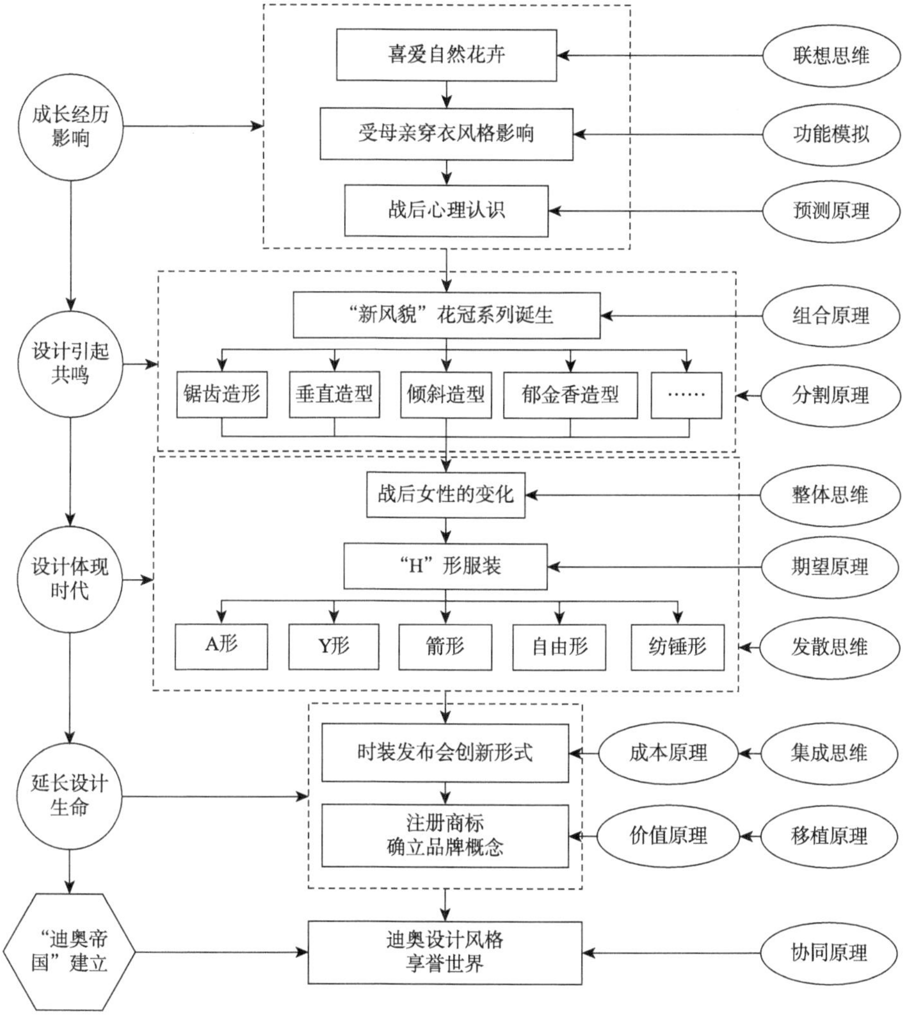

图 6-3-6　"迪奥帝国"建立过程中的创新思维与创新原理

参考文献

李飞，贺曦鸣，胡赛全，等. 2015. 奢侈品品牌的形成和成长机理—— 基于欧洲 150 年以上历史顶级奢侈品品牌的多案例研究. 南开管理评论，（6）：60-70.

贪欢，米勒 J. 2016. 迪奥如何让《局外人》穿越到 18 世纪. 电影，（5）：90-93.

武趁趁，史亚娟. 2015. 论后女性主义影响下的女性时尚与女性主体建构. 设计，（6）：126-127.

杨华. 2010. 战后美国妇女就业状况及其社会地位的变化（20 世纪 50 年代—90 年代）. 苏州大学硕士学位论文.

张晨. 2005. 被“上帝”和“金子”宠爱的人——克里斯汀 · 迪奥. 长沙：岳麓书社：184-193.

Palomo-Lovinski N. 2010. The World's Most Influential Fashion Designers. New York：Barrons Educational Series Inc：41.

第4章　为北京奥运筑起一座中心活动场所——“鸟巢”

在北京中轴线的北延长线上，坐落着 2008 年北京奥运会的主体育场—— 国家体育场。这是一座纯粹用钢铁“编织”的巨大椭圆形建筑，远远望去，形似“鸟巢”。这座别具一格的建筑，不仅为北京城增添新的观光景点，而且对当代建筑创作及相关技术创新也有重要的启迪作用。

2003年3月25日，“鸟巢”这座由雅克・赫尔佐格（Jacques Herzog，1950—）、皮埃尔・德・梅隆（Pierre de Meuron，1950—）设计公司与中国建筑设计研究院组成的设计团队所设计的作品，在众多的参赛作品中脱颖而出并最终成为国家体育场的标准蓝图，这与它独特的“编织状”造型结构以及“体育融合生活，奥运融合北京”的综合设计理念息息相关。那么，这座为奥运设计的中心体育场又是怎样被设计师一步步构建起来的呢？

4.1　25 千米北京中轴线上的现代建筑奇葩

2002年7月，54个来自国内外的奥林匹克公园规划的设计方案进入评审程序中，以刘太格为主席的13人评审委员会评选出美国Sasaki（萨萨基）设计有限公司与天津华汇工程建筑设计有限公司合作设计的方案为一等奖，在向公众展示后最终被确定为2008年北京奥林匹克公园的规划实施蓝本。

在这个方案中，北京城市中轴线北延长线顶端，规划了一条 2.3 千米长的“千年步道”，以山水为终结，体育设施分布两侧。北端的湖泊及轴线东侧的奥林匹克运河组成一条巨大的水龙，与北京古城区内中轴线西侧的水龙——什刹海、中南海遥相呼应，形成对称式布局。而这条已延伸至 25 千米长的北京城市中轴线将古老的旧城与壮丽的自然景观相连，成为一个人文与山水相融的整体。

在奥林匹克公园里，位于笔直的中轴大道和弯曲流动的“龙形水系”之间的核心主体建筑是国家体育场。奥运会期间，它是承接 10 万观众的活动与赛事场地。奥运会后，它是可容纳 8 万名观众、集赛事与非赛事于一体的综合性商业场所。这所建筑本身的重要性就决定了它将坐据中心位置，成为视觉焦点。同时，它也成为北京未来新区域与古老悠远旧城遥相呼应的具有代表性的当代建筑物。

4.2 内重功能，外塑造型

国家体育场是分两个步骤进行设计的，即功能设计与外观结构设计。第一步是基于赛场与看台的功能设计。第二步是围绕功能结构展开的外观结构设计，它是对内部赛场与看台走势的跟随。

4.2.1 问题导向设计，模仿推陈出新

对于“国家体育场”内部赛场与看台的设计，是一种追根溯源、追逐本质的结果：人类为什么要建造体育场，建造体育场是为了做什么？基于问题导向，设计师们回到了历史的原点。

第一次奥运会在雅典举行，当时的体育场只有看台和赛场，这说明最早的体育场非常简单，只有两种活动，即运动员的竞技活动和观众的观赏活动。作为运动员，他们希望可以将竞技状态充分发挥，从而获得被欣赏后的激动与成就感；作为观众，他们在欣赏到人类最大的体能和精神发挥后得到的满足感，就好比看到一个很好的歌剧所收获的愉悦感。由此，体育场内产生的良性互动，完美地营造出场内热烈的气氛。而好的看台与赛场设计，将进一步强化这种热烈气氛，甚至“营造”出更精彩的比赛。

国家体育场的赛场是为田径和足球等赛事服务的，其形状取决于外围径赛跑道的形状，即近似椭圆形。而看台的设计既需要将赛场包裹又要营造出热烈的竞技气氛，这一点古罗马斗兽场与体育场可谓殊途同归，如图 6-4-1 所示。设计师们模仿古罗马斗兽场的看台形状，最终将看台设计成围绕赛场的“碗形”。体育场初步设计过程中所体现的创新原理如图 6-4-2 所示。与此同时，设计师们以赛场和看台的形状为基础和前提，对建筑的外观进行塑造。

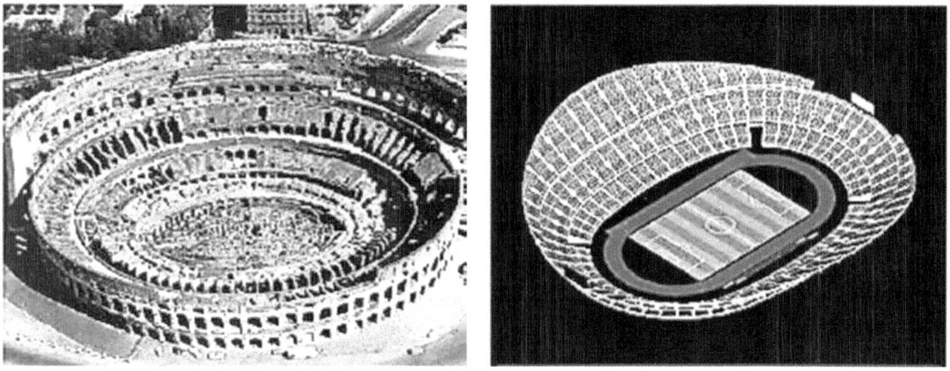

图 6-4-1　古罗马斗兽场的“看台和赛场”、国家体育场碗形看台和椭圆形赛场

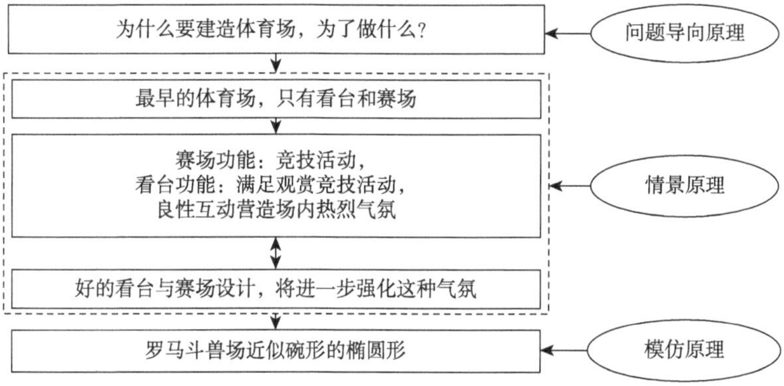

图 6-4-2　“鸟巢”设计体现的创新原理

4.2.2　调和形态矛盾，“编织”激发灵感

在传统的中国文化中，人们看重建筑外形的象征，“像什么”是非常关键而敏感的。所以，塑造出有着正面寓意的体育场形象是设计师们构思的原则。

体育场内部结构是近似椭圆形的赛场和围绕赛场的碗形看台，这就意味着笼罩内部结构的外罩是没有明确方向的环形。但是，在最初可移动屋顶的设计上，两条平行滑轨梁却固定了方向，如图 6-4-3 所示。无方向的外形结构与有方向的轨梁产生了形态矛盾。选择何种结构形态以解决美学矛盾，成了设计师们设计国家体育场外形要解决的关键问题所在。

日常生活中常见的编筐、编篓这一类物品给了设计师们灵感，它启迪设计师们向编织状结构思考，虽然编织结构跟放射状结构相比，增加了跨度，但却具有非常好的结构强度和合理性。

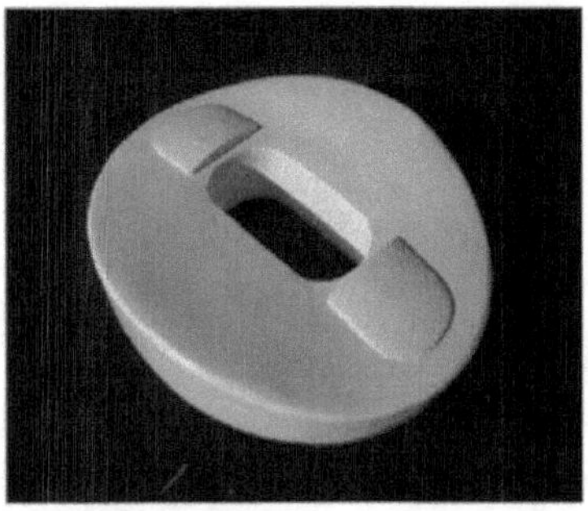

图 6-4-3　可开启屋顶模型

依据这个方向探索，把不规则的梁排成了与中间的屋顶开口（也就是可开启屋顶要覆盖的区域）相切并不断旋转的形式，这样两根大梁就被整合进这一相切旋转的编织状中。按照这个思路发展，主结构被整合成为由 24 根主柱和 48 根旋转编织主梁构成的一体性结构，每根呈三角形状的柱各由 2 根主梁在外侧端部相交并继续向外、向下延伸成为构成主柱的 2 根“外柱”，另一根垂直的内柱则位于相交点处并直接支撑两根大梁，如图 6-4-4 所示。

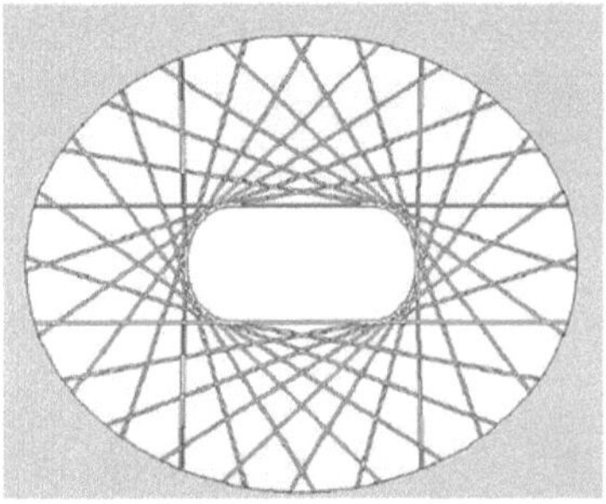

图 6-4-4　编织状主结构外形

我们提炼了外观主结构设计过程中蕴含的创新原理，如图 6-4-5 所示。

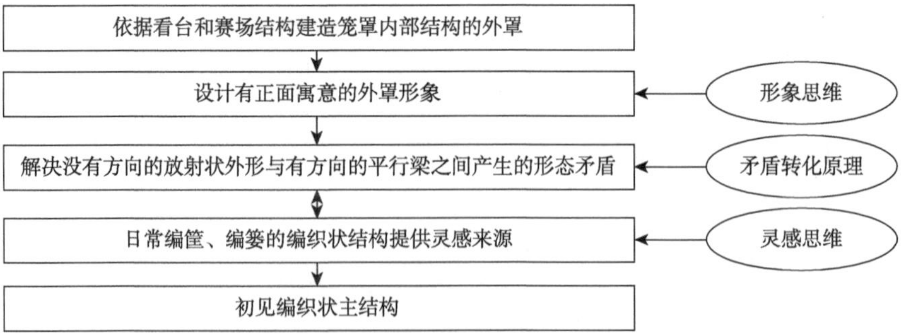

图 6-4-5　编织状主结构创新原理

4.2.3　“表皮建筑”思维，仿生“鸟巢”创意

确定了编织状的主结构后，建筑师们开始琢磨再为建筑表面增添一层“表皮”，而这也是习惯性地延续了主设计师赫尔佐格与德梅隆的“表皮建筑（surface architecture）”思维。据此，设计师们仿生自然鸟巢，在这样一个编织状主结构的基础上再增加次一级的结构来加强主结构，立面上那些斜向的大楼梯梁也被编织进来，并延伸到屋顶，于是最终形成了现在“鸟巢”特有的结构和外观，如图 6-4-6 所示。

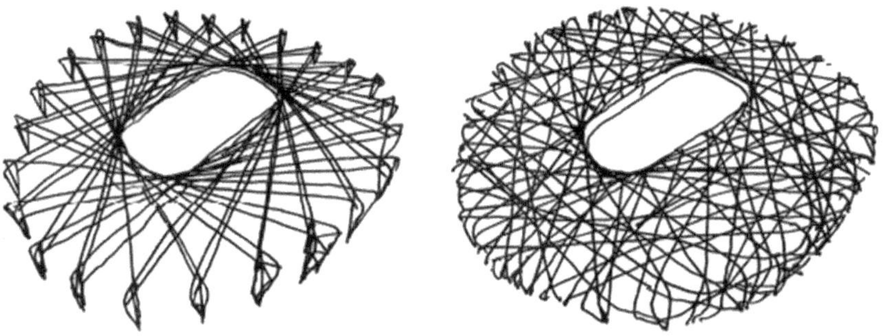

图 6-4-6　屋顶主结构布置方案和主结构加入次结构造成不规则感的肌理

织物般的表皮，将作为建筑内部与外部之间过渡空间的半开敞半透明的围合物，并且这一结构性表皮将成为建筑支撑结构的一部分甚至全部。屋面和立面就这样以一种连续而密切相关的方式有逻辑、有规则地形成一个不规则的编织网格状结构，也成为建筑外观最重要的表现。这一设计过程所蕴含的创新原理如图 6-4-7 所示。

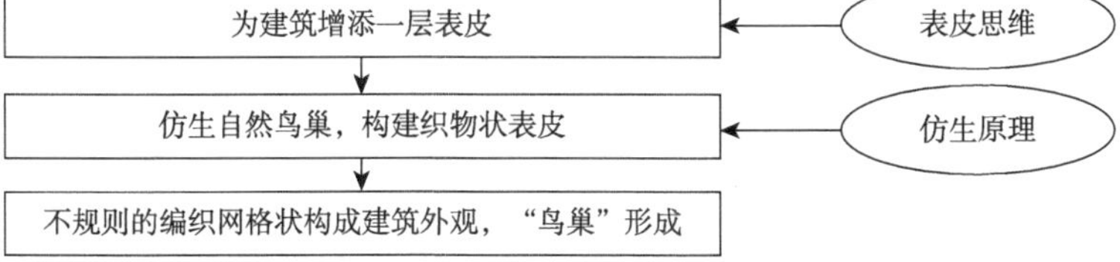

图 6-4-7　表皮思维仿生形成“鸟巢”外观结构

4.2.4　分节设计构件，焊接牢固构架

“鸟巢”的编织结构既是建筑的亮点，也是这一历史性工程的最大挑战。

首先，空间弯扭构件在建筑工程中尚无应用，如此扭曲的结构已超越现有技术的涵盖范围，因此必须寻求一种能够精确表达空间弯扭构件几何定位的表示方法，以满足加工制作及现场安装的需求。工程师们在保持与传统图纸表示原理一致的基础上，提出了节点坐标表示法，即根据精度的要求，选取构件棱线上的特征点、端点或与其他构件的交点，采用三次B样条曲线拟合空间弯扭构件的棱线（图 6-4-8），以获得空间弯扭构件连续且光滑的轮廓线。这一过程体现的创新原理如图 6-4-9 所示。

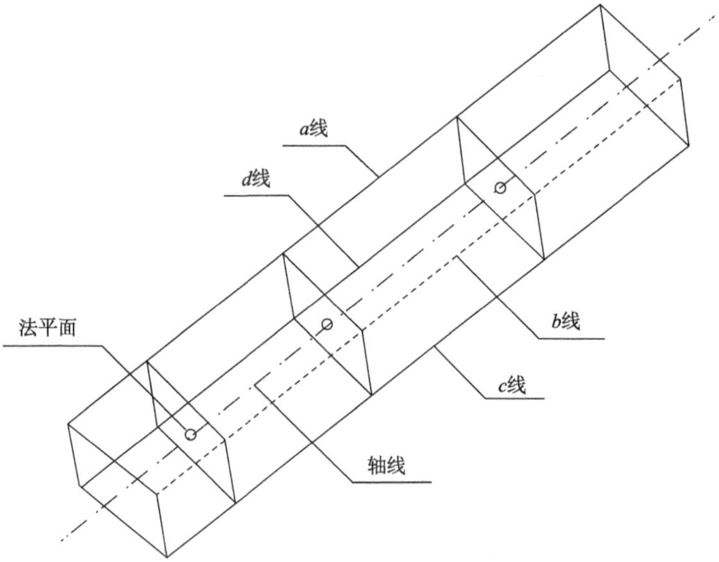

图 6-4-8　弯扭构件的棱线

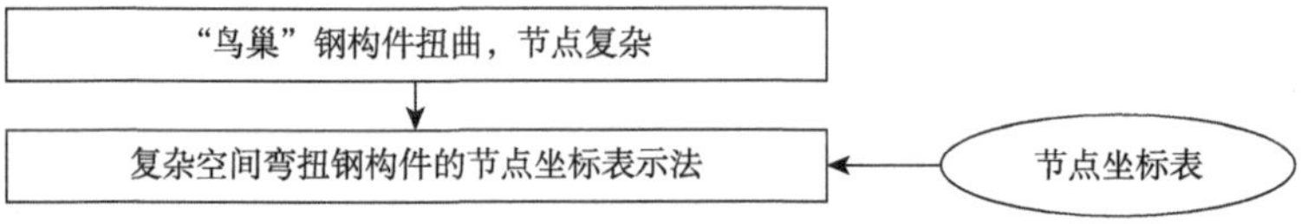

图 6-4-9　“鸟巢”钢构件扭曲与多节点解决创新原理

但是，随之而来的另一个问题又摆在了工程师与施工者的面前：“鸟巢”南北方向 333 米，东西方向 298 米，巨大的跨度如何将这些钢构件连接在一起？

为解决这一难题，设计团队反复考虑后，最终决定先在工厂将钢构件加工好，再把这些构件运到施工现场进行地面拼装，最后在空中完成焊接工作，如图 6-4-10 所示。随着构件焊接的慢慢推进，“鸟巢”的外观轮廓也逐渐显现。这种对接组装的方法，恰恰是分合思维原理的体现，如图 6-4-11 所示。

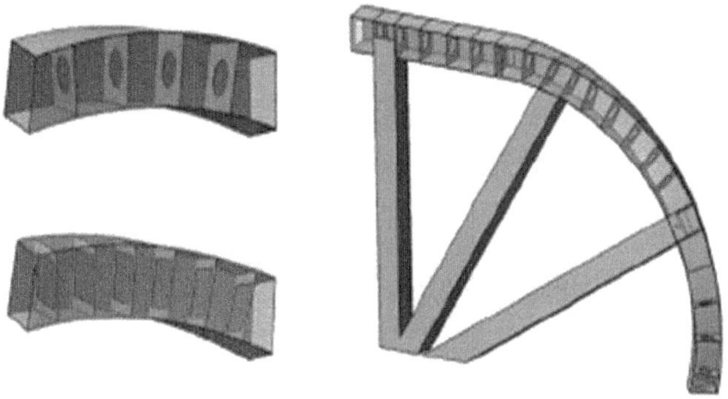

图 6-4-10 弯扭钢构件内部肋板分布

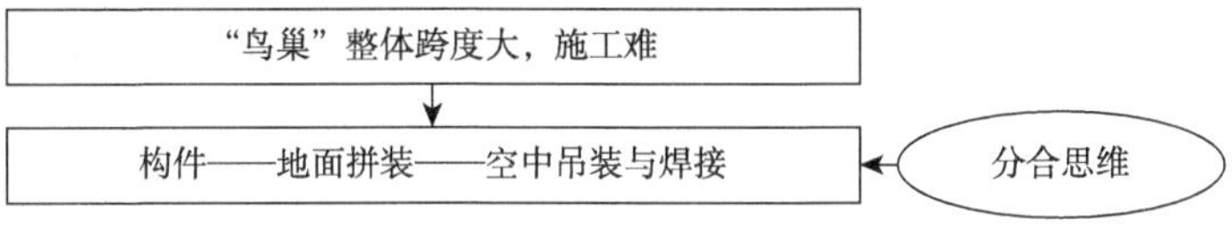

图 6-4-11 "鸟巢"施工跨度大的解决创新原理

4.3 鸟巢装饰的中国色彩元素融入

在色彩方面，"鸟巢"是由外观的中灰色，内核的红色以及贵宾区墙面、吊顶的金色组合而成。

中灰色是"鸟巢"整体钢结构本身的颜色，一方面给人一种沉稳大气的感觉，在一定程度上也暗喻着中华民族的稳重大气。另一方面，钢结构的中灰色让我们联想到电子、信息，这又是对信息时代、科技时代的体现，在无形中进一步迎合了科技奥运的理念。

红色是北京的颜色，是中国的象征。中央美术学院教授靳之林说过，人类最基本的文化意识应该是生存和繁衍。红色代表了生命与活力：太阳周而复始，生生不息；血液流动，生生不息。它们是生命活力的表现，就这么一直延续不断，而整个中国的社会生活，离不开红色。红色从古至今装饰着中国人的生活，是中国传统文化里很有象征性的颜色，代表着喜庆、幸福、欢乐、吉祥。在中灰色外观的映衬下，"鸟巢"沉稳中透着激情。当夜幕来临，灰与红的对比效果更加明显，整个"鸟巢"仿佛是一团外冷内热的火焰，不由得让人们去想象体育场内又是怎样的一种热烈氛围。

自古以来，金黄色被中国人认为是尊贵的颜色，在"鸟巢"中它被用于贵宾区的墙面和吊顶，也烘托出特有的中国式庆典氛围。

无论是整体外观的中灰色，还是编织空隙中闪烁出的暖红色，抑或是贵宾区内的金黄色，它们的组合使用，都是在奥运情景氛围下，考虑到中国的传统文化情景，然后将二者相融合做出的色彩选择。颜色确定过程的创新如图 6-4-12 所示。

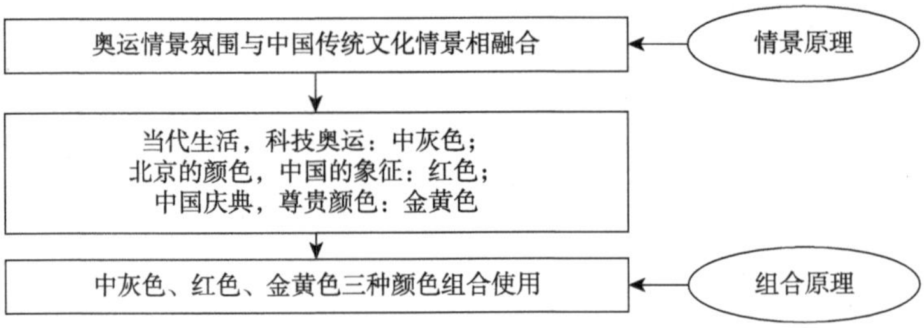

图 6-4-12　“鸟巢”色彩元素创新原理

4.4　融贯古今智慧，灵感创新设计

“鸟巢”这座特意为迎接北京奥运而筑起的中心活动场所，其编织状的结构在视觉上给人以美的感受，其整体外形在寓意上给人以家的温暖，其最终呈现的效果如图 6-4-13 所示。现在的它，仍然受到海内外人士的青睐与关注，不仅因为它是奥运特色与北京元素相融合而诞生的建筑设计，还因为它将体育活动与日常生活更好地相织相汇在一起。同时，“鸟巢”更是为未来的建筑设计编织起的梦想摇篮，它就像一种灵感，让设计师们汲汲获取艺术上的突破；它又像一种指引，让我们悄悄去感知真正的建筑追求。

图 6-4-13　夜色中的“鸟巢”

参考文献

王嘉逸，张志强. 2010. 北京奥运会主体育场——鸟巢的建筑设计艺术探究. 作家，（18）：193-194.

第 5 章　汽车设计经典——“甲壳虫”

“设计应该是实用的，这种实用是不需要向消费者灌输思想，让人一看便知的。”

——费迪南德·保时捷（图 6-5-1）

图 6-5-1　费迪南德·保时捷

随着岁月的流逝，很多车型已经淡出了人们的记忆，但是有一个美妙动听的名字却一直响起在我们耳旁——甲壳虫。很少有车型可以像大众甲壳虫这般，自诞生之日起便以可爱、俏皮的外观征服全世界的男女老少，成为穿梭于各国街头的流动风景线（图 6-5-2）。这款诞生于 1938 年的德国“国民车”同时也创造了前无古人后无来者的纪录：生产时限最长、销量最大。从第一代到第三代，这个穿越历史 80 个年头的精灵一直在不断进化演变。它，拒绝变成万年不变的琥珀，以创新继承经典的态度，在经典与时尚的交汇点破壳而出找寻自己。

图 6-5-2　甲壳虫汽车

5.1　需求激发小巧型设计创意

5.1.1　第一代“甲壳虫”的诞生

在 20 世纪二三十年代，西方国家正从第一次世界大战中恢复过来，特别是美国，工业水平已经超越了欧洲。而在这一期间，亨利·福特的 T 型车获得了巨大的成功，纷纷进入寻常百姓家庭，成为家喻户晓的“国民车”，并且使美国汽车开创了长达一个世纪的繁荣时代。而在大西洋彼岸的德国，不少人也意识到开发一款国民车对于国家的重要性，无论是在经济、军事还是政治上。

德国人这样描述心目中的国民车：“最高时速 100 千米，百公里耗油应少于 7 升，可乘载一家 2 名成人和 3 名儿童，售价不超过 1 000 马克，轿车可以停放在露天地，发动机冬季要防冻，容易起动。”怀揣设计大众车梦想的费迪南德·保时捷（Ferdinand Porsche，1875—1952）早在 1926 年，就已经着手准备设计一款工薪阶层买得起的小车。在之后的几年中，他的设计因为资金问题几次夭折，直到 1933 年，希特勒提出“国民车”的概念时，“甲壳虫”才应运而生。

1938 年，大众第一代甲壳虫开始了第一次小批量生产，在当时被命名为“KdFWagen”，中文译为“快乐就是力量”，如图 6-5-3 所示，最初定价为 990 马克。但是，由于第二次世界大战爆发，已经预定的车辆并未按时交付，工厂也陷入停工状态。第二次世界大战后的德国百废待兴，虽然条件困难，但位于沃尔夫斯堡的大众工厂还是于 1945 年重新开始生产甲壳虫汽车。在 1945 年至 1972 年的 28 年里，大众共生产了超过 1 500 万辆甲壳虫。不仅夺下了单一车型世界最高销量的宝座，也为德国战后经济的腾飞起到了巨大的推进作用，源源不断出口的甲壳虫汽车被德国人视为英雄和骄傲。

图 6-5-3　第一代甲壳虫汽车

从20世纪70年代起，甲壳虫的生产开始逐渐脱离欧洲大陆，到2003年甲壳虫墨西哥工厂停产时，其在全球范围内的累计销量超过了 2 150 万辆，创造了单一车型量产时间和数量的传奇。2003 年 7 月 30 日，墨西哥工厂下线了最后一辆第一代甲壳虫汽车，并将它运往德国沃尔夫斯堡的汽车城作为永久收藏。

5.1.2　第二、第三代“甲壳虫”的发展

在1994年的美国车展上，大众集团终于发布了名为Concept 1的概念车，并且直到 1998 年，也就是第一代车型诞生 60 年后，第二代甲壳虫才正式上市，并以 New Beetle（新甲壳虫）的名字在墨西哥投产，如图 6-5-4 所示。它由设计师彼得·希瑞尔（Peter Schreyer，1953—）完成，以“过目难忘”为设计理念，炫目且极富个性的外表与过硬且实用的内在品质完美集合。新一代甲壳虫从结构简单的平民车摇身变成了精致的时尚车，开创了“复古未来派”的设计风潮。在销量上，第二代甲壳虫定位的改变以及时代的变迁使其注定对第一代车型望尘莫及。

图 6-5-4　第二代甲壳虫汽车

2011 年 4 月 18 日，第三代甲壳虫车型发布，命名回归“甲壳虫”，从车型到内饰，完全遵循经典“虫”生的设计理念，如图 6-5-5 所示。从第三代甲壳虫身上依然可以看到如几十年前第一代甲壳虫身上的线条，但经过设计师全新的演绎，它更加时髦。面对全新设计的第三代甲壳虫，不禁让人想起那句话：“设计应该是实用的，这种实用是不需要向消费者灌输思想，让人一看便知的。”甲壳虫之父，保时捷公司的创始人费迪南德·保时捷先生对汽车的设计理念一生没有改变，这种理念也一直延续到第三代甲壳虫车型上。

图 6-5-5 第三代甲壳虫汽车

三代甲壳虫汽车的演进过程如表 6-5-1 所示。

表 6-5-1 甲壳虫汽车演进表

发展阶段	第一代	第二代	第三代
名称	KdFWagen、The Beetle	New Beetle	The Beetle
时间	1938~2003 年	1998~2010 年	2011 年至今
设计师	费迪南德·保时捷	彼得·希瑞尔	克劳斯·比绍夫
设计主题	大众化	过目难忘	经典“虫”生
设计理念	简单、可靠、便宜	独特、炫目、品质	真实、原创、阳刚
外形			

5.2 “虫”塑经典——独特造型与成本控制打造品牌

为实现汽车大众化的设计理念，践行“最高时速 100 千米，百公里耗油应少于 7 升，可乘载一家 2 名成人和 3 名儿童，售价不超过 1 000 马克，轿车可以停放在露天地，发动机冬季要防冻，容易起动”的承诺，保时捷博士百般求索。

5.2.1 仿生设计开启“流线型”风尚

经过长期的观察，保时捷博士发现一种甲虫动物——甲壳虫不但能在地上爬也能在空中飞，其形状所受空气阻力很小。他决定把甲壳虫的自然美运用到车身造型上。甲壳虫型车身迎风阻力最小，空气动力学的原理在它身上得到了完美的应用，这为以后车身外形设计上运用“仿生学”开创了先河。这完美地体现了联想与灵感的创新思维，以及形态分析的创新方法。正是这一创举，“甲壳虫”成为轿车技术上的惊人之作，风阻极小，车速高、油耗少。

5.2.2 平衡动能与成本，造就平民爱车

保时捷从1926年起就开始希望设计一款人人都可拥有的经济型小车，直到5年之后的1931年，得到Zündapp（又名Zuendapp，音译：尊达普，是德国当时主要的摩托车生产公司）的赞助，第一辆史称Type 12的小型车横空出世。这是甲壳虫最早的雏形。Type12采用19千瓦的5缸星型发动机，后置后驱，车身重量600千克，最高时速可达80千米。车尾把后边轮胎的一半遮挡住，稍显笨重，由于量产成本过大，Type 12仅生产了4台便进入历史。紧随而来的Type32在1934年面世。它采用后置风冷4缸水平对置发动机、管状框架结构、曲柄摇臂前悬挂、摆动半轴后悬挂，外形亦与后世的甲壳虫非常相似，但同样因为量产成本过高而结束。

因此，当再次有机会实现汽车大众化推广梦想的时候，保时捷想尽办法确保生成成本最小化。1936年，3台VW-3系列原型车公之于众。原型车延续了Type32的车型，并满足承载2个成人、3个儿童且价格低于1 000马克的设计目标，还验证了采用4汽缸4冲程水平对置发动机最为合适。1937年，VW30经过长时间的路试，确认其设计非常可靠。1938年，VW38车型开始被设计成钢制车身、前铰链车门、前后保险杠，此车也被确认为国民车的最终样本。它使用管状框架结构，金属地板，弹簧减震，后置98.5毫升风冷水平对置发动机，最高时速100千米，最大功率18千瓦，空载质量750千克，而且仅售价990马克。

在实现成本最小化的过程中，保时捷突破性的后置发动机，并充分利用大容量车头改成前置行李箱，体现了逆向思维与变性原理。为节约弧形玻璃的成本，采用分离式车窗，体现了替代原理与变性原理。实现大众化成本的过程中，更是体现了设计师的价值原理与折中原理。

从此，甲壳虫凭借可爱的外形、亲民的价格创造了汽车设计的里程碑。而圆

形的前大灯、醒目的轮眉、拱形的车顶成为一代设计经典。

5.3　“虫”拾信心——运动形象造时尚经典

随后，大众汽车不断对甲壳虫进行改进，采用更先进的技术使它在操纵性、舒适度等方面更完美。大众汽车先后为甲壳虫更换过悬挂结构，增强行驶稳定性和舒适性。引擎功率不断增加，变速器也逐步增加了同步器，以及后来又推出自动挡车型，使它的运转更顺畅。但是，由于车型单一，新产品研发滞后，在 20 世纪 70 年代中后期，大众汽车受到其他厂商新产品的冲击，一度陷入危机。2003 年的 7 月 30 日，在墨西哥民间音乐“玛里亚奇”声中，最后一辆“甲壳虫”在当地时间 9 时 5 分缓缓走下全球仅存的一条老式“甲壳虫”生产线，宣告曾经风靡世界、经历 68 年辉煌的大众原型“甲壳虫”汽车结束其历史使命。但是，一代经典“甲壳虫”并没有放弃继续缔造不朽传奇的话语权。1998 年，大众汽车公司推出了其全新打造的新款甲壳虫汽车。

新款甲壳虫汽车在路上行驶的时候，更像是一个运动的雕塑而不是一个交通工具。设计师彼得·希瑞尔为实现“过目难忘”的设计目的，从矛盾主要方面出发，有力地抓住了人们对造型一致性视觉期待的关键，将几何概念移植到设计中，使得旧概念和未来风格、黄金分割原理与怀旧完美融合。“New Beetle”外观造型利用优美的黄金分割椭圆的上半部分实现“甲壳虫”仿生。侧窗重复了黄金分割椭圆形状。车门在一个正方形中，符合一个黄金分割矩形。后车窗符合黄金分割矩形的倒易部分。汽车外观造型的各处细节变化部分都与黄金分割椭圆和正圆相切，甚至天线的定位都是与前车轮轮井外圆相切，如图 6-5-6 所示。

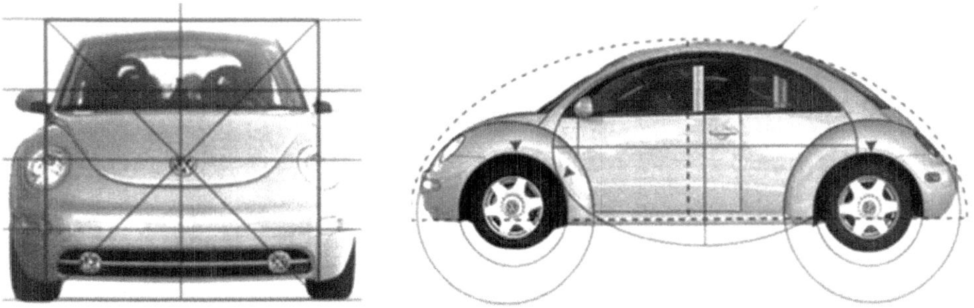

图 6-5-6　第二代甲壳虫汽车

5.4 “虫”获新生——将“经典”设计进行到底

2011年4月18日，第三代甲壳虫车型发布，命名回归“甲壳虫”，从车型到内饰，完全遵循经典“虫”生的设计理念。新款甲壳虫的外形设计仍颇具当年甲壳虫的风采，同时拥有靓丽的色彩和动感的线条，并且加入了更多现代化的设计元素，再加上现代化的机械性能，新款甲壳虫无疑将成为更适合21世纪的现代车型。

5.4.1 以时尚重塑经典

全新一代甲壳虫，线条更接近第一代甲壳虫，车尾部保留了20世纪30年代费迪南德·保时捷先生最初设计甲壳虫汽车时的设计理念，甚至可以看到经典跑车保时捷911的影子。这正代表了目前汽车设计乃至时尚界的一种复古思潮——将源于昔日经典的设计元素以现代的笔触灵活再现，从而创造出令人过目难忘的现代经典。全新一代甲壳虫动感、强健、精致的特征也显而易见，更加修长的车身让挡风玻璃和A柱显著后移，C柱成为车身设计中的焦点，同时，轮距和轴距也有所增加。所有这一切令全新一代甲壳虫呈现出跑车般的完美比例，将现代设计中的青春活力和动感张力完美展现，赋予了这款经典车型以超时代的时尚感。而这也正是对未来汽车设计的再定义，古典与未来的完美融合，代表了现代年轻人对丰富内涵与潇洒外表的追求。以时尚重塑经典的设计理念，使得新一代甲壳虫既保留了经典外形又彰显了时尚风格，经典与现代融为一体，完美地体现了创新协同原理与取舍原理。

5.4.2 感性与理性完美交融

除了对经典外观的重塑，全新一代甲壳虫也完美地展现了感性与理性的交融。借助全新的汽油直喷技术，以及先进的进排气循环系统，搭载1.4 TSI（twincharged stratified injection，双增压）发动机的全新一代甲壳虫最高时速可达208千米/时，百公里加速只需8.3秒，让驾乘者能够感受到凌厉的速度与激情。而在提供优异动力表现的同时，全新一代甲壳虫也兼具良好的燃油经济性：1.4 TSI发动机的全新一代甲壳虫油耗仅为百公里6.6升，践行了现代都市人对环境的责任。感性的操纵感与理性的责任感兼具的特性指明了未来汽车的设计方向：在实现自身价值的同时展现人文关怀，汽车将不再仅仅是交通工具，而是作为具有独特个性和责任的成员与人类共同创造美好的生活。感性与理性的完美交融，体现了新一代甲壳虫设计的系统思维。

5.5　一代经典，不朽传说

从诞生至今已近百年，“甲壳虫”始终高昂着头，怀揣着最初“人民之车”的梦想，坚守着那对消费者的亲近之心和对技术与设计的创新之魂，走自己最坚实的路。从经典甲壳虫到新款甲壳虫，是一次次完美的破蛹化蝶的过程，而其经典的圆润线条虽然饱经岁月磨砺，依然熠熠发光。这样的甲壳虫将按照自己对未来汽车的设计理想迈进，用创新成就经典，用创新继承经典。我们也对“甲壳虫”设计演进过程中的创新原理进行了归纳提炼，如图 6-5-7 所示。

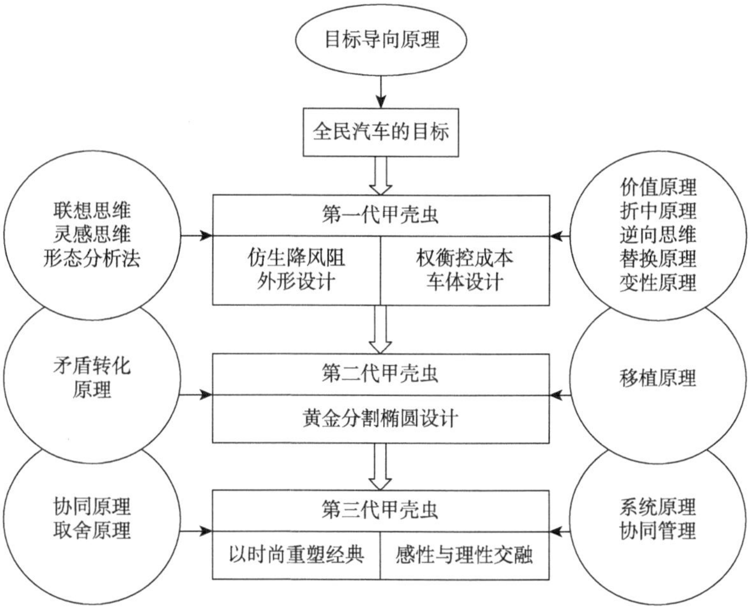

图 6-5-7　甲壳虫汽车设计创新原理

参 考 文 献

伊拉姆 K. 2003. 设计几何学：关于比例与构成的研究. 李乐山译. 北京：中国水利水电出版社：98.

第 6 章　中国皇家园林的设计艺术典范——颐和园

颐和园是中国现存规模最大、保存最完整的皇家园林，是中国四大名园之一。它位于北京市西北郊，占地约 295 公顷（1 公顷=10 000 平方米），东距圆明园不远，西邻玉泉山。园内景致主要围绕万寿山和昆明湖展开，其中水域面积占全园的 3/4。园内建筑以佛香阁为中心，全园陆地和水上共有亭、台、楼、阁、榭、舫等不同形式的建筑 3 000 多座，总建筑面积 7 万多平方米。颐和园是我国园林设计中天然山水和人工创造巧妙融合的绝佳范例。

颐和园始建于清代乾隆年间，按其功能可分为宫廷区和园林区。宫廷区主要由政治活动区和生活区组成，以平地建筑院落为主，规整严谨。园林区主要由万寿山和昆明湖组成。万寿山上以大型楼阁、殿堂为主，巍峨华丽；昆明湖区以水面和长堤、岛屿、桥梁为主，交相辉映。这几部分串联为一个和谐的整体，同山水、楼台和花草树木演绎出一幅美丽的画卷。

6.1　人文与自然有机融合的整体布局

颐和园原名为“清漪园”，是由乾隆皇帝一手策划建设的皇家园林。乾隆十六年（1751），乾隆皇帝的母亲六十大寿，为给母亲祝寿，乾隆在瓮山（万寿山原名）的南边修建了一座大型佛寺—— 大报恩延寿寺，并将瓮山改名为万寿山，寓意自己的母亲万寿无疆。乾隆皇帝是一个很有孝心的人，他和母亲都十分喜爱江南风景，为了让母亲不用出远门也能感受到江南风光，乾隆便决定在北京修建一座具有江南特色的皇家园林。颐和园所处的位置有山有水，堪称是整个北京西北郊的最佳地段，乾隆曾有诗云“何处燕山最畅情，无双风月属昆明”，表达了对颐和园的喜爱。

在颐和园的设计过程中，设计者们充分考虑了中国传统哲学的“阴阳学说”。如果把颐和园的陆地看作阳，水面看成阴，那么颐和园的整体布局就如同一个太极图，阴阳结合。万寿山可以修建各种建筑，但对于偌大的昆明湖，如何充分利用其现有的资源，实现自然与人文的融合成为当时设计师们遇到的难题。最终大家集思广益，认为可以将昆明湖分成三部分，并在每一个区域都修建一座小岛，寓意古代神话中的蓬莱、方丈、瀛洲三座仙岛。这不仅使得园林的景致更加和谐，也体现了人文与自然的完美融合。一方面，三个小岛每个对应一座海外仙岛，象征古人对长寿的追求和祝愿，另一方面，三座小岛形成了一个稳固的三角结构，象征着皇室的稳固与繁荣。

山和水所形成的“太极图”，昆明湖一分为三的设计方案蕴含着古人集成思维和辩证思维的认知观。

6.2　西湖情缘嫁接北方山水

中国自古就有“上有天堂，下有苏杭”的说法。杭州最重要的风景胜地都集中在西湖一带，历朝历代文人歌颂西湖风光的诗词文章数不胜数。颐和园作为清代皇家园林的典范，其山水形态逼真地模仿了杭州西湖的美景。

在颐和园建造开始时，乾隆皇帝并没有到过杭州，也没有亲眼见过西湖美景，但他早已对西湖向往已久，为此他还命令宫廷画师专门前往杭州绘出西湖美景。为成功模仿西湖风光，乾隆皇帝对颐和园进行了大规模的改造。万寿山山体比较矮，也不够延展；昆明湖的水面为东南斜向的狭长形状，山水之间相距较远。为了克服这一不足，乾隆皇帝命令施工大臣将湖面向东、向北拓展，一直抵达万寿山的南坡，而挖出的土方则正好可以堆在山的东北部，这在很大程度上改善了山的形状。改造后的颐和园的地形、山水格局与西湖更为相似。

颐和园内的植物也是园区建设的重点。设计师们在昆明湖中种植了大量的荷花，每到夏季就会有“接天莲叶无穷碧，映日荷花别样红”的盛况。乾隆曾赞叹道“高下霞衣衬绿裳，微风香气满银塘”，表达了对盛夏荷花美景的赞誉（图 6-6-1）。而在西提及昆明湖的沿岸都种有杨柳，大有江南“杨柳春风”的诗情画意。北方的冬季是寒冷的，进入冬季后树木就只剩下光秃秃的树干。为了让万寿山四季常青，绿意不断，设计师们在山上种植了大量的松柏以及灌木等，形成了在冬季也有绿色的山林景象。在园中的各式院落中，除了树木，也有竹子以及各种花卉，它们与小块山石组合在一起，在白墙的衬托下形成一道亮丽的风景。

图 6-6-1　颐和园盛夏的荷花

南方山水活灵活现地出现在北京，不管季节如何变化，颐和园始终给人一种生机盎然的感觉。园内既有北方特有的植物景观，又点缀了诸多具有江南气息的花草树木，园内植物的创新设计正是情境原理和移植原理的典型体现。

6.3　人工建筑美融合于山水之间

作为颐和园的核心区域，万寿山上建有大量的亭台楼阁。东南侧有勤政殿，以及乐寿堂、玉澜堂等；万寿山南坡分布了大量的华丽建筑群，主要由排云殿、德辉殿、佛香阁等组成；山脚沿着昆明湖岸边建有一条长廊，从东向西展开，是世界上最长的山水画廊；整个颐和园的中心“佛香阁”也位于万寿山上，佛香阁高 40 米，是一座 8 面 3 层 4 重檐的大型建筑；万寿山北坡，建有藏式佛教建筑群和具有江南水乡特色的苏州街，布局紧凑，妙趣横生；前山的建筑密度虽然大，但与山林很好地融合在一起。乾隆曾有诗云，“金山屋包山，焦山山包屋。包屋未免俭，包山未免俗……山包屋亦包，丰啬适兼足”。体现了人工建筑与自然山水的完美融合。

不仅如此，园内的建筑物既有皇家园林宏伟大气、富丽堂皇的惯有特色，还展现了与自然密切的联系。北方寒冷，防寒是建筑最主要的功能，所以园中所有建筑 6 个面的设计都充分考虑抗寒耐雪的需求。例如，四面围墙都用厚墙、小窗设计，就是为了减少室内热量流失。同时不论是围墙还是屋墙，窗子极少，窗扇用玻璃，很多用盲窗。

颐和园的众多景观同万寿山和昆明湖相互衬托，独具一格，展示出自然环境与人工建筑的完美融合，这也体现了创新原理中的集成原理和组合原理。

6.4　借景写意，抒情感怀

中国古典园林有一个非常重要的景观创作手段叫做“借景”。借景的重点在“借”，通过精心的选址和角度安排，把园林范围之外的风景也纳入自己的景观体系中，从而扩大视觉空间，使得有限的园林可以有多层次的远景作为依托。虽然颐和园本身的山水楼台已经美不胜收，但同样非常重视借景，设计者们尽可能地把外围的风光纳入园林图画中，达到更加丰富的效果。

颐和园位置非常优越，东有圆明园、畅春园，西临玉泉山，北临红山等，外围的景观条件非常好，因此园中的景观设置、建筑位置与朝向都充分考虑向外围借景的因素，如玉泉山和峰顶的宝塔成为很多风景画面中的一个重要点缀。

在万寿山前山的西堤，除了六座小桥之外，没有其他高大的建筑，与前山浓重的建筑完全不同，呈现出一派自然景色，并形成了鲜明的景观对比。也正因为如此，远处玉泉山的美丽轮廓以及玉峰塔玲珑挺秀的体态得以完整地、毫无遮掩地成为颐和园景色的一部分。玉泉山外的西山群峦叠嶂，高低起伏，呈北高南低之势，与万寿山遥相呼应。昆明湖的宽度又恰好将西山群峰与玉泉山景倒映湖中。西堤两岸的柳树，遮住了颐和园的宫墙。从东堤西望，园外借景与园内之景浑然一体，嵌合得天衣无缝。

几乎在颐和园中所有开阔地段都能够看到园外的景色，四面八方，高低疏密，各种远近风光与园内景观相互渗透，浑然一体，可以说达到了天衣无缝的境界。借景手法作为中国古典造园思想的精华与体现，被充分地运用到颐和园的建造过程中，蕴含了创新原理中移植原理的精髓。

6.5　恰似一幅会动的“长卷山水画”

人眼能看到的最远距离约为 1 200 米，较清晰的范围为 200~300 米。颐和园中许多地方都是很好的观景点。“知春亭”就是其中一个非常好的观景点，在这个位置上，几乎可以纵观颐和园前山景区的主要景色，从北面的万寿山前山区、西堤、玉泉山、西山，直至南面的龙王庙小岛、十七孔桥、廓如亭，视线横扫过去，仿佛看到一副完整的长卷山水画。在万寿山前山中部中心建筑群刚好能清晰地看到知春亭的轮廓，它成为画面的中景；从东堤上看万寿山，“知春亭”又成了使画面大大丰富起来的近景。从乐寿堂前面朝南看，知春亭小岛遮住了平淡的东堤，增加了湖面的层次。

中国古典园林特别重视景观与人的互动，强调通过人的视觉、嗅觉、听觉、触觉来全方位感受景观的优美意境。颐和园的设计完美地结合了美学原理和视觉感应原理，设计师们从美学角度和视觉分析的角度将颐和园打造为一幅时刻在变动的画面，走在颐和园中就如同在画中行走一般，这也体现了创新原理中的形象原理和移植原理。

6.6　独具匠心，浑然天成

颐和园作为我国现存规模最大的皇家园林，充分利用天然的地理环境条件将人工建筑与自然景色融为一体。园中有宏伟壮丽的宫殿群，有众多的园中高阁、长堤、绿岛、虹桥……设计师们充分利用了中国传统造园手法，汇集了仿景、借景等园林艺术，又将道、儒等文化融入园林建筑中，使这些景物融合在一个统一的环境里，其独特的造园手法是我国古代园林艺术的精华。

中国古典园林设计历史悠久，是人类文明的重要遗产，被公认为是世界园林之母，并被西方国家推崇和模仿。它孕育着中国文化的内涵，是中华民族五千年文化史造就的一件艺术珍品，是一个民族内在精神品格的生动写照，不断影响着当代和现代的世界景观设计。我们对颐和园造园过程体现的创新原理进行了提炼，如图 6-6-2 所示。

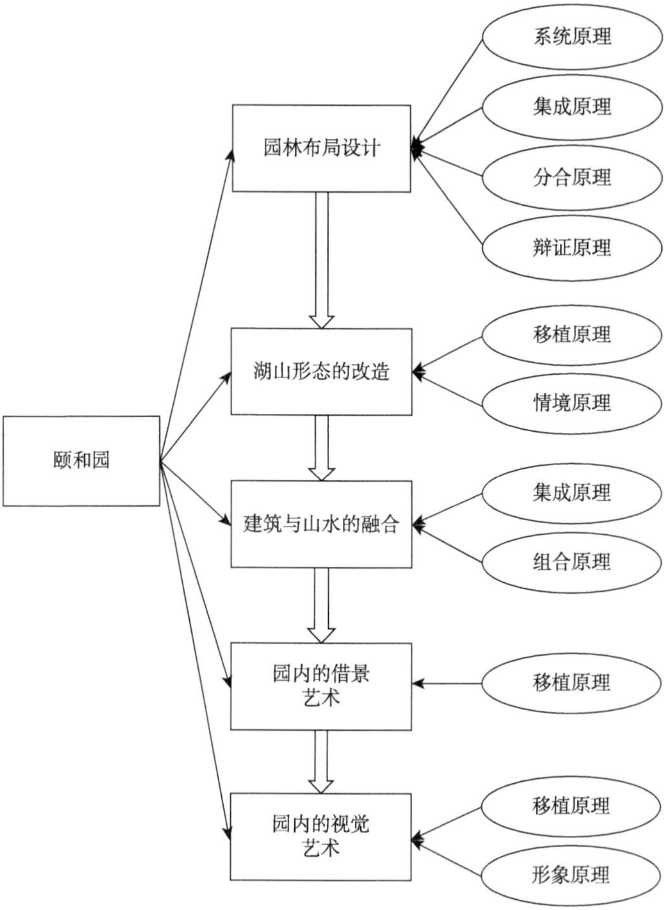

图 6-6-2　颐和园造园工程体现的创新原理

第7章　“天下第一”千古誉，“苍龙脊背”赵州桥

谁知千古娲皇石，解补人间地不平。半夜移来山鬼泣，一矼横绝海神惊。
水从碧玉环中过，人在苍龙背上行。日暮凭栏望河朔，不需击楫壮心生。

——（元）刘百熙《安济桥》（注：赵州桥又名安济桥）

桥，是路的延伸，是最能激发人类想象力的建筑，它横跨江河而建，沟通水陆，将两岸连为一体。桥梁或笔直抑或弯曲，直者如带，弯者似虹，如带者有独一无二的卢沟桥，而似虹者当属名闻天下的赵州桥。虽历经千年风雨，赵州桥却依然身姿曼妙，赢得了元代诗人刘百熙“碧玉环”“苍龙背”的赞誉。

赵州桥，本名安济桥，横跨在河北省赵县洨河 37 米多宽的河面上，因桥体全部用石料建成，俗称“大石桥”。它建于公元 595~605 年，由隋朝著名造桥匠师李春设计建造，距今已有 1 400 多年的历史，是当今世界上现存最早、保存最完整的古代单孔敞肩石拱桥，有“天下第一桥”的美誉。

赵州桥的建造开创了中国桥梁建造的崭新局面，又有谁知道这背后凝聚了古代劳动人民多少的汗水，多少的智慧与结晶呢。让我们从神话到现实，拂去岁月的风尘，感受这苍龙脊背带来的浓浓情怀，感受这独特的设计创意带来的心灵震撼。

7.1　神话传说话传奇，古韵悠悠觅仙迹

关于赵州桥的建造，有很多美丽的传说。相传，鲁班周游天下，走到赵州（今赵县）时，一条白茫茫的洨河拦住了去路，而河边正有很多人争着乘上仅有的两只小船过河进城，过河效率很低。为了方便百姓，鲁班决定亲自动手，要在

河上建造一座坚固、美观的石拱桥。鲁班的雄心壮志感动了“上帝”，派了“天工”“神役”来支援。傍晚，有个神童从河西边赶来一群羊，到了鲁班的工地后，神童突然不见了。一夜之间，木匠祖师鲁班把羊群化成石头建起了大桥。后来，张果老和柴王爷听闻后相约一同来试桥。张果老倒骑毛驴，驴背褡裢里装着日月星辰，柴王爷推小车，运载着五岳名山。行于桥中心，将桥压得摇摇欲坠，鲁班见势不妙，纵身跳入水中，用手将桥托住，石桥安然无恙。至今桥上面还留有清晰的驴蹄印、车道沟和柴王爷的膝盖印，桥底保留着鲁班的手印。正如民歌《小放牛》所传颂：“赵州石桥鲁班爷修，玉石栏杆圣人留；张果老骑驴桥上走，柴王爷推车轧了一道沟。”

中华人民共和国成立后，桥梁工作者们经考察发现，桥上的“驴蹄印”、“车道沟”和“膝印”其实是行车外缘的界限，它提醒人们，行车要走桥中间，不要太靠边，这样可使桥梁受力均匀，更加稳固，而桥下的“手印”则是当大桥需要加固时最适宜的支撑位置。这让我们不得不为古桥的神奇而感叹！传说总是能给事物增添更多的趣味与神秘色彩，而之所以有这样流传至今的神话传说，也是因为人们对于赵州桥的喜爱及对其地位的认可。现今的赵州桥如图 6-7-1 所示。

图 6-7-1　赵州桥

7.2　行人且喜有长虹，奇构巧筑造拱桥

桥梁专家茅以升曾这样描写道，“石拱桥的桥洞成弧形，就像虹……雨后彩虹是人间天上的桥”，赵州桥这座古桥就像长虹，映出了七彩斑斓的辉煌历史。

隋代统一中国后，结束了长期以来的南北分裂、兵戎相见的局面，大大促进了社会经济、文化等各方面的发展。在当时，赵县是南北交通的必经之地，地理位置十分重要。但这一要道被河流阻断，影响了行人的走动与货物的流通，鉴于这种情况，官府就选派造桥匠师李春负责大桥的设计和施工，在洨河建造大桥。

7.2.1　因地制宜，合理选址

赵州桥全长 50.82 米，跨径 37.02 米，券高 7.23 米，两端宽 9.60 米，中间略窄，宽 9.00 米（图 6-7-2）。洨河涨水时流量大，来势汹涌，对桥的冲击力很大。且其河床不是岩石地层而是硬塑状态的轻亚黏土，这导致桥梁基础地基的持力层不能给拱桥提供持续稳定的水平支撑力。而李春根据多年丰富经验，经缜密的逻辑思考和严格周密的勘查比较后，最终选择了洨河两岸较为平直的地方建拱形桥地基。

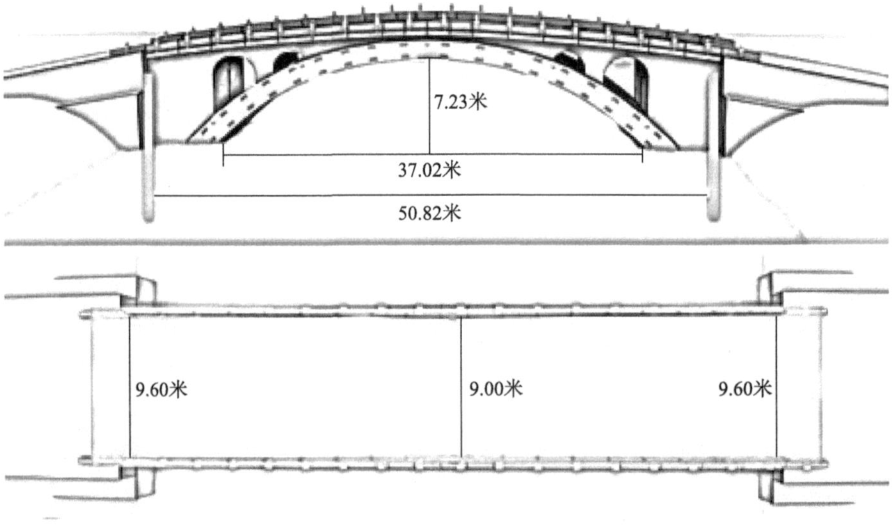

图 6-7-2　赵州桥的侧视图与俯视图

7.2.2　造型设计，匠心独运

受到彩虹造型的启示，李春选择建造拱形桥而非直面桥，通过将桥曲面化，不仅提高了桥的强度，还减少了应力的集中。

这座古老的石拱桥至今仍保存完好，得益于其独特的建桥工艺和稳固的桥基、桥台。赵州桥的桥基由五层石条砌筑而成，总高 1.58 米（图 6-7-3），桥基以下即当地自然砂石地层。从建桥至今，历经 1 400 年，桥基仅下沉了 5 厘米，可见李春独到的眼光和高超的建桥工艺。

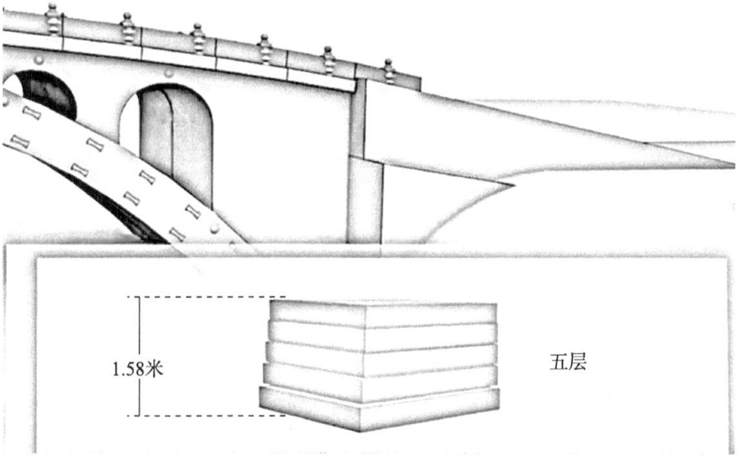

图 6-7-3　赵州桥桥基示意图

7.2.3　砌筑精巧，妙用力学

李春建造赵州桥采用的是并列式洞砌，桥体以质地坚硬的青灰色砂石顺桥的方向堆砌而成，桥的大券由 28 道小券并列而成，共 9.6 米，既可独立操作，又紧密联系为一个有机整体，十分灵活。在当时，根据桥梁设计的计算公式分析，利用并列式无法使得每一个窄券的石块相连，但是同纵连式相比较（图 6-7-4），并列式又具有稳固的优势，所以李春最终还是采用了并列式堆砌拱券。

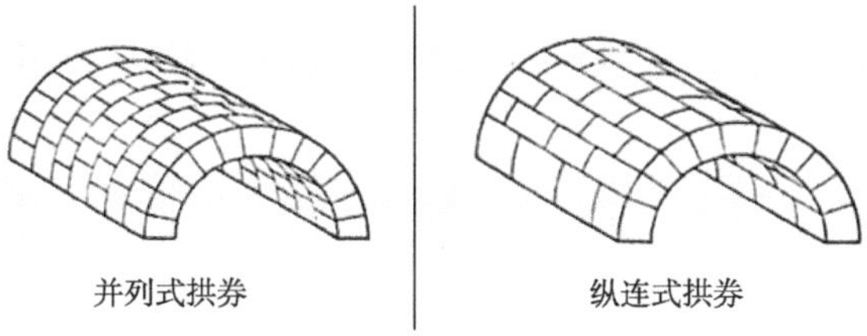

图 6-7-4　并列式拱券与纵连式拱券

为加强拱券之间的横向联系，李春将拱券按上窄下宽、略有“收分”的方法设计，巧妙地加入了 5 根铁拉杆横穿 28 道券（图 6-7-5），将其连为一体。这种将整个拱券分割成小券组合而成的设计方式，使得即使发生某个券坏了的情况，也不会牵动全局，降低了修补的难度，还可保证在修补的过程之中不影响桥上的交通。拱石之间还嵌套插入了“腰铁”（图 6-7-5），使拱石之间紧紧贴合，拱券之间相互挤靠，大大增加了桥的稳定性和可靠性。此外，桥体外部又利用护拱石和勾石保护，使桥体更加牢固。

图 6-7-5　铁拉杆（左）与腰铁（右）

赵州桥修建以后，经历了有记载的特大洪水 11 次（其中，有一次洪水漫过了桥面），有记载的大地震 14 次（该桥距离 1976 年 7.2 级的邢台大地震、1976 年 7.8 级的唐山大地震的震中都不太远），加之赵州桥所处的地质不是岩石而是土质，可以说，就赵州桥所具有的自然条件而言，不是“天时地利”而是“先天不足”。所幸的是有了“人和”，走出了能工巧匠李春，依靠超人的智慧，使大桥得以设计建造成功。随后经长期酝酿，社会逐渐形成了特有的桥梁文化，起了有效的护佑作用，使得桥梁得到了及时的加固维护，延长了桥梁服役期。

7.2.4　雕刻精湛，文化相融

赵州桥的独特之处不仅体现在其建造工艺上，还体现在桥两侧的护栏上。在护栏的望柱和栏板上，人们用浮雕、圆雕和镂雕等手法，刻有瑞兽或吉祥图案。雕塑装饰是桥梁设计不可或缺的一部分，既体现了人文融合，也体现了中华文化的传承。唐代中书令张嘉贞称赵州桥为“奇巧固护，甲于天下”，这说明在建筑史上它占有十分重要的地位，对后代的桥梁建筑有着十分深远的影响。由此可见，我国的古桥是一件将美学和力学、建筑和艺术融为一体的杰出艺术品，令人向往，也令人流连。

赵州桥的玉石栏杆分列两侧，每侧各设 21 块栏板和 22 根望柱。布局是中间每侧设蛟龙栏板 5 块，蟠龙竹节望柱 6 根，两侧为斗子禾叶栏板和宝珠竹节望柱。龙雕是其精华，每侧有 28 条龙，两侧共计 56 条龙，如果再加上主拱券顶部两侧的各 1 个松複，总计 58 条龙，从而形成了一个气势恢宏的群龙阵图，这些都表现了隋代浑厚、俊逸的艺术风格，同时又为轻盈、灵巧的赵州桥增添了几分秀色。

大桥上面的蛟龙奇兽或盘或踞，或飞或腾，跌宕多姿，引人入胜，所雕的群龙之中，最引人注目的就是位于桥巅的饕餮（tāo tiè）。饕餮是传说中的一种怪兽，此兽以贪吃和凶恶为特征，它占据了大桥顶部最中间位置的整块栏板，毛发分披，两耳竖起，两只大眼凶光毕露，欻欻开合，怒视前方。此恶兽形象与两旁飘逸的蛟龙形成巨大的反差和鲜明的对比，使人望之生畏，不敢久留，这在一定程度上可以避免桥上滞留太多行人而发生事故，从而达到通济利涉的效果。工匠雕刻守护桥的神兽，是想从社会观念和道德上，对人们进行引导，从而起到保护石桥的作用。

7.3　赵州桥之“三绝”，彰显设计特色

赵州桥凝聚了古代劳动人民的智慧与结晶，开创了中国桥梁建造的崭新局面。约 1 397 年（也有资料显示为大约 700 年）后，欧洲才建成类似的石拱桥，赵州桥的设计是世界造桥史上的一个创举，它的“三绝”也将其设计特色彰显得淋漓尽致。

7.3.1　一绝——赵州桥的“券”小于半圆

我国把一些弧形的桥洞以及门洞等的建筑都称为“券”，石桥的“券”一般情况下也多为半圆形的，拱高与跨度比例接近 1∶2。然而，若以赵州桥 37.02 米的跨度，按照正常的设计把券修建成半圆形，那么需要建造高达 18.51 米的桥洞。如此，赵州桥就会如同一座小山，增加了施工难度和车马行人过桥的难度。

为解决这一问题，李春将赵州桥的“券”设计成一段弧，拱高与跨度形成 1∶5 的比例。圆弧拱实现了低桥面和大跨度的双重目标，顺利解决了这一矛盾，降低了桥的高度，为车马行人提供了不少方便，同时也节省了大量的石料以及人工，增加了桥体的美感，使其很像天上的长虹。

虽然现在这“一绝”已被广泛运用到现代的桥梁建筑中，不再仅仅为赵州桥所独有，但是在当时这一独特设计史无先例，实属一项重大创新，颇具影响。

7.3.2　二绝——赵州桥的“撞”空而不实

“券”的两肩往往被称为“撞”，并且石桥的“撞”大多在施工时，需要利

用石料砌实。然而，李春反其道而行之，把赵州桥的撞做成中空的，在券的两肩处，分别砌有两个弧形的小券。靠近大券脚的小券净跨为 3.8 米，另一券的净跨为 2.8 米。这种大券加小券的敞肩拱具有优异的性能，一方面可以增加泄洪能力，在洨河发生涨水之时，券能够起到分流的作用，保证水流的畅通，降低洪水对桥身的冲击，大大提高了桥的安全度。另一方面，虽然赵州桥的桥体一共增加了 4 个券，但是却能够节省 26 立方米的石料，继而使得赵州桥的重量降低了 700 吨左右，既节约了成本，又使其显得更加轻巧秀丽，体现了建筑和艺术的完整统一。

7.3.3 三绝——单孔大石拱

按古代传统建造工艺，较长的桥梁往往采用多孔形式，这样每孔的跨度小、坡度平缓，便于修建。但是多孔桥也有缺点，如桥墩多，既不利于舟船航行，也妨碍洪水宣泄；桥墩长期受水流冲击、侵蚀，天长日久容易塌毁。因此，李春在设计大桥的时候，经过多方勘察和思考论证，最终决定采用单孔长跨的形式，舍弃了在河心立桥墩的做法，这样既避免了洪水的冲击，又能使船畅通航行。最终，赵州桥实现了石拱跨径长达 37 米之多，创造了中国桥梁史上的又一奇迹。

“驾石飞梁尽一虹，苍龙惊蛰背磨空。”赵州桥，体现了一种辉煌和骄傲。由于采用了平弧形大拱和敞肩小拱科学而艺术的复合造型，赵州桥主体形象于巨大中透出空灵，于柔和中蕴含刚健，有新月的柔美，有彩虹的气势，像弓一样蓄势收敛而又显出弹性和张力，充满着欲动欲飞的生命活力。

7.4 启示—— 苍龙脊背的时空蜿蜒

遥望赵州桥，就像“初月出云，长虹引涧”。

这座“天下第一桥”全桥结构匀称，和四周景色配合得十分和谐，桥上的石栏石板也雕刻得古朴美观。它的设计构思、精巧工艺，不仅在我国古桥史上首屈一指，更是达到了当时世界上的先进水平。赵州桥的建筑原理及蕴含的科学创新原理（图 6-7-6）对现今桥梁建筑仍有重要的启示，其独特的长弧拱形的结构也被广为借鉴，甚至在火车的隧道山洞和一些公路下涵洞的建造中我们仍然能感受到造桥艺术的存在，既美观实用又符合力学原理，这让我们不禁感慨创新设计之伟大。

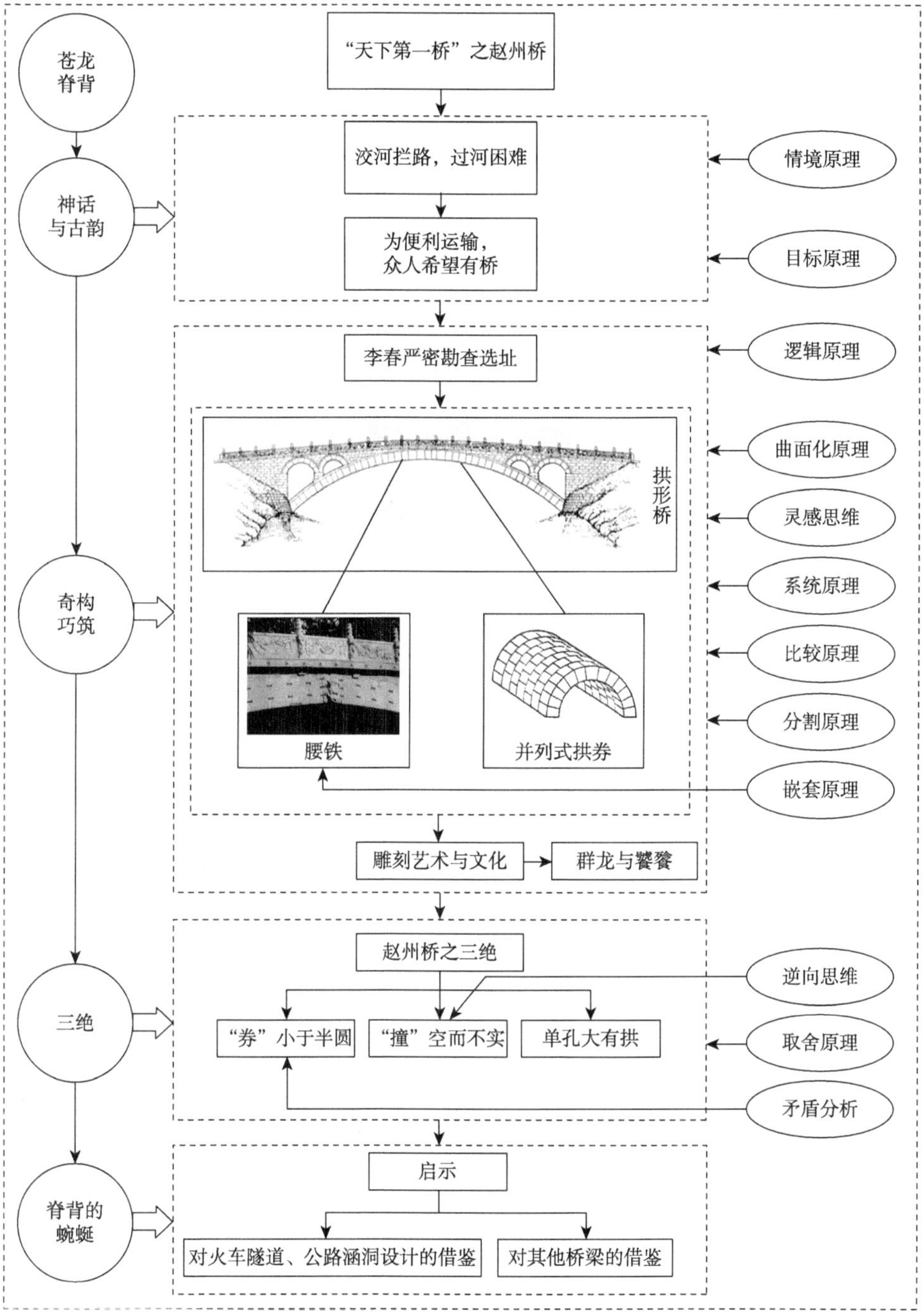

图 6-7-6 赵州桥蕴含的科学创新原理

归纳起来，赵州桥曾拥有 6 项世界第一，即单孔长跨、空腹式石拱桥、弧形平坦拱、拱券纵向并列组合、历代官方与民间的高度重视、当今世界桥梁长寿之冠（约 1 400 多岁）。赵州桥本身就是一座丰富的知识宝库，究其所有这一切的成果，源头都是创新，而且都是原创。赵州桥的这些创新和现在提倡的“适用、经济、耐久、美观、创新”等有关桥梁设计的基本原则，有着紧密的关联，值得我们去探究。

赵州桥，这座苍龙的脊背，它不是冷冰冰的建筑物，处处体现着人类的智慧，并给人以美感，让历代文人们情不自禁地用诗文来赞颂它，正如李庭的《水龙吟 · 萧公弼生朝》中写到：自归来，却过赵州桥上，阅桥下，东流水。尽道翱翔物外，解牛刀、刃游余地……

没有钢筋水泥、五彩霓虹，没有纸醉金迷、车马喧哗，有的只是岁月的刻痕、深厚的人文环境中衍生的丰富的民俗风情与历史文化。当全世界都在急匆匆地向前赶路的时候，这座古桥依旧从容地盘踞在此，千百年来任凭风吹雨打，傲然挺立。它的存在已经成为民族文化的一种符号，它的名字也将永远写进世界建筑的史册。

参 考 文 献

贾国锁，王沛，张铁强. 2004. 茅以升关于赵州桥的亲笔信和手稿. 文史精华，（2）：60-62.
刘丽，王正明. 2007. 赵州桥多维价值的现代研究. 古建园林技术，（1）：18-21.
刘云，王大钧. 2001. 伏拱对赵州桥力学行为的影响. 力学与实践，（3）：20-24.

第 8 章　小生活，大创意
——生活用品的个性化设计

生活需要创意，创意改变生活。生活用品是人类生存的必需品，然而随着科技的发展、时代的变迁，人们生活水平的提升，人类对生活质量的要求越来越高，因此能够美化生活、提升人们生活需求层次的具有创意的生活用品成为大众所需。

创意性的生活用品是指在满足产品本身的实用功能前提下，在外观设计上融入时尚、个性化追求的家居用品，具有舒缓生活压力、增添工作和生活情趣的作用，符合现代人们对生活环境以及生活品质的高要求。常见的生活用品中蕴含着何种创意呢？让我们慢慢道来。

8.1　弥补情感、发泄情绪：情感化设计

人们对精神生活的高层次追求使得兼具情感功能、充满娱乐气息的生活用品大量涌现。生活用品设计本身不是简单的功能满足，而更多的是在设计中融入作为使用者的人的生活观念、生活方式等社会内涵。可以说，设计师对人性情感的理解、呵护以及温暖的人文关怀是现代生活用品设计的核心。这就要求设计师能仔细观察、综合把握不同年龄、性别、职业、生活地区等目标群体的价值取向、审美观等，并用设计将情感表达出来。斯蒂凡诺·乔凡诺尼说过，“真正的设计是要打动人的，它能传递感情、勾起回忆、给人惊喜，产品是生活的情感和记忆”。

情感化的设计包括情感补偿设计和情感发泄设计两类。情感补偿设计是针对情感缺失进行设计的，给用户以情感慰藉。这种设计有一个形象的名字——“疗伤系”设计。设计思路是针对用户的心理需求进行调查，用抽象简短的词语将情

感描述出来。设计师对每一个词语进行联想，将它们具体化和实体化，并选择可能的构想，通过造型设计和功能设计满足用户的心理需求。例如，姬塔 · 迪恩 · 迪克森（Keetra Dean Dixon）设计的“抱抱”（图 6-8-1），你不知道也不需要知道墙背后是谁，你只想体验下抱抱或被抱抱的感觉，陌生人有时也是可以信赖的。你可以放松地去接受，不用思考，不用怀疑，不用顾虑，不用恐惧，这是对心灵的一种慰藉。

图 6-8-1　情感补偿设计：抱抱

情感发泄设计是为了释放压抑的情感而设计的产品，通过情感的宣泄满足用户的心理需求。这种设计的思路和情感补偿大同小异，关键在于将抽象概念具体化。我们可以看到图 6-8-2 中的“CD 包装盒”，它由马铃薯淀粉制成，质地较脆，将 CD 整个包裹起来，没有一丝缝隙。想要拿到里面的 CD，就要动用武力。一拳打下去，包装碎裂开来，可以帮助用户适当地化解郁闷的情绪。这款包装是设计师针对有排遣郁闷情感需求的用户专门设计的生活用品。这款包装盒利用廉价的原料替代品生产，蕴含着 TRIZ 创新原理中的廉价替代品以及多功能原理，既起到了包装的作用，又能满足用户的发泄欲望。

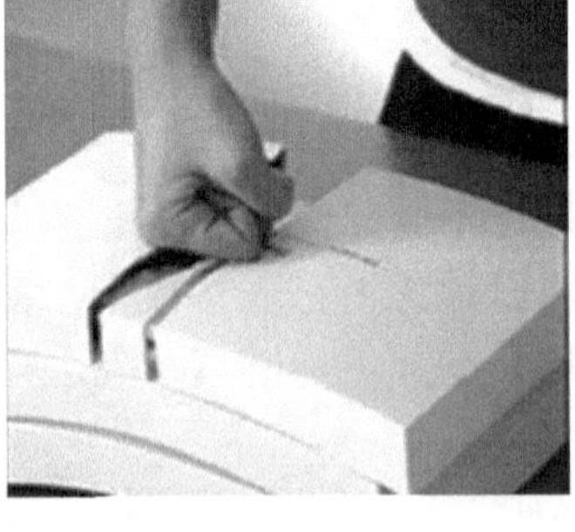

图 6-8-2　情感发泄设计：CD 包装盒

我们可以发现，不管是“抱抱”的设计还是 CD 包装盒的发明，设计师都是从人们的情感需求以及如何实现这些需求等问题出发，充分发挥联想思维，将人们在现实生活中满足情感需求的做法移植到生活用品的设计中，既能满足其本来功能又能满足人们的情感需求，实现了创意设计的双赢。这个过程中所蕴含的创新原理如图 6-8-3 所示。

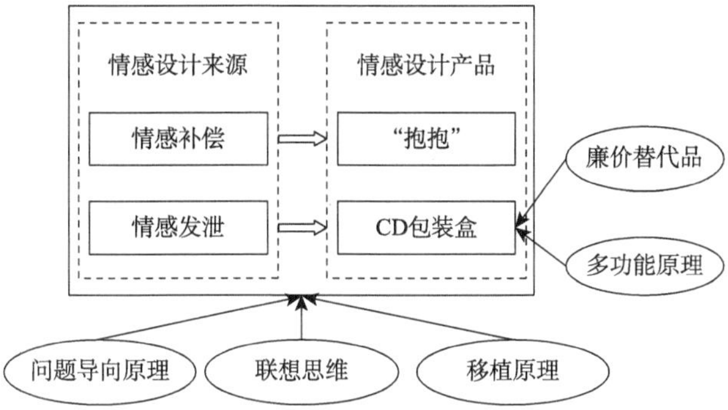

图 6-8-3　情感化设计蕴含的创新原理

8.2　结构简约、功能各样：多样化设计

设计是为了能更好地实现人类需求，实用性是生活用品设计的基础原则。在实用性的基础上，追求产品价值的最大化，最大限度地满足人们对功能的多样化诉求，使生活越来越舒适、便捷。下面举几个简单的例子。

折叠果盘的设计。折叠果盘的创新性在于将普通的果盘在造型上加以改进，并与折叠这一功能结合。即可根据水果的多少来调节所需果盘的大小，完全不需要时可将其闭合，以达到优化空间、便于收纳的目的（图 6-8-4）。由此可见，折叠果盘的设计蕴含着创新中的折叠原理和可变原理。

图 6-8-4　折叠果盘

可拆装茶壶的发明（图 6-8-5）。发明人有一次清洗茶壶时发现，普通的茶壶开口小，难以将里面剩余的茶渣倒干净。要是这个茶壶能拆开就好了！于是，他想到将茶壶一分为二，从底部将茶壶拆分，并在拆开的两边安装耐磨性螺纹，茶壶上部分相当于螺母，下部分相当于螺丝。操作时，只要把茶壶的底部扭开，就可以将茶壶拆分为两部分，剩余的茶渣可以不费吹灰之力清洗干净。显而易见，可拆装茶壶的设计蕴含着创新中的拆分原理和嵌套原理。

图 6-8-5　可拆装茶壶

结合创新原理，对上面两款创意生活用品的设计进行分析，可知其中蕴含的创新之处如图 6-8-6 所示。

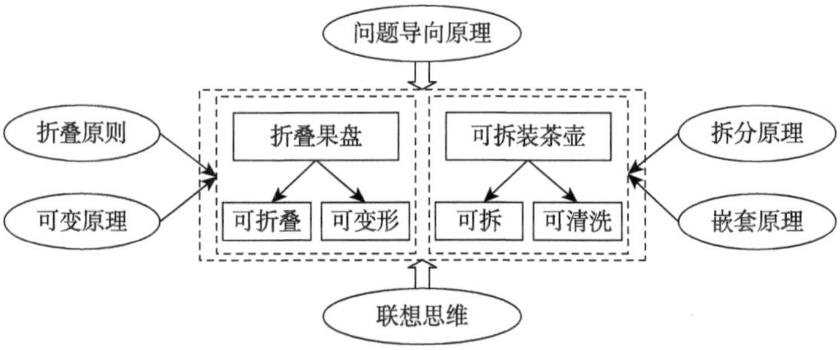

图 6-8-6　多样化生活用品设计中蕴含的创新原理

8.3　实用为首、高效便捷：功能化设计

使用功能是人们选择生活用品的首要出发点，功能化设计是生活用品的价值所在。对于生活和工作中常常要用到的东西，人们常希望能“毕其功于一役”，将需

要的多种功能合并到一起。如今，市场上已经出现了很多这种兼具多种实用功能的生活用品。我们以下面两种常见的生活用品为例，分析其中所蕴含的创新原理。

双面铅笔刀的设计。双面铅笔刀出现之前，市面上虽有出售形态各异的铅笔刀，但其功能类型大体统一，都只有切削铅笔的功能。但在使用铅笔的过程中，需要间断性地磨削才能保证字体书写的流畅或画卷描绘的美观，这极大地降低了书写效率甚至影响了绘画的灵感。为解决这一问题，这款双面铅笔刀（图 6-8-7）应运而生。它从人们对铅笔使用功能的需要出发，把切削和磨削两种功用合二为一，并存于铅笔刀的两面，可同时满足消费者的不同使用需求，节省了工作时间，提高了效率，让书写更加便捷。

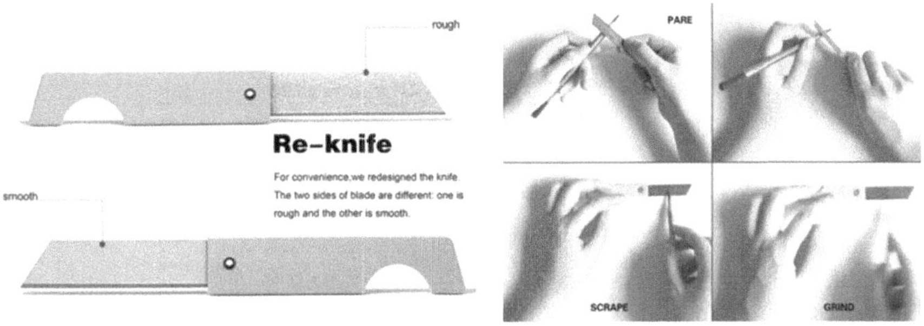

图 6-8-7 双面铅笔刀

可以伸缩的插座设计（图 6-8-8）。这款伸缩插座平时藏在墙壁内部，只露出一个可用插座位。这也体现了创新中的嵌套原理。

图 6-8-8 可以伸缩的插座

双面铅笔刀和可伸缩插座的设计出发点都是为了满足人们多样化的功能需求，设计者以此为导向，发挥联想，利用系统化的思维方式，运用组合原理和嵌套原理等创新原理予以实现，如图 6-8-9 所示。

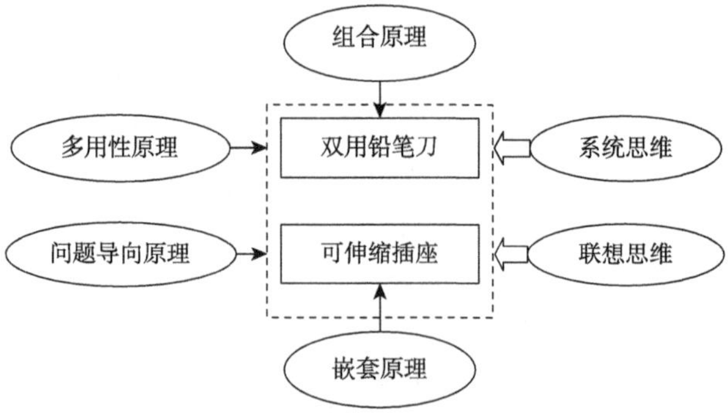

图 6-8-9　功能化生活用品设计中蕴含的创新原理

8.4　造型独特、精美动人：艺术性设计

艺术性的设计可以为生活用品的设计锦上添花。生活用品的艺术性越高，它的精神感染力就越强，更易受到消费者的喜爱。艺术的视觉性和时尚性是生活用品设计的主要方面。我们同样选择了艺术性设计的生活用品案例，以分析其中所蕴含的创新原理。

啤酒杯的设计。“OOU（origin of the universe，偶偶良品）！”品牌的快乐泡泡啤酒杯的设计充分展现了生活用品的艺术性。其整个杯子的点睛之处是杯盖的设计，饱满而膨胀的杯盖就像是倒满啤酒以后杯子里面溢出来的泡沫（图 6-8-10）。杯体用的是像啤酒一样鲜艳透明的色彩，造型是刻意夸大后显得格外可爱的传统菠萝形啤酒杯，让人一看就觉得好想马上喝上一杯清凉解渴的美味啤酒，心情舒畅。快乐泡泡啤酒杯的设计是设计师充分联想，进行发散思维和灵感思维的结果，仿生原理在其设计过程中得到了充分体现。

图 6-8-10　泡泡啤酒杯的设计

电子鲜花的设计（图 6-8-11）。世嘉公司出品的电子鲜花“ismile（艾思迈）”，其主体造型是一株鲜花，花瓣呈方形，中心是一个小小的方形 LCD（liquid crystal display，液晶显示屏）。“ismile”会对不同的音乐做出各种不同的反应。如果是一首慢歌，它会显示各种柔和的闪灯效果，花瓣慢慢摆动的同时在 LCD 上还会显示愉快的笑脸表情。产品采用了简化设计，形体主要由几何元素构成。色彩以白色为主，整体颜色轻、浅、和谐。整个产品将艺术与设计完美地融合在一起，把一种浓郁的电子时尚感在第一时间鲜明、准确、生动地传达给消费者。设计师充分发挥想象力，想到自然界中的花瓣，利用仿生原理和组合原理设计出这款兼具时尚和实用的电子鲜花。

图 6-8-11　电子鲜花的设计

结合创新原理，对这两款艺术性设计的生活用品进行分析，可知其中蕴含的创新之处如图 6-8-12 所示。

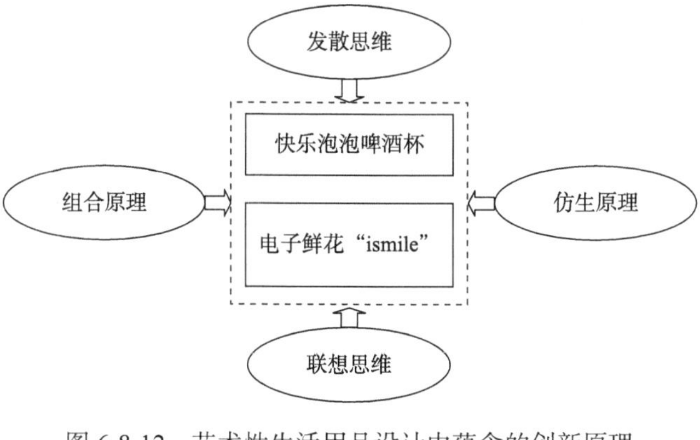

图 6-8-12　艺术性生活用品设计中蕴含的创新原理

8.5　时尚美观、乐趣无限：趣味性设计

随着社会的进步、消费时代的来临，人们的生活节奏日益加快，工作和生活充满了越来越多的压力和挑战。而有趣的东西能让人们忘却烦恼、身心舒畅。设计师将产品的各种或实用、或休闲的功能与其他有趣的设计，如抢眼的外观、有趣的操作方式等设计有机地结合在一起，给人们以更好的使用体验。

“高跟鞋咖啡勺”的设计就比较好地体现了趣味性。高跟鞋咖啡勺（图 6-8-13）是在原有咖啡勺的基础上，将整个咖啡勺的末端向下弯曲，形成一个高跟鞋的鞋跟状，使咖啡勺看起来宛如一只高跟鞋般摆放在桌面上。高跟鞋，配合勺子光滑、现代、冷静的材质，生动地勾勒出一个成熟白领女性的直观形象。高跟鞋的鞋跟设计也改变了咖啡勺固有的摆放方式，使得咖啡勺可以脱离杯子和盘子成为桌上引人注目的一道趣味风景线。生活用品的趣味性设计应当以情感化、人性化设计为主导，结合艺术化、趣味化的设计手法来营造出一种独特的时尚休闲魅力。

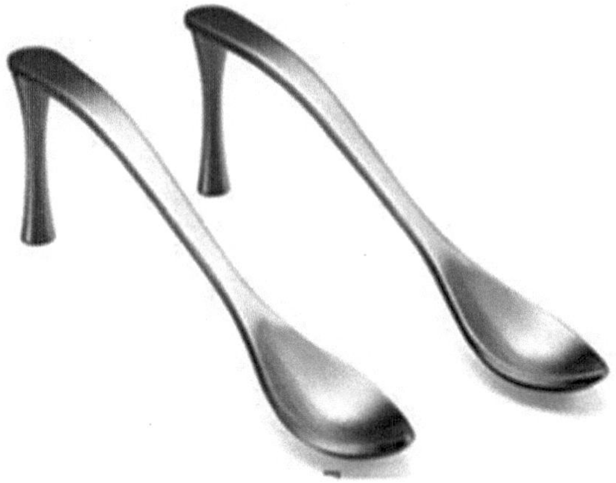

图 6-8-13　高跟鞋咖啡勺的设计

Baek-Ki Kim（白棋盒）建筑设计事务所设计的浴缸椅同样很好地展示了生活用品的趣味性。这是我们所不能想象的。浴缸 = 椅子？可以吗？设计者把更多的想象空间融入其中，向大家证明了只有想不到的事情，没有做不到的事情。用浴缸的形态来设计椅子，并配上金属的动物爪子作为椅子的“支撑脚”，坐在里面的感觉很奇妙（图 6-8-14）。

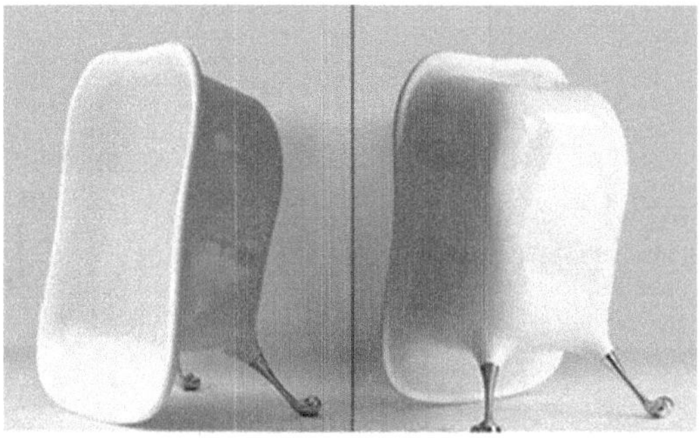

图 6-8-14　浴缸椅的设计

高跟鞋咖啡勺和浴缸椅的设计是设计师发挥联想，将高跟鞋和咖啡勺、浴缸和椅子联想在一起，将高跟鞋和浴缸的造型移植到咖啡勺和椅子中，同时也蕴含着创新中的组合原理，如图 6-8-15 所示。

图 6-8-15　趣味性生活用品设计中蕴含的创新原理

8.6　个性创意设计、启发生活灵感

随着社会经济发展和生活水平的提高，人们对生活用品提出了更高的要求，生活用品既要兼具功能性、多样性还要体现艺术性、情感性，最好还能具有趣味性。在消费者需求的驱动下，设计师们开动脑筋、发散思维、勇于创新，设计出了一个又一个充满创意又个性十足的生活用品，满足了我们的期待，为我们的生活增添了一抹亮丽的色彩。创意生活用品的产生和发展与社会大环境是分不开的，未来的创意生活用品设计将更加重视绿色和环保，更加注重可持续循环利用，这是时代所趋，但也给设计师们提出了更大的挑战。

参 考 文 献

李洋. 2011. “新奇特”产品创意设计研究. 南京航空航天大学硕士学位论文.

第 9 章　让家园变得更加宜居而美丽
——六盘水明湖湿地公园

一水绕城，平添凉都灵性；两山相揖，品评明湖秀色。明湖湿地就像一颗美丽的“凉都绿肾”，不断地吸收吐纳，不断净化着六盘水这座美丽的城市。2013 年 8 月正式开园的贵州省六盘水市明湖湿地公园是六盘水市在市区投资新建的地标性建筑（图 6-9-1）。

图 6-9-1　明湖湿地公园俯视图

明湖湿地公园建设规模和水域面积堪称贵州地区之最。公园建设面积 474

亩（1 亩≈666.67 平方米），其中人工湖占 319 亩，园内空气清新，花草树木丛生，是游人休闲的好去处。六盘水明湖湿地公园项目的方案设计意在减缓来自山坡的水流，建造一个以水为基础的生态设施来保存、调节、利用雨水，使水成为重建健康生态系统的活化剂，使这个工业城市变为宜居城市。明湖湿地公园的设计独具匠心，自然环境和人文环境并重，处处蕴含着创新科学理念。

9.1　系统规划，整体布局

六盘水市是一个以工业为主的城市，煤炭资源丰富，钢铁产业发达，城市污染比较严重，建造湿地公园可以改善环境、恢复生态，使城市更宜居。另外，六盘水市地处长江、珠江流域分水岭地带，水资源丰富，但同时山地多、海拔高，降雨量由于季节交替而起伏不定，建造湿地公园可以更好地调节水流，防止水土流失。在这样的背景下，湿地公园应运而生。

建造而成的明湖湿地公园位于贵州省六盘水市中心城区西郊，东至六盘水师范学院，西北抵凉水井一带以公路为界，南达明湖村一线天峡谷南部山脊。在整体规划上，明湖湿地公园因地制宜，因山造势，公园整体的设计理念是“以恢复为主，尊重自然”。

在空间分布上，公园南部与自然山体连接形成了缓坡形结构，在不破坏地基条件的情况下以阶梯形状进行空间的分割，充分利用滨河有限的 15 米至 20 米绿带空间及陡坎，顺应地势高差，建立滨河梯级景观带。这不仅能有效地防止水土流失，实现河岸的生态化改造，还产生了步移景异的效果，成为湿地公园一道靓丽的风景线，兼具生态价值与观赏价值。

在内部景观规划上，湿地公园的设计充分利用了原有的地理特征和结构。以公园内 300 余亩的人工湖为例，建造前人工湖地基的断面层西高东低，建造时设计师们充分利用这一地理优势，将这天然的断层和水流结合起来，创造了更多的亲水空间，发挥了调蓄与净化山区溪流的作用。湖的周围为景观绿化区域，与自然山体连为一体，构成了一个天然的森林公园、生态公园。

在明湖湿地公园南部山林之间，山与山之间形成的狭窄空间被称为“一线天”，依山而建的木栈道成为“一线天”内的重要景观。木栈道下面有溪流飞淌，形成了清溪潺潺、别有洞天的景象。河流串联起现存的溪流、坑塘、湿地和低洼地，形成一系列蓄水池和不同承载力的净化湿地，构建了一个完整的雨水管理和生态净化系统，一个绿色海绵体系。这样不仅最大限度地减少了城市的雨涝危害，而且保证雨季过后仍然水流不断。从一线天出水口开始，依山就势打造了

8台跌水、13座栈桥和11个休息平台，呈现一幅小桥流水、水声潺潺、灵动秀美的景致。

位于湿地公园内西南的重要的基础设施——六盘水美术馆，亦处处体现着设计师们的独具匠心和创新智慧。美术馆框架采用全金属钢架，源于“从山里长出来的建筑”理念。外墙体装饰用电脑数码彩釉玻璃，玻璃上印有苍翠的树木，与周围的自然环境协同融合，相映成趣（图 6-9-2）。美术馆与周边环境协同融合，馆前绿树掩映，宛如世外桃源，呈现出一派浓郁的艺术氛围。

图 6-9-2　六盘水美术馆

9.2　寓“俗”于景，经济美观

城市景观没有文化内涵，那么人们便无法从中找到城市往昔的历史。明湖湿地公园最能反映城市内涵和历史的景观当属蜿蜒卧浮于人工湖上的“钢化飞虹”步行景观桥。该桥的设计源于“水舞钢城”的理念，桥体全长 1 113 米，是西南地区最长的异型钢构桥，远望过去犹如一条凌空飘舞的彩带，非常形象（图 6-9-3）。可以说，“钢化飞虹”将六盘水市钢铁城市的形象移植于湿地公园的建设中，桥身采用钢结构设计，是对六盘水“钢城”文化的最好诠释，彰显了该城市是西南地区重要的煤炭钢铁工业基地，体现了城市文化底蕴。

图 6-9-3　“钢化飞虹”步行景观桥

湿地公园中没有设置明显的大门入口，而是通过高大乔木与低矮灌木以及园内的绿化植被，形成一道天然的通道。公园在设计时注重经济与生态，倡导野草之美与低碳景观并存，没有片面地追求花卉争奇斗艳，而是大量地应用了低维护成本的乡土植被，既降低了成本，又独具特色。公园内种植滇杨、黄樟、金丝垂柳等乔木 26 种；地被植物类如白三叶、大叶草、吉祥草等 13 种；种植芦苇、香蒲、水葱等水生植物近 22 种。乡土回归和生态自然在明湖湿地公园的结合，使人们仿佛又回到了昔日的母亲河畔。

将城市文化与公园景色相融合是明湖湿地公园的设计特色，公园的修建不仅是为了美化城市，修复生态，也是为了带动当地旅游业的发展。将当地的城市特点和韵味巧妙地蕴含在景观中，可以向游客传递当地的文化气息。

9.3　人文关怀，相得益彰

明湖湿地公园南部绿化区域道路、飘带桥以及“一线天”木栈道构成了园区主要交通道路，道路蜿蜒曲折，总长度达 16 千米，人行道和自行车道沿着水系铺展，在湿地梯田之间形成网络。由于道路漫长，而且周围景观优美，游客们大多走走停停，时不时地欣赏优美的景色。为满足游客的需求，设计师们将大量座椅、凉亭和观光塔的休息平台融入设计的自然系统中，使游人能够获得更好的休息、娱乐和景观审美体验。这样的设计充分考虑到人们驻足欣赏的心理与生理需要，体现了公园的人文关怀。

在道路的设计上，设计师们也充分考虑了游客的需求。设计师根据不同的地理位置、景观设计和功能需求，将道路按照一定的标准分割，并选择不同类型的材质进行道路铺装。例如，飘带桥除了主体采用钢结构之外，桥的地面材质主要使用了防腐木；南部绿化区域部分也采用了防腐木，个别地方由石质铺装，等等。这些各具特色的道路铺装整合在一起形成独具风格的道路景观，为游客提供舒适和便利的同时，也给了游客更好的游览体验。

明湖湿地公园灯光装饰的多样化也体现了公园设计理念的独具匠心。地埋灯、水下灯、草坪灯等照明设施为公园的夜晚增加了看点。飘带桥上数千米LED（light emitting diode，发光二极管）灯带宛若银蛇蜿蜒漂浮在湖面之上，而南部绿化区域主道路设置了地埋灯，远望过去犹如萤火虫在飞舞。这些灯饰集结起来，形成了一道独属明湖湿地公园的风景线。

9.4　生态修复，造福众生

湿地作为地球三大生态系统之一，在控制污染、调节气候、美化环境等诸多方面均起着相当重要的作用，被称为“地球之肾”。在高原地区能有一个湿地公园是难能可贵的事情，明湖湿地公园建成后，对城市起到调节水量、净化水质、改善生态等作用，从而实现了湿地资源的可持续利用。

六盘水因煤立市，以钢谋生。在经济迅速发展的同时，也伴随着资源浪费、环境污染加重等问题。六盘水明湖湿地公园的建造极大地改善了城市的生态环境。首先，将沿河径流、鱼塘、低洼地作为湿地纳入整个雨洪调蓄与净化系统，缓解城市内涝，回补河道景观用水，形成分级雨洪净化湿地，恢复了流域的雨洪调蓄与净化功能。其次，改善了河道的生态状况与自净能力，重现河道的生命力。再次，将城市休闲游憩与河道生态环境的建设相结合，建立连续的慢行网络，并改造断面形式，创造更多的亲水空间。最后，将滨河土地开发与河道整治相结合，以河道景观为契机引导城市内部更新，提升了土地价值，增强了城市活力，促进滨河景观与城市宜居环境协同发展。

六盘水明湖湿地公园的景观设计和创新布局，是设计师们勇于创新、不懈追求的成果，是设计师们独具匠心的创新智慧的集成体现（图 6-9-4），为以后湿地公园的建设起到了非常好的示范作用。

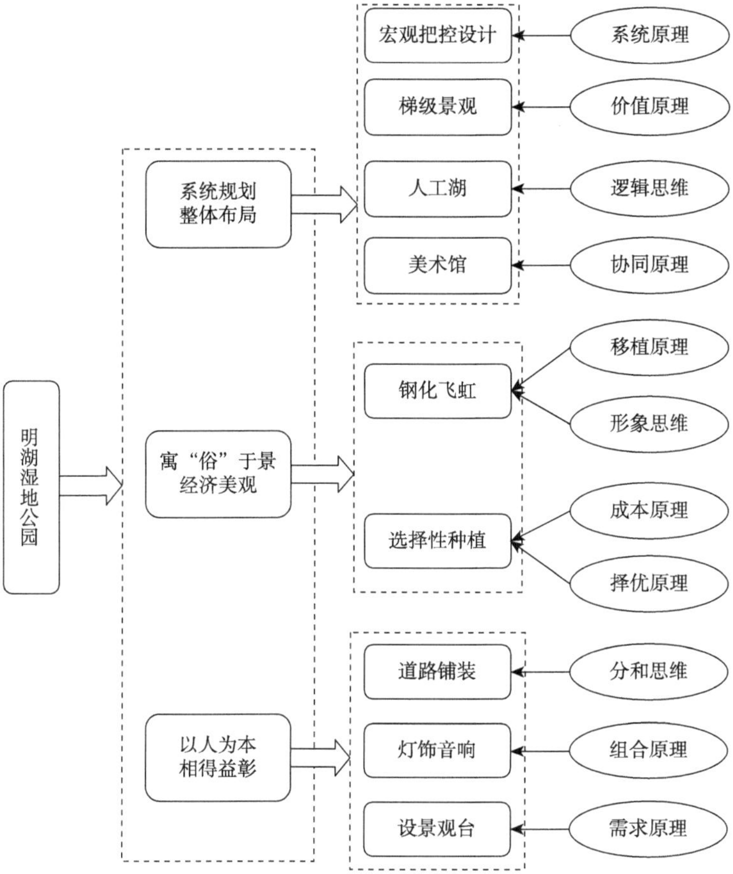

图 6-9-4　六盘水明湖湿地公园设计中体现的创新科学原理

参 考 文 献

常亚恒. 2013. 山地城市湿地公园中地域性景观的营造：六盘水明湖湿地公园分析. 艺术科技，（10）：278.

晓国. 2013. 六盘水城市生态新地标：明湖湿地公园. 绿色中国，（20）：76-77.

俞孔坚. 2014. 让水流慢下来：六盘水明湖湿地公园. 园林，（10）：58-61.

第 10 章　中国元素与现代建筑的艺术融合——金茂大厦

中国上海，黄浦江畔，一栋栋林立的高楼倒映在波光粼粼的河面上，在清晨的阳光下熠熠生辉。呜呜呜……邮轮的笛声划破了初晓的静谧，船尾翻滚起的浪花也划开了河面上如画般的美景。转眼间抬头望向那画中的实体，晨曦中鳞次栉比的摩天大楼较之河面上的倒影更是别有一番韵味。它们如同比美的姑娘一样卓然而立，竞相展示各自婀娜的身姿。其中，金茂大厦以其中西合璧的宏伟瑰丽的倩影吸引了人们的目光（图 6-10-1）。正如王喜在《金茂大厦之歌》这首诗中描绘的那样——“早春的薄雾里，大厦在云中显现；它赢得了所有人的心。”然而，金茂大厦的外形还并不是它美貌的全部。“围绕着金茂的河水凸显了金茂的超凡存在，访客走进大厦，仿佛踏入另一个国度。”从诗中可以深切地体会到，金茂大厦的内部也是精彩纷呈。

图 6-10-1　金茂大厦俯视图

当然，其美并不仅止于外表，它最美的地方在于它的文化、技术与艺术的结合美。作为一个现代化的高层建筑，它吸收了中国建筑风格的文脉，不仅具有各种高科技的先进功能，同时也体现了中国塔的韵味。这种建筑技术与建筑艺术在同一个载体上的完美统一让它赢得了各方的喝彩。现在就让我们踏上视觉之旅，走近金茂大厦，让眼睛与心灵都尽情感受中国元素与现代建筑的艺术融合带给我们的饕餮盛宴吧。

10.1　若塔非塔，非塔似塔

金茂大厦的外在美首先体现在它的宝塔造型上。虽然是一座现代化的建筑，但是它的外形却令人联想起中国古代的塔建筑。这种双轴对称的塔楼形状使金茂大厦无论从哪个角度看过去都具有中国古典的对称美。从下到上，平面正方形的尺寸按照比例不断缩小，造就了金茂大厦上小下大的结构。这种阶梯状造型又以逐渐加快的节奏向上伸展，直到高耸的顶端，增加了建筑的高度感，金茂大厦俨然一座送入云天的宝塔。而玻璃的建筑材料使其可随着昼夜阴晴、远近高低的变化呈现出或金或银，或蓝或灰的纷繁色彩，给我们带来不一样的感官享受。这种若塔非塔，非塔似塔的模糊感或许正是金茂大厦独特的外形美之所在。

这项杰出的设计来源于主设计师阿德里安·史密斯（Adrian Smith，1944—）对于中国“宝塔”的潜心研究。出自对塔形建筑结构的兴趣和喜爱，史密斯曾研究过中国 2 000 多座宝塔，这些用料、造型各不相同的设计给了他很多灵感。而中国古代高层建筑又源于塔，这就使史密斯萌生了将金茂大厦设计成塔状的想法。

“不积跬步，无以至千里；不积小流，无以成江海。”荀子以这种比喻告诫我们知识也是一样，有了量的积累才能有质的飞跃。就像原子核聚变一样，大量关于塔的建筑知识的集成在史密斯的设计灵感中也发生了“聚变”。而这次“聚变”产生出来的不是巨大的能量，而是一个完全创新的建筑设计。

在陆家嘴这样一个繁华的金融中心，金茂大厦终将会是一座由钢筋、混凝土和玻璃等材料打造而成的高科技建筑。因此，宝塔这一意象只能融入现代摩天大楼的设计中，用最现代的玻璃幕墙等建筑材料体现出来。金茂大厦的设计扎根于中国人对于宝塔的集体记忆，其外形、退台和纹饰无一不唤起人们对于点缀在山脚，用于敬佛的木结构和砖结构宝塔的印象。然而金茂大厦并未套用任何传统建筑的构成要素，未刻意追求古塔的细部做法，而是萃取密檐塔形象之精华。这就是金茂大厦的杰出之处，巧妙地将世界最新建筑潮流与中国传统建筑风格结合在一起。这样大胆的组合非但没有让金茂大厦在陆家嘴的楼群中显得格格不入，反而将两种特质组合在一起，使之具有统一整体功能的设计，使整幢大厦散发出高技派美感，同时，又兼有中国古代密檐塔之灵魂。

10.2 八十八层，浑然天成

“他们告诉我这必须是一幢 88 层的大楼，因为中国领导人邓小平当时就是站在这块地段上宣布了这里将是中国新的金融中心，邓小平那年 88 岁。后来，我们和甲方在芝加哥中国城吃午饭，饭后大家打开幸运饼，甲方主席张先生幸运饼里的幸运数字是 8、16、24、32 和 40，他十分兴奋，传给在座的每个人看，然后小心地收藏在钱包里。我环视餐桌，我们正好 8 个人，那天是 3 月 24 日，3×8=24。我明白了 8 这个数字对于甲方，以致在整个中国文化中的重要意义。这顿饭后，我知道我要围绕 8 这个数字展开设计。”

这段话是设计师史密斯对金茂大厦设计来源的一段回忆。诚如史密斯所言，8 这个数字从古至今都被中国人赋予了丰富的文化内涵。由于“8”与“发”的读音相近，中国人看到数字“8”就能想到“发财”之意，因此备受人们喜爱。再加上中国文化中总是对偶数有着更多的偏爱，久而久之，“8”便被中国人视为吉利数字。

针对“88 层的大楼”这一明确目标，史密斯和他的团队以此为根本导向，展开了他们对于金茂大厦整体架构的创新设计。对于如何不单调乏味地达成这一目标，他们给出了一个完美的答案。

金茂大厦在建筑体型的收分层数上选择了按“8”的倍数进行收分。第一级收分在第 16 层，从这往上按照 16 的 1/8 也就是 2 逐级收分，各收分分别为 16，14，12 和 10 层，直到酒店层。从酒店层开始，收分按照 8 的 1/8 一级一级地收分，分别为 8，7，6，5，4，3，2，1 层。它的每一个楼层段的层数从下向上依次如下：16，14，12，10，8，7，6，5，4，3，2，1。这些数字之和正好是 88 层，即金茂大厦地上部分楼层的总数。这样巧妙地将“8”融入其中的设计将这 88 层诠释出了无与伦比的美丽。另外，在大厦的核心位置，有一个八角形混凝土核心筒；大厦有两组结构柱，每组有 8 根；竣工典礼的日期是 1998 年 8 月 28 日（而实际上到 1999 年才完全完工），这些设计都包含了“8”的影子。

不是所有设计决定都是围绕“8”这个数字做的，但是把“8”的因素融入设计非常耐人寻味，无可非议。这些与“8”有关的建筑元素在设计中运用得天衣无缝。虽然设计中出现这么多“8”确实是刻意为之，却非牵强之举，反而使建筑结构与中国文化相得益彰。八角形的混凝土核心筒与巨型框架结构，周边两组共 16 根钢筋混凝土擎天大柱，是世界超高层建筑史上首次运用的最新钢结构技术。在保证金茂大厦稳固和立面完整性的前提下，设计师又将中国的数字“8”文化完美地糅合进设计中。从系统观的角度来审视金茂大厦可谓浑然一体。作为一个庞大而复杂的系统，金茂大厦各分系统的相互关系得到有效的协调，实现了整个系统的完整、统一和平衡。

10.3　以柔克刚，防风减震

老子有云：“人之生也柔弱，其死也坚强。草木之生也柔脆，其死也枯槁。故坚强者死之徒，柔弱者生之徒。”刚柔之道是道家修身的原则，这一文化理念随着历史长河的流淌深深地灌注到一代又一代人的思想之中，应用到各个领域。在高层建筑中，许多设计就运用了“以柔克刚”的原理以达到减震的效果，金茂大厦就是其中的杰出代表。

虽然金茂大厦地处上海陆家嘴这样的黄金地段，坐拥上海浦东新区世纪大道 88 号的位置。但其实黄浦江旧河滩的地质条件非常差，当地震发生时会有强烈的“鞭端效应”。所谓“鞭端效应”就是指高层建筑物末端形状和刚度发生变化时，端部产生的力和变形突然增大，远远大于其按重力分配得到的地震载荷。而 88 层的金茂大厦的高度为 420 米，当到达这样的高度后，这种位移就可能放大几十倍，给建筑造成极大破坏。上海又地处我国东南沿海地区，时常遭遇台风的侵袭。因此，防风减震在金茂大厦的设计中成了必须要考虑到的重要因素。

金茂大厦古塔造型的用意不仅仅是要彰显中国文化，这种造型还是个减震器，分散了风作用在建筑实体上的横向力，从而减小了超高层建筑中使用者能够感受到的建筑摇动强度。加之其中央的混凝土芯周围搭建有先进的钢结构架予以保护，这种最新的结构技术使整栋大楼垂直偏差仅 2 厘米，楼顶部的晃动连半米都不到，还可以保证12级大风刮不倒，同时能抗7级地震。古老的塔形构造和钢结构的柔韧性恰好成为抵御台风强震的最佳法宝。可见，沿着与常规思路相反的方向去寻求问题解法反而能够有意外的收获。针对金茂大厦防风抗震这一目标，实现观念转变和思路转换，这种逆反原理的运用反而能以与众不同的方式接近创新目标，从而达到实现功能的目的。

10.4　承古纳新，内设意深

梁思成先生早年提出传统建筑创作要“中而不古，新而不洋”，即指出传统建筑设计不是对中国古典建筑形象的简单模仿，而是通过深入地研究传统文化，将其中的精神特质运用到建筑设计中。金茂大厦的设计团队 SOM（Skidmore, Owings and Merrill）建筑设计事务所虽然来自美国而并非中国本土，但是却将中国文化之精髓饱满地展露在金茂大厦的设计之中。这不单单体现在金茂大厦的塔状外形和 88 层这样一个充满中国味道的数字上，其内部的结构设计和装潢风格也充分考虑了中国传统的文化艺术。同时，设计团队还将当代的高新技术和西方的建筑文化巧妙地加以结合，承古纳新，可谓十分精妙。

在平面布局上，设计团队将北京紫禁城金水玉带的吉祥格局巧妙地引申到金茂大厦的形体设计中。在金茂大厦接近基座部分的最下几层的跌水处理，体现出中国古代建筑平面布局中曲水环绕的建筑规划方法。这一设计给金茂大厦增添了一道中国韵味，弘扬了我国的传统文化。

裙房的独特设计是金茂大厦室内设计的闪光点。与高耸入云的主塔楼不同，裙房是扇状展开的，中庭桥的设计创造性地引入了上海“九曲桥”的寓意，曲曲折折地穿越空间，较之塔楼的恢宏，桥的设计更多了一分温婉。二者协同呼应，丰富了金茂大厦的内涵。前厅内从甲骨文、钟鼎文，一直到篆、隶、楷、草的中国传统书法艺术的铜雕壁画诉说着中国上下五千年文明历史的同时，又在经历着时代的变迁，这种古今的协同意境深远，妙不可言。在客房，墙面的木质屏风与现代电器谱写着传统与现代的和谐篇章，正好与落地大玻璃窗外的黄浦江自然而得体地凝成一派诗情画意。

创新要素是否协同一致影响创新实施及其效果。金茂大厦体现了当代科学主义思潮和人文主义思潮的汇合。在这个汇合点上，物质的与精神的、传统的与创新的、地域的与世界的实现了和谐统一，协同运作，构成了一个洋溢着生命气息和生活朝气的建筑形象，创造了一个多元化、多层次性的和谐建筑。

10.5　艺术、技术和文化有机融合的建筑设计典范

420.5 米的高度使金茂大厦成了当时中国第一，世界第三的高楼。并先后荣获伊利诺斯世界建筑结构大奖、新中国 50 周年上海十大经典建筑金奖第一名、

第二十届国际建筑师大会艺术创作成就奖等多项国内外大奖。这些荣誉源自金茂大厦设计上的创新，它是艺术、技术和文化有机融合的建筑设计典范。

艺术创作的本身即一种创新行为，金茂大厦即经过创新加工产生的艺术品。技术的不断创新是我们人类社会发展的不竭动力，金茂大厦中所运用的高新技术使我们感受到改革开放新时代的面貌。不同文化之间的相互交流和碰撞，最终相互交融，相得益彰，亦是一种创新。而金茂大厦将艺术、技术和文化有机融合，就更加突出了它设计的创新之处，从而将它的创新之美深深地刻入我们每个人的脑海之中，挥之不去，回味无穷。金茂大厦在中国元素与现代建筑融合的设计中体现的创新科学原理如图 6-10-2 所示。

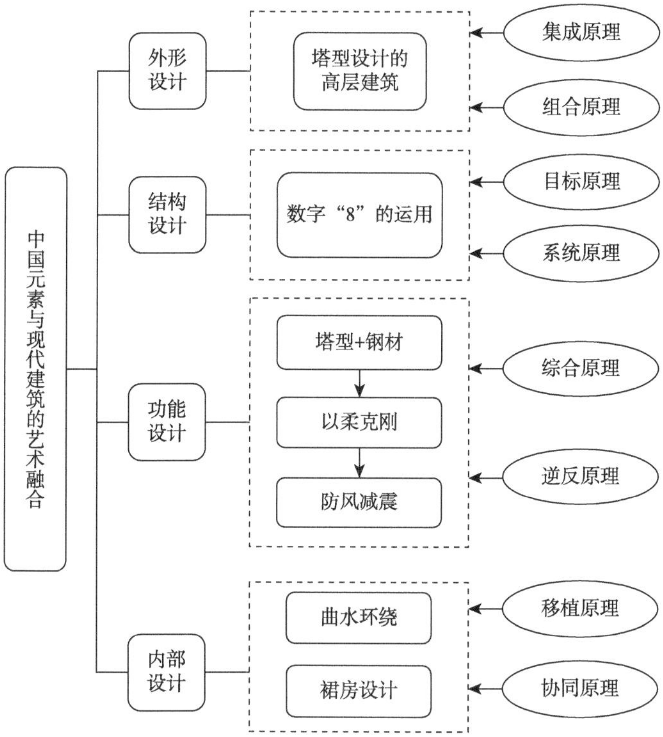

图 6-10-2　金茂大厦在中国元素与现代建筑融合的设计中体现的创新科学原理

参考文献

杜普雷 J. 2015. 摩天大楼 对话建筑师 · 世界历史上最非凡的超高层建筑. 上海：上海科学技术出版社：116-117.

付远. 2015. 道家思想与建筑文化 100 讲. 北京：中国建材工业出版社：76-77.
马刚. 2000. 金茂大厦建筑艺术解读. 社会与文化，（3）：49-50
史密斯 A. 2012. 从金茂大厦到吉达王国大厦：追寻亚洲超高层的本土性. 世界高层都市建筑学会第九届全球会议论文集：33-39.
孙亚峰. 2014. 金茂大厦的品味之美. 建筑，（4）：72-73.
邢同和. 1999. 跨世纪的里程碑—— 88 层金茂大厦建筑设计浅谈. 建筑学报，（3）：34-35.
英国多林金德斯利公司. 2014. 伟大的建筑　图解世界文明的奇迹. 北京：北京美术摄影出版社：231-235.
于川. 2014. 住在摩天大楼顶层的云. 北京：现代出版社：36.

第七篇　与时俱进的商业模式创新真谛

商模之旅

从以物易物，到贝壳为币，岁月演化着人类的智慧
集市里人们学会了卖出多余，购入所需
当铜钱铁币搭起那买卖的通用桥梁时，
物品的广泛交流让生活变得多彩如意……

集市随意伴店铺，社会分工现商人
荒漠无烟隐驼队，深山崎岖苦马匹
平民辛劳天地间，安得一香求风雨
贵族醉卧香榻里，奇珍异宝眼迷离……

忽如一夜，尖厉的汽笛声震碎了封建贵族的安逸温床
滚滚的铁流唤起了拓荒者的财富之梦
经历了"羊吃人"与猎夺殖民地的血腥洗礼
商贸公司最终开启了商业文明之旅……

从百货商店到综合超市，从便利小店到连锁经营
集成的"Mall"与"商业广场"尽显"服务功能"全方位
更看新潮流："电商"正将"线上线下"连起
物联网已悄然把"供需"编织为浑然一体……

第 1 章　互联网时代的弄潮儿——阿里巴巴

在中国，几乎所有人都知道马云和他的阿里巴巴。

初次听到阿里巴巴的人，可能会想到童话故事《天方夜谭》中阿里巴巴与四十大盗的故事，故事的主人公同强盗们斗智斗勇的情节历历在目，特别是主人公一句“芝麻开门”，就打开了强盗们收藏宝藏的洞门的精彩瞬间。

对于阿里巴巴名字的由来，马云曾说过，全世界的人都知道阿里巴巴的故事，都知道打开宝藏的咒语“芝麻开门”。故公司取名阿里巴巴，是希望全世界的人都用阿里巴巴，把阿里巴巴作为打开财富之门的钥匙。

1.1　让天下没有难做的生意

1999 年，马云召集了一个 18 人的团队在杭州西湖边的家中开会，阐述了要建立一个电子商务公司的构想。激情澎湃的马云对大家说，“从现在起，我们要做一件伟大的事情，我们的 B2B（business to business，企业对企业的电子商务）将为互联网服务模式带来一次革命！黑暗之中一起摸索，一起往前冲……”

创业之初，马云意识到，21 世纪将是我国中小企业的高速成长期，中小企业数量庞大、分布广泛、潜力巨大、成长迅速，是整个社会经济生活中的重要力量。而且中小企业反应迅速，行动灵敏，很容易接受新生事物，因此阿里巴巴将其目标客户群体定位为数量巨大的中小企业。当时，美国等发达国家的电商平台的主要服务对象是大型成熟企业，但阿里巴巴没有照搬国外互联网企业只为大企业服务的模式，而是根据我国实际国情，从最低端的市场出发，为中小企业服务，这体现了马云敏锐的商业视野，也蕴含着其勇于探索、逆向思考、发散思维的创新智慧。

马云在 2009 年阿里巴巴成立 10 周年之际揭示了公司成功的秘诀：“做别人不愿做的事，做别人做不了的事。成立 10 年来，阿里巴巴一直在围绕看似爹不亲娘不疼的中小企业做文章。”中小企业通过阿里巴巴电子商务平台，形成坚实的供应链，找到了生存、成长和发展的新途径。

将中小企业确定为阿里巴巴的服务目标后，马云又提出“让天下没有难做的生意”。马云曾说过：“提出‘让天下没有难做的生意’后，就把这个作为阿里巴巴任何服务和产品的唯一标准。我们的工程师和产品设计师设计出新产品，我们都会试用，如果我不会使用，那天下 80%的人跟我一样不会用，马上撤销。所以我们把产品做得非常简单。让客户越来越方便，把麻烦留给自己，我们要让中小企业真正赚到钱。”可以说，阿里巴巴的使命就是“让天下没有难做的生意”。在做每一个决定之前，阿里巴巴都会考虑怎样做才会使客户的利益最大化，正是有了这一明确的目标，才推动着阿里巴巴不断发展，创造了一个又一个奇迹。

1.2　大胆提出“免费模式”

成立之初，为了迅速抢占市场，阿里巴巴免费为中小企业提供交易的平台。在这个平台上，卖家可以免费展示自家的商品，而买家则可以自由挑选符合自身要求的商品，而且买家和卖家可以线上沟通，直至整个交易完成。

这种免费模式一经推出便迅速占领了网上 B2B 交易市场，虽然免费模式没有带来直接的经济效益，但通过这种方式可以吸引企业登录平台注册用户，从而汇聚商流，活跃市场，会员在浏览信息的同时也带来了源源不断的信息流、创造了无限商机。免费模式使得阿里巴巴的客户骤升，逐渐形成规模效益。直到 2002 年，阿里巴巴推出了中国互联网诚信认证方式——诚信通，开辟了中国电子商务领域的首个诚信体系。企业通过缴费的方式加入“诚信通”，诚信通成为阿里巴巴最初的收入来源。

阿里巴巴初期并没有着眼于短期利润，而是带着更长远的战略眼光，为客户提供免费服务。实践证明，正是这种免费模式为阿里巴巴赢得了众多忠实客户，成为阿里巴巴击败其他竞争对手的利器。如果阿里巴巴只是照搬国外同行的策略，那么中国或许不会出现阿里巴巴这么优秀的企业。这也蕴含着创新中深刻的取舍原理。

1.3　无所不能的淘宝

2003 年，阿里巴巴成立 C2C（customer to customer，个人与个人之间的电子商务）交易平台淘宝网。当时同是 C2C 模式的美国电子商务公司 eBay（易贝）是其主要的竞争对手。eBay 的前总裁预测说淘宝最多只能活 18 个月。而到了今天，淘宝已成为行业中的翘楚，eBay 则基本被人淡忘。淘宝之所以能取得成功原因是多方面的，主要可归纳为以下几点。首先，淘宝网并不干涉买家与卖家之间的交易，只提供支持和保障，鼓励买卖双方进行沟通，为入驻商家和消费者提供了足够的空间和很大的便利。其次，它采用阿里巴巴公司自己开发的支付宝为主要付款方式，支付宝实际上是一种担保交易模式，相当于阿里巴巴为用户提供担保，降低了消费者承担的风险，这有助于打消中国用户对在线购物的怀疑和不信任。最后，淘宝网重视宣传和推广，大手笔的市场推广投入使其逐渐走进消费者心中。

2008 年，阿里巴巴宣布启动“大淘宝战略”，将旗下的淘宝网和阿里巴巴合并发展，以打造全球最大的电子商务生态系统。通过启动“大淘宝战略”，淘宝网不再局限在一家公司的范畴，而是上升到了一个生态圈、一个行业的高度。“大淘宝战略”是组合原理和系统原理的体现。

1.4　“不小心”长大的支付宝

古人云，“无心插柳柳成荫”，今天支付宝的发展，是阿里巴巴当初将其从淘宝分拆出来时万万没想到的。从最早的淘宝担保交易工具到最常用的付款方式，支付宝如今已成为中国第三方网上支付平台的领导者。截至 2015 年底，支付宝实名用户已超过 3 亿，支付宝钱包活跃用户超过 2.7 亿，单日手机支付量超过 4 500 万笔，成为全球最大的移动支付公司。支付宝稳健的作风、先进的技术、敏锐的市场预见能力及极强的社会责任感，赢得了银行等合作伙伴的广泛认同。目前，支付宝已经跟国内外 180 多家银行以及 VISA（维萨）、MasterCard International（万事达国际组织）等机构建立了深入的战略合作关系，成为金融机构在电子支付领域最为信任的合作伙伴之一。

从 2004 年建立至今，支付宝及支付宝钱包已经成为线上线下众多商家首选的支付解决方案，为连接亿万用户及商户提供了基础的资金流服务。除淘宝网和天猫外，使用支付宝交易服务的商家已经超过 46 万家，涵盖了网上零售、虚拟游戏、数码通信、商业服务、机票、公用事业等领域。支付宝不再是简单的支付工具，还成了网络时代人们的“生活助手”，其价值不断被挖掘，真正凸显了创新活动价值最大化原则，体现了价值原理。支付宝搭建的网上生活圈，为人们的吃穿住行等生活问题提出了更简捷的解决方案，如水电煤缴费、信用卡还款、网络捐赠等方面，这体现了创新原理中的集成原理。

1.5 在“拆分”中不断前行

随着互联网时代进入新的阶段，企业原有的组织结构和商业模式往往已不再适应时代的要求。对此，马云的策略是，加速度成长，然后在合适的时机对淘宝进行拆分，支付宝如此，聚划算如此，淘宝商城亦如此。2013 年，马云在阿里巴巴原有七大事业群的基础上将集团业务拆分为 25 个事业部。在这些拆分的背后，是创新原理中分合思维的体现，也是阿里巴巴主动求变的策略体现。“拥抱变化”是阿里巴巴“六脉神剑”（客户第一、团队合作、拥抱变化、诚信、激情、敬业）价值观里面非常重要的一条，而比“拥抱变化”更高一层的则是“创造变化”，未雨绸缪，提前布局。

阿里巴巴的拆分，使得公司的业务群更多，但公司的核心始终是“电子商务”，每一次的拆分都会对其进行强化。同时拆分出的子业务，也获得了更广阔的成长空间，成为该细分领域的领导者。阿里巴巴作为互联网时代中国电子商务的领导者，其随环境动态变革组织结构及商业模式的勇气值得称赞。

1.6 阿里巴巴带给世界的果实

在互联网世界的版图中，美国一直是创新的主体，雄踞一方。20 世纪 50 年代以来，美国引领了历次 IT（information technology，信息技术）产业革命，从 PC（personal computer，个人计算机）、互联网到云技术，美国始终扮演着信息经济全球发动机的角色。然而在电子商务领域，以阿里巴巴为代表的中国力量，其创新能力丝毫不亚于大洋彼岸的同行。

从 B2B 模式、C2C 模式再到 B2C（bussiness to customer，企业对消费者的电子商务）模式，从淘宝网到支付宝，到天猫，再到阿里云及众多子公司和事业部，阿里巴巴以中国经济现状和对国内消费者的深刻认识为基础，创新发展了多种特色的商业模式，击败了众多竞争对手，用短短十几年的时间，成为全球最大的零售交易平台。其成功的商业模式（图 7-1-1），不断被后来的互联网公司借鉴和模仿。同时，阿里巴巴为社会创造了近千万的就业岗位，解决了千万人的就业与生存问题，为社会聚集了强大的创新力和正能量，为实现“中国梦”做出了不可估量的贡献。

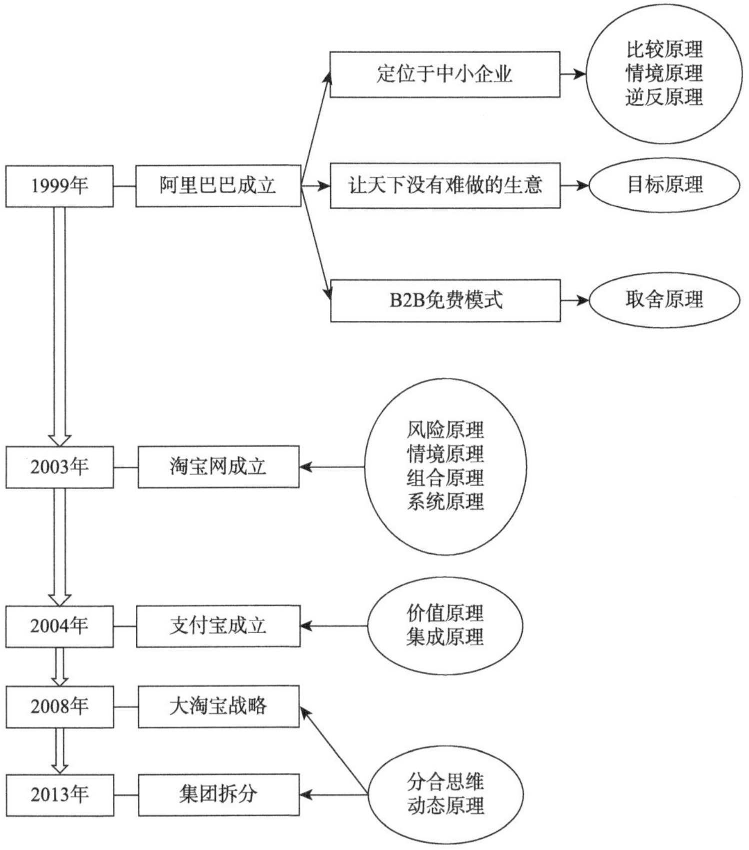

图 7-1-1　阿里巴巴商业模式体现的创新原理

第 2 章　购物林荫道
——购物中心

繁忙的五个工作日结束了，周末如期而至。您带着 5 岁的孩子走进一栋地标性的建筑里，在一层试用完香奈儿的最新款香水后，优雅地来到二层女装区买了橱窗里最抢眼的那件红色风衣，然后开心地到三楼为老公挑选衬衣。此时，孩子再也耐烦不了大人的购物快乐，牵着你直奔 6 楼的儿童乐园。没过多久，她又被儿童乐园旁边热闹的手工体验课吸引过去，一玩就是大半天。等孩子抬头眼巴巴看着您时，您知道她是饿了。俩人在 7 层美滋滋吃完餐厅的推荐菜后，孩子格外兴奋，因为地下一层电影院正在放映她心心念念的《疯狂动物城》。你可能已经猜到，接下来我们要讲讲这购物中心（shopping mall）（图 7-2-1、图 7-2-2）的商业模式。

图 7-2-1　购物中心内部图

图 7-2-2　购物中心外部图

随着商场模式的发展，传统零售开始逐渐脱离单一模式，转向联合销售。工作和家庭之外的生活空间打造已成为主流，一个有吸引力的商业空间，不仅能让有需求的人群停留，也能让无须购买的人驻足，甚至发展为一个旅游景点。进入 21 世纪，中国零售业的一个新亮点，即一种集购物、娱乐、休闲、文化欣赏于一体的大型综合商业业态——购物中心在我国悄然兴起。购物中心重视整体环境和功能提升，使消费者的购物不再是单纯的购物，而是一种享受。这样的概念配合“一次性购足”的新消费观念，无疑会给消费者一种全新的购物体验，继而实现商业模式的创新。

2.1　时代塑造业态综合体

业态是针对特定消费者的特定需要，按照一定的战略目标，有选择地运用商品经营结构、店铺位置、店铺规模、店铺形态、价格政策、销售方式、销售服务等经营手段，提供销售和服务的类型化经营形态。购物中心则是多种业态的综合体，是在一个毗邻的建筑群中或一个大型建筑物中，由一个管理机构组织、协调和规划，把一系列的零售商店、服务机构组织在一起，提供购物、休闲、娱乐、饮食等各种服务的一站式消费中心。

购物中心源于国外，近年来在中国遍地开花。购物中心之所以能在中国急速发展，是因为其有着深层的社会背景，是内外因环境催生下的商业模式创新。

2.1.1 社会多元的同存

随着城市化进程的推进，我国大中城市的人口密度急速增长，城市内涌入大批在文化、阶层、生活方式等方面都有极大不同的民众。面对人们越来越多元化的诉求，对于城市规划者来说，提供多种服务方式的购物中心无疑是对这些诉求的有效回应。

2.1.2 城市职能的要求

当代城市日趋高效的生活方式，促使能节约购物时间与空间成本的购物中心成为市民的主要公共活动场所，“购物”一词的社会意义也超过了其本身含义。这也促使购物中心承担起更大的城市职能。

2.1.3 商业形式的发展

购物中心取代百货商场成为我国主要零售业经营形式之一，一方面是因为商品盈利到土地产权盈利的经营模式转变；另一方面是因为消费者从购买商品的单一需求转变成对购物环境、提供服务内容的综合需求。这两方面的转变极大地助力了购物中心在我国的发展。

因此，可以说，购物中心商业模式的创新是顺应时代发展潮流，遵循发展规律的体现；是应对时代挑战，解决时代问题的成果。

2.2 多要素（业态）整合，激发集聚效应

购物中心，本质不在于规模巨大，而是集合了百货店、超市、大卖场、专卖店、大型专业店等各种零售业态，而且有各式快餐店、小吃店和特色餐馆、电影院、儿童乐园、健身中心等各种休闲娱乐设施。与传统商场相比，它超越了购物边界，如同一条商业街，是多种业态的集成，也是商家集聚的平台。具体而言，根据不同标准，购物中心具有多种分类，如表 7-2-1 所示。

表 7-2-1　购物中心分类表

分类标准	主要类型
规模	近邻型（小型）、社区型（中型）、区域型（大型）、超区域型（超大型）购物中心
区位	城市市区购物中心（填充型、扩展型、核心替换型）和郊区购物中心
结构形态	平面式购物中心和垂直式购物中心
主要业态	时装精品购物中心、大型量贩购物中心、主题与节庆购物中心、工厂直销购物中心

所谓“集聚”（cluster）是指在特定地域上，一些相互联系的企业和机构在地理上集中的现象。购物中心正是依靠系统规划、多要素的组合，加大了商业网络的密切联系，实现商业模式的创新。购物中心里面包括散铺、专卖店、餐饮、超市、百货、电影院、娱乐设施、运动场所、酒店，甚至旅游景区等，由发展商聘请商业规划专家进行精心规划和组织设计。各种业态均可得益于其他业态的人流及消费流。同时在业态组合上实现“错位经营”，即由两到三个具有不同档次或特色的百货店、几百家中档专卖店、一两家超市，以及餐饮、娱乐、运动、休闲等项目组成，它们各自拥有不同的消费群体，同一消费群体又具有不同的需求，这不仅让购物中心更加丰富多彩，还避免了同行业的过度竞争。通过合理科学的要素整合激发集聚效应的发挥，才是购物中心的成功之道。购物中心集聚效应所蕴含的创新原理如图 7-2-3 所示。

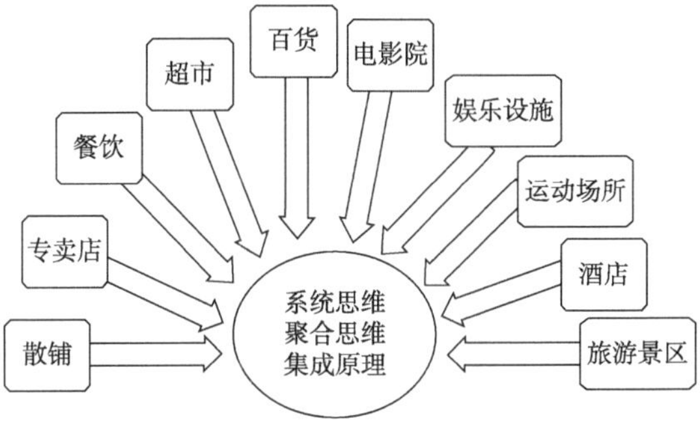

图 7-2-3　购物中心集聚效应蕴含的创新原理

2.3　协同升服务，管理出效益

如果说业态整合是购物中心的成功之道，那么协同配套、系统管理以为消费者提供一流的服务，则是购物中心成功的法宝。

一方面，购物中心依靠好的配套获取消费者的青睐，为持续经营打下坚实的基础。根据国际和行业标准，购物中心设施设备的配套可以划分为：停车场的配置、电梯（观光电梯）的配置、洗手间的配置、货梯的配置、卸货区与卸货通道的配置、设备区的配置、后勤区的配置、消防设施的配置、无障碍设施的配置、中央空调的配置，以及其他配套等。这些配套一般都是由购物中心统筹规划、系统设计、协同各方实施的。同时，为发挥好配套的效用，一般遵循三大原则：需求性原则——项目的设施设备的配套应依据项目自身的需要而定，这样有利于项目资源的有效整合，充分发挥项目的各个优点，盲目地去配置无必要的设施会造成资源的浪费，而且投入的成本也会增加。可行性原则——项目的设施设备配套还要考虑其可行性，考虑项目所处的位置是否适合配置相关的设施或设备；项目的设施设备的配套是否与其功能相违背等。便利性原则——项目的设施设备的配套要考虑其便利性，如果说设施设备的配套是不便利于消费者购物行为的，那么就没必要做这样的配套了，这也是发展商应该考虑的问题。可以说，这些原则体现了购物中心商业模式的目标导向、系统思维以及价值统筹的原理。

另一方面，购物中心依靠协同管理、成本控制实现效益提升。购物中心一般由具体的管理公司实行统一组织、规划、设计、安排营销活动，但不涉及租户的实际经营，租户自主安排各自的经营活动。由于管理公司的统筹，专卖店、超市、百货里面的管理人员可以大大减少，节省了管理费用。此外，购物中心还会产生直接的经济效益，包括管理费收入、广告收入。同时，租户与购物中心是唇齿相依、互为依存的利益共同体，购物中心的管理公司通过加强与商户的沟通，建立良好的关系，如留住好的商户，对经营困难的商户在经营方面给予专业指导与支持。

2.4 商业模式创新支持城市综合功能提升

购物中心的出现，既体现了各种零售业态长期相互依存和互补，又加速了零售业态的变革和共生化。此外，购物中心商业模式的创新还对城市产业结构的调整与升级、城市核心竞争力的提高以及城市形象的提升等发挥非常重要的作用。

2.4.1 功能聚集体现人文关怀

购物中心是业态不同的商店群和功能各异的购物、休闲、娱乐、餐饮、旅游、文化、金融、服务等高度组织在一起的一种多业态的复合，是一种有计划实施的、全新的商业聚集形式。它以零售业为主，目的在于迎合消费需求多样化、个性化的发展。同时，提高消费者的消费效率和消费价值，使消费者在较短的时间内，既能享受到消费的方便、安全、快捷和舒适，又能满足消费的趣味性、丰富性和综合性，从而使消费者获得更大的效用。这种商业集聚方式在为人们提供消费和服务的同时，也为人们提供了高度开放的公共空间，为社会交往、活动提供了便利。

金融、信息咨询等配套设施的完善，功能的规划设计，停车场的进出路线，人流、车流的分流，灯光、广告的整体视觉效果……正是以其综合性的功能服务、人性化的空间设计、物质与精神消费的统一，购物中心恰到好处地体现了公共空间和商业活动的相互相关性，向人们传达了深厚的人文关怀，也为经营者提供了良好的盈利空间。

2.4.2　“一站式”倡导新消费、新生活方式

伴随着我国经济的发展和壮大，居民消费水平也得以显著提高，由此带来了新的消费方式与生活方式的变革。今天，消费者在购买商品时已越来越注重消费环境的选择，单纯的购物已经不能满足人们的需要，休闲、购物、娱乐等多种消费方式相结合的“一站式”消费越来越受到人们的推崇，逐渐成为人们生活的必需。同时，城市化进程的加快，城市交通网络的发达与完善，私家车的增多，也促成了购物中心“一站式”的消费模式。购物中心也以“一站式”的消费特点成为人们新生活的倡导。

2.4.3　零售业内涵化开创商业发展新阶段

20 多年来，我国零售业取得了快速的发展和巨大的成就，但就目前整个业态结构来说，仍存在着非常突出的问题。传统百货业资源过剩、日渐衰落；而新型业态虽然发展迅猛却规模过小。在这样的情况下，我国零售业迫切需要进行结构的调整和资本的重组。在我国推出大零售商，一方面是为了改变现有传统零售商外延、粗放型增长方式，推进大型化、集约化、内涵化的发展；另一方面，也是为了改变现有商业资本过于拥挤、低水平的竞争状况，同时还是为了应对外国商业资本带来的巨大压力。

2.4.4　商业带动城市中心区繁荣

在经济发展过程中，城市中心往往存在基础设施缺乏或老化、交通不畅、环

境污染等问题，如果不注意防治就会出现人口以及城市中心各项功能的外迁，使城市呈现“离心化”趋势，城市中心逐渐丧失对商业和客流的凝聚力而走向衰落，相应的人文结构、社会、经济资源也随之被浪费与闲置。购物中心可以改善城市商业基础设施、完善服务配套、改善商业和消费环境、提高原有商业规模化和组织化程度以提高企业的营利能力。在购物中心带动下进行的一系列商业改造，重新构建了老城区高品质的经济环境，使其再次成为城市商业活动的焦点。

2.5 未来的购物中心遐想

社会多元化、功能综合化、商业不断进化的诉求呼唤购物中心在中国生根发芽。反之，购物中心的业态创新也为城市发展、商业繁荣提供了新思路、新方案。一方面，购物中心业态集聚效应的发挥，需要商铺设计、建筑设计、设施设计等多要素的整合；另一方面，购物中心业态系统功能的实现，需要协同管理的助力。不难发现，目标导向、聚合思维、系统思维、集成原理、价值原理等共同实现了这一商业模式创新。其中的创新原理如图 7-2-4 所示。

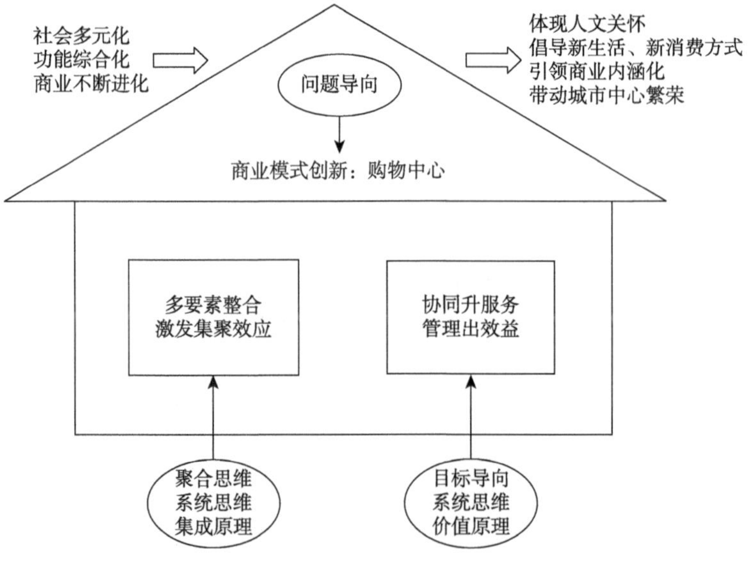

图 7-2-4 购物中心蕴含的创新原理

仓廪足而知礼节，人们购买商品不再停留在能用、好用这个层次上，而是开始追求商品溢价带来的满足感。购物中心就是满足了消费者的这一关键需求才得以在中国遍地开花。随着我国经济实力的不断提升，购物中心在中国的前景依旧被看好。这让我们不由遐想未来购物中心的模样。

随着科学技术的发展，高科技与互联网技术也将被更广泛地应用到购物中心上，给消费者更多新鲜便利的体验，如顾客可以租借无人驾驶的微型车辆（也可以是机器人）驮物、快速索引、指路。设计方面，不管是购物中心的整体设计还是商场里某一个具体商品的设计，设计与创新的价值将会得到前所未有的重视。以往的购物中心都是一座大楼，足够现代摩登，但也稍显压抑。新型购物中心可以设计成园林式或院落式的建筑组合形式，不仅有更多的自然景观设计，更有开放的、富有人文关怀的设计。业态方面，购物中心有多功能影院直播体育赛事，播放经典电影，举办发布会、年会演出、品酒会等活动；有手工艺工作室提供给传统的手艺人、匠人、艺术家、独立设计师进行工作，不仅可以售卖商品，还可以将这些创作者的部分创作空间开放；实现网络 IP（intellectual property，知识产权）实体化，线上 IP 线下化……

第3章　工业化时代的零售业革命——百货商店

任何一个现代人对百货商店估计都不会陌生，时尚的建筑，琳琅满目的商品，优雅的购物环境，熙熙攘攘的顾客，这一切无不彰显出现代都市的繁荣。百货商店是一种满足顾客日常消费需求和时尚需求的零售业态，经营范围包括服装、鞋帽、首饰、化妆品、装饰品、家电、家庭用品等众多种类。百货商店的出现，是商品零售业发展史上的重要里程碑，它结束了传统一家一户“作坊”式的店铺时代，展现出大工业化时代的特征。从某种意义上可以说，没有百货商店，就没有现代大都市，就没有现代生活。

3.1　小店铺眼中的“大怪物”

时间回溯到 19 世纪中期，当时法国的巴黎已发展成为世界上的大都会，街道两旁充斥着无数大大小小的店铺。有一个在布店工作的法国年轻人，因不满足于布店的经营方式，而向店老板建议可以通过丰富物品种类、改变销售策略来赢得更多的顾客。不幸的是，他的建议遭到了老板的断然拒绝，认为他是不务正业。这位心高气盛的年轻人发誓一定要按自己的意愿办一家更好的商店。1852 年，他与人合伙在巴黎创办了一家名为“博马尔谢（Bon Marche）”的新型商店，在巴黎人眼中，这家商店与以往所有的店铺都不一样，首先，它什么东西都卖，其次，这里灯光明亮、店面宽敞、装修气派，而且还有一套独特的经营策略。这家商店一经出现，迅速将传统店铺的客源吸走，传统的店铺小老板把它称为“大怪物”，它的出现迫使许多小店纷纷关门倒闭。这家商店就是世界上第一家百货商店，这位年轻人就是后来被称为“百货商店之父”的阿里斯蒂德·布西科（Aristide Boucicaut，1810—1877，图 7-3-1）。

图 7-3-1　阿里斯蒂德·布西科

博马尔谢百货商店（图 7-3-2）建立后，迅速取得了巨大的成功，营业额在第一年（1852）就高达 45 万法郎，1863 年跃升到 700 万法郎，到了 1877 年更是达到了惊人的 6 700 万法郎。至今它仍是法国巴黎著名的购物中心和历史景点。在巨大的示范效应下，巴黎相继出现了一大批百货商店，如卢浮百货商店（1855）、市府百货商店（1856）、春天百货商店（1865）、撒马利亚百货商店（1869）、拉法耶特百货商店（1894）。同时，在这种全新的销售模式的带动下，美国、英国和德国也涌现出一批仿效者，一时间百货商店风靡全世界。

图 7-3-2　历史上的博马尔谢百货商店

3.2　这里什么都卖

百货商店之所以被称为商业零售的一次革命，在于它与传统店铺相比创造了一种全新的销售模式，即由过去传统的单一经营改为组合经营。

在百货商店出现以前，城市里的商店都是什么样子？如果您看过改编自文学名著的经典电影《林家铺子》，那么可以有个大致的印象，以往的商铺很像《林家铺子》，门脸儿都不大，基本都是单一经营，如粮店、布店、鞋店、饰品店等，即使在一些杂货店里，品种也非常有限。店里的员工也没有几个，常常是老板、老板娘带着几个学徒和店员，就可以完成所有的经营活动。

布西科正是在这种小店里当售货员期间，通过细心观察，发现逐渐富裕起来的市民希望在一个地方可以同时买到多种商品，而不是在不同的商店之间来回奔波。而传统的单一商品销售模式已经不能满足人们对丰富商品的需求。例如，人们在买衣服的同时往往想买些化妆品、首饰之类的商品，但当时却没有一家商店能提供这种综合性的服务。于是他灵机一动，想到："为什么不能将所有的商品放置在一个商店里，组合起来进行销售？这样人们可以在里面尽情地挑选自己喜欢的商品。"正是这种灵感触发了他要开一家百货商店的设想，人们在一家商店就可以买到他所能想到的几乎所有日用商品，再也不用为考虑去哪里买犯愁了，这对于终日忙于工作，没有太多空闲时间的人来说无疑是一个福音。图 7-3-3 展示了历史上博马尔谢百货商店内的购物场景。

图 7-3-3　历史上博马尔谢百货商店内的购物场景

3.3　不购物也可以来百货商店

过去人们买东西时往往目标很明确，在去之前就想好自己要买什么，然后去专门经营这种商品的商店直接就买回来了。因此，在传统商店里，除非你想买的东西暂时缺货，否则顾客来此转一圈儿什么都不买就走，是件很奇怪的事儿，甚至有些商店认为这浪费了他们的时间，就挂上了“非买勿入”的牌子。

但布西科根据他平日的观察，有很多人，尤其是一些喜欢逛街的女士在来商店之前自己并不清楚想买什么东西，而只是想进来逛逛，如果碰巧遇到自己喜欢的东西就买下来。精明的布西科的想法与其他商人截然相反，他并不认为这些人浪费了他的时间，反而认为这些人都是潜在的购买群体，尽管他今天可能什么都不买，但由于他经常来我这里，如果将来一旦有什么需要，他的第一反应必然是来我的百货商店买。因此，布西科反其道而行之，不仅把百货商店定位成一个销售商品的场所，还把它定位成一个休闲、放松、参观的地方，所以尽量把商店装修得宽敞、豪华，营造轻松愉悦的场地氛围。你来即使什么都不买，我照样欢迎。这样一来，大量的人们尤其是一些家庭主妇们便将布西科的百货商店当成自己逛街的首选之地。对女士来说，百货商店既是她们尽情挑选商品的地方，同时也是欣赏商品的地方。而这些人无疑为百货商店做了免费的广告，进一步刺激了销售额的攀升。博马尔谢百货商店如今的内部装饰如图 7-3-4 所示。

图 7-3-4　博马尔谢百货商店如今的内部装饰

3.4 明码标价，薄利多销

布西科的另一创新之举是将所有的商品都明码标价，从不讨价还价。在此之前，传统店铺的价格是有弹性的，店员往往根据顾客的穿着打扮和言谈举止来观察其是否是有钱人，并按顾客身份的不同采取不同的售价，因此商品的价格往往充满着随意性和欺骗性，而且很多店铺抱着“卖出一件是一件”的思想，定价通常过高。

布西科从问题出发，重新思考定价策略。他从心理学的角度思考，正是由于价格的不透明和不统一造成了顾客的担心和对商店的不信任，进而影响了购买意愿。如果将所有的商品全部采用明码标价的固定价格策略，对所有的顾客一视同仁，那么，大家的担心也就不存在了，购买时心理压力就会减少很多。店员也不需要再花大量的精力用于与顾客钩心斗角、讨价还价，他们集中精力到介绍商品的优点上，可以提升交易达成的效率。

同时，布西科经过系统分析后发现，降低价格能够带来销量的上升，并进而促进商品的快速周转和资金的迅速回流，整体销售额肯定还是上升的。因此他把商品的价格定得往往比较低，采取了低盈利、高周转，即薄利多销的策略。事实上，布西科创办的博马尔谢百货商店的名字“Bon Marche”在法语中就是“廉价”的意思。而传统店铺通常推行的是高盈利、低周转的策略，商品价格较高，毛利率有时高达 50%，但商品销售周转很慢。布西科的百货商店采取的毛利率通常仅为 10%左右，但却大大提高了销售商品的数量，提高了库存的周转率。

此外，布西科创新性地运用营销策略挑起顾客，尤其是女士们的购物欲望，如定期每季安排“新品”区，并经常进行降价促销，引发人们抢购的热潮。

3.5 百货商店的创新之道

百货商店的出现当然要感谢布西科敏捷的商业眼光，但也要感谢他所处的时代。他所处的 19 世纪中期，西方国家刚刚完成第一次工业革命。工业的发展加速了城镇化进程，大量的劳动力涌进城市，居住地的集中带来了对商品需求的爆发，同时劳动收入的上升使得市民对物质需求更加多样化。在这种背景下，传统的店铺已无法满足人们的需求，社会迫切需要一种新的销售形式来解决人们日益增长的物质需求。而从商品供给方面来看，第一次工业革命促进了交通运输业的发展，使得商品流通的速度大大加快，进而使城市居民可供选择的商品日益丰富起来，为大规模百货商店的产生提供了可能性。

此外，布西科敏锐的商业头脑促成了这一全新的商业模式的诞生。他创造性地想到把所有的商品组合在一起，为顾客提供一站式服务；从逆向思维的角度，将百货商店打造成一个休闲娱乐的场所；从问题导向出发，系统分析制定固定的价格策略和低价竞争策略，提高商品周转率。百货商店营销模式所体现出的创新科学原理可以综合用图 7-3-5 来表示。

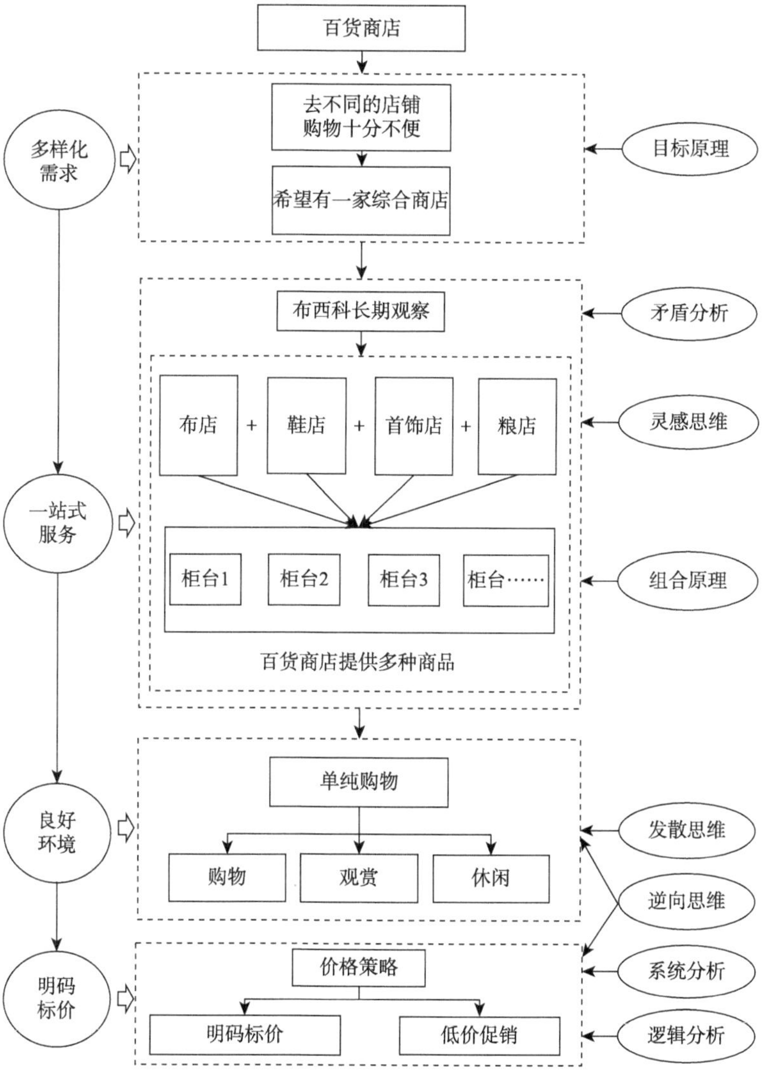

图 7-3-5　百货商店营销模式蕴含的创新原理

3.6　百货商店带来的影响

百货商店对商业的影响是巨大的，它运用社会化大生产的力量和高效的现代物流手段，在全世界更广范围内开展商品零售活动，在一定程度上满足了当时人们快速增长的多样化物资需求，对传统独门独户的单一零售模式带来了巨大的冲击，世界零售业也由此结束了“作坊”式的店铺时代。百货商店繁荣起来后，往往逐渐发展成城市的商业中心，并进一步推动城市的交通、运输、餐饮、娱乐等基础设施的改善，促进了城市的发展。

反过来，百货商店还进一步推动了工业革命的进程。百货商店的产生，第一次将工业化的产品成果，综合性地展现在消费者面前，人们可以比过去更加便捷地买到自己中意的商品，商品流转的效率大大提高，进而刺激了工厂改进机械化生产的条件，更高效地生产商品。由此可见，百货商店的历史功绩是巨大的，布西科的创新是极具社会价值的。

第 4 章 晋商风骨傲华夏，商业智慧塑辉煌

央视 2006 年一度热播的电视剧《乔家大院》早已经落下帷幕，但剧中主人公乔致庸的“走咧——”那悠长而深沉的喊声，却仍然在人们的耳际回荡，久久不能散去……

乔致庸，一位晋商的代表人物，亦是祁县乔家第三代掌门。这个 20 多岁的年轻人步入商界，凭借博大的智慧将家族企业拉出困境，一举成名；凭借非凡的创造能力冒死南下疏通茶路；凭借诚信的高尚道德万里北上恰克图，将生意做到俄罗斯；凭借自强不息的实践品格将乔家事业带入鼎盛时期；凭借不畏艰辛的创业精神纵横神州，将货通天下、汇通天下的梦想变为现实……

在漫长的商旅生涯中，晋商从贫瘠的黄土高原走出来，以不畏艰辛、开拓进取、诚信笃实、敬业爱国的精神走遍天下，享誉海内外。在激烈的商业竞争中，晋商竟能雄霸商海达 500 余年，这在整个世界商业史上都是罕见的。那么晋商到底是怎样发迹的，又是怎样与时俱进地进行商业模式创新的呢？在晋商文化传承与创新的过程中，其间又有着怎样惊心动魄的传奇故事和历史人物，这背后又蕴含着怎样的道理呢？

4.1 绵绵群山孕智慧，九曲黄河育晋商

翻开中国近代史，晋商曾经在中国商业史上独树一帜。当美洲大陆还是一片荒芜时，晋商的商号已经遍布华夏各大中城市、水陆码头，甚至远至俄罗斯的西伯利亚和莫斯科、朝鲜的平壤、日本的东京及南洋各地。

山西地处黄土高原，地势呈南北狭长状，东西较窄，西临黄河东岸，东靠太行山西侧，属干旱缺雨地区，十年九旱、地瘠民贫。当一方水土，不足以养一方

人时，山西人被迫走西口，舍弃农业转向商业，试图闯出一番事业。但你可曾知道，正是这绵绵的群山，才孕育出华夏晋商无穷的智慧。

晋商俗称“山西帮”“西帮”，兴于明初，衰于清末。大体可以划分为以下3个时段：自明初至清朝中叶300多年间，是平阳帮一枝独秀的年代；清朝中叶至清末100多年间，是“北号（票号）南庄（钱庄）”的时代；清末、民国至中华人民共和国成立初期公私合营之前是平阳帮依旧辉煌的年代。晋商早先凭借山西得天独厚的盐、铁资源和便利快捷的交通优势，走南闯北，大浪淘沙，渐次塑造了晋南商人、晋东南商人、晋中商人、晋西北商人等晋商群像。清朝的晋商都是白手起家的，他们所从事的行业也相当广泛，商业形式也是多种多样，但主要集中在驼帮和票帮，中心位于今天的晋中（祁县、平遥、太谷）。人们常言：“有麻雀的地方就有山西商人。”可见晋商遍布之广，规模之大，完全可以与世界著名的威尼斯商人和犹太商人相媲美。

4.2　驼铃声声传四方——坚韧不拔、诚信经营商通东欧

“驼帮”主要是与蒙古、俄罗斯往来茶叶贸易的商帮，因用骆驼作为交通工具而得名。当时南来“烟酒糖布茶”，北来“牛羊骆驼马”。晋商经营茶叶的独到之处，就是运销一条龙。晋商在福建、两湖、安徽、浙江、江苏一带购买茶山，收购上茶叶以后就地加工成砖茶，然后经陆路、水路两条路线运往各个分号。因当时经常有匪患出现，所以他们会根据具体贸易情况对两条路线进行分析，挑选最适合的路线。由于东欧地区对茶叶有需求，所以晋商的茶叶主要销往蒙古及俄罗斯一带，换取皮毛、牲畜等。在销往蒙古的时候要路过自然环境险恶的杀虎口（遗址在朔州的右玉县），晋商们往往采取多种措施提前做好风险防范，如增设保镖看护，或将砖茶做成大块增大被盗走的难度等。晋商们历尽艰险、饱含辛酸，明知这是苦差事而且处处有风险，但是他们却坚韧不拔、从不言弃。

晋商一贯秉持儒家思想，靠诚信起家，因担心路途遥远砖茶会有磨损，所以每块砖茶制作时都会超过规定的分量。也正是因为诚信，砖茶的需求量越来越大，每年的销售额可达500万~600万卢布，利润高达一半。当时几乎所有的晋商都从事这种贸易，其中以常家、渠家和曹家规模最大，因此而形成的万里茶道，成为一条全新于丝绸之路的新型国际商路。

之后，由于铁路技术的发展，现代运输方式逐渐替代了传统运输方式，驼帮的茶叶贸易也渐渐走向衰落。1903 年，中东铁路的运营成为驼帮茶叶贸易结束的符号。

4.3　业态创新之晋商票号——中国近代金融业的鼻祖

思路开阔的山西商人并没有只盯着茶叶，山西商人的经营形式中，最著名的是票号。在清道光、咸丰年间，晋商与徽商的盐业因被垄断都已走向低谷，徽商已开始走向衰落，但晋商却懂得根据不同的形势，辩证地看待事物，坚持以发展的观点看问题。他们及时调整经营方向，与时俱进，进行业态创新，创造了票号行业，为晋商带来了新的发展机遇。

票号又叫票庄或汇兑庄，是一种专门经营汇兑业务的金融机构，凭证主要是兑票（图 7-4-1）。在票号产生以前，商人外出采购和贸易全要靠现银支付，在外地赚了钱捎寄老家也得靠专门的镖局把现银运送回去，不仅开支很大，费时误事，而且经常发生差错。这迫使外出经商的山西人不得不去寻求新的办法。

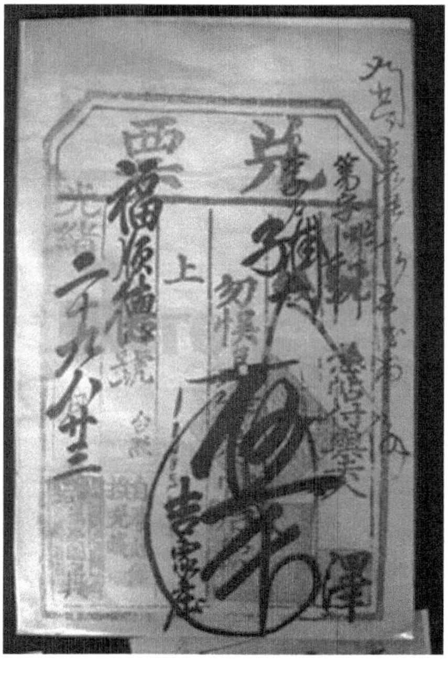

图 7-4-1　票号兑票

相传平遥县“西玉成颜料庄”在北京、天津、四川等地都设有分庄，掌门叫雷履泰。“西玉成”北京分庄经常为在北京的山西同乡办理北京与平遥、四川，或天津之间的现金拨兑。例如，平遥商人在北京把现金交给“西玉成”，那么“西玉成”北京分庄就写信给平遥“西玉成”总号，让汇款人在平遥领取现金。这种异地拨兑，开始只限于在亲朋好友之间进行，并不收费，但是后来要求拨兑的人越来越多，雷履泰发现这种做法同样也可运用于普通百姓之间，只要在双方同意的原则下，出一定手续费就可办理。于是，一个生财之道便由此诞生了。

不久，雷履泰便萌发了“汇通天下”的构想，于是改设“日昇昌”（图 7-4-2），兼营汇兑业务，生意由此蒸蒸日上。这就是中国历史上第一家票号，其开办的票号汇通天下可调度上亿两白银，后来发展成具有存、放、汇全能的金融工具，成为近代金融业的鼻祖。

图 7-4-2　日昇昌记

之后，他们调查了山西商人贸易的地点，权衡利弊，综合考虑了成本与收益后，先后在天津、沈阳、苏州等多地开设汇兑分号招揽生意。由于这种汇兑在此处交款，彼处用钱，手续简单，使用方便，所以除山西商人和其他地方商人汇款以外，还有政府及官员来托办汇兑事宜。随着资本的增加和业务的不断扩大，聪明的晋商又联想到可以吸收现款，发放贷款。随着通汇地点越来越多，利润也越来越多，其他山西商人也学习“日昇昌”的经验，投资票号，从而形成了著名的山西票帮。此时的山西票号真可说是“生意兴隆通四海，财源茂盛达三江”了。

晋中商人慧眼独具，创立了“票号”，这是中国式金融业的雏形。晋商实现了商业到金融业的历史性飞跃，赢得了“海内最富”的美名。

4.4　儒商谋利，取之有道——晋商的灵魂所在

4.4.1　先义后利，修身正己

利以义制，名以清修，恪守其业，天之鉴也。

在利义相通观的影响下，先义后利，以义制利，是商人经营的哲学基础，也是晋商的核心价值观和经营之魂。例如，著名皇商山西介休人范毓馪颇重义气，康熙时官办铜铅，有王某者亏欠 83 万两皇银，范氏则代王某“按期加额赔补”。

在义利相通观的影响下，诚信戒欺、重视商誉成为山西商人的商业道德观。义利思想最直接的表现就是“诚”与“不欺”，如明末清初著名的山西介休商人范永斗，就是由于“与辽左通货财，久著信义”而受到清政府的垂青，后来当上皇商，并由此获得厚利。

4.4.2　掌握信息，紧跟市场

山西商人非常重视通过各种渠道获取市场信息、各地物资余缺及其他影响经营的因素，并进行预测和分析，具有高度的前瞻性和预见性。他们有商谚称：“买卖赔与赚，行情占一半。”民国《太谷县志》序称太谷商人“至持筹幄算，善亿屡中，讲信耐劳，尤为谷人特色，自有明迄于清之中叶，商贾之迹几遍行省”。能够“持筹幄算，善亿屡中”，与他们掌握正确的市场信息有关。

山西商人掌握市场信息的渠道有多种，他们在各地商号了解到市场信息后，便通过信函等形式，及时汇报总号，总号与分号之间一般是五日一函，三日一信，信函中涉及地方的政治军事、工农业生产、市场以及政界人事变动等信息。由于晋商重视行情信息，因而在商业活动中能及时采取经营措施。对于现代商家来讲，如何第一时间掌握动态信息，进而果断地做出决定并采取有效的措施紧跟市场，也是非常值得学习借鉴的。

4.4.3　刚柔并济，竞争有道

商业经营中最大的困难在于放出的款收不上来，而欠债人品格良莠不齐，一旦债讨不上来就会造成企业运转困难，甚至亏本倒账。晋商在做生意时并不一味

讲求“忠厚”“吃亏”，为避免号中不应有的损失，他们运用自己的机敏才智，据理力争。这是票商的看家本领之一。

山西票商在讨债中经常运用宽容的“感化之策”。曾任天成亨票号广东分庄经理的著名票商任立诚，是一个追还欠款的老手。当地知县曾借票号白银1万多两，几年过去仍无归还的迹象。票号伙计十分焦急，然碍于情面和其身份，一直不敢上门追讨。任立诚得知此事后，反其道而思之，谋得一计，他一连几次携带礼品到知县家探望，嘘寒问暖，弄得这位县官大人尴尬不已，不久便设法归还了所欠票号之款。

4.5 不拘一格用人才——选人、育人有特色

4.5.1 从小培养学徒

晋商很早就认识到，人才是保证贸易成功的关键因素，所以晋商很注重培养体系内忠心忠诚的人才。为实现持续的兴旺与繁荣，晋商商号在经理的选用上可谓一丝不苟，要求极为严格，不仅如此，在对店员甚至是学徒的录用上也是极为谨慎，没有丝毫大意。学徒入号后，由总号派资深员工前往任教对其进行严格的培训。培训内容主要包括两个方面：一是业务技术，包括珠算、习字等，学习蒙古语、满语、俄语，了解商品的性能，熟记银两成色。二是职业道德培训，主要教导其经营要重信义、戒奸诈、幸辛苦、戒奢华，在培训有一定成效后将其派往繁华商埠进行实践，看其是否能经受住考验。

学徒短则三五年，长则七八年，有的甚至长达九年。曾有人这样描述做晋商学徒的艰辛：“十年寒窗考状元，十年学商信加难。”这种严格的学徒制为晋商培育了不少人才，成为晋商发展的骨干力量。对于现代企业来讲，晋商的开创精神以及注重培养人才的做法无疑是值得我们借鉴和学习的。

4.5.2 择之以才，待之以礼

阎维藩，本是平遥蔚字号福州分庄的经理，任职期间曾给一个下级官吏支垫白银十万两帮其升迁，结果此人升为汉口将军，因此一事阎维藩的胆识为同行所称道。后因与总号意见不合，他辞职还乡。消息传至乔家，乔致庸慧眼识人，派儿子将其从半路接到乔家，待以上宾之礼，并聘任阎维藩为大德恒票号总经理。他为报知遇之恩，殚精竭虑，在其努力下，大德恒票号后来居上，成为最有竞争

力和生命力的票号之一。此后，阎维藩主持乔家大德恒票号 26 年，为乔家商业的繁荣立下了卓越功勋。

4.5.3　选贤用能，不讲私情

在山西票号进入没落时期，李宏龄长期在蔚丰厚票号驻外庄掌柜，在总号中很有影响和地位。他深谙“事在人为，得人则兴，失人则衰”的道理，任用人员上从不凭资历、徇私情，始终出以公心、举贤荐能。李宏龄聘用信义卓著的人总领号事，又在号内广用人才，同时号规谨严，查核秉公，这就保障了山西商号号内上下人等都能同心同欲、朴诚稳妥、齐心协力。人和万事兴，山西商人的成功之中，处处体现出人和的威力。

4.6　晋商文化——尽显中国传统文化与近代商业理念的融合

一路征程一路歌。晋商驰骋万里创奇迹的同时，也打造了底蕴深厚、极具特色的晋商文化。晋商文化具有自己的特色和个性，对外是一面旗帜，对内是一种向心力。晋商秉承了传统的儒家文化，有发展、有取舍地与塞外文化碰撞，在山西黄土文化的基础上，消化融合形成了山西独特的晋商文化。

晋商文化的内涵十分丰富且自成体系，其主要内容大致可以概括为以忠、义、仁、勇的关公崇拜为信仰，兼备敬信和智杰的基本品质，谋求供应相遇的大利。这就是晋商商帮享誉 24 代、纵横 500 年的商业本质。如图 7-4-3 所示。

坦然从商的宽宏视野，敢为天下先的豪迈气概，诚实守信的经营理念，两权分离的管理创新，砥砺前行、坚韧不拔的敬业精神，囊括了晋商文化的真谛。在做生意的过程中，为了更好更快地发展，他们在制度上不断创新，其中一些思想与近现代企业的商业理念非常相似。

19 世纪初，晋商便采用了股份制。而且，晋商当年的股份制并不比西方落后，已经初步具备了现代股份制的 3 个基本特点。首先，实行股权多元化，即有一个相对控股的大股东，实现所有权与管理权分离。其次，晋商实行“用乡不用亲”，这就可以把家族式管理转变为制度化管理，由此又形成了一套相当完善的内部管理体制，包括企业的组织架构、职业经理人的引入、人才培养、业务与员工管理、财会制度等。这保证了晋商企业的有效运行。最后，晋商采用了独特的激励机制——身股制，即员工可以以身股参加企业分红。这种制度保证了员工

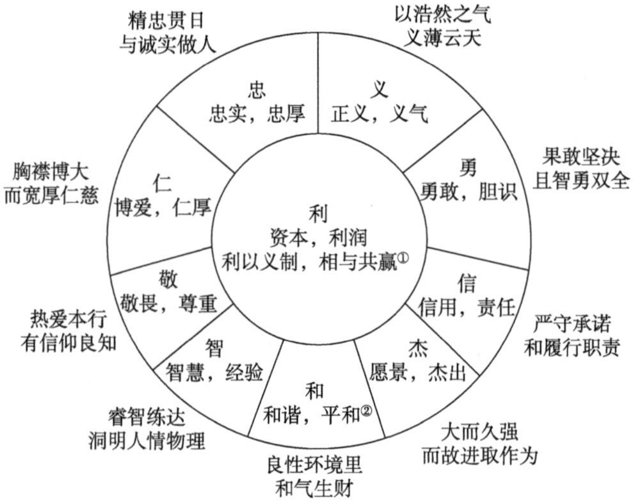

图 7-4-3　晋商精神图谱

①：协同原理；②：折中原理

利益与企业利益一致，有效地把最优秀的山西人吸引到企业中，并激励了他们工作的积极性。这种制度现在作为企业的分红制，仍然在发挥作用。晋商能在封建社会中把商业做到极致，正是靠这一套创新制度的保证。

商道沧桑，虽历经风雨，却始终承载着中国商人的精神，潜藏着无尽的商业智慧，指引着在路上的人们，走向成功。这让我们不禁对博大的晋商文化啧啧叹服。

4.7　以商为镜，可以知经营——晋商兴衰的启示

以史为镜，可以知得失。以商为镜，可以知经营。乔致庸搏击商海的时代，已经成为遥远的过去。21 世纪的今天，世界经济一体化大潮汹涌澎湃，各界商战狼烟四起。晋商在优秀独特的文化底蕴的支持下，不断丰富并创新其商业模式，通过整合晋商企业的各种资源，建立了完善高效的风险控制体系和严格规范的管理体系，并将晋商文化逐步转化为公众认知的企业综合竞争能力。这，才是晋商在几百年激烈的市场竞争中立于不败之地的真正原因。

对于现代商家来讲，晋商艰苦奋斗的创业精神，集群发展的抱团意识、开拓进取的创新精神、竞合相间的兼容策略、义利诚信的道德理念以及内外兼修的经营风格等价值观和创新理念（图 7-4-4）是非常值得我们借鉴和传承的。但同时，我们又要摒弃晋商封建、保守的一面，取其精华，去其糟粕，这样才能实现可持续发展。

晋商精神不朽，晋商风骨永存。商海弄潮，往昔少年，谁领风骚，且看今朝。

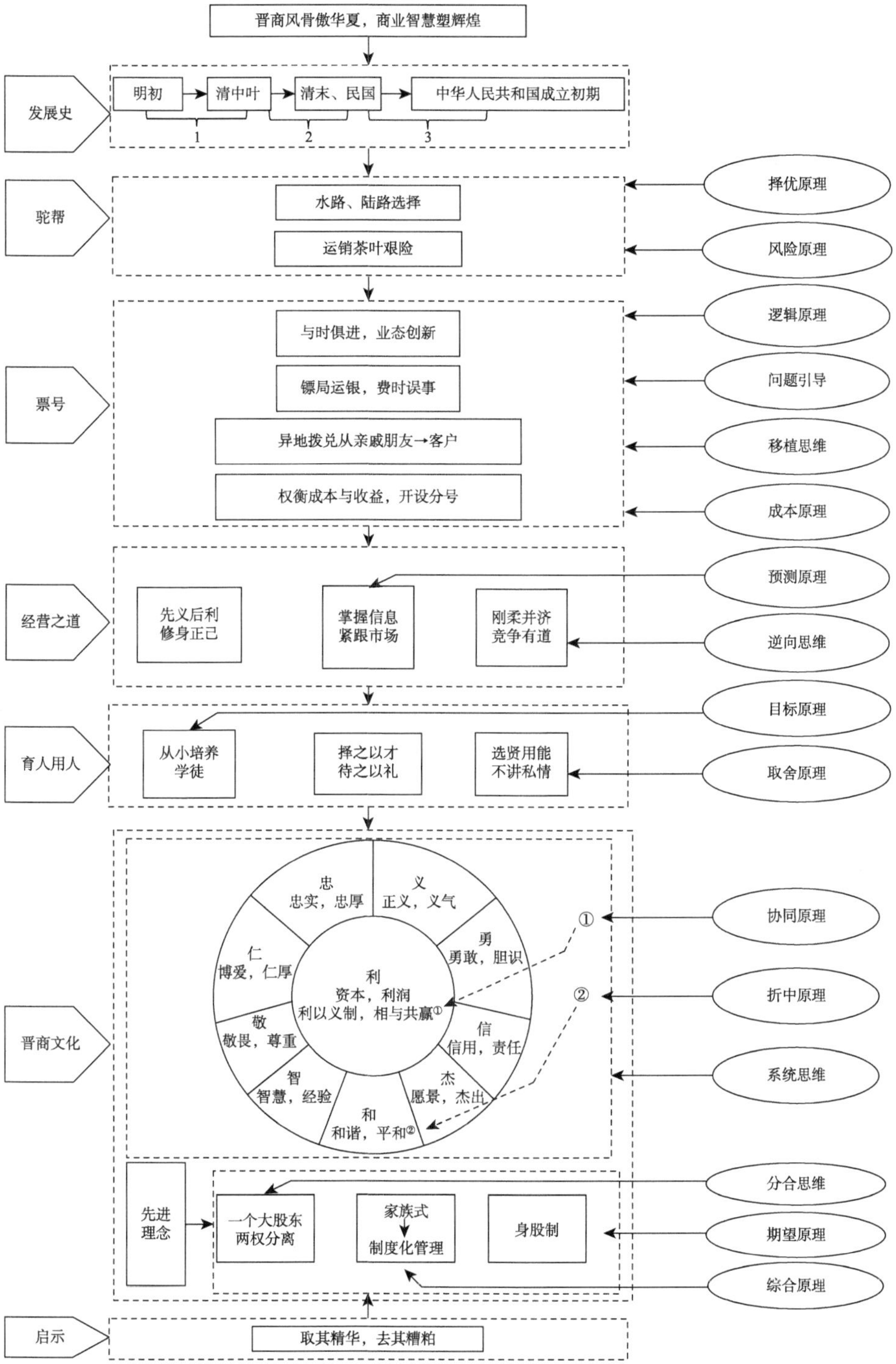

图 7-4-4 晋商的创新原理示意图

第 5 章　电商平台群雄逐鹿，京东商城逆势崛起

在 2008 年全球金融危机的冲击下，传统商业模式发展陷入困境，此时以互联网为主的新经济模式异军突起，B2C 电子商务模式成为其中的典型代表。

在中国，一家 B2C 电子商务平台以其“正品、低价”理念俘获了消费者的心，它就是京东商城（图 7-5-1）。京东商城自 2004 年创立至今获得了爆炸式增长，商品类型从以 3C（computer、communication、consumer electronics，计算机、通信和消费电子产品）为主扩展到涵盖计算机、手机及其他数码产品、家电、汽车配件、服装与鞋类、奢侈品、家居与家庭用品、化妆品与其他个人护理用品、食品与营养品、书籍与其他媒体产品、母婴用品与玩具、体育与健身器材以及虚拟商品等，共 13 大类 3 150 万种 SKU（stock keeping unit，库存量单位，即库存进出计量的单位，可以是以件、盒、托盘等为单位）的商品。营业额从 2004 年的 1 000 万元，到 2007 年的 3.6 亿元，再到 2010 年的 100 亿元，到 2017 年，其全年交易总额高达 6 582 亿元，这是一个多么惊人的增长速度！京东商城已成为名副其实的中国电子商务平台的领军企业。

图 7-5-1　京东商城图标

然而，京东商城从一个名不见经传的小电器商品零售商成长为国内网络零售领头羊并不是一蹴而就的。如何将商品与互联网结合，如何让消费者放心购买，如何争取到更低的价格，如何保证物流配送的快速高效，这些都需京东商城一个一个地去解决，那么京东商城成功崛起的奥秘是什么呢？

5.1　慧眼独具，把握互联网新商机

京东从线下渠道商转为线上商城，其实并非完全出于自愿。

1998 年，京东创始人刘强东（1974—）在中关村开了一家京东多媒体商店（京东商城的前身），主营光磁产品，创业起点的定位是传统渠道商。到 2003 年，京东多媒体已经是全国最大的光磁产品零售商，全国连锁门店多达 12 家。然而 2003 年“非典”的到来，给这个处在事业上升期的零售商带来了灭顶之灾，“非典”期间顾客不愿出门，商店的销售额急剧下降，存货积压，资金周转困难，大部分生意被迫停止，但房租、员工的工资又必须照付。

为降低损失，回笼资金，刘强东决定尝试线上、线下结合经营商品，并在 2004 年 1 月，正式创办了“京东多媒体网”。线上销售方式主要以在各大 IT 类网站论坛发帖子，搞团购为主。经过一年多的探索，刘强东发现，线上业务呈几何级递增，而线下销售能达到两位数增长已经是极限。这最终让刘强东在 2005 年下定决心，关闭零售店面，转型为一家专业电子商务公司。京东，从此走上网上零售之路。

转机往往孕育于挑战之中，原本是一场浩劫的“非典”却给了京东商城一个华丽的转身。“非典”给刘强东带来一系列难以解决的问题，甚至一度危及京东多媒体的生存，这些问题迫使刘强东寻找新的销售途径——网络营销，而这种看似迫不得已采取的营销方式给京东带来了新的生机，于是京东商城上线了。

5.2　聚焦商品质量，树立品牌美誉

京东商城并不是国内最早的 B2C 电子商务平台，在此之前，阿里巴巴、当当网、淘宝网等国内电子商务企业已经初具规模，而且还存在着卓越网、拍拍网等实力竞争者。在这一严峻的市场形势下，京东并没有像大多数的 B2C 同行一样将关注点放在扩张注册用户的数量上，而是将全部精力用于保证商品正规、价

格最低以及服务快捷和安全上。出现这一“违背常理”的行为的原因在于京东CEO 刘强东认为，无论是在网上还是在实体店，消费者在选购商品时最注重商品是不是正品行货，质量是不是最好，价格是不是最低，能不能节省时间，还有就是服务做得是不是最好。京东想要聚敛人气，不能靠扩张注册用户数量，要在商品的质量、价格和服务上下功夫，因此京东商城自成立伊始，就将全部精力用于保证商品正规、价格最低以及服务快捷安全上。

京东商城管理层勇于质疑传统扩张注册用户数量做法的可行性，挖掘消费者的真正需求，将焦点从注册用户数量转移到商品本身上，这一做法为京东商城聚敛了人气，提高了其在顾客心中的可信赖程度，为其迅速地崛起奠定了坚实的基础。

5.3 力争物美价廉，用心凝聚顾客

5.3.1 拒绝实体店，降低运营成本

与传统卖场相比，京东商城销售的商品要便宜很多，可平均便宜20%左右。京东之所以可以做到这一点的一个重要原因是京东商城没有实体店。京东商城为什么选择拒绝实体店呢？最主要的原因还是降低成本。与传统线下连锁模式相比，网上零售在成本上的优势是非常显著的。没有店面租金、水电费用、陈列品折旧、销售的费用开支等，京东商城的费用率降到了个位数，提高了成本优势。与传统电子商务线上线下同步运营的商业模式不同，纯网络销售模式线上部分的销售不会受到线下销售价格的牵制。传统线下连锁模式，店面越多，成本就越高，这些成本都被均摊到商品价格上，而京东商城的“连锁店”是能够上网的每一台计算机，其覆盖面更广，没有地域限制，且成本增加不大。纯网络销售模式使京东商城占据绝对的成本优势。例如，在传统渠道中家电商品的成本费用达到11%~12%，但在京东其销售成本只占整体商品销售额的 5%，可见，网上销售在成本上占据绝对优势。

5.3.2 减少中间商，降低渠道成本

割舍传统渠道，转型上线，低价才是王道。想要以低价格进行销售就必须要获得供货优势。

在传统零售中，产品被厂商生产出来，经过经销商、代理商、零售商等四五

个层级最终到达消费者手中，每一级渠道商都会为了获得利润而提高产品价格，最终导致到达消费者手中的商品的价格远高于成本价格。京东管理层意识到从渠道商进货的弊端，决定裁剪掉中间商，尽量从厂商手中直接拿货，减少中间环节。即使不能从厂商手中直接拿货，京东的每个商品也要选择至少两家经销商供货。在采购过程中，每次都要进行询价，而且都是一次性询价，也就是只给经销商一次报价机会，谁的价格最低就采购谁的商品，这样促使供货商拼命压低自己的价格，京东就可以拿到最低价格的优质商品，实现成本的降低。最终，京东商城销售的商品的价格均低于实体店 5%左右。这一措施也为后来的互联网营销提供了借鉴。

5.3.3　纵向加深合作，努力实现共赢

京东商城的低价策略损害了传统零售渠道商的利益，而供应商出于对传统渠道的保护，对京东进行了“封杀”，对此，京东采取相应的措施，从其他渠道串货，甚至派员工从线下卖场购买之后以更低的价格出售。虽然采用这种强硬措施迫使供应商与其开展合作，但是京东也意识到，这种方式仅对非一线品牌企业有效，对于一线品牌，尤其是渠道网络体系较好的企业而言，压价手段不是那么奏效。随着电子商务的发展，许多同行都在模仿其低价策略，低价已经不再是京东的唯一卖点。

基于此，京东的管理层开始思考如何改变策略，提高京东的核心竞争力。京东早期自营模式一方面在价格上采取强硬态度，一方面以不需要厂家促销员进场费，可以节省运营成本，库存周转率远低于线下，能缩短返款账期等来笼络供应商。在这种模式下京东商城与供应商的联系并不紧密，京东认识到，只有将零售商和供应商的利益捆绑到一起，才能获得最大的价值回报。因此京东决定由自营模式向自营+联营模式转变，即开放线上平台（图 7-5-2），品牌商可以自己上传商品、定价，并选择性地将仓储、配送、售后等服务交给京东来做，联营商可纳入京东的仓储体系，也可以自己承担配送，京东商城则通过出租自己的 IT 系统、仓储和物流等向合作品牌商收取一定费用。

在竞争日渐激烈的 B2C 行业，在价格战空间日渐缩小的今天，京东商城通过开放线上平台的方式，将零售商与供应商的利益捆绑在一起，不仅丰富了商品的多样性，还获得了更高的利益回报，可谓是双赢之举。这也让我们看到京东并没有固守在原有的商业模式上，而是随着社会的发展不断做出动态调整。

图 7-5-2　京东联营招商

5.4　提升服务品质，增强用户体验

5.4.1　权衡利弊，自建物流体系

随着京东商城的日益壮大，物流配送环节成为京东与客户交易的关键。最初京东和其他电子商务企业一样选择与第三方物流公司合作，然而 2008 年底订单激增事件彻底改变了刘强东的想法。2008 年金融危机使消费者的口袋严重缩水，许多消费者选择从网上购买物美价廉的商品，受此影响，京东商城的订单突然暴增。2008 年 11 月中旬，京东商城的订单突然暴增 30%，春节后订单规模又增长了 10%，这种情况远远超出京东商城物流的承受能力，导致大量订单积压，刘强东不得不连续在网站上发出 3 封道歉信，并且建议着急的用户可以延缓购物计划或者转向别的商场。这一严重的教训让京东意识到物流是电子商务企业发展的核心竞争力，第三方物流送货不及时、服务态度差使商品安全与品质得不到保障。然而，如果不采用第三方物流进行送货，就意味着京东必须花费大量的财力和人力打造自己的物流体系，这一行为极有可能会拖垮京东，在当时大多数企业家看来这是极其不明智的选择。刘强东等则认为自建物流虽然会提高成本，但是其好处也是显而易见的，商品配送速度与质量会提升，商品库存周转速度加快，收账周期缩短，资金回笼速度加快，顾客的满意度提高等，这些优势会推动京东

的快速发展。因此自建仓配一体化物流体系成为京东的一大目标。

截止到2015年，京东在全国范围内拥有7大物流中心，在44座城市建设了234个大型仓库，拥有6 780个配送站和自提点（图7-5-3），覆盖全国2 646个区县。同时京东推出了“211 限时达”“次日达”“隔日达”等服务，有效地提高了供应链效率和服务质量，亦受到了消费者的极大欢迎和好评。

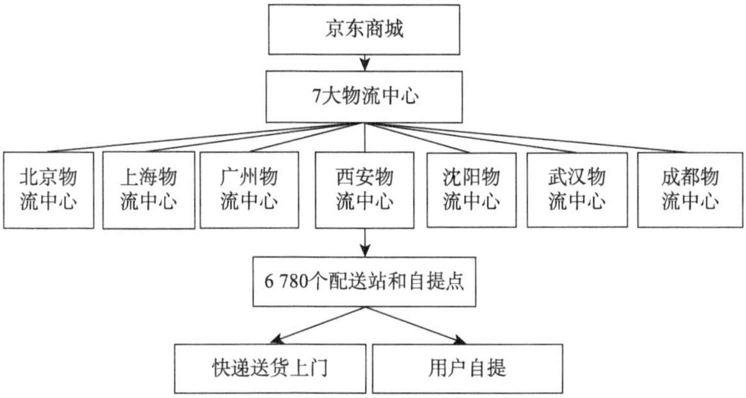

图7-5-3　京东商城自建物流体系

5.4.2　多种支付方式，方便顾客消费

在付款方式上，京东商城也为用户提供了多样化的选择。一般的网络卖场主要采用在线支付方式，但不同年龄段消费者的消费习惯是有差异的，传统的消费者对在线支付存有疑虑，谨慎的消费者担心购买的商品质量不好，或者在运输途中有损耗，这些都大大降低了其购买欲望。京东管理层在系统考虑各个阶层和年龄段消费者不同的消费习惯之后，推出了多种支付方式。如果你是相对传统的消费者，你可以选择货到付款，POS机刷卡；如果你是专业网购者，可以选择支付宝付款；如果你兜里钱不多，还可以选择分期付款或者京东白条。随着技术的发展，京东商城在支付方式上越来越完善，目前京东的支付方式达到9种之多，其中在线支付又有快钱、手机支付、京东钱包、快捷支付等多种方式。这一举措提升了消费者的满意度与信任度，增加了京东商城的竞争力。

5.4.3　形象展示商品，消除顾客疑虑

京东商城只在网上进行商品销售，没有实体店，虽然有利于降低成本但也给消费者带来了很大的困扰，那就是网上的商品看得见、摸不着，降低了他们的购

买信心。为解决这一问题，京东商城提供了灵活多样的商品展示空间，不仅对其所销售的商品进行实物拍摄，推出视频介绍新商品，用真人为用户展示商品，还详细介绍了商品的价格、属性、外观、用途、销量、评价等全部信息。这一举措帮助消费者更好地了解商品，提升了消费者的购买信心。

5.4.4　多系统集成，满足顾客购物体验

为进一步提高顾客的满意度与忠诚度，京东不断创新升级服务体系。2004年7月，京东在全国首创即时拍卖系统——京东拍卖场。拍卖场上，消费者不但能够以超低价买到自己喜欢的商品，而且能够体验到在京东购物的刺激、有趣。2006年6月，京东开创业内先河，全国第一家以产品为主体对象的专业博客系统——京东产品博客系统正式开放，为广大网友发表商品评论、沟通购物体验提供了一个交流平台，同时也为经营者倾听消费者呼声、改良服务质量提供了一个良好的途径。

京东将传统的拍卖会、博客等平时常见的系统集成到自己的服务系统中，为广大消费者提供了商品购买与意见交流的途径，增强了顾客的购物体验，进一步提升了顾客的满意度与忠诚度。

5.4.5　不计一时得失，贴心售后服务

售后服务的质量能从侧面体现一个企业对其服务理念的贯彻和落实情况。京东商城除了传统的“保修、保送”等售后服务之外，还引入了“家电以旧换新、积分兑换、上门装机、电脑故障诊断、家电清洗”等服务，并在全国推出“售后100分”服务承诺，开展了“上门取件、上门换新”等独具特色的退换货服务。虽然这些服务会增加京东的支出，但是会使其获得良好的口碑，从而给京东带来更多的客户和收益，这些反而更具价值。

5.5　以人为本，大胆创新——京东商城崛起的启示

经过短短十几年的发展，京东商城从激烈的电商竞争中脱颖而出，以其优质的品质、低廉的价格、高效的服务赢得顾客的青睐，牢牢占据中国电子商务领域领头羊的位置，它的成功可以称为电子商务行业的又一典范。京东的发展是与其“以人为本”的服务理念和大胆创新的开拓精神分不开的，它紧紧围绕产品、价

格、服务，推出一系列创新举措（图 7-5-4），将京东逐步推向发展的巅峰。这让我们看到，面对不断变化的市场环境和层出不穷的竞争手段，无论是传统的零售业，还是新兴的电子商务领域，都要将“以人为本”的理念作为其发展的根本理念，将追求创新作为其发展的关键，产品、价格、服务作为其提升竞争力的基础，最终才能实现企业的可持续发展。

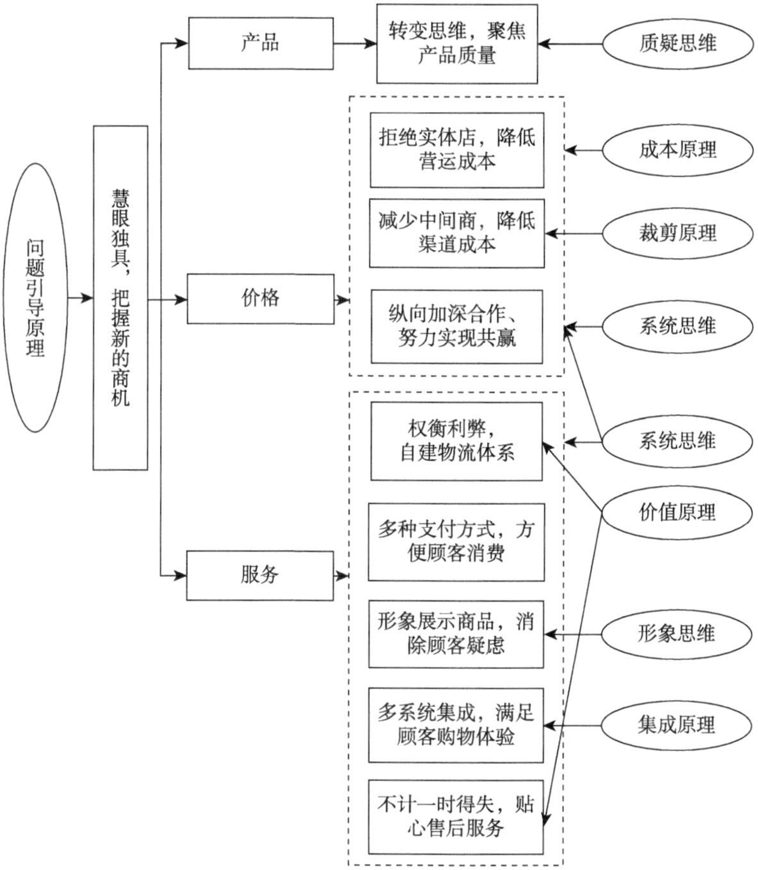

图 7-5-4　京东商城崛起过程中蕴含的创新科学原理

参考文献

李锦. 2009. 京东商城——“拒绝”实体店. 中国商论，（z1）：28-29.

杨速炎. 2009. 京东商城的新兴模式. 中外企业文化，（6）：31-33.

第 6 章　联结东西方商贸交流的纽带
——漫谈传奇的“丝绸之路”

2014 年 6 月 15 日，第 38 届世界遗产大会在卡塔尔首都多哈举行，6 月 22 日，“丝绸之路”成为大会上议论的焦点。由中国、哈萨克斯坦、吉尔吉斯斯坦三国联合申报的“丝绸之路：长安—天山廊道的路网”在该次大会上成功入选世界遗产名录。申遗的“路网”总长达 8 700 多千米，由公元前 2 世纪至 16 世纪丝绸之路的起始路段与分布在天山山脉的交通路网组成，是丝绸之路中地位突出、交通距离长、交流内容丰富、影响力深远的重要一段。丝绸之路申遗的成功有力地说明了它的历史价值是世界公认的。

事实上，“丝绸之路”是世界历史上一段不可湮灭的辉煌记忆，是中国人民与世界各国商贸交流和文化交流的有力见证。那么，丝绸之路是怎样形成发展的？丝绸之路独特的商业模式又是如何建立起来的呢？

6.1　张骞出使西域，开辟中西商贸之路

早在先秦时，连接东西方的通道就已经存在，当时在这条人烟稀少、险恶艰难的道路上所流转的商品仅仅是玉石。古人爱玉，认为玉高洁如君子，灵动如美人，华贵如君王。而遥远西域传来的美玉更是极为难得，价值连城。一部分西域的玉石商人为利所吸，穿过河西走廊，带着玉石来到东方。这条延续万年的玉石之路，就是丝绸之路的前身。

西汉时期，汉朝西域边境常常受到匈奴滋扰。为了与“番外”民族沟通，达到开拓西域边境、繁荣西部经济的目的，汉朝派遣张骞出使西域，以了解西域各个民族的风俗习惯和战备情况。张骞从长安出发，遍尝艰辛，终于在十三年后带着对西域物产、风俗、人文、地貌的全面了解回到了长安。

张骞的所见所闻，极大地打开了汉朝的视野。随着霍去病西征匈奴的胜利，汉朝打通了其与西域的咽喉要道。在政治连接的同时，西域与西汉之间的商贸来往开始增多。途经不同国家，方便各个民族通过商贸活动互通有无的丝绸之路开始逐渐形成。通过丝绸之路，西域人民学习到了纺织、铸铁、开渠和凿井等技术，中原地区也引进了汗血马、葡萄、苜蓿、石榴、胡麻和胡萝卜等物种。既有技术的流转又有实物的交换，丝绸之路由此成为东西方通商往来的渠道。

由此可见，丝绸之路独特商贸模式的建立基础就是人们的需求。汉朝统治者在思考如何巩固边陲、发展经济的问题时，王侯将相便都以此为目标，开拓思路，逐步在实践中找到解决的办法，最终促进了这条世界历史上最为辉煌的商贸之路的形成。对于一般人而言，新事物也许只是开阔眼界，而对于商人们而言人们对新事物的追求就是商机，无论是最初的玉石，还是后来的丝绸、茶叶、宝马都源于不同地域人们对稀有商品的追逐，也正是商人逐利的天性驱使一代代胡商行走在大漠边缘。

6.2　裴矩学习仓慈之法，丝绸之路逐渐兴盛

隋朝初期，丝绸之路由于战火肆虐已中断多年。刚建立的隋朝希望丝绸之路能重新活跃并带动王国西部的经济。但中原与西域大规模的贸易往来已因战乱中断了数百年，如何恢复呢？隋朝派出了才识过人的裴矩。

奉命出使的裴矩来到西域重镇张掖，他惊喜地发现张掖本地的集市上已经有来自西域的商人在售卖香料、手工艺品和地毯等内地不常见的商品，同时他们又采购当地的丝绸、茶叶、土特产销往广阔的西亚和欧洲。古老的商路已经逐渐复苏，边贸互市以及民间的贸易交流也正在慢慢兴起，但这种互市仅仅存在于张掖本地，市集上交易的商品种类数量并不多，通商之路虽然存在但早已落寞。

如何让这条通商之路再次繁荣呢？

裴矩想到了当年面对同样问题的仓慈。仓慈是三国时期敦煌的太守，在他上任期间，曾经是丝绸贸易集散地的敦煌已经破败不堪，再加上三国时期连年战乱，即使有西域商贾来到敦煌进行贸易也常常遭遇豪强的阻挠和盘剥。为促进敦煌贸易发展，仓慈换位思考，不仅不让胡商向当地政府上交保护费，反而

贴出告示，凡是西域商人去洛阳进行贸易的，由政府发给路途补助。为防止恶霸强买强卖，仓慈还规定：如果商人在敦煌经商，就要按照官府制定的平价进行交易。如果有人用低于或高于平价的价格强买强卖，一经报官都要被严惩，处罚的金额远远高于不公平交易中得到的好处。这就在很大程度上解决了欺行霸市的问题。

仓慈的举措给了裴矩很大启发，他认为虽然时代不同，但丝路发展的根本问题是要吸引商人。从这个问题出发，裴矩主动宴请胡商，觥筹交错间就了解了前来通商的商人们的需要。针对商人们遇到的实际问题，他在商路沿途设立新的驿站，为来往商人提供免费的食宿与庇护，同时降低甚至免除关税，并给予前来交易的西域商人尽可能多的商业利益。不仅如此，裴矩还采取迂回手段，即不强迫西域商人增加商品种类和数量，而是鼓励西域商人与政府直接开展贸易，这样商贸交易活动范围和交易商品种类都大大增加。裴矩还设立巨额奖赏召集了解西域事宜并机智过人的谋士讨论繁荣通商的对策，这样的讨论为裴矩出了两个好主意。一是用优厚的条件邀请西域各国商人去洛阳祭祀恒山，从而为以后的商贸活动打下基础。二是游说东突厥打击吐谷浑，保证丝绸之路上往来商旅的安全。

与此同时，经过休养已经恢复生机的江南地区，通过京杭大运河与关中政治地区和河北、辽东等军事地区相连接。这样，运河和丝绸之路联结成一个整体的运输系统，提高了单独区域的贸易能力。这种强有力的运输系统连通了全国主要的交通要道，将运输网络的作用发挥到极致，使全国经济形成“一盘棋”，这一做法也是古人运用系统思维的有效实践。

除此之外，隋朝在丝绸之路河西走廊的焉支山下邀请了 27 国首领和代表，举行了一场举世瞩目的“万国博览会”，在展会上盛陈隋朝商品、各国歌舞，力图展现各国风貌。这次“万国博览会”将政治觐见、商品贸易和歌舞民俗结合在一起，不仅有政治的交流，还有经济交流和文化交流，这种多层次的交流方式促进了当时各国的沟通与发展，是一次非常伟大的创新实践。

6.3 大唐盛世，再造丝路繁荣

初唐时期，西北、西南的军事形势逐步稳定，农业和手工业方面也取得了巨大的技术进步。军事的保障与农业、手工业的发展帮助唐朝的商业发展迈上新的台阶。

在对丝绸之路的恢复建设中，唐朝一方面健全了西域的军事、行政管理机构——平定高昌并在高昌设立西州置刺史，又设立安西都护府屯驻军队镇守整个西域地区，保证丝路的畅通和安全。另一方面广设驿馆，为东西方商人提供方便。唐朝诗人岑参诗中曾说：“一驿过一驿，驿骑如星流。平明发咸阳，暮及陇山头。”生动地描写了唐朝这条丝路上所设置的驿馆数量之多和驿马速度之快。

在唐朝的建设发展下，丝绸之路发展到一个新的阶段。政府在不断对丝绸之路沿途公共设施修葺维护的同时，也将丝绸之路上民间自发互市的方式逐渐转变为由朝廷直接经营、管理丝绸之路的官方贸易，这成为唐朝丝绸之路最大的特点。官方贸易的形式主要有互市贸易、朝贡贸易和绢马贸易三种。其中，互市贸易是中原政权和西域民族之间互通有无的民间互市的延续，不同的是由朝廷颁布互市贸易的开始时间、市场地址以及互市内容。朝贡贸易在初唐时尤为盛行，丝路贸易呈现出贡使化，借“贡”行“贾”。绢马贸易是大唐与少数民族签订的贸易协定，互通有无。

另外，唐朝还开放从张掖通往长安、洛阳以及其他城市的道路，西域各国商人，甚至王公贵族纷纷进入长安、洛阳。通过这些举措，丝绸之路再度成为世界经济、文化交流最重要的通道。在朝廷的高度重视下，丝绸之路更加繁荣，东罗马商人、大食商人、波斯商人都是这条道路上“行走的店铺”。

从唐朝丝路的繁荣发展可以看出，丝绸之路商业模式的巩固需要安全的市场环境。丝绸之路不同于任何国家的国内市场，它起于东亚，向西一路蜿蜒过中亚、西亚直到东欧平原。单独的国家和地区很难保证整条线路的顺畅，只有沿线国家共同努力才能为丝绸之路提供最安全的保障。不同的国家和地区维持各自区段的贸易环境仍然不够，还需要从系统的角度考虑丝绸之路的整体发展。因此，丝路的建设需要沿线国家共同承担责任，只有这样才能将整条丝路效益最大化。

6.4　海上丝路渐成东西商贸主导，郑和七下西洋名震世界

在魏晋时期就已经有一条断断续续存在的海上通商之路，但在陆上丝绸之路繁荣的时期，它只作为一种补充形式存在。随着航行技术的提高和陆上丝绸之路的中断，海上丝绸之路开始逐渐替代陆上丝绸之路成为东西方商贸的主要方式。在海洋中航行的商船不仅启用了古老的指南针，更运载了当时最先进的火药炸弹

以防止海盗打劫货物。

明成祖时，朝廷设立市舶机构招徕各国“贡使”，并由国家组织庞大的商贸舰队，扬帆于万里江海，积极展开官方贸易，以夺取海外贸易的主动权。其中最具标志性的活动就是从 1405 年 6 月到 1433 年 7 月，郑和七次率领船队下西洋。中国庞大的船队东起琉球（台湾岛）、菲律宾和马鲁古海，西至莫桑比克海峡和南非沿岸的广大地区，定期往返。郑和下西洋和亚非两大洲的许多国家和地区都建立了友好关系，在贸易、文化、科技、交通等方面互通有无，促进了海外各地社会经济的发展，并创造了南海和印度洋地区蓬勃发展的局面。

这一壮举适应了当时社会经济发展的客观要求，推动了中国和海外各国的沟通和联系，在促进海上丝绸之路的发展上发挥了非常重要的作用。海上丝绸之路的发展满足了中央政府的政治经济建设需要，而中央政府的强有力保障也是促成海上丝绸之路兴盛的重要原因。从西汉陆上丝绸之路的建成到明朝海上丝绸之路的极盛，丝绸之路的繁盛期都是由强盛国家政府主导建设而成，“丝路”上的公共设施，如驿站、道路、补给，也无一不是政府对这种商贸模式的支持。郑和七下西洋是古代中国远洋航行史上的新高潮，也是古代世界航海史上的空前壮举，更标志着明朝前期海上丝绸之路的空前发展，这在整个海上丝绸之路发展史上占有特别突出的地位。

6.5 构建“一带一路”，重塑中华雄姿

2 000 多年前，东来西往的商人们一步步走出了丝绸之路，彼时的中国文明对西方具有极大魅力。这份东方的神秘来源于两个方面：一是有形的产品，如丝绸、瓷器、茶业等；二是无形的产品，如先进的思想、理念、制度、价值等，这些都是使丝绸之路充满活力的重要因素。转眼千年，21 世纪的“一带一路”倡议同样着眼于发展经济，友好睦邻。昔日的丝绸之路在新的时代背景下需要新的创新元素。

从古代来看，虽然中国是古丝绸之路在东方的起点，但中国并不是影响丝绸之路的唯一因素，沿线各地区的配合也是丝路商业模式成功建立的重要因素。从“一带一路”倡议来说，我国的角色定位一直是发起者和推动者的作用，这个倡议构想的成功实现，离不开沿线国家的共同努力与合作，最终达到共同繁荣。如

何能让世界听到属于我们崇尚和平，追求共同繁荣的心声？这就需要动态创新，根据不断变化的环境和条件来改变我们的宣传策略与方式。例如，通过官媒调动资源，组织高质量的宣传内容并与沿线国家媒体建立信息共享的合作报道机制，向世界发出共同的声音。例如，利用互联网、智能手机等新媒体技术手段。传播手段的创新不仅仅着眼于宣传，更在于参与建设，建设新时代的莫高窟壁画，记录新世界的敦煌飞天。

在外交定位上，“一带一路”倡议借用古代“丝绸之路”的历史符号，就是希望在未来建设中可以传承丝绸之路沿线各国政治的互信、经济的融合和文化的包容。“一带一路”的文化概念运用组合原理将中国传统的“天下理念”发展成为可操作的、超国家秩序的“天下体系”与“以责任为己任”的新概念，以构建大欧亚区域命运共同体的政治治理秩序。

由史可鉴，丝绸之路商业模式的成熟更需要文化的包容与融合。在丝绸之路上交流的不仅仅是有形的商品，更是人类不同的价值文明体系。国学家季羡林曾说过：“世界上历史悠久、地域辽阔、自成体系、影响深远的文化有四个：伊斯兰文化、中国文化、印度文化和希腊文化，而这四个文化体系回流的地方只有一个——新疆敦煌。”丝绸之路将佛教从印度带入中国，远播到韩国、日本，也将中国的“天人合一”“无极”概念传至世界。这样的文化特色在其他商业模式上都是不多见的。在当今复杂的国际形势下，实现“一带一路”倡议就需要对沿线国家的文化与民族充分尊重、包容。

6.6　丝绸之路商业模式引发的遐想与思考

在千年的丝绸之路兴衰史中我们可以看到，丝绸之路开启了连接中西方经济的全新商业模式，这种独特的商业模式跨越地域广阔、连接民族众多、交易商品丰富，既具有各个民族鲜明特色，又相互融合演绎共同繁荣。回顾丝绸之路的起起落落，我们不难发现丝绸之路商业模式创新过程中，蕴含着许多创新原理与人们的创新智慧，对比总结如图 7-6-1 所示。

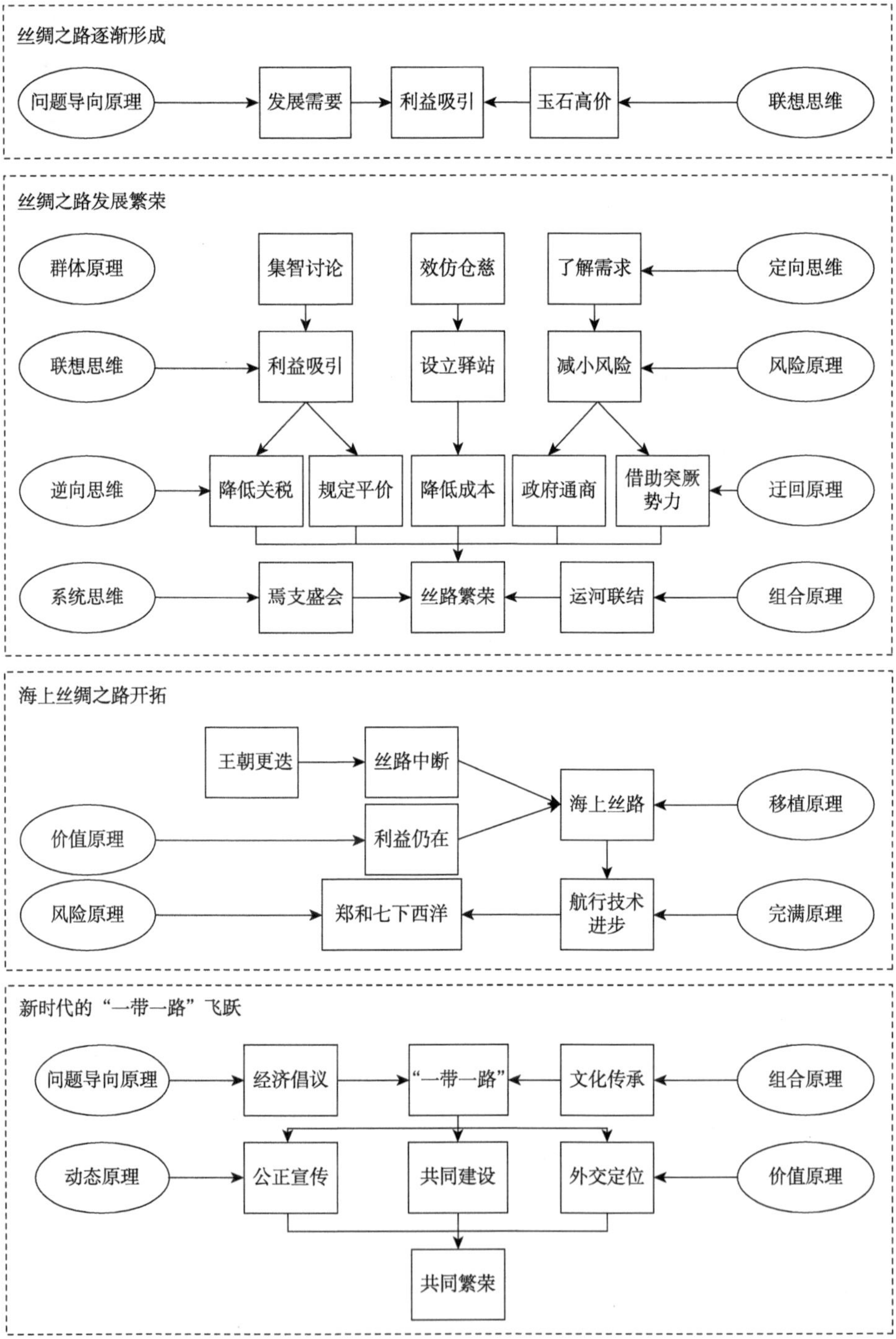

图 7-6-1　丝绸之路商业模式中的创新原理

参考文献

李明伟. 1997. 丝绸之路贸易史. 兰州：甘肃人民出版社：256.
南宇. 2012. 西北丝绸之路五省区跨区域旅游合作开发战略研究. 北京：科学出版社：27-28.

第7章　借互联网起飞的小米商业模式

小米的创业成功使小米模式为人们津津乐道。从“铁人三项”（软件、硬件、互联网服务）到参与感，从口碑营销到自媒体，甚至到新提出的生态链，小米不断突破自己的边界，而其一次次突破均离不开商业模式的开放和创新。

7.1　小米商业模式的缘起

1987年，18岁的雷军在图书馆偶然读到《硅谷之火》，书里讲述了乔布斯和沃兹尼亚克等一群人创造苹果电脑并改变世界的故事，于是，这本书成为他梦想的源泉。自此，雷军确立了一个梦想：日后要做一家世界一流的公司。接着，雷军用2年时间，修完了4年大学课程，并包揽了武汉大学所有的奖学金。到大三、大四时，雷军基本上就是帮人写软件，自己办公司创业。

1991年大学毕业后，雷军来到了北京，在一个计算机展览会上见到了金山软件创始人求伯君，后来雷军就成为金山的第6名员工。在金山软件的15年，雷军见证了金山软件从开发WPS（办公软件套装，与微软的office属于同类产品）到金山词霸（翻译软件）、金山毒霸（杀毒软件）和游戏的全过程。

2007年，在带领金山软件冲关成功后，雷军离开了公司，去做了一段时间的全职天使投资人。从成功的投资生涯中，雷军收获了两点，一是懂得如何在趋势下获取成功，二是学会了如何做一款完美的移动互联网产品。

2010年4月，小米科技悄悄成立，然后以第三方名义开发基于安卓的MIUI（米柚）系统。创业一年后（2011）的夏天，雷军召开了一个小型的媒体沟通会，宣布了两件事，一是MIUI系统是雷军做的，二是小米下个月推出手机。而之所以在“再次为18岁梦想赌一回”时选择智能手机业务，是因为身为手机控的雷军看好互联网手机的爆发之势，他认为伟大的公司总是诞生在伟大的趋势之中。形势确实如此。在当时，国内智能手机市场主要有两种形态：一是高价格高性能，如苹果和三星；二是低价格低性能，如酷派等国产安卓机以及众多山寨机。如果小米能够把握这中间的空白地带，以低价格、高性能、好服务的姿态进入，是能够借这一股智能手机的风暴迅猛发展的。

雷军心中已有一张大致的前进蓝图：搭建一个融合谷歌、微软、摩托罗拉和金山的专业团队；先做移动互联网，至少一年之后再做手机；用互联网的方式做研发，培养粉丝，塑造品牌形象；手机定位是发烧友手机，坚持做顶级配置并强调性价比；手机销售不走线下，在网上销售；在商业模式上，不以手机盈利，借鉴互联网的商业模式，以品牌和口碑积累人群，把手机变成渠道。接下来，小米科技将沿着这条预设的轨道坚定地走下去。

7.2　小米商业模式的大脑：小米战略

7.2.1　“专注”与“口碑”的战略导向

专注就是少做点事，或者说只做一件事。将一件事发挥到极致，体现了择优原理。少就是多，意味着专注才有力量，专注才能把产品做到极致。正所谓“越专注，越专业”。在当今的互联网时代，效率与速度决定一切，谁能用最短的时间抓住关键点，并持续专注这个关键点，谁就能在未来的竞争中赢得主动，谁就可以用较少的代价获得更多的收益。这里的专注是指为做成一件事，必须在一定时期集中力量实现突破。

小米公司的口碑，靠的是成千上万“米粉”的群体智慧，由这些“米粉”所形成的粉丝经济，是小米公司的独特和厉害之处。很多公司都宣称自己有很多粉丝，但什么才是真正的粉丝？对比“米粉”就知道了。公司的产品发布会，粉丝愿意花钱来参加吗？小米公司就做到了，而且票价并不便宜，相对于1 999 元的手机售价，200 元一张的门票可谓定价不菲，然而“米粉”的热情不但使得发布会一票难求，更是有很多人从外地远道而来。除此之外，小米还在每年的 4 月 16 日，举办小米的粉丝节日——米粉节，全国各地不同城市均成立了小米粉丝同城会，粉丝之间自发地进行小米产品的交流。这种互动，也带来了新的社交和口碑传播，“米粉”们因小米产品而聚在一起，体现了聚合原理，形成了一个新的社交群体。因此当小米公司有了新的产品和服务，他们依然会是最忠诚的用户。

7.2.2　“极致”与“快”的产品需求

小米公司以做到极致为目标，从“专注”营销中即已体现。用创始人雷军的话来说，就是“做到你能做得最好，做到别人达不到的高度”。从产品的硬件来看，小米手机第一代刚发布的时候，的确是全球第一台双核 1.5G 的手机，性能强悍。从手机的处理器、内存、摄像头等零部件的参数来看，小米也确实达到了当时的最高标准，这就是极致——做到最好，择优原理的最好体现。而从价格来看，1 999 元的价格，对比当时配置相当的市面上的手机，无疑是绝对低价，这也是极致——做到别人达不到的高度。

“天下武功，唯快不破”，小米公司的“快”，通过其高速的发展，已体现得淋漓尽致。小米手机系统 MIUI 自成立以来，一直都以每周一个版本的速度在更新，这种更新，一方面是产品，另一方面更多的是一种用户体验。快速迭代，是以客户反馈的意见问题为导向，以最快的速度进行调整，融合到新的版本中。在互联网时代，速度比质量更重要，客户需求快速变化，因此，不能追求一次性满足客户的需求，而是要通过一次又一次的迭代，不断丰富和完善产品的功能。在小米公司，崇尚的是速度是最好的管理。专注，管理扁平化，才能把事情做到极致，才能快速。

7.3　小米商业模式的血液：极致产品

7.3.1　硬件

在手机硬件方面，用它的先亏后盈的方式，小米已经成功在红海中闯了出来。说到小米的硬件，除了研发外，供应链的掌控也是至关重要的。随着小米手机的迅速发展，小米对于供应链的把控能力也越来越强。例如，小米为发烧而生，以生产极致产品为目标，已经直接在上游跟核心的研发伙伴合作，保证了小米在产品上的竞争力，并以降低价格为目标，缩减中间环节，把价格压到同类产品的一半左右，通过大规模销售来摊平成本，以保证足够低的定价。而在手机的产品设计和质量管控上，有着丰富经验和供应商人脉关系的周广平博士负责硬件团队以及质量管控，精益求精生产极致产品，择优原理展现得淋漓尽致。正是这些因素才造就了小米手机在足够吸引人的低价上，硬件上能有够硬的口碑。有了好的产品，才有了小米模式的基础。

7.3.2　软件

在软件上，小米并非全胜。就比如说米聊，它的先发优势在腾讯、微信的扫荡下已经荡然无存。但是小米并未完全放弃，还是保留着它并且继续寻找突破口。正是小米公司以问题为导向，并充分发挥群体智慧，才有米聊 PC 端的发布与 YY 语音的集成，它们无疑是对腾讯军团发动地非常有力的反击。其软件核心产品：MIUI 操作系统，正是它带来了小米手机早期的粉丝用户，积累了广泛的用户基础和良好的口碑，而后才有小米手机的推出。也是它串起了小米的铁人三项，成就了小米的互联网开发模式以及粉丝经济。在 MIUI 之外，附生的小米桌面，既是一个产品，又可以说是个轻量的 MIUI。它的推出是为了让更多的不会刷机的普通用户也能感受到便捷，用于扩展更为广泛的普通用户基础。

7.3.3　服务

在服务上，通过自己的论坛、社会化的社交媒体，小米直销模式带来了直接面对用户的服务。小米公司利用论坛，直接和客户点对点沟通，倾听客户的反馈，并根据客户的反馈及时跟进，以用户的需求问题为导向，完善软硬件产品。从而提高小米的形象和口碑。

将电话客服功能移植到微博、微信和论坛等中。除了小米论坛是收集用户反馈的大本营，微博、微信等都有客服的职能。特别是微博上，不管是用户的建议还是吐槽，很快就有小米的人员进行回复和解答。可以说，正是这些内部力量加上外部的粉丝助推，在很大程度上促成了小米多次社会化营销活动无一不火爆的现象出现。这也是目前许多互联网企业非常想效仿，但却很难达到同样效果的关键。

7.4　小米商业模式的血管：高明的营销策略

小米公司采用一步步试探和市场大力的、宣传性的、短期和长期营销相结合的方式，可以大大地规避风险和自己的劣势，给自己留出充足的时间来了解市场反馈及市场需求好加以改善。小米主要有以下 4 种营销策略。

7.4.1　口碑营销

在用户越来越多地关心智能手机性价比的背景下，小米以生产高性价比手机为目标，以优越的配置和低廉的价格不断制造话题，吸引人们的注意力，同时以“发烧友”小众由点及面地发挥群体智慧逐渐扩大其在人们心中的影响力。小米手机口碑的形成主要在于其高性价比，以及人群的追捧和发酵，这种病毒式的口碑营销非常奏效，为小米手机后期的在线销售打下了基础。

7.4.2　事件营销

工程机先发策略。小米公司人员充分发挥联想和想象，以用户需求为问题导向，以用户体验为目标，为让广大用户提前体验手机，小米公司采用售卖工程机的创新方式。在前期做足了手机硬件优势的宣传后，小米公司以低于正式发售价 300 元的价格售卖工程机。“售卖半成品”吸引了各大媒体的眼球，免费为小米做足了宣传。同时秉承用户体验至上的小米公司获得了“米粉”使用完工程机后的许多建议和意见，完美应用集智原理，为手机进行相关的改进。

炒作话题策略。上市不到 20 天的时候，小米手机身陷“质量门”事件，被曝出现按键不灵、掉漆等质量问题，与此同时，其售后也遭到用户质疑。随后小米官方的回应以及承诺进行质量的改进和售后的建设，逐渐平息了这场质量门风波。虽然被曝出了诸多质量问题和售后问题，但由于前期打下的舆论基础，似乎并没有减弱用户对小米手机的信心，反而又扩大了“小米”的知名度。

雷布斯效应策略。雷军声名的影响力成功嫁接到自己寄予厚望的产品上，当这位中国互联网人物沉寂一段时间后，再次在媒体面前密集曝光，并调动人脉不遗余力为小米手机造势，几乎所有人都乐意将这场小米风暴与雷军个人职业生涯捆绑作为谈资。雷军在 IT 界以及投资领域的光环成功地将媒体的注意力转移到小米产品上，这就实现了名人效应。

7.4.3　微博营销

曾有专家分析，当微博的粉丝数超过 100 万时，微博的宣传效果就相当于一份全国性的报纸。可见微博就像一块璞玉，等待着企业去开采去抛光，直到成为企业营销道路上的一件利器。既然微博营销可以在短时间内成为企业纷纷关注和效仿的焦点，说明其具有无法替代的优越性，能创造巨大的经济价值。

通过微博可以建立发布信息的平台、快速客服平台、了解消费者的平台和企业口碑监测平台。

微博营销具有巨大的价值，小米公司以扩大知名度、提高竞争力为目标，将微博营销做得几近完美。只要进入小米的官网就可以轻松链接到小米的微博，发布的全都是小米的营销动态。小米充分发挥群体智慧，上至企业高层管理团，下至普通员工都开设了自己的微博，用于发布或转载活动信息。甚至企业高层管理人员还亲自披挂上阵，以诚恳的态度直接和网友交流，解答网友的各种疑问。从细微之处都能体会到微博营销的价值在小米那里发挥得淋漓尽致，它为小米获得巨大效益和高人气的品牌形象做出了巨大的贡献。

7.4.4 饥饿营销

小米公司最成功的营销策略当属“半遮半露”的饥饿营销。将魅族的饥饿营销和海底捞的极致服务等营销模式移植并组合起来，充分发挥系统思维和群体智慧，对其进行创新并形成自己的营销模式。小米产品在设计理念和设计思路的形成中，就采用紧跟“发烧友”的方式，在小米科技成立短期内，稍稍造了声势，而关于产品的进展，是慢慢地放出，就好像慢火一直烧着，使得网络关注度始终都不至于过高而使媒体和网友失去兴趣，但关注度也不会降低，处于慢慢升高的态势，到最后集中宣传，充分利用网络和概念及自己的优势。小米通过社区和论坛将“米粉”进行整合，交流小米手机使用心得，发布各类小米手机的信息，举办各种活动，从而提升用户的黏性，培养了大批的小米手机忠实用户，使得花了很少的钱，却引起了很大的反响，达到“井喷式升温”。

从产品跟踪上来看，小米先免费派送少量的手机，之后再以“秒杀”，慢慢地一步一步地大面积网络直销，可谓煞费苦心。派送手机，量很少，但却很关键，因为当今的网络，哪怕你只要是有一部手机不好，都可以迅速地扩大化，几分钟就可以传遍网络和论坛。用这少量的手机作为试探，如果有市场需求没有达到的，就以客户的要求和体验为导向，迅速纠正，这样就可以有效地防止缺点和不足扩大化，即便扩大只要马上纠正，也可以赋予小米公司一种值得信赖的形象。例如，配耳机、内存卡、手机壳，就是根据论坛的反馈而迅速弥补的措施。

我们看到其产品的放量是一点点增多的，几十台，到600台，再到10 000台等。他们采用了订单在9月，上市在10月的策略，1个月肯定不是邮寄的时间，而是使他们根据订单大面积下单，而之后逐步放量的时间，也是回款的时间，还有就是等待市场第一波反馈的时间，这样自己的资金压力不会很大，社会融资也会增加，而造血机能健全，使得小米手机资金链始终保持着合理可控的循环。

7.5　小米的常态化发展模式：小米模式 2.0

虽然目前小米的销售模式给其带来了空前的成功，但是这种模式很容易复制。虽然在大数据时代下网络营销很受大家欢迎，但其也带有明显的弊端，在没有实体的支持下难以长久发展。所以小米想要长足的发展，就必须打造多元化的经营模式。小米最重要的转型就是小米正变为常态电商，将传统的电商模式移植过来替代非常态模式，并进行创新。小米模式进入 2.0 模式（所谓小米模式 2.0 是指小米要有真正的电商模式，且要有很强的研发实力和自信心做支持）——常态化，不再搞“饥饿营销”，而是开放购买。例如，小米在依靠原有小米互联网模式和运营商渠道之外，还相继和天猫、京东、苏宁易购等电商企业展开合作，也在于这些渠道与小米的用户重叠度并不高，是小米手机销量的又一增量。

很多手机厂商都是被库存给拖死的。因此，小米转型后也将面临新的库存压力。小米公司的库存预算和控制很难做，不过相比传统手机厂商，小米的优势是能更容易看到每日的销量数据，还可以根据这些销量数据不断调整手机生产的周期。小米的未来增长点是扩张线下和开拓国际市场。前者是在线下开更多体验店，结合小米智能硬件和智能家居产品提升销量和体验；后者是寄希望于国际化市场，小米希望把国际化团队构建完成，并在国际化方面获得更多突破。

7.6　小米商业模式创新的启示

小米商业模式的创新凝结着众多领导及成员的智慧，也体现了多种创新科学原理的应用，如图 7-7-1 所示。它的创新就是不拘泥于传统的思考方式，擅于移植其他企业较为完善的模式以及抓住关键问题，充分借助互联网技术，运用目标原理、择优原理、组合原理、移植原理、群体原理以及替代原理等创新原理，通过组合运用不同的商业模式并积极运用创新思维，实现商业模式的创新，这些方面值得我们深思。在创新活动中，创新科学原理是运用创新思维分析问题、解决问题，也是人们使用何种创造方法、采用何种创造手段的依据。因此，掌握创新原理，是人们取得创新成果的先决条件。

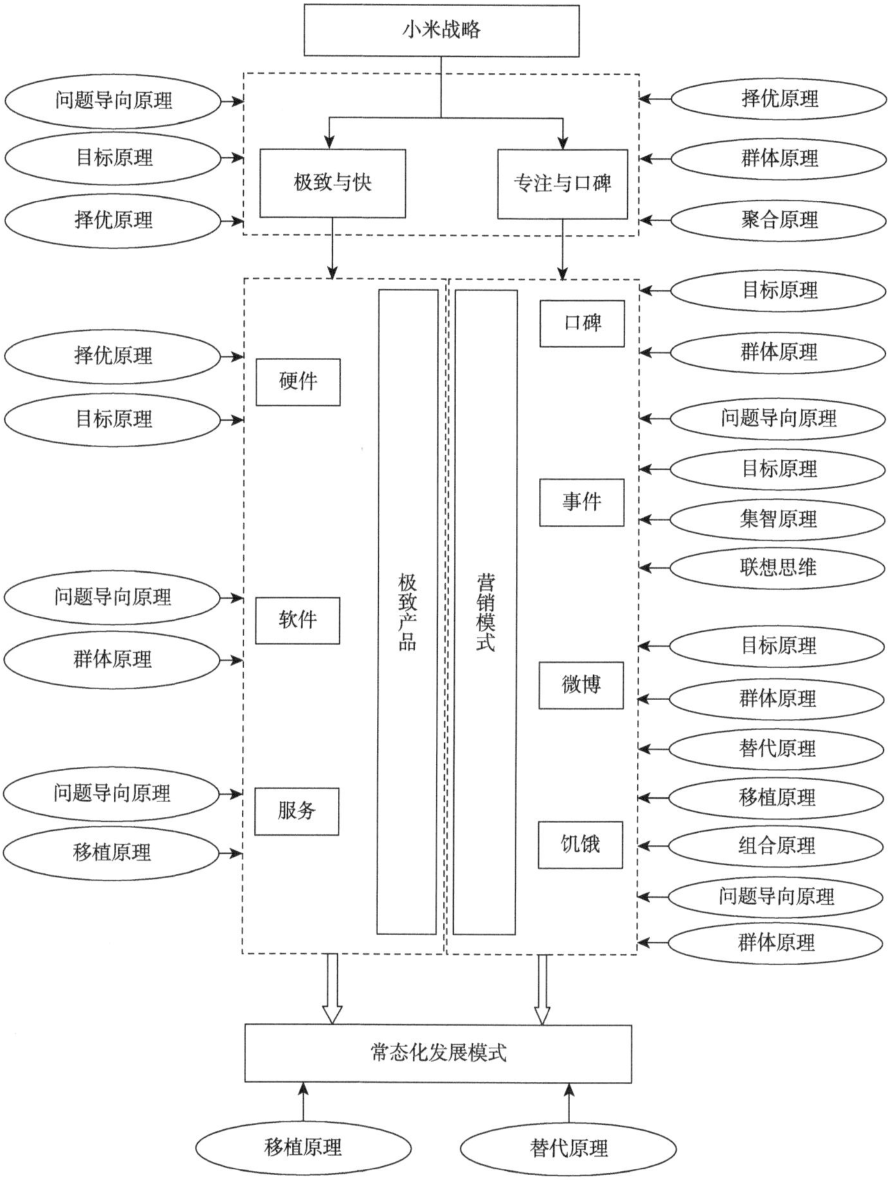

图 7-7-1　小米商业模式创新的科学原理体现

参 考 文 献

磐石之心. 2014. 解密小米：互联网思维下的商业奇迹. 北京：清华大学出版社：64-91.

第 8 章　新能源汽车时代的引领者——特斯拉（Tesla）

特斯拉（Tesla），这是目前全世界最畅销的电动汽车的代名词。它的出现，引领了商业模式的创新。随着企业的发展，其旗下车型受到越来越多的关注和追捧，而电动汽车将逐步成为人们新的代步工具的观念也被越来越多的人所接受，就仿若让追逐特斯拉的人触碰到了未来。或许，你会问，在众多致力于电动汽车研发的企业中，为什么只有特斯拉脱颖而出并一路遥遥领先呢？那是因为，至今为止，特斯拉有着让其他汽车企业追逐却难以赶超的优势，如卓越的续航里程，快速充电的超级充电系统。想要更深入地了解今日的特斯拉，我们需要先将时间焦点投放到 20 世纪 90 年代，因为那是现代电动汽车开始的时候。

20 世纪，加利福尼亚州因工业发展过快、人口激增等多重因素，出现了大范围的空气污染。为治理环境问题，针对汽车界，加利福尼亚州空气资源委员会（California Air Resources Board，CARB）出台了《低排放车 1 号计划》（Low Emission Vehicle 1，LEV 1），强制要求州内汽车企业，即通用、丰田、本田、福特、日产以及克莱斯勒等必须生产一定数量的电动汽车，这被看作现代电动汽车起源的触发事件。随后，通用推出的 EV1 受到瞩目，它的首席设计师 Alan Cocconi（艾伦·科科尼）所撰写的 3 篇专利作品［3 篇专利分别是：Integrated motor drive and recharge system（5099186）；Combined motor drive and battery recharge system（5341095）；Electrical component assembly with heat sink（5060112）］奠定了现代电动汽车的架构基础（电动汽车核心部件分为电动机组、电池、车充三大部分）。

同样是 20 世纪 90 年代，锂离子电池在手机、笔记本电脑等小型便携式电子设备中成功应用。但是，锂离子电池被用到电动汽车这种大型动力设备上时，遇到了障碍。主要表现为大电流放电时，锂离子电池性能大打折扣。由此锂离子电池被认为不适合作为电动汽车的动力电池。除非人类找到新型电极材料以提高大电流放电能力，构筑全新的动力电池系统，才能突破电动汽车发展瓶颈。

虽然现代电动汽车产业早已出发，但是动力不足制约着其发展的速度。直到 2003 年底，2 位成功企业家马丁·艾伯哈德（Martin Eberhard）和马克·塔彭宁（Marc Tarpenning）经过半年调研后发现：石油供应赶不上汽车的增长，传统汽车行业 30 年内将受到影响；电动汽车关键技术已基本成熟，临门一脚开发产品具有可行性。有着同样做电动汽车想法的埃隆·马斯克（Elon Musk）加入其中，于是特斯拉的序幕就此拉开。

8.1　质疑传统方式，集成获得动力之源

卓越的续航里程让特斯拉电动汽车遥遥领先，这得益于企业先进的电池管理系统，而先进的电池管理系统又得益于特斯拉对传统认知的质疑，“锂离子电池真的不能应用到电动汽车这种大型动力设备上吗？必须要寻求新的电极材料吗？只能用一块电池而不可以多块集成为电动汽车供电吗？”带着种种质疑，特斯拉创造性地将 6 831 块笔记本锂电池集成使用，即首先将 69 节电池并联成一个电池砖（brick），再将 9 个电池砖串联成一个电池板（sheet），最后将 11 个电池薄板串联成完整电池包，通过对这个由上千块电池集成的电池包进行分级管理，便形成了 Roadster 跑车的动力系统（图 7-8-1）。Roadster 的问世，不仅证明了早已被用于笔记本上的锂电池移植应用到电动汽车上是可行的，而且上千块电池的集成使用也让特斯拉实现了行业突破，开辟了电动汽车市场化道路。

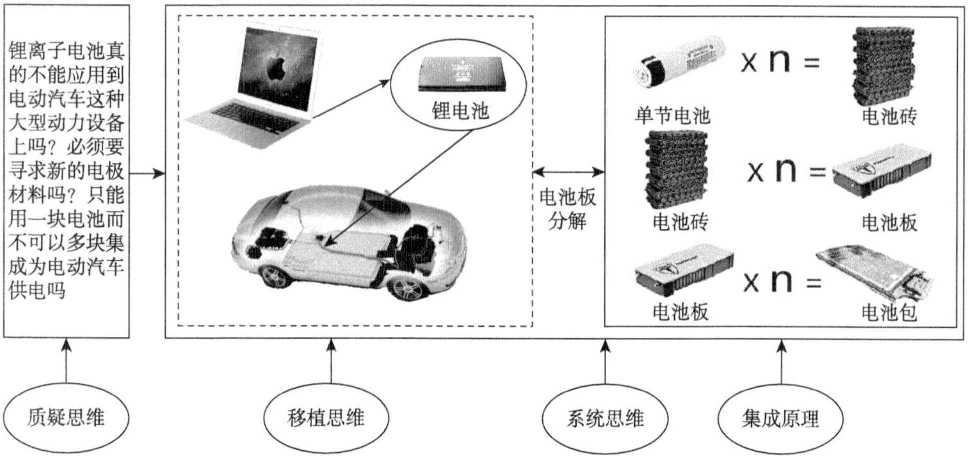

图 7-8-1　特斯拉动力电源系统

8.2 协同中优化，实现超级充电

在电动汽车充电时，人们希望充电时间越短越好，就像燃油汽车那样，在3~5 分钟的时间内完成能量补给。而对于电池组来说，短时间内完成巨大容量的充电，温度就会急剧上升，危险系数大大提高。但是，特斯拉却开发了超级充电桩，20 分钟可以充进一半的电量，80 分钟就可以把电量充满。这种充电速度是别的电动汽车望尘莫及的。那么，特斯拉是如何实现快速充电的呢?

快速充电是通过充电桩、充电枪和电池冷却系统协同工作实现的。充电枪内设置感应器，通过感知电池的温度状态来调节充电强度。当内置感应器感应到充电温度过高时，充电枪分别向充电桩和电池冷却系统发出信号，充电桩收到信号后降低充电强度，电池冷却系统收到信号后加强对电池的冷却力度。充电桩、充电枪和电池冷却系统三者可以在感知温度后进行协同配合以调节充电强度，不禁让人联想到人体的“神经”体系，它可以在感知外界冷暖后将温度信号传递给各调节器官实现人体体温调节。

但是，仅靠充电装置和冷却装置的协同工作是无法实现快速充电的，只有在此基础上，对现有的多种充电方式进行优化并选择多方式综合使用，才能实现我们今天所看到的快速充电。在充电方法上，特斯拉正是将小电流充电、分段恒流充电和大电流脉冲充电三种方式进行优化并综合使用，才独创了三段式可变电流充电系统。

第一阶段是小电流充电。接通电源后检查电池状态，电压小于最低充电门限电压2.5伏特时，系统会选择0.1的电池放电倍率进行涓流预充电，当电池电压达到门限电压后，进入下一个充电阶段。

第二阶段是分段恒流充电。当电池电压介于最低门限电压与上限电压 4.2 伏特之间时，采用分段恒流方法对电池充电。首先以较大电流充电，此时电池电压迅速上升，经过一段时间后适当减小充电电流继续充电，经过多次分段减小的恒流充电之后，电压将达到上限 4.2 伏特，电池容量接近 80%，此时分段恒流充电结束。

第三阶段是大电流脉冲充电。大电流脉冲使电池电压迅速上升，停冲期则为电池内部的化学反应提供了缓冲，使紧随的下个脉冲得以顺利进行，随着脉冲充电的进行，电池逐渐被充满。虽然并非连续的全时充电，但是由于充电电流增大，相比于传统的分段式充电，充电效率大大提高。

三种充电方式的综合使用，成就了特斯拉独具优势的超级充电系统（图 7-8-2）。

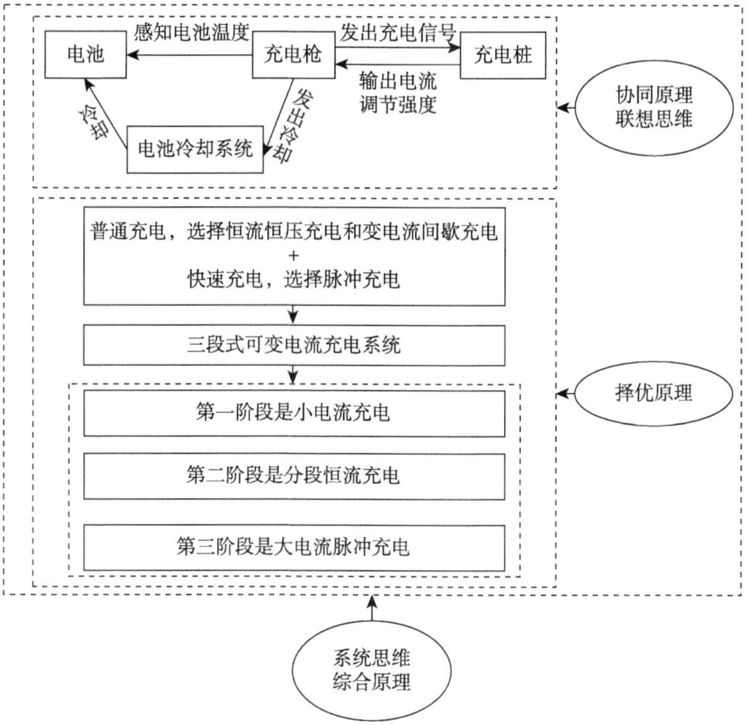

图 7-8-2　超级充电系统

8.3　用互联网思维打造电动汽车领导型企业

相对于汽车企业，更多的人将特斯拉看作互联网企业，因为它有着硅谷的基因，硅谷基因的核心是互联网思维，而互联网思维的精髓则可以概括为争取用户、锁定用户的流量思维，少即多的简约思维，网络收集用户信息的大数据思维，以用户为中心、体验至上的用户思维和极致思维，口碑营销的社会化思维以及打造共赢生态圈的平台思维。

8.3.1　专注品牌定位，极简产品设计

互联网时代，信息爆炸，用户耐心越来越不足。若在短时间内，企业能够抓住用户，则在市场竞争中方能获得主动。特斯拉专注品牌定位，锁定目标群体，为消费者创造了一个选择自己的理由。在创始之初，其首款车型 Roadster 的定位不是在电动汽车本身，而是定位于一款可以实现百公里加速 4.2 秒的超级跑车。

所以，其目标客户群无疑是追求超跑速度的高端消费者，他们渴望一踩油门的加速感，这比飞机起飞的推背感还要强烈而惊喜。

特斯拉的 Roadster 跑车可媲美保时捷，但是在产品设计上，两者是完全不同的造车概念。保时捷的仪表台上有着无数的机械和电控按键，显示着这台工业机器的精密。而在特斯拉驾驶舱里，只能看见一个超级巨大的触摸屏，音量、空调、导航等都集成在这个十七寸的液晶屏上，可谓做到了极致简约（图 7-8-3）。

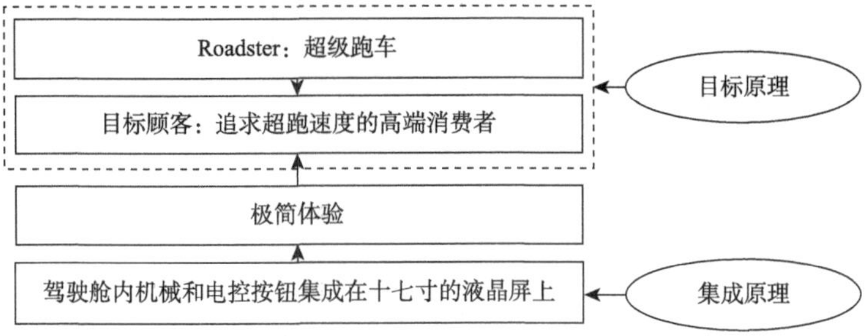

图 7-8-3　特斯拉品牌定位与产品设计创新

8.3.2　“行走的电子设备”

随着用户上网次数的增多，网络累积的数据越来越大，逐渐形成了具有用户个人特征的信息数据库。企业将这些数据按照一定逻辑进行统计分析，最终形成了具有用户个人特征的商业信息，从而为企业预测消费趋势，实现个性化精准营销提供依据。另外，特斯拉以大数据思维为指导，在电动汽车内安置 3G（3rd-Generation，第三代移动通信技术）和 Wi-Fi 模块，实现车联网，汽车永远在线，服务中心后台可以持续跟踪获取车身信息，了解每一位用户的用车习惯、用车情况以及开车行为等数据，为企业打造个性化产品与服务做铺垫。特斯拉的电动汽车已不再是一台单纯意义上的汽车，它成了承载软件与用户信息的硬件系统和信息交互平台，这不禁让我们联想到一台可以“行走的电子设备”（图 7-8-4）。

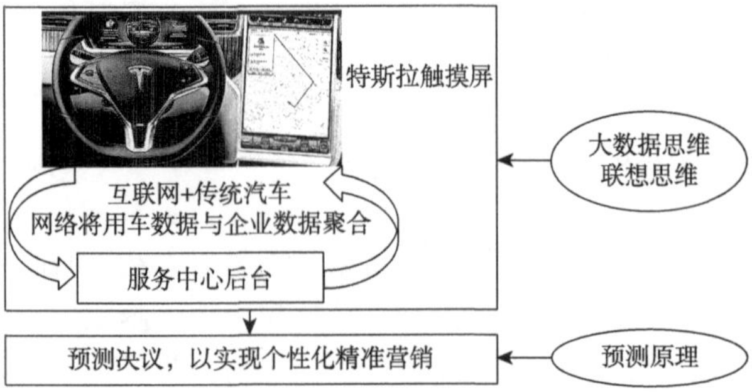

图 7-8-4　“行走的电子设备”

8.3.3　用户情景体验，市场导向生产

和传统整车销售渠道不同，特斯拉没有经销商，而是采用线下体验线上销售的形式与消费者直接接触。对产品有兴趣的消费者可以前往体验店体验特斯拉的汽车产品，置身于真实的驾驶情景中，获得切身的驾驶体验。体验后，消费者可在网上订购、提交订金，特斯拉工厂安排生产，然后通过物流配送系统把汽车产品送到消费者手中（图 7-8-5）。消费者通过体验驾驶情景，做出“买”或者“不买”的决定，并通过线上预定自己中意的产品，从而为工厂“生产什么车型的电动汽车，每种车型的电动汽车分别生产多少辆”提供市场导向，优化生产效益。

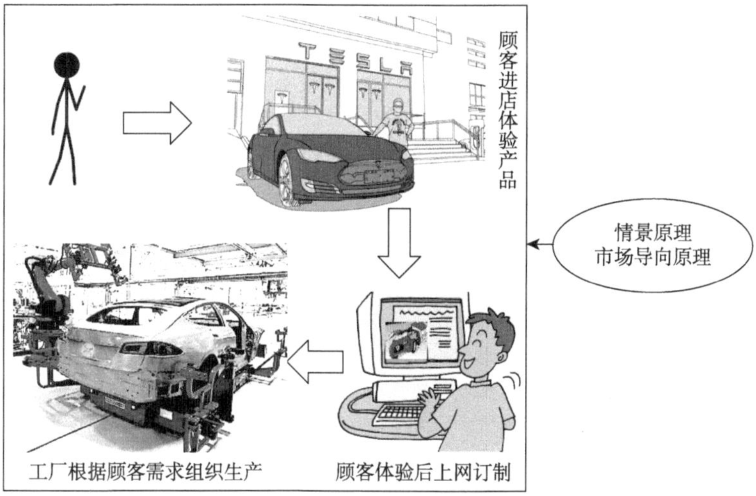

图 7-8-5　顾客体验与订制生产

8.4　人类终将进入全面新能源时代

特斯拉，这一新能源电动汽车领域王者的代名词，如今已正式进入中国，给中国的汽车企业带来了挑战，同时也提供了发展的新机遇。特斯拉通过对互联网思维的运用，创新了新能源电动汽车的商业模式，最终其产品以卓越的续航里程，快速的超级充电系统赢得众人追捧。它的诞生，颠覆了人们对传统汽车的认识，“行走的电子设备”逐渐深入人心。而从环境角度来看，由特斯拉引领的新能源电动汽车有着环保、低碳，在某种程度上可以有效减少城市雾霾的优势，这

也被越来越多地认为是未来汽车产业发展的趋势。随着新能源电动汽车技术的完善，在未来，将不是人控制车，而是车通过利用互联网、电子地图以及 GPS 导航等设施代替人来选择行驶中的最优路线，实现自动驾驶。

参考文献

刘向阳，王晶苹. 2016. 美国加州空气污染治理的历史演进及其实质. 河北师范大学学报（哲学社会科学版），（4）：125-136.

第 9 章　企业扩张的法宝：连锁经营

根据国际通用概念，所谓连锁经营，是指在流通领域中，若干同业商店以统一的店名、统一的标志、统一的经营方式、统一的管理手段连接起来，共同进货、分散销售、共享规模效益的一种现代组织形式和经营方式。其实质是把现代化大生产的原理应用于商业流通领域，达到提高协调运作的能力和规模效益的目标。

自成型以来，连锁经营凭借强大的优势迅速风行全球，在零售业中占有越来越重要的地位，甚至成为企业在全球市场扩张的最重要方式之一。连锁经营的出现是各种因素叠加的结果，是偶然更是必然。在其起步和发展的历程中，处处体现着人们的创新思维。

9.1　无意的发明

1859 年，两名在美国哈佛大学上学的年轻犹太人乔治 F. 吉尔曼和乔治・亨廷顿・哈特福特创办了“大美国茶叶公司”，店面规模在初期非常小。从中间商批发商品，再将商品售卖给顾客是当时美国主流的零售方式。经营茶叶公司的过程中，两个年轻人发现这种采购流程太烦琐，成本也高，中间商和零售商之间的利润所得太悬殊。于是他们开始转变思路，希望不再受制于中间商。

经过努力，他们找到了更直接的进货渠道——直接从中国和日本大量进口茶叶。没有中间商，成本就降低了许多，售价自然而然也相对较低，仅 30 美分/磅（1 磅≈453.6 克），远低于商家 1 美元/磅的平均价格。他们很快就赢得了市场，店面也随之扩大。但是随着业务量的持续上升，扩大的店面也难以满足销售的需求，这给他们带来了新的困扰。随着茶叶市场的不断扩大，消费者对茶叶的需求只增不减，那么怎么样才能更好地拓展业务，满足顾客的需求呢？

善于观察和思考的年轻人灵机一动，想到了几何中的倍增学原理：市场这么大，单个店面的规模又无法支撑，可不可以利用几何倍增学原理在其他地方复制一个一模一样的店呢？除了地理位置不一样以外，其他任何方面都和原来的店相同，包括进货、价格、服务标准等，这样既能保证质量又能提高效率，还拓展了市场。这一想法很快被付诸实践，他们于 1860 年开了“大美国茶叶公司”的第一家分店，并再一次获得了成功。接着，他们又用同样的方式扩张市场，短短 5 年开设的分店数量就达到 25 家。这可以说是连锁经营模式的雏形。

“大美国茶叶公司”的成功离不开当时美国的社会背景，但更多受益于创始人勇于创新、大胆开拓的精神。他们打破常规，敢于以和别人截然不同的方式进货，这是深思的结果，也是逆向思维的体现。再者，他们从数学相关原理中获得灵感，联系实际情况，从而真正使连锁初步成为现实。这种灵感思维来源于他们的深度思考和对现实的考量，以及对知识的活学活用。也许他们当时并没有连锁经营的想法，只是遵循拓展市场、满足需求这一目标，但是却带来了意想不到的收获。

9.2 运营理念助推高效运行

自从“大美国茶叶公司”成立以来，连锁经营在全世界经过了一百多年的发展，特别是计算机和互联网等技术的出现，更是大大加速了它的发展和成熟。其间出现了多种不断完善的连锁经营形式，如直营连锁、特许经营和自由连锁等。然而，尽管形式不一，在各个国家的应用也呈现出不同的路径，但总的来说，连锁经营已经有了一套稳定的核心理念和特征，正是这些经营理念保证了它的高效运转。

9.2.1 标准化

连锁经营的标准化是指为了销售预期的商品或服务而设定合理又理想的状态条件及能反复运作的经营系统。标准化是商品服务、企业整体形象的标准化，前提是单店的标准化，因为个性化的门店会造成事实上的单店经营，难以实现真正意义上的连锁管理。

在其他类型的零售行为中，商品脱离第一产出地时，除了一些必须保证的标准（如专利）外，原始商家便对商品失去了处置权，该商品可能被用于各种各样的用途，以多样的手段被售卖。经过层层流通，当商品到达顾客处时，他们很可能完全感受不到和原商家的任何联系。而在连锁经营中，标准化管理是多店铺组织与网络化流通的必然要求，以确保连锁门店的统一形象，保证稳定的商品质量和服务质量，简化管理工作，提高管理效率，并控制人为因素对经营管理可能造成的不利影响。为达到这种目的，连锁商一般会实施“八个统一”：统一店名，统一进货，统一配送，统一价格，统一服务，统一广告，统一管理，统一核算。这样可以保证各连锁店不仅在经营管理方面互相协调，还有利于资源的配置，实现资源共享，减少浪费，既节约了费用，又提高了工作效率和效益（曹惠清，2008）。更重要的是，任何消费者在任意地域都能接受相同的服务，有利于形成对整个企业的统一印象，提高对企业的信任度和忠诚度。

连锁经营通过管理上的标准化保证了企业可以在不同的地方能提供相同的服务，但除了这些强制性的统一标准外，连锁商可以根据不同地方的特点进行适应性改造，这样，就能从根本上使得企业的运营系统在不同的环境中得到顺利移植、复制。这个过程是对移植原理中环境移植的体现。

9.2.2　专业化

专业化是指根据不同的经营过程将连锁经营的各个环节分成各个业务部门，并使其固定下来。从整个连锁系统中的职能上看，连锁商店总部和门店有不同的功能，各有分工，总部负责决策和综合管理，而门店负责销售和微观管理。从运营的流程上看，商品的采购、配送、销售、管理等职能也被分离。这种安排，使得总部和门店各司其职，能最大限度整合双方的优点，保证企业各个环节持续高效地运转。另外，根据这种分工模式，在不同的岗位上安排最合适的人员，人才还能在内部流通，降低了管理混乱的风险，加强了人力资源的有效利用。

通过专业化的分工，总部和门店能够共建完善的价值链。双方既能发挥最大的作用，又能通过对方弥补自己的短板，形成互补效应，整个企业因而实现经济利益的极大化。互补原理的思维起到了推动作用。

9.2.3　简单化

连锁经营的简单化，是指尽可能地将连锁企业的运营流程“化繁为简”，减少经验因素对经营的影响。包括将财务、采购、物流、信息、管理等各个子系统简明化，去掉不必要的环节和内容，以提高效率，使“人人会做，人人能做”。简单化的最终目的还是为了更好地将本企业复制到其他的环境中，能迅速地让其人员（包括企业以外的人或商家）掌握，实现标准化管理的顺利“移植”。简单化的管理，不仅有利于连锁总部的推广和复制，更有利于所有加盟商的经营和操作。可以说，简单化管理是对标准化管理和专业化管理的补充。

连锁运营的发展及管理过程中所体现的创新科学原理如图 7-9-1 所示。

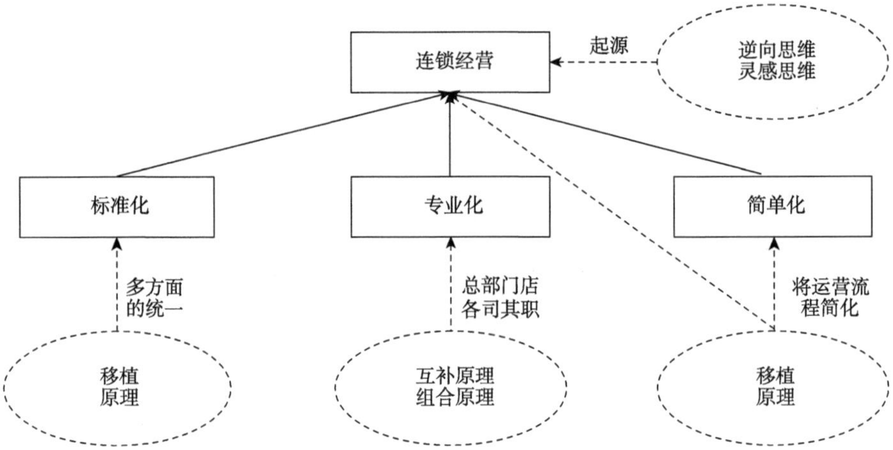

图 7-9-1 连锁运营的发展及管理过程中所体现的创新科学原理

9.3 连锁经营带来的启示

可以看出，连锁经营的出现有某种偶然性，但更多是由于两位创始人善于思考、勇于创新、敢想敢做的结果，这在创新中是一种非常宝贵的品质，值得后来的创业者和企业借鉴。连锁经营的标准化、专业化、简单化的管理思想也给后续商家的管理理念带来了很大的借鉴和启发。

参 考 文 献

曹惠清. 2008. 浅析企业连锁经营的优势. 甘肃科技，（13）：104-105.

第 10 章　现代浙商兴起的秘密所在

楚楚西湖，雄泽钱塘，见证着世界经济发展的历史性时刻。G20 峰会（Group of Twenty Finance Ministers and Central Bank Governors，二十国集团财长和央行行长会议）的成功召开，将杭州这个美丽的城市再次展示在世界各国的眼前，同时也彰显着浙江省的经济实力。

“东南形胜，三吴都会，钱塘自古繁华。烟柳画桥，风帘翠幕，参差十万人家，云树绕堤沙，怒涛卷霜雪，天堑无涯。市列珠玑，户盈罗绮，竞豪奢。”北宋柳永的词作生动地描绘了江南城市的繁华。历史上浙江省是河姆渡文化的发祥之地、春秋时期的吴越争霸之地、明清以来的江南鱼米之乡。而在新时期的改革开放浪潮中，浙江省再一次崛起，成为我国市场经济的先行之地。一代又一代勤劳智慧的浙江人延续着繁荣富强的梦想，抒写着不同时期的商业传奇。

改革开放以来，浙商抓住机遇，迅速发展，形成了许多特有的商业模式，推动了浙江省经济的发展。

10.1　温州模式——产品虽小，亦可成市

温州地处浙江，虽然地理位置优越，但是人多地少，历史上经济条件非常落后。但是当时全中国像温州一样贫穷的地方也不计其数，为什么温州就能一跃成为经济先行之地呢?

翻开温州的历史，可以看到温州人从明清两代起就到外地经营，他们有很强的致富欲望和创业精神，异常勤劳，敢冒风险，勇闯天下。他们不在乎职业高低贵贱，善于适应环境，即使极偏远，极艰苦的地方，都有温州人奋斗的足迹。温州商人多以小商品起家，开始大多以家庭为单位，以小作坊的方式进行生产活动，这种生产方式比较灵活，而且劳动力成本比较低。温州人继承早期的优良传

统，择优选择了自己更擅长的小商品制造，企业生产主要集中在皮鞋、服装、眼镜、打火机等领域。

温州行商的重要特点就是其商业活动多是以血缘、地缘为纽带关系出现的，他们习惯群体聚集、分工合作。因此温州商人对于市场信息掌握得非常全面，消息很灵通。在改革开放初期，全国形成了高需求低供给的形势，特别是日常用品的供给更是严重不足。温州人凭借群体集聚的优势，迅速把握这一商机，以市场需求为导向，结合自身资源优势，选择大力生产小商品，利用极少的成本制造了大量廉价商品以满足市场的需要。

在家庭工业和个体私营经济的基础上，温州商人迅速完成了原始的资本积累，大量的聚合资本，将商业资本转化为产业资本，形成了民营企业，大力发展股份合作经济，但持股者大多数仍以家庭为单位，这使温州企业发展得更迅速。在温州小商品走出浙江，源源不断地往全国各处销售的时候，温州商人利用早期积累的资源优势以及庞大的民间资本，迅速建立起各种专业的产品市场，有专职的供应商、促销员和销售渠道，各种优势资源聚集，形成了专业化分工和协作相结合的销售市场。

如果说温州商人是温州传奇的谱写者，那么同时期的温州政府就是传奇的见证者。在全国都处在高度集中的计划经济的体制下，温州政府没有过多地干预抑制温州商人的经营热情，这在一定程度上促进了温州商人的成功。最终形成了以家庭经营为基础，以专业市场为依托，以小商品为主体的温州模式。温州模式形成中所蕴含的创新科学原理如图 7-10-1 所示。

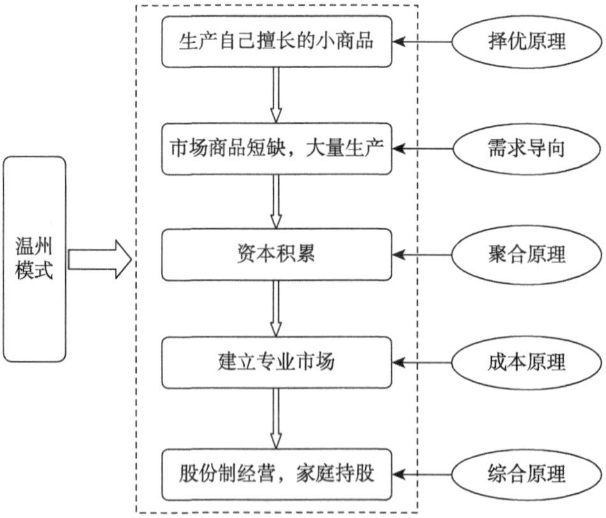

图 7-10-1　温州模式形成中所蕴含的创新科学原理

10.2　义乌模式——小商品也可成就大贸易

与温州模式齐名的还有义乌模式，义乌模式在一定程度上是温州模式的延续。义乌的发展也是建立在不沿边、不靠海、地瘠人贫、自然资源匮乏的基础之上的，且都以小商品为主，都是民营经济的杰出代表。然而，虽然两者都是小商品经济，但是两者的发展过程还是有很大区别的。

改革开放前，义乌人形成了肩挑货郎担、手摇拨浪鼓，以“鸡毛换糖”获取微薄利润的商业传统。“鸡毛换糖”一般都有比较固定的线路，义乌商人群体的雏形——“敲糖帮”常常与特定对象交易。义乌人在“鸡毛换糖”的过程中培养起来的对市场机会的敏锐洞察力，使其能牢牢抓住改革开放的历史机遇，审时度势，用发展的眼光看待问题。在改革开放的浪潮中，义乌人率先解放思想，运用移植思维，将“鸡毛换糖”的历史传统转换为创建市场的行动。

在温州，市场是连接工业与消费者的桥梁或中介，而在义乌，市场则是经济发展的第一推动力。一般的经营者，都是在自己有生产的商品的基础上，拓展销售渠道，但是义乌的商人逆向思考、发散思维，先拓展市场，利用原先“敲糖帮”的市场基础，形成独有的市场优势，来带动本地的生产发展。

在发展初期，义乌商品市场还没有真正形成自有的生产基地，商品市场的货源来自全国各地，又销售到全国各地，商品种类丰富，价格低廉，吸引众多客户前来购买。义乌集聚了大量的商品和商品信息，不仅采购商慕名而来，生产企业也争先恐后地入驻义乌市场。这种大规模的商品和信息的集聚，形成了独一无二的市场优势。随着小商品市场的逐步壮大，小商品运输的供求矛盾也日益紧张，义乌派生出了与之息息相关的联托运市场，并逐步形成了专业化经营、特定托运线路的模式，大大提高了货物运输的规模经济和运输效率。义乌逐渐形成了“买全国，卖全国”的商贸布局，也被称作是“建立在市场上的城市”。形成了专业的交易市场以后，有了一定的销售保障，义乌商人开始慢慢转向制造业，自己生产商品，出现了“前店后厂”的联动发展态势，这样不但保证了货源，而且更加减少了中间成本，实现了小商品市场与产业集群的良性互动发展。

义乌商品的市场十分广阔，享誉全球。当初义乌以“种类丰富、价格低廉”这一准确定位打开海外市场。为提高知名度，吸引国内外客商前来订货和洽谈合作，义乌借鉴德国、意大利等国经验，频繁举办国际性的专业博览会、交易会、展示会，不断扩大影响，拓展市场。

义乌模式的发展在一定程度上离不开义乌政府的支持与推动。义乌政府引导有力、调控有度、科学把握、“有所为有所不为”，能够充分认识并尊重市场经济的发展规律，充分认可并鼓励群众的市场精神和创新意识，充分肯定商品经济的重要地位，并为其创造宽松的土壤，为义乌小商品市场的发展奠定了重要基础。

义乌形成了以市场为主体，以市场带动制造业联动发展的模式，以“物美价廉”“性价比高”的小商品市场而誉满全球。义乌模式形成中所蕴含的创新科学原理如图 7-10-2 所示。

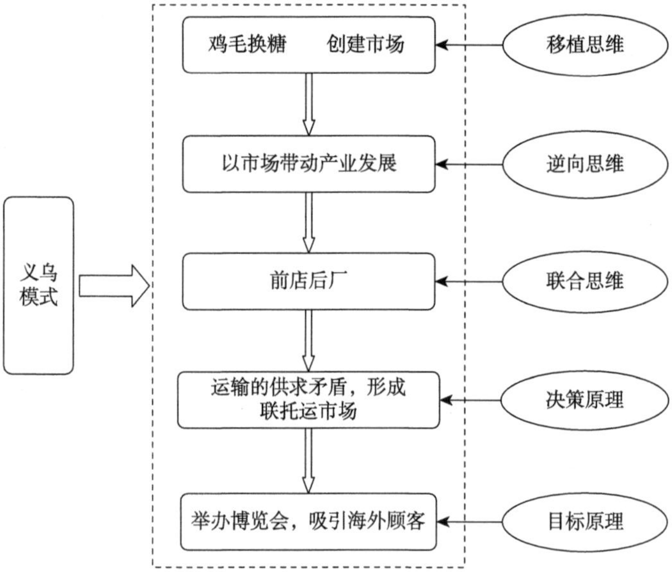

图 7-10-2　义乌模式形成中所蕴含的创新科学原理

10.3　乌镇模式——复合式经营，体验式旅游

浙商的辉煌不仅仅体现在生产制造业、手工业等第二产业，其第三产业也发展得如火如荼。说起浙江的旅游业，可能你会想起人间天堂的杭州，但是印象更深刻的或许是乌镇——平淡而有韵味的小镇，见图 7-10-3。中国的小镇成千上万，为何乌镇能成为国内有名的旅游胜地呢？

一般来说，古镇旅游开发大多采取租赁经营，或者集体经营。但因为古镇既是旅游景区，又是居民区，各处房产归属不同居民，产权很难统一。乌镇东栅一期景区是与其他古镇类似的“观光型”景区，乌镇在其二期开发中充分体现了系统观，采取整体产权开发模式，实现统一规划、统一设计、统一改造和统一经营，这是全国古镇开发中独一无二的模式。

图 7-10-3 乌镇

古镇旅游开发基本上靠门票经济，除此之外就是一些购物与餐饮，经营的业态比较单一。而对乌镇来说，门票只是进入的门槛，景区内的多业态复合经营才是营收的主力。乌镇开发出住宿、会议、餐饮、娱乐等多元化产品，统一经营。虽然在经营业态上乌镇实施复合经营，但在管理上却实施统一管理，这种分合思想使得乌镇二期成功破解古镇过度商业化和业态同质化两大难题。

乌镇二期的酒店分为两类，通过协作运营来满足客户的需求。一类是民宿，即沿河北侧的居民住房，通过对其升级改造，形成标准的度假酒店。在民宿，游客可以选择临窗依水静静地观景看水，也可以与房东唠家常，深入地体验当地人的生活。另一类是标准的酒店，其布局在民宿的北侧，提供高端的商务配套，满足客户的商务需求，获取更高端的消费价值。

在游客体验动态化方面，乌镇将各种元素相结合。一是延续历史文脉，举办大型节庆活动，如具有浓郁乌镇特色的香市节，就相当于当地的 “狂欢节”，将此类活动移植过来与旅游相结合，敛聚了人气。二是将评弹、皮影戏等一些文艺节目按旅游需求重新编排，满足游客体验的需求，丰富旅游夜生活的内容。三是乌镇恢复传统产品作坊的生产，如酱坊与茶馆，补贴传统特色老字号商店的营业运转，并且让游客身临其境，仿佛置身于历史的浙江。

乌镇模式以“整体产权开发、复合多元运营、度假商务并重、资产全面增值”为核心，观光与休闲度假并重，门票与经营复合，实现了“高品质文化型综合旅游目的地建设与运营”。乌镇模式形成中所蕴含的创新科学原理如图 7-10-4 所示。

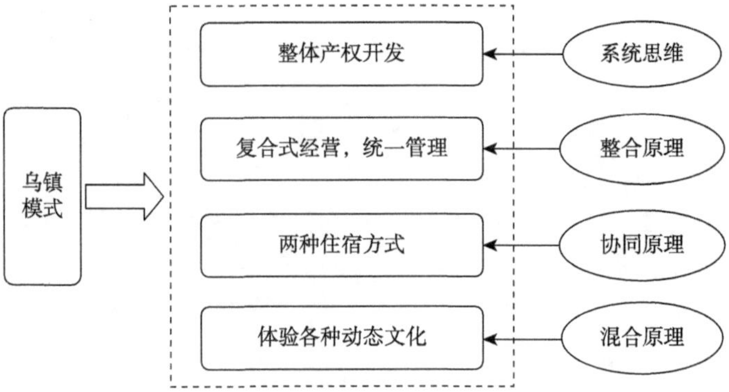

图 7-10-4　乌镇模式形成中所蕴含的创新科学原理

10.4　淘宝模式——互联网上的商业街

互联网的出现，令过去传统商业中难以触摸的区域变得可能。淘宝网是阿里巴巴旗下的一个购物网站，于 2003 年成立，是目前国内最大的网上购物平台。淘宝网之所以能发展得如此迅速，必有其成功的奥秘。

浙江省作为手工制造业最发达的地方，当时生产的小商品几乎已经风靡全国。阿里巴巴在浙江省温州、义乌等地生产小商品的优势资源的基础上，建立淘宝网，将线下线上相结合，拓展商品销售渠道，充分利用互联技术促进商品的销售。

与传统的商场相比，淘宝网是一种典型的 B2C 模式。在发展初期，为吸引客户，淘宝网舍弃了向其最大竞争对手 eBay 一样的向顾客收取费用的做法，而是采取“免费策略”不收取顾客任何的登陆和交易服务费用，以此来抢占市场份额。通过吸引众多的小商家，把店铺都集中在淘宝商城上，消费者需要的商品在淘宝网上都可以方便快速地找到，这相当于把全国各地的商品都集中在淘宝网上。这样消费者可以随时随地全天购物，跨越了时间和空间的限制。最终，淘宝网形成了以产品为依托，以互联网为媒介的经营模式，并在很大程度上改变了现代人的购物方式。淘宝模式形成中所蕴含的创新科学原理如图 7-10-5 所示。

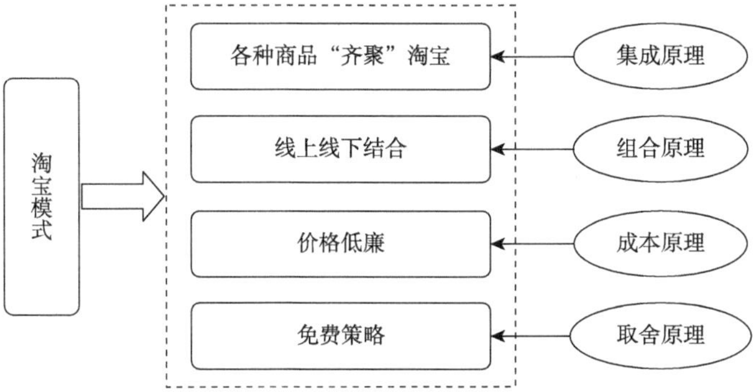

图 7-10-5　淘宝模式形成中所蕴含的创新科学原理

10.5　现代浙商成功之道

现代浙商的成功并非偶然，温州模式、义乌模式、乌镇模式和淘宝模式作为浙商成功经验的代表，只是浙商众多经营模式中的一部分，但纵观这些经营模式的成功，都有其共性。

10.5.1　工商皆本、义利并举

在经营方面，浙江商人充分重视民营经济，认为商业和农业具有等同的地位，而且没有一味地只强调诚信、义气，而是以利益为驱动力，同时重视诚信，两者协同发展。

10.5.2　不畏艰苦，敢于冒险的创业精神

“白天当老板，晚上睡地板”这是形容浙商吃苦耐劳最经典的一句话。敢于冒险、善于在混沌状态中打拼出一条自己的路，正是这种精神使得浙商在中国市场经济中取得先发优势，成为中国经济的先行者。

10.5.3　互信、共创、共享的文化

无论走到哪里，温州人之间互助互学、信息共享、相互策应、协调地域间交往，为异域经营事业提供了诸多便利。浙江商人彼此之间互相信任，共

同创业，共同分享成功经验的文化，是温州模式、义乌模式能得以发扬光大的根本。

10.5.4　任时敏行，紧跟市场

任时敏行是当代浙商精神的内涵。浙商群体善于把握时机和机遇，善于与时俱进，能够随着环境和态势的发展变化，在第一时间做出反应并迅速行动。浙江商人掌握信息的方式有很多种，当各地的专业市场或者商会掌握消息以后，通过流通网络及时汇总。对于现代商家来讲，如何第一时间掌握动态信息，进而果断地做出决定并采取有效的措施紧跟市场，也是非常值得学习借鉴的。

10.5.5　家族式管理

家族管理是浙江企业经营的一大特色。独特的家族企业经营方式，把中国传统文化，特别是儒学中的“家文化”理念融入企业经营模式和经营管理中，让企业这个“大家”和职工这个“小家”融合在一起，让企业“大家”成为职工“小家”物质和精神需求的主要来源。

个体经济和民营经济是浙商经济的主要组成部分，在社会主义市场经济体制下，浙江发展的经验尤其宝贵，值得我们借鉴和学习。“走遍千山万水、历经千辛万苦、道尽千言万语、想出千方万法”，四千精神永远不朽，浙商至今仍活跃在大众的视线里，仍旧在市场经济中占有重要地位，可谓是经久不衰。站在巨人的肩膀上才能看得更远，我们要把浙商发展的经验变为公知的文化，取其精华去其糟粕，浙商的不畏艰苦，敢于冒险，勇于开拓，义利并重的精神和理念是值得借鉴的，但同时浙商的草根性、个体性又阻碍其发展，需要摒弃。只有这样，我们才能在 21 世纪的今天乘风破浪，实现可持续发展。

参考文献

李姣，赵素馨，邓徐燕，等. 2017. 乌镇旅游开发运营模式研究. 中国商论，（13）：45-47.

陆立军，白小虎. 2000. 从“鸡毛换糖”到企业集群——再论“义乌模式”. 财贸经济，（11）：64-70.

施浩. 2009. 浙江经济模式与浙商文化的关系研究. 商场现代化，（17）：13-14.

张苗荧. 2007. 温州文化、温州精神与温州模式的超越. 温州职业技术学院学报，（1）：3-6，10.
张晓倩，舒超，姜晓宸. 2016. 浅析社会资本与“义乌模式”的成功. 技术与市场，（8）：248.
郑世卿，王大悟. 2012. 乌镇旅游发展模式解析. 地域研究与开发，（5）：85-88，94.

第八篇　适应情境变化之组织变革成功秘诀

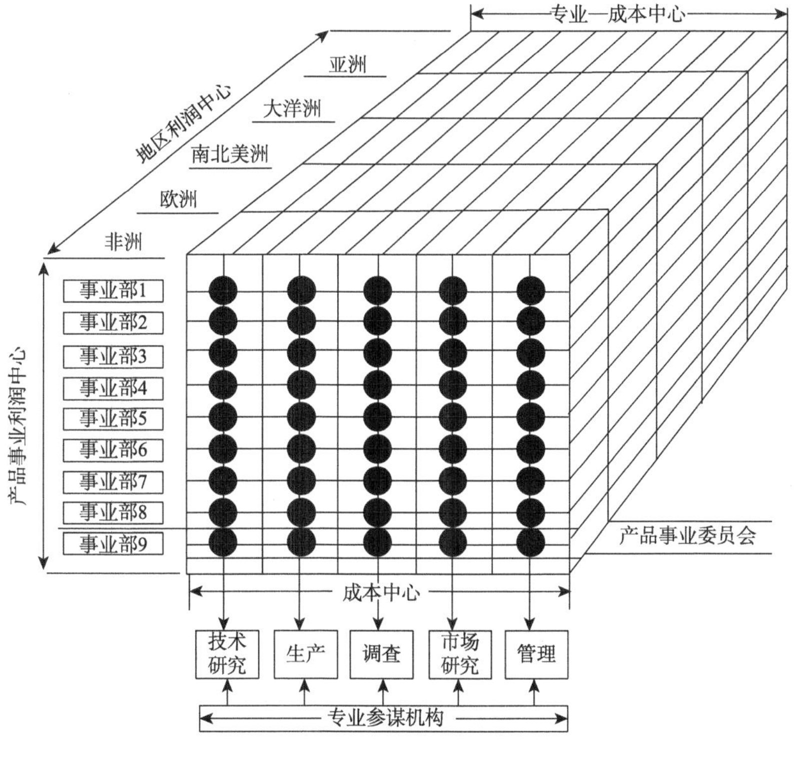

组 织 之 变

遥溯蒙昧的时代，每个族群都在首领掌管中活动有序
分工简单却将每个人的能力得以最大程度发挥
协作的智慧更不断演进着群体的生产效率
啊，群落生存的人类似乎早已掌握了自组织下繁衍壮大的秘籍……

当国家形态出现时，等级制度成了组织有序的利器
由简入繁的分工协作，分层、分类的管理体制
芸芸众生在统管中行为有序，社会生产能力不断逐级演替
组织向烦琐与庞大演化，专制似成统治典籍的精髓……

忽如一夜西方兴起资本主义，工业化的浪潮使企业蜂拥而起
一种新兴产业力量的诞生打破了昔日世界的平衡之局
向往民主、自由的个性彰显出企业组织强大的活力
创新源源不断输送着新的生产力，变革中不断冲破俗世藩篱……

百余年岁月流逝里，层级组织曾纵横全球大地
然适者生存，矩阵型助阵项目管理、事业部拓展产业给力！
俱往矣，扁平化、学习化、网络化、虚拟化潮涌21世纪
看今朝，微组织、轻公司、无边界组织尽显互联网之魅……

第1章　企业组织演化史上的一次伟大变革——斯隆提出事业部制

美国通用汽车公司（General Motors，通称为GM，其商标如图8-1-1所示）成立于1908年，历经百年的发展，它成功塑造了诸多知名品牌，如别克（Buick）、奥兹莫比尔（Oldsmobile）、凯迪拉克（Cadillac）、雪佛兰（Chevrolet）等公众熟知和喜爱的汽车品牌。

图8-1-1　通用汽车公司商标

在通用发展过程中曾遭遇多次生存危机，其先进的管理理念和组织结构的不断变革是其成功的重要法宝之一。其中，艾尔弗雷德P. 斯隆（Alfred P. Sloan，1875—1966，1923年至20世纪50年代任通用汽车公司的总裁、首席执行官、董事会主席）开展的通用组织革命影响深远。

20世纪20年代，作为通用的管理者，斯隆为摆脱生存困境，提高公司的竞争力，对通用的组织结构进行了大胆的改革，这次改革被称为“组织革命”。他建立事业部、专业委员会、政策组纵横交织的组织结构，实行“集中政策控制下的分散作业”，贯彻“政策制定与行政管理分开”的原则，平衡集权和分权，在短短3年内让濒临破产的通用汽车扭亏为盈，并成功渡过1929~1932年美国的经济“大萧条”时期。

斯隆提出“集中政策控制下的分散作业”的管理组织结构，后经逐步发展、完善成为如今大家熟知的事业部制，斯隆也因此被西方企业界称为事业部制的鼻祖。那么当时斯隆为什么会产生组织变革的想法呢？在变革过程中，蕴含着哪些创新理念、创新思维和创新原理呢？组织变革是如何一步一步发展，并帮助通用汽车成功摆脱困境的呢？下面我们对这些问题进行详细的分析和解答。

1.1　内忧外患难生存，组织变革觅出路

1908 年，几个濒临倒闭的汽车公司合并组成了通用汽车公司，随后，通用合并收购了更多的小企业以扩大其经营规模。急剧扩大的经营规模导致产品种类和经营项目不断增多，管理问题也变得越发复杂。在管理问题上，通用创始人威廉·杜兰特（William Crapo Durant，1861—1947）主张分权制，推行放任式管理，不太注重公司的整体观念。这种没有适度集权的分权很难使上下政令一致，组织中各个层级的矛盾与冲突难以协调，滋生了分散主义、地方主义与本位主义等现象。随着美国经济的衰退，1920 年末通用陷入外部经济衰退和内部管理危机并存的困境。

在内外重重危机逼迫的情况下，通用的管理者意识到必须改变现状才能谋求出路，否则通用难以为继。为安全度过这次危机，通用决定调整组织结构，也正是这次组织改革为后来人们所熟知的事业部制打下了坚实的基础。

1.2　确立基本模式：集中决策，分散经营

杜兰特留下的弊病是几个子公司各自为政，统筹管理或亏损由总公司包揽，但一有利润子公司却擅自截留拒绝上交。为解决这一问题，以斯隆为代表的通用管理层决定进行组织变革。虽然集权有利于政令统一，标准一致能够统筹全局，但是过度集权会带来种种弊端，如决策质量降低、组织的适应能力降低、信息交流不畅等问题。而分权虽然能够集思广益，充分发挥下级领导机关与领导者的主观能动性，因时因地制宜地制定具有自身特色的方针与政策等，但是过度分权会带来政令难以统一，容易造成各个层级的矛盾和冲突难以协调等问题，这些问题也正是当时通用所面临的。在系统考虑集权与分权的优缺点的情况下，斯隆决定在沿袭杜兰特分散决策，独立经营的基础上，把政策的制定和落实进行分离：前

者权限归总部决策委员会，后者在很大程度上由各事业部自由运作（图8-1-2）。

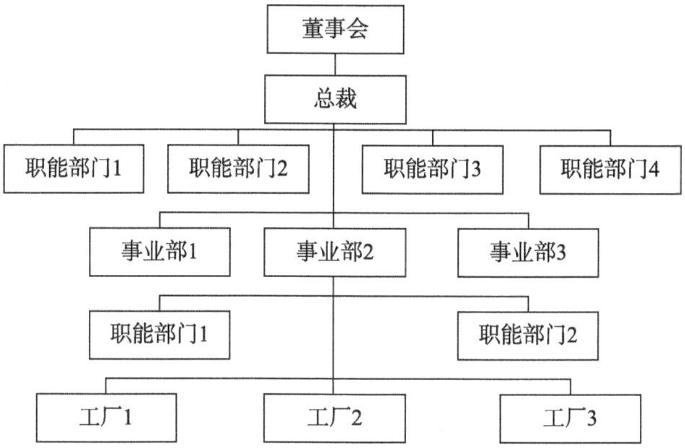

图 8-1-2　斯隆提出的组织变革结构

政策的制定和落实相分离的思想在当时的企业管理中属于首创，这一思想在集权和分权之间找到了最佳的平衡点，不仅保持了分权运营的优势，而且有效解决了政令不统一，各个层级的矛盾和冲突难以协调的问题。从根本上解决了当时通用汽车过度分权导致的各种管理弊病，将一度失控的通用汽车公司逐渐纳入控制之中。这一思想也成为后来事业部制的核心原则。

1.3　加强财务管理，调控资金运用

在进行组织变革的过程中，斯隆发现以前遗留下来的拨款方式松散的问题给企业带来了许多弊病。在缺乏拨款控制的情况下，各事业部经理通过各种方式实现其最大限度的拨款，但当时总公司无法评价他的请求是否合理，也不能在资金有限的情况下，实现对各事业部拨款请求的平衡。公司总部对各事业部缺乏有效控制和协调最终导致1920年的财务危机——拨款超限、库存失控、现金短缺。

为消除事业部的过度自由，达到有效控制的目的，通用推出财务控制策略，包括资金支出授权、现金控制、库存控制、生产控制等。同时还基于经验给出理论值预测投资回报率，通过对比预期值与实际值的差距，对运营的效果进行评价和判断，进而达到对分权运营的事业部协调控制的目的。

通用开发的财务系统不仅为公司总部提供了有效控制事业部的方法，而且将预测引入评估体系，对运营效果进行评价和判断，发现各事业部的优势和问题，

并进行相应的调整。虽然通用所运用的具体财务指标和方法并不是首创，但是将它们系统地组合在一起，并根据实际情况做出一定的调整，最终开发出一套适用于自身的财务系统，在当时的企业管理中是较为罕见的。

1.4 设立特殊委员会，促进事业部协调发展

通用的多个事业部有利于其依据自身的实际情况做出合理的决策，但同时也带来了多个事业部因自身利益导致难以达成一致意见的问题。这一问题如果不能有效解决，将会危及公司的平稳运营。为更好地解决分歧，在斯隆担任通用总裁时期，他特别设立了特殊委员会。每当事业部出现意见分歧时，他就召开公司会议，让各事业部负责人在会议上表达自己的观点，特殊委员会的委员在听取所有不同意见之后，达成一个可以普遍接受的一致意见，最终有效解决分歧，保证公司的平稳运营。

斯隆提出的设立特殊委员会的管理模式不仅鼓励团队成员提出不同建议，而且帮助团队成员相互理解，为共同的目标而奋斗，最终促进公司整体的健康发展。特殊委员会的设立与后来设立超事业部有异曲同工之妙，它们都起到了负责管辖和协调各个事业部的活动，以增强组织活动的灵活性的作用。由此也可以看出斯隆优秀的管理才能和不凡的领导能力。

1.5 完善考核制度建设，激励提升员工价值

为进一步激励员工，通用先后推出红利计划、经理证券公司、通用汽车管理公司、员工优先认股权计划等。红利计划可使每个管理者获得与自身工作业绩相当的报酬；经理证券公司和通用汽车管理公司为高层管理者提供一个增加所有者权益的机会；员工优先认股权计划则是创造了一个能让更多员工拥有公司股票的机会。这些激励措施大都以持股的形式实施，这种做法将公司员工与股东的利益捆绑在一起，一荣俱荣，一损俱损，从而激励员工为公司奉献自己更大的价值。

通用的激励机制不仅针对有杰出贡献的员工，还能激励那些还未享受红利计划的人不断进步，从而达到挽留高级执行人员的目的。这些措施激励着通用的员工不断努力，发挥更大的价值，有力地推进了公司的发展。

1.6　放飞思路求突破，谱写管理新篇章

在通用面临来自外部的经济压力及内部的管理危机时，斯隆临危受命，他对汽车行业及通用的前景保持乐观的态度，并尝试组织变革。在斯隆的主持下，通用按照“政策制定与政策落实分开，分散经营与协调控制相结合”的原则，建立“集中政策、分散经营、财务独立”的经营管理体制，事业部制的雏形就此产生。这一次的变革不仅带领通用走出困境，而且其中蕴含的创新思想和创新原理也谱写了管理史上的新篇章（图 8-1-3）。克雷纳指出，斯隆将管理决策的制定从一种无规则的、自发的艺术变成一种正式的、程序驱动的商业化活动。他从管理中抽掉了业余精神以及一些快乐，取而代之的是有节制的、值得尊敬的职业精神。

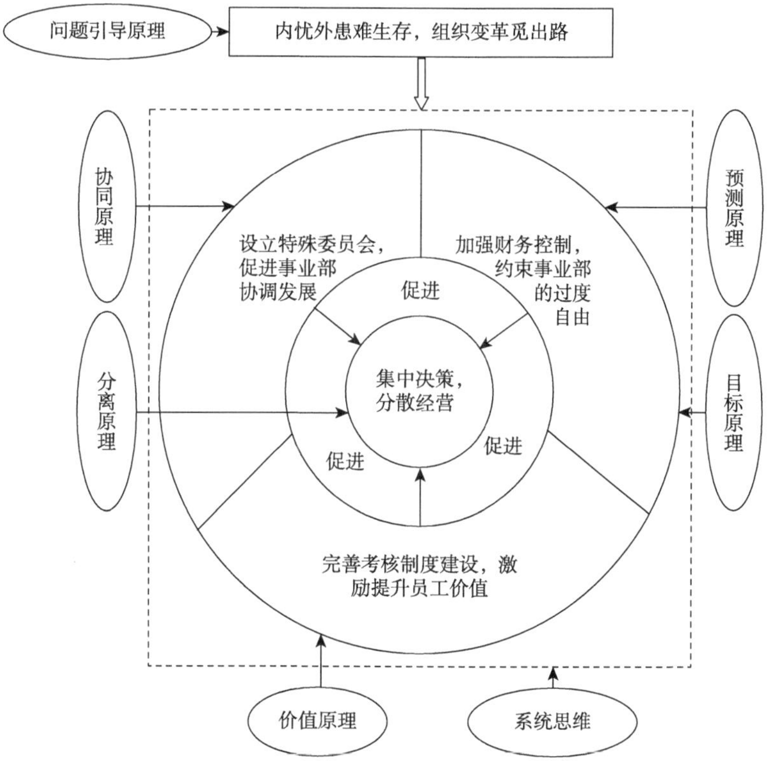

图 8-1-3　事业部制提出过程中蕴含的创新科学原理

斯隆提出的组织结构在当时的汽车产业，乃至整个管理界，都是一个创新型

的变革。他在集权和分权之间找到了一个最佳的平衡点，既保证了上层的统一领导，又保证了下层可依据实际情况行使自主权。不论是在行为科学理论及管理理论的丛生阶段，还是在以战略管理为主的企业组织与环境关系时代，抑或是企业再造及全球化和知识经济时代，斯隆的理念始终占有一席之地。虽然这一组织结构也存在着弊端和不足，如往往只重视眼前利润和囿于本位主义。各事业部之间盲目竞争也会影响先进技术和科学管理方法的交流。并且各事业部都设置职能部门，造成管理机构重叠、管理人员臃肿、增大了管理费用等。但是它的提出为规模庞大，品种繁多，技术复杂的大型公司找到了一种高效的管理模式。斯隆也因此被称为第一位成功的职业经理人。

参 考 文 献

克雷纳 S. 2003. 管理百年. 邱琼，等译. 海口：海南出版社：45.

斯隆 A P. 2005. 我在通用汽车的岁月. 刘昕译. 北京：华夏出版社：31-57.

第2章　让大象起舞的IBM式组织变革

IBM（International Business Machines Corporation，国际商业机器公司），全球 IT 第一巨头，在过去半个多世纪中遥遥领先。美国《时代周刊》曾说：“IBM 的企业精神是人类有史以来无人堪与匹敌的……没有任何企业会像 IBM 公司这样给世界产业和人类生活方式带来和将要带来如此巨大的影响。”然而，IBM 的发展中也曾经历挫折。困境中，IBM 通过一次独具特色的组织变革走出困境，这次 IBM 式的组织变革也成为世界大型商业组织创新的成功案例。

2.1　市场环境变化暴露传统组织缺陷

IBM 在 20 世纪 60~80 年代极致辉煌，公司业务遍布 160 多个国家，组织结构庞大繁杂（图 8-2-1）。然而，从 20 世纪 80 年代末开始，计算机产品市场需求越来越多样化。台式机、个人计算机的出现使得以微软、英特尔为代表的新 IT 生产力以及 Sun Microsystems（太阳计算机系统有限公司）、惠普、DEC（Digital Equipment Corporation，美国数字设备公司）、思科等诸多 IT 生产商崛起。1989 年开始，IBM 风光不再，各项业务一路下滑，1993 年的税前净收入亏损额高达 87 亿美元。IBM 这位曾经的蓝色巨人，举步维艰，甚至被华尔街称为“即将灭绝的恐龙”。

图 8-2-1　IBM 的商标

在新的市场环境下，IBM 传统的组织结构与组织文化都无法满足市场的需求和行业的变化，计算机行业的领袖似乎成为一头被市场逼近死角的大象，不能动弹也难以回头。

2.1.1　二元结构忽略客户需求

IBM 造成这样的局面是有原因的。

IBM 在多年的组织演化中，逐渐形成了二元的组织管理结构。在这个结构中，负责处理 IBM 全球扩张的海外部和处理基础技术的技术事业部是整个 IBM 最有权力的两大部门。其中，海外部致力于保护自己在当地赚取的所有利润和资源，技术事业部则埋头于技术攻坚。在大型机为计算机市场主要产品的时代，IBM 过硬的专业技术还可以赢得客户的信任。但随着国际事务的不断扩大，IBM 在美国本土的全国性总部、地区性总部、隶属地区的区域性“贸易区”开始出现利益割据的情况。在计算机市场出现新的细分需求后，IBM 客户的新需求不能被重视，更别说满足。

2.1.2　企业文化成为变革桎梏

IBM 自创建以来就塑造了极高的品牌荣誉感。IBM 的创始人老沃森在 1914 年创办 IBM 时设立了三条“行为准则”。一是必须尊重个人；二是必须尽可能给予顾客最好的服务；三是必须追求优异的工作表现。在 IBM 发展的过程中，这三条行为准则被时时强调，很长时间内它都是 IBM 巨大凝聚力的源头。

然而，在经过百年发展之后，IBM 这三条行为准则在新的时代显得久远空洞，失去了核心的企业文化灵魂。缺乏内在的三条行为准则被不同的人理解，就形成了不同的价值观系列，这使得 IBM 各个阶层官僚主义作风盛行，数万人都在试图保护自己的特权、资源以及各自单位的利益；还有数千人则更加努力地在人群中发布命令与标准。此时的 IBM 只信奉技术的创新，在管理与销售方面则拖沓低效。虽然不断有员工和领导者认为 IBM 需要改变，但改革却困难重重。

2.2　构建 IBM 式组织结构实现企业完美转身

残酷的现实让 IBM 意识到必须做出调整。尽管当时华尔街建议把 IBM 按照产品拆分成 7 个公司分别上市。但是 IBM 经过分析后预测，虽然计算机市场横向产品越来越分散，但在这种趋势下客户会更需要计算机系统的整合交付方案，而IBM 正好可以利用自己完整的 IT 产品线将复杂的技术应用到解决商业难题中。IBM 开始尝试利用自身完整产品线这一优势帮助大客户实现产品集成需求。

“如何满足客户需求”成为 IBM 组织变革中的根本目标，可是在 IBM 以往的组织结构中，无论是海外部还是技术事业部都难以满足“顾客定制”的需求。为了让企业重新焕发活力，IBM 开始着手对企业组织架构进行变革。

既然 IBM 洞察了行业的未来发展方向，其自身的组织架构必将为达成组织目标而服务。尽管在短期内，整合的方案比“分割而治”的方案更为复杂，但综合考虑企业的长期发展目标、组织变革成本、未来营利模式等因素，IBM还是选择了长远利益最大化的整合方案。

在整合方案中，IBM 需要作为一个整体去了解每一个客户的实际需要并最终依托强大的技术支持实现客户的需求。在组织架构上，IBM通过组合前后端结构和多维矩阵两种组织架构方式，创建了最适合 IBM 自身业务众多、组织庞大、核心技术超前特点的 IBM 式组织结构。前后端结构和多维矩阵被组合运用，不仅发挥了各自的优势，还将“面向客户”和“专注产品”巧妙地协同起来，做到技术支持客户，需求引领技术发展方向。

2.2.1 前端组织了解客户需要，后端组织实现客户需求

既然要把“客户需求”放在首位，那么公司中的营销部门就应该最先与客户建立联系。IBM 在 1994 年之前并没有一个以公司为服务对象的营销部门，而新建立的营销部门就是要立足于了解客户、了解市场。通过营销部门的市场细分、竞争对手分析和消费者偏好分析，IBM 决定构建面向客户的“前端”组织。这部分组织以客户为中心，并销售 IBM 的产品或服务给终端以及客户的渠道合作伙伴。

了解客户需求后，还需要强大的技术能力以实现客户的需求。这部分职责由产品线和解决方案集团承担，也就是以产品为中心的“后端”组织。根据产品线的不同，后端组织又细分为硬件、软件和服务三大分集团。至此，IBM 建立起了独具特色的以面对客户为前端，面对产品和解决方案为后端的组织结构，如图 8-2-2 所示。

当前端发现一个客户群有足够的业务量，或者需要的业务不仅仅局限于金融、分销、生产制造时，后端的产品和解决方案线就可以针对这个客户设立专门的子团队为其服务。例如，客户是一个并不局限于美洲发展的全球化公司，它在业务发展中除了生产制造业务还需要计算机数据库和系统管理这两方面的服务，这时 IBM 的后端产品和服务线就可以通过全球服务集团协同匹配客户的需求，在产品和服务线上由软件和全球服务集团提供数据库和系统集成、咨询业务。同

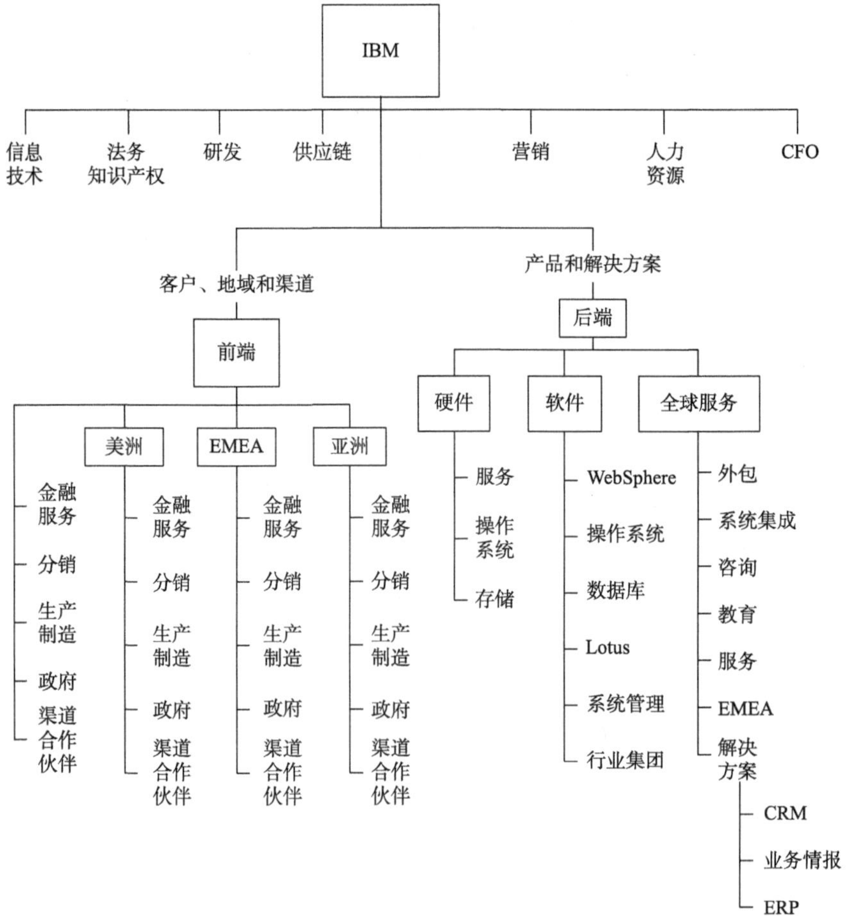

图 8-2-2　IBM 的前后端组织结构

CFO：chief financial officer，即首席财务官；EMEA：Europe，the Middle East and Africa，即欧洲、中东、非洲三地区；WebSphere：IBM 的软件平台；Lotus：IBM 旗下的一款软件；CRM：customer relationship management，即客户关系管理；ERP：enterprise resource planning，即企业资源计划

时，在公司前端建立子团队，子团队原则上向产品线汇报，但在整个公司内它们也作为行业部门和区域发展的一部分，这样区域与行业就会对这个团队提供相关的支持。在客户看来，整个 IBM 都在为他的业务出谋划策，规划落实。IBM 前后端组织职能划分如图 8-2-3 所示。

这样，IBM 通过前后端组织结构奠定了自己全面解决方案的竞争优势并依此稳定了与客户的关系。通过 3 年的艰苦努力，IBM 又重新回到 IT 业的大舞台，完成了一次震惊世界的起死回生。华尔街惊呼“蓝色巨人又回来了”！通过 IBM 财务数据我们可以看到，在 1994 年之后，IBM 税前净收入终于开始连年攀升，如图 8-2-4 所示。

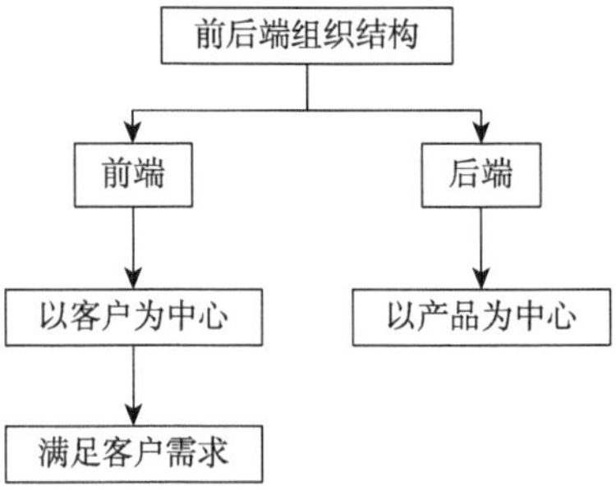

图 8-2-3　IBM 前后端组织结构职能

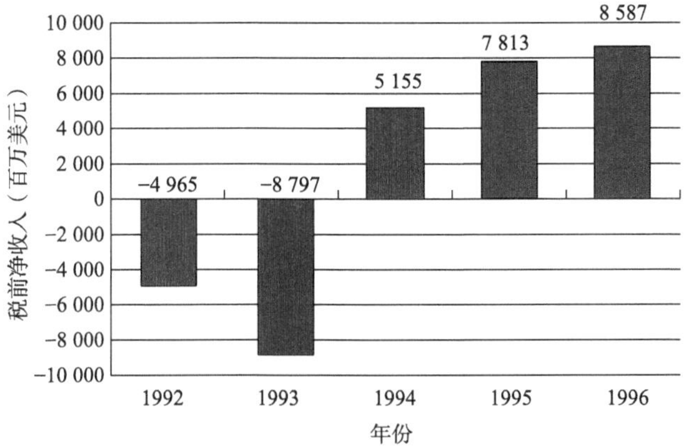

图 8-2-4　IBM 公司 1992~1996 年的税前净收入

2.2.2　创建多维度组织提高综合竞争力

经过进一步的市场需求分析及对自身发展定位的考虑，IBM 决定将主营业务由计算机硬件供应商向计算机服务供应商转型，以“服务”作为自己的核心竞争力。那么，怎样提升自己的服务竞争力呢?

如果从零开始自己发展服务业务，IBM 虽有信心做好，却需要大量人力、财力、物力的投入，还要承担极大的沉没成本和市场风险。与之相比，购买相对成熟的产品服务既可以降低市场风险，又可以利用对方已经占领的市场份额和资源。权衡利弊，IBM 开始了自己对软件业务和服务业务的收购计划，全面提升自己在办公自动化、电子商务软件、企业计算机管理、数据库、应用软件开发工具、商业智能和整体咨询领域的能力。与此同时，IBM 将低利润甚至亏损的“鸡肋”型业务和“包袱”型生产线逐步出售，包括 2004 年将个人电脑业务出售给中国联想。

随着业务的转型，IBM 在前后端组织基础上协同各集团、业务组织，将“前后端”组织形式和“多维”组织形式结合在一起，协同整个公司的资源以创造更高的价值。公司的职能部门以矩阵的方式渗透到各个产品线单元，各行业业务单元被进一步细分成子行业业务单元，这种细分又由所在的区域所管辖统领。因此，无论是不同行业单元、不同客户团队的总经理都需要将自身工作置身于不同的维度，如图 8-2-5 所示。从该图中，可以看到在与总经理工作相关的行业单元（图中以软件单元为例）中，软件单元负责人、全球服务负责人、全球行业负责人（如果牵涉全球业务）和公司职能负责人需要相互联系，协同合作。无论是基于哪种维度建立起来的“团队”都应将自身的目标与公司整体资源相结合，使得各“团队”成为行业集团的缩影，各区域成为整个 IBM 公司的缩影。

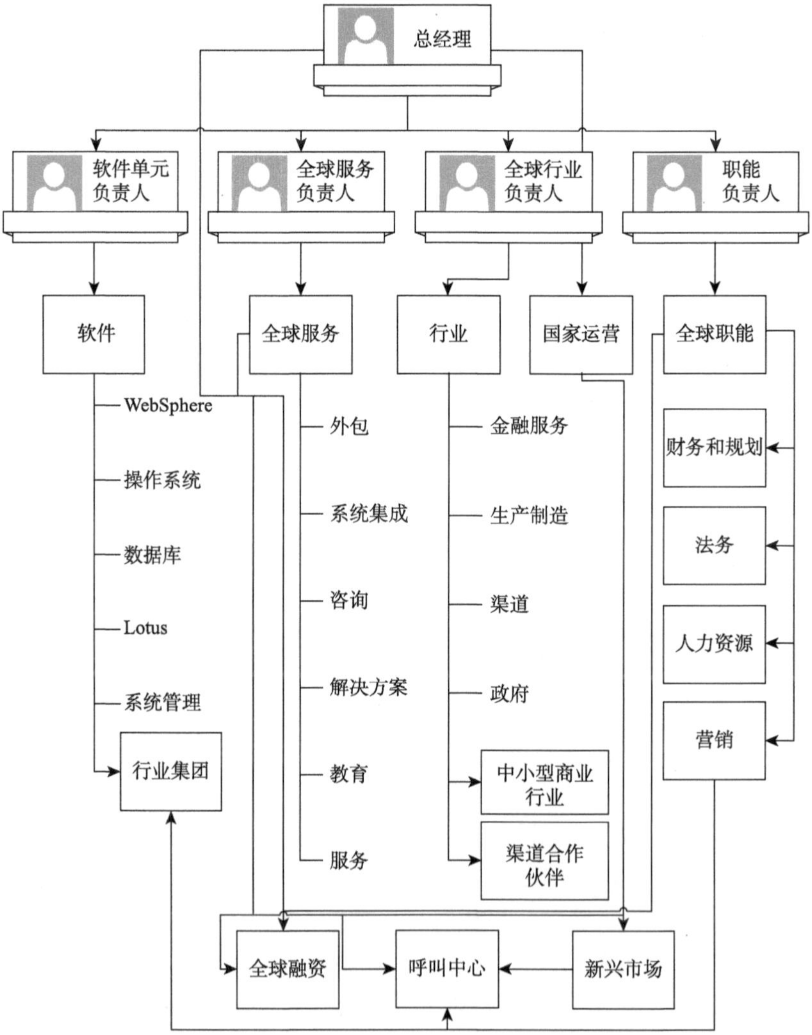

图 8-2-5　IBM 多维组织协同

在这样的多维前后端组织中，各个产品线负责人、职能负责人和行业集团负责人同时向区域总经理和他们各自对应的业务主管汇报，如果涉及全球业务，则还需要向所对应的全球业务主管汇报。这样的汇报看起来烦琐，在执行的时候却是在工作中整合资源的必要步骤，直接且高效。

不仅如此，多维的前后端组织结构还精简了 IBM 之前臃肿的组织。在旧的财务组织中，仅公司的预算体系就有 3 个，更别提各个地域的事业部和产品事业部都坚持要有自己的预算。这使得财务分配不断地出现争议和变化，公司难以做出统一决策。而在 IBM 欧洲、中东和非洲区的 9 万名员工中，26%的工作人员都是在支持性部门工作。经过组织变革，多维的前后端组织结构使得公司职能部门最高效地发挥作用，组织成本却大幅降低。

通过这样的组织变革，IBM 得以更专注于高价值的、高端的产业和服务领域，既能平稳降低计算机硬件业务的毛利润指标，又能大幅提高计算机软件和服务业务的利润。服务业务和软件业务从此转型成为 IBM 的主要盈利来源，如图 8-2-6 所示。

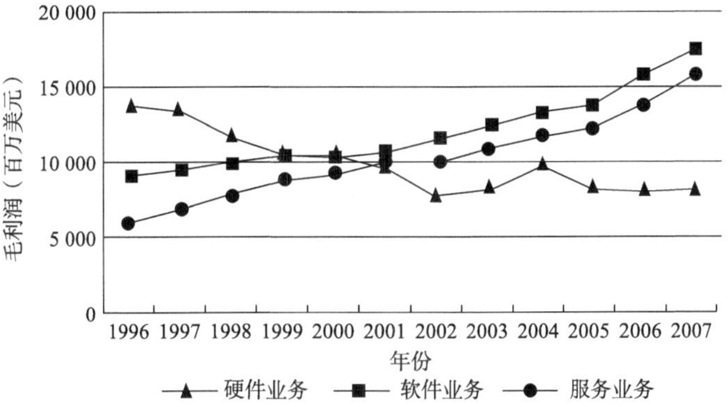

图 8-2-6　1996~2007 年 IBM 业务毛利润趋势

从图 8-2-6 中可以看到，IBM 在组织架构中曾有过很多的设想和方案，但无论是选择组合构建的多维的前后端组织架构，还是协同客户主导和技术支持在企业发展中的地位，抑或是在企业业务选择方面的成本评估并做出价值取舍上，都体现了一个大型企业在面临组织变革时的种种考验与最终决定的艰难。

IBM 无论是在计算机核心技术的开创还是在对组织内部员工的管理方面都曾是许多企业的学习榜样，但随着环境的变化却仍要面对严峻的挑战。组织变革中的选择与取舍关系到企业的生命力与未来发展，每一项决定的背后都需要考虑众多的因素。如何运用全盘的眼光分析市场环境，利用自身优势拟定发展战略并最终落实到具体决策上，这一系列动作都要系统地考虑，反复地比对，以保证达到最好的效果。可以说，组织变革是多种创新思维的凝聚，更是众多创新方法的升华。

2.3 IBM 文化再创新

2.3.1 企业文化的时代新解读

前面提到，IBM 三条“行为准则”后来逐渐出现了诸多弊端，针对这种情况，当时的首席执行官郭士纳提出了 IBM 新的基本价值体系。新的价值体系结合时代发展的特征和 IBM 走出困境的需要，强调以“绩效文化”为核心，在“绩效文化”中体现三条准则。

“绩效文化”体现为三大部分：第一个是 win，就是所谓的必胜的决心。第二个是 execution，就是又快又好的执行能力。第三个是 team，即团队精神。因为 IBM 的多维的前后端组织架构决定了一件事会牵涉很多部门，有时候会从全球的同事那里获得帮助，所以团队意识非常重要。绩效文化鼓励每个人的工作都是需要尊重的，每个人不仅要为自己负责，也要为这一事项努力的其他同事的劳动负责。IBM从浓厚的官僚气氛中逐渐走了出来，意气风发、谦虚自信地开始了新的旅程。

2.3.2 创造组织沟通的平台——JAM

IBM 的员工往往具有高技能知识和独到见解，大部分人对 IBM 的发展规划、怎样管理公司都有自己的见解。如果能让他们感受到公司的信赖与期望，就更能激发他们的工作热情。IBM 的管理者们深刻认识到这一点，JAM 应运而生。

在形式上，JAM 更像一个具有组织性的聊天室，它将所有的参与人员都聚集到一个门户网站和内网上，帮助大型组织下的个体围绕一个高优先级问题进行对话交流。这不同于问卷调查，也规避了问卷调查的指向性和高成本。在 JAM 进行的过程中，每个参与人都可以就讨论主题发表观点。这些交流过程都被记录在 JAM 中，思维流也会由 JAMALYZE（一款纯文本数据采集软件）进行分析。讨论中的热点提议会被提取并张贴出来，通过帖子和总结可以对话题发帖者进行搜索，也可以直接发邮件给相关的关键人员请求批示。每隔 12 小时，JAMALYZE 就会整理和总结讨论过的内容，帮助 JAM 整理者和管理团队得出最终总结和行动清单。

在 2002 年，IBM 通过 JAM 建立了新的价值观，分别是客户认可、卓越创新和诚实互信。这次 JAM 历时 3 天，有超过 5 万名 IBM 员工登陆 JAM 并发表了约 1 万篇帖子。JAMALYZE 在对帖子进行总结后形成了报告并由 CEO 发布到公司内网，约有 20 万人进行了下载。可以说，IBM 中的大部分员工都通过这次创新讨论提出了自己的意见或参与了讨论，这种高效有序的沟通在其他的大型组织中几乎是不可能的。

这体现了 IBM 创造 JAM 的价值所在。在 IBM 这种大型、多维的组织中各个业务集团、职能部门之间总会有不可避免的冲突，JAM 能够使分布于世界各地的上千人同时对话并聚焦于高优先级的话题，引导大家在此话题上达成合理的一致意见。这在技术层面上使得 IBM 多维的前后端组织得以更好地运行。

IBM 的文化不是一时兴起，也不是百年不变。在不同的时代背景下，企业文化需要灵活调整，随着不同组织目标的拟定而不断提升变化，以适应新的环境。可以说，组织文化的变革需要在继承过往的基础上吸收时代精神与现实需要，继而融合创新。这种与时代共振的融合不仅反映出创新科学原理的情景原理，更是许多领导者、参与者共同的精神财富。

2.4 IBM 带来的启示：谁说大象不能跳舞

几乎所有的企业都希望能“做大做强”，但一旦真的做大到 IBM 的程度，技术的革命和市场的变化对其而言都是严峻的挑战。IBM 一度被称为计算机领域的“蓝色巨人”，也曾在危难时被华尔街取笑为反应迟钝、难以回头的大象。但是其凭借着应需而变的精神和坚持不懈的努力，最终从传统的计算机企业成功转变为与世界经济接轨的、务实而灵活的现代企业。正如 IBM 前首席执行官郭士纳的自传书名一般，“谁说大象不能跳舞”？大巧若拙的 IBM 在对创新的追求和科学规律的引导下，摸索出了一条因创新而迸发生命力的传奇之路，如图 8-2-7 所示。

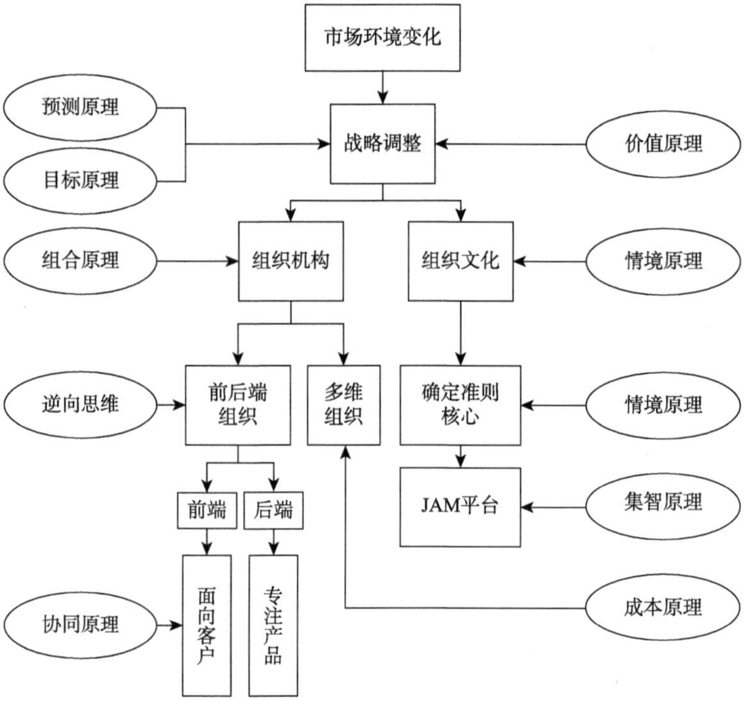

图 8-2-7　IBM 组织变革过程中运用的创新原理

参 考 文 献

黎晓珍. 2005. IBM 变革攻略. 广州：南方日报出版社：170.
许正. 2011. 与大象共舞 向 IBM 学转型. 北京：机械工业出版社：215.
张烈生，王小燕. 2011. IBM：蓝色基因 百年智慧. 北京：中国华侨出版社：11.

第3章　以“市场链”为纽带的海尔组织流程再造

自1984年成立以来，海尔集团从一家资不抵债、濒临倒闭的电冰箱制造小厂，到抓住改革开放机遇全面提升质量管理的优质企业，再到提供多元化高质量产品和服务的国家优秀企业代表，最终成功跻身世界一流家电企业，成为全球大型家电第一品牌……为什么当初默默无名的海尔没有淹没在时代发展的浪潮中，反而能踏浪前行，成长为今天的世界级著名企业？这是一个值得人们认真思考的议题。

历数海尔发展的30多年，集团的组织结构经历了从实施名牌战略的职能式结构，到适应海尔多元化扩张战略的事业本部制组织结构，再到实现海尔国际化战略目标的流程型网络结构，最后到配合互联网全球化战略而推出的“倒三角”组织结构的不断调整。在多次的组织变革中，海尔于1999年开始实施的，以市场链为纽带的组织流程再造，完美践行了组织流程再造由理论向现实的飞跃。在此，我们回溯并解析海尔组织流程再造的原因、原理和方法，也许可以体会到海尔在这次组织变革过程中，是怎样适应环境与战略的变化，是如何进行组织流程再造，实现走出国门、出口创牌、打开国际市场这一战略目标的。

3.1　世纪之交环境变，流程再造迎挑战

20世纪末，中国加入WTO（World Trade Organization，世界贸易组织），企业的外部市场环境发生巨大变化。全球化竞争日益激烈，顾客的需求更加多样化、高质化、迅捷化，各种技术快速发展，竞争对手纷纷提高竞争力。面对这样的情境，海尔在提升国际竞争力方面有了更迫切的需求。

外部市场环境的变化促进了海尔内部发展战略的调整。海尔开始重视国际市场的开发，制定了迈出国门、跨入世界五百强的国际化战略发展目标。面对如此

宏伟的目标，海尔无论在人员素质、创新能力、核心竞争力还是在经营规模、全球化程度、品牌价值等方面均需要大幅提升和强化，特别是海尔在其国际化过程中面临着不可避免而又亟待解决的两大难题：如何规避“大企业病”的发生和提高流程效率；如何提高员工的整体素质、创新能力和责任心。

这要求海尔必须在管理上进行彻底变革和创新，在做大企业规模的基础上保持企业管理的灵活性，对业务流程进行改进，建立一种可充分调动员工积极性和创造性的创新机制，从根本上提高企业的管理效率和响应市场变化的速度。

彼时，恰逢组织流程再造在美国企业界甚至是世界范围内迅速传播，给许多企业带来了组织绩效的重大改善。一直善于学习前沿管理理论的海尔又怎会忽视这一新事物。组织流程再造以其面向市场用户、灵活机动、注重整体流程优化的特点迅速俘获了海尔的芳心，与海尔期待的组织变革目标不谋而合。那么能不能把组织流程再造移植到海尔呢？

海尔开始尝试探索适合其国际化战略的组织流程再造新模式，以期有效提高市场响应速度，更有力地参与国际化竞争。经过系统的考虑和综合的论证，1999年，海尔开始推行以“市场链”为纽带的组织流程再造，这并不是简单照搬西方的组织流程再造形式，而是抓住顾客满意度这一核心，并把市场中的利益调节机制灵活移植到企业内部。

首先，海尔重新设计了业务部门，打破企业按职能设置部门的管理方式。然后通过“市场链”的设计，以企业内部的“市场化”为手段整合业务流程体系，将顾客满意度传递到业务流程的每一环节。最后从系统思维的角度出发，重新设计企业的管理过程，对管理模式及价值分配体系做了创造性改革，通过构建配套的 OEC 管理模式，从整体上完善企业的组织作业流程。各方面的变革相互配套、同步推进，共同保证再造流程的全局最优（图 8-3-1）。这次组织变革的成功为海尔进军国际市场在组织保障方面奠定了坚实的基础。

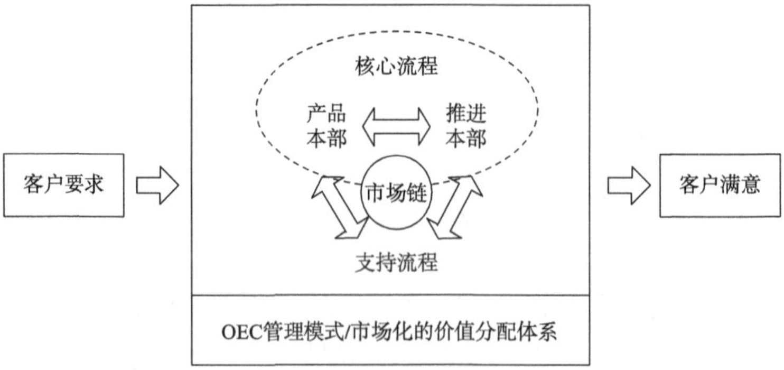

图 8-3-1　海尔组织流程再造系统

3.2 业务部门重设计，横向网络提效率

海尔在组织流程再造之前，是典型的事业部制结构（图 8-3-2），在公司初期，这种结构易于控制整个集团的商务运作，有利于解决决策混乱、管理分散等问题。但随着公司规模逐步扩大，其机构重复设置而造成的信息沟通速度慢、商务运作成本高、系统反应迟缓等问题逐渐暴露出来。面对不断扩大的集团规模，面对走出国门后更加多变的市场环境，面对企业竞争所带来的多样化顾客需求，海尔急需打破原来重叠的机构设置，建立灵活的组织流程以提高管理效率。

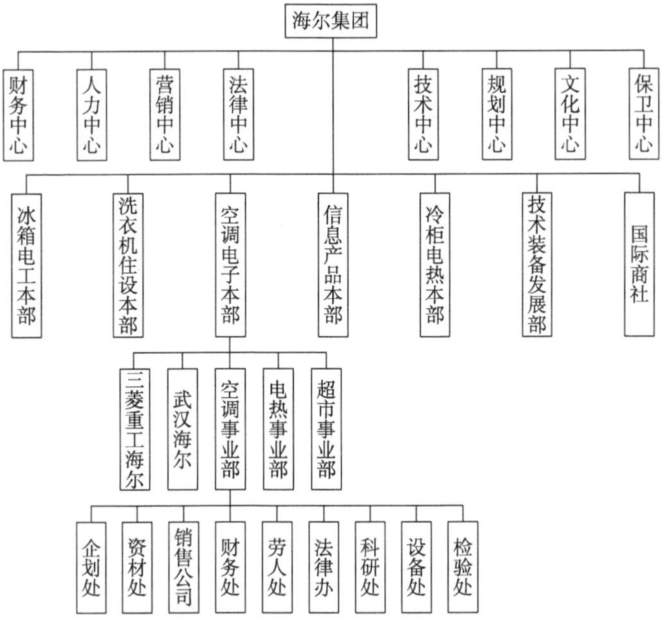

图 8-3-2 海尔流程再造前的组织结构

海尔首先将原来分属于各事业部的销售、采购、财务业务抽离出来，整合构成集团直属的，有独立核算权的商流、物流、资金流推进本部，实行全集团范围内统一营销、统一采购、统一结算。负责国外营销的部门整合为海外流，即海外推进本部。然后，又把各事业部人力资源、技术质量、信息设备、法律、保卫等部分抽离出来，组建独立经营的服务公司。最后，原有各产品事业部演变成独立的研发及生产部门，而不再具有其他的功能。通过业务部门的分离整合，原先各事业部机构重复设置造成的管理效率拖沓、系统反应迟缓的状况得到了有效解决，原来的直线职能型结构转变成平行的网络流程结构，形成了横向网络化的新业务流程（图 8-3-3）。这不仅优化了管理资源和市场资源配置，还有效提高了

企业管理系统的效率和柔性。

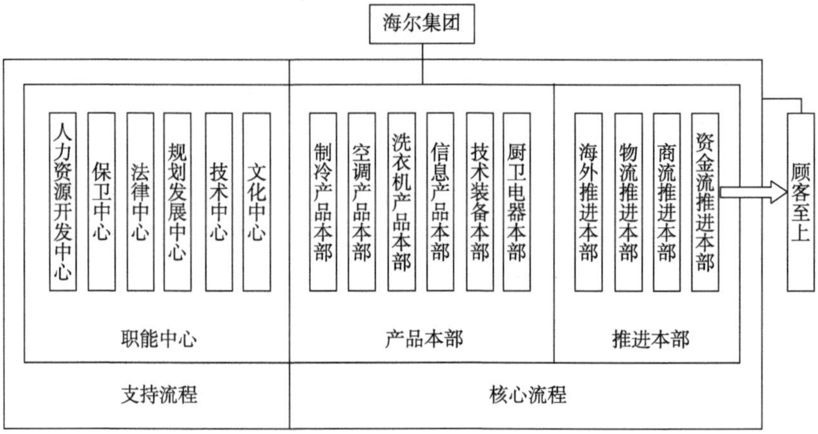

图 8-3-3　海尔流程再造后的组织结构

如此庞大的业务部门调整必然会遇到多方面阻力，这一过程肯定不会一蹴而就。如何掌握好调整节奏，把握好组织变革的先后顺序，解决好其中的各方矛盾，是海尔业务部门重组能够顺利进行的关键。海尔抓住其中的主要矛盾，从企业的核心流程开始变革，通过对原来重复业务部门的分离重组，首先整合构成了新的商流、物流、产品事业部。新组建的商流内部包含企划部、市场资源部、广告部和全国各地工贸公司，这样海尔改革的第一步就首先成功地将订单从事业部订单转变为内部制造订单，确保了营销渠道的顺畅。物流内部包含采购事业部、储运事业部、配送事业部，保证了供应链、销售链的稳定。而产品事业部对制造业务流程做了进一步规范，为企业的正常生产做好了铺垫。海尔在理顺了核心流程，保证生产、销售、运输顺利进行的前提下，又逐步对支持流程进行了整合。在整个业务部门再造过程中，海尔并没有多个流程改革同时进行，而是通过观察思考抓住改革的要点重点，有主有次逐渐展开，保证了整体流程改革有序平稳地进行。

3.3　市场导向为依据，业务流程体系立

业务部门的重新设计解决了企业资源配置和管理效率的问题，但进入国际市场后，需求更多样化的用户群体给海尔带来了新挑战。怎样才能快速响应用户的各种需求，最大化提升客户的满意度呢？海尔想到了市场化。能否通过需求方的刺激调动企业内部部门的活力，把市场中的利益调节机制移植到企业内部，在企业内部也实施市场化呢？

于是，海尔尝试以“市场链”为纽带重新设计业务流程体系，通过市场化供求关系的作用，形成首尾相接、完整连贯的整合性业务流程。这样海尔内部上下流程、上下工序和岗位之间的业务关系，由原来单纯的行政机制转变成平等的买卖关系、服务关系和契约关系。“市场链”的设计不仅整合了分属于不同业务部门的专业化流程，在企业内部形成了以订单为中心、上下工序和岗位之间相互咬合、自行调节运行的逻辑化业务流程体系。而且一系列的内部市场订单，使海尔的内部流程部门也有了市场观念和服务意识，终端客户的满意度被无差异地传递给每一个业务流程和岗位。

为了配合“市场链”的传导效果，海尔还从系统化的角度出发，完善了一系列的配套措施。第一，设计了索酬、索赔、跳闸等手段以建立流程之间、岗位之间的经济利益关系，使信息的流动货币化；第二，建立了内部价格体系以确定各流程之间的支付价格；第三，确立了岗位负债经营机制，以激励约束员工及时响应快速变化的市场需求。海尔通过设计建立以“市场链”为核心的一系列相关机制，全面完善了业务流程体系，激活了流程的活力，有效地保证了再造流程体系的顺利运行。

海尔“市场链”的创新之处在于利益调节机制的内部移植，通过市场内部化把企业外部压力转化为每一个员工的责任和动力。海尔再通过一系列手段、机制协同“市场链”进行流程整合，使整个业务流程成为一个逻辑清晰、咬合紧密的系统。这样的系统调动了员工的积极性和创造性，提升了海尔的整体活力。

3.4　管理模式精细化，目标分解保质量

业务部门再造和“市场链”设计，解决了海尔的组织框架问题。但是摆在眼前的还有一大问题：什么样的组织运行机制能配合业务流程，强化组织框架结构，达到组织目标协同一致的效果？海尔针对此设计了 OEC 管理模式，以优秀的流程控制能力、完善的激励机制，有效地优化了组织流程的配合运行问题。

OEC 是“overall every control and clear”的英文缩写，其含义是全方位地对每人、每天所做的每件事进行控制和清理，做到“日事日毕，日清日高”。简单地讲，就是每天的工作每天完成，而且每天的工作质量都有一点儿提高。海尔设计 OEC 管理模式之初，首先从定量的角度考虑，将企业的总目标分解为各部门的目标，各部门再把目标细化为每个人的具体目标。这样就将所有的事和物分解量化到每一个人、每一天、每一项工作，消除了管理中潜在的漏洞，实现企业管理的精细化。将目标分解之后，每个人、每天都能根据明确的目标对各种消耗和质量进行清理，找出原因、落实责任。每天工作“日事日毕”的闭环管理，可以使

工作中遇到的问题责任清晰，处理及时。另外，海尔为了促进员工不断自我优化，提出“日清日高”的原则，督促员工每日考核工作中的薄弱环节，进行反思提高。通过闭环管理、不断优化的日清控制系统设计，海尔的每项工作都得到了有效执行，整体组织流程控制能力得到增强。为调动员工的积极性，保证 OEC 管理模式的有效执行，海尔还设计了公开、公平、公正的激励政策，如竞争上岗、价值激励等。标准化的 OEC 管理模式，为海尔的顺利运转做好了保障。

3.5 薪酬改革市场化，激励员工促活力

海尔一直将“用户满意度最大化”作为企业准则。在推行以“市场链”为核心的组织流程再造后，企业的内部部门也有了自己的直接用户，内部用户的满意自然成了海尔流程和岗位的价值评价标准。如何使这种价值评价标准得到员工的认可并高效执行呢？海尔提出了协同的价值分配方式，即将员工收入与部门绩效联系起来，达到激励员工的效果。

1999 年开始，海尔对薪酬体系进行改革，取消岗位工资，实行全员动态的市场工资制。这种制度既不是传统意义上的按劳分配方式，也不是按资分配方式，而是一种按结果分配的方式，这种结果就是市场认可和用户满意。在这种分配体系下，员工的切身利益与顾客需求的满足密切地联系在一起，激励员工以积极的心态应对用户要求，同时更加注重劳动的质量和效果。当然这种薪酬体系的构建，离不开海尔整套的再造管理系统：基于“市场链”的业务流程体系、流程价值评价标准、OEC 标准化管理模式等。在这样一个系统化的组织结构框架下，无论是直接面对外部市场的核心流程，还是面对内部用户的支持流程，海尔都可以有效地执行一整套互相衔接、互相咬合、具有可操作性的市场薪酬分配体系。这也成为海尔完善组织流程再造、传递外部客户满意度的一个重要的支持部分。

另外，海尔同时对信息化建设和文化重塑这两方面进行了保障性改革，使其贯穿于组织变革的整体模式之中，从系统上保证了整个流程再造的完整性和可实施性。海尔在组织流程再造过程中，涉及的各方面变革相互配套、同步推进，确保了组织流程再造的整体效果，也加速了海尔国际化战略的顺利实施。

3.6 组织流程再造助海尔跨世纪发展

历经 30 多年，海尔一直不变的是从未止步的创新、是与时俱进的变革，是

适应环境的发展战略，是始终坚持以用户为中心的真诚。海尔秉持着顾客至上的原则，在组织流程再造的过程中，充分分析外部环境和自身条件，从系统化思维的角度构建了整个流程再造体系，这更是蕴含了多种创新的科学原理（图 8-3-4）。整个流程清晰的逻辑、严密的咬合设计，让海尔的组织流程再造完成了“由理论向现实”的飞跃。

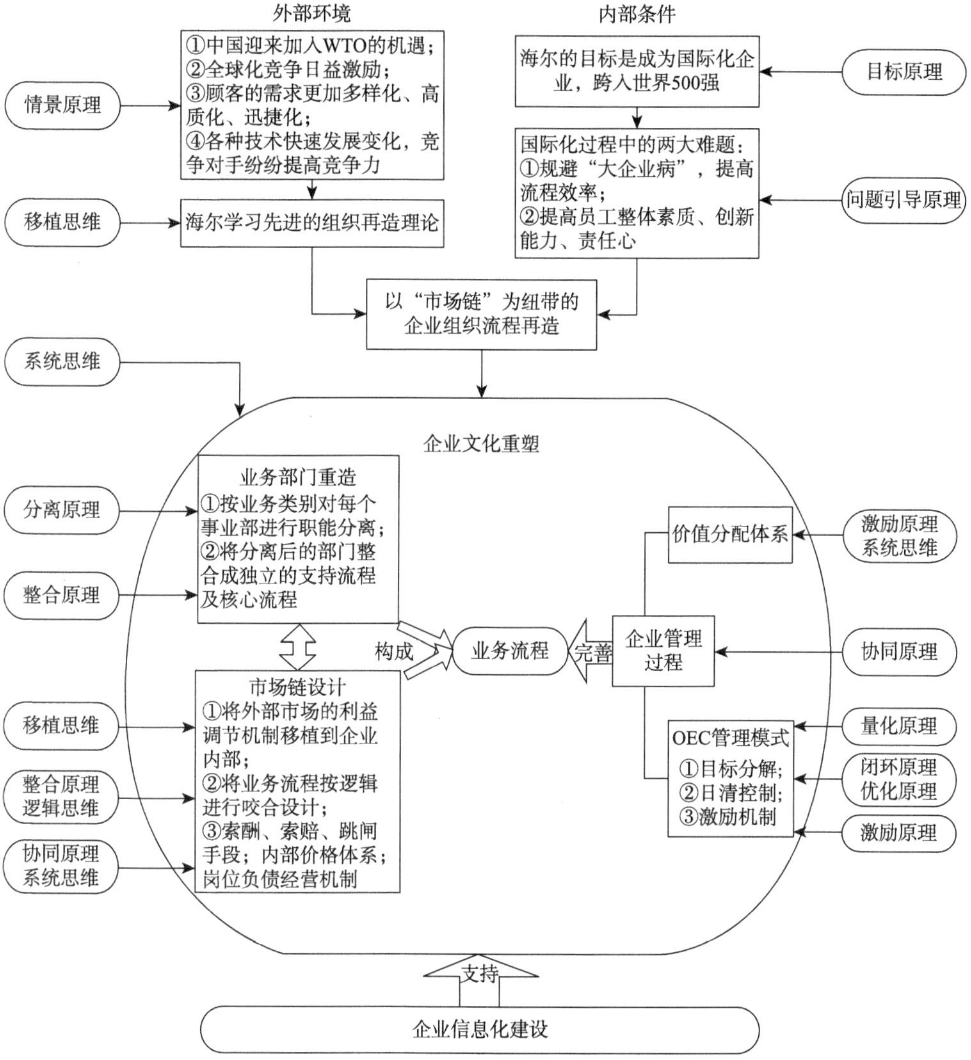

图 8-3-4 海尔组织流程再造的创新科学原理分析

2006 年 12 月，海尔以 749 亿元的品牌价值连续 5 年位居“中国最有价值品牌”榜首。

2007 年 9 月，“亚洲品牌 500 强”榜单中海尔品牌位居第七位。

2008 年 3 月，海尔第二次入选英国《金融时报》评选的“十大世界级品牌”。

2009 年 12 月，海尔成为全球大型白色家用电器第一品牌，市场占有率 5.1%。

2013 年 12 月，海尔荣获首届中国质量奖。

2015 年 12 月，海尔进入全球品牌 Top100，位列第 82 名，成为全球上升最快的品牌之一。

海尔用扑面而来的荣誉证明，组织流程再造为海尔迈向世界级品牌之路打下了坚实的基础，其影响力正随着全球市场的扩张而快速上升。但是海尔创新的脚步不会在一次的成功后就停止，在现在的互联网时代、新工业革命时代，海尔仍然用不断的创新领跑在改革的前列，为用户提供更优质、更满意的服务。

参 考 文 献

马刚. 2002. 海尔的业务流程再造模式及其经济学分析. 决策借鉴，15（1）：7-11.

牛琦彬. 2009. 海尔集团“OEC”管理模式的内涵及意义. 中国石油大学学报（社会科学版），（2）：29-31.

苏慧文. 2001. 海尔管理变革：市场链与业务流程再造. 南开管理评论，（1）：42-49.

第 4 章　杰克·韦尔奇的组织变革让 GE 重现活力

通用电气公司的历史可追溯到爱迪生时代，爱迪生于 1878 年创立了爱迪生电灯公司。1892 年，爱迪生电灯公司和汤姆森—休斯顿电气公司合并，成立了通用电气公司（General Electric Company，GE）。GE 是自道·琼斯工业指数设立以来唯一至今仍在指数榜上的公司，2016 年福布斯全球企业 2000 强排名第五。

从 1981 年杰克·韦尔奇就任总裁到 1998 年，GE 各项主要指标就一直保持着两位数的增长。在此期间，GE 的年收益从 250 亿美元增长到 1 005 亿美元，净利润从 15 亿美元上升为 93 亿美元。GE 取得如此傲人的成绩主要归功于当时的首席执行官杰克·韦尔奇的正确领导，这位传奇人物再造 GE，对 GE 进行了适时的组织变革。

4.1　风云变幻中砥砺前行

1980 年美国的经济处于衰退状态，通货膨胀严重，很多国家都在增加对美国的产品出口，尤其是亚洲国家。亚洲对美国出口的产品包括收音机、照相机、电视机、钢铁、轮船和汽车等，其中日本凭借良好的技术也在增加对美国的电视机出口量。美国的市场受到影响，GE 的很多业务也都受到了冲击，利润开始萎缩。面对激烈的市场竞争环境，如何提高产品核心竞争力成为 GE 需要思考的关键问题。

1981 年，45 岁的杰克·韦尔奇成为 GE 历史上最年轻的董事长和首席执行官。为适应商业环境的变化，提高公司业务的长期竞争力，他制定了“数一数二”战略，即 GE 的每一项业务都要在市场上处于前两名，否则就要被整顿、出售或者淘汰。

杰克·韦尔奇执掌GE时，发现公司整体处于严重的官僚化阶段，组织结构庞大臃肿、大量终身员工闲置、官僚机制低效、部门林立、管理层级繁多、等级森严。组织结构僵化的问题导致GE对市场反应迟钝，极大地降低了公司的效率，不利于公司“数一数二”战略的实施。为改善当时的组织状况，为公司战略的实施扫清障碍，更好地适应外部环境，杰克·韦尔奇对GE进行了大规模的组织变革。

不难看出，杰克·韦尔奇做出组织变革的决定，是基于当时竞争激烈的特定市场环境和公司战略发展的需要，具有明确的目标导向。实现公司的战略目标，需要解决组织中存在的弊端，在 GE 具体体现为组织结构僵化问题，正是因为杰克·韦尔奇看到了这个问题，所以决定进行组织变革，这场变革显然是因为组织问题而引发的。

4.2 压扁组织层次，挑战垂直“金字塔”

对 GE 进行系统的观察和分析之后，杰克·韦尔奇发现，GE 内部管理层级过多造成工作效率极低，决策过程既迟缓又费事，多半流于纸上谈兵，忽略了外部市场和顾客需求的变化。经过一番系统分析和逻辑思考，杰克·韦尔奇决定通过精简组织结构来提高 GE 的应变能力和适应性。

首先，杰克·韦尔奇以组织扁平化为目标，对 GE 的组织结构进行纵向变革，压扁组织层次，减少职位。在组织扁平化的过程中，中间管理层从原来的12个减少到6个，一些基层企业甚至直接变为零管理层，实现了组织结构的充分压缩合并。由于管理层次的大幅减少，不需要层层审批和报告，极大地提高了办事效率，组织变得灵活、敏捷、富有创造性。

随后，在组织扁平化的同时，杰克·韦尔奇对组织结构进行横向变革，增加横向管理幅度，裁减冗员。杰克·韦尔奇在任期间，裁减的雇员高达 10 万人。当时 IBM 等大公司正大肆宣扬雇员终身制，而杰克·韦尔奇从相反的角度考虑裁员问题，他认为虽然大量裁员短期也许会破坏GE的公司形象，但裁掉的员工大多是GE 内部的闲杂人员以及缺乏工作效率和创造力的落后员工。通过裁员，最差的员工被淘汰出局，最优秀的员工得以保留，提高了整个组织的活力和创新能力。

纵向改革将原来垂直“金字塔”式的组织结构压扁，减少了组织层级；横向改革增加了每个层级的人数，使横向的管理跨度增加。纵向精简和横向扩大提升了 GE 的工作效率，提高了组织的活力和创新能力，这两个方向蕴含着分合思维的智慧。杰克·韦尔奇在这个过程中表现的创新智慧如图 8-4-1 所示。

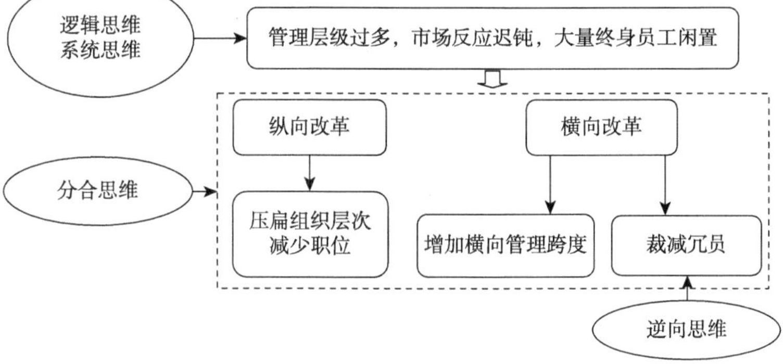

图 8-4-1　扁平化组织结构变革中的创新科学原理

4.3　构建学习型文化，提高 GE 的应变能力

随着 GE 的不断发展，前期扁平化组织的建立使组织的管理跨度增加，再加上严重官僚化的影响，各部门之间在横向信息交流上产生障碍，公司的主要问题已经不是垂直机构臃肿导致公司低效，而是组织成员之间横向沟通困难、信息共享不及时，组织内部的主要矛盾发生了变化。

为解决上述矛盾，实现信息传递和知识共享的目的，杰克·韦尔奇主张建立学习型文化。为推进学习型文化的形成，杰克·韦尔奇在 GE 内部大力开展“群策群力”计划，重视每个员工的想法，充分调动员工积极性，鼓励团队学习。杰克·韦尔奇会在去工厂开会时听取一线工人的心声，集成不同员工的创新智慧，对他们的意见进行采纳并做出改变。GE 有很多创新的想法都来源于“群策群力”，所以 GE 才能成为全世界数一数二、最受推崇、最赚钱与最具创新能力的公司之一。

杰克·韦尔奇一直在思考如何在公司内部形成无边界、无障碍的学习型文化。圣诞节时他在沙滩上度假，心里默念着“‘群策群力’计划如何将公司里的各种界限打破”。突然，灵感闪现，“无边界”三个字跃入他的脑海，这也就是他后来倡导的无边界理念。这种理念不仅提倡部门内部、部门之间学习，更鼓励向竞争对手学习，打破了 GE 内部和外部、部门与部门之间的壁垒。例如，GE 成功地向摩托罗拉学到了六西格玛管理的方法，并发扬光大。“无边界”理念的产生看似神奇，其实有迹可循。杰克·韦尔奇是在不断探究和思考组织问题的过程中触动了灵感思维，进而产生了顿悟式的新想法。杰克·韦尔奇在组织文化变革的实施过程中所展现的创新智慧如图 8-4-2 所示。

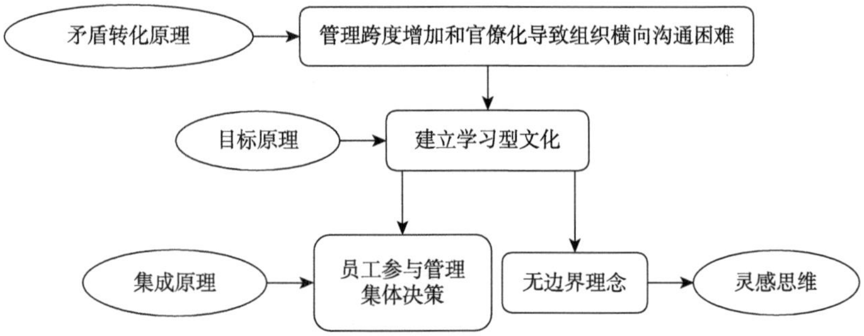

图 8-4-2　组织文化变革的创新科学原理

4.4　制度创新，让组织活动更加规范

杰克·韦尔奇站在整个公司的角度系统思考影响组织变革的因素，发现严重的官僚体制导致公司很多制度僵化，落后的制度严重阻碍了组织变革的步伐。因此，他对公司各项制度进行了改革，其中最具代表性的是财务制度和用人制度。

杰克·韦尔奇先从财务制度入手，通过一系列措施彻底改变 GE 的财务管理制度。原有的财务部门拥有 12 000 名员工，机构极其庞大，通过层层的财务审批制度控制着下面部门的运转，官僚主义作风严重 。杰克·韦尔奇将财务部门的职员裁掉了半数之多，并把过去 150 个工资体系进行了合并。原来的财务工作中有 90%都是机械记录，而新的财务制度则更加注重财务部门的管理和领导工作。另外，杰克·韦尔奇还重新定义了审计部门的使命，将审计人员变成业务部门的支持者，而不是公司的警察。GE 的财务系统不再是审计控制导向，而是变成一所培养管理精英的优秀学校。减少财务人员、合并和简化工资体系……一系列的财务制度改革极大地提高了 GE 的财务工作效率，是杰克·韦尔奇组织改革中的又一次成功实践，蕴含着其辩证思考，分合有度的管理智慧。

在用人制度方面，杰克·韦尔奇希望新的用人制度可以实现两个目标，一是解决组织的官僚主义弊端；二是为激励员工积极努力工作。带着这两个目标，他有针对性地运用了 360 度评价和“活力曲线”这两种方法，收效很好。360 度评价就是评估时把同级和下级员工的意见都考虑进来，以防止出现之前同级评估中的走过场、说好话现象，消除组织中的官僚主义作风。“活力曲线”则是将每个团队中的员工分为 3 个层次——20%的优秀员工，70%处于中间水平的员工，10%的最差员工。最好的员工会受到嘉奖，包括调整工资、分发股票期权和晋升，而最差的员工将被公司淘汰。“活力曲线”的运用使每个员工的工作表现和业绩都变得公开化、透明化，为 GE 建立起注重绩效的文化氛围。在这种文化的引导下，员工更加努力地工作并积极创新，起到了非常好的激励效果。杰克·韦尔奇在组织制度变革中的一系列举措所体现的创新科学原理如图 8-4-3 所示。

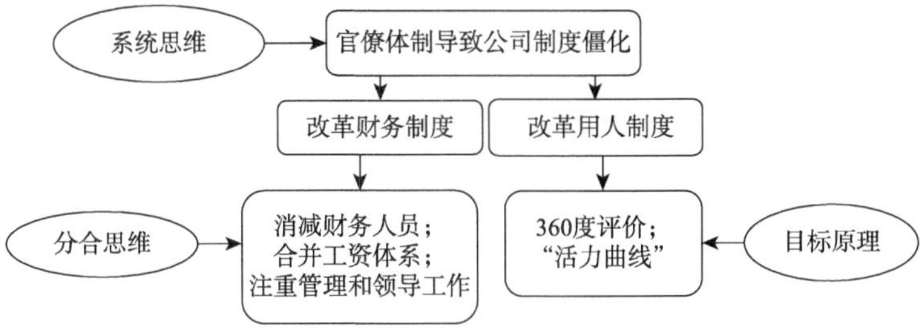

图 8-4-3　制度变革的创新科学原理

4.5　创新组织变革，杰克·韦尔奇让 GE 更添异彩

面对变化的商业环境，GE 实施了“数一数二”的战略，但组织中的官僚体系弊端不利于公司战略的实施，必须进行组织变革。变革的内容主要包含三个层面，分别是结构变革、文化变革和制度变革。每一部分变革都蕴含着创新的思维，每一项组织变革措施都闪现着创新的智慧（图 8-4-4）。

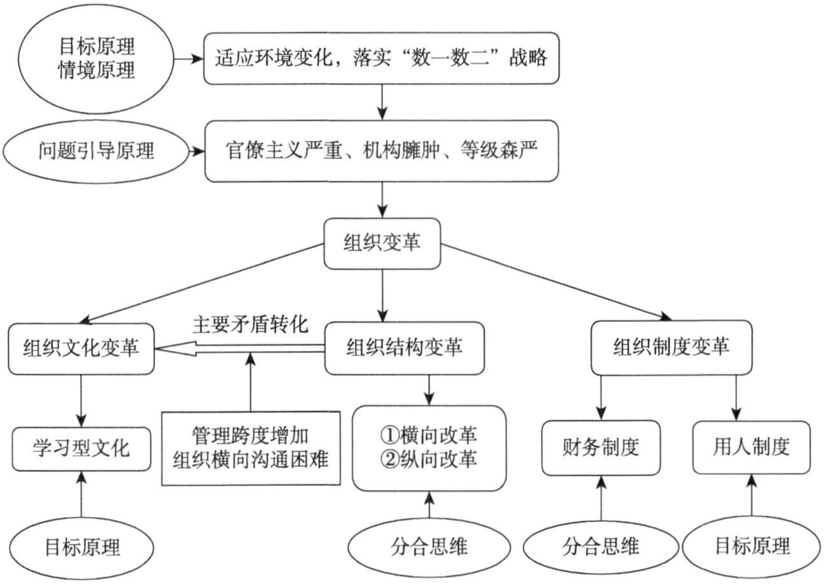

图 8-4-4　GE 的组织变革过程中蕴含的创新科学原理

组织变革是一项艰巨的系统工程，需要在整体上对变革内容、方式予以把握，然后分步骤、有计划地开展。GE 成功完成了史上最大规模的组织变革，这与杰克·韦尔奇本人的领导力和领袖魅力是分不开的，他过人的自信、外向的个性和充沛的精力使他常常深入基层了解实际情况，亲自示范，对GE各项战略的实施起到了有效的促进作用。杰克·韦尔奇在组织变革方面的创新思维和方法值得中国企业学习和借鉴。GE 也在继续创新前行，相信未来的 GE 将会更上一层楼！

参考文献

李为民. 2000. 无边界管理——通用电气公司总裁杰克·韦尔奇的经营之道. 中国人力资源开发，（9）：41-42.
毛伊辛. 2012. 杰克·韦尔奇的成功经验分析——基于变革型领导理论的视角. 现代营销（学苑版），（6）：19.
彭淑珍. 2006. 韦尔奇的经营智慧与领导艺术浅探. 中国农业银行武汉培训学院学报，（6）：72-75.
王敏. 2007. 以韦尔奇为例分析以人为中心的组织变革. 企业科技与发展，（14）：40-41.
晏国祥，方征. 2002. 通用电气的学习型组织. 经营管理者，（6）：57-58.
张立文. 2010. 美国通用电气公司组织结构及其变革研究. 商场现代化，（9）：14-15.

第 5 章　组织变革缔造传奇三星

从最初的小商铺做起，经过几十年的发展，三星集团（其商标如图 8-5-1 所示）早已成为连英特尔、微软等国际知名企业都不能小觑的竞争对手。它的发展速度是令人惊讶的。在七十多年的发展历程中，三星集团积极应对环境变化、适时调整公司发展战略、主动开展组织变革，不断实现新的突破、超越新的自我。

图 8-5-1　三星集团的商标

5.1　传统模式本土化助推创业奇迹

20 世纪 30 年代，正值韩国内忧外患的殖民统治时期，亡国之悲、战争之痛使得韩国国民倍加渴望民族的富强，积极探求创业之路。1938 年 3 月 1 日，三星创始人李秉喆先生以 30 000 韩元在韩国大邱市成立了“三星商会”，主营干鱼、蔬菜、水果等出口产品，开启了三星的创业阶段。随后，三星创建面粉和制糖厂，为三星发展奠定了基础。20 世纪 70 年代，韩国经济发展迅速，产业布局不断完善。此时，三星大规模投资了重工业、化学、石化工业以及造船工业。除此之外，三星在 1974 年收购了韩国半导体 50%的股票，巩固了三星电子在半导体制造领域的统治地位，正式开启了三星的产业布局时代。

从小商铺到产业新星，三星仅用 30 年的时间就创造了创业奇迹。我们不由思考，是什么缔造了三星的这一传奇？

5.1.1　命令—控制型的组织管理模式

审视三星集团的创业阶段与产业布局阶段，命令—控制型的组织管理模式在其迅速发展的过程中发挥了非常重要的作用。在这种组织结构下，会长是公司的最高领导者和决策者，一旦下达命令、指示或者宣布某项重要的战略规划，各级管理者和员工必须严格按其要求予以执行。三星之所以采用这种模式，一方面是因为其第一次创业期间的主要目标在于拓展市场、积累资本，需要快速有效的组织模式；另一方面，三星当时主营传统制造业、重工业等，相对稳定的市场环境与成熟的经营模式更适合简单组织模式的运行。因此，可以说，三星创业阶段与产业布局阶段采取的命令—控制型组织管理模式是目标导向与情境适应下的正确选择。

5.1.2　秘书室的功能演变

但是，随着三星发展规模的不断扩大，会长的决策事项逐渐增多，需要一个强大的参谋组织作为内部协调者，收集信息并为会长提供决策支持。于是，李秉喆参考三菱、三井和住友等日本财阀的秘书组织经验，于 1972 年加强了秘书室的功能，令其负责情报收集与分析、企划、日常事务管理等辅助功能。到了 20 世纪 70 年代后期，三星秘书室的功能继续增大，还负责监督、确认下级部门落实董事长命令、指示的情况以及取得的效果。秘书室的发展体现了问题导向原理与集智原理在三星组织管理中的应用。三星集团创业阶段与产业布局阶段组织创新的科学原理如图 8-5-2 所示。

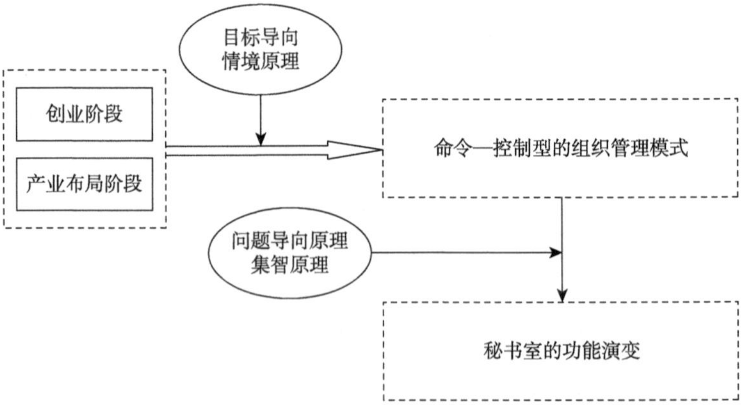

图 8-5-2　三星集团创业阶段与产业布局阶段的组织创新原理

5.2 组织创新与“新经营运动”支持创业新篇章

尽管命令—控制型组织管理模式在特定的历史时期为三星公司的发展发挥了重要的作用，但随着三星进入国际化阶段，公司业务规模的扩大以及外部环境的剧烈变化，它高度集权、缺乏柔性的局限性也日益凸显。此时，三星不断探索变革的举措与时机。

1987 年 11 月，45 岁的李健熙继承父亲李秉喆的遗愿，接任三星公司会长的职务。上任后，李健熙在三星公司成立 50 周年的纪念大会上发表了令世人震惊的二次创业宣言，宣言重点强调了组织变革对三星公司的必要性和重要意义。经过 5 年的观察和准备，三星最终于 1993 年开展了“新经营运动”，果断地摆脱蔓延在三星内部以量为主的意识、体制、制度及习惯，彻底转换成以质为主的意识、体制、制度及习惯，并在内部推动了激进式的组织结构变革。

正是三星的这次主动变革，使其在 1997 年亚洲金融危机爆发后快速摆脱金融危机的困扰，保障公司的长期运作效率和未来的健康发展。而且通过主动变革，三星成功缔造了帝国版的集团企业。这场被称为“新经营运动”的变革，时至今日依旧为人称道，众多创新之处更被人学习借鉴。

5.2.1 “东方精神+西方变革”的改革模式

被称为“组织变革”代名词的韦尔奇，通过“结构革新—流程改造—文化重塑”来改造通用电气公司，创造了一次次企业管理的奇迹，并提出了著名的组织变革理论。三星，一方面主动学习西方最新的变革理论，另一方面注重韩国国情，并充分认识到东方中庸文化的特殊性。因此，李健熙首先强调三星宪法、危机意识等文化革新方面的理念，时机成熟后在 1995 年开始强调流程革新，而真正的结构变革，则是在亚洲金融危机之后才开始的。三星首推文化革新有其不可抗的因素，如当时社会还没有危机意识，其是出于对市民民心、大选、劳动市场的僵直性、政府制裁等的考虑才决定的。三星此时在学习西方变革的基础上，融合了东方思想，为组织注入了精神和哲学，在亚洲金融危机爆发时，顺时顺势推进流程再造与结构调整。换句话说，三星是通过“文化革新—流程改造—结构革新”的逆向路径，在天时地利人和兼具的时机下完成组织变革，采用了一套独具特色的“东方精神+西方变革”的改革模式。

5.2.2　铁三角的决策模式

我们都知道，在所有几何图形中，三角形的稳定性最好。如果将这个几何性质推广至组织结构中，那就意味着，在企业中，三角形结构的决策模式最稳定、风险最小。三星在“新经营运动”中，就成功将此运用到组织变革中。在这个铁三角决策模式中，会长居于顶点位置，负责规划三星公司未来的经营方向，为公司制定长期的战略性投资决策。例如，当初投资半导体芯片行业、培育世界顶尖产品的宏伟计划，以及坚持不懈地走高端品牌路线等战略性决策，都是在李健熙的领导下完成的。在会长下面是结构调整总部和总裁团，分别居于铁三角的两翼。其中，结构调整总部扮演的是智囊团的角色，主要负责为三星公司制定未来总体蓝图。除此之外，当公司的经营环境发生显著变化时，他们也会根据自己的观察和经验，向各经营部门发出预警信号。各经营部门在制订涉及本部门的具体战略举措以及运作计划时，通常也会参考结构调整总部的意见。与结构调整总部相对应，总裁团扮演的角色是一名具体的指挥者，它主要对三星公司的实际经营负责，保证高层领导制定的战略规划能够贯彻落实、执行到位。

三星集团创新性地将数学中的三角原理移植到组织构建中，会长、总裁团与结构调整总部各自发挥相应功能，这种铁三角的决策模式控制了决策风险，保持了组织的稳定性，有效化解了决策效率与决策风险的矛盾。尤其是 20 世纪 90 年代中期以后，当全球半导体行业陷入前所未有的衰退时，三星铁三角决策模式采取的一系列英明果断的措施，为公司彻底摆脱困境立下汗马功劳。正是基于这样的结构调整，以三星电子为首的各分公司的经营活动才得以真正迈入稳如磐石的时代。三星第二次创业期间组织创新所蕴含的科学原理如图 8-5-3 所示。

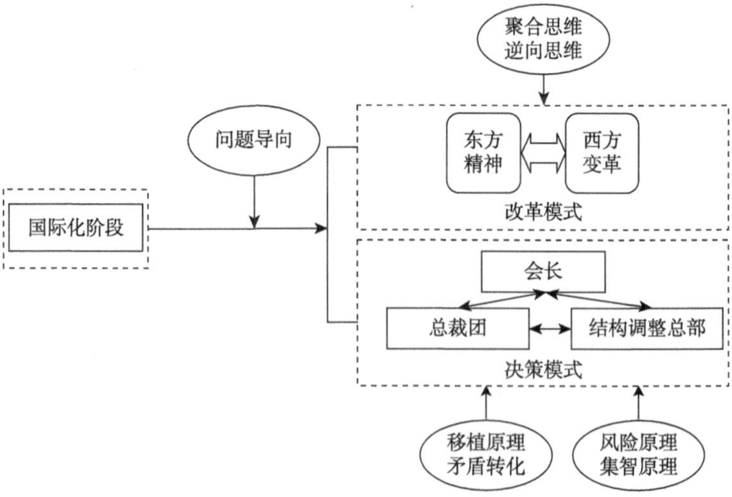

图 8-5-3　三星集团第二次创业期间组织创新原理

5.3　系统化、持续性组织变革，成就数字时代传奇

21 世纪，世界进入互联网时代，迅速变化的外部环境对企业发展、组织管理提出了前所未有的挑战。经过前两次大规模的组织变革后，三星越来越认识到“改变”才是成就的起点，企业要想能长久，就要不怕改变。因此，三星在数字引领时代，继续开展系统化、持续性的组织变革。

首先，结构调整总部进一步取代秘书室的位置，成为三星公司最重要的决策辅助机构，进一步稳定了高层铁三角的组织结构，为三星公司稳定的决策模式奠定了良好的基础。

其次，三星公司全面引进西方企业的管理模式，对原有的董事会结构进行了彻底改造。例如，增设外部董事，加强对董事会内部决策过程的有效监督；建立了高度透明的会计标准和体系，以便与国际先进水平接轨，保障内部决策过程的科学性；成立经营监察组，强化三星公司对内部经营状况的监督力度，避免出现任何可能危及公司短期经营和长远发展的腐败行为和错误决策。

再次，随着产品生命周期的不断缩短以及市场竞争的日益激烈，三星公司的高层管理者逐渐意识到组织内部决策速度的重要性。他们不断改进事业部组织，实行复合式经营，尝试将公司的销售体系与生产体系进行分离，构建一种全新的以市场为导向的销售模式。除了加强对三星公司分布在全球各地的分公司和事业部进行有效管理外，他们还致力于简化组织内部决策程序，推进组织扁平化。

最后，三星公司还在基层组织中大力推进班组管理方式，充分调动班组内部的工作气氛，不断激发基层员工的工作积极性和创造性，让他们能够在宽松的氛围中最大限度地发挥自己的潜力。

在数字引领时代，三星开展了一系列系统化、持续性组织变革优化，使得三星从高度集权的组织管理模式转变为决策迅速、富有弹性的组织管理模式，以便更快、更好地对市场需求做出有效的响应。这一过程蕴含的创新原理如图 8-5-4 所示。

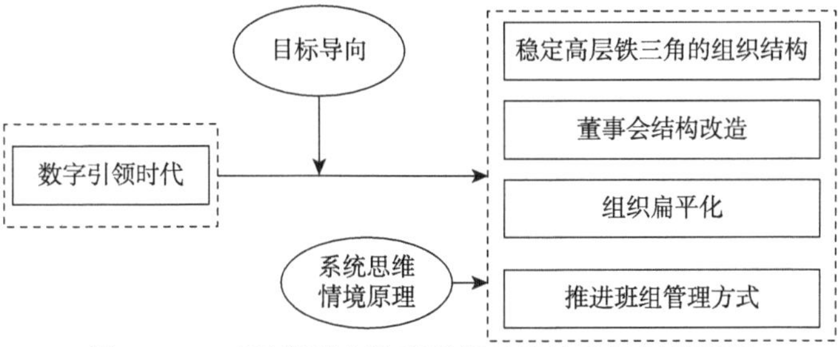

图 8-5-4　三星集团在数字引领时代的组织创新原理

5.4 永远处在进行时的三星

三星集团的“顺时顺势，主动变革”方式，让它习得与“环境—战略—组织”相适应的企业经营之道，用 70 多年的时间，跨越 3 代人的努力，从贩卖鱼干、蔬菜和水果开始，成长为世界级的、规模巨大的企业集团。同时，随着组织外部环境发展更加不确定、组织内部管理更加复杂，三星如今依旧秉承变革精神、创新变革思路，朝着决策更加灵活的网络型公司努力，以正在进行时的姿态继续上演帝国企业的传奇。作为企业发展的传奇，三星善于学习、重视创新、主动变革的精神以及举措值得我国企业借鉴。

参 考 文 献

黄伟文. 2013. 向三星学习变革和创新. 企业管理，（2）：90-93.
李刚. 2013. 主动变革 焕然三星. 清华管理评论，（6）：48-53.
青云. 2014. 王者无畏：三星总裁李健熙和他的商业帝国. 北京：中国财政经济出版社：77.
于文心. 2014. 三星帝国. 北京：现代出版社：1.

第 6 章　互联网时代的信使企鹅——腾讯

春秋战国时期，诸侯林立，各国为抵御外敌，常击鼓传令，利用鼓声传递信息。唐朝时期，张九龄“家养群鸽，每与亲知书信往来，只以书系鸽足上，依所教之处飞往投之”。到了近代，有了专门的信件传递机构，人们只需将书信放入邮筒，由邮局统一进行派送。而 1835 年电报机的问世，成功实现了用电流的长短代替文字的传输，拉开了电信时代的序幕。1876 年，贝尔发明了一种通过电信号双向传输话音的终端设备，即电话，人类首次实现了实时的远距离语音传送。20 世纪 60 年代，电子计算机的普及，以及计算机与现代通信技术的有机结合使得人们传递信息的方式更加便利与多样化，让人们可以轻松实现实时交流。由此，腾讯公司应运而生！从 QQ 到微信，它一直致力于为全球用户提供更为便捷的沟通方式。

6.1　直线型组织助力腾讯扬帆起航

1996 年，3 名以色列少年开发了一款风靡全球的即时通信软件 ICQ（我找你），马化腾是其忠实的用户。在使用 ICQ 的过程中他发现，ICQ 的英文界面不是很符合中国用户的使用习惯，由此，他有了将 ICQ 的即时通信理念移植到中国的灵感。他和张志东用了数月的时间开发了一款中文界面以企鹅为形象的即时通信软件，如图 8-6-1 所示，并将其命名为 OICQ（由于与 ICQ 名字相似度过高，2000 年更名为 QQ）。1998 年马化腾注册了腾讯公司，主推这款即时通信软件，并以顺应客户需求、推动业务发展、创造更大价值作为公司目标，开启了艰难的创业之路。

图 8-6-1　腾讯 QQ 标志

创业初期，腾讯的五大创始人各展所长，各当一面，组成了简单的直线型结构（图 8-6-2）。在这一结构中，马化腾把控全局、张志东主管研发、陈一丹主管行政财务、许晨晔主管信息安全、曾李青主管市场运营。在这五人团队的领导下，腾讯的直线型组织结构展现出了超强的运作效率，QQ 在短时间内即占领了国内市场。

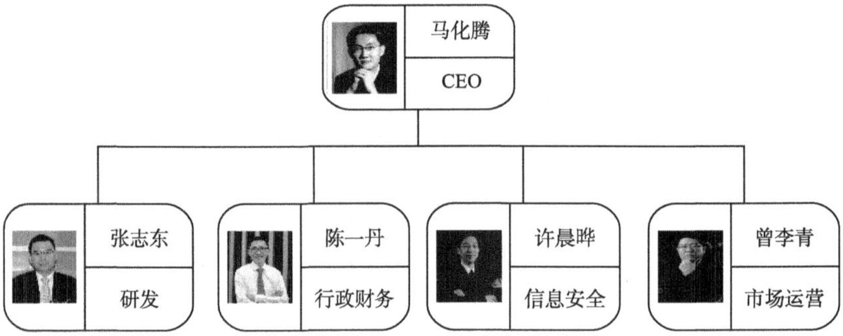

图 8-6-2　1998~2005 年腾讯顶层架构图

直线型的组织结构对于早期产品单一的小企鹅而言，是一种十分合理的选择。首先，由于结构简单，层级少，腾讯对用户需求的响应速度很快。其次，由于结构简单，腾讯在协同人员方面有着很大的灵活性，而这种灵活性正是互联网企业所必需的。最后，直线型组织结构有利于聚合所有资源研发 QQ 这一产品。事实上，正是这一产品的问世，为腾讯其后统治性占领我国社交市场奠定了良好的基础。创业初期腾讯产品开发过程中体现的创新科学原理如图 8-6-3 所示。

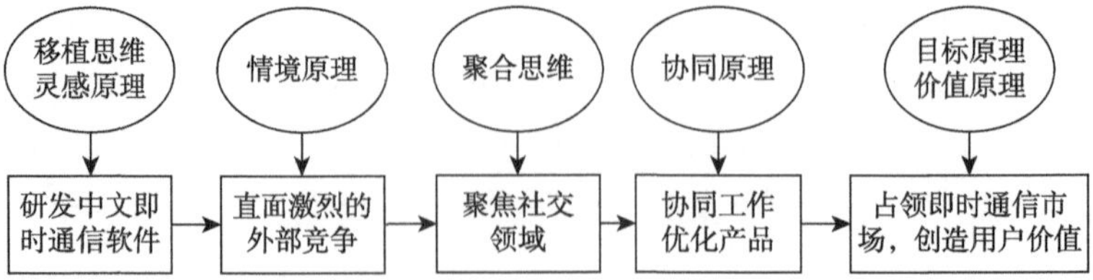

图 8-6-3　1998 年腾讯产品开发过程中体现的创新科学原理

6.2　业务系统制助力多元化发展战略

直线型组织结构成功地助推了腾讯的早期发展，但随着时间的推移，互联网行业所处环境发生了巨大的变化，直线型组织结构的缺点也慢慢显现出来。2005 年，互联网行业进入了快速成长阶段，网络广告、搜索引擎、网络游戏成为互联网主要的三种营利模式。环境和营利模式的变化迫使腾讯不得不开始思考调整企业的发展战略。对于腾讯而言，网络广告的收入有限，搜索引擎更不是优势，而网游市场刚刚兴起且腾讯的社交业务已累积了大量客户，需承担的风险相对较低。因此，在比较这三种主流互联网营利模式后，开发网游市场成为腾讯的最佳选择。为更好地开展网络游戏业务、适应多元化发展战略，腾讯必须对原有的组织结构进行重大调整。

对于腾讯而言，从外部看，互联网行业日新月异，没有足够的时间等待腾讯进行渐进式变革；从内部看，开展新业务就必须高效地将现有的资源进行拆分再组合，因此激进型变革对腾讯而言更为合适。在经过系统性的思考以及比较后，腾讯选择在 2005 年进行激进型组织变革。

2005 年，腾讯借上市之机，将原本的直线型组织结构调整为业务系统制组织结构（图 8-6-4）。改革后的腾讯主要分为 8 个部分，这 8 个部分包含了 4 个业务系统，分别为 B1 无线业务系统、B2 互联网业务系统、B3 互动娱乐业务系统和 B4 网络媒体业务系统，这四大系统当时是腾讯的主营业务。同时，腾讯还配备平台研发系统 R 和运营支持系统 O，两大系统支持、协调各业务系统的工作。新成立的总裁办公室主管企业发展系统 B0，进行战略规划；职能系统 S 为整个公司提供行政、财务、人力等服务。

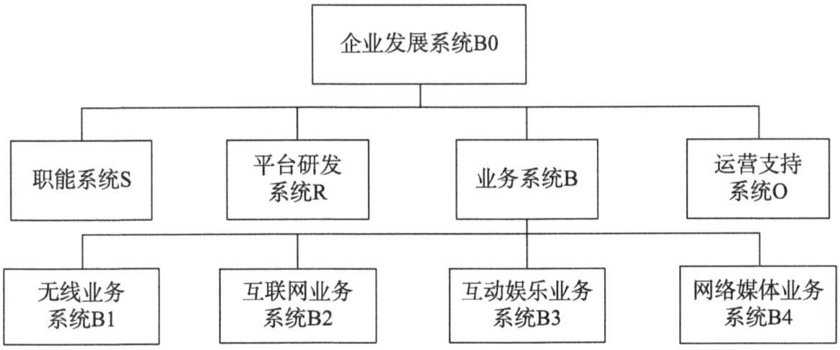

图 8-6-4　2005~2012 年腾讯组织架构及业务布局

通过这次组织变革，腾讯将自身发展的业务进行了清晰的划分，明确了各业务的经营界限。同时公司将研发资源集成一个部门支持四大业务系统的工作，增强了资源的运用效率和灵活性。从腾讯后期的业绩增长来看，这一次的变革无疑是相当成功的。截至 2011 年底，腾讯的营业收入达 285 亿元，净利润超过 100 亿元，用户数量超过 20 亿人，可以说业务系统制的组织重构奠定了腾讯在社交领域成为霸主的基础。2005 年腾讯组织变革过程中体现的创新科学原理如图 8-6-5 所示。

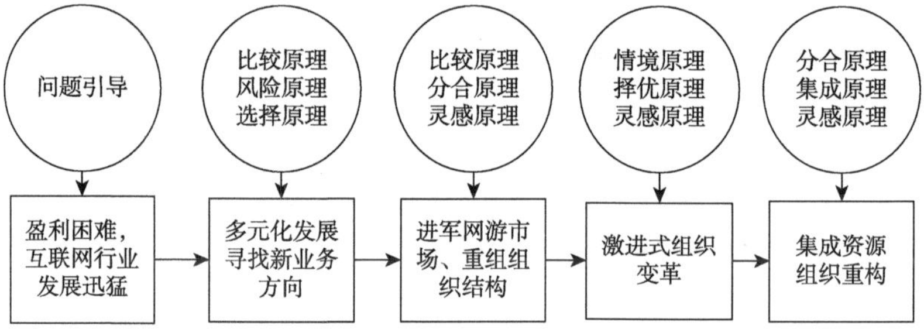

图 8-6-5　2005 年腾讯组织变革过程中体现的创新科学原理

6.3　事业群制彰显电商野心

在业务系统制取得高业绩的同时，危机也逐步显现，2011 年腾讯的员工数量超过 2 万人，业务部门超过 100 个，四大业务系统越来越庞大，组织层级也越来越复杂，公司繁多的业务层级和部门协同的低效率成为制约企业创新的障碍。与此同时，电子商务的迅速崛起使得国内互联网行业发生了巨大的变化，这时的淘宝、京东已具有相当的规模，而腾讯已错失发展电子商务的最佳时机。但马化腾并不甘心放弃电子商务，他决定反其道而行之，试图在电商领域大展宏图。2012 年 5 月，马化腾在致员工的公开信中表明了调整战略发展电商的雄心。不久后，腾讯宣布从原有的业务系统制升级为事业群（图 8-6-6）。形成了 6 个事业群加 1 个独立电商控股公司的组织结构，这 6 个事业群分别是企业发展事业群（companies development group，CDG）、移动互联网事业群（mobile internet group，MIG）、网络媒体事业群（online media group，OMG）、技术工程事业群（technical engineering group，TEG）、互动娱乐事业群（interactive entertainment group，IEG）、社交网络事业群（social networking group，SNG）以及腾讯电商控股公司（Electric Commodity Company，ECC）。

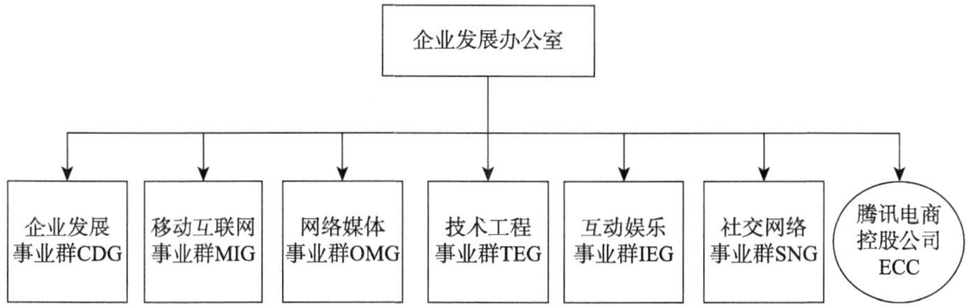

图 8-6-6　2012~2014 年腾讯组织架构

从变革的方式来看，这一次的改革也属于激进式变革。首先，为解决业务层级复杂、业务系统烦冗的问题，腾讯对整个组织进行了拆分再组合，对各项业务进行了更为明确的划分，减少各部门业务重叠，并下放权力至各事业群，化大腾讯为各个“小公司”，让组织结构更扁平，力求打造“小、灵、快”的组织结构。其次，腾讯设立的技术工程事业群和企业发展事业群集成了腾讯内部的共有资源，提高了资源运用的灵活性。最后，在互联网电商行业爆发式发展的情境下，腾讯成立了独立的电商公司，彰显了腾讯决心在电商领域占有一席之地的决心。6+1 的组织结构使得腾讯的业务在游戏、媒体、电商互联网各个方面全面开花，逐步构建了一个腾讯的互联网森林王国。2012 年腾讯组织变革过程中体现的创新科学原理如图 8-6-7 所示。

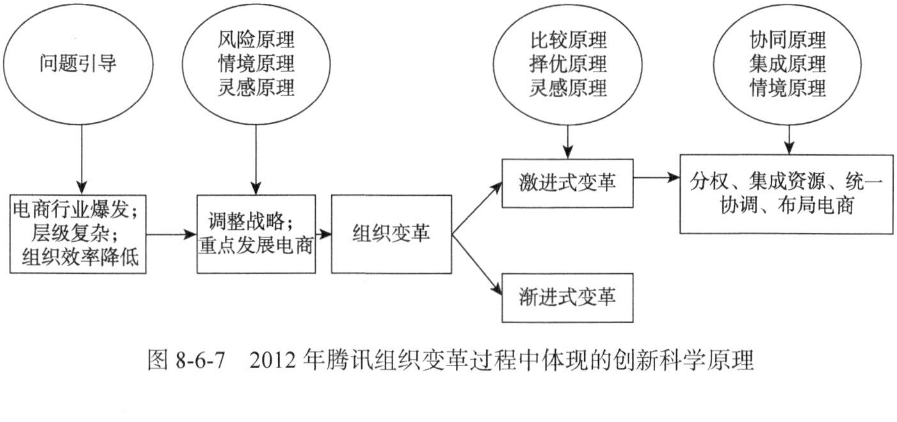

图 8-6-7　2012 年腾讯组织变革过程中体现的创新科学原理

6.4　电商虽失意，归真立社交

2011 年，腾讯公司推出微信，因其具有免费的图文信息传送、语音视频、多人语音等功能，微信迅速占领了国内社交市场，成为社交类 APP 的新翘楚，图标如图 8-6-8 所示。相对而言，腾讯重点发展的电商公司虽然耗费了大量的资源，但迟迟未见重大突破。为适应微信业务的爆发式发展以及腾讯电商公司持续不盈利的尴尬处境，2014 年 5 月 6 日，腾讯宣布成立微信事业群，并将 O2O（online to offline，线上到线下）业务加入微信的事业群中。同时，腾讯决定撤销腾讯电商控股公司，将电商业务出售给京东，这也成就了 2014 年互联网并购的一项盛事。

图 8-6-8　微信图标

为适应公司将重点业务重新聚焦社交领域的战略变化，腾讯在 2014 年又对组织结构进行了一次变革（图 8-6-9）。这是一次渐进式的变革，它取消了电商的业务并成立微信事业群。这一次组织变革对腾讯而言是综合考虑了多方利益后做出的决定。首先，如果继续电商业务，腾讯需与淘宝、京东等知名电商一较高下，这种竞争需要付出巨大成本代价。其次，腾讯不是专业电商，贸然与淘宝京东竞争风险极高，因此放弃电商其实是明智之举。最后，微信的成功，让腾讯稳坐社交王位。显然微信的发展目标不满足于此，新成立的微信事业群包含了微信基础平台、微信开放平台，以及微信支付拓展、O2O 等微信延伸业务等众多部门，这体现了腾讯对微信业务的重视。腾讯舍弃不熟悉业务，选择专注于自身专业，充分体现了腾讯公司随环境变化调整发展战略的强大能力。2014 年腾讯组织变革中体现的创新科学原理如图 8-6-10 所示。

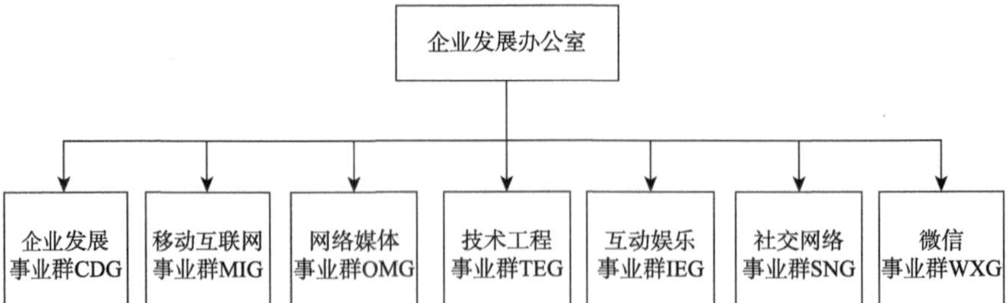

图 8-6-9　2014 年腾讯组织架构

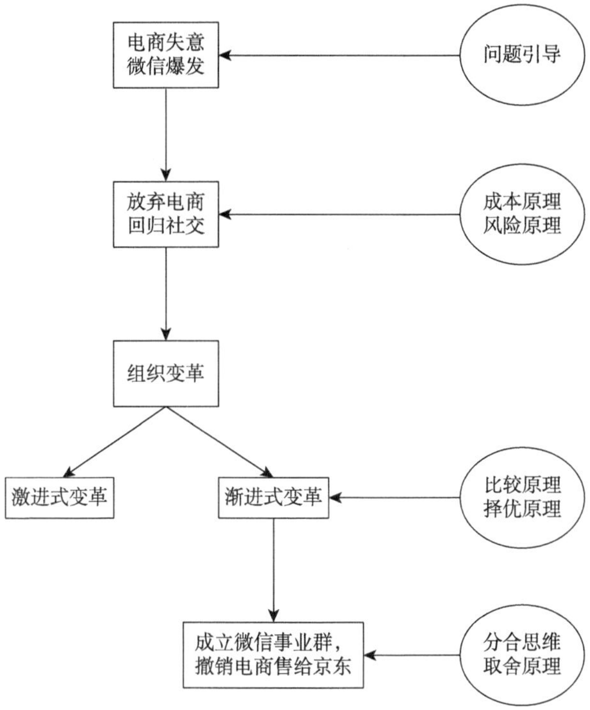

图 8-6-10　2014 年腾讯组织变革中体现的创新科学原理

6.5　顺时而变，成就腾讯帝国

从 1998 年诞生到现在，腾讯这只可爱的小企鹅已走过 20 个年头，全球金融危机和激烈的市场竞争都未能阻挡它成长的脚步。从最初专注社交领域，到后来悄然涉足多个行业，从电脑端再到移动端，腾讯紧跟互联网行业发展大潮，抓住每一次变革机会，精准捕捉层出不穷的用户需求，勇于创新，不断提升自我，及时对企业发展战略进行调整并对自身组织进行了多次变革，使自己迅速成长为中国互联网社交领域的领军者。腾讯的成功，不仅来自其对互联网行业的适应力、明锐的观察力以及准确的判断力，更来自其追求创新、勇于变革的勇气（腾讯三次组织变革活动中体现的创新科学原理，如图 8-6-11 所示）。让我们期待这只看似憨厚，但实际上充满战斗力的小企鹅未来给我们带来更多的惊喜与奇迹吧！

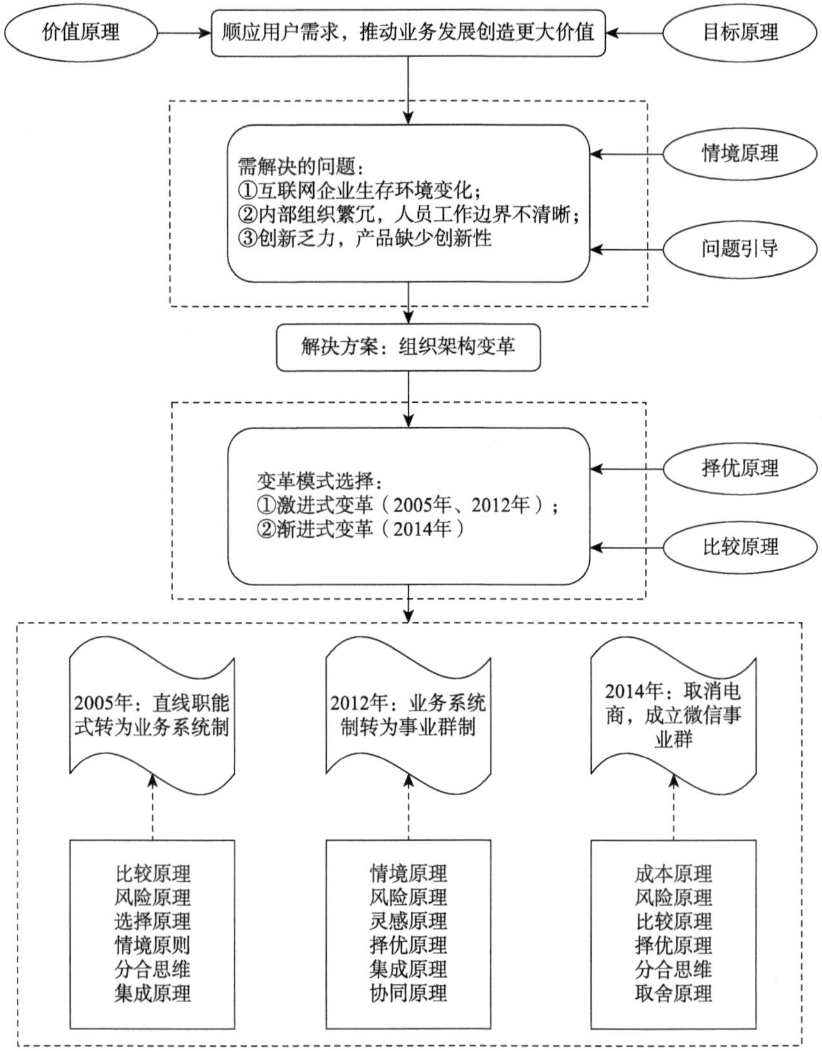

图 8-6-11　腾讯三次组织变革活动中体现的创新科学原理

参 考 文 献

陈建功. 2014. 中国互联网发展的历史阶段划分. 互联网天地，（3）：6-13.

贾敬华，李永梅. 2012. 架构调整：腾讯的又一次转型. 软件工程师，（7）：50-51.

张笑楠. 2016. 企业持续创新系统的组织特性研究——以腾讯公司为例. 技术与创新管理，（5）：242-249.

第 7 章　借虚拟企业之力，小天鹅展翅高飞

从 1978 年生产第一台全自动洗衣机到品牌价值高达 200 亿元（截至 2015 年底）的全国领先的洗衣机生产商，无锡小天鹅股份有限公司（以下简称小天鹅，其商标如图 8-7-1 所示）凭借先进的技术和创新的管理理念，赢得了广大消费者的喜爱，连续多年全国销售领先，在洗衣机市场中处于领军地位。

图 8-7-1　小天鹅企业商标

小天鹅能够取得如此辉煌的成就，原因是多方面的，其中构建虚拟企业起着关键性的作用。通过与不同领域内的企业进行战略联盟，借力虚拟企业的资源集成等优势，小天鹅不断增强自身的生产能力、提升企业的核心竞争力，扩大了市场范围，赢得了更大的发展空间。

7.1　突破传统观念，变竞争对手为合作伙伴

20 世纪 90 年代，国内经济发展迅速，消费者对洗衣机的需求不断提升。

为打破当时洗衣机产品种类单一、生产力水平较低的现状，小天鹅突破传统的经营理念，大胆与行业中的竞争对手“荷花”牌洗衣机厂建立合作关系，将行业对手变成盟友，以期强强联手，提高生产水平。通过这次合作，小天鹅提升了企业的产品优势，进一步扩大了市场范围，在市场中赢得更多的竞争优势。

1994 年，小天鹅生产的产品只有全自动洗衣机，生产的产品种类单一，不能满足消费者不断提升的产品需求，因此，小天鹅希望与当时生产双缸洗衣机的武汉荷花洗衣机厂合作，以增加产品种类，进一步提升企业产品优势。恰逢当时武汉荷花洗衣机厂由于经营和管理不善，出现产品市场萎缩、品牌效应下降以及资金匮乏等一系列问题。与实力强大的小天鹅合作，也会给荷花洗衣机厂带来新的发展机遇。双方很快达成了合作意愿，但随后小天鹅发现在生产模式、管理方法、营销方式等方面与荷花洗衣机厂存在较大差异。基于此，小天鹅制定了一系列改进措施，创新理念、转换思维，及时解决了双方企业在生产和管理上出现的问题。

首先，在生产模式上，小天鹅经择优后采取了统一的产品质量标准，这样就避免了双方由于不同的生产标准而带来的产品质量问题。其次，在营销方式上，小天鹅采取市场划分的方式以降低风险。“小天鹅”和“荷花”洗衣机都在同一区域销售，必然会出现同室操戈的现象，增加合作的风险。基于此，小天鹅决定让出国内一部分市场——“小天鹅”牌双缸机不在湖北地区销售。由此化解了双方的矛盾难题，不仅取得荷花的信任，小天鹅也在双缸洗衣机市场有了一定的占有率。最后，在管理理念上，小天鹅巧妙移植、灵活融合，通过在企业内部树立一致的价值观，激发员工团队精神，提升员工凝聚力，力图实现双方在企业文化方面的融合。

经过 4 年的合作，小天鹅由只生产单一的全自动洗衣机发展到不只有波轮全自动洗衣机，还生产双缸、滚筒等种类丰富的洗衣机，实现了产品种类多样化的目标，增强了产品竞争力，提升了企业的品牌知名度。同时，荷花洗衣机厂仅用一年的时间就实现了 150 万元的利润，扭转了连续 5 年亏损的局面。双方的合作创新，产生了 1+1>2 的效果，合作的价值原理得到充分的体现。

小天鹅围绕“以洗为主”的发展理念，突破传统思维方式的局限，打破原有生产地域的限制性，将同行业竞争对手变成合作盟友，最终实现双赢，达到了丰富产品种类，扩大市场范围的目标。对这一过程中小天鹅的创新实践进行分析，可得如图 8-7-2 所示的创新原理图。

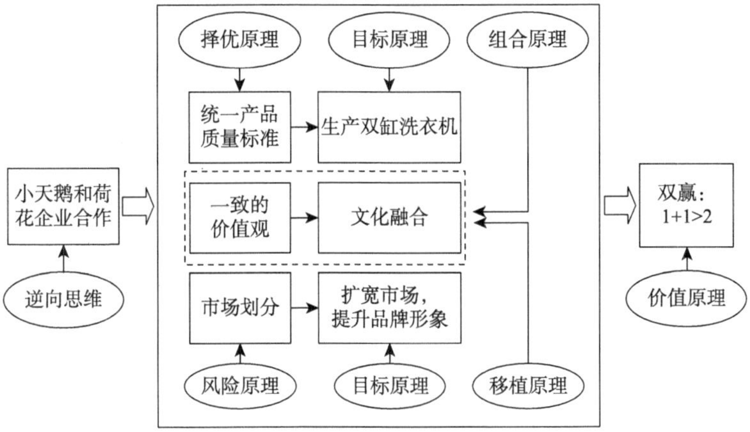

图 8-7-2　小天鹅和荷花合作体现的创新科学原理分析

7.2　借助租赁加工方式，扩张企业生产能力

1997 年，荆州洗衣机厂有一套向国外定制的双缸生产设备，造型独特新颖，但是后期由于资金匮乏问题，无法继续向厂家支付剩余的 1 200 万元。彼时，小天鹅正希望通过生产具有不同功能的新颖双缸产品，继续扩张企业生产能力，扩大产品市场，吸引更多的消费群体。于是，小天鹅决定帮助荆州洗衣机厂出资购买生产设备，它以租赁加工的形式委托荆州洗衣机厂加工小天鹅洗衣机。这样，一方面可以帮助荆州洗衣机厂解决资金问题；另一方面也提升了小天鹅的生产能力。在租赁加工生产中，小天鹅帮助荆州洗衣机厂解决了生产加工中的操作规范和产品质量等问题，建立了良好的、长期的合作关系，也为其自身的后续发展打下了坚实的基础。小天鹅采用看似迂回的方式，再次实现了与合作伙伴的双赢，其中蕴含的创新智慧和科学原理如图 8-7-3 所示。

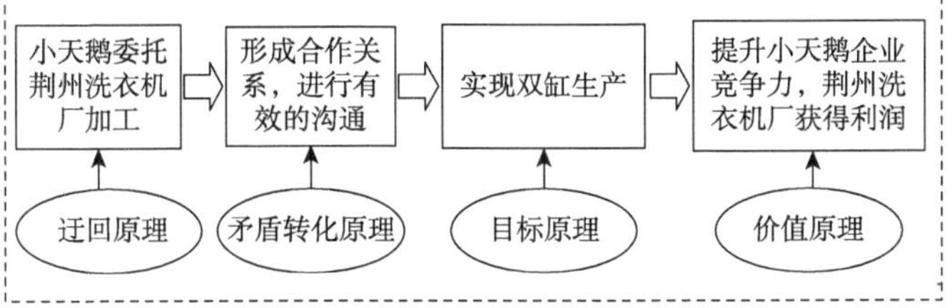

图 8-7-3　小天鹅和荆州洗衣机厂的租赁加工方式创新

7.3　授权管理罗兰，移植创新中增强竞争力

为打造“以洗为主”的经营战略，在全自动、双缸洗衣机的生产基础上，小天鹅希望进一步扩大品类，进军滚筒洗衣机市场。当时的小天鹅洗衣机在消费者中已经颇具口碑，因此吸引了长春罗兰公司的注意。长春罗兰公司是中国和意大利共同投资 28 亿元组建的超薄滚筒全自动洗衣机专业生产企业，其中生产技术和设备均由意大利提供。1999 年，罗兰公司为打破所有权和经营权的界限，决定将公司交给小天鹅企业经营管理。小天鹅迅速抓住了这次机会。

在管理罗兰公司的过程中，小天鹅一方面致力于集成双方企业的文化优势，打造“团结、务实、创新、高效”的文化理念，引导员工树立正确的价值观；另一方面，注重输入先进的技术和管理理念，生产出高质量和高标准的产品。小天鹅企业提出“服务第一、销售第二”的经营理念，从产品和服务两方面来赢得消费者的喜爱，吸引更多的消费群体。在这一过程中蕴含的创新科学原理如图 8-7-4 所示。

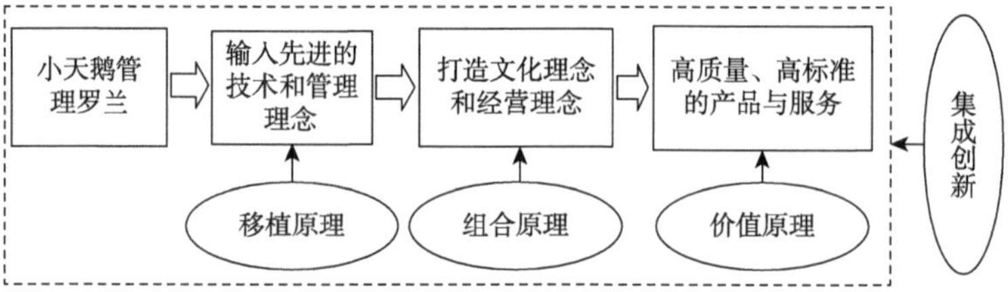

图 8-7-4　小天鹅和罗兰的委托管理创新

7.4　与科龙联盟，获得成本优势

2000 年，中国两大家电行业——“科龙”和“小天鹅”，突破传统行业中单打独斗的发展局面，宣布成立战略联盟，实现同行业中企业之间的合作。双方企业共同建立电子商务采购系统——易达世，实现了用户、销售商、材料供应商等资源的共享。在电子商务采购中，企业双方择优选取采购方案，共同决策原材料的采购等业务，再通过易达世系统签订电子合同，从而为双方企业节约 10%~15%的成本费用。

企业双方基于优势互补，共用设备和技术来进行大规模的生产，也就是所谓的代加工，从内在壮大企业的生产规模，增强企业竞争实力。同时利用双方的品牌优势，在产品上互相“贴牌”，即在科龙的产品中设计张贴小天鹅的商标，在小天鹅的产品中设计张贴科龙的企业标志，提升双方企业品牌效应的同时也使彼此获得更大的成本优势。这一做法体现了创新中的嵌套原理，在这一过程中蕴含的创新科学原理如图 8-7-5 所示。

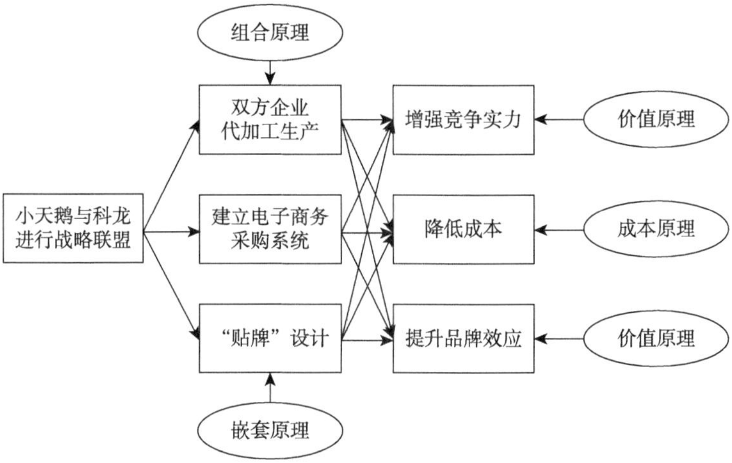

图 8-7-5　小天鹅和科龙的创新原理分析

7.5　组建营销联盟，提升品牌效应

小天鹅企业和宝洁公司都是各自行业中的佼佼者，小天鹅突破行业限制，与宝洁公司组成跨行业强强联盟，实现了洗衣机和洗衣粉的聚合营销。

在品牌宣传上，小天鹅拍摄了“好机用好剂”的广告进行宣传，并在生产的洗衣机上面标有宝洁洗衣粉的使用说明；而宝洁在其洗衣粉的外包装上印有“小天鹅”的商标和“推荐一流产品小天鹅洗衣机”的字样。这样大大提升双方企业的品牌知名度，降低了宣传成本。

在产品创新上，小天鹅会根据宝洁公司提供的新产品信息，动态调整洗衣技术，以先进的技术迎合宝洁公司不同类型的洗衣粉产品，同时也促进自身研发出具有不同功能的、新颖的洗衣机产品。这一方式既可以发挥宝洁产品的最大价值，也促进了小天鹅自身的技术创新，正是动态创新原理的生动体现。

双方企业“品牌+产品”的互补式组合创新，使双方的产品优势得到了最大化的发挥，提升了企业各自的品牌效应，拓宽了市场，也吸引了更多的消费者，又一次实现了合作共赢。小天鹅与宝洁跨行业的战略联盟蕴含的创新原理如图 8-7-6 所示。

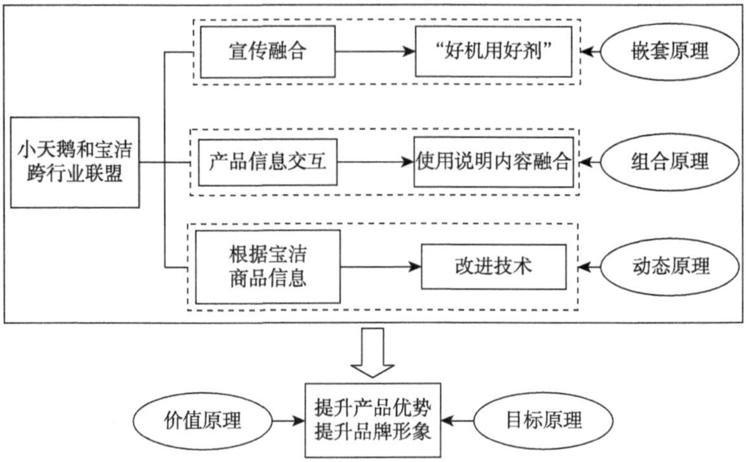

图 8-7-6　小天鹅和宝洁的跨行业联盟创新分析

7.6　合作创新，赢得发展

小天鹅通过与不同地域、不同行业的企业开展租赁加工、委托管理、战略联盟等形式的合作，实现了产品优势的不断提升和生产规模的不断壮大。小天鹅屡次成功的合作实践，为我们树立了合作创新的榜样，也让我们认识到虚拟企业合作在企业发展中的重要性。企业只有突破原有思维方式的束缚，积极组建战略联盟，与联盟企业合作创新，实现资源共享、优势互补，才能为自身发展赢得更广阔的空间。

参 考 文 献

陈洪. 1997. “小天鹅”救“荷花”的启示. 经济工作通讯，（12）：43.

胡宗利. 2001. 变竞争为合作——浅谈小天鹅企业如何建成战略联盟. 现代企业，（7）：23-24.

巨泊宁，陈方妮，王译旋，等. 2011. 中国企业异业整合现状——以小天鹅有限责任公司与宝洁公司合作为例. 东方企业文化，（18）：42-44.
徐源. 2002a. 化干戈为玉帛——小天鹅、荷花 1+1>3. 市场观察，（8）：38-39.
徐源. 2002b. 小天鹅借外力壮大品牌演绎之二 小天鹅长春徒手建基地. 市场观察，（9）：50-52.

第 8 章　蜕变成蝶
——擅于学习的微软

不知您是否像我一样，曾经身处于这样的场景：在静谧的清晨，习惯性地打开电脑，伴随着熟悉的开机音乐，像四面小彩旗一样的图标在屏幕上飘扬，Windows 的几个字母随之映入眼帘，仿佛在轻轻地向你诉说：“美好的一天，开始了……”

是的，这正是微软最为人熟知的产品之一——Microsoft Windows 操作系统（视窗操作系统），其图标如图 8-8-1 所示。曾几何时，微软从 1975 年仅有 11 人的小团队，发展至拥有 8 万多名员工的全球型企业，通过抓住创新机遇，不断进行变革，像蚕蛹经历破茧般的磨炼最终化成美丽的蝴蝶。微软的发展速度是举世罕见的，30 多年的时间就已经在业内领先。作为世界顶级的软件开发公司，它拥有富可敌国的资金，也拥有强大的人才团队。如今的微软，像一艘航母，可以劈风斩浪；像一个帝国，可以缔造辉煌。

图 8-8-1　微软 Windows 操作系统产品的图标

那么，微软成功运作的奥秘是什么呢？其实，微软能够造就今日辉煌的原因有很多，但擅于学习并且与时俱进的创新文化可以说是其成功的最根本原因。

创办者比尔·盖茨与保罗·艾伦也仿佛具有预知未来的能力，创建之初便将学习、创新的文化种子播撒到企业的各个角落，从此生根发芽，使微软能够根据市场环境及时调整和变化组织，不断进行新技术、新产品的研发。特别是学习型组织的理论推广之后，微软迅速适应时代潮流，创建了学习型组织，成功实现新的蜕变，成为全球 IT 产业的领军者之一。

8.1 将学习力转化为应变力——学习型组织的真谛

学习型组织最初的构想源于一位杰出的技术专家——美国麻省理工学院佛瑞斯特教授。1965 年，这位智者发散思维，积极思考，将系统动力学与组织学习的理论融合，非常具体地构想出未来企业组织的理想形态。站在巨人的肩膀上，才能看得更高远。彼得·圣吉是佛瑞斯特教授的学生，也是学习型组织理论的奠基人。他怀着坚定的信念，一直致力于研究以系统动力学为基础的更理想的组织。其代表作《第五项修炼》出版后在西方产生极大反响，《第五项修炼》以及随后几本经典著作的问世，标志着学习型组织理论框架的基本形成。

学习型组织是适应时代变化的产物，是对企业组织变化共同认知的结果。学习型组织并不是一种组织形式，而是一种组织状态。学习型组织更不是组织型学习，其真正的内涵是激发组织中的成员通过不断的共同学习，培养全新、前瞻和开阔的思考方式，同时不断提升和突破自己，合力开创新的未来，实现共同的目标和理想。

学习型组织的五项修炼包括自我超越、改善心智模式、建立共同愿景、团体学习、系统思考。我们可以把五项修炼视为一个系统（图 8-8-2），其中，改善心智模式和团体学习这两项修炼是基础要素，自我超越和建立共同愿景这两项修炼是向上张力要素，它们之间相互影响，相互作用。第五项修炼系统思考是核心要素，它可以整合其他各项修炼要素。而这些要素是否协调一致，将会影响学习型组织的实施及其效果，这也是企业进行创新决策，建立学习型组织必须要考虑的问题。

从 20 世纪 80 年代开始，在企业界和管理思想界，出现了推广和研究学习型组织的热潮，并逐渐风靡全球。已经成为时代标志的、著名的微软公司，也在倾心建立学习型组织。微软善于思辨，善于学习，有着自己独特的成功做法，建立了自己的组织结构（图 8-8-3）。同时，微软以“通过自我批评学习，通过信息

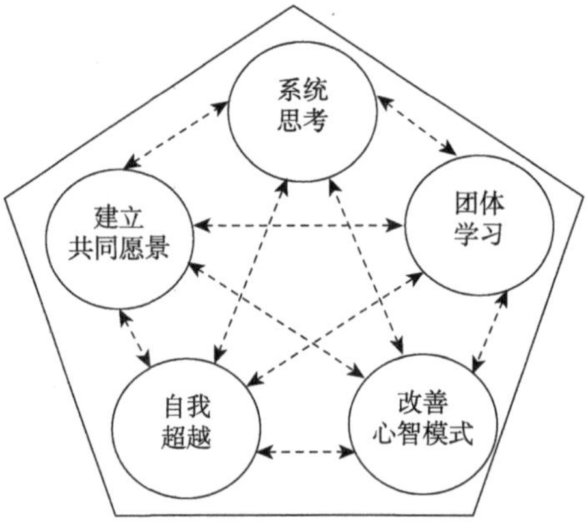

图 8-8-2　学习型组织的五项修炼

反馈学习，通过交流共享学习”为理念，坚持自我批评、信息定量化、重视客户信息、团体交流共享四项原则，实现了成功的蜕变，创建了学习型组织。

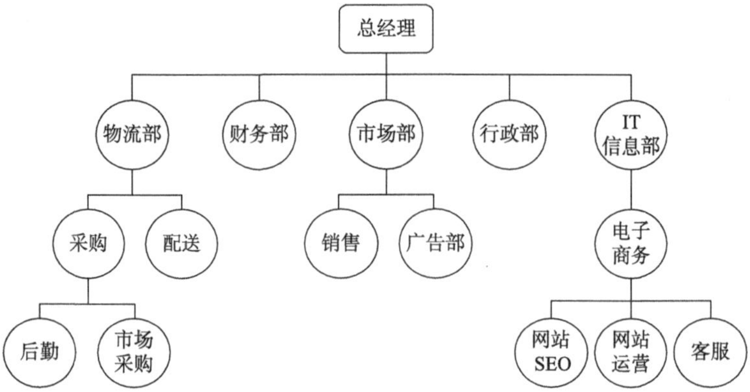

图 8-8-3　微软组织结构

SEO：search engine optimization，搜索引擎优化

8.2　克己自责，反躬自省——善于自我批评学习

一个企业的产品往往与企业内部的制度和企业文化息息相关，微软非常善于营造良好的学习环境和氛围，做法之一就是开展自我批评。微软开展自我批评、自我反省的活动有很多，但其中颇有创新特色的做法便是“事后分析”与“自食其果”。同时，通过自我批评学习，微软也加强了员工的自我超越和改善心智模式的修炼。

“事后分析”活动要求每个研发部门、每个项目组在开发一个产品、完成一个项目后都要写一份事后分析报告，报告分为工作的成绩、存在的问题、采取的对策三大部分，重点要揭露存在的问题。虽然这些报告文件会在公司的最高层之间进行传阅，但这些事后分析文件在揭露问题和自我批评方面表现出惊人的坦率，员工们从各个方面去剖析产品，通过否定再否定的方法，动态的、开放的评估新产品。其自我批评的程度形象地展示在微软的组织形态图（图 8-8-4）中，甚至连比尔·盖茨也会饶有兴趣地阅读主要项目（如 word 和 excel）和一些新兴领域（如多媒体）项目的事后分析报告。

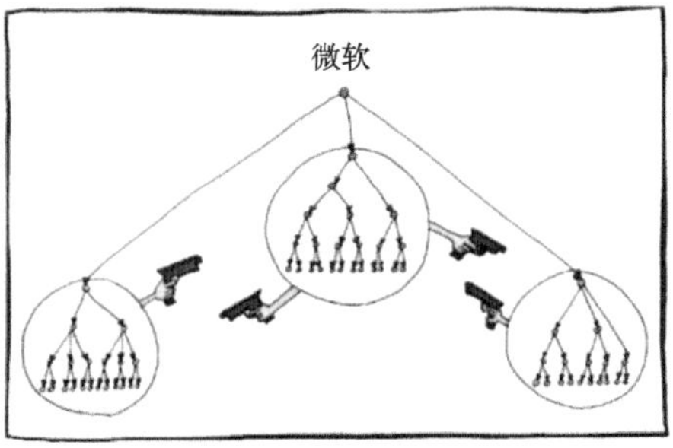

图 8-8-4　微软善于自我批评的组织形态

微软的“自食其果”活动又称“吃自己的狗粮”（eating your own dog food）。微软规定员工先使用自己的产品，反其道而思之，站在用户的角度去发现产品中存在的问题，进行反思。这意味着，如果产品太糟糕了，即使味道还不如自家的狗粮，而“难以下咽”，“厨师”和其他每个成员也都不得不把它给“吞了”（使用它）。例如，研制 Windows 95 操作系统时，研发小组只要有了稳定版本，就得尽快使用这些产品作为各自的操作系统，这样小组就能自己测试出缺陷，从而不断进行改进，直至产品面世。这种从对立面看问题，站在用户的角度去体验产品的方式，可以更加全面地认识到产品的不足，而且角度的转变更有利于发现不同的问题解决方法，从而实现产品的进一步优化。

8.3　特立独行，坚持自我——贯彻信息定量化管理

生活中很多事物量化后，便能够更为精准、更为有效地去表达。计算机的演进思维亦是如此，量化能够使我们致力于更精细的科学研究。微软的领导者将量化的思想移植到公司日常事务的处理中，可以使产品的反馈和改进以数量化测量和度量标准的定量形式，更精确地展示。当产品的数量测量信息反馈公布以后，

公司相关员工就会知道问题的严重性，经过反思，找出问题的关键所在。度量标准分为质量、产品、过程三大类（表 8-8-1）。

表 8-8-1　微软信息定量化的度量标准分类

标准	度量内容
质量	每日和每周的缺陷（错误）发现和修复率；缺陷的严重程度；缺陷的解决；对缺陷的聚类分析；每 1 000 行源代码中发现的缺陷数目；可用性实验室返回的结果；客户满意度；客户反馈问题的频率
产品	特性类型和数目；以代码行数、存储所用字节数和可执行文件的字节数来计算产品的规模；产品规模在前后两个版本之间的变化；代码复用的程度；速度和内存使用情况；代码的测试覆盖率
过程	特性开发小组的规模；各个特性、各个里程碑阶段和可发布产品的估计完成日期与实际完成日期之间的偏差；进度拖延程度；各个里程碑阶段完成情况的检查对照表；发现缺陷的有效方法

微软公司经常用定量化测试评估产品质量，评估结果按质量问题的严重程度分成四等级，并公之于众，作为学习的内容。在一个项目中，经理们会自始至终使用这些质量、产品和过程的度量数据。在项目开始前，根据综合评价的目标，对项目的影响因素进行分解。例如，利用度量数据来帮助预估资源需求情况（如需要多少开发人员和测试人员）；尝试对进度要求（如集成时间长度或缓冲所需时间）进行预估，以构造不同层次的统计指标体系等。在项目进行时，经理们以及开发人员和测试人员，会使用度量数据来获得在进度、稳定性、性能方面的信息反馈。在项目完成之后，他们又会使用这些度量数据来勾勒项目的特征，识别问题所在的区域，评估缺陷捕获技术的有效性，探索多个项目并行的趋势，得到综合评价值，并重点突出可以进一步做出改善的机会。

8.4　投桃报李，回馈顾客
——重视客户信息管理与服务

微软将学习方式分解为两种：内源学习，从公司内部获得“学习源”；外源学习，从“客户支持”中获得“学习源”，如成立“产品改进小组”分析用户意见，举行“情景屋电话会议”等。微软定期将分散的内外源学习进行整合，达到最好的学习效果。

1991 年，微软公司成立了包括 6 名高级产品开发专家在内的产品改进小组，专家们对产品进行系统的分析，综合考虑多种因素，提出新的设想和新的修改意见，这一小组的活动被称为“微软的秘密武器”。其主要流程见图 8-8-5。

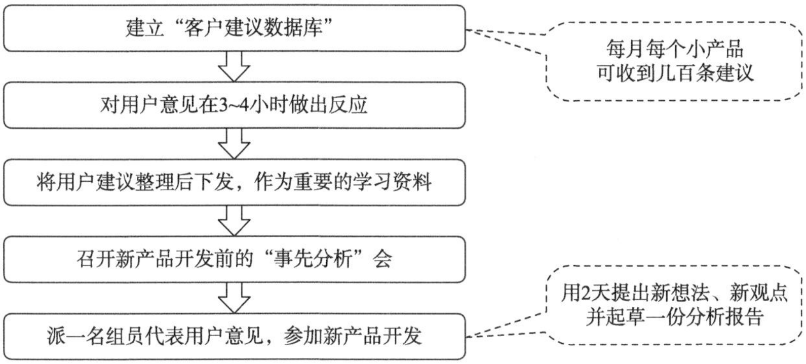

图 8-8-5　产品改进小组工作流程

微软公司在新产品推向市场后，每周要举行两次“情景屋电话会议”，这是开发新产品人员的重要学习活动。他们把用户的咨询电话直接接入“情景屋电话会议”室，让开发人员亲耳聆听用户的意见。会议记录印发给其他各产品开发组，作为重要的学习资料。这样，员工自身的角色都是在学习者和学习情境的互动、学习者与学习者之间的互动过程中生成的，这样的学习总是处于一个特定的情境中，由此力图解决传统学习去自我、去情境的顽疾。

微软的理念是从最终用户着眼，记住他们是我们的真正老板。微软的支持哲学强调，每一次客户支持的接触活动都是改进产品设计的一个机会，相应地，他们会用更易用、更少需要求助于产品支持组织的产品来回报客户。这蕴含着建立共同愿景的目标，组织中各个成员有发自内心的共同目标：提高客户满意度，同一个团体内整合共同愿景，帮助组织培养其成员主动而真诚的奉献和投入，就像蝴蝶吸取花蜜的同时，感恩于鲜花的馈赠而会帮助花儿传播花粉一样。

8.5　羽化成蝶，群蝶翩跹——团体交流共享

建立学习型组织的最后一个问题是实现团体资源共享和交流学习。这同时也是五项修炼中团体学习的修炼。俗话说“众人同心，其利断金”，团队的智慧总是高于个人的智慧，当团体真正在交流共享的时候，不仅团体更加出色，其队内成员的成长速度也比使用其他的学习方式更快。因此，这种知识和智慧的集成不仅有利于研发出特性丰富、集成化的产品，更有利于微软形成一个一体化的公司。

但学习共享其实并不容易，微软为实现这一共同目标，花费了好几年的时间才在不同的产品单元之间实现了系统化的组件共享。同时，微软还设计了许多资源共享和交流学习的活动，即共享学习活动。微软每周会举办一次相同职能的经

理午餐会，每次 2 小时。通过午餐会交流讨论他们面临的问题、解决方法、工作进展情况以及世界同行发展近况，并将其中一些好的活动的录像在公司内部进行播放传看。每周举行一次博览会议，每次 1 小时，各产品开发组派人参加，各组就各自产品及其走势发表意见，进行有效沟通，有时也请外部有关人员做报告。除此之外，各个部门之间也会开展“东走西瞧”活动，互相观摩学习，开放思想交流共享，打破传统的狭隘的研发思想，激励团队不断学习，不断保持创新，为建立高效的组织提供保障，从而实现员工的共同进步。

由此可见，共同的目标、有效的分工、合理的交流共享制度是微软团体学习制胜的法宝。这就像蝴蝶的团队品格，一只蝴蝶振动翅膀所带来的震动是极其微小的，但是当大批蝴蝶集体振翅的时候，所带动的巨大气流能够引起一场大的风暴。微软亦是如此，团体学习修炼使得企业始终保持学习的状态，不断地进步，在传承创新文化的基础上，成功实现蜕变。

8.6　放飞蝴蝶，梦在远方

微软的学习与创新，不仅仅在于技术，更体现在经营手段和开拓市场等方面。盖茨和微软打破市场常规，摆脱传统产品和经营模式的桎梏，将软件推向大众消费市场，让每一台计算机上 Windows 的图标能够像蝴蝶一样翩翩飞舞。它似乎总能比其他公司看得更远、启程得更早，它也的确凭借着新的技术和经营模式在竞争中一度打败了 Apple、IBM 等诸多老牌公司，学习与创新是贯穿微软公司的核心精神。

可以说，这种对技术创新的追逐，是微软公司和微软人的精神，是他们赖以生存的血液。放飞心中的那只蝴蝶，虽然我们不知道未来微软的组织会如何发展，会不会像今天这样依旧光芒万丈，但只要心中有梦，坚定信念，它便会实现。

一个企业，要想形成学习型组织，就要不断地自我超越、不断地改善心智模式、不断地建立共同愿景、不断地进行团体学习、不断地进行系统思考的修炼。整个五项修炼是一种心灵的转变，也是思维模式的转变，更是一个不断地向极限挑战、艰苦磨砺的过程。无论是在成立之初，还是早已成为世界顶级的软件开发公司的今天，善于学习、善于创新一直都是微软无往不胜的利器（其中蕴含的创新科学原理，如图 8-8-6 所示）。正是凭借这一利器，它屡屡挫败强大的竞争对手，在市场的夹缝中创造出自己的天地，并使其学习创新的文化得以传承延续。反之，如果一个企业不能够保持时刻学习，不能及时创新，就会被时代的浪潮推倒。

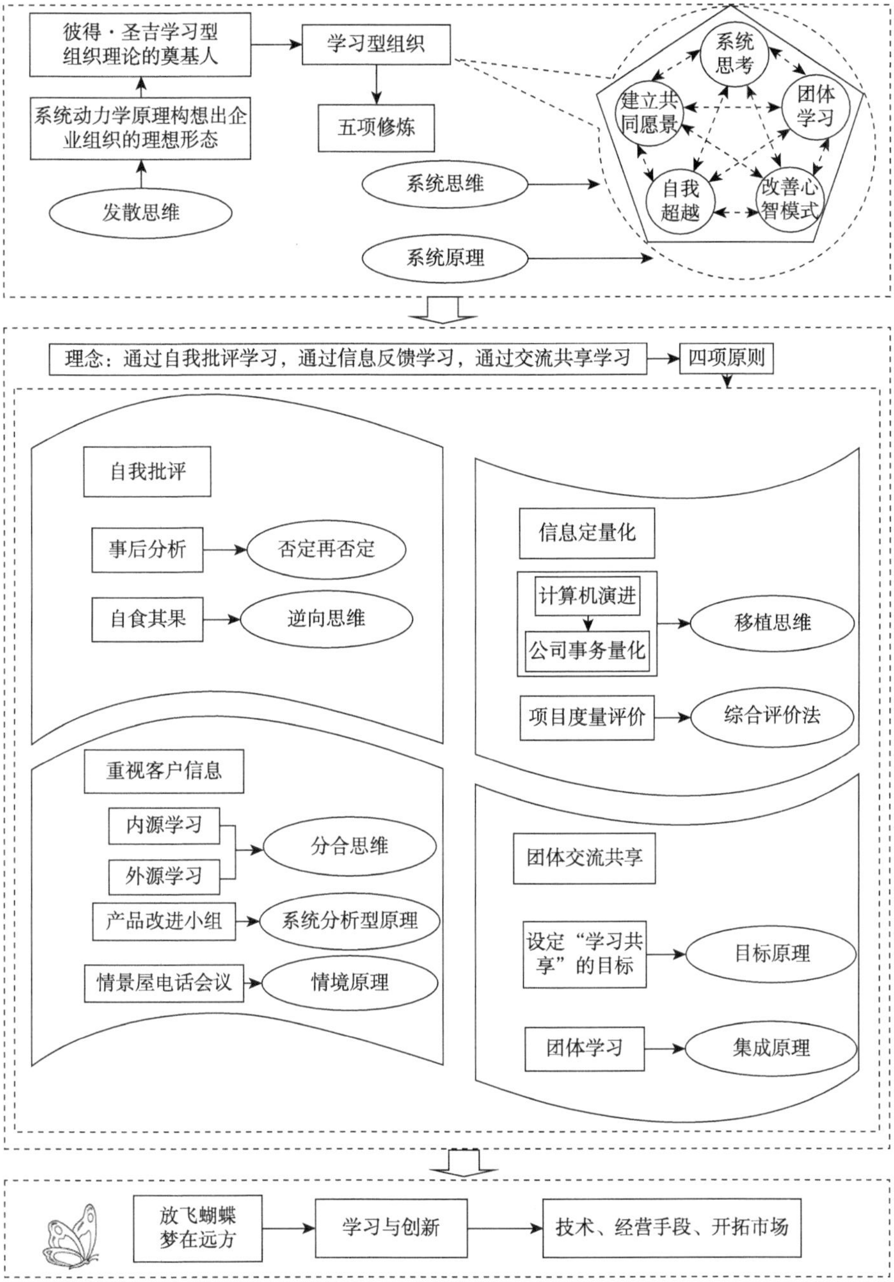

图 8-8-6　微软创建学习型组织的创新科学原理

参 考 文 献

陈振烨. 2009. 微软：服务的战略价值. 经理人，（1）：18，96-97.

圣吉 P M. 2009. 第五项修炼：学习型组织的艺术与实践. 张成林译. 北京：中信出版社：28-35.

水天. 2003. 微软如何创建学习型组织. 中国电力企业管理，（9）：59.

原舒. 2004. 学习型组织概念的探讨与实践. 技术经济与管理研究，（1）：107-108.

第9章 中国空间技术研究院的涅槃之路

中国空间技术研究院成立于 1968 年 2 月 20 日，隶属中国航天科技集团公司，首任院长是著名科学家钱学森。经过 40 余年的发展，它已成为中国主要的空间技术及其产品研制基地，是中国航天事业的主力军。

在中国空间技术研究院的发展历程中，其铸就了“东方红一号”卫星、神舟五号载人飞船、嫦娥一号卫星等中国航天发展的三大里程碑，取得了举世瞩目的成就。然而，在这辉煌的背后，中国空间技术研究院也曾一度陷入严重的经营困境。组织运行效率低下、机构臃肿、缺乏机动、研制任务一拖再拖，甚至无法完成国家交给的任务。中国空间技术研究院要想摆脱这样的困境，重新焕发企业活力，继续存活下去，就不得不将改革列入日程表。在国企改革浪潮中，中国空间技术研究院进行了全面的体制改革，组建起了矩阵式组织结构，这使得组织充满了活力和朝气，工作效率在原有基础上大幅度提升。在此，让我们一起回到那个充满激情与变革的时代，回顾中国空间技术研究院那段涅槃之路。

9.1 顺势而为以解内忧——在改革中谋发展

1993 年召开的中共十四届三中全会，确立了以建立“产权清晰、权责明确、政企分开、管理科学”的现代企业制度为目标的国有企业改革方向，标志着国有企业改革进入了新阶段。这次改革的浪潮汹涌澎湃，改革的深度和广度以及影响力度前所未有，而中国空间技术研究院正是借助这次改革的春风，完成了实体化改革，建立了现代企业管理制度，焕发了生命和活力。

其实，国有企业的改革由来已久，自中共十一届三中全会召开以后，国有企业改革的脚步就未曾停歇。但国有企业改革的投入产出不成比例，花费代价大，产出效果却不甚理想，反而是民营企业后来居上。面对先天优势明显的国有企业驻步不前，后起之秀的民营企业却大步向前的窘境，无论是政府还是国有企业的管理者都陷入了深深的思索。而此刻的中国空间技术研究院，在卫星发射中，接连遭受了一系列的挫折：两颗卫星相继发射失利，处于低谷中的职工情绪低落；研制进度一拖再拖，已经满足不了国家的需要；研制生产卫星的数量增多后，多种任务同时展开，组织协调疲于应付，管理手段捉襟见肘……“一颗星一支队伍”“一颗星一套方案”“十年磨一剑”的老套路一下子不灵了，中国空间技术研究院发现自己欲跑无劲、欲飞无力，步履蹒跚、翅膀沉重。

面对时代改革的大潮，面对内部管理疲于奔命的尴尬窘境，企业的改革势在必行！2002 年初，暖冬的北京一片祥和，中国空间技术研究院终于收到航天科技集团公司党组一号文件，文件中要求“要推进院、基地的实体化改革，积极稳妥地推进科研生产能力与布局调整”，由此中国空间技术研究院迈上了改革图强的道路。

“春江水暖鸭先知”，中国空间技术研究院能够及早察觉市场经济浪潮的来临，认识到体制改革的必然性，并且顺势而为。根据情景的变化变革企业的发展方向，体现了创新科学中的情景原理。经营企业一定要关注市场的风向，只有关注了市场的变动才能把握时代的方向，与此同时，还要根据所观察到的变化，系统地考虑组织内外部的情况，从而做出最优的决策，只有这样才能够基业长青。而中国空间技术研究院的领导在做出企业变革的决定时，显然是经过了仔细的、系统的研究，了解市场的变化以及企业内部的资源情况。这些都体现了创新科学中的动态原理和系统原理。总体来看，中国空间技术研究院的变革不是偶然的，是在外部环境的驱使下，内部为实现更高目标发展的必然，求新求变，改革图强是变革的主旋律，体现了创新科学中的目标原理。中国空间技术研究院在这场顺势变革中敢作敢为，所体现的创新智慧如图 8-9-1 所示。

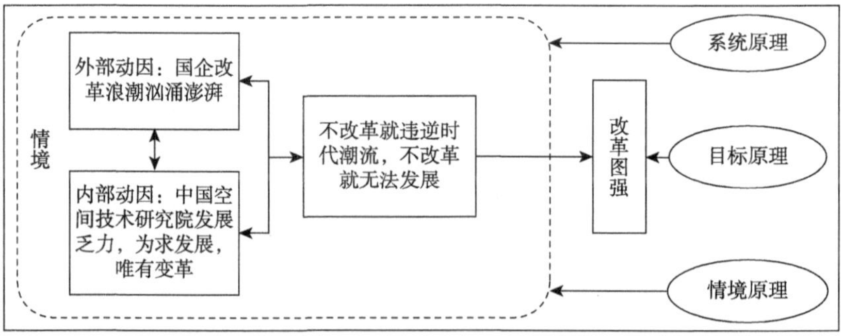

图 8-9-1　中国空间技术研究院顺势变革中体现的创新科学原理

9.2　摸石过河——试问路在何方

到底该如何改革？这是摆在中国空间技术研究院面前非常现实的问题。中国空间技术研究院的改革者在坚定了改革的决心之后，没有立刻就着手改革，而是以问题为导向，在几大改革的关键问题得以明晰的基础上才开始改革，避免了改革的盲目性。这体现了创新科学中的问题导向原理，这种方法能够帮助改革者迅速理清思路。

想要解决这个的问题，必须先知道问题是什么。徐福祥接任院长之后就带领一班人，逐个单位进行调查研究，希望寻出问题的症结。一系列的“望、闻、问、切”后，中国空间技术研究院的“病情”基本摸清了。在考察的过程中，逐个单位考察，让变革者更加了解中国空间技术研究院的整个构架，变革也更具系统性，体现了创新科学中的系统原理。

通过对中国空间技术研究院系统的调查研究，中国空间技术研究院领导班子认为，管理体制不顺、运行机制不灵活、组织结构不合理，已成为严重制约中国空间技术研究院发展的瓶颈。其根源可以归纳为三点：一是竞争主体不清，使得“大权旁落”；二是“万众一心”要钱，造成成本失控；三是“游行式”的产品生产，导致质量进度难以保证。这三方面归根结底都落脚在组织问题上。将纷繁复杂的问题抽丝剥茧，最终找到问题的根源，再去找解决方案时往往容易得多，在这里体现了创新科学中的还原原理。还原原理使得问题的解决事半功倍。

找到了问题的根源，只是改革的基础，下一步还必须明确应该将中国空间技术研究院改革成什么样的组织，即改革的目标是什么。为此中国空间技术研究院的领导召开了多次会议，召集了多位专家进行商讨。院领导和专家们，根据航天科技集团公司的统一部署，经过激烈的讨论商榷，使得中国空间技术研究院实体化改革的思路变得清晰起来。利用唐家岭空间技术研制试验中心的已有条件，在“十五”期间，中国空间技术研究院以公司制、集团化改革为目标，进行组织结构调整和资源重组，并以矩阵式组织为支撑。提出改革的目标之后再去改革，让改革的方向更加明晰，也让改革的方案更容易在组织中施行。这里体现了创新科学中的目标导向原理，目标导向增加了方案的可行性。

改革事关全局，任何疏漏都可能影响改革的成效。为了使改革方案更加科学合理，中国空间技术研究院进行了几十个回合的反复慎重的论证，听取多方意见，集思广益。在最后阶段，究竟采取什么样的组织形式，专家小组是经过了严密的推导的。在没有改革之前中国空间技术研究院组织结构是直线职能型组织结构，中国空间技术研究院本部与用户签订订单，总体部主管设计，生产组装由总装厂完成，装配完成之后由环境工程部负责测试，各个部门下又分职能配备了人员，造成了部门的重复设置，机构的臃肿，运行效率低下。在计划经济年代里，这种方式勉强可以应付上级单位分配的任务，但是随着市场经济的到来，管理链条拉得过长，企业管理显得十分脆弱和无奈。

我们对中国空间技术研究院“寻路”以确定方向的过程中所体现的创新科学

原理进行了分析，如图 8-9-2 所示。

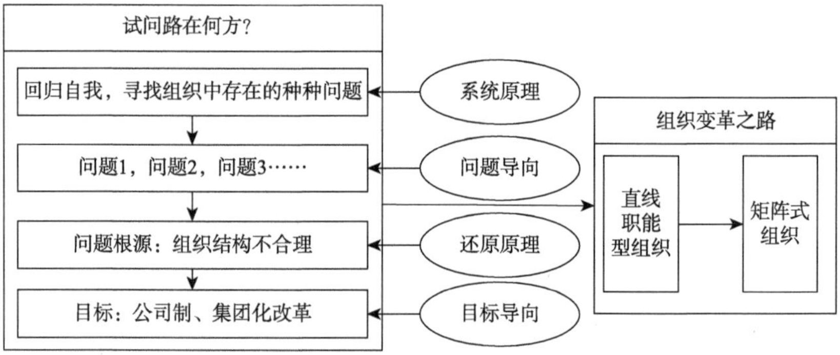

图 8-9-2　中国空间技术研究院“寻路”过程中体现的创新科学原理

9.3　荆棘丛中的坦途——选择矩阵式组织

显然直线职能型组织结构已经不能满足需要，专家小组经过反复的考察和理论论证，最终将目光聚集在矩阵式组织上，这是由矩阵式组织的特点和中国空间技术研究院作为从事研究型工作的机构特点所决定的。

一方面，中国空间技术研究院是从事科研的单位，怎么将各个部门的人员联系起来，加强沟通交流，发挥各个专业领域人才的聪明才智是至关重要的，这样可以集思广益，对于攻克技术难题很有助益，而矩阵式组织正好符合这样的要求。矩阵式组织具有职能和项目型混合的管理特点，既有横线的管理架构，又有纵向的职能管理架构，横向与纵向的管理相互交叉，构成一个完整的管理矩阵。这种结构能够使组织中的各项资源得到最大限度的利用，使得组织的内在能力得以全力发挥。采用矩阵式组织，可以发挥每个人的才能，尤其可以充分发挥稀缺人才的作用，每个人在项目中，利用自己的专长，通过团队的协作，碰撞出思维的火花，更有利于科研工作的进行。

另一方面，中国空间技术研究院的产品项目属于大系统复杂产品范畴，投资规模大、风险高、产品复杂性以及共享稀缺资源的压力和环境的不确定性都必须考虑在内。所以中国空间技术研究院的产品管理以项目为主导，实行项目—职能混合结构的矩阵式组织形式是完全行得通的。中国空间技术研究院通过以项目责任和职能管理责任为主线，形成一种横向、纵向的项目管理网络，纵横交叉形成矩阵，处理职能部门与产品任务的关系，同时减少横向和纵向的中间环节。中国空间技术研究院的矩阵式组织如图 8-9-3 所示。

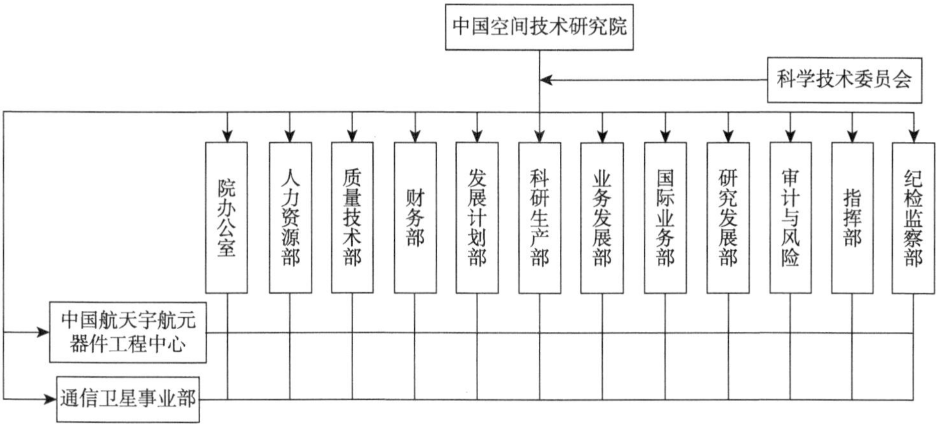

图 8-9-3　中国空间技术研究院的矩阵式组织结构

在这个过程中，无论是专家商讨究竟采取什么样的组织结构，还是最终选定的矩阵式组织本身，都充分体现了创新科学原理中的集智原理。召集专家进行方案的研究，可以充分发挥群体智慧，而充分利用每一位专家的特长和创造力，则体现了集智原理。就矩阵式组织本身而言，矩阵式组织有利于群体之间交流想法，激发创造力，这也体现了对集智原理的利用。

9.4　迷途灯塔——创新科学

中国空间技术研究院在没有变革之前，就似迷失了航道的风帆，恰逢风雨交加，在茫茫大海中失去了方向，同时也失去了前进的动力，人心涣散，积重难返，眼看企业巨轮就要毁灭在这大海之中。但这个为我国航空航天事业立下汗马功劳的企业号巨轮，没有就此倒下，经过组织变革，它换上了新的引擎，焕发出前所未有的活力，从此扬帆远航，笑傲江湖。而这个新的引擎就是矩阵式组织，中国空间技术研究院改造过程中体现的创新科学原理就似那灯塔，照亮了远方的路，给予中国空间技术研究院前进的方向。其实，中国空间技术研究院并不是个案。企业在发展过程中，失去方向，陷入困境是发展壮大过程中不可避免的，这些都不可怕，可怕的是故步自封、不思进取。

中国空间技术研究院的组织变革是我们国防科研院所改革的一个小的缩影，也是我国宏大的国有企业改革潮流中的一个成功范例。在市场经济浪潮的冲击下，一大批像中国空间技术研究院这样的国有企事业单位以非凡的决心和壮士断腕的勇气，敢于突破过去沿袭几十年的传统模式，按照现代企业制度的特点来运作、经营企业，努力摸索并遵循市场经济的客观规律。时至今日，国企改革仍旧是热门话题。2013 年 11 月，中共十八届三中全会通过的《中共中央关于全面深化改革若干重大问题的决定》为我们勾勒了新一轮国企改革的路线图，如何改革破除体制机制障碍，使国有企业真正成为独立的市场主体，进一步激发企业活力、创造力，把改革的红利转化为发展的动力，依旧是尚未解决的难题。从这一点来看，中国空间技术研究院的改革还远没有终结。

我们对中国空间技术研究院组织变革中的灯塔——创新科学中所蕴含的创新科学原理进行了分析，如图 8-9-4 所示。

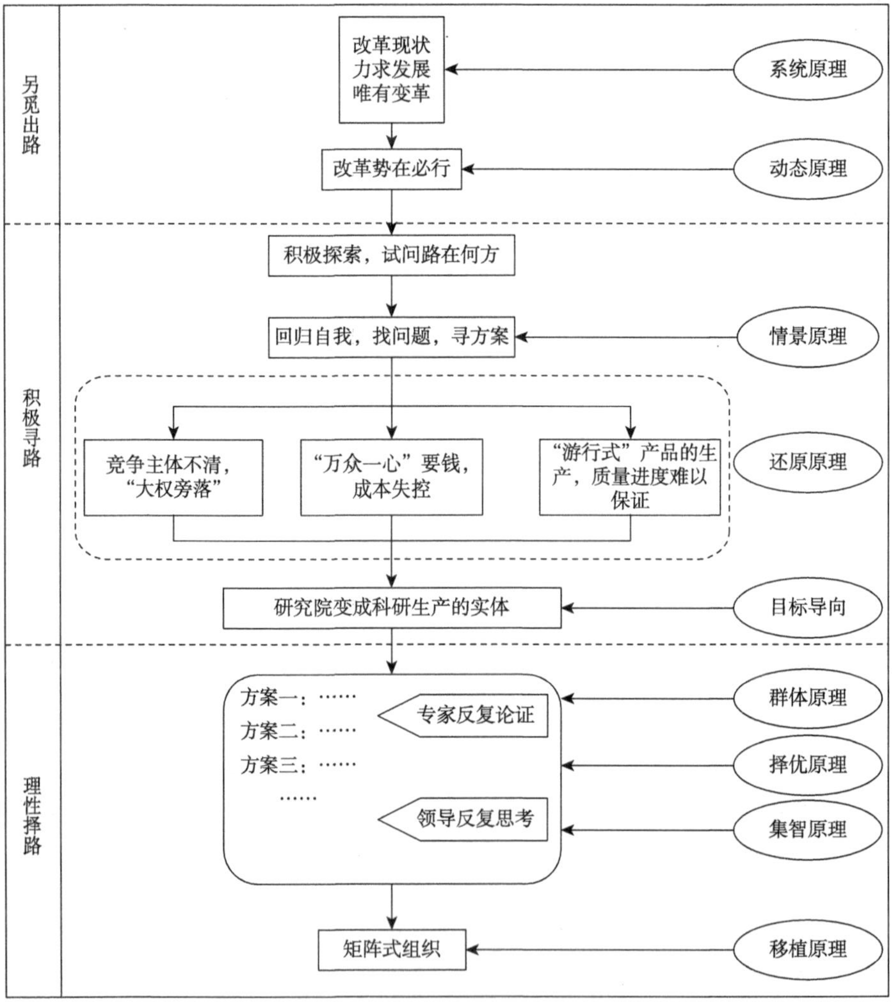

图 8-9-4　中国空间技术研究院组织变革中体现的创新科学原理

参考文献

白泽龙. 2013. 航天企业多项目管理组织模式研究. 项目管理技术，（9）：104-107.
李燕，赵利. 2014. 某航天科研院所项目管理组织的构建研究. 经营管理者，（5）：66.
王绍山. 2014. 矩阵式管理模式在型号项目管理中的应用. 航天工业管理，（3）：11-14.

第 10 章　组织变革助力华为踏浪前行

华为是全球领先的信息与通信技术（information communications technology，ICT）解决方案供应商。多年来，华为在全球建设了 1 500 多张网络，帮助世界超过 1/3 的人口实现联结，并以开放的云计算和敏捷的企业网络，助力平安城市、金融、交通、能源等领域实现高效运营和敏捷创新，其智能终端和智能手机更是帮助人们乐享高品质生活，其商标如图 8-10-1 所示。

图 8-10-1　华为商标

华为的 18 万名员工一直致力于为客户创造更大价值，为构建更美好的全联接世界而努力。有人认为华为之所以能在高技术、高度竞争的国际通信行业中胜出，其独特的“狼性文化”功不可没，有人则认为是华为的“专注”造就了它的一枝独秀，还有人认为华为为客户创造最大价值的商业理念是其多年屹立不倒的秘诀。应该说这些观点分别从不同角度探索到华为成功的部分秘诀，然而回顾华为的发展历程，你就会发现其取得巨大成就的背后有一个不可忽略的重要因素——组织的与时俱进。

10.1 建立直线型组织结构，华为扬起创业之帆

1987 年，一家代销用户交换机的公司在深圳成立，它就是华为。公司成立初期，市场中交换机需求旺盛，在这种情境下，华为制定了专一化的产品战略，整个公司只销售交换机。为适应专一化战略，华为采用了直线型组织结构（图 8-10-2）。

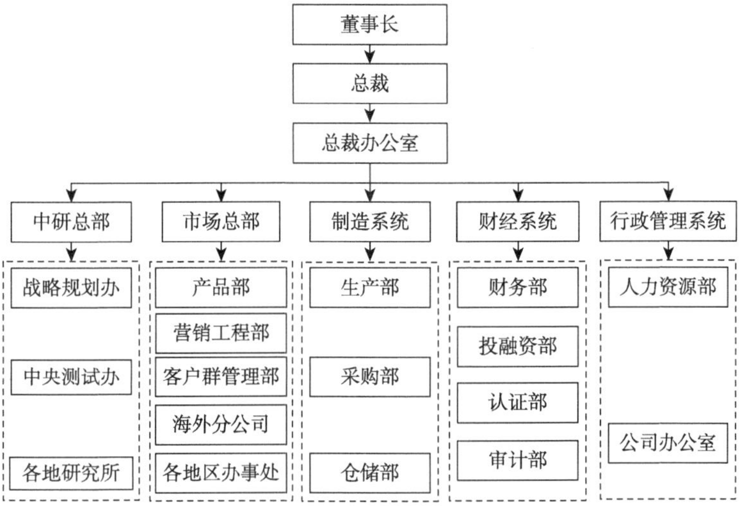

图 8-10-2 华为直线型组织结构

直线型组织结构以集权为主要特征。由任正非（1944—，华为创始人）直接领导公司综合办公室，下属五大系统：中研总部、市场总部、制造系统、财经系统以及行政管理系统。主管人员在其管辖的范围内有绝对的职权，各系统中任何一个部门的管理人员只对其下属有直接管理权，员工的所有工作事宜也只向自己的直接上级汇报。直线型组织结构责任分明、职权明确、有利于统一领导，使得任正非对公司内部下达的命令和有关战略部署可以很快得到下级的响应。这种简明敏捷的直线型组织结构，助力华为在创业初期经营有序，业绩迅速增长。

伴随着市场的不断扩张，多元化战略的推进，华为迈上了高速发展的道路，产品领域也从开始单一的交换机向其他数据通信产品及移动通信产品发展，公司的员工数量呈几何倍数增长，业务复杂度不断提升，直线型组织结构的缺点开始显露，为此华为开始引进国际化的管理模式探求企业变革之路。

10.2　建立二维网状结构，华为驶向全国市场

以任正非为代表的高层管理者系统分析了当时华为在管理和组织结构设置上的不足，认为华为如果想取得长足的发展，必须向市场靠拢。为完成这一目标，任正非大量学习和了解西方先进管理经验，并在1998年改革以往权力主要集中在少数几个高层手中的管理模式，转而将事业部机制移植到自己的公司，同时各职能部门按以往模式运行，构建起了二维网状组织结构（图 8-10-3）。与此同时，为将产品迅速推向全国市场，进一步扩大市场份额，华为设立了诸多地方办事处，这些办事处的建立为华为开启了新的销售渠道，极大节约了华为的综合成本。

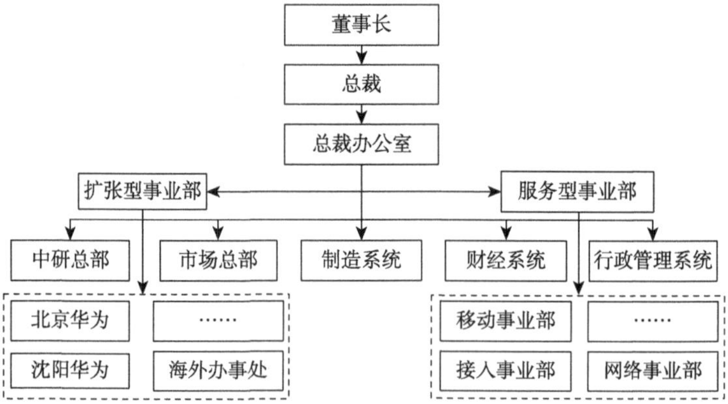

图 8-10-3　华为二维网状组织结构

在这一结构中，扩张型事业部负责进行市场开拓，在各地开设办事处，帮助华为在当地销售产品；服务型事业部内含多个小事业部，如移动事业部、接入事业部等。这些小事业部按照各自业务特点对产品的生产和销售实行统一管理，各部既受公司宏观控制，又拥有一定的经营自主权，实行独立经营、独立核算。与此同时，各职能部门形成支持系统，帮助各事业部运行，形成交叉运作的模式。这一变革极大调动了华为内部组织单元的积极性，还使得子公司内部的高层领导者摆脱日常事务，集中精力去考虑宏观战略，同时还锻炼和培养了本事业部的综合管理人才。华为二维网状组织变革中体现的创新科学原理如图 8-10-4 所示。

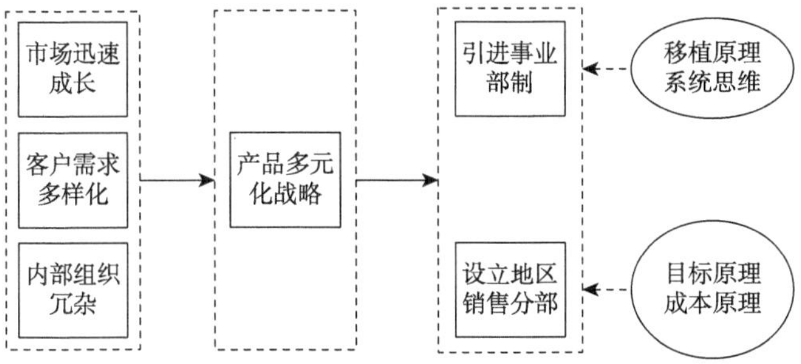

图 8-10-4 华为二维网状组织变革中体现的创新科学原理

10.3 二维网状结构变多维立体结构，华为遨游全球市场

随着华为海外战略的逐步推进，事业部间横向运作上的矛盾加剧。另外，随着各地区业务的不断增加，各地区分部需要更多的资源支持才能高效运作，地区办事处已无法满足华为的发展需要。为此华为吸取先进的组织理念，结合企业自身情况对组织结构进行了一次重构。

按照业务分布，华为设立了三大业务集团运营商 BG（business group）、消费者 BG 和企业 BG；按照地域分布，华为总公司在各国、各地区设立了多个区域分公司，为分公司实现更大价值提供更多资源；按照职能的不同，华为设立了 11 个职能部门支持各事业部以及地区分公司的工作。在这次组织调整中，华为最终形成了一个以业务集团、区域组织、职能平台三个维度构建起的多维立体组织结构（图 8-10-5）。

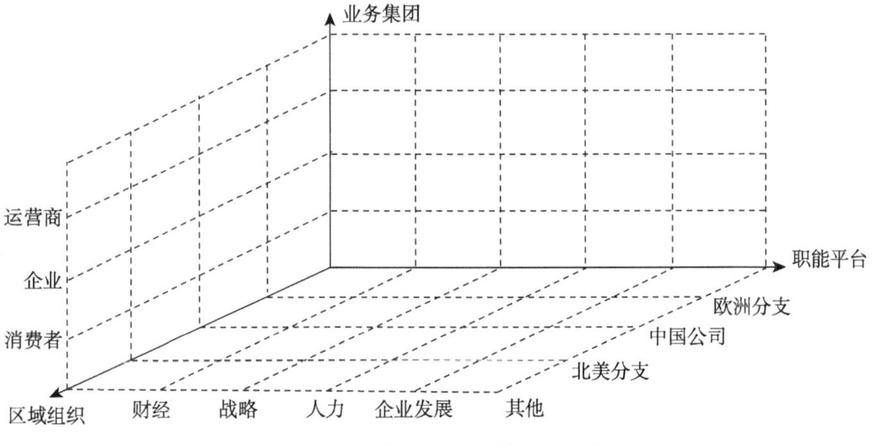

图 8-10-5 华为多维立体组织结构

在这一结构中，三大业务集团是公司的主要利润来源，承担着公司业绩增长的主要责任。由于华为处于高新技术产业，因此提升响应速度、贴近市场是华为保持企业活力所必须的。为了能对市场变化迅速做出反应，在这三大业务集团中，华为设立了各种项目小组。一旦决定开展新的业务或是研发新的产品，华为会迅速从各职能部门抽调员工，让他们跨部门团队协作，组合成一个为产品或研发服务的项目小组，发挥集体智慧迅速开展有关工作（图 8-10-6）。当项目结束，小组各成员又回到各自的部门中，进行原本的工作。

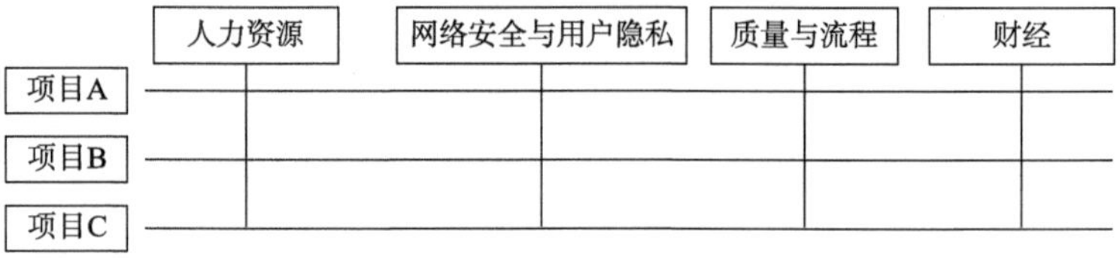

图 8-10-6　华为三大业务集团中内含的项目导向矩阵组织结构

华为三大业务集团中内含的矩阵组织结构是一种随时可以做出变化的组织结构，也正是这种随需而动的结构为华为注入了新的动力。各区域组织主要负责各地区的公司业务，开拓当地市场，区域组织的建立能够为华为节省一定的成本。同时，区域组织还需及时了解各地市场变化，充分了解不同地区客户的需求特点，汇总后向总公司汇报，帮助公司制定更完善的发展战略。职能平台是这一结构中的坚实后盾，职能平台不仅需要支持三大业务集团、区域组织的日常工作，为两者提供资源，还需协调业务集团间、区域组织间的合作，帮助公司健康发展。

多维立体组织结构帮助华为在许多方面有了提高。首先，在这一组织结构下，华为可以更好地应对环境的不确定性，当外部环境发生变化时，可以迅速感应环境的变化，并针对环境变化快速做出反应，降低环境不确定性带来的风险。其次，区域组织的建立可以更好地满足客户的差异化需求，有利于华为及时了解当地市场信息，快速响应当地市场的需求。最后，这有利于华为针对不同客户、不同市场研发设计不同产品，推进产品的多元化。可以说多维立体组织结构为华为占领全球市场打下了坚实的基础。华为本次组织变革中体现的创新科学原理如图 8-10-7 所示。

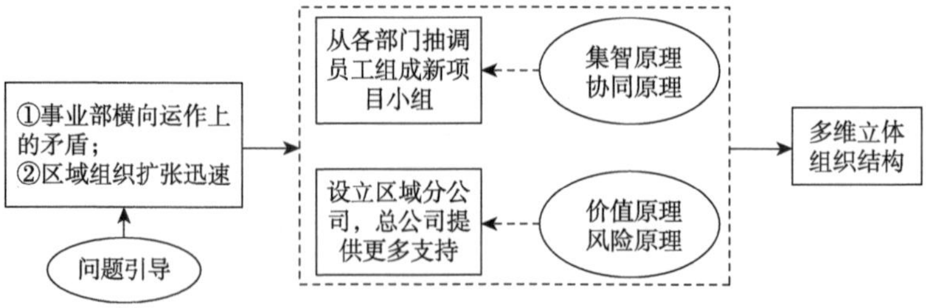

图 8-10-7　华为组织变革中体现的创新科学原理

10.4　应需而生，随需而变，中华有“为”

华为从一个名不见经传的小代理商成长为全球化营运的世界级公司，成为中国制造的楷模、典范和标杆，成功地做到了由“活下去”到“走出去”，再到“走上去”。在竞争激烈的全球通信市场竞争中，华为不断进行着战略调整。一次次的组织变革都随着战略的需要而生，又随着需要的变化而不断变化。经过不断变革，华为现已形成较为完善的多维立体组织结构，建立起了有机的组织管理机制，为华为在国际市场继续搏浪前行奠定了坚实的基础。华为的成功彰显了中国企业改变市场竞争格局的中国力量，也为在中国发展和管理高科技企业探索出一条可行之路，对其他高科技企业的发展具有重要借鉴意义。

我们对华为多次组织变革过程中所蕴含的创新科学原理进行了总结和提炼，如图 8-10-8 所示。

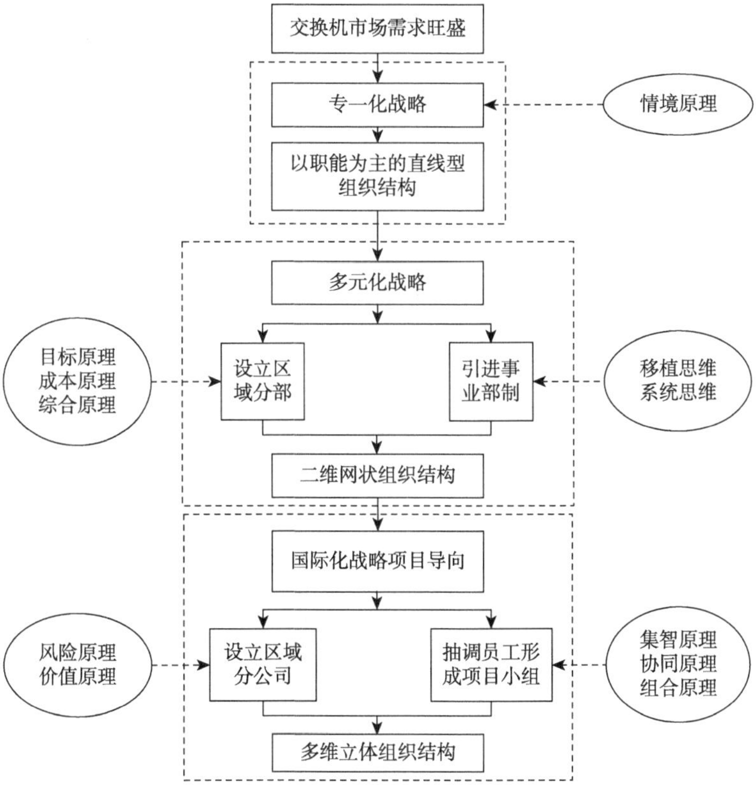

图 8-10-8　华为多次组织变革过程中所体现的创新科学原理

参 考 文 献

华为官网. 2017-07-08. 公司介绍. http://www.huawei.com/cn/about-huawei.
苏超. 2011. 华为战略导向下的组织结构设计. 科技创业，（8）：73-74.

第九篇　创业成功需要开启一把创新思维钥匙

创业之艰

“无”往往是你的起点，没有灯塔的指引却需要在巨浪与暗礁中潜行

希望与梦想赋予了你挑战未知的勇气

信念使你拥有了坚韧不拔的意志

怀揣着那一点微弱的“星光”，你在黑暗中开始探索那前人从未走过的险径……

凭借着敏锐的嗅觉，你洞察到了难得的市场机遇

面对“诱惑”谈不上雄心勃勃，但自然也少不了那固有的豪情

尽管前面可能是悬崖峭壁，你却表现得义无反顾

或许有些“冲动”，梦想的追逐却让你变得无惧风险……

常常是没有“先例”，探究中去不断总结经验

问题解决可能“无法可循”，智慧之光启迪你自成方圆

你披荆斩棘，蹚出一条血泪之路

不屈不挠，就是为了摘取那希冀中的硕果……

虽然已艰辛付出，却可能一无所获

无数次的失败，或许让你变得心神俱疲

但只要有希望在，再曲折的路也挡不住你前行的步履

当鲜花和掌声来临时，泪水涌眶中你自豪地享受着那无尽的成功之喜……

第 1 章　给世界一颗奔腾的“芯”——英特尔公司

1968 年，一家新成立的小公司在报纸上刊登了一则商业新闻，内容只有短短几个字，“1968 年 7 月 16 日，英特尔公司成立”，这篇新闻在当时没有引起任何人的注意。在 20 世纪 60 年代，计算机还是神秘的高科技产品的代名词，英特尔（Intel）（图 9-1-1）公司在短短几十年内，从一家默默无闻的小公司，快速成长为世界闻名的 CPU（central processing unit 中央处理器）制造商，它的发展历史就是 CPU 发展的历史，推动了计算机产业的快速发展。

图 9-1-1　英特尔公司的商标

1.1　“三驾马车”带来英特尔

20 世纪 60 年代的硅谷，精英云集，新公司如雨后春笋般层出不穷。被称为半导体“摇篮”的仙童半导体公司的技术负责人罗伯特·诺伊斯（Robert Noyce）、实验室总监戈登·摩尔（Gordon Moore）和副总监安迪·格鲁夫（Andy Grove）于 1968 年从仙童公司集体辞职，开始了一次伟大的创业。这 3 位创始人组成的“三驾马车”（图 9-1-2）是一个完美的搭配——诺伊斯是集成电路技术的发明者，专攻晶体管技术的物理学博士，当时就已经拥有 12 项集成电路和晶体管专利；摩尔才华出众，善于运筹帷幄，是英特尔最受尊敬的科学家，他的摩尔定律指出，集成电路上可容纳的晶体管数，每隔1年半左右就会增加1倍，性能也提高1倍，正是在这一指挥棒下，英特尔不断地实现自我超越；格鲁夫曾是仙童公司的经营管理专家，做事雷厉风行，擅长管理和鞭策下属。他的强硬管理理念闻名于世。此外，他们还网罗了一大批高端人才，其中就有后来的微处理器发明人泰德·霍夫（Ted Hoff）。

图 9-1-2　英特尔三驾马车
格鲁夫（左）、诺伊斯（中）、摩尔（右）

英特尔在成立伊始就吸纳了优秀的人才，同时还得到了风险资本家之王阿瑟·罗克（Arthur Rock）的250万美元作为创业基金。于是，一家小公司在圣克拉拉的一幢梨园环绕的水泥大厦里诞生了，这就是后来名扬天下的英特尔，“英特尔”是“集成电子”（integrated electronics）的缩写，同时也含有“智能”之意，从名字的寓意不难理解这是一家研制生产计算机产品的高科技公司，但当时没有人能想到这家小公司今后会成为全球芯片制造的王者。

1.2　移植三极管，革新存储器生产工艺

其实，在最早的时候，英特尔并不是依靠处理器来起家的，而是通过存储器打开了市场，这也是创始人摩尔给英特尔制定的第一个战略方向。在英特尔公司成立的时代，普遍采用磁鼓作为计算机存储器，其生产工艺非常复杂，机器难以生产，需要手工制作，而且成品的质量不太好，体积非常大。摩尔将三极管的制造原理移植过来，用于制造存储器，即在一块单一芯片上插入数千个晶体三极管（图 9-1-3）。但这种芯片的制造过程十分复杂，当时的业内人士认为，这种半导体存储器尽管实现了科技的突破，但生产成本过于昂贵，因此没有市场价值。但是摩尔认为不能只着眼于眼前，他坚信摩尔定律的效应，半导体存储器只是体积缩小的开始，未来有无限的可能。未来在同等面积内将会塞入更多的晶体管，

电路设计能得到有效瘦身，能够显著降低芯片制造成本，并使芯片获得更多功能。正是在摩尔的坚持下，英特尔采用高纯度硅作为材料，并不断提高加工工艺水平，形成了自己的芯片制造核心技术。1969 年春，英特尔公司首创全球第一颗双极性集成电路存储芯片—— 64 比特存储器 3101。1970 年，英特尔研制出第一颗金属氧化物半导体（metal oxide semiconductor，MOS）存储芯片 1101，容量扩大到 256 比特，当时在技术上堪称奇迹。

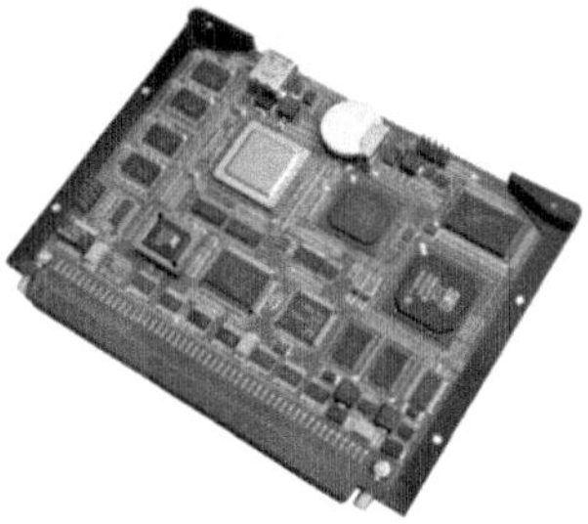

图 9-1-3　英特尔公司生产存储器的三极管

英特尔生产的存储器不仅体积更小、存储容量更高，而且成本更低，碾压式的优势让仅成立一年的英特尔就实现了盈利，在公司起步阶段就取得了良好的开局。同时也正是在生产存储器中积累的技术，为将来英特尔的微处理器的研发奠定了基础。

1.3　集成存储器和计算单元，开启微处理器研发设计之路

1969 年，英特尔公司接到一个订单，为一家日本公司设计计算器所用的芯片。当时传统的设计理念倾向于使用多个搭载在独立芯片上的简单集成电路，这样有利于大规模生产并方便计算机制造商调整不同的配置。但是，英特尔内部一位名叫泰德 · 霍夫的工程师创新性地提出可以通过把大部分功能压缩到一个中央处理器的手段来改进产品，具体而言就是把存储器和计算单元集成在一块芯片上，这样可以进一步提高集成度，缩小占用的空间。这一想法在当时看来几乎是不可思议的，难度可想而知。但就是在英特尔工程师们的不懈努力中，英特尔高层开始意识到创新的魅力，意识到微处理器有更广泛的市场前景。罗伯特 · 诺伊斯开始重视这款新型芯片的开发，在他的直接支持下，这种新型产品最终研制成功，并被命名为 4004，这是世界上第一个商用微处理器（图 9-1-4）。

图 9-1-4　泰德 · 霍夫与他发明的世界第一款微处理器——英特尔 4004

这款 4 位微处理器只有 45 条指令，而且每秒只能执行 5 万条指令，甚至比不上 1946 年世界第一台计算机 ENIAC，因此当时的蓝色巨人 IBM 以及大部分商业用户对此不屑一顾。但它这款微处理器的集成度却要高很多，它集成了 2 250 个晶体管，每个晶体管的距离是 10 微米，但重量还不到 1 盎司（1 盎司≈28.35 克），成本不到 100 美元。这个 CPU 的发明是人类历史上最具革新性的产品之一，同时也标志着计算机进入了一个全新的时代。

英特尔 4004 微处理器在设计出来之后，由于性能相对较弱，计算速度较慢，因此最早被用在计算器上。这款处理器的发布开创了微处理器的新时代，微型处理器的后来者都将以 4004 作为起点，而 4004 则作为全球首款商用微处理器（图 9-1-5）永载史册。这不但是第一个用于计算器的 4 位微处理器，也是第一款个人有能力买得起的电脑处理器！

图 9-1-5　历史上第一款商用微处理器——英特尔 4004

1.4　毅然舍弃存储器业务，转向微处理器市场

尽管英特尔研发出了世界上第一款微处理器，但当时的英特尔仍然是以存储器业务为主营市场的，在很长的一段时间内以生产动态随机存取存储器（dynamic random access memory，D-RAM）为主。1978 年英特尔成立 10 周年时，年销售额

达到 4.006 亿美元，赢利 4 430 万美元，员工达到 10 900 名，并且首次进入全球财富 500 强。当时，英特尔已然成为内存的代名词。但光环中却潜藏着危机。

在 20 世纪七八十年代，随着日本半导体产业的崛起，英特尔的存储器业务受到了物美价廉的日本产品的猛烈冲击，NEC（NEC Corporation，日本电气股份有限公司）、日立、富士通等众多日系公司为了从英特尔公司“虎口夺食”，通过强强联合，搞起了低价倾销。英特尔公司被日本厂商以“永远低 10%”的低价销售策略逼上了绝路。到 1984 年，英特尔公司 40%的营业额和 100%的利润都来自微处理器，但 80%以上的研究和开发费用却花在存储器上。

面对存储器造成公司巨额亏损，却又不得不为之花去 80%以上的研究和开发费用的困境，充满危机意识的英特尔公司做出重大战略决策：壮士断腕，彻底放弃 10 多年来一直是主营业务的存储器生产，转而全力投入刚刚开始兴起的 CPU 领域，实现了企业第一次战略大转移。

1986 年，公司提出新的口号，“英特尔，一家处理器公司”。微处理器是计算机的心脏和大脑，是计算机的核心部件。它的设计和制造工艺比 D-RAM 存储器复杂得多，是高投入、高增值、高利润的产品。之后的事实证明这是一个使英特尔走向兴旺的正确决策，是企业捕捉和利用历史机遇的一个典型案例，这个决策不仅使英特尔公司安然度过危机，顺应了随后出现的个人电脑和信息网络大普及的需要，也把英特尔推向了半导体霸主的宝座。

1.5　以退为进，与 IBM 签“不平等”条约换来腾飞

虽然英特尔当时已经是冉冉升起的新星，但蓝色巨人 IBM 作为那个时代的主宰，就像挡在所有科技企业面前的一座大山一样，也竖立在英特尔面前。英特尔要想实现自己业务的突破和发展，避开 IBM 的协同带动作用是不明智的。于是英特尔与 IBM 签订了合作框架协议，根据协议，英特尔要将芯片的核心设计技术免费交给 IBM，并且 IBM 的晶圆厂有权生产，同时 IBM 得到英特尔 20%的股权。尽管这个协议看起来似乎是不平等的，但是为了给 IBM 的产品做配套，英特尔不得不采取以退为进的合作策略。

事实上，当时的蓝色巨头 IBM 并不看好英特尔未来的发展，所以手上的 20%的股权没多久就卖出了，反倒是英特尔依附于 IBM 电脑产品获得了飞速发展，芯片出货量节节攀升。1976 年，英特尔推出了 8088 微处理器。根据英特尔与 IBM 的合作协议，IBM 公司将 8088 芯片用于其研制的 PC 机中，也正是从 8088 开始，PC 开始真正走进人们的工作和生活之中，它标志着一个新时代的开始。

Intel 8088 处理器不仅成了 IBM 个人电脑的大脑，而且还让 IBM 个人电脑成为新款畅销产品。英特尔与 IBM 的合作取得了双赢的结果。

1.6 凭借核心技术绕过 IBM，把 PC 产业圈进英特尔的模式

长期以来，英特尔作为 IBM 的零件供应商，一直生活在 IBM 的阴影里。由于 IBM 负责生产最终的主机产品，而英特尔作为零件供应商并不直接面对消费者，因此在与 IBM 的谈判中始终处于被动地位。但是，格鲁夫的技术助理丹尼斯·卡特（Dennis Carter）打破思维定式，在一次内部讨论会上，他突然逆向发问："谁是决定购买计算机的人？我们为什么不直接向他们做广告呢？"这一当头棒喝让英特尔豁然开朗，最终购买权并不在 IBM 手中，而是在计算机用户手中，直接向计算机用户做广告，不就可以绕开 IBM 了吗。

于是，英特尔公司开始展开广告营销战略，通过广告宣传英特尔新一代处理器——386。广告取得了意想不到的效果，大量计算机用户指名购买配置 386 的计算机。1987 年元旦后，386 计算机销售量大增，使得首家选择 386 的康柏公司得到了丰厚回报。此时 IBM 意识到掌握核心技术的威力，尽管作为主机厂商，但它再也不会像过去那样拥有绝对的话语权了。英特尔在 IBM 面前已经不需再"低声下气"，而是由过去单纯的零件供应商，成长为 IBM 最重要的战略合作伙伴以及能够左右微处理器行业的王者。1988 年 4 月 3 日，《纽约时报》撰文说："个人计算机行业和华尔街意识到这样一个事实。过去，整个行业围绕 IBM 实现标准化。现在，PC 产业被圈进了英特尔的模式。"

此后，1993 年，英特尔公司又推出了 Pentium（俗称 586）中央处理器芯片，其核心由 320 万个晶体管组成，可以支持计算机更轻松地集成语音、手写体和图片等数据，这又是一个划时代的产品，影响了 PC 领域十年之久，直至现在该名字依然在沿用。英特尔通过奔腾系列产品，奠定了自己在微处理器行业的霸主地位，彻底走出了 IBM 的阴影。

1.7 专注与原创：英特尔长盛不衰的秘密

英特尔公司始终没有忘记自己的口号，"英特尔，一家处理器公司"。当其

他公司开始多元化业务的时候，Intel 却步步为营，始终专注于半导体芯片的研发。无论是过去的存储器，还是如今的 CPU，英特尔一步一个脚印，专注于自己的核心技术领域，不断开发出更高性能的芯片产品。英特尔深知，在科技发展日新月异的计算机行业，只有始终保持创新活力，才能长盛不衰。正是在这样的紧迫感下，英特尔公司保持着对创新的高额投入，并将其与市场需求紧密结合起来，使创新不断结出丰硕的成果（英特尔发展过程中所体现的创新科学原理，如图 9-1-6 所示）。时至今日，英特尔的产品遍布全球，是名副其实的产业巨头，但难能可贵的是，英特尔并没有停止创新的脚步，仍然在不断开发出一款又一款体积更小、性能更强的芯片产品。

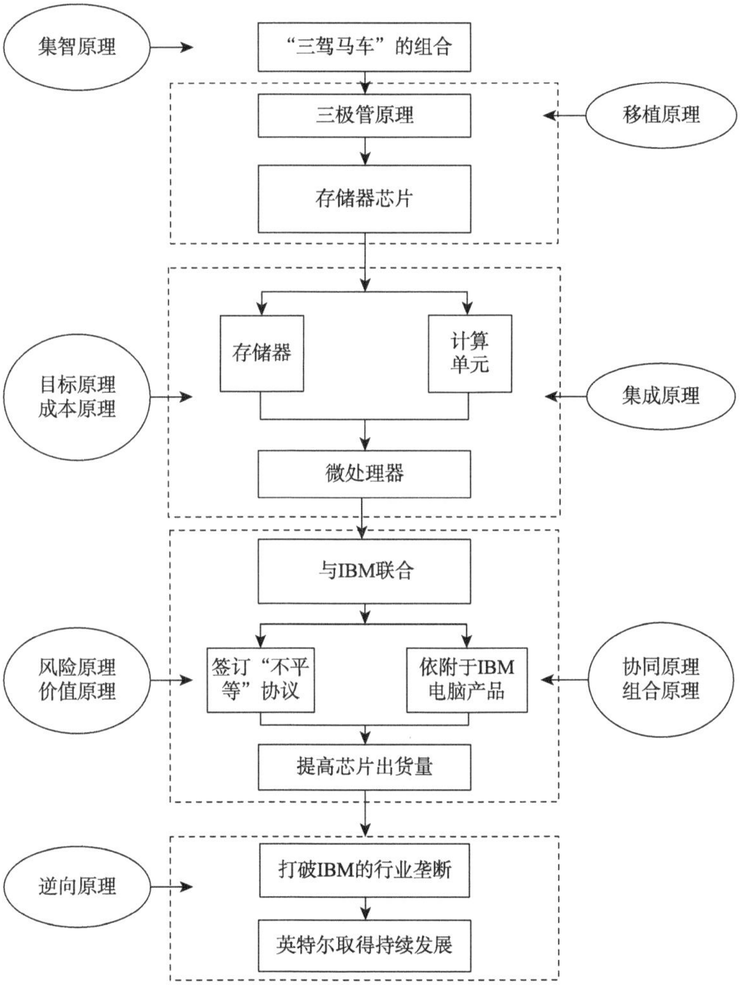

图 9-1-6　英特尔发展过程中所体现的创新科学原理

参 考 文 献

敖凯. 2016. 英特尔 intel“三驾马车”创业的楷模. 中国战略新兴产业，（17）：36-37.
陈世阳，吴晓宇. 2008. 吹尽黄沙始见金—— 英特尔 40 年成长记. IT 时代周刊，（6）：38-49.
周军. 2005. 硬件史话——CPU 之英特尔篇. 电脑知识与技术，（19）：56-57.

第 2 章　惠普——车库里走出的科技巨头

"我过去所有的努力就是为了建立一家像惠普一样同时具有创造力并基业长青的公司。"

——史蒂夫·保罗·乔布斯

（Steve Paul Jobs，1955—2011）

从最初一间小小的车库，到后来崛起成为一家数十亿美元的企业，惠普公司（简称 HP）的发展可谓一个集愿景、创新和努力工作于一身的传奇故事。

1939 年，在美国加利福尼亚州帕洛阿尔托市（Palo Alto）埃迪逊大街 367 号的一间狭窄车库里（图 9-2-1），年轻的威廉·休利特（William Redington Hewlett，1913—2001）和戴维·帕卡德（Dave Packard，1912—1996）创立了惠普，开始了硅谷的创新之路。1989 年，加利福尼亚州把这个车库列为该州历史遗迹，称之为"硅谷诞生地"。HP 取自 Hewlett 和 Packard 两位创始人的名字，他们以非凡的人格魅力谱写了一曲同甘共苦的创业之歌，创建了一个伟大的公司，缔造了闻名于世的硅谷车库文化，两人近半个世纪的合作关系被视为创业的经典。

图 9-2-1　惠普创业的车库

惠普的成功得益于创始人的智慧，亦得益于其工程技术和尖端产品创意以及独特的管理方式，它对创新的不懈追求凝结成闻名于世的“惠普之道”，下面就让我们一起来领略其中的创新智慧。

2.1 目标导向，开启创业之路

惠普正式成立于 1939 年，创业之初，休利特和帕卡德就有非常明确且坚定创业目标，为此，他们做了很多尝试和努力。

一开始，他们的策略是“注意到什么就做什么”。他们曾经尝试为当地一家企业制造口琴的调音器和开发通过电子脉冲激活肌肉的运动器械，还曾为天文台设计和制造过变频电机控制器，为保龄球馆设计边球信号装置等。帕卡德曾说：“这些工作让我们更加肯定我们自己和我们的技能，并从中发现了一些我们从没想到却对我们的合作有巨大好处的元素。例如，我们拥有互补的能力。比尔更擅长电路技术，制造工艺则是我的强项，我拥有的经验也比较多。我们两个人的能力结合在一起，特别适合设计和制造电子产品。”后来，休利特在斯坦福大学开展的“负反馈”研究为惠普带来了第一个产品——音频振荡器。在两人老师弗雷德·特曼（Frederick Emmons Terman，1900—1982）教授的建议下，惠普将这款音频振荡器推向市场。很快，产品得到了响应，当时的迪士尼公司也看中了这个产品，并向惠普订购了 8 台改进型 HP200B 音频振荡器用于电影《幻想曲》（*Fantasia*）的制作。随后，惠普又开发了很多音频测试仪器，惠普的其他早期产品均是在反馈原理的基础上开发出来的，如谐波分析仪和失真度分析仪等。1939 年是惠普的第一个完整经营年度，总销售额达 5 369 美元，正式开启了惠普的创业之路。

目标导向不只蕴含于惠普创始人的智慧中，更贯彻于惠普的经营管理中。例如，惠普要求各个级别的经理人必须确保他们的属下清楚了解公司的整体宗旨和目标，以及他们各自部门的具体目标。正如帕卡德所说，目标管理一直是惠普的基础经营理念。

2.2 集中策略，拓展经营空间

2.2.1 问题导向，迂回解决现金难题

像多数公司一样，创业之初，惠普亦面临流动资金短缺的问题。当时，惠普

与国际电话电报公司签订了固定频率的振荡器的合同，并投入大量精力进行研发。但是产品交付后，惠普很长时间都没有收到货款，甚至到了发不出工资的地步。这让帕卡德意识到，惠普需要更多的运营资金。为解决这一问题，惠普向当时加利福尼亚州最大的银行—— 美国银行申请了 500 美元的贷款。经评估，银行同意贷款给惠普，但条件是惠普需签约放弃其应收款项。为获得更有保障的运营资金，帕卡德没有因循守旧，而是以解决资金短缺的问题为导向，迂回思考，积极探索，找到了当地的一家小银行帕洛阿尔托国家银行，成功贷款。随后，惠普开启了与之长期合作的序幕，直到惠普的规模不断壮大，其融资需求超出了这家银行的法定贷款限额，惠普才转而与帕洛阿尔托银行合作的富国银行开启新的合作。

2.2.2　有舍有得，聚焦核心业务

第二次世界大战期间，因当时惠普很多设备的买家是国防设备的承包商，这给惠普带来了新的发展机遇。同时，战争对设备的高质量、高数量的要求也给惠普带来产品需求更加多样化的挑战。面对多样化的产品需求，惠普并没有盲目扩张市场，增加产品种类，而是聚焦核心业务，生产互补产品。

1943 年，惠普为海军研究实验室开发了信号发生器，并研制出雷达干扰设备，从而第一次进入微波领域。当时最大的仪器制造公司通用无线电公司认为微波测试设备没有前景，但帕卡德认为惠普当时的产品主要是测试电子设备的，微波测试是电子设备测试的重要技术，属于惠普的核心业务范畴。因此，惠普在整个第二次世界大战期间加紧研发，推出了一套完整的微波测试产品。后来的事实证明了这一决策的高瞻远瞩，微波测试设备在惠普的业务中所占比例越来越大。

另一个案例是，战争期间，惠普有机会接下一些大宗制造合同，这些合同可以让公司发展到一定的规模。但是惠普却没有接，帕卡德认为，这些合同无助于公司的长久发展，惠普更应该做力所能及且擅长的事。

由此可见，惠普的战略是集中精力制造众多互补产品，而不是大量涉足毫无关联的产品，这一阶段惠普研制了很多各不相同的仪器，但都是用来测试电子设备的。对微波测试的高瞻远瞩和对大宗制造合同的果断放弃蕴含着惠普创始人在业务拓展中的取舍、择优、聚焦、完满的创新原理。

2.3　价值指引，推动产品创新

在决定是否要对某个领域投入研究时，惠普衡量的关键标准就是看此研究对

该领域是否有所贡献，即是否有价值，只有确信有能力在该研发领域做出贡献，惠普才会考虑扩大生产领域。这种追求价值的理念，正是惠普的产品不断创新的原动力所在。

2.3.1 追本溯源，还原产品价值

在确保新思路、新创意得以有效落实的措施上，惠普有一套独特的管理理念。帕卡德认识到，和其他技术创新型企业一样，惠普也不缺新的思路和创意，但是关键问题在于如何从这些思路中选择真正能满足市场需要的新创意。他认为，应该选择有能力研发且有应用价值的创意。那么怎样的才是有应用价值的创意呢？惠普公司鼓励员工这样思考“以我们的实力和知识，可以做出什么样的贡献，可能的目标客户在哪里”。这种看似简单的问答，其实是对所生产产品的追本溯源，即从最开始、最根本的出发点探索可能的创新。这也是创新过程中还原原理的生动体现。同时，为更好地判断新思路、新想法的可行性，惠普提出了“相邻工位”的做法，即如果一台新仪器的设计构想对在相邻实验台干活的惠普工程师具有吸引力，就很有可能对客户也有吸引力。这种做法也体现了创新中的形象思维和移植原理。

2.3.2 组装系统，提升产品价值

在分析应收账款时，惠普发现，许多客户从惠普的多家实体工厂分别购买不同的产品，并把它们组装成一个系统。但它们往往在收到所需的最后一批产品时，才会付清所有账款。为追求更高的产品价值，惠普果断进行了调整——由惠普负责组装客户所需要的这个系统，并对其加以检查，最后才发货给客户。这样不仅解决了应收账款的问题，提高了产品价值，还激励着惠普公司的各个实体工厂加快生产，以确保系统正常运转。

2.3.3 调整结构，追求价值最大化

在惠普公司成立之初，其产品一直通过各地的销售点进行销售，这些销售点除了销售惠普的产品外，还同时代理和销售其他电子公司的产品。当时，这些产品和惠普的产品并没有竞争关系。但是，随着惠普公司的快速发展，其产品也越来越多样化，销售点代理的惠普产品难免会和其他电子公司的产品形成竞争，此时，惠普决定建立自己的销售组织结构。经过对市场和现有资源的分析，惠普并

没有切断与原有销售点的关系建立全新的销售组织，而是本着价值最大化的原则与合作过的销售点协商，看这些销售点有没有可能转型为惠普公司自己的销售部。事实证明，惠普的这一决策是英明的，惠普最终通过股票或现金的形式使几乎所有曾合作过的销售部转型为惠普公司的销售组织。

2.4　分合思维，优化组织结构

2.4.1　分散化经营，专注自身业务

帕卡德认为，企业机构一旦建立，就应当灵活多变，能适应企业不断发展的需要和市场的变化。20 世纪 50 年代之前，惠普的产品相对简单，经营方式高度集中。随着惠普不断发展壮大，产品越来越多样化，到了 1957 年，惠普生产的仪器高达 300 多种，年销售额接近 3 000 万美元，有 90 名工程师从事产品研发。为提高工作效率，惠普决定采用分散化的经营策略，把员工分散到更细分的组织中去。惠普首先在产品研发过程中采用了分部门管理体制，即设立了 4 个产品开发分部，每个分部集中研发一系列相关的产品，并设立 1 名高级工程主管，直接受研发副总裁领导。分散化的管理给予每个分部足够的自治权，使大家更加专注于本部门的产品，从而与特定产品领域内的销售人员密切合作，充分了解客户的需要和意见，开发出更贴近市场需求的产品。分散化的经营战略也被推广到惠普更多的业务部门。

随着惠普的不断发展壮大，一些较早建立的分部发展到一定的规模后产品种类更加多样化，分部的管理也逐渐出现问题。面对这种情况，惠普果断决定将分部再分裂出去，这种“局部分散化经营”的策略在惠普所有拥有大规模业务的分公司成功实施。

2.4.2　有机整合，成立产品组

惠普继续快速发展，组织机构频繁发生变动。在业务分部数量的增长和生产线的扩大下，惠普逐渐采用了集团机构。这就需要从组织结构上把分部和相关产品系列及市场结合在一起，组成产品组，整个集团以产品组为组织单位进行管理，但是产品组结构的建立并不意味着分部结构的取消，而是在分部的基础上的有机整合。到 20 世纪 90 年代初，惠普已经有 65 个分部，这些分部又分属 13 个产品组。

随着惠普的继续发展，特别是惠普涉足计算机领域后，按照仪器业务划分的产品组形式的组织结构已经不适用于计算机研发集成性的特点，惠普又尝试了不同的组织形式来应对挑战。其组织结构的调整经历了建立部门、产品组的结构，然后又划分了不同的特别工作组、审议组织和委员会，最后又取消了执行委员等一系列过程。由此可见，惠普善于根据其业务发展动态调整组织结构，分分合合里蕴含着公司管理者分合有道、动态思考的创新智慧。

2.5　交流激励，成就惠普之道

休利特认为他的最伟大的业绩之一便是他与帕卡德共同创建的面向人的管理方法。巨灾医疗保险、弹性工作制、开放式办公室、分权决策、目标管理以及员工“咖啡谈心”等都是他们为惠普公司制定的众多政策与实用措施的示例。如果说，上述种种创新措施都是“惠普之道”的具体体现，那么善于用人、尊重员工、开放共享的企业文化和价值观才是贯彻“惠普之道”始终的根本所在。

2.5.1　参与式管理，充分尊重员工

惠普主张参与式管理方式，提倡个人自由和首创精神，同时也强调目标一致性和团队精神。惠普人事政策的根本原则是同舟共济。员工们一起分担制定和实现目标的责任；通过股票购买计划分享公司的所有权；分享利润；分享个人和专业发展机会；甚至要在公司生意偶尔出现下滑时一起挑担子。

在用人方面，惠普公司最广为流传的做法就是其弹性工作制，按照这项制度，员工可以较为随意地安排上下班时间，只需要按照规定完成当天的工作即可。这项美国首创的制度，首次在德国伯布林根的工厂实施。弹性工作制体现了惠普对员工的尊重和信任。

同时，惠普提倡“走动式管理”的办法，鼓励部门负责人深入基层，直接接触员工。为此，惠普的办公室布局很早之前便采用了别人很少用的“敞开式大房间”，即全体人员都在一间敞厅中办公，各部门之间只有矮屏分隔，除少量会议室、会客室外，无论哪级领导都不设单独的办公室，同时不称呼头衔，即使对董事长也直呼其名。这样有利于上下左右和谐，创造无拘无束和紧密合作的氛围。

2.5.2　研究员计划，注重培养优秀人才

第二次世界大战后，惠普发起研究员计划：让斯坦福大学工程专业研究生为惠普研发、设计和制造产品。到 1954 年，惠普继续扩大研究员计划，建立了后来被称为卓异人员合作计划的项目，允许有资格的惠普工程师到斯坦福大学取得高级学历——他们可以一边在惠普领取全额薪金，一边到斯坦福攻读硕士学位，惠普甚至为他们提供了全部学费。在这个计划的支持下，惠普聘请各地优秀的大学毕业生为其服务。后来斯坦福设立了斯坦福工业园，惠普又成为其最大的承租企业。

2.5.3　戴帽子方法，激励员工创新

在本章 2.3 节提到，惠普认为应选择有能力研发且有应用价值的创意投入研发，这就意味着，不是所有的创新创意理念都能被付诸实施。因此，为了不打击员工创新的积极性，鼓励员工的创新热情，休利特采用了“戴帽子过程”的方法。首先，当发明者满怀热情地提出新构想时，给他戴上一顶“热情”的帽子，洗耳恭听同时提出一些温和的问题；其次，几天后找到发明者，给他戴上一顶“询问”的帽子，提出一些非常尖锐的问题，对创新设想进行全面彻底的探讨，但不予定论；最后，戴上“决定”的帽子，再次找到这位发明者，经过判断评估后，给出最后的决定。这样，即使最后的决定否定了新的创意，这个过程也能给发明者带来满足感，有助于鼓励员工的创新积极性。

除了上面的方法，惠普鼓励员工创新的故事比比皆是。例如，休利特曾建议，禁止工程师在周五做常规工作，叫他们进行头脑风暴，“如天马行空般思考”。尽管休利特“自由创新时间”的想法不及谷歌那样普及，但它确实给工程师发出了一个信息：要勇于尝试，不要害怕犯错误。

1957 年初，惠普召开索诺马会议，确定了企业宗旨。企业宗旨是与经理和监督管理人员讨论后提出的，因为帕卡德和休利特认为，如果企业的员工都能认同公司的目标，理解公司正在做的事情，公司就可以给予他们充分的自由，同时还能确保他们朝着共同的方向前进。1966 年，惠普公布了宗旨的第二版本，涉及利润、客户、涉足领域、增长、员工、企业和公民义务 7 个方面。为实现企业宗旨，惠普运用了各种计划和做法。价值观、企业宗旨、计划和实践做法等元素结合在一起，便形成了著名的“惠普之道”，其中蕴含的创新科学原理如图 9-2-2 所示。

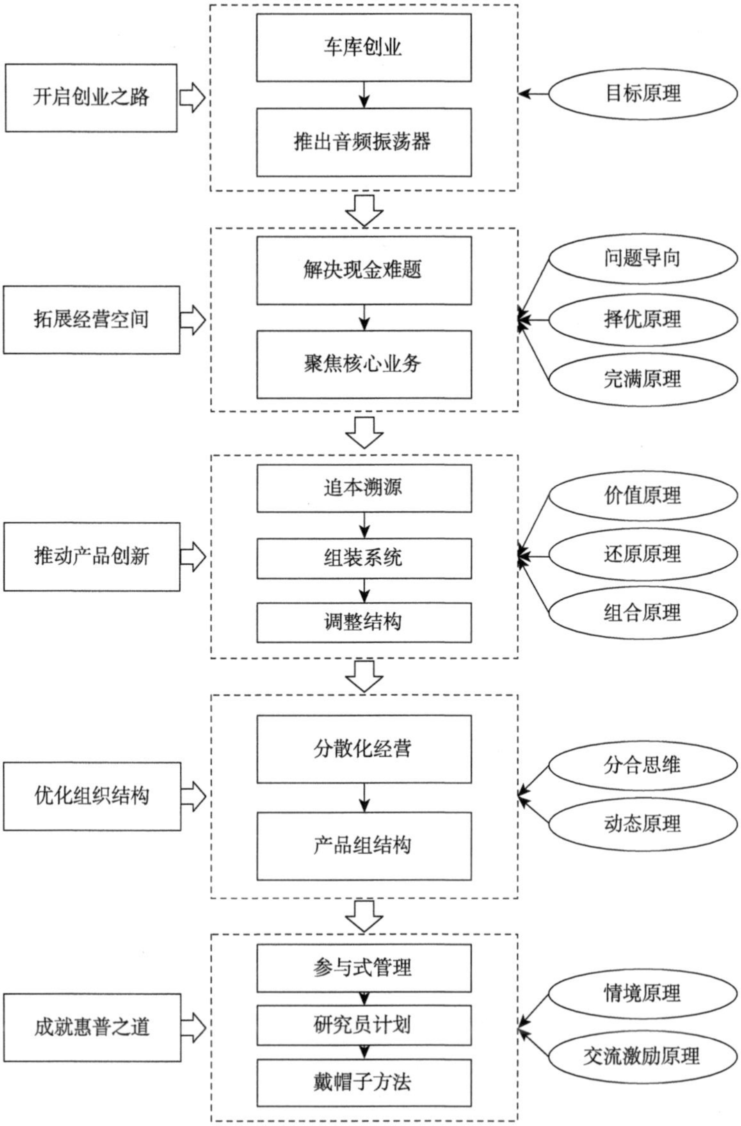

图 9-2-2　惠普创新中蕴含的科学原理

休利特以其科学专长为人们所熟知，帕卡德因其聪睿的商务头脑让世人永记，他们在惠普公司取长补短、精诚合作。他们毕生的合作与友情伴着他们的商务成功与公司运营的不断革新长达 60 年之久。正是因为休利特和帕卡德的共同构想，惠普公司才以出色的员工实用措施、商务管理、产品质量与服务蜚声全球。今日的惠普，名列世界财富500强公司前50名，有着无数的技术人员和发明专利，继续引领着技术的革新和进步。随着时间流逝，无数的故事成为传奇，而蕴含着创新思维和智慧的“惠普之道”却永久保存了下来，激励着人们创造新的辉煌。

参考文献

帕卡德 D. 2016. 惠普之道：美国合伙人的创业思维. 周钱，刘勇军译. 重庆：重庆出版社：97-104.

第 3 章　全球领先的计算机直销商——戴尔

1973 年，年仅 8 岁的迈克尔·戴尔看到了一则广告，说只要经过一项专业测试，就可以省掉课堂学习的过程，直接拿到高中毕业文凭进入大学。虽然事后证明，这项测试并不属实，但这次试图省去高中学习过程直接进入大学的失败经历却对戴尔之后的商业理念产生了深远的影响。

高中毕业后，在父母的坚持下，戴尔进入得克萨斯大学攻读医学，当时电脑刚刚在大学校园中兴起，人人都想拥有一台电脑。聪明的戴尔从 IBM 经销商那里发现了一条低价进货渠道，他便以低于市场的价格在大学里将电脑出售给学生。借此，他积累了一小笔财富并下定决心进军电脑市场。1984 年，19 岁的戴尔创建了自己的公司——戴尔电脑公司，其商标如图 9-3-1 所示。

图 9-3-1　戴尔商标

1986 年，戴尔公司年收入已达 6 000 万美元。1998 年，戴尔公司收入达到 180 亿美元，创造了公司市值十年内上升 36 000%的奇迹。今天，戴尔电脑公司的营销点已遍布全球，年销售额超过 500 亿美元。惊人的销售额，令人艳羡的利润增长率让人们不禁好奇，戴尔创业成功的秘诀究竟是什么？

3.1　电脑市场初现形，把握商机创业成

戴尔电脑公司刚成立时，个人电脑刚刚兴起，利润非常高。戴尔敏锐地发现组装电脑可以获得丰厚的收益，他随即从批发商手中买来零件，然后组装成整机，戴尔通过电话营销的方式以低价格向客户推销自己的组装电脑，从中赚取差价。创业初期的这种电话营销方式奠定了戴尔此后坚持直销的理念。

在经营中，戴尔发现客户总是对电脑有着不同方面的需求，如游戏型客户需要更好的显卡和散热功能，商务型用户需要更长的待机时间。当客户有这些个性化的需求时，靠客户自身去组装显然成本过高，质量也没有保证。针对这一问题，戴尔设计了按需定制的购买平台，使消费者能够轻易获得个性化的服务。在戴尔的销售平台上，顾客可以根据自己的需要，定制他们想要的计算机。戴尔私人定制的灵感正是来源于对客户需求的精准捕捉。在戴尔销售平台出现以前，客户只能购买由制造商配置好的固定机型，如果配置不能满足需求，客户只能通过购买零件自行拆机组装的方式对机器进行升级，这不仅需要客户有一定的专业知识，还需要客户有较强的动手能力，在实际操作中难以实现。而戴尔所提供的私人定制服务，为消费者提供了完备的操作提示，简化了购买程序，为有特殊需求的消费者提供了解决方案。戴尔的这一服务也为戴尔早期占领电脑市场打下了坚实的基础。戴尔创业初期的一系列活动中所体现的创新科学原理如图 9-3-2 所示。

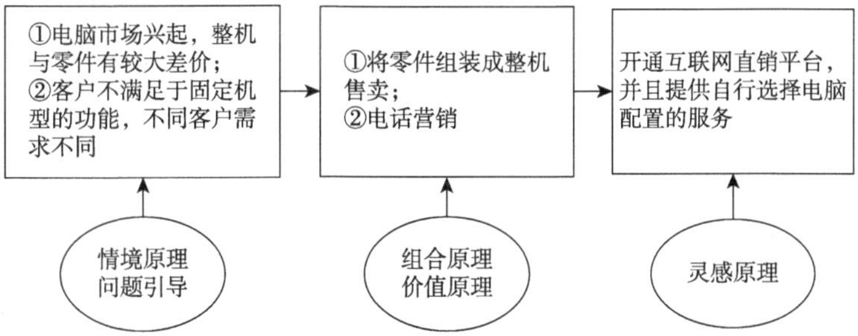

图 9-3-2　戴尔创业初期活动中所体现的创新科学原理

3.2　颠覆传统弃分销，自建网络推直销

在传统的分销方式中，客户需先向经销商提出购买要求，经销商再向生产商

进行采购，最终由经销商将电脑交付给客户。而戴尔自己开发了一套与客户联系的渠道，客户可以通过电话、网络等多种方式直接向戴尔发出订单，简化了销售的过程。这种革命性的直销方式，还能在一定程度上保证电脑的品质。当电脑从生产商出厂，再经过层层中间商流转时，电脑原件会有被更换的风险，而戴尔与众不同的直销方式，不经过任何中间商，杜绝了原件被更换的可能。戴尔直销模式及传统分销模式流程如图 9-3-3 所示。

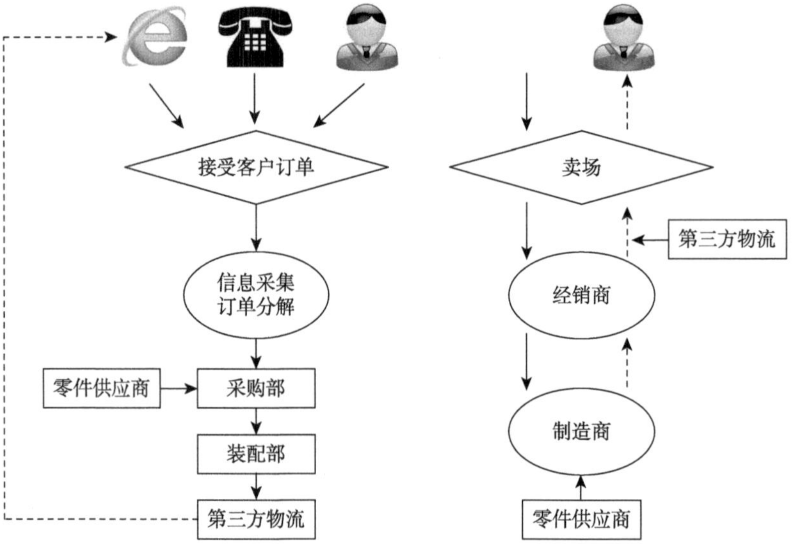

图 9-3-3　戴尔直销模式及传统分销模式流程

从戴尔后期的发展来看，这种方式很快就得到了客户肯定。首先，对于戴尔公司而言，直接面对客户省去中间商环节，无疑可以降低一部分成本，客户也可以在价格上享受到最大的优惠。其次，中间商在卖场进行商品售卖时，会将商品推销给一些毫无使用经验的客户，这部分客户因对电脑并不熟悉，回家后会不停打电话询问如何使用，为公司的售后带来巨大的压力。而戴尔将目标客户锁定为能够在平台上自主下单的有一定电脑使用经验的电脑购买者，这部分客户不仅对自身需求有着清楚的认识，对售后的依赖度也较低。

3.3　产品积压陷亏损，定制生产去库存

戴尔曾说，在你发展最快最好的时候，发展就是你最大的弱点。戴尔所面临的第一次危机就是由于库存过剩引起的。在上市的第二年，即 1989 年，由于

市场需求旺盛，公司发展迅速，戴尔购入了大量的存储器。然而，没有预估到的事情发生了。存储器生产商在短时间内实现了技术突破，存储器的容量从256K提升到1M。客户不再需要256K的存储器，戴尔公司所购的256K存储器随之滞销，这大大减少了公司的收益。在发生这次危机后，戴尔召集所有高层进行商讨，确立了降库存的公司战略。戴尔的做法是，通过互联网，提高戴尔公司和其上游配件制造商对客户订单的反应速度，当订单传至戴尔的控制中心，控制中心把订单分解，并通过网络分派给各制造商进行排产，在零件齐全后，由组装中心统一进行组装。

以往企业必须保持一定的库存量以确保需要货品时及时供货，而改革后的戴尔对业务进行了分拆，并对部分业务进行外包，如戴尔的零部件实行供应商管理库存制，戴尔的供应商根据戴尔每日不同的需求及时送货，戴尔进行简单组装后即可出货。戴尔通过这种方式，利用供应商的配送降低自身库存，这种订单导向的生产模式，可以让戴尔基本实现零库存的管理。戴尔的去库存策略也是供应链库存管理中的一个非常经典的案例，其中蕴含的创新思维如图9-3-4所示。

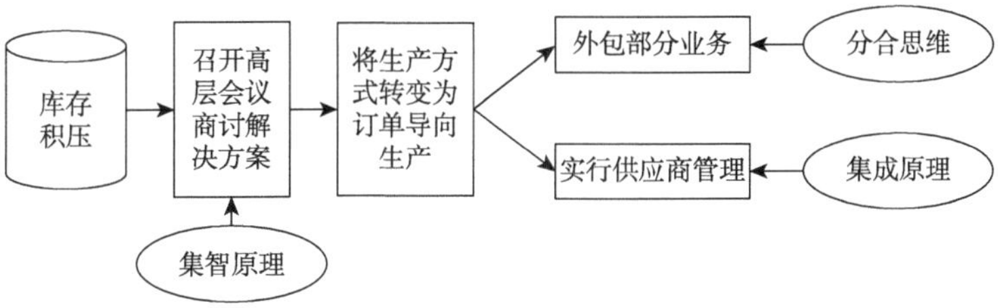

图9-3-4　戴尔去库存事件中所体现的创新科学原理

3.4　需求牵引戴尔造，敏捷响应服务精

在戴尔的直销模式下，客户通过网络或电话直接与公司联系。与竞争对手依靠中间商反馈客户需求信息不同，戴尔所获得的客户信息都是第一手信息，这些客户信息在准确性上有着极大的保证。戴尔一直以“为客户提供最佳服务”作为公司的核心理念，客服每天要与几万名客户进行对话，及时了解客户对商品的评价。另外，戴尔还设立了健全的服务系统，销售部、客户服务部多方协同合作，精心研究顾客的需要，与顾客进行最及时的信息交流，最大限度地满足顾客的需要，并提供尽可能多的服务价值。

戴尔客户信息的有效性要高于其他企业，使得它可以对市场及客户反馈做出极为快速的反应，这一方面有助于戴尔更快、更为真切地了解市场需求；另一方面也能提高客户对服务的满意度。在信息技术逐渐发达的今天，有效的客户信息更能帮助戴尔有效预测市场变化，帮助戴尔做出前瞻性的决策。戴尔客户服务中所体现的创新科学原理如图 9-3-5 所示。

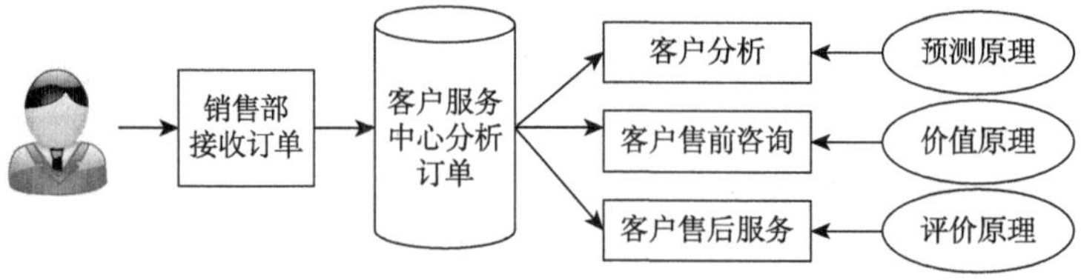

图 9-3-5　戴尔客户服务中所体现的创新科学原理

3.5　以人为本聚人心，文化底蕴促行动

在创业阶段，员工执行力显得尤为重要。在斯坦福大学进行演讲时，戴尔感慨，在创业初期，员工的高执行力帮助戴尔取得了迅速发展。戴尔公司有着浓厚的执行文化底蕴，有效执行任务是每个员工所必备的素质。公司更愿意去重用那些自己寻找事情做，而不是等在那里让人告诉他该怎么去做事情的人。在戴尔公司，每位员工都有 200 股的戴尔股票，这种规定不仅适用美国本土的员工、还包括英国、澳大利亚、日本、中国等各国员工。除了在物质上善待员工外，戴尔每年在公司内部举行 2 次员工调查，请员工评估对公司及相关管理层的看法。此外，员工也可以随时与管理层进行沟通。戴尔为每一位员工提供不断学习发展的空间。通过基于业绩的奖励机制、全面的员工培训，戴尔培养出大批本土化人才。

3.6　与时俱进求思变，多元营销迎未来

从白手起家到亿万富翁，迈克尔·戴尔付出了巨大的努力。回望戴尔的创业史，创新的直销模式、以客户为中心的服务理念以及高执行力的员工帮助其渡过了一次又一次的难关。时至今日，电脑市场环境发生了巨大变化，个人家用电脑需求的急剧增长，使得直销模式难以覆盖更广泛的市场。

曾给戴尔带来辉煌的直销模式虽然可以减少中间环节、有效地降低生产成

本、提高生产效率，但这一模式也具有一定的局限性。例如，直销模式下厂商和消费者直接进行交易，一旦消费者与厂商意见出现分歧，两方就会形成直接的矛盾冲突，缺乏缓冲空间，容易加深消费者对厂商的不满。另外，对诸多关键业务的外包，虽然能够大幅降低戴尔公司成本，却也给戴尔的服务质量带来了隐患。在网络购物逐渐发达的今天，客户对配送速度要求更高，接单后再生产的生产方式难以满足客户对配送速度的要求。因此，随着电脑产品的日益丰富，消费者需求越发多样，戴尔公司为适应市场的变化，也在积极扩展销售模式，增加销售渠道，由原本的直销公司向多样化营销公司转型，我们也期待着未来戴尔公司可以将自身的电脑业务推向一个新高度。

最后，我们对戴尔整个发展过程中所体现的创新智慧和思维进行了总结、提炼，如图 9-3-6 所示。

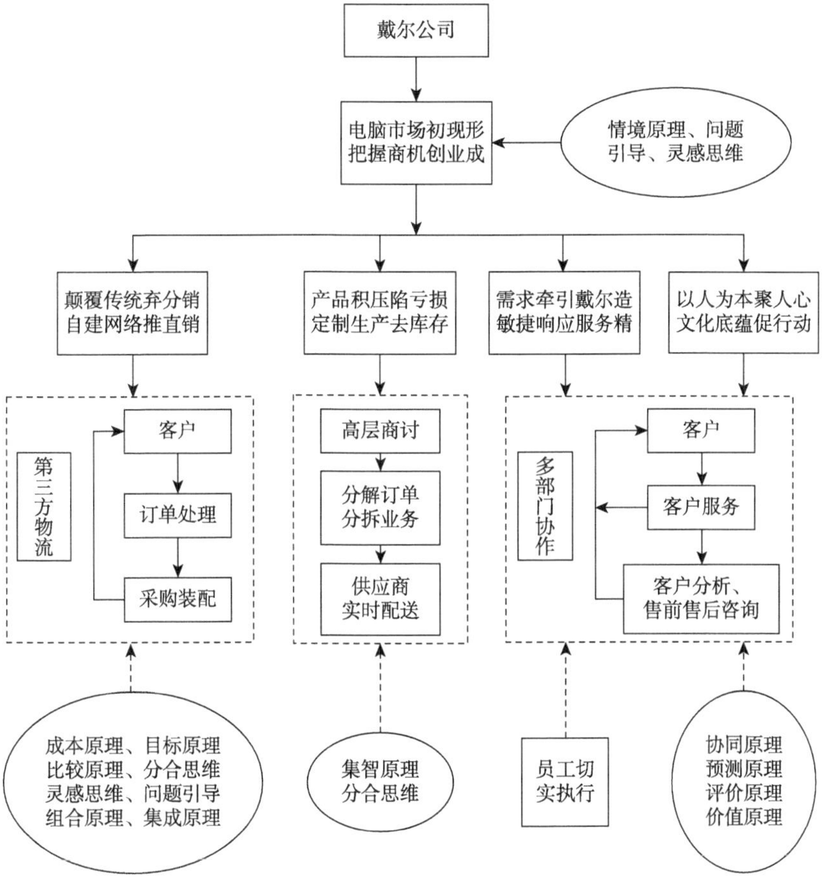

图 9-3-6　戴尔发展过程中所体现的创新科学原理

参 考 文 献

陈宏，糜祖慧. 2001. 戴尔公司的直销模式分析. 市场营销导刊，（8）：50-52.
胡丹. 2009. 浅析戴尔的直销模式与供应链管理. 现代经济信息，（8）：137.
薛玉玲，王铱浛. 2014. 戴尔直销模式改进研究. 经营管理者，（2）：288.
张世国. 2004. 戴尔帝国. 北京：中国商业出版社：21-28.

第 4 章　以网络书店起家的电商巨人——亚马逊公司

1995 年 7 月，亚马逊公司以网络书店起家，Amazon 当时只有单一的图书商品。现今，亚马逊公司已是美国最大的网络电子商务公司之一和“财富 500 强”公司。

当我们打开 Amazon 的网址，遍布我们眼前的是 Kindle 商店、Fire 平板电脑、亚马逊海外购、家居、美妆、食品以及服装等丰富多样的商品，而每一种商品的分类下都有上千种商品可供选择。当你选择亚马逊网站上琳琅满目的商品和享受快捷、方便的服务时，你又是否会惊讶亚马逊网站是如何从简单的图书发展到现在囊括众多种类的商品？亚马逊公司就如同亚马孙河流一样，以不断地突破创新引领电子商务潮流，创造了互联网时代一个又一个的商业奇迹。

4.1　突破传统思维局限，把握互联网市场机遇

1994 年，互联网行业刚刚兴起，世界各地的人们都在谈论着互联网将给我们的生活带来怎样的变化。互联网大环境的到来给了杰夫·贝佐斯灵感，敏锐的贝佐斯联想到是否能够利用互联网这个大环境将网上经营与实体经营相联系，通过开展电子商务使实体经济得到更大规模的发展。

贝佐斯紧紧抓住互联网发展的机遇谋划创业。通过对市场的系统调查，他发现，销售量最高的商品依次是图书、CD、录像带等。由此，贝佐斯决定选择图书作为开展电子商务的切入点。同时，贝佐斯还发现现有的图书实体店存在规模比较小、所含有的图书种类少、地区分布不均等问题，这使一部分读者难以买到自己喜欢的图书，处于偏远地区的读者甚至根本无法购买到图书。针对图书市场

规模问题，贝佐斯分析了各类实体书店的经营现状，他发现：即使拥有 1 000 家连锁店的当时全球最大书店——巴诺书店（Barnes and Noble）也只有 11%的市场占有率。

由此作为切入点，更详细地分析了市场中图书的地域分布、顾客购买方式后，贝佐斯认为图书市场并没有形成一定的规模经济。如果能充分利用互联网的优势，将分散的图书资源聚合在电子商务网站中，使得实体经营与网络经营协同发展，就可集聚起一个较大的图书市场规模，通过互联网平台将图书供应商和需求方紧紧地联系在一起，从而大大扩宽图书市场的范围。贝佐斯的商业之道体现出市场由规模不经济向规模经济转变的逻辑思维。

1995 年 7 月，将实体与互联网结合的亚马逊网络书店正式成立。从此，亚马逊公司以网络书店为起点，不断突破创新，将不同领域内的商品进行创新整合，打造出一个丰富多彩的电子商务网络平台。关于亚马逊公司把握市场机遇的创新分析如图 9-4-1 所示。

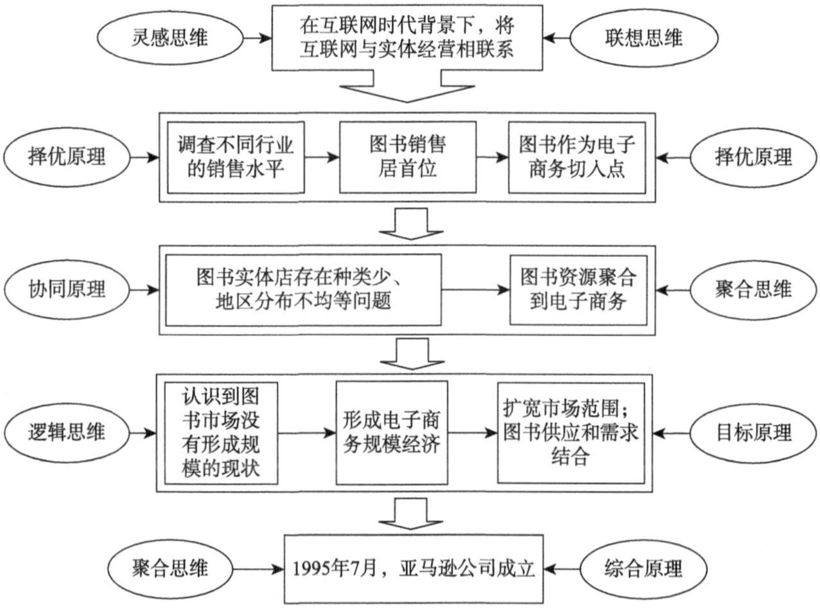

图 9-4-1　亚马逊公司把握市场机遇创新分析

4.2　扩展信息来源，多途径集聚资源

亚马逊公司是以网络书店起家的，建立庞大的图书资源体系至关重要。创业

初期的亚马逊公司一方面通过与各种出版社、期刊社和报社建立合作伙伴关系；另一方面通过不断创新信息获取方式，丰富网站资源。

亚马逊公司并没有仅仅靠获取出版社的图书资源，而且还还原了信息获取的方式，开发出亚马逊 Kindle 出版平台（Kindle Direct Publishing）。平台打破了文档只以 word 形式存储的限制，开发出 word、txt 和 html 3 种形式的文档格式。同时在 Kindle 出版平台中，每个人都可以发布文章，并且在 10 分钟内就可以出版电子书，既提升了顾客的写作兴趣，又大大地扩充了网站的图书信息资源。

同时，为进一步扩充资源，亚马逊公司与 Gutenberg's（古登堡）、Over Drive（专业公司）和 Baen Free Library（免费电子图书馆）达成合作协议，从而使得亚马逊公司拥有 30 多万种的免费图书资源，进一步丰富了公司的电子图书资源。通过线上销售与线下资源的协同与组合，亚马逊建立了庞大的图书资源体系。

在互联网趋势下，扩充信息资源是电子商务行业的发展基础。亚马逊团队分析信息资源的获取方式，联想到通过创建网络信息平台，进而在平台上组办众多创作活动，如“穿越亚马逊”项目、“创意空间”、“互动式小说活动”等，从而吸引了大量感兴趣的写作者，同时也带来了更多的潜在读者。另外，创作活动的组建带给亚马逊公司的价值并不单单是更加丰富的图书种类和数量，也吸引了越来越多的读者和创作者成为亚马逊公司的潜在消费者，扩充着公司的顾客资源。亚马逊公司聚合图书资源过程中所蕴含的创新原理分析如图 9-4-2 所示。

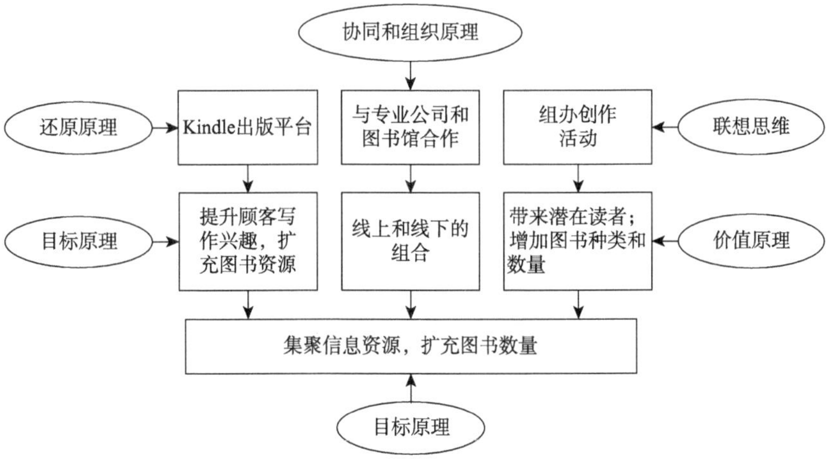

图 9-4-2　亚马逊公司聚合图书资源分析

4.3　技术创新引领，革新消费理念

1994 年，互联网行业刚刚兴起，电子商务基本上属于零散发展阶段。创业中的亚马逊公司认识到，单单依靠市场上已有的技术创建网络书店并不能形成核心竞争力，只有组建自己的技术创新团队，不断实现技术突破，才能打造出真正强大的 Amazon 网站。

亚马逊公司招聘了非常优秀的网络技术人员，通过团队成员共同协作，智慧集成，开发出了网络快速选择、一键订购以及“一点通购物”等先进技术，极大地提高了消费者在网站上的搜索与筛选速度。在搜索技术上，为进一步实现网站全方位精确搜索的目标，亚马逊技术团队想到是否可以根据图书的具体内容进行搜索，而不是只依靠书名和作者的名字。2003 年 10 月，亚马逊公司推出以该公司网站销售的书籍为对象的全文搜索服务“search inside the book（书内搜索）”，这款服务允许人们键入任何关键字，并列出所有页和包含这个字的各种书名，可使用户对在线商品的各类图书进行精确检索，从而给顾客提供更准确的搜索和更便捷的服务，进一步提升消费者的满意度，这也充分体现出亚马逊技术革新的价值。同时，为防止网络支付中的诈骗、敲诈等风险，亚马逊公司在技术上进一步创新，开通 Amazon/Joyo（卓越亚马逊）的虚拟网络账号支付方式，以提高消费者网络购物支付中的安全性。

亚马逊公司颠覆传统的阅读方式，改变消费者的阅读习惯，于 2007 年 11 月 19 日发布第一代 Kindle 电子阅读器，实现了由纸质阅读向电子阅读的转变，这恰恰是变性原理的体现。这种便携式的电子阅览器将纸质信息资源还原为电子信息，不仅涵盖亚马逊网站上上百万册的图书资源，还授予用户免费阅读和下载 30 多万本电子书以及科幻小说的权力。同时，为给顾客提供更舒适的电子阅读体验，亚马逊在原有 Kindex 技术的基础上，对屏幕亮度、显示、电池的使用寿命等方面不断改进和优化，择优选择性能更好的电子阅览器，继续推出第二代 Kindle 电子阅览器——Kindle Paperwhite 和第三代 Kindle 电子阅览器——Kindle Paper white3，从而更好地满足消费者的需求。对亚马逊公司在技术突破方面蕴含的创新原理进行分析，如图 9-4-3 所示。

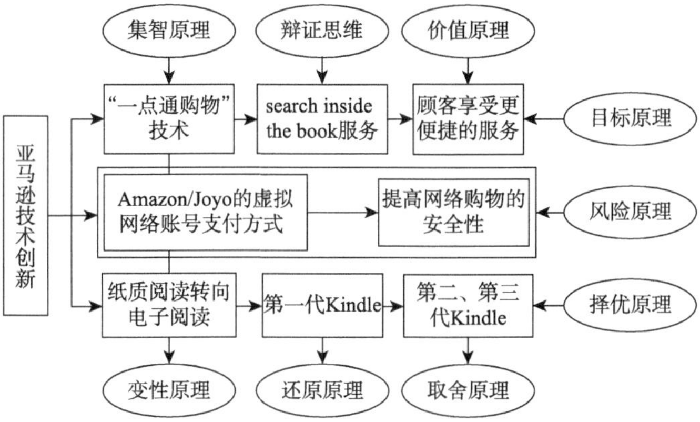

图 9-4-3　亚马逊公司的技术创新分析

4.4　精益服务品质，赢得顾客满意

亚马逊公司是一家“以客户为中心”的公司，始终遵循“以客为尊”的服务准则，以给顾客提供“最快捷、最方便、最易用”的服务为目标。贝佐斯曾说：“对我来说，最大的挑战就是如何让网络购物的每一个小细节都充满乐趣。而其中的许多重点就是围绕着与顾客互动打转。”为了这一目标，亚马逊公司在网站的服务方面不断创新。

在亚马逊的网站上，用户可以随时在网上搜索和购买商品，即亚马逊公司服务中的“网络不打烊”。为满足更多读者的需要，亚马逊网站对商品的上架时间进行调整，以避免顾客因商品下架而买不到书，这也体现出因需求的改变而调整时间的动态原理。同时，亚马逊公司改变图书市场中只能整本购买的消费方式，提供“页购”的服务，即用户可以购买一本图书中的一页或一部分。

同时，亚马逊公司通过建立类似会员制的环境来主动联络顾客。它提供了两种免费的 E- mail 新书供求服务：Eyes 可以自动追踪新发行的图书，而 Editors 则由编辑通知读者所感兴趣的新书发行情况，既增加了主动性又方便地满足了顾客的喜好，公司一切以顾客为上的价值理念在此又一次得到充分体现。此外，基于商品市场中普遍存在的会员优惠制度，亚马逊公司将这种会员优惠移植到顾客服务中，实行 Prime 服务付费会员制，会员可享有两天内免费送货上门服务，可观看数千种免费电视节目、电影、音乐和图书，以及可享受不限量的照片云端存储服务。

为进一步提高客户满意度和忠诚度，2011 年 2 月亚马逊公司宣布为“金牌用户”提供“特色服务”，即将电影、电视和 Kindle 产品聚合到特色服务中，免费为金牌客户提供 5 000 部电影和电视节目，并向金牌用户免费赠送 Kindle。亚马逊公司不断创新服务方式，精益服务品质，真正地做到了让顾客满意。其服务创新中体现的思维原理如图 9-4-4 所示。

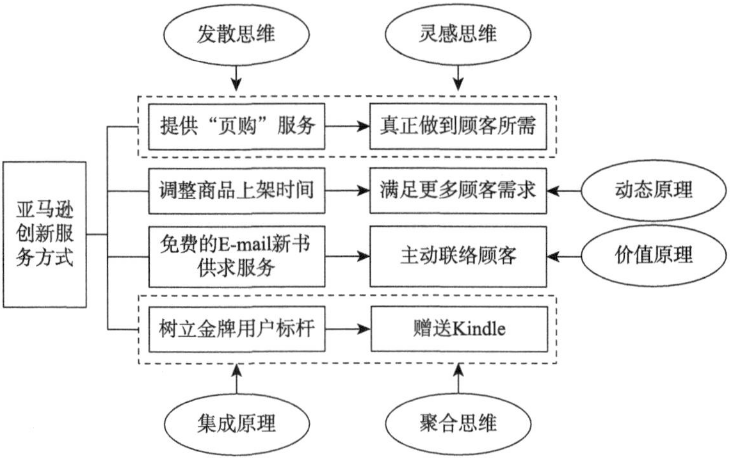

图 9-4-4　亚马逊公司的服务创新分析

4.5　打造便捷物流网络，快速响应用户需求

亚马逊从 1995 年成立到 2001 年的连续六年，企业经营利润是负值，直到 2002 年公司才开始赢利。今天，亚马逊呈现在我们面前的已然是一个“电商巨人”的形象。正如我们所知，物流在电子商务中占据重要的地位。亚马逊公司也一直在为打造快捷物流网络而不断努力。

亚马逊公司突破传统思维方式的束缚，在商品仓库管理上，从节约空间的角度出发，改变仓库中同类产品的存放方式，遵循“随机上架、见缝插针”的摆放形式。在仓库的货架上，你会发现不同种类的货物随处摆放的奇怪现象，如洗发水和盘子、羽毛球和毛巾，但是不必担心找不到它们，实际上这些商品都是由电子系统定位管理的。

创业初期，由于人们对电子商务的不认可，消费者对网上购物不信任，对物流服务也不放心。为消除顾客的顾虑，亚马逊公司果断推出免费的送货服务，使顾客真正感受到物流的快捷和方便，赢得了消费者的信赖，进一步扩大了公司的客户群体。

2012 年，在完美地实现了“当日送达”和“次日送达”等快捷配送服务的基础上，亚马逊出资 7.75 亿美元收购机器人制造商 Kiva Systems，以进一步节约时间成本。在人力整理货物的基础上，创新采用人力和机器人结合的方式，极大地提高了工作效率。

在经济全球化和科学技术飞速发展的时代背景下，2013 年 12 月，亚马逊公司公布“Prime Air”无人快递计划，到2015年，亚马逊公司在全球已有109个物流运营中心，并且可以到达 185 个国家和地区。亚马逊公司物流模式的创新分析如图 9-4-5 所示。

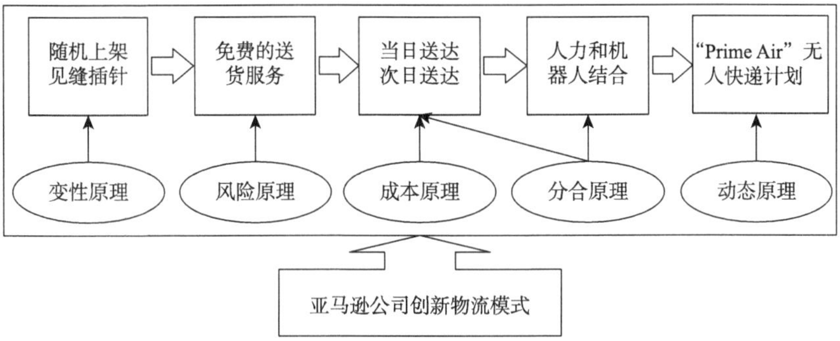

图 9-4-5　亚马逊公司创新物流模式的分析

4.6　拓宽业务领域，延伸品牌价值

随着亚马逊公司的不断创新和突破，公司开始注重将自身的品牌向个性化方向延伸。亚马逊公司在将网上书店做好的基础上，突破自身网络营销的局限，将业务扩展到更多的行业领域。从 1995 年的一个网络书店起家，到现在发展成囊括电商、数字出版、物流、支付等业务，进而赢得众多消费者认可的品牌，亚马逊公司正是凭借着自身不断地创新，使得它在众多的竞争对手中脱颖而出。我们可能不会知道亚马逊公司下一次会给我们带来什么，但是我们却坚信亚马逊公司将在创新道路上奋勇向前。

参考文献

侯霄，齐霖. 2015. 亚马逊创新之河. 港澳经济，（36）：58-63.

饶毅. 2007. 浅析美国亚马逊公司数字出版商业模式. 编辑之友，（7）：126-118.

石丹. 2016. 看亚马逊如何用科技驱动更高效物流. 商学院，（9）：96-97.
汪新波. 2012. “亚马逊模式”的秘密. 中国新时代，（172）：87-89.
杨娟. 2014. 数字时代新兴出版文化的构建——以亚马逊公司数字出版产业为例. 广西职业技术学院学报，7（1）：45-49.
郑亚琴. 2003. 感受“亚马逊”文化，实施图书馆服务理念再造. 现代情报，（3）：121-124.

第 5 章　互联网搜索引擎巨擘——谷歌

有这样一个品牌，它没有做过一次电视广告，没有贴过一张海报，也没有做过任何网络广告链接，却由一家名不见经传的小公司迅速成长为世界上无人不知的网络搜索引擎服务商。这，就是无人不晓的 Google，中文译名为谷歌，取丰收之歌之意。

1998 年，斯坦福大学的两名学生拉里・佩奇（Larry Page）和谢尔盖・布林（Sergey Brin）创办了谷歌，拉开了谷歌的创业大幕。时至今日，谷歌所取得的傲人成就连当初的创业者也可能未曾预料到。据 Brand Finance（英国品牌评估机构）2017 年 2 月发布的 2017 年度全球 500 强品牌榜单，谷歌排名第一，品牌价值 1 094.7 亿美元，大名鼎鼎的苹果、亚马逊也只能分列其下。谷歌的迅速成长不能不说是一个奇迹，其背后成功的原因十分值得人们去思索。

5.1　珠联璧合，诞生领先的搜索引擎技术

在 1997 年，佩奇和布林还是斯坦福大学计算机科学博士学位的在读研究生，那时的他们就对自己的研究领域表现出了极大的热情，经常参加各种交流活动。在那个年代，互联网刚刚起步，搜索技术还不成熟，但用户对快速检索的需求却在与日俱增。技术的不成熟与用户需求之间的矛盾似乎变得日趋激烈，这一现象引发了这两个天才小子从事这项研究的兴趣。起初，他们只将搜索引擎看作一个学术研究项目，是一种可以在互联网浩瀚文库中找到最适合文献的技术。

佩奇步入创建搜索引擎之路，受益于一个政府资助的研究项目——“数字图书馆倡议”，该项目的启动是国防部的一个尝试，旨在以电子手段更容易地搜索到计算机研究论文。后来佩奇邀请布林也加入该项目。

当时的佩奇虽然还只是一个在读博士生，但对于互联网搜索技术已经有自己独特看法。在整个 20 世纪 90 年代，搜索引擎是根据站点的特定关键词的发现次

数来检索网页。这些引擎并未充分利用互联网的互联特性，只是寻找站点，存储信息。在当时，佩奇就对此抱有很大的疑问。众所周知，在科学界，当研究人员在自己的论文中引用你的论文时，就会提高你的论文的认可度。你被引用的次数多，就说明你的论文被科学界关注的程度高。受此启发，佩奇推断，网络链接与科学引文相似，链接最多的引文，可能就是最受人们欢迎的引文，并将被证明最为有用。他认为这些词条应该在搜索结果中首先列出。他开始开发自己的软件，用于分析站点之间的链接。佩奇将科学界中众所周知的论文权威性的原理应用到搜索引擎的开发上。论文引用次数的多少反映了论文的可信程度，网页链接的多少同样也反映了网页对于互联网用户的重要程度。将论文可信度的原理应用在网页推送的应用上，实际上是基于移植原理的一种创新做法。

在佩奇早期着手“数字图书馆”项目的时候，布林也开始了搜索引擎的研究。布林在斯坦福大学主修数学和计算机科学博士课程时，就在数据库小组里致力于相关研究。1995 年，他和布莱恩试图研究另一种被称为“关联数据挖掘”的计算机科学方法，这个过程是用来寻找同时发生的信息片段。不过，数据挖掘是计算机科学的新领域，它需要存储大量的网络数据，所以布林不得不写了一个“爬虫”程序——用来访问网站、总结其内容并在研究生和搜索公司可以访问的中心位置存储数据的软件。布林当时也没有想到，这个“爬虫”程序其后会在谷歌早期的搜索技术中扮演很重要的角色。

1995 年底，佩奇和布林因志趣和项目走到了一起。布林是一个了不起的程序员和工程师，他的互联网数据挖掘工作涉及对海量数据的解析，在当时是属于计算机科学的新领域。布林还是一个聪明的硬件工程师，他需要磁盘驱动器来存储所收集的数据，但是由于资金不足，他买了所能找到的最便宜的驱动器，经过自己的改装，实现了相同的功能。相比布林，佩奇更像是乔布斯式的人物，实际上他也把乔布斯作为自己的学习标准，行为做事都颇有相似之处。他有着卓越的洞察力，对行业、对市场他能敏锐地把握发展的趋势；对员工、对客户，他能迅速地感知员工需求。他高瞻远瞩，对于技术的研发总是带有信徒般的狂热，并且总能洞察技术的发展方向。两个人的合作很愉快，他们常不知疲倦，夜以继日的工作，在供应 5 美元“学生特餐”的帕罗奥多“新选择”餐馆常常能看到他们深夜忙碌的身影：编写网页索引，进行解析。两个人就这样如信徒般在通往搜索技术的道路上匍匐前进。

起初，佩奇和布林的搜索引擎每秒只可以分析 30~50 个网页，两年后，这个速度提高到每秒大约 1 000 个。看似一个小小的技术难题，却耗费了两位年轻人大量的研究时间。他们不仅完成了大量的编程工作，还引用了许多复杂的数学模型用于解决问题。但考验着这两个年轻人的远远不止技术难题，还有一个大难题就是资金。为开发系统来测试他们的理论，佩奇和布林不得不一再从其他同学和老师那里借钱，甚至还“借用”抵达“盖茨馆”卸货站台而物品尚未被认领的设备。

谁能想到，就是这样两个年轻的学生，凭借着借来的资金和“借用”的设备以及 5 美元的“学生特餐”，在跌跌撞撞中研发出了谷歌早期的 Googolplex 技术——一项市场当时最领先的搜索技术。我们对谷歌早期技术研发蕴含的创新原理进行了分析，如图 9-5-1 所示。

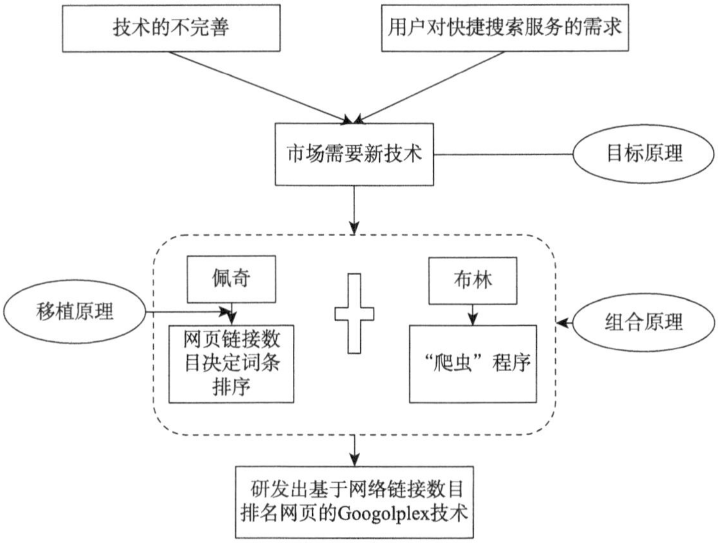

图 9-5-1　谷歌早期技术研发蕴含的创新原理分析

5.2　恪守信条，为用户提供最佳的搜索引擎服务

起初，布林和佩奇试图将其搜索引擎技术出售给某个公司。遗憾的是，他们没有找到接手的人。布林和佩奇曾拜访过美国数字设备公司（Digital Equipment Corporation，DEC）的 Alta Vista 搜索引擎的创始人之一莫尼尔。在当时，Alta Vista 被认为是市面上最好用的搜索引擎。遗憾的是，布林和佩奇开发的搜索引擎技术并未引起数字设备管理层的兴趣。由于没有找到合适的买家，佩奇和布林决定自己创建一个搜索引擎公司。

就这样，佩奇和布林拿着东拼西凑的资金开始了创业之路。为节约成本，他们把公司的办公地点设在一个破旧的车库里；为了赶研发的进度，他们几乎没有离开过这个车库。但是这点创业资金实在是不够用。于是，1999 年春天，佩奇和布林开始寻求风险投资支持。他们拜访了多家风险投资机构，最终说服了KPCB（Kleiner Perkins Caufield and Byers，凯鹏华盈）和红杉资本，2 家风险投资机构各投入 1 250 万美元。但作为交换条件，他们要求，谷歌需转给 2 家公司9%的股权并且谷歌的 CEO 必须由风险投资机构认可的职业经理人担任。

风险资金的注入，对两位年轻的创业者些许形成了一定束缚，但有了充足的资金，事业终于可以起航了。在当时，越来越多的网站上遍布着散乱的广告，网民已不堪其扰，谷歌认识到这一不良现象，于是反其道开发出极为简洁的主页。打开谷歌的主页，你根本看不到任何广告，但事实上广告却是谷歌创收的主要来源。谷歌广告盈利的诀窍是什么呢？原来谷歌的广告形式不采用横幅广告，也没有 Flash（固态存储器与动画编辑器）动画广告，所有的广告都是文字格式的，同时这种文字信息的广告被列入搜索信息条中。这种广告嵌入方式不仅在技术上处于领先，而且深受商家欢迎，用户也不会有太大的反感，同时却为谷歌带来滚滚财源。

当其他的同业者刻意地把广告和搜索结果混合在一起以获取利润时，谷歌却在刻意地把所有的文字广告单独列出来，用特别的颜色专门标示，并且还加上了一个说明——“赞助商链接”。当其他的竞争者想方设法地把首页复杂化，股价查询、天气预报等过量的“信息”被填塞在页面上时，谷歌独辟蹊径，在其首页上只有一个搜索框。这减少了顾客在首页停留的时间，也减少了广告位，但是却为顾客带来了绝好的体验，赢得了顾客的尊重与青睐。将用户体验和广告的关系协调好，无疑是谷歌公司的一个聪明抉择。为用户提供完美的搜索服务，实际上就是佩奇和布林创业的初心。互联网企业生存的关键就是用户，赢得了顾客的满意，企业就建立起了坚实的价值创造基础。

事实证明谷歌的做法是成功的。为用户提供好的服务是谷歌的追求，但肯定不是最终的目的，任何一家公司的最终目的都是为了赚钱，谷歌当然也不例外。但谷歌的聪明之处就在于，在为顾客提供好的服务的同时，也没有耽搁企业赚钱，而且赚了比同类企业更多的钱。谷歌以辩证思维看待问题，通过矛盾转化，将两个看似必然冲突的事物变成一个有机协同体，从而通过更精准地推送获得了更多的顾客群信赖，赢得了商业上的成功。

在减少用户搜索用时上，谷歌也下了大功夫。当用户输入几个字母时谷歌就给出搜索建议，这样的预测性分析极大改进了搜索速度。尽管谷歌的销售人员担心该功能会缩短用户浏览广告的时间，但是谷歌仍然推行了这个项目。事实证明，及时搜索功能方便了用户的检索，提高了效率，节约了用户大量的时间。

相比其他互联网公司，谷歌一直致力于核心搜索技术的研发。在互联网市场上，谷歌并不是第一家做搜索技术的公司。之前的搜索引擎公司大都成功上市，有的通过融资而获得迅速壮大，有的兼并或被兼并，还有很多公司后来转型做起了门户网站。谷歌与其他同行不同的是：没有过早上市，集中精力于搜索业务。正是这样的专注，使谷歌能够把搜索引擎做得如此有用、如此体贴。先做好产品，服务好用户，钱的事情以后再说，这就是谷歌创业初期的真实写照，虽然资金紧张，但依旧把顾客服务与开发搜索技术放在第一位。做完美的搜索引擎，谷歌人一直在苦苦探索，挖掘任何可以提高的地方，不断进行改进，这也体现了创新科学中的完满原理。谷歌这种为用户提供最好体验的管理理念一直贯彻其发展过程中，其中蕴含的创新智慧和思维如图 9-5-2 所示。

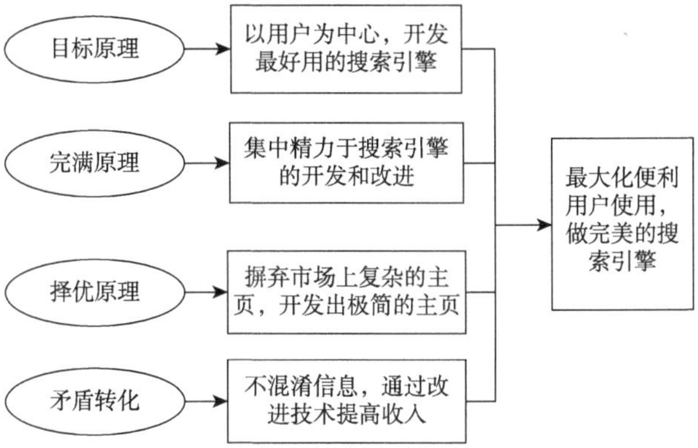

图 9-5-2　谷歌为用户提供优质服务创新方法

5.3　集思广益，追求卓越的创新管理

谷歌和很多知名的公司网站合作，利用双方的优势资源和优势市场，取长补短，共同开发出新的产品。远的不说，谷歌在中国就曾和金山公司合作推出金山词霸网络版，和天涯论坛一起开展在网络社区方面的创新。除此之外，谷歌的合作创新还体现在其很多产品的源代码都是对外公布的，这就使得很多人都可以参与到其产品的改进中，促进了谷歌产品的不断的渐进式创新。利用外部资源，依靠群体智慧和知识互补的优势，集思广益，取长补短，进行创新，这是谷歌能够实现不断创新发展的重要秘诀之一。

谷歌还鼓励顾客参与创新。当形成一个新产品雏形时，谷歌就将其放在它的网络平台上，让用户下载试用。如果用户没有兴趣，则这个产品就会被停止继续开发，从而减少了可能会产生的巨大损失；如果用户有兴趣的话，谷歌就考虑进一步的研发。顾客相当于谷歌的产品检测员，既提高了谷歌的创新效率，又让顾客获得了参与的满足感，在创新的同时又做了营销，真可谓一举多得。利用丰富的顾客资源，达到集思广益的目的，成功地以低成本完成高质量的创新，这是谷歌创新活动中集智原理的另一种积极运用。

谷歌内部也有支持创意的组织结构。如何将在自由文化影响下的员工管理起来，这对于谷歌来说看起来是个难题。谷歌通过构建独特的三大管理系统实现了对员工创新行为的有机管理。第一个系统便是它的 MISC LIST 系统。谷歌的工程师可以在这个系统上发布自己的创意，其他的谷歌成员可以对每个创意进行打分，得分高的创意很有可能直接成为谷歌的下一个产品。第二个系统是 MOMA 系统。通过这个系统，所有谷歌的项目小组可以在该系统上发布自己小组正在研究的项目。如果你是一个项目开发者，你可以在这个上面寻求帮助，解决项目开发的问题；如果你是一个普通的工程师，你可以在这个系统上寻找你感兴趣的项目小组，并可以直接申请加入该小组，而不用获得人力资源部门的许可。第三个系统叫做“摘要”。工程师将自己完成一定阶段的任务总结发布上去，其他人通过学习，吸取经验，可以减少以后类似问题的处理时间。正是这三个开放式的系统将谷歌无数的创意变成了现实，同时也使谷歌创新的效率大大提高。

谷歌这种集思广益，追求卓越的管理理念所体现的创新思维如图 9-5-3 所示。

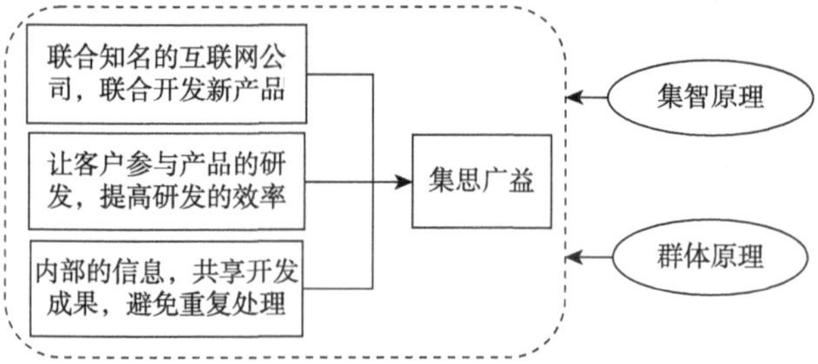

图 9-5-3　谷歌追求卓越的管理理念体现的创新原理

5.4　谷歌创业成功的启示

创业从来就不是一件容易的事情，绝大多数人失败了，只有少数的幸运儿取得了成功，来自斯坦福大学的拉里·佩奇和谢尔盖·布林就是这样的幸运儿。但是，除了幸运，我想让人感慨更多的是他们创业过程中所表现出的优秀的创新素质和精神，这是值得我们思考和学习的。

谷歌壮大的过程是一条以为用户提供最佳体验为核心的，不断创新的过程。谷歌的诞生来自其技术的突破性进展，新技术领先于市场，可以说是为谷歌的创业起步开了一个好头。但是，有了好的技术只是基础，一切以用户价值为核心，为用户提供最好的服务才是谷歌不断壮大的根源。在市场立足之后，为保持技术的领先优势，保持团队的持续创新能力，谷歌建立了企业内部的创新激励机制和企业外部的合作交流机制，这是谷歌能够实现良性发展的重要法宝。

第6章　享誉“火箭发展速度”美名的企业——蒙牛乳业公司

有这样一家公司，5 年的时间里（1999~2003 年）其销售收入增长了 115 倍（图 9-6-1），平均发展速度高达 323%，平均每天超越一个乳品企业 。没错，这，就是当年跑出“火箭速度”的蒙牛。它在“一无工厂，二无奶源，三无市场”的困境下创新发展，缔造了“一有全球样板工厂，二有国际示范牧场，三有液态奶销量全国第一”的创业传奇。那么，蒙牛靠什么跑出火箭速度呢？让我们一起挖出牛根生带领蒙牛创业成功的钥匙。

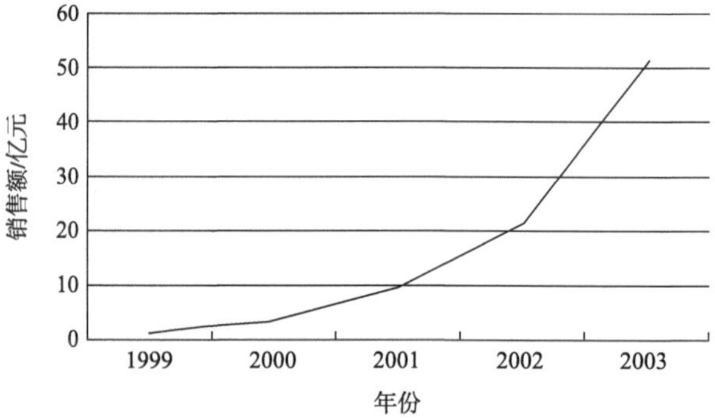

图 9-6-1　蒙牛年销售额趋势图（1999~2003 年）

6.1　宝剑锋从磨砺出，梅花香自苦寒来——创业领袖牛根生

创业领袖是创业的灵魂。谈及蒙牛，我们就必须从当家人牛根生（图 9-6-2）

说起。1958 年，出生不足满月的牛根生，被贫困的父母以 50 元的价格卖给一户牛姓人家。牛姓父亲以养牛为生，牛根生继承父业，1978 年开始养牛，1983 年进入回民奶食品总厂工作，这个食品厂就是伊利的前身。在伊利，牛根生从一个洗瓶工开始了自己的“仕途”——班组长、工段长、车间主任、分厂副厂长、分厂厂长，一直做到了生产经营副总裁。

图 9-6-2　蒙牛创始人牛根生

对于牛根生来说，在伊利的 16 年（1983~1998 年）是他成长的重要时期。一方面，在管理工作中，牛根生内化自身经历，修得优秀领导人必备的“德”。“小胜靠智，大胜靠德”成为他的处事原则，“财聚人散，财散人聚”成为他的做人哲学。因此，牛根生在公司、在业界享有很高的声誉，以其人格魅力结识了众多好友。另一方面，在业务工作里，牛根生积累生产经验，养成行业领头人所需的“慧”。他曾获“呼和浩特科技兴市贡献一等奖”，“呼和浩特市特级劳动模范”称号，入选“呼和浩特市首届十大青年企业家”，业界称之为“乳业怪才”。可以说，正是在乳品行业的多年磨炼、修德养慧，奠定了牛根生“创业领袖”的底蕴。

6.2　历经挫折，方显“真金”本色
——集聚群英，亮剑乳品市场

随着伊利集团的规模越来越大，牛根生在乳品行业的名声越来越响，他在伊利开展工作却越来越难。多次向老大哥郑俊怀递交辞呈后，牛根生被安排到北京大学进修。牛根生站到了命运的转折点。然而，经历挫折方显“真金”本色，他

以北大进修为过渡，沉淀、提炼多年的经验，把握住重新选择的机会，于 1990 年底正式离开伊利，创建蒙牛，亮剑乳品市场。

6.2.1 天时、地利、人和的创业背景

就在牛根生离开伊利之际，原来跟随牛根生的一帮兄弟纷纷被伊利免职，他们一起找到牛根生，希望牛根生带领他们重新闯出一条新路。这些人不乏伊利各事业部、分公司、集团部门的负责人，像伊利原生产部部长及液体奶公司总经理杨文俊、原冷冻事业部总经理及冰淇淋公司总经理孙玉斌、原总工程师邱连军（苦咖啡冰淇淋创始人）、原广告部主任孙玉红、原包头分公司总经理白君等。在问题面前，牛根生萌生了重新干企业的念头，因为他认为已经拥有了最难得的创业资源“人才”。这一认识使他果断决定创业，并以哀兵必胜的姿态树立了“再造一个伊利”的目标。

牛根生再造一个伊利的信心，除了拥有“人和”，更是源于“天时”“地利”。牛根生凭借多年经验，对市场机遇做出了准确判断—— 20 世纪末的内蒙古以其地域优势迎来了乳品行业的政策春风、行业机遇。

（1）政策春风。早在 1997 年牛根生就从《人民日报》上注意到，中共十五大明确提出“非公有制经济是我国社会主义市场经济的重要组成部分”。1999 年，这一条又写进了修改后的宪法。这在某种程度上成为他独立创业的思想储备。蒙牛就是诞生在这样一个体制改革、市场开放、社会发展空前的历史背景下。

（2）行业机遇。经济高速成长使人民生活从温饱型向健康型转变，人们更加关注身体健康，因此对营养健康食品的需求不断增大。蒙牛顺应了小康社会对乳制品需求的时代潮流，牛根生决心创业。

（3）地域优势。“天苍苍，野茫茫，风吹草低见牛羊”的内蒙古地处草原，以畜牧业闻名国内，自古就是养牛圣地。而且，它处在中西部国家重点支持的农业产业化地带，奶农在国家政策号召下养牛积极性极高。牛根生团队正是想利用内蒙古的地域价值亮剑商场。

当然，天时地利人和背景下的创业选择，更是牛根生以及创业团队决断力与洞察力的有力体现。这为蒙牛走向成功奠定了坚实的基础。

6.2.2 出师有名，蒙牛问世

为了师出有名，牛根生以及创业团队把起名作为创办企业的关键一步，从源

头为自己积攒好无形资产。据了解，之所以对起名工作这般重视，是因为牛根生联想到他“身在伊利”时的一次经历。那是在一个全国性商贸集会上，有人问他在哪工作，他回答“伊利”时，对方竟误认为是新疆伊犁。事实上，“伊利”最早是回民奶食品厂生产的一种雪糕的名字，因为卖得出了名，企业改组股份制时，就把公司名字改成了“伊利”。因此，牛根生格外慎重地组织了起名大会，并向与会人员强调了几个简单的规则：一是字数要少，两个字能说明问题就不用三个字，易听易记；二是要体现牛奶特点，既与“牛”相关，又在吸引注意力上具有石破天惊之效；三是能形象地体现草原概念，如车牌的地域标志，“蒙 A”就是内蒙古，“京 A”就是北京……于是，在牛根生的引导和大家的集体智慧下，“蒙牛”这个名字诞生了，其商标如图 9-6-3 所示。

图 9-6-3　蒙牛乳业公司的商标

看似简单的两个字，实质则是蒙牛创业团队联想思维、目标原理、群体智慧、择优原理的有力体现。用心的开头，换来的是蒙牛在消费者心中生动形象的品牌形象。“蒙”，拥有蓝天、白云、草原，享誉“畜的故乡”“奶的摇篮”的内蒙古；“牛”，既突出乳制品的特点，又代表勤奋、有力量（图 9-6-4）。“蒙牛”，这般生动形象的名字，仿佛看得见风吹草低见牛羊、闻得到醇厚甜美的奶香。就这样，1999 年 1 月，蒙牛乳业有限公司正式注册成立。

图 9-6-4　蒙牛品牌示意图

我们对蒙牛初创期的一系列决策和创新活动展现的创新原理进行了总结和提

炼，如图 9-6-5 所示。

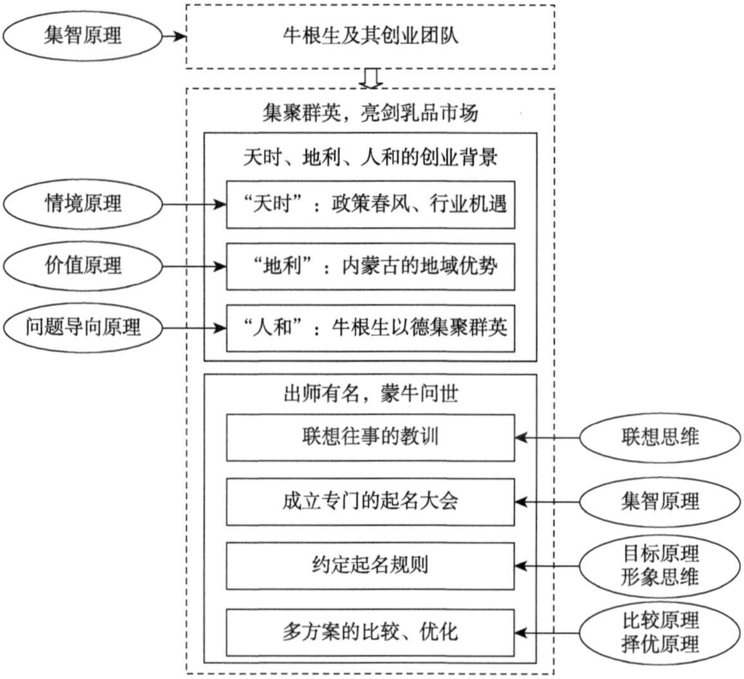

图 9-6-5　蒙牛创业决策的创新科学原理

6.3　不经历风雨，怎能见彩虹——艰难迈出第一步

万事开头难！创业新生时，每一步都非常艰难。牛根生每回忆创业之初，都油然而叹：“不堪回首！”当年，蒙牛注册成立后，即面临多灾多难的状况。媒体空中堵，银行账上堵，有关部门文件堵，竞争对手地下堵，不明身份的人棍棒堵……

1999 年 5 月 1 日，有 48 块服务蒙牛的路牌，被不明身份的人抡着棍棒砸得稀烂。而且，有些媒体被告知，凡是为蒙牛做广告的，蒙牛的竞争队手就不会再为其投广告。出师不利，但困难却才刚刚开始。

蒙牛创立伊始，办公室设在一个非常简陋的居民楼里。当创业伙伴及亲朋好友、业务伙伴送来创业资金时，竟遭人举报在住所非法集资。1999 年 6 月的一天，53 平方米的办公室遭到呼和浩特市人民银行突袭，他们发现了 700 多万元，准备要按非法集资处理，蒙牛做了大量澄清工作才最终解释清楚。但是在调查期间，银行冻结了蒙牛银行账户 1 周。

在乳品行业，得奶源者得天下。1999 年 12 月 1 日，蒙牛的自建工厂从签约奶站收取了第一车奶。然而竞争对手为封杀蒙牛、争夺奶源，半路拦截牛奶车、倒掉其所有收购的牛奶。类似的恶性竞争现象屡屡发生。

蒙牛仅在诞生第一年，就遭受了 6 次由同行发动的致命打击。可是，不经历风雨，怎么见彩虹？蒙牛没有在夹击中倒下，以“克服再克服”的魄力，艰难地迈出创业第一步。

6.4 另辟蹊径，谋略创新——“第二”造势扬名，虚拟经营启航

在难以回首的创业困难面前，蒙牛勇敢面对挑战，化身忍者闯荡乳业“江湖”。虽然经历过多次的走投无路，但蒙牛依靠经营创新，另辟蹊径，一步步打开了发展局面。

6.4.1 “第二”造势，巧妙扬名

牛根生认为：会说话的产品走得快。蒙牛成立初期，一无市场，二无奶源，三无产品，牛根生及蒙牛管理层抓住了“品牌”这一关键——先把品牌打出去，再以品牌定位产品，以品牌赢市场。可是，怎么才能让大家知道蒙牛呢？

企业一般会采用响亮或强势的口号来造势，以赢得市场反映。而牛根生明白，在战火纷飞的乳业市场上，要让自己的品牌深入人心，靠“使蛮力”是不行的，更何况初生蒙牛体单力薄，毫无蛮劲。为在业界发出自己清晰的声音，牛根生反其道而行之，决定采用比附策略，也就是攀附名牌的定位策略。蒙牛选择比附于当时逐渐成长为中国乳业第一品牌的伊利，借力打力，提出“创内蒙古乳业第二品牌”的概念，免费搭了趟便车，巧妙扬名，使得人们开始关注蒙牛。“向伊利学习，为民族工业争气，争创内蒙古乳业第二品牌！”的标语，成就了蒙牛“一夜成名”的奇迹。

6.4.2 逆道行之，虚拟经营

白手起家的牛根生与蒙牛，在多灾多难中，反而更加清醒。经历过太多风浪

的牛根生在深知自己劣势的同时，也清楚自己的优势是“人才”，因为跟随牛根生的这些人原本都是伊利液态奶、冰淇淋与策划营销的一把手，他们在生产、经营、销售、市场与原料设备方面都是行业内精英。公司管理层在综合分析、全盘考虑后，跳出“先建工厂，后建市场”的窠臼，最终决定采取“虚拟经营”的方式，即“先建市场，再建工厂”，以联营、联盟、托管、外包与租赁等形式整合所需的资源。

蒙牛派出自己的管理人员和技术骨干对合作工厂进行技术改造和设备更新，成功地通过标准、技术和品牌移植，把别人的工厂变成了“自有”车间。最终依靠管理经验、技术和文化等核心资源实现快速、大规模的产品上市，从而创造了“先有市场，后有工厂”的奇迹。

同时，蒙牛整合了大量的社会资源，把传统的“体内循环”变作“体外循环”，把传统的“企业办社会”变作“社会办企业”。这正是虚拟经营方式中“不求所有，但求所用”的生动体现。正是这种虚拟经营的外部资源整合策略，通过与外部资源合作，充分发挥企业外部和内部两个优势，提高资源利用效率，借梯上楼，“蒙牛”只用几个月就完成了一般企业几年才能实现的扩张。可以说，逆向思维为蒙牛开启了逆道行之的起航模式，促使其以火箭般的速度飞速壮大起来。蒙牛创业起步期的实践所蕴含的创新科学原理如图 9-6-6 所示。

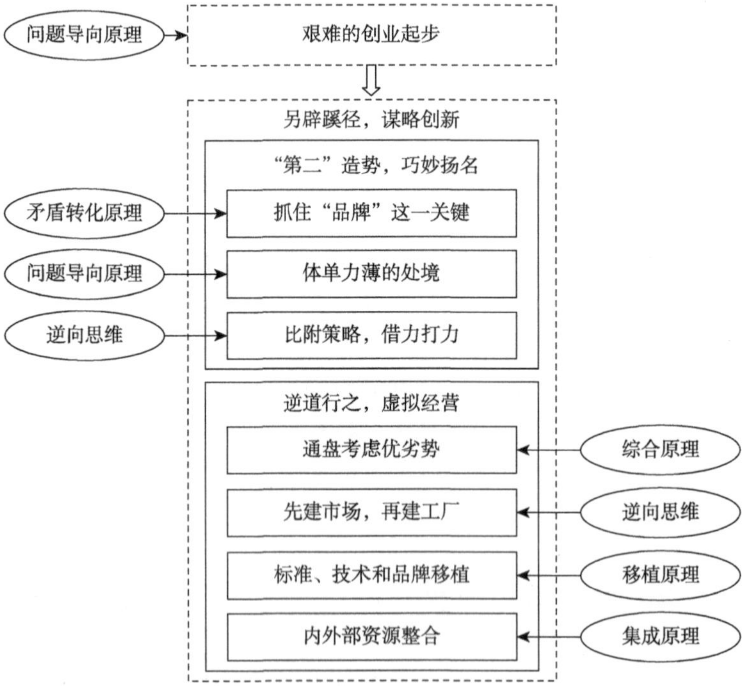

图 9-6-6　蒙牛创业起步的创新科学原理

6.5　迂回前进，智慧经营
——模仿求存，开疆拓土

蒙牛开启了狂奔模式后，创业之路依旧布满荆棘，但是它以独有的迂回智慧化解掉了一个个拦路虎。蒙牛创业团队在力量有限的情况下，没有采用抄袭策略、打价格战、恶意竞争等经营手段，而是依靠巧妙模仿进行产品研发与营销策略的创新，在乳品市场开疆拓土。

6.5.1　差异策略，巧妙模仿

作为后来者，一方面为了强势介入市场，另一方面为了避免恶意竞争，蒙牛制定了差异化产品策略。

蒙牛意识到，乳品特别是牛奶属于高同质性的产品，要想实施差异化产品策略，可以从外包装上入手。当时，乳品企业基本选择的是利乐砖包装（由瑞士利乐公司开发的一系列液体食品包装产品，因成型后外表四四方方，形如砖块，故而得名），尤其是伊利。蒙牛团队则迂回到非流行领域，巧妙地使用了酷似利乐砖而又相对新颖的利乐枕包装（同样由瑞士利乐公司开发的一系列液体食品包装产品，因成型后形如枕头，故得名）。果然，新颖的包装赢得了消费者的喜爱，蒙牛变相模仿的策略大获全胜，既抢占了市场份额又赢得了市场知晓度。迂回智慧、模仿创新催生了蒙牛的极速发展。

6.5.2　绕道赞助，彰显个性

同样的策略，蒙牛还运用到营销中。成长初期，营销费用有限的蒙牛，绕开大部分企业热衷选择中央电视台打广告的策略，选择赞助湖南卫视。一方面，与昂贵的央视赞助费相比，当时的湖南电视台更符合蒙牛成本控制的要求；另一方面，蒙牛抓住了年轻人的消费诉求，通过湖南电视台青春活力的特点彰显品牌个性。诚然，蒙牛智慧的营销策略，让大家记住了“酸酸甜甜就是我”的广告语，成功地创新了乳品品牌形象，开启了开疆拓土模式。

可以说，正是蒙牛一次次地迂回前进，才实现了平均一天超越一个同行的惊人发展速度。短短几年时间，蒙牛从排名第 1 116 位的乳制品企业成为中国乳业知名品牌。在中国，消费者每喝 3 杯奶，就有 1 杯是蒙牛的产品。蒙牛，这头跑出了“火箭速度”的牛，在掀起乳业市场风起云涌的变幻之后，傲然挺立于潮头。蒙牛创业前进中所展现的创新科学原理如图 9-6-7 所示。

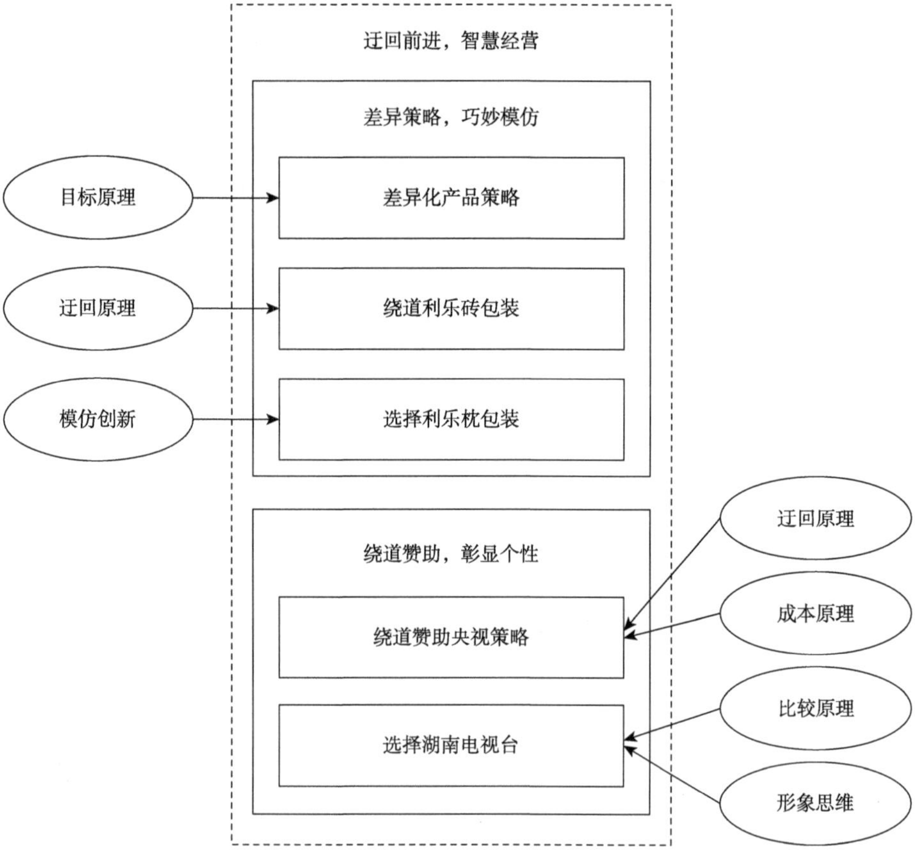

图 9-6-7　蒙牛创业前进中的创新科学原理

6.6　狂奔向世界草原的“猛牛”

创业，犹如大浪淘沙。创业成功需要创业团队的洞察力、决断力，需要匹配的模式、策略。享誉“火箭速度”美名的蒙牛乳业公司之所以创业成功，正是因为“牛家军”对天时、地利、人和的准确洞察与果断决策，对创业模式、策略的创新开拓。正是依靠创新的思维方式（图 9-6-8）以及出乎常人意料的行事风格和难以企及的才智，同时承受了常人所不能承受的压力和痛苦，蒙牛才最终获得了巨大的成功。

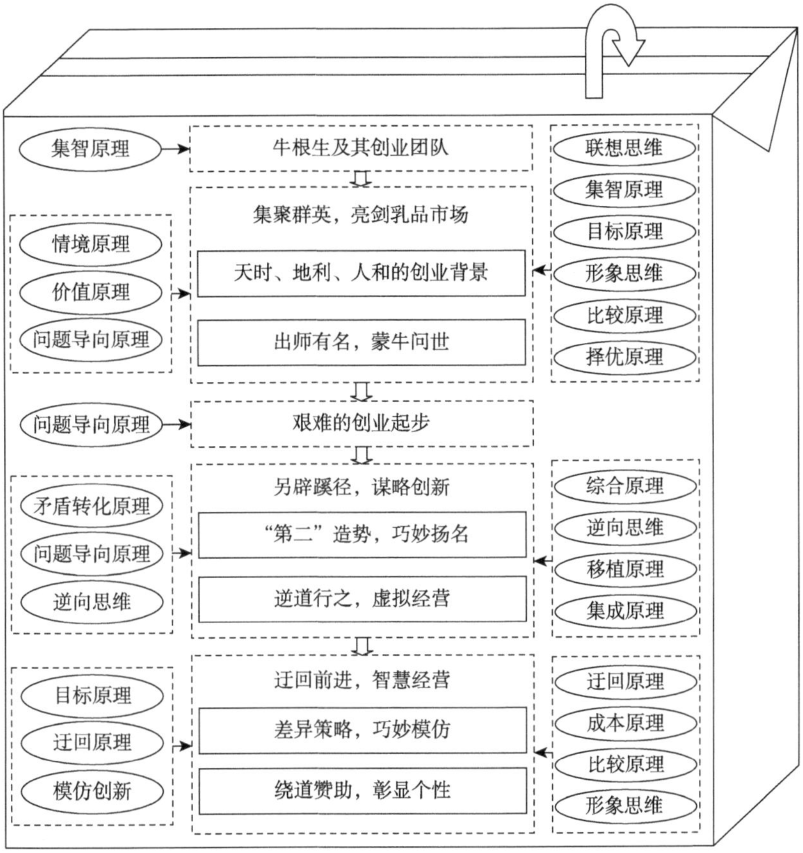

图 9-6-8　蒙牛创业的创新科学原理

如今的蒙牛，通过公司上市、国际化发展，现已拥有 4 万多名员工，在全国建立了 33 个生产基地，58 个工厂，以国际化视野布局澳大利亚、丹麦、新西兰多个国外牧场，年产能超过 810 万吨，年销售额超过 500 亿元。我们相信，致力于“以消费者为中心，成为创新引领的百年营养健康食品公司”的蒙牛，正逐渐成长为狂奔在世界草原的“猛牛”。

参 考 文 献

任子龙. 2009. 牛根生谈创业. 深圳：海天出版社：37.

万资姿. 2010. 蒙牛财富哲学. 北京：现代出版社：14.

王源. 2008. 蒙牛经营人心之道. 北京：中国言实出版社：124.

张治国. 2008. 蒙牛方法论. 北京：北京大学出版社：22.

第 7 章　以饲料成名的中国民营企业——希望集团

创业的梦想，像鹰隼一样翱翔；
创业的激情，仿佛澎湃的波浪。

他们，是中国改革开放最早辞职下海的拓荒者。他们，是兄弟亦是战友，分工协作，不计个人得失。他们，亲手缔造了饲料王国的神话，谱写了一个刘氏家族创业的辉煌史诗。而今，他们经营着各自的公司，成长为具有强烈社会责任感的民营企业家。

是的，他们就是希望集团的开创者，被誉为中国商界“兄弟连”的刘永言、刘永行、刘永美（陈育新）、刘永好四兄弟（图 9-7-1）。兄弟四人白手起家，从无到有，从弱到强，抒写了一部中国民营企业创业的艰难传奇。1982 年，希望集团创建于中国西部四川省的新津县古田村。他们的故事，从“育新良种厂”起步，如今已成为中国颇具影响力的民营企业，从中可以看出四兄弟无时无刻不在经营着他们内心的“希望”。

图 9-7-1　刘永言（左上）、刘永行（右上）、刘永美（左下）、刘永好（右下）

回首那年，在四川省偏远的郊区，盛夏傍晚昏暗的灯光下，依稀可以看见，四个意气风发的青年正围着小方桌侃侃而谈，说到激动之时，各个都挽起了袖子，仿佛准备大干一场。而远方，交织着袅袅炊烟和灰色暮霭，天空和地面变得若隐若现，似乎那里存在着一个神秘的“向往”，令人神往……

7.1　自己脱去“公家服”，选做养殖专业户

1982 年 8 月 25 日，《人民日报》发文指出：“在目前我国生产力水平的条件下，专业户、重点户是发展社会主义商品的一种较好形式。”此时此刻的祖国大地，一切似乎都在静悄悄地变化着，无论是社会的认知，还是人们的心理。

在当时，四兄弟都是国家的正式职工，手里都捧着硬邦邦的“铁饭碗”。按常理说，在那个年代，命运之神对刘家四兄弟似乎是分外垂青，可他们偏偏又不安分，不循常规，敢于“反其道而思之”，脱下了寻常人羡慕的“公家服”，毅然决然地辞职，响应国家号召做起了专业户。正是这种想要施展才华、追求富裕生活的迫切的、强烈的冲动，驱使着他们一步步前行。

公职辞了，但还不知道该做什么。四兄弟开动脑筋，发散思维、打破定势，多方考虑到底应该从事什么行业。最后，大家一致认为养殖业投资少、技术含量低，自己也熟悉，所以选择从养殖业开始做起。由于没有创业资金，四兄弟为了实现自己的梦想不得不卖掉仅有的自行车、手表凑足了 1 000 元的启动资金。1982 年，育新良种场成立，主营业务是孵小鸡和培育菜种。就这样，一个充满传奇的家族创业史开始了。

由于四兄弟的勤勉和努力，育新良种场在一年之内规模迅速扩大，还带动了 11 个专业户。然而天有不测风云，两年后，一场“人祸”骤然而至，风险降临到四兄弟身上。他们接到了 10 万只小鸡的订单，面对这块大蛋糕，四兄弟毫不犹豫地借了一大笔钱购买种蛋，但是在交货之际却发现订户已破产逃之夭夭了。最后几经折腾，他们才勉强将手里的鸡苗全部脱手，减少了些许损失。创业初期的危机重重打击了兄弟四人的士气，如何重拾自信心，做出明智决策，是他们当时面临的巨大难题。

7.2　小鹌鹑蛋孵出“希望”之雏

苦难有时是一笔珍贵的财富。“养不起”的鸡苗让初次进入市场领域、不擅

长商业游戏的刘氏兄弟交了一笔学费。考虑到资金有限，刘氏兄弟权衡利弊后决定暂不放弃养殖业，继续开拓新兴养殖市场。此时，鹌鹑的养殖，渐渐进入了他们的视野。

他们分析发现：其一，鹌鹑蛋由于营养价值比鸡蛋高，很受追捧，市场需求很大；其二，一个小小鹌鹑蛋的市场价就能顶三个鸡蛋；其三，养殖鹌鹑相对于养鸡来讲周期比较短，产蛋率也比较高，特别适用于资金较少的养殖企业作为起始产业。于是，四兄弟决定将养殖重点转移到鹌鹑上来。大学生出身的四兄弟专业各有所长，一起饲养小鹌鹑，可谓各尽其能。无论学到什么最新的技术，哪怕听起来是“天方夜谭”，他们也愿意尝试。他们展开丰富的联想力，甚至把看似“毫不相干”的事件联系起来。正是这种大胆做事的勇闯精神，才使得他们成功地利用电子自动控制设备来调配饲料和育种选样，这在当时的中国可谓凤毛麟角，先进设备的应用使其生产率大大提高。

此外，他们还把整个饲养过程视为一个系统，抓住系统中各个要素之间的相互联系、相互作用，综合地去分析自己的经营系统，以动态的、开放的观点认识系统中的要素，避免出现其他养殖户“只见树木不见森林”的片面想法，从整体上来谋划养殖场的发展。渐渐地，他们摸索出一条经济适用的生态循环饲养法：用鹌鹑粪养猪、猪粪养鱼、鱼粪养鹌鹑，资源循环利用，变废为宝，使得鹌鹑蛋的成本降低到和鸡蛋差不多。这种生态循环饲养法在当时可谓是很了不起的，其先进的理念、先进的管理模式也是首屈一指的。

到了 1986 年，育新良种场已经可以年产鹌鹑 15 万只，鹌鹑蛋不仅被贩卖到国内各个城市，甚至还冲出亚洲、走向世界，销往了德、法等国家。在四兄弟的齐心协力下，育新良种场俨然成为全国鹌鹑蛋批发中心，订单从四面八方蜂拥而至。在刘氏兄弟的带动下，整个新津县有 1/3 的农户养鹌鹑，最高峰的时候全县养了 1 000 万只鹌鹑，规模在当时已经可称得上宏大。

时任国务委员、国家科学技术委员会主任宋健在一次工作会上见了四兄弟并欣然题词“中国经济的振兴寄希望于社会主义企业家”。这对他们的鼓励很大，于是刘氏四兄弟不负众望，决定用“希望”这个充满美好前景的词，来重新命名自己的养殖场。由此为起点，希望养殖场在发展上又开始了一次新的长征。

7.3 华丽转身饲料业，夯实“希望”之基

俗语讲“教会徒弟，饿死师父”。聪明的刘氏兄弟也有失手的时候，他们毫无保留地将养殖鹌鹑的技术传授给村民，最后反而引发了恶性竞争。因不愿与村民们

短兵相接，他们想到了产品升级或开辟新的产业。但新的市场目标在哪里呢?

雄关漫道真如铁，而今迈步从头越。一次偶然的机会，刘永好出差到广州，看到人们排着长长的队等着购买猪饲料。老四心想，猪饲料这么受欢迎，而且看起来比我养殖场的副产品鹌鹑饲料销售量要多很多。灵机一动，刘永好突发奇想：中国老百姓对鹌鹑蛋的需求，远不如对猪肉的钟爱，哪家饭桌上离得开这六畜中的“豕”呢? 既然养猪多，猪饲料需求就应该很大啊!

传统的巴蜀养猪业比较落后，主要用青草、大麦和红薯来喂猪，蛋白质严重不足，养猪的周期要一年，而养猪业要向现代化飞跃，必须以发展饲料为突破口。然而这次转型需要冒很大的风险，一旦失败，就可能前功尽弃。可也许这就是创业家不同于一般人的地方，刘氏兄弟不但没有放弃，反而进行了认真的研究。他们审时度势，看到了难得的创业机遇，决定放弃养鹌鹑而转产饲料，并做了详细的战略部署。

7.3.1 科技先行，产品创新

在饲料大市场舞剑，科技要先行。当时国家“星火计划”出炉，激发了四兄弟为希望而奋斗的激情。1985 年，四兄弟决定投入 200 万元创办技术研究所，投资 300 万元建饲料厂，又用 400 万元聘请专家搞科研，以此来提高研发水平和生产能力。在研制过程中，他们发现研制的新型乳猪营养饲料一般都离不开鱼粉。但国内厂家生产的鱼粉质量不过关，进口的却需要大量的外汇，这对于起步期的希望饲料公司无疑是承受不起的经济负担。怎么办? 刘永好想到了当地的一种东西——蚕蛹。蚕蛹在四川多得很，蚕蛹含有丰富的蛋白质，其营养价值很高，能不能将其移植过来代替一部分鱼粉呢? 在发现了它们之间的相似性后，他与研制人员一起试着把部分蚕蛹干粉与鱼粉混用，经过反复试验，发现其效果接近全鱼粉，而且成本也可以下降不少。

为了提高乳猪饲料转化率和日增重，刘永行先后投资近 5 000 万元资金来研发配方，广采精选、反复论证，最终筛选出 33 个配方进行试验。刘家兄弟的脑子很活，在试验中往往不断地想出办法，想出本地特有的一些代用品，以代替那些难以弄到手、成本过高的原料，且同时又能保证饲料质量不比外国的差。刘家兄弟试制出来的希望牌新饲料，经过几个试验点的试验，证实优点非常突出。希望牌新饲料省时、省力，而且不用煮食，按料内比折算，用 500 克希望牌饲料喂猪，可比传统饲料节约 500 克粮食。到 1989 年，希望牌 1 号乳猪全价颗粒饲料一经推出便广受市场欢迎。

7.3.2 巧谋营销，完胜正大

狭路相逢勇者胜。随着希望牌饲料的壮大，面临的对手也越来越多。当时正大集团作为全球第二、亚洲最大的饲料企业集团，已经占据了中国猪饲料市场的半壁江山。四兄弟深知，和这样的对手过招，等于从巨人盘中抢夺食物，这是个不小的挑战，需要莫大的勇气和魄力。

深谙销售和市场推广之道的刘永好暗暗琢磨着自己的竞争方略，目前直接正面交锋胜算比率太低，广宣传、低价格可能才是迅速开辟市场、独辟蹊径的好办法。三兄弟纷纷响应刘永好的建议，一起研究如何在一开始就将希望集团的广告“玩”大。

从卖鹌鹑蛋开始，刘永好就积累了一整套散发张贴小广告的经验，此时又派上了用场。刘永好租了一台刻印机，请朋友刻好广告语，大批量印制小广告。希望牌饲料一面世，刘永好马上带着自己的小广告下乡，每家每户的猪圈都贴上了希望集团的饲料小广告。后来他们又做起了墙头广告，宣传“吃一斤长一斤，希望牌奶猪饲料就是精”的口号。那个时候，这种广告方式成本低、效益高，所以效果特别好。只用了 3 个月的时间，希望牌饲料的销量就追上了“正大”，而且希望集团饲料的质量不比正大差，但每吨的价格却便宜了 60 元。

面对希望集团的不断蚕食，正大也开始降价销售。在价格相互压制的过程中，希望集团舍弃了一部分利益，采取低价策略，薄利多销。最终希望牌饲料的销量狂涨了 3 倍，刘永好的市场营销策略迫使正大集团不得不宣布退出成都的饲料市场。

如果说，从育雏鸡到养鹌鹑是刘氏兄弟经营空间的扩展，那么，从养殖发展到开发饲料生产，则是他们从家庭作坊式经营向现代化规模经营的跨越。经此一役，奠定了希望牌饲料在中国猪饲料市场的霸主地位。中国的民族饲料企业在这一场竞争中得到了洗礼与壮大。希望牌饲料终于创出了品牌，站稳了脚跟，确立了自己在西南三省的饲料主导地位，着着实实夯实了“希望”之基。

7.3.3　兄弟分工合作，进军全国市场

1992 年到 1995 年，是刘永好和刘永行急速扩张的几年。兄弟团队的价值在此刻体现得淋漓尽致，希望集团由此奠定了饲料大王的地位，形成“哪里有正大，哪里就有希望”的布局。刘氏兄弟以一个月收购或新建一家工厂的速度，开创了中国民营企业集团化发展的先河，并刷新了中国企业兼并、收购的纪录。

那几年的刘永好特别忙碌，特别劳累。作为集团代表，负责企业规模的发展，刘永好带着两个部下跑业务，每月有二十来天在路上，每天工作十几个小时是家常便饭。他审时度势，费尽思量，这种工作的强度是难以言喻的。但他的心里却感到特别快乐，工作的过程和成就带来的喜悦和骄傲让他不知疲倦，他人谓之苦，而刘永好却乐在其中，始终秉持“吃得苦中苦，方为人上人”的信念。

兄弟同力，所向披靡。尤感幸运的是，刘永好能和二哥刘永行几年携手共

进，成了难得的黄金商业搭档。在希望集团那两排简易的平房里，两兄弟在一个办公室办公，共用一张大桌子。共用一张桌子的好处是，有什么文件、资料给对方看，在桌子上一推，就到对方手里了，然后马上就能沟通商量。他们经常把资料滑来滑去，对需要处理的问题即刻商量，然后快速地做出决策。

两兄弟有明确的分工。做事有魄力、果断的刘永行负责生产经营管理，这是刘永行的长项。另外，刘永行还负责研究配方、管理生产技术，几乎把工厂的内部管理全部抓了起来。刘永好则负责企业战略、采购、销售、发展投资等。在要建立一个新厂时，往往是刘永行先提出发展目标，针对目标找到具体地点并做出评价和判断，然后兄弟二人沟通，达成一致，再由刘永好带上人马与合作方谈判，最后达成协议。两兄弟的配合天衣无缝，分工与配合往往可以迸发出很多思想的火花，从而发现解决问题的新途径、新方法。在创业期，来自各方面知识的集成、兄弟二人智慧的碰撞，加之具备各种恰当的条件要素，真可谓天时地利人和齐具，希望集团的市场规模由此得以迅速扩大。

当然，两兄弟也会出现意见相左的情况。在出现分歧的时候，两人有争执无争吵，基本上都能抱着协调的态度尽量沟通，达到解决问题的目的。这大概缘自刘家温和的氛围，虽然刘永行的脾气在兄弟间一直算比较倔强的，但恰恰与刘永好的外柔内刚互补。兄弟之间，二人从来都是商量、再商量的态度。

兄弟的情谊好似一坛佳酿，随着时光的飞逝，越酿越纯。这种兄弟加搭档、亲情加战友情的关系，使他们开拓疆土，所向披靡，二人的合作成果遍地开花。

7.4　言行美好，基业长青——让人回味无穷的“希望”追求

精诚所至，金石为开。在几十年的发展历程中，希望集团获得过无数殊荣，如今已成为中国民营企业的代表之一：曾三度被美国福布斯杂志“百富榜”列为中国首富；在饲料行业的市场份额和营业收入超过泰国正大集团稳居中国饲料行业榜首；2007 年饲料产销量位居全球第二；多次排名中国民营企业 500 强之首……然而这灼灼闪耀的光环背后何尝不是一部艰辛的创业史，回顾刘氏家族的创业发展历史，我们不禁为他们的智慧而钦佩，为他们的执着所感动。

刘氏兄弟的命运正如他们的名字一样，言行美好，即“言必行，行必美，美必好”。古人言“自古不谋万世者，不足谋一时；不谋全局者，不足谋一域”，正是因为他们能够从事业的长远着眼，审时度势，所以总能在危难时刻让家族生

意避开风险。由育新良种场发展到如今拥有 300 多家企业的希望集团，由养殖专业户发展到横跨几大产业的大型企业集团，虽然可见的一切有形的东西都在变，但刘永言、刘永行、刘永美、刘永好几兄弟“诚实做人，精明做事，勤奋工作，追求美好”的信念却始终没有变。

作为中国民营企业的“常青树”，希望集团之所以能够持续、健康的成长，根本原因还在于其把最大的精力放在实业创新上，其在创业期活动中体现出的创新科学原理分析见图 9-7-2。创业成功需要开启一把创新思维的钥匙，同时也让我们去倡扬一种真正的创富观：只有通过勤奋踏实的创新活动，才能实现来之不易的基业长青。生命如水，载流载长，让这种创新创业的智慧在今天的中国得以重新绽放。

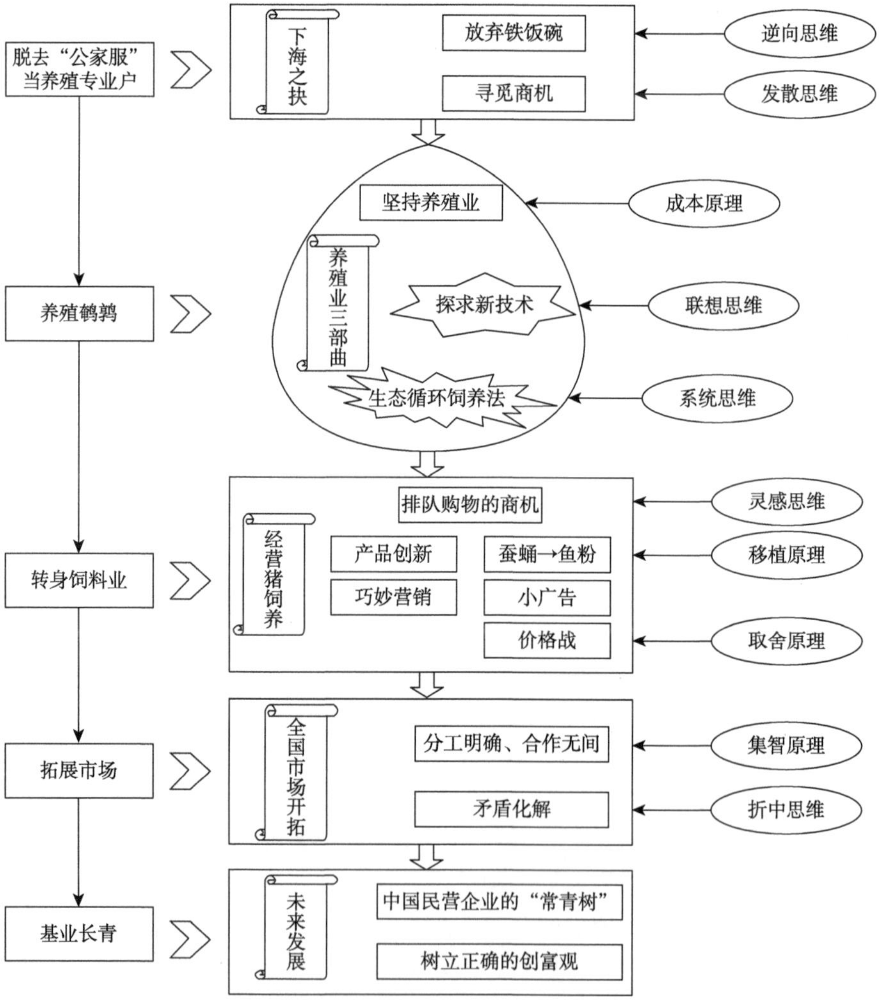

图 9-7-2　希望集团创业过程中的创新科学原理

希望是一笔无形的精神财富，它能催发出闪光的智慧，催生出无比的勇气，进而转化为无穷的力量。路就在脚下，希望就在前方，唯有播下希望的种子，才可以收获成功的喜悦。人生如此，创业亦如此。

参考文献

刘永行. 2000. 从希望集团的成长看中国民营企业全球发展战略. 中国科技信息，（20）：10-14.

岳战野. 2005. 希望集团十年分合梦. 畜牧市场，（9）：36-37.

第8章　电器连锁经营崛起的零售电商——苏宁云商

“苏宁易起来，生活购精彩”“易动苏宁，购享生活”“信赖苏宁，无忧网购”“近苏宁，亲易购，品生活，乐无忧”“苏宁全天候，易购零距离”……这些朗朗上口的对仗句是苏宁云商集团股份有限公司旗下网上商店——苏宁易购的广告语。最初的苏宁只有线下商店，是从实体空调专营店发展壮大起来的，后来发展为电器连锁。目前，苏宁又一次成功转型互联网企业，线上线下同步经营，开启了云商模式。

1996 年成立的苏宁交家电有限公司是苏宁云商集团股份有限公司的前身，在创始人兼董事长张近东的带领下已经走过了 20 多个年头。2004 年，苏宁电器股份有限公司（苏宁云商集团股份有限公司更名前）成功上市。2016 年，苏宁控股集团以 3 502.88 亿元的年营业收入名列“2016 中国民营企业 500 强”榜单第 2 名。其总部大厦如图 9-8-1 所示。

图 9-8-1 苏宁总部大厦

苏宁的成功史就是它的创业史，苏宁历史上共经历了 3 次大的转型，每一次都闪耀着创新思维的火花，值得我们学习和借鉴。

8.1　空调专卖起家，商海博弈问鼎

1984 年，张近东在南京师范大学毕业后，进入南京豪威集团工作。当时的中国处于改革开放初期，在政府提出建立社会主义市场经济体制的背景下，一度出现了“下海”热潮，张近东也萌生了创业的念头。

张近东的第一次创业源于他和几个朋友的一次上海之旅，他们在当地的咖啡馆要了几杯咖啡，就花费了近百元，相当于他一个月的工资，返程的路上他一直在感叹咖啡馆生意赚钱多。回到南京后，他联想到自己也可以做一个类似的生意，于是就开了一家咖啡馆，捞到了人生中的第一笔创业资金，这成了他后来创办苏宁的启动资金。在那段时间里，他结交了一位重要的朋友，这个人是当时销量最多的春兰牌空调在南京的办事处主任卞国良，卞国良经常去张近东的咖啡馆喝咖啡，一来二去就成了朋友，卞国良在其后来创业做空调批发时发挥了重要的作用。

不难看出，张近东选择创业是基于当时的国情和宏观市场环境，在改革开放初期，国家鼓励发展个体经济，做什么生意都比较好赚钱。当张近东看到上海的商家开咖啡馆生意很好时就联想到自己也可以开一家咖啡馆。

当时最热门也最赚钱的商品是家用电器——彩电、冰箱和洗衣机等。张近东考虑到，国内刚由计划经济转向市场经济，国内家电市场供不应求，尤其是空调市场缺少竞争对手，市场不饱和，于是他选择了冷门的空调批发起家。1990 年，张近东辞去固定工作，在南京宁海路上租下一个面积不足 200 平方米的小门面，成立了苏宁第一家空调专营店，开始了个人和苏宁的创业历程。张近东遇到的第一个困难是缺少空调的进货渠道，也就是供应商，当时的南京还没有空调的代理商。于是他找到卞国良，商量空调供货的问题，卞国良爽快地答应了。

张近东在创业的起始阶段没有追随市场上大多数电器销售商的做法，没有选择销售热门电器，而是从相反的角度考虑问题，在客观分析了当时的市场环境之后，他看到了空调市场的巨大消费潜力，因此选择了市场上还不是热门的空调进行售卖。

张近东做出的前瞻性选择是正确的，他把握住了当时的市场机遇，此后不久，空调市场开始逐渐火爆。张近东的空调专营店成立不到一年就取得了 6 000 万元的销售业绩，发展速度非常快。当时，全国的空调产量很少，总共只有十几家生产厂商。在这种情况下，卞国良能提供的货源并不能满足市场对空调旺盛的需求。面对如此紧张的供应量，张近东采取多渠道进货的方式，除了从春兰牌空调进货，还奔

走于全国各地洽谈合作。为争取更多的供货商，张近东在营销模式上进行创新，采取反季节打款策略，即淡季打款，旺季进货。这样不仅能保证旺季有充足的货源，降低缺货风险，而且淡季打款在进货价格上会有很多折扣和优惠，能降低购货成本，让利给消费者。如此一来，苏宁就掌握了价格、货源两大竞争优势。

创业之初，空调供货不足成为阻碍苏宁前进的问题，为实现货源充足的目标，快速响应市场需求，也为了降低成本，张近东在营销模式上反其道而行之，创新营销模式。在消费者层面先收货款再卖货，降低囤货成本；在供应商层面，采取淡季打款，旺季进货的策略，不仅节省了购货成本，还掌握了供货商资源。

就在张近东的空调专营店做得风生水起的时候，当客流逐渐从南京各大国有商场移向宁海路时，苏宁成了国有商业企业的眼中钉和肉中刺。1993 年，南京“空调大战”全面爆发，南京八大国有商场联合起来向苏宁发难，宣称将统一采购、统一降价，如果哪家空调厂商供货给苏宁，他们将全面封杀该品牌。这没有让张近东气馁，反而更加坚定了他要做大做强的决心，苏宁凭借“规模经营、厂商合作、专业服务”这三张王牌和平价优势，最终成为这场大战的赢家。1993 年实现销售额 3 亿元，比上年增长 182%，一举摘得全国最大空调经销商桂冠。

张近东集成空调批发的规模优势、优质的服务优势以及价格优势，整合苏宁的各项资源，应对“空调大战”，最终取得了商战的胜利。我们对其在创业初期活动中所展现出的创新智慧和思想进行了分析，如图 9-8-2 所示。

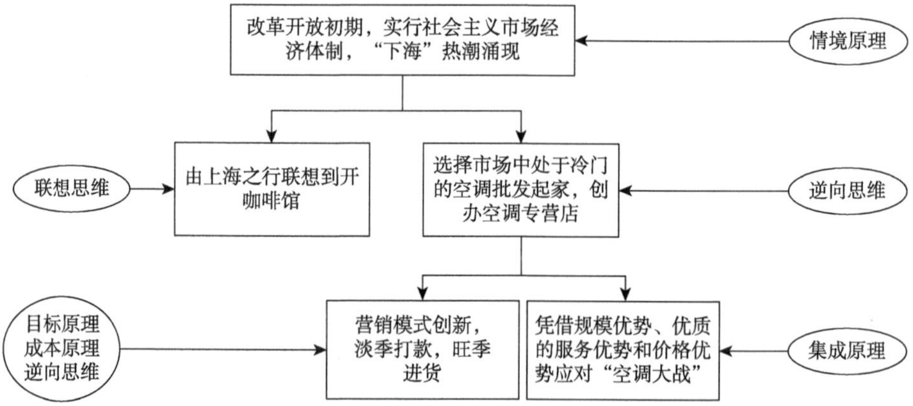

图 9-8-2　苏宁创业初期活动中体现的创新科学原理解析

8.2　国内市场快速扩张，转型家电零售连锁

好景不长，1995 年以后，市场形势发生了较大变化，供求关系趋缓，卖方

市场逐渐向买方市场转变，中国家电市场出现供大于求的状况。一方面，制造商们随着自身营销网络的建设渐趋完善，直接渗透零售市场；另一方面，制造商们对经销商实行区域代理制，掌握自己的网络，以此希望自身做得更大。与此同时，沃尔玛、家乐福和麦德龙等国际企业正在向国内市场渗透。张近东意识到，此时谁占领了零售终端，谁就占领了市场。为此，张近东决定逐渐缩减空调批发业务，开始自建零售终端。当时公司内部有很多人反对张近东的做法，认为空调零售有风险，不愿意放弃空调批发的巨大利润。但张近东坚信自己的判断，果断地放弃了之前的空调批发道路，坚定地转向空调零售的经营方式。1996 年，苏宁进入扬州市场，开始走出南京探索家电连锁之路，并在全国开始连锁经营的尝试，苏宁电器股份有限公司正式诞生。

张近东看到了家电市场的变化及供应商战略的调整，为适应市场环境的变化，制定新的业务发展战略，苏宁由空调批发转向空调零售，并尝试新的商业模式，走上家电零售连锁的道路。

在连锁扩张实施的具体路径上，张近东有着与之前企业相反的做法。大多数企业连锁经营是由近到远、由易而难渐进的发展，就像沃尔玛，走农村包围城市的道路。但苏宁却选择了另一条看起来风险很高、难度很大的扩张路径——集中资源率先抢占大城市和区域中心城市，然后再向低端市场渗透。最终，苏宁只用了不到 5 年的时间，就完成了在全国省会城市的布局，市场扩张速度非常快。张近东在选择连锁扩张路径上独具特色，没有采取大多数连锁企业的扩张方式，而是走了一条截然不同的道路，逆向思考，最终选择了适合苏宁的连锁之路，扩张成功。

1999 年，苏宁开始实施综合电器连锁经营战略，由单一销售空调转为各种家用电器的综合销售，在全国成立了十几家子公司。在连锁经营模式上，苏宁独树一帜，针对不同的市场类型采取不同的进入战略。在北京、上海和广州等大城市采取自营方式，连锁店数量在 3 家左右；在主要省会城市采取直营或控股合资合作的方式，建店数量 1~2 家；在经济发达省的中心地级市及不发达省的省会城市采取不控股合资合作的方式；最后，在全国其他地级市及发达的县采取特许加盟方式，进行连锁店的快速复制。其中，最后一种特许加盟方式是主要的连锁经营方式，公司只需输出品牌，无须注入资金。特许加盟的建店思路是统一品牌、统一资源、统一管理、不统一利益主体。张近东指出，在连锁店的扩张过程中，苏宁将在第一个阶段把速度摆在第一位，第二个阶段抓管理，第三个阶段抓整个连锁网络的升级，使加盟店升级为综合电器店，提升其实力。

苏宁针对不同的市场开设同一类型的连锁店，利用区域市场中连锁店的相似性进行店面的快速复制，增加连锁店的数量，夺取市场份额。“统一品牌、统一资源、统一管理、不统一利益主体”充分展现了苏宁分合自如的经营管理方式。

“统一品牌、统一资源、统一管理”是站在整个公司的角度来思考问题，“不统一利益主体”可以让各个利益主体独立经营，降低经营风险。苏宁在不同阶段的战略重点不同，体现了张近东善用发展变化的眼光看问题，与时俱进。

苏宁始终不忘整合社会资源助力其发展，2004 年苏宁电器上市后，股票价格有相当大的涨幅，苏宁利用上市的优势实现融资，解决了资金不足的难题，通过集成社会资源促进了企业的发展。

2005 年，中国零售业进入全面连锁时代，苏宁坚持自主发展，把大量的资金和精力投入后台建设，包括采购成本的降低、物流基地的建设、信息系统的升级和供应链管理水平的提升等。在商品采购方面，苏宁进行同质化商品批量采购，降低采购成本；在物流配送上，苏宁在全国建立自己的物流队伍和物流中心，形成全国性的物流网络；在信息系统的改进方面，苏宁和 IBM 合作建立涵盖人力资源、财务、供应链、物流网络优化和客户服务等全方位的企业信息化管理系统；此外，苏宁加强与厂商合作，与国内外进行供应链整合，提高供应链的效率。

这些举措表明张近东不仅注重连锁店的扩张速度，还重视苏宁内部其他因素对于连锁店发展的支持作用，注重企业内部各项因素协调一致发展，实现协同创新。苏宁这次由单一产品销售转向综合集成销售的过程所蕴含的创新思想如图 9-8-3 所示。

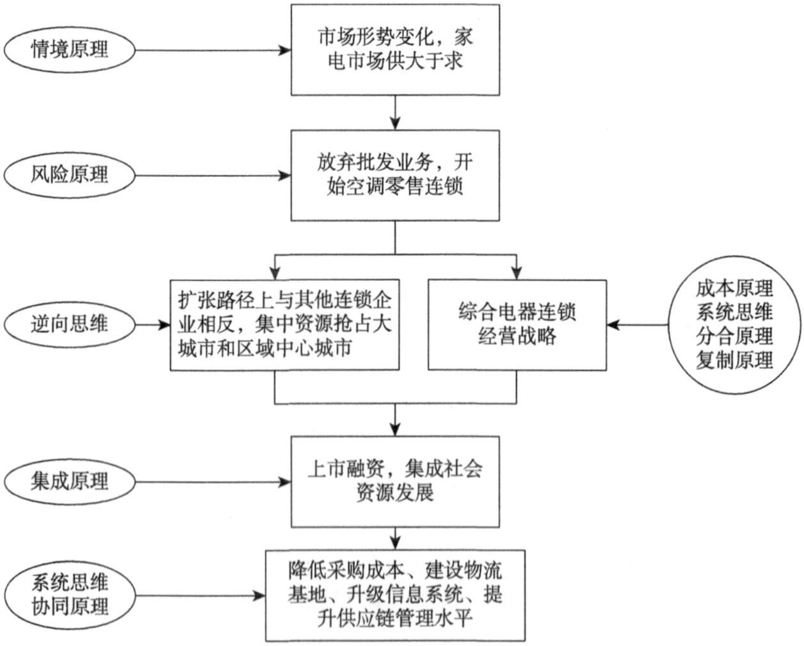

图 9-8-3　苏宁第一次转型中体现的创新科学原理分析

8.3　进军电商领域，网上营销稳局

随着互联网技术的发展和电子商务的异军崛起，实体店逐步受到互联网虚拟市场的冲击，苏宁经营业绩下滑。面对激烈的市场竞争环境和巨大的市场竞争压力，也考虑到电子商务相比实体店经营而言，在成本上更为低廉，能够更多地让利给消费者，苏宁选择应战网络市场。2009 年，苏宁电器宣布正式进军电子商务领域，创建了苏宁电器集团的 B2C 网上商城——苏宁易购，其图标如图 9-8-4 所示。

图 9-8-4　苏宁网上商城图标

张近东面对新一轮的市场环境变化，看到了电子商务领域成本低的优势带给消费者低廉的价格体验，因此及时调整企业战略，参与到电子商务的大潮中去。

虽然苏宁在电器连锁领域很超前，发展速度很快，但在电子商务领域却显得有些滞后，这也许是由于大企业思维的保守造成的。此时的苏宁决定发力互联网电子商务，已经错失良机，所以稍显被动。苏宁刚开始布局电子商务领域时将线上的苏宁易购平台作为线下门店的补充，仍以线下为主，且线上线下同质商品不同价，苏宁甚至将线上门店看作线下门店的竞争对手。2012 年，苏宁实体店业绩不断下滑，线上门店销售也不容乐观，很多门店被迫关闭，苏宁这才真正意识到危机，下定决心大力发展线上业务，实现线上线下商品价格同体，并实行统购分销制度，即各门店将各自的采购需求报给总部，由总部统一采购分发，由各门店各自销售。

苏宁线上线下平台各为主体、分离经营，导致苏宁线上门店和线下实体店双双亏损，苏宁宣布线上线下价格同体就是为了解决线上线下双亏问题，也是从分离经营走向统一经营，保住了线下门店的发展。

同时，为充分利用公司的经营资源，提升公司业绩，也为了分散经营风险和扩大发展空间，苏宁开始尝试全品类经营，全渠道拓展。首先，苏宁通过公司电商业务即苏宁易购，率先推进“超电器化”战略，大力拓展非电器品类，品类布局日趋完善。随后，苏宁于 2012 年推出新一代实体门店“苏宁 expo 超级店”，去掉了品牌标识中的“电器”二字。苏宁 expo 超级店经营品类涵盖 17 大类，实

现了传统家电零售业态的全面突破。

苏宁同时布局线上和线下，实现虚拟店和实体店协同创新，方便消费者实现一站式购物，增强了消费者的消费体验。

苏宁拓展品类经营是基于新旧战略的对比，相对于单一进行家电销售，“超电器化”战略有很多优势。第一，多品类经营可以降低新客户的获取成本，分摊物流成本，从而提升利润，实现公司业绩增长；第二，通过扩大经营范围可以避免环境的不利影响，分散经营风险；第三，拓展品类可以扩大企业未来的发展空间，使公司未来发展更具灵活性。

苏宁线下销售转向线上、线下并行的综合销售的转型过程所蕴含的创新思想如图 9-8-5 所示。

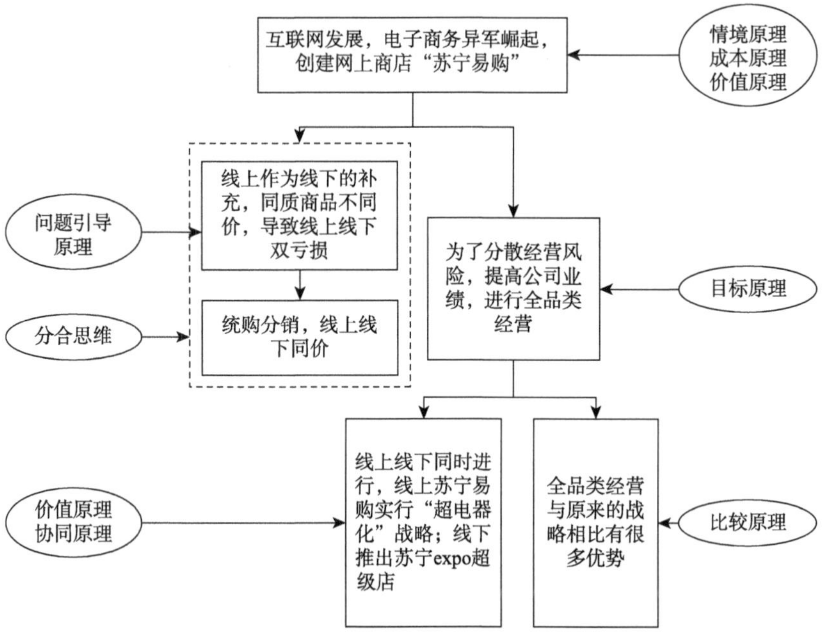

图 9-8-5　苏宁第二次转型中体现的创新科学原理分析

8.4　苏宁云商——开启全新的互联网商业模式

苏宁走向云商布局已久，原因很多。首先，电子商务作为一种新的产业形态受到了国家的空前重视，国家加紧了电子商务的产业化布局；其次，电子商务的迅猛发展对其经营造成了巨大的冲击；再次，互联网技术的发展、手机移动端的兴起，改变了人们的购物习惯；最后，苏宁长期经营积淀了战略转型的资源和能力。这几方面的共同作用将其推向了苏宁云商，因此，苏宁转型为云商是适应环境、应对行业竞争的表现。

2013 年，“苏宁电器”更名为“苏宁云商”标志着苏宁正式走向云商模式。苏宁云商采用“店商+电商+零售服务”一体的运作模式，其中店商和电商分别指的是连锁店平台、电子商务平台，而零售服务具体表现为苏宁特别重视以完善的物流、深刻的店内体验等方式提升商业零售的服务质量。苏宁云商重视线上线下的整体化服务，从售前、售中到售后，系统化地思考问题，进而采取了“店商+电商+零售服务”三位一体的云商模式。

苏宁更名云商，三云合一，即金融云、物流云和数据云，主要服务于商流、物流和信息流。云商模式主要体现在三个方面：第一，全面转型互联网零售而非仅实体店与虚拟店融合，从企业的底层结构和经营模式上实现向互联网公司的转型；第二，打造基于企业自身能力和资源，实现对供应链上游和消费者的物联网化服务；第三，基于数据、信息的资源平台构建大数据时代管理。苏宁重视金融云、物流云和数据云的单独建设，又将三者综合使用，有效地使用了分合策略，实现三云合一。

云商模式的上述特征，可为企业带来以下三方面的益处：一是云商模式要求的实体店面与虚拟店面相互融合、协同合作，将最大限度地发挥线上线下的协同效应，提高经营效率；二是供应链效率的提高是零售行业发展的关键，物联网的建立将使供应链效益得到极大的提高；三是大数据时代的管理能够使消费者随时掌握所购产品的信息、状态和所能享受到的服务，从而收获更好的体验效果。正是因为考虑到云商模式的巨大商业价值，苏宁才决定转型云商模式。

苏宁第三次转型过程所蕴含的创新思想如图 9-8-6 所示。

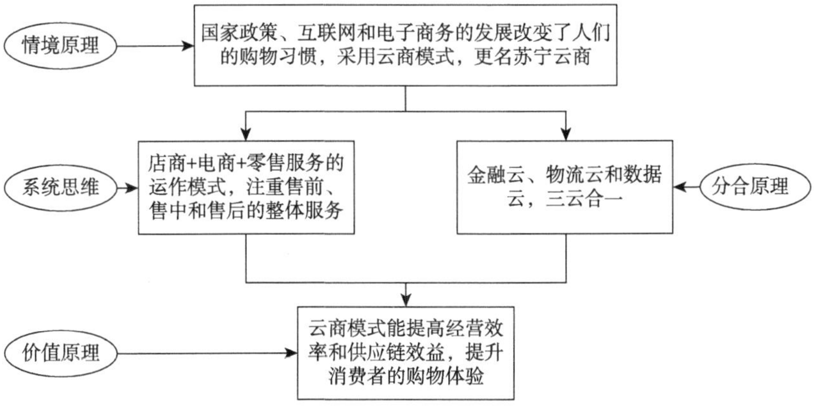

图 9-8-6　苏宁第三次转型中体现的创新科学原理分析

8.5 苏宁创业成功之魅力所在

回眸张近东的创业历程，始终可以看到他对特定环境下市场机遇的前瞻性识别和大胆而果断的开拓精神和决断力，其创业成功的关键在于开启了创新思维的钥匙，张近东秉承的创新理念就是“以不变应万变，以变应变”。

首先，创业需要有超前的规划。创业前要对市场环境和创业条件进行客观分析，把握市场机遇。张近东创业之初选择空调批发起家是因为看到了在改革开放初期，家电市场供不应求，空调市场有巨大消费潜力。

其次，在压力面前，需要坚持创业精神。选定一个目标的时候，一定要坚定不移地向着这个目标努力，既要有抵制诱惑的毅力，也要有经受挫折的勇气，不要一味地求稳怕输。张近东在 1995 年由空调批发转向零售连锁也是面临着很大的风险，并且放弃了巨大的利润。

再次，善于整合资源。创业或者转型的过程中需要大量的资金、人才或者其他资源的支持。苏宁在 2004 年上市，获得了大量的社会融资，实现了进一步发展。

最后，要在科技的快速发展变化中始终把握住行业的本质。科技归根结底是个工具，每个行业不变的内核是如何更好地服务客户。在互联网时代，企业是全方位对消费者开放的，消费者即使不和企业的员工接触，通过参与企业的购物、支付、配送等流程，便能更深切地体验到企业的服务内容和品质。苏宁转型云商模式就是为了更好地服务顾客，更好地满足顾客的需求。

参 考 文 献

程亮. 2010. 张近东：苏宁董事长传奇创业史. 传承，（7）：28-29.

李平. 2002. 解读“苏宁现象”. 中国石化，（6）：62-64.

闫星宇，闫自信. 2015. 苏宁云商的 O2O 落地模式研究. 北京工商大学学报（社会科学版），（6）：41-45.

喻吉梅. 2013. 浅谈苏宁电器连锁经营模式. 知识经济，（5）：127.

周晓南. 2013. 从苏宁电器到苏宁云商：路径、动因与绩效. 商业会计，（19）：33-35.

第 9 章　全国连锁医疗的领航者——爱尔眼科

从无到有，从几名创业者到拥有数万员工；从年诊治病人数千人到年门诊量超过 400 万人，为中国上百万眼疾患者解除病痛；从长沙一家与医院合作的眼科中心发展为拥有旗下 140 余家专业眼科医院、辐射全国 28 个省（市、区）的连锁医疗机构；从草创之初缺乏资金、举步维艰到开创医疗行业筹集社会资本的先河，成为国内首家 IPO（intial public offerings，首次公开募股）上市民营医疗机构……

这就是当今中国规模最大的连锁眼科企业——爱尔眼科医院集团。

从 1997 年陈邦创业之初，到 2009 年爱尔成功上市，再到 2015 年爱尔眼科收购香港亚洲医疗集团，开拓国际市场……对于爱尔眼科踏实走出的每一步成就，很多人可能并不太了解。毕竟民营医疗机构在夹缝中生存已属不易，要想蓬勃发展更是难上加难。然而，爱尔眼科是如何探索出自己的生存之路的呢？

纵观爱尔近 20 年走过的历程，有这样几个关键词可以帮助我们理解是什么因素推动着它一步步迈向成功：挖掘需求、善用资源、以人为本、共享价值、不断创新。虽然这些词汇司空见惯，但这也许恰恰是其他民营医疗机构最值得借鉴的宝贵经验。在此，让我们一同走进爱尔，走近这支团队，回顾其走过的历程，了解它的理想与成功，解读爱尔眼科品牌背后更深层次的东西吧！

9.1　挖掘市场需求，依托医院资源涉足眼科医疗行业

从 1986 年陈邦辞去国企工作下海以来，他做过装修，搞过贸易，因为对

市场敏锐的洞察力赚到过人生第一桶金，也由于缺乏经验和风险意识在房地产开发项目中栽过大跟头。1995年，陈邦投资8 000万元运作一个对台文化交流项目，但是恰逢当时两岸关系恶化，他的全部投资都打了水漂，人生坠入低谷……

经历过成功的喜悦、经历过惨败的重击，心力交瘁的陈邦病倒在床，未来的路该怎么走呢？他开始回顾过去十多年的成败得失。经过深思熟虑的陈邦再次站了起来。如何发现并抓住市场机遇，如何识别并规避风险，如何把握政策的方向，这些经历无论成败，都成了陈邦新的创业路上宝贵的积累和财富。在几千万元损失的阴影中，他并没有真正倒下，而是开始为下一次出发积攒力量。

陈邦涉足眼科医疗行业有一定的巧合性。陈邦当时住院期间，他朋友在上海有个项目——投资几十万元引进国外的先进设备和技术，与上海第六医院合作治疗白内障。陈邦由此看到了患者对进口设备和技术的需求，这给他带来了又一次创业的灵感，是不是也可以将这种模式移植到自己的创业过程中呢？

很巧的是，陈邦主治医生的妻子是一名眼科医生。在经过不断地请教和琢磨后，陈邦对这次创业的可行性进行了全面的评价。他发现，一方面，国内对于白内障手术的需求量还是很大的，并且这种手术对设备和技术的要求相当高；另一方面，当时国家对公立医院的投入严重不足，而眼科作为大医院的小科室，更是通常不被重视，缺乏投入，医疗设备和技术都很落后，远不能满足患者的需求。面对这样巨大的市场需求和国内资源短缺的情境，陈邦暗下决心要抓住这难得的市场机遇。考虑到风险及成本的问题，陈邦没有选择直接建立民营眼科医院，而是用他仅剩的3万元积蓄，以分期付款的形式购买了一台进口设备并引进治疗技术。为找到适合的发展空间，他想到了一个借鸡下蛋的方法，与长沙市第三医院合作，租赁医院场地，以利用公立医院几十年的资源积累和患者认可的传统优势，同时从外部聘请最好的医生，成立了白内障治疗中心。

凭借对市场需求的有效识别和对公立医院优势资源的合理利用，经过充分的系统分析后，陈邦做出了正确选择，为他的投资节约了大量的时间和成本。在项目的运作中，他也逐渐从一个医疗行业的门外汉逐渐变成了专家，对医院运作的诸多细节，如采购、运作流程和管理等环节都熟谙于胸。以此为起点，陈邦开始不断将合作对象扩展到更多医院。陈邦最初创业活动中体现的创新原理如图9-9-1所示。

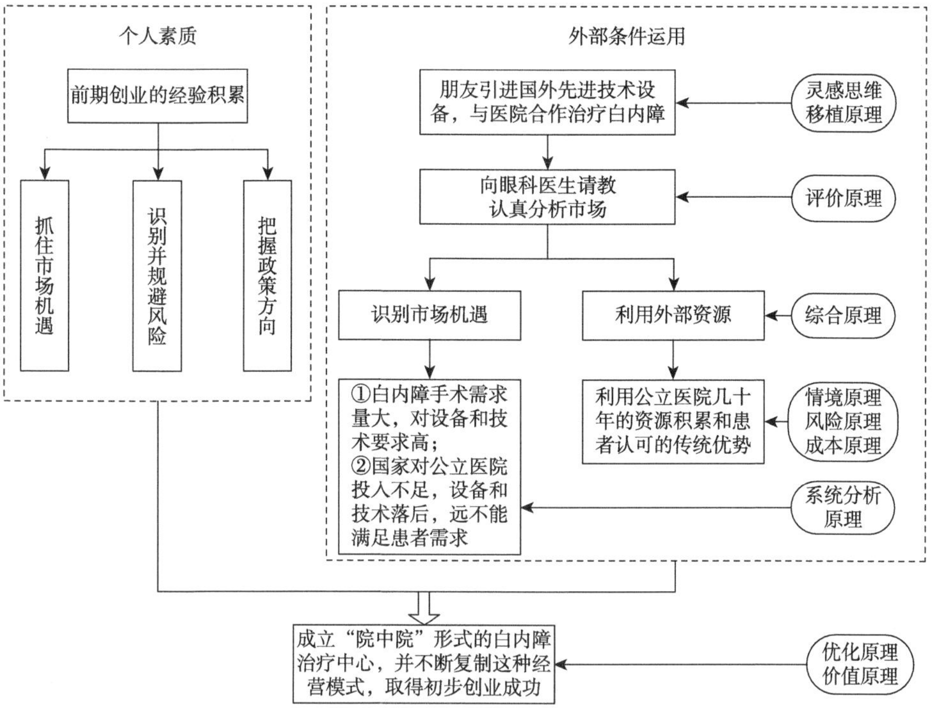

图 9-9-1　陈邦最初创业活动中体现的创新科学原理分析

9.2　在困难中坚守，在风雨中成长

初创成功的喜悦并没有维持太长的时间，2000 年前后，国家开始大力整治公立医院“院中院”，陈邦一下子失去了医院的资源依托，生意一落千丈。然而，也是在 2000 年，卫生部、国家中医药管理局、财政部、国家计划委员会联合制定了《关于城镇医疗机构分类管理的实施意见》，允许民营资本开办营利性医院，这一政策又为陈邦打开了创立自有品牌的大门。

面对国家政策的变化以及民营医院前途的不确定性，即使陈邦有多年与医院合作的经验，即使他已经对医院管理和运作流程了然于胸，但是离开医院资源的依托从头开始，对陈邦来说不是一个最佳的选择。行医资格、医生、资金、设备，所有正规医院该有的，陈邦几乎都没有，面对这些困难与未知的风险，如何取舍，他还要不要在眼科医疗这条路上继续坚持？或许最后让陈邦下定决心的是他对患者的责任和大爱。在医疗行业资源严重错配的时代，面对眼科在白内障、屈光不正等视力方面的问题，看到患者挤在水泄不通的门诊大厅里，陈邦明白了选择这份事业的意义。

一切都要从零开始，但新建一家医院的成本太高，需要大量的人力物力投入。虽然前期创业的成功使陈邦有了一定的积累，但是权衡其成本及收益，新建医院显然风险太高了。那么能不能选取一个折中的方案呢？这样既能减少前期投入、降低风险，他又能继续从事自己热爱的事业。2001 年，陈邦下定决心，选中了一家濒临倒闭的国营性质医院——长沙钢厂职工医院，以最小的成本进行收购。这成了爱尔眼科的首家医院。“使所有人，无论贫富贵贱，都享有眼健康的权利。”这是爱尔眼科的愿景，也是董事长陈邦前行的目标。

虽然医院正式开业了，但是草创之初，公司困难重重，眼科医疗行业离不开专业设备、高级医疗人才，其中哪一项也少不了巨额资金的投入。为获得足够的发展资金，爱尔眼科几乎什么方法都用了，承兑汇票、融资租赁、信托计划等各种融资手段。然而随着爱尔眼科的不断扩张，资金需求的难题不但没有缓解，还有日益增加的趋势。虽然 2006 年 11 月，爱尔眼科顺利通过了世界银行集团国际金融公司（International Finance Corporation，IFC）的综合评估，获得了其提供的长期低息贷款，仍不足以解决爱尔在快速发展中的资金短缺问题。面对资金短缺、民营医院融资渠道缺乏的状况，陈邦决定通过上市彻底解决这一问题。爱尔眼科在应对困境解决问题中体现的创新思维如图 9-9-2 所示。

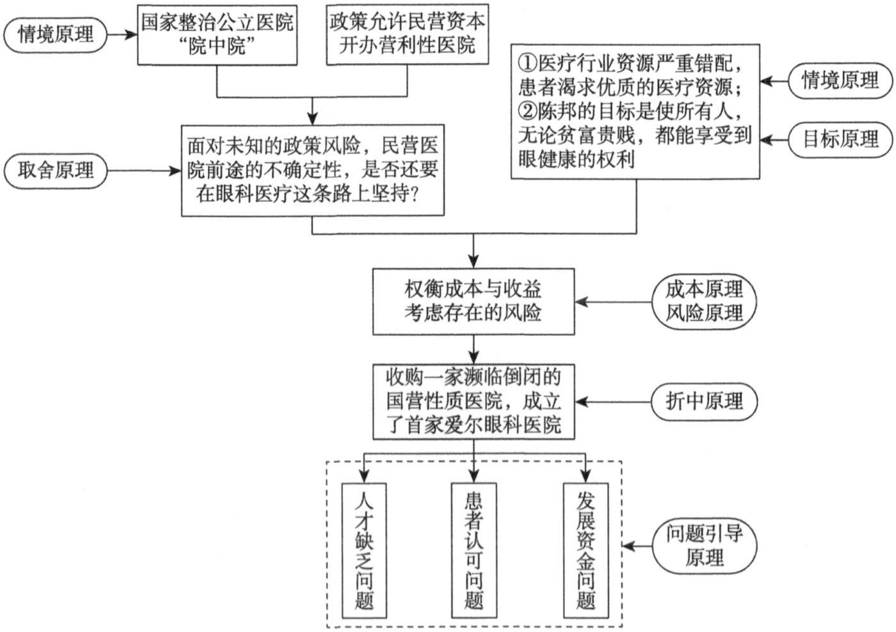

图 9-9-2 爱尔眼科应对困境解决问题中体现的创新科学原理分析

初步找到了资金难题的解决方法，爱尔前进路上的问题还很多。由于当时患者对私立医院的认知程度不高，加之公立医院多年来在老百姓中的口碑效应，爱尔眼科的发展多少有些举步维艰。雪上加霜的是，由于对于医院未来发展缺乏信心，2003 年，陈邦的一位重要合作伙伴、主要技术骨干辞职离开了，爱尔眼科经历了初创期的又一次地震。虽然面临各种沉重的打击，但陈邦生性不服输。民营医院如何在夹缝中求生存，怎样得到患者的认可，怎样留住高端专业人才？带着这些问题，寻求解决这些问题的答案，爱尔眼科在探索中一步步向前挺进着。

9.3 以人为本聚人才，激励用人显“真”才

医疗行业是一个技术密集型行业，优秀的医生是医院最重要的资产。一直以来，“以患者为中心、以质量为核心”是爱尔眼科始终坚持的服务宗旨和目标。不断贴近患者需求，提供多层次、个性化、高质量的医疗服务，都离不开与时俱进的眼科医师团队。爱尔在初创期就经历过技术骨干离去的困境，因此，陈邦深知眼科人才才是爱尔持续发展的不竭动力。在现在激烈复杂的市场竞争环境中，对人才的争夺更是趋于白热化。那么以怎样的方式拓展爱尔的眼科人才库，建设出稳定的爱尔眼科人才体系呢？那无非就是两点：首先，作为一家初创的民营医院，需要努力建立一支优秀的医师队伍；其次，就是如何留住、用好并扩大这支队伍。

相对于其他职业，一名合格的专业医师至少需要花 10 年的时间进行培养，而高水平医师的培养周期更长。特别是对于初创期和快速扩张期的医疗机构而言，高水平的专业医师完全依靠自主培养显然是不现实的。初创的爱尔眼科期望通过眼科专家在行业中的权威性，使患者快速建立对爱尔的信任。因此，在充分衡量成本和预期收益的情况下，陈邦决定不惜成本吸引、整合散落在全国各地的眼科专家为爱尔所用。随着规模的扩张和品牌的积累，爱尔眼科的人才库已经不仅仅局限于国内。为凝聚更多的优秀人才，公司以上海爱尔为平台，从新加坡和美国等地引进优秀人才。

当然，陈邦在人才体系建设上还有更长远的眼光。爱尔眼科在全国网络布局过程中，要完成其可持续发展的目标，不仅仅要求更大量的人才储备，还需要与时俱进的眼科医疗技术创新能力，并要控制其使用人才的成本。而这仅依靠高端人才库的建设是远远不够的，更要重视人才的自主培养。爱尔眼科先后与美国的爱尔康、AMO（Advanced Medical Optics Inc.，美国 AMO 眼力健公司）、博士伦，日本的尼德克，德国的蔡司等世界著名眼科医疗公司合作成立了技术培训基

地。2013 年，爱尔眼科与中南大学共建国内第一所专门的眼科医学院——中南大学爱尔眼科学院，在吸收全国优秀医学本科生的基础上进行硕士生和博士生的培养，专门培养眼科精英人才。2014 年，爱尔再度与湖北科技学院联合成立爱尔眼视光学院，旨在培养眼光学的专门技术人才。至此，爱尔眼科实现了产、学、研、防盲一体化，科研及临床水平得到显著提高，其人才体系建设也具备了坚实的基础。

爱尔通过高端人才的引进和基础人才的自主培养，成功实现了人才体系的建立问题。在留住并用好这只人才队伍方面，爱尔也一步步建立了完善的用人激励机制。爱尔眼科的出发点就是充分调动员工的能动性和积极性，无论是前期推出的“工资+奖金”的短期激励措施，还是上市后实施的“股票股权激励计划”和“限制性股票激励计划”，抑或是其“合伙人计划”“省级合伙人计划”，爱尔的目标就是实现直接激励。通过激励机制与资本市场的充分结合留住高端眼科人才。此外，爱尔眼科每年都会派出大量的医生和管理人员前往欧美国家交流、学习和访问，充分发挥每个员工的特长和聪明才智，营造共同创造、共同分享的医院文化。通过各种激励方式，爱尔不仅留住了人才，良好的人才成长氛围也让更多优秀人才乐于加入爱尔，这样的良性循环为爱尔医疗人才体系的建设提供了保障。爱尔眼科在人才体系建设中体现的创新科学原理如图 9-9-3 所示。

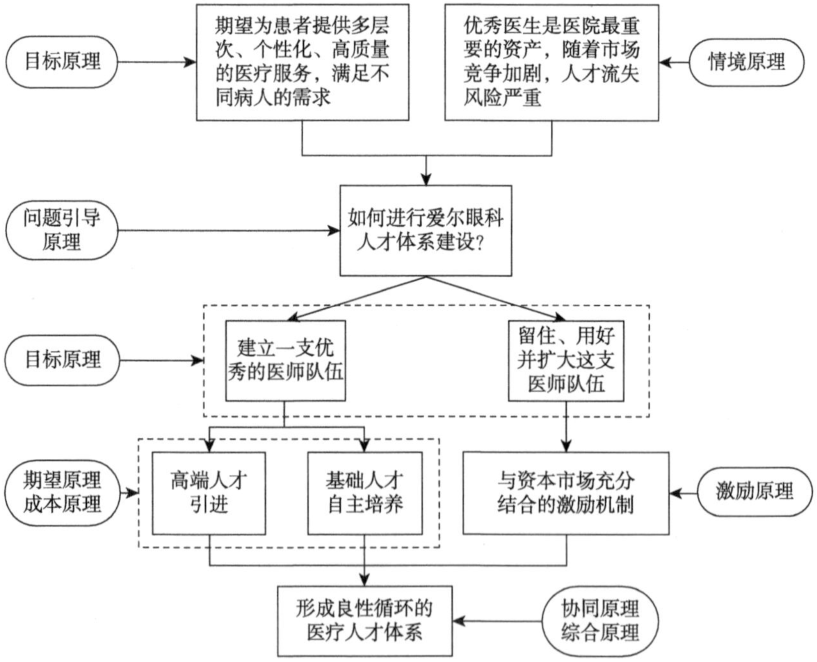

图 9-9-3　爱尔眼科在人才体系建设中体现的创新科学原理分析

9.4 肩负责任，共享价值助爱尔打造优秀品牌

在普通百姓的印象中，多数民营医院就是虚假广告的代名词，患者对民营医院的信任度普遍比较低。而公立医院本身技术实力和品牌相对较强，有患者认可上的优势，再通过多年的积累，形成了丰富的患者资源。而且，随着医疗改革的进行，公立医院的服务意识和管理水平也在不断提高。因此，爱尔眼科当初面临的情境就是：在患者中没有公信力、缺乏患者资源，在服务和管理上还未建立特殊优势，初创的民营医院绝对不会成为患者就医的首选。留给民营医疗机构的市场缝隙真的很小，爱尔眼科如何在公立医院的夹缝中求生存？如何在患者之间树立优质的形象，获得更多的认可？

作为企业，在技术、设备、服务、管理等方面下功夫是爱尔必须要做的。但爱尔眼科不只是企业，它还是一家医院，仅仅从传统服务型企业的角度出发，加强管理、提高技术服务水平，是不足以让民营医疗机构从公立医院中脱颖而出的。作为医院，它的特殊之处还在于其使命是治病救人，它具有天然的公益性，应该肩负更多的社会责任，这也与陈邦做医疗行业的大爱初衷不谋而合。在深入挖掘医疗机构的特殊性后，陈邦综合爱尔眼科企业和医院的双重属性，决定在发展爱尔企业优势的前提下，突出医院的公益属性，加强其社会责任建设。在这一点上爱尔是有优势的，民营医院相对于公立医院更灵活，有更大的空间服务于社会和患者，也更有利于树立爱尔的大爱品牌形象。

多年来爱尔一直积极实践着医疗行业的公益性，开展防盲治盲筛查和治疗工作。在全国30多个城市的2 000多个乡镇、5 000多家社区、1万多所学校，超过2 000 万国人接受了爱尔最先进的眼健康义诊和宣教。在中国，目前还有很多患者由于经济原因无法得到医治，于是爱尔提供免费手术或者减免手术费用，帮助他们重获光明。2003 年至 2016 年，爱尔免费实施各类眼科慈善手术几十万台，义诊数百万人次。医院做公益、做慈善，需要付出大量的人力、物力、财力；而做企业，其天性却是追求利益最大化。面对这两种矛盾，陈邦需要在利益和公益之间有所取舍，但他没有犹豫，他明白办医院和做企业不同，他更明白自己要肩负的社会责任，不能把医院当作金矿来挖，否则就会涸泽而渔。

爱尔眼科虽然在各种形式的公益诊疗中牺牲了很多物质上的利益，但所获得的无形价值回报不是金钱可以衡量的。在回馈社会的过程中，更多的患者得到了救助，爱尔也因此获得了患者的认可，树立了优质的品牌，与社会形成了良性互动。通过这样共享的良性循环，爱尔眼科获得了不断进行公益医疗的动力，也在推动社会进步的过程中不断取得自身发展。在兼顾经济性和公益性方面，爱尔找

到了平衡点，在奉献中实现了企业价值和社会价值的和谐统一。

爱尔眼科在解决患者认可问题中体现的创新科学原理如图 9-9-4 所示。

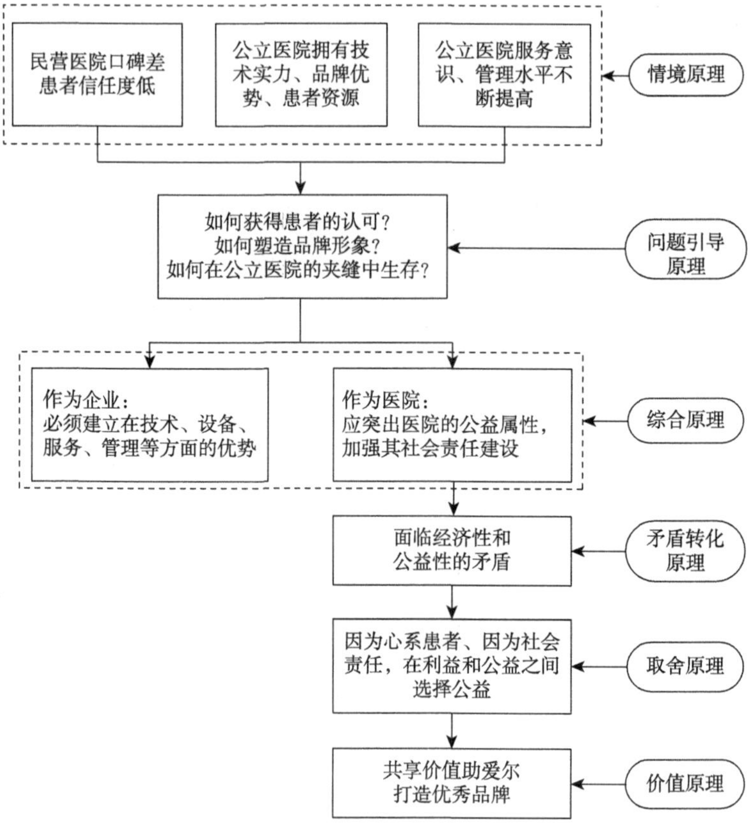

图 9-9-4　爱尔眼科解决患者认可问题中体现的创新科学原理分析

9.5　融资扩张，IPO 之路让爱尔走得更远

一家民营医院从零开始，它所走的每一步都离不开资金的支持。在艰难前行的过程中，陈邦尝试过承兑汇票、融资租赁、信托计划等各种融资手段，也获得过世界银行集团国际金融公司的低息贷款，但陈邦的目标是建更多的医院，不断提升服务能力和管理水平，让患者享有更多优质的、可负担的医疗服务。显然，现有的融资渠道远不能解决爱尔眼科在快速发展中的资金缺乏问题，上市融资似乎成了摆在爱尔眼科面前的不二选择。

最初爱尔眼科对于选择在纳斯达克上市还是在中国股市上市是有犹豫的，当时也有许多国际投资巨头纷纷与爱尔联系。通过两年的综合考察和比较，考虑到爱尔眼科是中国的医疗服务机构，加上国内股权分置改革收效明显，IPO 环境逐步改变，爱尔眼科最终决定放弃境外上市，寻求在中国股市上市。

选定了上市地点后，爱尔的 IPO 之路也并非一帆风顺。此前在国内没有一家医疗机构有过上市融资的先例，而国外的经验也不能照搬，没有借鉴对象，申报上市材料繁杂，需要与多个政府部门打交道，另外还有上市融资的风险性及不可预见性，这些都成为爱尔眼科 IPO 之路上的巨大阻碍。但是什么都阻挡不了陈邦上市的决心，对于这些困难，陈邦早有准备。没有借鉴对象可以自己慢慢摸索，申报材料繁杂可以耐心准备，至于上市融资的高风险性及其效果的不可预见性，陈邦对此也早有自己的判断。

爱尔眼科多年来的规范运作和优良业绩让陈邦对 IPO 之路充满信心，再加上之前所做的充分准备，2009 年 10 月，爱尔眼科在创业板成功上市，IPO 超募 5.98 亿元，超募比例为 175.6%，成为中国第一家 IPO 上市的医疗机构。这为爱尔眼科带来了足够的资金支持和发展机遇。陈邦在一次采访中说“上市不是目的，而是成就百年爱尔梦想的手段”。事实也正如陈邦预测的那样，利用全新的发展平台，爱尔去到了更多的地方，可以开更多的医院，在品牌影响、诊疗总量、营业收入、网络规模、技术实力等各方面均实现了巨大飞跃，快速崛起为中国医疗领域的一只劲旅，也成为社会办医的一面旗帜。

爱尔眼科 IPO 过程中体现的创新科学原理如图 9-9-5 所示。

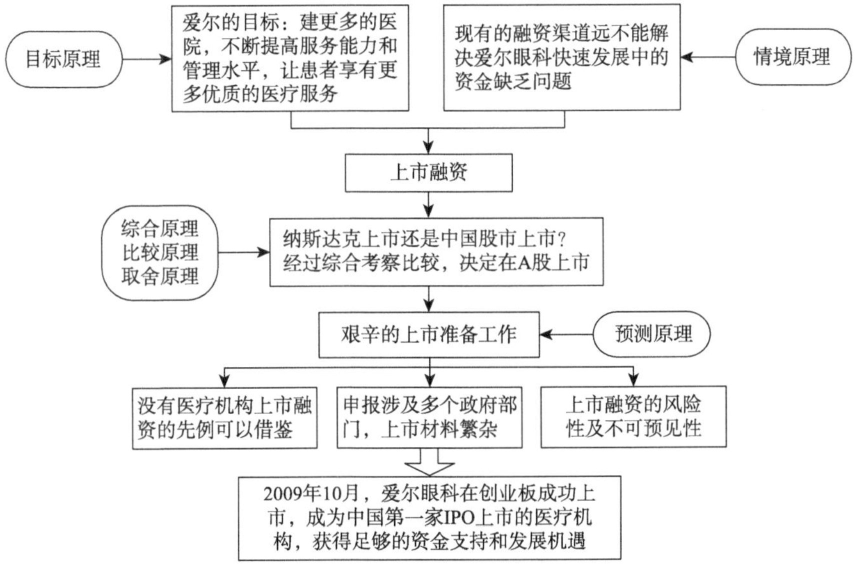

图 9-9-5　爱尔眼科 IPO 过程中体现的创新科学原理分析

参考文献

胡潇滢. 2013-12-18. 爱尔眼科：医疗服务业进入战略机遇期. 证券日报，C03.
彭志坤. 2016. 爱尔眼科陈邦：开创美丽新视界. 人民之友，（7）：60-61.
文星明. 2009-09-30. 百年爱尔 陈邦的眼科帝国梦. 证券时报，B02.

第 10 章　在沙漠中淘金的企业——仁创科技集团

在北京“鸟巢”奥运场馆外，一队旅行团正在合影拍照。可惜天公不作美，突然下起了大雨，游客们不得不找地方避雨。避雨的人群中响起一个稚嫩的声音：“妈妈，你快看，这里的土地好像会吸水，雨滴落在地下都不见了！”周围的游客听到后看看脚下，也惊讶地发现脚下的地面确实淋着雨却不曾积水。有几名游客还反复用力踩了踩脚下的地面，发现这些看上去比海绵还吸水的地砖，踩上去却又无比坚固。看到大家惊奇又疑惑的表情，导游笑着解释：“这里的地面采用了可以渗水的地砖，所以在大雨天也不会造成路面积水。”“哇！这种地砖真神奇！”刚刚提问的小姑娘惊叹不已，紧接着又好奇地问：“这神奇的地砖是什么做的呀？”导游笑着蹲在小姑娘面前，神秘地回答道：“是沙子哟！”周围的游客听到这个答案，不敢相信的“啊”了一声。

其实，不仅仅是在鸟巢，这种由普通沙子为原料制作而成的新型透水砖也在北京奥林匹克公园景观大道、上海世博会中国国家馆和天津生态城中得到了应用。尤其是在 18 000 平方米的“水立方”场馆以及室外地面应用中（图 9-10-1），它实现了“下雨洒水地不湿，渗水回收再利用”的神奇效果。

图 9-10-1　北京奥运场馆外广场地面

将不起眼的沙子变成神奇地砖的，就是秦升益和他一手创立的仁创科技集团有限公司。

10.1 工作与沙结缘，钻研迸发灵感

23 岁的秦升益中专一毕业就被分配到济南铸造锻压研究所工作。但从小受中国传统文化影响的他并不甘心在研究所“干粗活”，而是暗暗努力学习，希望有机会能报考中央党校哲学系研究生。当年的车间主任将这些都看在眼里，启发他道：“你现在没有任何生活经历，真要研究哲学，有了工作、生活经历才研究得好呢。”这句话点醒了秦升益，他意识到“学习并不只限于书本，在工作中也可以学习到很多知识”。从此开始专注工作，想在工作中干出个样子。

在铸造锻压工作中，秦升益第一次注意到铸造使用的铸模原料沙。当时我国所有的铸造模具都需要由澳大利亚进口锆英砂来制作。秦升益算了一笔账，“洋砂”大约 7 000 元/吨，而内蒙古荒漠上的风积沙只需要 10 元/吨，如果风积沙能替换铸造中的“洋砂”，这会降低多少成本啊。这个看似美好的想法一说出来就被厂里的专家嘲笑“不懂行”。原来，国内风积沙在加热后会膨胀变形，而进口的锆英砂受热膨胀率只有风积沙的 1/3。所以，即使是美国这样的工业技术发达国家也不得不从澳大利亚进口锆英砂。

秦升益不服输的倔劲儿上来了，他开始自己琢磨，甚至买来《化工大字典》当枕头，有不明白的就查一查。在苦学一段时间后，秦升益终于认识到，砂体受热膨胀确实是一个世界级的技术难题。那么怎么攻破呢？这个问题始终盘桓在他心头，日也想，夜也想，连“做梦都会梦见沙子”。他心里总是懵懵懂懂地感觉这和《周易》中的“道”有相似的地方，但具体是什么却又说不出来。

终于有一天，秦升益灵光乍现：《易传・系辞上传》中说过“太极生两仪，两仪生四象”。这是说世间万物都是对立的统一，阴阳两面既相互作用又相互联系。如果把沙粒的膨胀看作“阳”，那么它的对立面“阴”就是收缩。既然砂体受热会膨胀，那肯定也有受热会收缩的物体。如果能把膨胀的物体和收缩的物体“捏”在一起，使得膨胀力与收缩力能够达成平衡，问题的症结不就迎刃而解了？长久思考的积累终于迸发出了灵感之光，这个想法也给秦升益“异想天开”的创新之路带来了希望。激动的秦升益立即投入“自设”项目的探索研发上，其目标是将“如何让沙体受热不膨胀”的难题转化为“寻找遇热能收缩的物质”。

尽管找到了技术难题的突破口，但这离秦升益所希望的“风积沙完全替代锆英砂”还有很大的距离。如何让这“有可能”的设想变为现实？秦升益开始了漫漫实验之路。然而，实验还没开始，周围人的“白眼”就开始了。但“一个中专

生还想要搞研究”的嘲讽并没有让他放弃尝试。他找到了一间小平房做自己的“实验室”，在不大的空间里架起一个大铁炉，铁炉上支着一口大铁锅，铁炉旁堆放着他自己一袋袋从建材市场买完背回来的实验原材料——沙子。

艰苦的生活和简陋的实验环境带给秦升益的除了失败，还有危险。在一次试验中，一扇烧得通红的炉门突然弹开，秦升益躲闪不及左胳膊碰在了滚烫的炉门上。一股刺鼻的烧焦味瞬间在空气中弥散开来，鲜血模糊了手臂，他剧疼难忍。摆在他面前的是两种选择：一是马上丢下试验，跑到不远的医院去包扎伤口；二是忍痛继续做试验，保证试验数据的准确可靠。“倔劲儿”又上来的秦升益按家乡的土方法，抓了一把稻草灰，洒在烧伤处，咬着牙继续做试验。在做试验的过程中，鲜血没有停止，不断从稻草灰中渗出，但他一直坚持把实验做完。这件事只是秦升益三年艰苦试验的一个缩影，一次又一次的失败让周围把他当笑话看的人都不忍心再笑他了。坚定的秦升益暗暗给自己鼓劲儿：“每失败一次，就意味着离成功更近了。”说服自己再试一次，再试一次……

10.2　寻常之中蕴宝藏，掘土铸模“沙”成“金”

功夫不负有心人，在历经了900多天，试验了6 000余次，用了9 000多千克沙子后，秦升益终于研制出了“耐高温覆膜砂”。1988 年春天，满怀信心的他背着 50 千克自己炒制的覆膜砂到石家庄水泵厂进行中试。尽管试验全部成功，试验效果甚至超过了“洋砂”，可秦升益却高兴不起来。因为如此质优价廉的产品因为太“新”而没人敢用。由于没有人购买，之前谈好的生产厂家也开始吞吞吐吐，将生产计划一拖再拖。看着自己的心血无人问津，秦升益比实验失败、身体受伤还难过。在实验成功之前，他每天想的都是怎么把实验环境调整到最好，上一个实验没成功的原因是什么……而现在，他试验成功了，却还是难以改变现实状况：铸造模具还是需要进口锆英砂，国内的风积沙还是不能变废为宝。

“明明是好东西，我就不相信没人识货！”怀着这样的“倔念头”，秦升益揣着自己的发明成果和从亲戚朋友那借来的 3.5 万元，只身一人从济南来到北京寻求新出路。如何才能让自己的产品被行业知道，被市场认可？这成为秦升益最先需要解决的问题。他想，产品之所以没人敢用，归根结底是因为生产厂家担心覆膜砂质量，如果质量有保证，那一定会有市场。那就从源头解决问题！可是怎么做才能让市场看到“质量保证”呢？思前想后，秦升益决定给“覆膜砂”找一个权威的质量担保人——国家。

然而覆膜砂还没有被批量生产，更没有成为需要接受国家质检的商品，如何让国家“出面”，说明他的产品质量过硬呢？秦升益又犯了难。直接要求国家证明覆膜砂质量是行不通的，只能间接想办法——参加“比赛”！1990 年，秦升益带着“耐高温覆膜砂”获得机电部科技进步一等奖，一年后又凭借“耐高温覆膜砂技术”获得国家发明奖。大奖不仅给覆膜砂带来了行业认可，也起到了极大的宣传作用，获得了市场的肯定。有了市场需求，秦升益决定自己生产。1992 年，他创办了长城铸造新技术开发公司并创立“长城牌”覆膜砂品牌，建起了机械化生产线。秦升益用国内风积沙替代进口锆英砂的梦想终于走进了现实，他自己也从一个技术发明者转变为一个创业者。

一个新的想法变成现实需要发明者不懈的努力和坚定的信心，这已是不易。而由一个“技术员”变为一个“创业者”，更需要敏锐的眼光，挑战未知的勇气，百折不挠的信念和那一份“倔劲儿”。这些要求落在纸上不过寥寥数字，但将其践行却要面对长时间的孤独摸索与难以数计的失败打击。这些挑战并不局限于技术领域，而在于方方面面。如何换位思考让产品满足市场需求，如何迂回考虑证明产品质量，如何以最少的成本实现最有效的宣传……这些问题都是创业路上的拦路虎，只有不惧失败，意志坚韧，思维灵活，才能披荆斩棘，摘取朦胧希冀中的创业硕果。

10.3 “仁创”情怀指方向，城市采水靠砂砖

1996 年，秦升益创建北京仁创科技有限公司，创立“仁创品牌”。当时覆膜砂市场前景一片大好，公司内部扩张产能的呼声一度高涨。但出人意料的是，秦升益非但没有扩产，反而将研发重心转移到了一个新项目上，并将新项目的意义定位为“解决沙漠化、水资源短缺、能源枯竭问题”。

这个做法有很多人不理解，毕竟是好不容易才研制出的好产品，也开创了大市场，趁热打铁挣钱壮大不好吗？尽管新项目企业市场前景不错，但是一个“民企”试图解决世界性的问题是不是太不现实了？这样的疑惑与十年前“中专生也想搞科研”的质疑多么相像。

然而十年后的秦升益没有像十年前那样“埋头”苦干，他对自己的科研团队道出了心里话：“我建立‘仁创’，就是以‘厚德载物’为‘仁’，‘自强不息’为‘创’。结合仁创目前的发展需要，我们更需要把钱用在创新上，不断地解决人类社会发展的需要，更多的是要承担一份社会责任。仁创卖的不仅仅是产品，更是解决问题的方案。”这份希冀并非空话，秦升益和自己的科研团队结合多年研究沙子的经验，提出了“以砂治水”的新方案，把替国家、社会缓解“水

忧”的愿望体现在了产品创新中。

仁创生泰砂基透水砖就是在这样的希冀下研制出来的。由于我国城市化建设迅速，一些大城市逐渐暴露出采水难的问题。一方面城市基础建设解决暴雨内涝的能力弱，另一方面城市用水需求不断加大，城市水资源不足。秦升益想，如果能将城市暴雨产生的积水收集存储起来，通过沉淀净化后再用于城市建设，不就可以一箭双雕解决这两大困难了吗？他和他的科研团队开始从城市地面着手，研究透水性强的地砖材料。结合 20 多年研究沙子的经验，秦升益的科研团队以我国内蒙古的风积沙为原料，突破其他透水砖依靠颗粒粗大、缝隙透水的传统原理，通过破坏水的表面张力使得其透水性超过建材行业标准 6 倍多，还兼具过滤净化作用。仁创集团雨水收集系统原理图如图 9-10-2 所示。

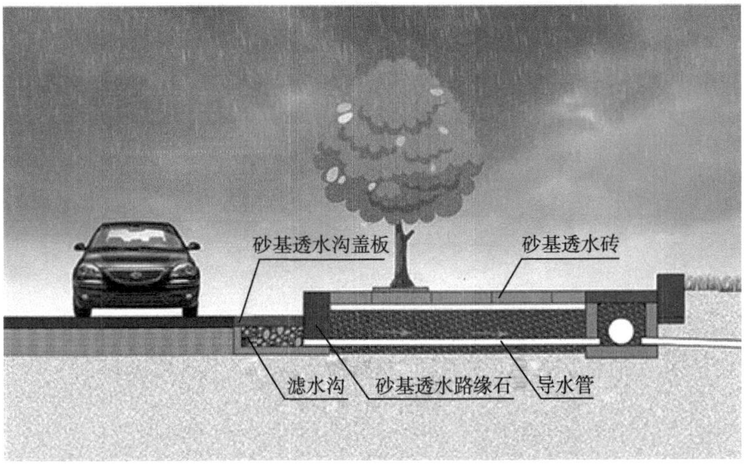

图 9-10-2　仁创集团雨水收集系统原理图

以生泰砂基透水砖为基础，仁创又系统性地创造了“仁创井”“仁创隐形水库”“仁创泉”，集成地解决了透水、过滤净化以及雨水储存保鲜的世界性难题，并广泛地应用于奥运会、中南海办公区、国庆六十周年长安街改造等重大工程。

10.4　一叶一菩提，“砂网”滤“纯油”

早在 2005 年举办的建设节约型社会展览会上，秦升益就向国家领导人承诺过：“请总书记放心，我将用透水砖到中东换石油回来。”这个承诺并不是一时兴起，而是基于当时仁创集团另一个新产品“孚盛砂”。

原来，刚开采出的石油原油含有一定的水，需要进行油水分离才能生产出纯原油，油水分离一直是世界性难题。国际上普遍的水油分离方法是将陶土烧制成陶粒，再采取压裂工艺把地缝撑开，然后把油水开采出来，最后进行分离。我国虽然也引进了陶粒生产与施工技术，但由于我国油层含水率高的特点，这种方法浪费的原油相当多，也会造成严重的水污染，更别说制造陶粒过程要消耗的珍稀矿土资源与大量能源。

如果能有一张网，只能让油通过，把水拦在外面多好啊！敢想敢干的秦升益再一次向高难度发起了挑战。要达成“透油阻水”的最终目的，先要识别出两者的区别。《易经》中万物阴阳既对立又统一的启示又一次出现在秦升益的脑海，他利用水的表面张力和重力可以形成反作用力的原理，研制出具有独特“亲油拒水”性质的新型支撑剂——“孚盛砂”。每颗孚盛砂都像一张小网，在采油过程中油层的水流与“砂网”接触后，表面张力因增大而被阻隔；而原油与“砂网”接触后，表面张力被降低则可以顺利地透过，从而形成了“透油阻水”的神奇功能。

这项国内外首创的发明，被业内专家誉为“石油开采技术的一场革命”。在全国近 70%以上的油田使用了“孚盛砂”后，单井产油量平均提高了 2.3 吨。不仅如此，秦升益颇为自豪地说：“我们现在正在研究如何在沙漠上种植油料作物。我坚信，‘用沙子换石油’并不是一个梦想。我们正在朝着这一梦想阔步前进，一步步地兑现对总书记的承诺。”

10.5 以“绿”还“沙”馈社会，治理沙漠抒情怀

在仁创集团一进门的地方赫然出现“您的需要，我的创造”几个大字。这是仁创集团的创新理念核心，与其相对应的责任理念是“有问题，责任在我”，仁爱理念是“以人为本，造福人人”。

这些理念在仁创绝不是空话，它们贯彻在仁创集团的每一款产品中，也是每一个仁创人的“初心”。作为中国的民营企业，仁创集团不是发展最迅速的，也不是最有名气的，就连其创始人秦升益本人也从未上过国内任何富豪榜。但它的产品却是特别的，不是灰色的高楼，不是黄色的地产，不是金色的财富，而是绿色的希望。在内蒙古奈曼旗沙漠区，曾经的沙漠如今开始被绿色的植被覆盖；在新疆和田沙漠区，当地人不仅建起了绿色沙漠防护林，还盖起了沙漠中的果蔬种植大棚。

这些治沙成果要归功于秦升益和仁创科研团队潜心研究十年的透气防渗技术。采用这种透气防渗砂，在新疆和宁夏等地的沙漠种植大棚，可以节水 70%，增产 30%以上；在内蒙古通辽市奈曼旗的沙漠水稻种植，亩产可达千斤。一片沙漠中，绿油油的稻苗迎风起舞，这样的画面让当地居民看到了不再被沙驱赶的生

活方式，看到了守护家园的希望。

其实，在将内蒙古风积沙变废为宝用于去水提油、精铸加工的过程中，秦升益就时常感到对我国西部地区“沙进人退”的痛心。尤其是在内蒙古、宁夏、青海等水资源欠缺、荒漠化严重的地区，他看到了当地人在严峻的自然环境中创造求生的努力，他更希望自己能为他们多做一些事。

他注意到传统的沙漠种植水稻的方法是在沙底铺了一层塑料膜，可这种方式容易发生漏水，形成死水潭，让水稻发育不良。如果既能够保证空气流动，又可以防止水分下渗该多好啊！既然可以让“砂网”将油从水中分离出来，这个方法是不是也可以移植到其他领域呢？“透气防渗砂网”的设想就这样从石油开采领域移植到营造沙漠绿洲的事业中。

从热爱发明的工人到我国砂产业的创立者、领导者，秦升益深知白手创业之艰和把握机会之难。有人说他的成功完全是靠碰运气，但他认为运气也是有法可循的。分析社会潜在需要，并以此为研发目标，创新后迅速产业化，以满足社会需求，最后形成良性互动。也正是因此，他将解决“沙漠化、水资源短缺、能源枯竭”难题视作自己企业的社会责任。

10.6 “点沙成金”成就梦想，“聚沙成塔”商海远航

蓦然回首，与沙结缘已经 30 多年。从创业之初的一口大铁锅、三间小平房，发展到如今的 1 家总公司、6 家子公司、1 所研究院和 3 个生产基地的产业集团，秦升益从创业者的个体创新到带领一个团队的组织创新。从 1 项技术到 50 多项科研成果，从一个领域到铸造、石油、生态环保三大领域，并逐步建立起完善的自主创新体系和独特的经营管理模式，仁创创造性地开辟出“仁创砂产业”。仁创集团无疑是一个成功的高新科技企业。

企业的目标是盈利，这一点清清楚楚地写在任何一本商业教科书上，也早已写进万千人心里。尽管随着生产力的发展，人们认识水平的提高，越来越多的企业开始反馈社会，以示担负一定的社会责任，但这也仅仅是“效益好则捐”的锦上添花之举。而秦升益和他的仁创集团却将回报社会、服务人类作为自己的职责，在技术研发和应用中都以满足社会需要、解决社会难题为目标。这是十分令人钦佩的品德与精神。不同于乌托邦的虚无，秦升益通过坚韧不拔的努力和孤胆英雄般的探索把自己心目中描绘的理想蓝图付诸实践。当然，他和公司也需要利润，但利润的来源是满足社会需求的回报，是社会对他们工作的认可，而不是他

们唯一的谋求，更不是“仁创”初心。

回顾秦升益“点沙成金”的创业历程，不难看出，创新结果只是末端，人的创新意识，企业的创新文化才是关键的本源。而企业创新的意义并不在于行为本身，而是可以通过创意实现产业化，最终满足社会的需求。

在不断创新的过程中，秦升益把《易经》的哲学原理转变为创新的方法，将传统文化和现代科技有机结合起来，探索创新规律，形成创新思维方法，构建创新体系模式，这也是秦升益创业过程中所体现出的创新科学原理的生动诠释，如图 9-10-3 所示。

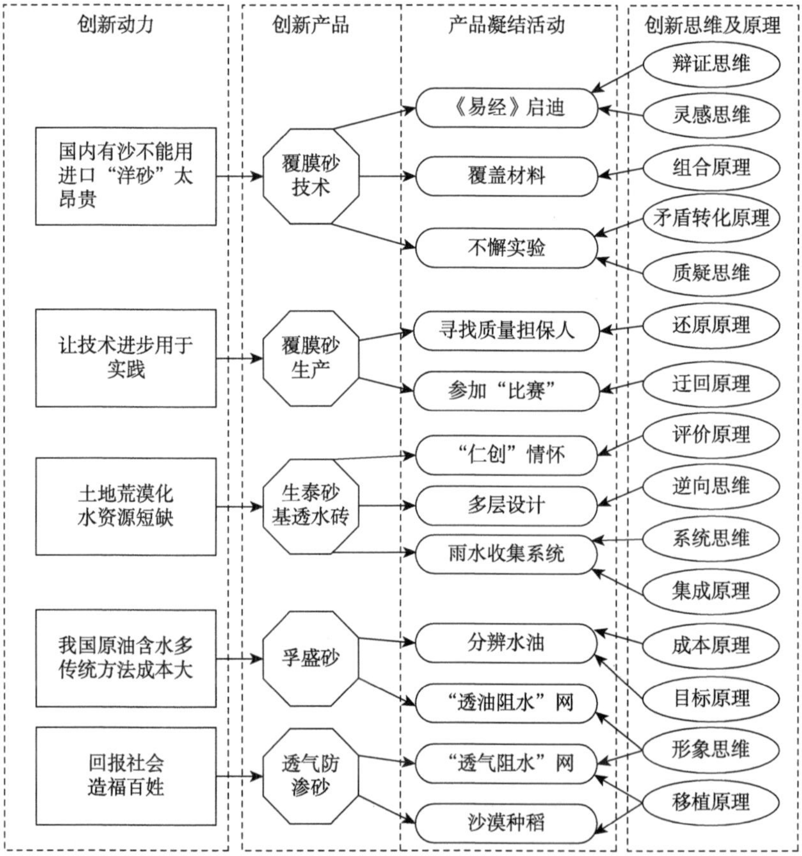

图 9-10-3　秦升益创业过程中体现出的创新科学原理

参 考 文 献

周伟光. 2009. 卓越小公司的成功商道. 北京：石油工业出版社：46.

第十篇　企业家的创新精神与不循常规思维

大 师 之 慧

也许你有天生之慧，抑或在成长中磨炼成金
开拓、进取、冒险，成为你有别常人的特殊精神
只要有目标在，你就会果敢追索
纵然有千难万险，也会毫不犹豫投入全身心……

基于学习坚实知识，通过求索打造智慧
思考中感悟真理，实践里磨炼慧眼真金
系统思考，高瞻远瞩规划企业未来
处变不惊，洞察环境驾驭市场风云……

深谋远虑把握全局发展，辨证分析求得经营之道
重视科技营造创新机制，精于用人凝聚发展动力
优化利用内外资源，精益生产与服务流程
广结良缘编织社会网络，追求品质赢得社会信誉……

坚韧是你的高贵品质，造福众生是你的人生信念
虚心做人求真务实，永不言败脚步不止
当功成名就的鲜花插满你的胸前时
胸怀这远大抱负的你，会励志再为社会创造新的价值……

第1章　为人类留下创新金苹果的人——乔布斯

“stay hungry，stay foolish!”这是苹果公司联合创办人史蒂夫·乔布斯（Steve Jobs，1955—2011）（图 10-1-1）的处世哲学。这个在过去几十年引领现代数字技术设计与发展的人，曾对他的团队说，活着就是为了改变世界！要去做那些“看起来不可能的事情”，那些“伟大的、会改变历史的事情”。他做到了，他从真正意义上开创了个人电脑时代的到来：从 Macintosh（麦金塔电脑）的横空出世，到 iPod（苹果播放器）和 iPhone 的风靡世界，再到 iPad 的独步天下，乔布斯不止一次地改变了科技的历史，改变了人们的生活方式！人们不禁好奇：是什么使得他有能力创造出改变世界的产品，又是什么赋予了他如此准确的产品感知力？或许他那偏执的创新精神与不同寻常的思维能够给出答案。

图 10-1-1　乔布斯

1.1　需求导向求创新，追逐卓越道“真经”

乔布斯一直提倡打破传统思维，换一个角度去思考问题，或是用新的视角去思考老的问题。他从不特意追求尖端技术，而将科技定义为改善生活品质的工具。在 MacBook（苹果电脑）出现以前，电脑的使用者多为 IT 技术人员和系统工程师，电脑的造型也基本为方正的箱子状。乔布斯却认为普通消费者也有用电脑的需求，并笃信电脑应该是一款简洁、方便、普通消费者买来就能用的产品。正是乔布斯对市场敏锐的洞察力，使得 Macintosh 电脑的目标客户是普通民众，电脑的功能也都围绕着普通消费者来设计。乔布斯曾指着电话簿对苹果的设计师们说：“这是 Macintosh 电脑能够做出的最大尺寸，绝对不能超过它，否则普通消费者会受不了。”他的想法震惊了所有人，因为那本电话簿的大小只有当时电脑的一半大小，而组成电脑的零件尺寸都很大，小的空间根本无法装下这些零件。

为解决这一矛盾，乔布斯与其团队尝试改小部分零件并优化零件的组合方式，最终他实现了预期的构想。1984 年，苹果推出其力作 Macintosh 电脑，这款电脑无疑是个人电脑的一个重大突破，它将图形用户界面移植到个人电脑之上，改变了原本输入命令操作电脑的方式，用户只需通过鼠标点击图像就可以控制电脑。打开电脑后，Macintosh 便会弹出一张笑脸：欢迎你的到来！进入主页面后，你可以看到许多文件夹形状的图标，它就像现实生活中真的文件夹一样，你可以把文件放置其中，分类保存。此外，它还在桌面设置了一个废纸篓，用户可以将废弃的文档扔进去。这种前所未有的方式使得普通人也可以轻松操作电脑，由此真正意义上的个人电脑时代也随之开启了。Macintosh 电脑推出过程中所彰显的乔布斯的创新思维如图 10-1-2 所示。

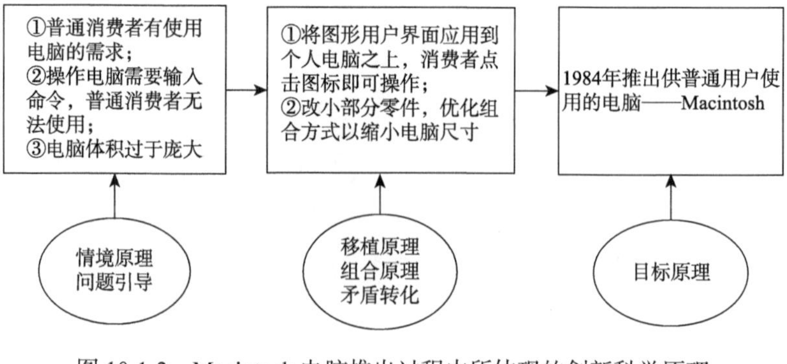

图 10-1-2　Macintosh 电脑推出过程中所体现的创新科学原理

1.2　超前设计铸发明，市场领先谁争锋

乔布斯的出现使得硅谷的企业明白了创新可分为两种：技术创新以及基于设计的创新。乔布斯就是一个典型的基于设计创新的企业家。基于设计的创新在初期往往不被人接受，但却总能掀起颠覆式的产品革命。

在电影《乔布斯》中有一个场景十分真实：几个人做出了一个与众不同的模型，之后兴致勃勃地去演示，然而听众却陆续离开，整个展示也以失败告终。iPhone 的第一代产品在刚刚出现时也被认为是一款非常糟糕的产品，存在诸多问题，如电池续航能力差、不抗摔、就连内部的接线也不流畅。然而正是这一款有着许多不足的手机通过不断的改进，终于在第四代（图 10-1-3）时取得了巨大的成功，这一成功不是基于突破性技术的成功而是基于产品设计的成功。

图 10-1-3　iPhone 4 机型

乔布斯的设计才华在苹果手机上展露无遗。首先，从屏幕来看，在 iPhone 出现之前，物理键盘是手机必备的配件，由于键盘占据了过多的空间，使得屏幕无法扩大，而苹果手机完全去掉了实体键盘，只留有 home 键（起始键），将整个手机的空间都留给屏幕。对比其他品牌的手机，苹果的手机屏幕可以做到 3.5 寸，而同期诺基亚的 N95 手机屏幕仅有 2.6 寸（1 寸≈3.33 厘米）。其次，在 iPhone 之前，市面上主流的手机都是可拆卸电池，但强调设计感和美观的乔布斯为了将机身设计得更轻薄、更美观，选择了一体化的机身设计，虽然电池无法拆

卸，但机身的整体感和美观度大大提升，机身内部还不会有灰尘积压。最后，乔布斯还创新性地放弃触控笔，提出用手指直接对屏幕进行操作的想法。他将多触点技术移植到 iPhone 手机中，使得用户可以通过手指轻松缩放和转换图像，为用户提供了极大的便利。推出 iPhone 4 所体现的创新科学原理如图 10-1-4 所示。

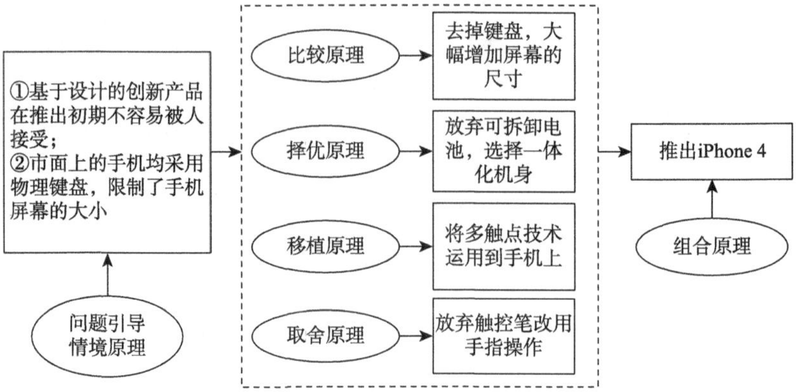

图 10-1-4　推出 iPhone 4 所体现的创新科学原理

1.3　不拘一格重才能，“自由王国”聚精英

许多富有远见卓识的公司都倡导“内部企业家精神”，所谓内部企业家精神就是在大公司内部培育中小企业的创业精神，模拟创业型企业的积极属性，鼓励员工做自己喜欢的事，并从中发现创新的想法。乔布斯一直鼓励员工在大公司的环境中也能保持创业者的作风，敢于大胆想象，冒险创新，为实现自己的梦想而奋斗。

在人才的使用上，乔布斯极力强调“精”和“简”。以曾经由乔布斯掌控的 Pixar（皮克斯动画工作室）为例，Pixar 公司倡导的是没有“B 团队”，在这样的个人文化指引下，Pixar 最著名的企业文化就是“以下犯上”，娱乐和自由的工作环境，“我行我素”的员工，随时随地都可以提出新的创意。

从乔布斯以往所带领的团队可以看到，乔布斯的团队成员几乎都是精英，而且他们通常来自不同的行业。这种多行业人才协同工作的方式可以更好地激发成员的创新灵感，乔布斯在面试中也会着重挑选那些具备创新精神、极强抗压能力、个人目标与公司目标高度一致的应聘者。他坚信只有具备创新思维和坚定信仰的优质人才，才能使团队在创新中取得成功。乔布斯的这一理念蕴含的创新智慧如图 10-1-5 所示。

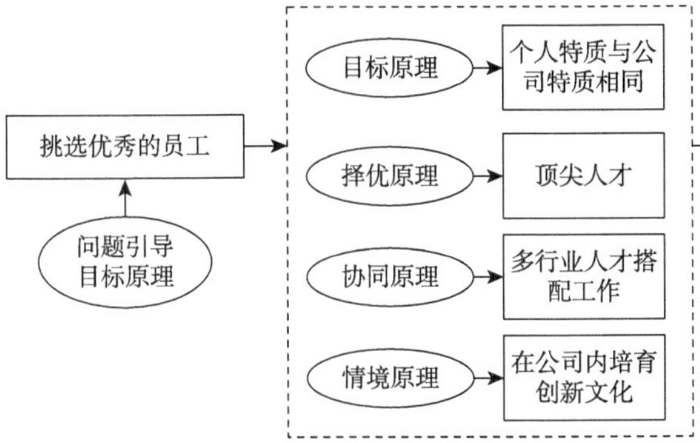

图 10-1-5　乔布斯在挑选人才、建设团队过程中所体现的创新科学原理

1.4　百转千回砥砺行，重整旗鼓缔传奇

乔布斯 30 岁时，由于电脑销售不如预期，苹果公司面临巨额亏损，董事会认为乔布斯的产品虽然美观却不实用，乔布斯被自己一手创办的苹果公司开除了。

在斯坦福的演讲中，乔布斯却说，被苹果计算机公司开除，是经历过的最好的事情之一，成功的沉重被从头来过的轻松所取代，让他进入一生中最有创意的阶段。或许正是这种坦然的生活态度，懂得放下的智慧，对取舍的领悟，让乔布斯在被开除后重新审视自己，并迅速重整旗鼓创办动画公司。动画公司的成功和苹果业务的不断下滑，使得苹果董事会意识到了乔布斯的独一无二。终于在 1996 年，董事会将乔布斯重新请回苹果，而这一次乔布斯的回归也带领苹果创造了前所未有的辉煌。

重新归来的乔布斯对苹果做出了一系列的改变，其中最重要的一个改变就是大幅裁减产品线。乔布斯认为产品需要专注，公司同样需要专注。乔布斯首先了解了苹果公司的现有全部产品线，并一一进行评估，评估结果显示苹果的产品线十分不集中，而且每个产品都有多个版本。他认为这样分散的产品研发方式是没有意义的。在评估结束后，他在白板上画了一根横线一根竖线，做成一个方形四格表。在两列的顶端，他写上“消费级”和“专业级”。在两行的标题处，他写上“台式”和“便携”。他说，未来苹果的工作就是做四个伟大的产品，每格一个。随即乔布斯大刀阔斧地砍掉了苹果约 70%的产品线。

这种对产品线重新进行评估的方式，明确了各产品线的价值。舍弃掉价值较小的产品，选择更具有价值的产品进行研发，也让苹果的员工明确了前进的方向。在明确方向后，苹果集成自己的资源重点突破更具价值的产品。事实也证明当苹果的工程师高度集中在四个领域后，他们成功研发出了专业级台式电脑，Power Macintosh G3；专业级便携电脑，PowerBook G3；消费级台式电脑，后来的 iMac；消费级便携电脑，也就是后来的 iBook。这四个产品为苹果创造了巨大的价值。乔布斯的这一举措是其创新思维的又一次体现，具体如图 10-1-6 所示。

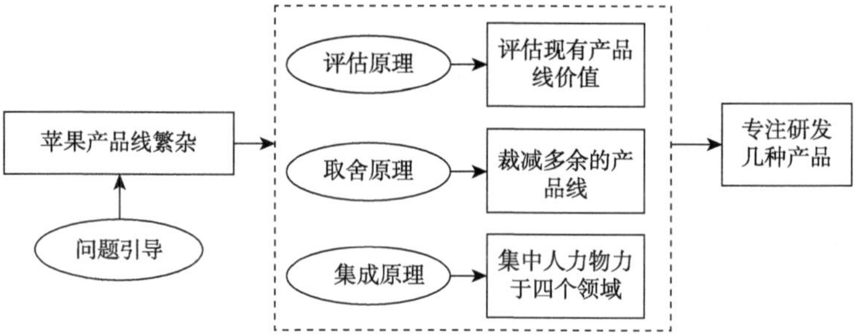

图 10-1-6　乔布斯在裁减产品线过程中所体现的创新科学原理

1.5　创新打造金苹果，永葆激情追梦人

乔布斯是一个传奇。他满怀梦想、充满激情、富有创造力，他的生命饱满而独特。乔布斯在斯坦福的 15 分钟演讲也充分展现了他的人生态度：听从内心的声音，热爱你所做的事情，遇到挫折永不言弃。其最大的成功之处在于，他能让人相信他提供的任何商品都是值得拥有的，不管是什么，只要是他提供的，人们就应该拥有。

乔布斯在很小的时候就表现出有主见和自信的处事原则。他拒绝去读高中，还强迫父母搬了家。他说服父母让他去一个收费高得让家里难以承担的大学读书，然后却辍学了。他也常常对产品的设计提出一些“古怪”的想法。例如，他提出将界面的控制模拟成红绿灯：红色代表关闭窗口，黄色代表缩小窗口，而绿色则代表放大窗口。开始时开发人员都觉得这种想法莫名其妙，但用户的喜爱证明乔布斯的选择是对的。乔布斯这种天马行空的发散创新思维在他推出苹果系列产品的过程中得到了充分的体现，如图 10-1-7 所示。

他用自己的一生告诉我们，只要你敢于追求自己的梦想，热爱你所做的事情，一切皆有可能（nothing is impossible）。

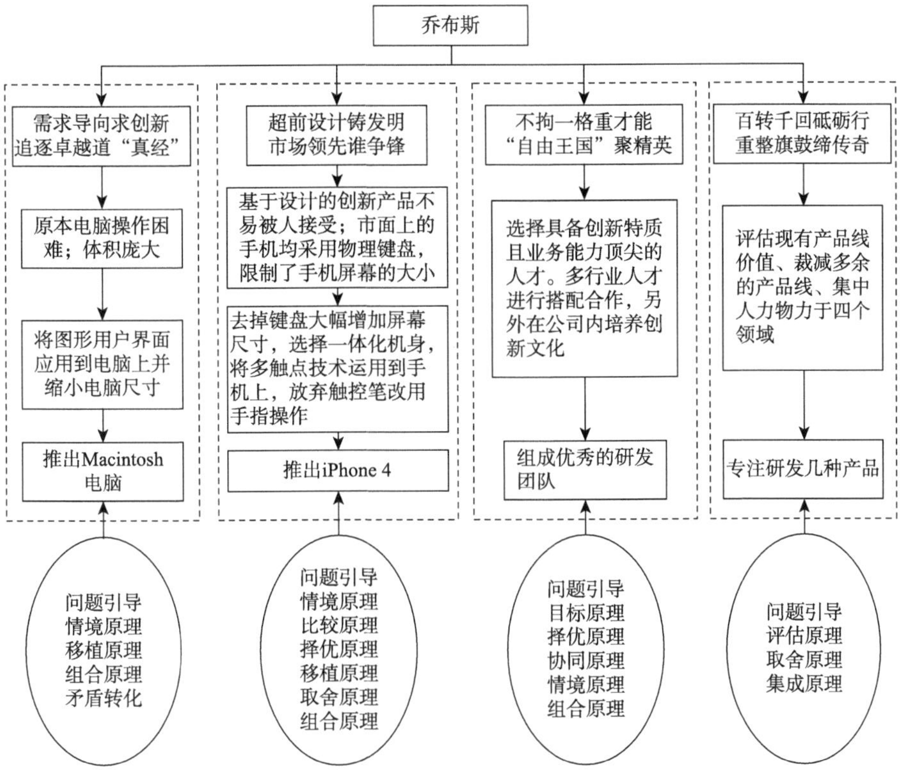

图 10-1-7　乔布斯推出苹果系列产品的过程中所体现的创新科学原理

参 考 文 献

加洛 R. 2013-08-28. 电影《乔布斯》中九句名言的启示. 陈玮译. 青年参考，43.

郭淼鑫. 2011-12-28. 苹果教父远去：乔布斯与众不同的传奇生涯. http://it.sohu.com/20111228/n330541245.shtml.

佚名. 2011-10-06. 史蒂夫·乔布斯：“世界因他而无限精彩”. http://view.gmw.cn/2011-10/06/content_2739768.htm.

第 2 章　微软“帝国”的缔造者——比尔·盖茨

比尔·盖茨（Bill Gates，1955—）（图 10-2-1）——微软的创始人、微软的精神象征。这位 20 世纪横空出世的天才，吹响了信息经济时代最嘹亮的号角，他用科技的力量改变了历史，改变了全人类的工作和生活方式。他本人的成长经历更是堪称传奇：一切都是白手起家，他凭借自己的努力和天赋，在短时间内积累起富可敌国的财富，建立起庞大的微软帝国，39 岁便位居世界首富，成为全世界无数年轻人顶礼膜拜的励志偶像。

那么，这个出生在美国西雅图的少年又是如何走向当时陌生的软件时代，成就史无前例的软件帝国的呢？

图 10-2-1　比尔·盖茨

2.1　卓尔不凡，爱好奇思妙想的电脑天才

盖茨的童年时代在美国航空城西雅图度过，他小时候最喜欢看的是一套几乎相

当于他体重三分之一的《世界百科全书》，他经常连续几个小时阅读这本大书，阅读过程中他常常联想：人类历史将越来越长，那么以后的百科全书不是越来越大，越来越笨重了吗？能有什么好办法造出一个魔盒来，只要小小的一个香烟盒那么大，就能包罗万象地把一部大百科全书都收进去，那该有多方便！所以，当他进入西雅图的湖滨中学（Lakeside School）接触到电脑后，就迅速迷上了这种能存储大量知识的新事物，从此就无心上其他课，每天都泡在计算机中心。盖茨对软件设计尤为痴迷，从八年级开始，他就能帮人设计简单的电脑程序来赚取零用钱。

1973 年，盖茨以全国资优学生的身份，进入了哈佛大学学习。在校期间，盖茨与同学保罗·艾伦（Paul Allen，后来和盖茨一起创立了微软公司）为 MITS 公司（微型仪器和遥感公司）的 Altair（牛郎星）计算机编写了世界上第一个 BASIC（Beginners'All-purpose Symbolic Instruction Code，培基）编译器，MITS 对此非常满意。BASIC 编译器当时的售价为 3 000 美元，盖茨赚到了人生中的第一桶金。

2.2　性格坚毅，辍学投身计算机软件行业的创业者

成功开发 BASIC 编译器给盖茨带来了信心，同时也让他看到了计算机软件行业的巨大商机，他敏感地意识到，这是一个快速发展的时代，如果等大学毕业之后再创业，他可能就失去了一个千载难逢的好机会。1975 年，在他哈佛大学毕业的前一年，他毅然做出了一个让常人难以理解的决定：从名校哈佛大学退学，与同学保罗·艾伦一起创立了一家软件公司，这就是后来鼎鼎大名的微软公司（Microsoft Corporation）。

商场如战场，对于一家成立之初名不见经传的小公司来说更是这样。因此，对盖茨而言，没有退路，必须胜利。盖茨是个典型的工作狂，这种品质从他在湖滨中学痴迷计算机的时候就已表现得淋漓尽致。在微软成立早期，除了谈生意、出差，盖茨就和他的员工一起，通宵达旦、没日没夜地编写程序，饿了就吃个比萨饼充饥，实在累得受不了了就出去看场电影或开车兜兜风解困。这种习惯在盖茨成为世界首富后也是如此。尽管微软中的每一个人都以工作狂著称，但却没有人敢自称比盖茨更加努力。盖茨经常在夜晚检查编程人员所编写的程序，编程人员常常在上班时发现盖茨凌晨发出的电子邮件，内容是对他们所编写的计算机程序的评价。尽管当时盖茨位于华盛顿湖畔对岸的办公室距离其住所只有 10 分钟的驾车路程，但盖茨却经常因为通宵达旦的工作而睡在办公室的地板上。

同时，盖茨对技术的要求近乎偏执，他不能容忍员工犯下哪怕再小的错误。对微软公司的大多数编程人员来说，和盖茨一起参加技术研讨会是一种痛苦。盖

茨有一种发现他人纰漏的惊人能力，一旦发现一个人的漏洞，他就会将对方贬得体无完肤。正是在盖茨严格的近乎偏执的性格影响下，才成就了微软强大的技术实力。在盖茨和他的员工的共同努力下，初创期的微软通过与 MITS 的合作，积累了发展的第一批资金，同时微软又陆续赢得了 GE、苹果公司等大客户，盖茨和他的公司业务逐渐步入正轨。

2.3 独具慧眼，抓住软件行业崛起的历史机遇

善于抓住机遇，是每一个成功企业家的必备条件，盖茨当然也不例外。微软能取得今天的成就，正是因为盖茨能够一次又一次把握住难得的机遇。

微软成立之初，如何打开市场是盖茨最头疼的问题。而恰恰在1980年，IBM公司决心开发自己的个人电脑，他们需要找一家软件公司合作开发一套个人电脑操作系统。在当时，能够和蓝色巨人 IBM 合作是每一家软件公司梦寐以求的事情。盖茨认为，这是扩大微软影响力的千载难逢的机遇，必须要牢牢抓住。尽管当时微软公司在软件行业已有一席之地，但依靠的却是其程序语言，并无现成的操作系统。

一方面，为了不让这个商机从手中溜走，盖茨主动向 IBM 推销，声称自己有软件操作系统，完全可以满足 IBM 个人电脑的需要；另一方面，他多方打听到西雅图计算机公司开发出了一种叫 86-DOS 的计算机操作系统，盖茨以其敏锐的商业眼光和对软件技术的准确判断，马上意识到这是一个大有潜力的计算机操作系统产品，于是他用最快的时间以 5 万美元的价格购买了这家公司 86-DOS 的所有权，然后在此基础上，盖茨带领全体员工夜以继日地对系统加以改造，并终于在 IBM 规定的时间内完成了操作系统的开发和完善，并把它更名为 MS-DOS（Microsoft Disk Operating System，微软磁盘操作系统）。事后看来这是微软公司最划算的一次交易，改造后的MS-DOS曾用在数以亿计的IBM-PC机及其兼容机上，它为微软公司赚取了巨额的财富，也为微软公司的霸业奠定了基础。到 1984 年，微软公司的销售额超过了 1 亿美元。

盖茨在与 IBM 合作过程中表现出的勇气和胆识是其坚强性格和敏锐商业头脑的充分体现，尽管当时手头并没有现成的操作系统，但他没有轻言放弃，而是通过购买合适的产品加以改造，最终促成了与 IBM 的这项关键性的合作，通过迂回的方式实现了自己的目标。而微软的成功正是在于盖茨能够紧紧地抓住身边的每一次机会，即便是自身的条件不够，他也会想尽一切办法创造条件，而绝不会让机会从眼前白白地溜走。

2.4　化繁为简，让电脑操作变得更加简单

盖茨为微软树立的企业愿景是“让每张桌上都有一台个人电脑”。现在看来，这个目标并不稀奇，但在几十年前，普通人使用电脑还是一件令人难以想象的事。盖茨深知，简便易用、方便用户理解的操作系统是决定电脑能否普及的关键要素。尽管微软的 MS-DOS 操作系统大获成功，但烦琐而专业的 DOS 命令仍然难以让普通人掌握。盖茨十分看好图形化操作系统的未来，这是因为无论是过去还是将来，图形都远比文字更加容易使人理解。

当盖茨接触到施乐公司以及后来苹果公司开发的图形界面的操作系统后，立刻下定决心要开发微软自己的图形化工作界面操作系统，他认为这才是个人计算机的发展方向。经过不懈的努力，1985 年 11 月 20 日，微软发布了 Windows 1.0。借助这款不太成熟的图形操作系统，用户可以使用鼠标完成任务，而无须键入 MS-DOS 命令。那时的 Windows 用户界面已经拥有图标、滚动条、对话框、下拉菜单等元素。两年之后，微软发布了改进后的 Windows 2.0，这个版本可以重叠窗口、控制屏幕布局并支持键盘快捷键，而且第一次出现了控制面板，速度变得更快，系统也变得更可靠和易用。1995 年，微软发布 Windows 95，这是一款混合的 16 位/32 位操作系统，新增了不少实用附件，如写字板、超级终端、磁盘碎片整理程序等，而且具备更强大的联网功能、多媒体功能以及移动计算功能。在用户界面上，Windows 95 更像是一场革命。这款系统首次包含桌面、任务栏、开始菜单、资源管理器等诸多元素，是一个非常具有前瞻性的设计，它的精华至今仍被广泛使用。

微软正是凭借 Windows 的系列产品最终获得了世界个人电脑操作系统软件的垄断地位，开始走向计算机行业的巅峰。Windows 的操作界面一直为人们所津津乐道，微软一次次创新的大胆设计不断为用户们带来惊喜与改变。到 20 世纪 90 年代中期，微软几乎垄断了全部的个人电脑操作系统市场，而盖茨本人也成了当时的世界首富。

2.5　收放自如，掌控软件行业的游戏规则

在当前的软件行业，普遍存在着免费和收费两种商业模式。免费可以促进软

件的推广和行业标准的形成；而收费则是对软件开发人员智力成果的回报，同时也是所有软件公司得以生存发展的利润来源。尽管这是当今软件业的共识，但在20 世纪七八十年代并没有多少人能够深刻地认识到这一点。早期的计算机软件一直有着开放的传统，习惯于向所有的人免费传播软件编码和内部运行情况。这是因为早期的电脑爱好者们对硬件的兴趣浓厚，软件只是他们眼中的配角。当时的程序员编写软件，并不是为了商业利益，在他们眼中，软件仅仅是一种学术或者兴趣交流的工具，只能依附于硬件存在，不可能成为独立的商品，没有人意识到要花钱买别人的软件。事实上，早期的盖茨也只是从软件编写中更多地体会创造的乐趣，并没有想到可用其获得巨额利润。

盖茨能够成长为一名成功的商人，靠的绝不仅仅是技术。他系统的创新思维使他能够在软件行业发展初期就能敏锐地意识到：无论是免费还是收费，都是软件公司在商业竞争中所采取的手段，在不同阶段应该采用不同的手段。微软公司在成长初期，通过免费甚至任由用户“盗版”的做法使产品快速占领市场，形成固定而忠实的客户群体，并最终使微软的产品标准变成行业的标准，而这个标准一旦固化下来，微软就将成为行业的主导，变成客户的第一选择。同时盖茨也坚信，免费模式只是软件公司在市场推广阶段的营销策略，并不是软件行业应有的未来，一个成熟行业的发展必须建立在一套完善的商业规则上，并有着稳定的营利模式。于是，盖茨领导下的微软为软件业的发展建立了新的规则，开启了软件的收费时代。微软的众多产品如 MS-DOS、Windows、office、IE 等都采取了这一战略并大获成功。这种商业模式日后也被众多的公司所效仿。同时盖茨也是第一个提醒人们重视软件非法复制问题的人，盖茨的这些理念和做法无疑为全球软件行业的健康、有序发展提供了持久的动力。

在市场营销方面，盖茨也表现出过人的天赋。20 世纪 90 年代，盖茨为抢占互联网浏览器市场，从一家名为 Spyglass（望远镜电影公司）的小公司手中购买了 Mosaic 浏览器的源代码和相关授权，并在此基础上开发完成微软自己的浏览器产品——“Internet Explorer浏览器”（简称IE浏览器）。为了与当时的浏览器领先企业网景公司竞争，盖茨首次提出使用组合的方式捆绑销售 IE 浏览器和之前大受欢迎的 Windows 95 操作系统。这是因为当时的IE浏览器在性能方面并不如竞争对手网景公司的产品，但微软的 Windows 95 正如日中天，为迅速抢占市场，盖茨要求将IE浏览器集成到 Windows 95 操作系统中供用户免费使用（当年其他公司的浏览器还普遍收费），从而在竞争中击败网景公司，一举奠定微软在浏览器市场中的地位。不过也正是由于IE浏览器与Windows操作系统的捆绑销售，为后来美国和欧盟的反垄断法对微软的重罚埋下了祸根，最终使微软付出了惨痛的代价。

2.6　集成创新，成就庞大的微软帝国

严格来说，盖茨并不是专业技术的领先者，其起家的 BASIC 并不是他一人发明的；DOS 操作系统主要也是从其他公司买来的；Windows 开发过程中也一定程度地借鉴了施乐和苹果的技术；IE 浏览器是在购买 Spyglass 的 Mosaic 浏览器的基础上开发的，并在一定程度上吸收了网景公司的创意。正是这些“模仿”的产品构成了微软的主要力量。盖茨正是凭借自己对 IT 行业敏锐的洞察力，再加上强大的市场优势和金钱实力，屡屡实施“拿来主义”，将许多其他公司创造的新技术、新功能加以集成，并纳入自己的产品体系中（盖茨创业过程中的创新科学原理，如图 10-2-2 所示）。事实上，盖茨的成功是商业达尔文主义和全球资本主义联姻下的奇迹，也是自由竞争和市场强权双重杠杆游戏下的神话。

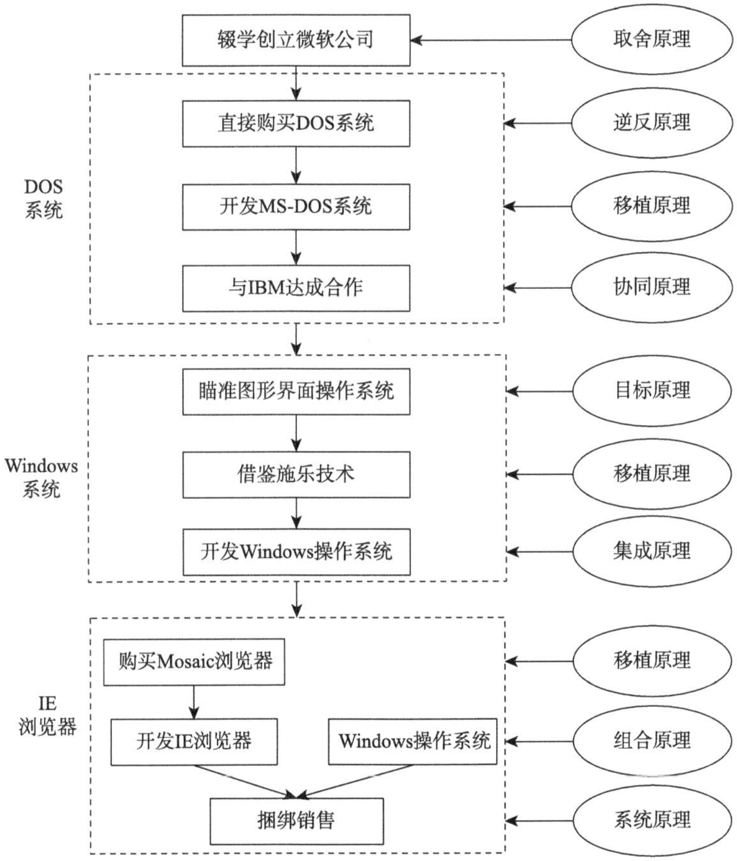

图 10-2-2　盖茨创业过程中所体现的创新科学原理

在 IT 行业，技术是企业安身立命的根本，但却不是成就一家伟大企业的唯一条件。有人说："盖茨对软件的贡献，就像爱迪生对灯泡的贡献一样，集创新者、企业家、推销员和全能的天才于一身。"

微软给人最深的印象就是其好战的本性及一贯咄咄逼人的策略，用盖茨的话来说："任何会动的东西，都是我们的猎物。"也正是盖茨非凡的野心和一往无前的气势，成为微软不断成功的动力源泉。在 IT 业飞速发展的 20 多年里，微软如同一头大白鲨，令对手闻风丧胆。在盖茨的率领下，微软不但在原有的业务领域内巩固了垄断地位，还频频开拓可供占领的全新疆界。如今微软已成为业内的"帝国"，除了主营的计算机操作系统和办公软件外，还兼营个人财务软件、教育及游戏软件、网络操作系统、商用电子邮件、数据库及工具软件、内部网服务器软件、手持设备软件、网络浏览器、网络电视、上网服务以及近 20 个不同的万维网站。以至于有人戏称：除了反垄断法，盖茨已天下无敌。

盖茨创办并领导的微软无疑是最成功的公司之一，盖茨无疑是最成功的商人之一。盖茨得以成为世界信息产业界的代言人，除了他所具有的创新能力，以及他拥有的丰富知识外，还得益于他那超乎常人的市场直觉和强大的创新集成能力，能够将市场上当时并不成熟、但非常有价值的产品加以完善，成为微软自己的畅销产品，这也是盖茨能够成功的主要秘诀。

参考文献

叶炳昌. 2003. 世界首富比尔·盖茨的成功秘诀故事. 创业者，（5）：36-37.
朱仁. 1995. 世界首富——电脑奇才比尔·盖茨. 人才开发，（2）：20-21.

第3章　美国“钢铁大王”——安德鲁·卡内基

他，被誉为“钢铁大王”，是美国“镀金时代”的代表人物，与“石油大王”约翰·戴维森·洛克菲勒（John Davison Rockefeller，1839—1937）和银行之祖约翰·皮尔庞特·摩根（John Pierpont Morgan Sr.，1837—1913）共同占据了当时美国财富的10%。作为一个白手起家的新贵族，巨额财富没有吞噬掉其人性的本真。在事业的巅峰期，他毅然选择了退出叱咤风云的商界，并积极投身慈善事业。临终前，他几乎将他的全部资产都奉献给了社会，成为与设立诺贝尔奖奖金的阿尔弗雷德·贝恩哈德·诺贝尔（Alfred Bernhard Nobel，1833—1896）相媲美的大慈善家。

他，就是安德鲁·卡内基（Andrew Carnegie，1835—1919）（图10-3-1），一位在美国工业史上写下不朽篇章，又在慈善事业上做出了巨大贡献的美国人民心目中的“民族英雄”。作为一名成功的企业家，卡内基缔造了一个钢铁帝国，在美国乃至世界的钢铁工业史上书写了一代传奇。《从最穷到最富》一书中给予了卡内基这样的评价：卡内基曾是一个谜，现在也仍然是个谜。对于这样一位伟大的企业家，我们无法通过一篇短小的文章来窥其全貌，揭开人们心目中留存已久的谜团。但是，卡内基之所以能成为美国“钢铁大王”，以及他作为企业家的创新精神与不循常规思维是非常值得我们借鉴和学习的。

图10-3-1　安德鲁·卡内基

3.1 生活磨炼砥砺前行，工作勤奋丰富阅历

卡内基曾说："一个年轻人所能继承的最丰厚的遗产，莫过于出生于贫贱之家。"这个出生于苏格兰丹弗姆林小镇的男孩从未抱怨过家境的贫寒，反而把生活中的各种苦难当作一种"财富"。卡内基乐观地认为，正因为"出生于贫贱之家"，才会使自己有了比其他人更多地磨砺意志的机会，才会使自己愿意付出更多的努力去做好每一件事。生活的磨炼并不是他成功路上的绊脚石，而是砥砺他前行的一块磨刀石。他从不相信贫穷和失败是命中注定的，并且认为那种消极的想法只会导致不幸，唯有自信才能战胜失败。乐观和自信是卡内基从父辈那继承的优良品质，这种先天的、无意识的直觉思维使卡内基深谙生活之道，那就是在苦难面前，只有用乐观和自信去克服才是正确地解决问题的方法，而不是去怨天尤人。

从 13 岁那年随父母离开苏格兰移民美国开始，卡内基就开始了他的打工生涯。从最开始周薪 1.2 美元的绕线工，到周薪 2 美元的锅炉工，再到周薪 2.5 美元的电报局邮差，每一份工作卡内基都会全力以赴做到最好，并且会抓住每一个能够获得更好工作的机会。从电报局的邮差变为一名周薪 4 美元的电报员是卡内基少年打工时期的一次关键转折。在这个岗位上，卡内基充分发挥了他勤奋的特质，经过不辞辛苦的反复练习，他很快就练就了通过听电报机的声音就能把信号翻译成文稿的本领。这不仅使他的工资涨到了每月 25 美元，还使他的能力得到了公司访客的注意和认可，无形中为卡内基的进一步发展创造了机遇。不久，宾夕法尼亚铁路公司总督办在挑选私人秘书和电报员时看中了卡内基的才能，愿意将这个职位交由卡内基担任。于是，在 1853 年，卡内基进入了宾夕法尼亚铁路公司工作，月薪 35 美元。在这里，卡内基学到了管理和金融交易技能以及构建一个企业帝国所需要的政治交涉能力。

这些工作不但让他以越来越多的薪酬来填补家用，为父母分担经济重担、改善生活条件，更重要的是，每一份工作卡内基都善于从中积累不一样的知识、经验和人脉。先天勤奋的素质，加上多份不同行业的工作经历，为卡内基积累了丰富的人生阅历和工作能力，这为其后来在钢铁领域大展身手奠定了坚实基础。

3.2 远见卓识投身钢铁，业精于专开创"霸业"

虽然卡内基没有接受过正规的教育，但他十分热爱读书。书本中的知识为其

打开了另一个世界的大门，开阔了眼界，使他拥有了同龄人少有的远见卓识。当时正值美国爆发内战，铁的价格猛涨，供不应求。卡内基敏锐的洞察力让他捕捉到了商机，他利用手中的人脉和资源，与朋友合作成立了一个“铁城铸造厂”。后来因与朋友合作出现了矛盾，卡内基又开办了另一家塞克洛普斯钢铁公司。之后，两家企业合并，取名联合钢铁厂，由此，卡内基开始了他“钢铁大王”的传奇征程。

1865年美国内战结束，战后初期的美国面临着经济恢复与增长的大好时机，战争刺激了工业生产。庞大的军事开支和政府的订购行为有力地刺激了国内市场，美国进入了一个飞速发展的黄金时期。在这样的情境之下，卡内基认识到，分散努力方向，试图在短期内通过投资赚钱并不是建立一个商业帝国的正确途径。卡内基以其独特的判断力和洞察力，发现了钢铁市场的巨大需求，他决定抓住美国工业发展的机遇，建立一个能够完成一整套生产流程的巨型的钢铁厂。于是他从宾夕法尼亚铁路公司辞职，成立了卡内基—麦坎德利斯钢铁公司，开始专心铸造他的钢铁帝国。

创新条件、创新情境是影响创新决策的关键因素。卡内基敏锐地发现了内战这样特定情境中所产生出的商业机会，果断做出投身钢铁工业的正确决策，充分体现了卡内基作为一个企业家所拥有的远见、魄力和创新精神。

在此之前，卡内基已是一名成功的投资人，但卡内基的主要兴趣还是在实业领域。他相信，想要做到真正的成功，就要把自己的行业做精通，生产行业则更是如此。卡内基不相信“不要把鸡蛋放进同一个篮子”的说辞，相反，他推崇“将你的鸡蛋都放到一个篮子里去，然后看好这个篮子”的做法。就是靠着这种专注，卡内基采取与常规方式相反的思维模式来指导企业的发展道路，不再投资其他行业，将所有资金都用于钢铁公司，把钢铁事业不断地做大做强。

1873 年经济大恐慌打倒了很多人，却并没有打倒卡内基，在合伙人不得不把自己的股份卖给卡内基后，他持有的股份越来越多。1881 年，卡内基—麦坎德利斯钢铁公司和另外两家卡内基持有股份的公司重组为卡内基兄弟公司。1892 年，卡内基将公司名称变为卡内基钢铁公司，资金增长到 2 500 万美元，他自己持公司半数以上股份。到了 19 世纪末 20 世纪初，卡内基钢铁公司成为世界上最大的钢铁企业。

遵从事物的自然规律固然重要，但思维方式可以不遵循常规，这种逆向思维有时恰恰能收到往常的思维方式所达不到的效果。卡内基以其企业家不同寻常的思维做出了精于钢铁行业的创新决策，从此成功地开创了钢铁“霸业”，最终成了名副其实的美国“钢铁大王”。

3.3 控制成本经营有方，创新理念铸就辉煌

能够缔造这样一个巨大的钢铁帝国，显然不可能仅仅是靠卡内基乐观自信的性格和其远见卓识就能实现的。作为一个管理者，卡内基经营管理理念的前瞻性和创新性同样是企业成功的基础。

基于钢铁工业的特性，产品成本的高低从一定的意义上说是企业成长的生命线。卡内基抓住了这条规律，在企业的经营管理中尤其重视成本控制。他创造性地创立生产垂直一体化管理体系、引进会计凭证制度以及带头引进新技术，最大限度地控制成本，赢得市场，最终铸就了钢铁帝国的辉煌。

卡内基在欧洲旅行时，考察了伦敦的钢铁研究所，并买下两项钢铁专利。回到美国之后，卡内基对美国的钢铁业进行了认真的研究，研究发现美国钢铁的生产经营很分散，没有一家企业可以操作采矿、炼钢、制成品这一整套流程。中间商的存在使钢铁成品的成本很难降下来，如果建立一个产供销一体的钢铁厂，成本高的问题就迎刃而解了。所以卡内基建立自己的钢铁公司之后率先实施生产垂直一体化管理，进一步控制生产成本，以扩大生产规模，提高生产效率。将生产、供给和销售三个环节巧妙地组合在一起，使之成为具有统一整体功能的商业链条，这就弥补了三个环节独立运作导致的高成本缺陷，实现了组合效益。

卡内基在对制铁业有所了解后，发现各个生产程序中每道工序的成本都是不明确的，他马上意识到需要采取成本管理措施来改变现状。卡内基想到，他在宾夕法尼亚铁路公司对成本管理的深刻体验完全可以灵活应用于制造业中。因此，卡内基在他的钢铁公司引进了会计凭证制度，了解每一道工序的成本费用情况，然后对成本浪费的地方进行修整，从而达到成本控制的目的。

卡内基在认真观察和分析铁路公司和钢铁公司两个不同行业在管理方面存在的相同之处后，发现在成本控制方面二者存在共性，铁路公司的成本管理理念可以移植到钢铁公司中使用，并且取得了良好的效果。

此外，卡内基还看到了技术创新的潜在价值，因此他积极倡导技术创新，激发企业生产的潜在活力。卡内基先后多次前往欧洲旅游，密切关注欧洲最新工业技术发展动态。一旦了解到欧洲有关钢铁生产的最新技术，他便毫不犹豫地引进更好的生产程序和生产设备以取代原有的生产程序和设备，并不惜以原有设备的巨额损失为代价。每一次新技术项目的引进都能达到提高产量、减少原材料消耗的作用，从而大大降低了生产成本。由此可见卡内基对于技术创新的高度重视。

比较是创新的一个激发点，在不同设想和方案的比较中往往能够有新的发

现。基于新旧设备生产力和成本的比较，卡内基做出了选用新设备的抉择，这就使卡内基钢铁公司的生产方式有了技术上的创新，达到了控制成本的效果。

3.4　“招贤纳才”善于用人，“以人为本”笼聚精英

一个成功的企业家必定要深谙用人之道，卡内基也不例外。他的成功在很大程度上取决于他任用了一批精于技术、善于管理的人才。时至今日，人们还常常引用他的一句名言：“如果把我的厂房设备、材料全部烧毁，但只要保住我的全班人马，几年以后，我仍将是一个钢铁大王。”

其实，从小时候起，卡内基就表现出了他的领导天赋。幼年时期，家境贫寒的卡内基由于没有钱给刚刚出生的一窝小兔子买饲料，就和左邻右舍的小朋友们订立了“认养协议”。只要哪个小伙伴愿意为小兔子找食物，那只小兔子就可以以这个小伙伴的名字来命名，这个主意成功地解决了卡内基的资金难题。虽然只是这样一件小事，却体现了卡内基善于运用身边人的力量来获取帮助，从而达到自身目的。

长大之后的卡内基更是充分地发挥了他的领导能力。在卡内基钢铁公司创立之初，优秀人才就发挥了重要作用。他爱惜人才，重用人才，并不停地发掘人才。正是他们的智慧和知识才能，使得卡内基钢铁公司在激烈的市场竞争中得以生存并发展壮大。卡内基钢铁公司云集了大批优秀的人才，正是这些杰出人才的精心配合与共同努力，才创造了卡内基钢铁帝国的辉煌。

卡内基“悉心委用，备尽所长”，依靠群体智慧和学科知识互补的优势，集思广益，取长补短，进行创新，并统筹兼顾，使得他们组成相辅相成的有机结构，形成一个人工合理配置的劳工系统，发挥出其特殊的人才群体作用。

他的墓碑上刻着这样一句话：一位知道选用比他本人能力更强的人来为他工作的人安息在这里。这句话完美地诠释了卡内基的人才观，是体现他领导力最好的墓志铭。

3.5　回报社会青史流芳，品德高尚后人敬仰

1901 年，就在卡内基达到事业的顶峰时，时年 65 岁的他做出了一项重要的决定，将自己的公司以 4.8 亿美元卖给金融家摩根。这在当时是美国历史上最大一笔企业并购交易，也使卡内基成为美国最富有的人。卡内基将自己的企业出售后，就一直将绝大部分金钱及时间花在慈善事业上，直至1919年去世。据估算，他的财富

共 5 亿美元左右，他先后捐出的钱超过 3.5 亿美元（约合今日 50 亿美元）。卡内基认为作为一个有钱人死去是耻辱的，他几乎将全部财富都捐赠了出去，其中包括建立公共图书馆、捐款建立卡内基—梅隆大学、创建卡内基国际和平基金会、捐款给教会、建立各种学科和教育研究机构等，其中许多研究机构迄今还在运作。

卡内基说："我们活着就应该默默地奉献，做些自己该做的事，不管是否有回报。"这是卡内基从穷困的童年生活中得到的感悟，当年接受了他人帮助的卡内基怀有一颗感恩之心，愿将这份恩情回报给这个美好的世界。比起将这些财产留在自己的口袋中，捐赠出去能为社会进步做出更大的贡献，更能体现它们的价值。这种回报社会的高尚品德使卡内基得以留芳青史，受后人敬仰。卡内基的企业家创新精神和不同寻常思维中体现的创新科学原理如图 10-3-2 所示。

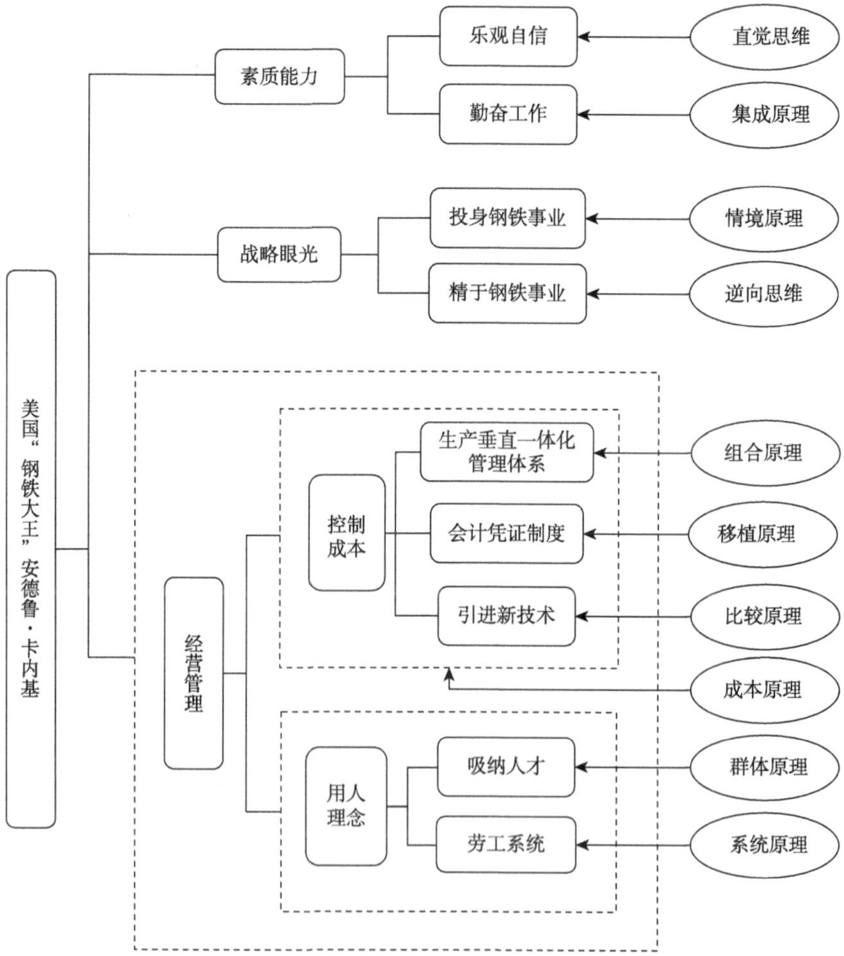

图 10-3-2　卡内基管理经营中体现的创新科学原理分析

参考文献

彼得·克拉斯. 2005. 卡内基传. 北京：国际文化出版社：274

拉蒙特-布朗 R. 2010. 从最穷到最富：钢铁大王卡内基如何成为世界上最有钱的人. 北京：东方出版社：207.

陆月娟. 2003. 安德鲁·卡内基研究. 华东师范大学博士学位论文.

姚尧. 2011. 图解美国史. 北京：中国法制出版社：154.

张卉妍. 2013. 世界金融五百年. 北京：中国华侨出版社：416-417.

仲继银. 2012. 双面卡内基. 董事会，（8）：78-80.

第4章　日本企业经营之神——松下幸之助

松下幸之助（图10-4-1）的一生充满了传奇色彩，他被誉为日本经营之神。少年时代的他只受过4年小学教育，因父亲生意失败，不得不背井离乡，去大阪当学徒。1910年，大阪市电力的发展方便了人们的生活，推动了经济的发展。此时的松下幸之助虽然年纪很小，但却看到了电器的光明未来，于是他毅然离开了体面的工作，投身电器行业。1918年，23岁的他在大阪建立了“松下电器制作所”，当时环境很艰苦，但他不畏艰难，带领员工一同努力、不懈创新。7年之后，他成了日本收入最高的人。

图10-4-1　松下幸之助

4.1 “安分守己”非本真，洞悉商机创业成

1905年3月，松下幸之助进入“五代脚踏车店”当学徒。当时日本的脚踏车全部是由英、美等国进口，十分昂贵，只有有钱人才买得起。能够进入五代脚踏车店工作是非常光鲜和体面的。可是到了 1910 年，松下幸之助毅然决然要离开这个光鲜体面的工作，虽然在这里工作很舒适。原来，1910 年，电能在日本大面积使用，松下幸之助虽然只有 15 岁，但他却似乎看到了电器的巨大社会需求。于是，他决定离开五代脚踏车店，投身电器行业。

1910 年 10 月，松下幸之助进入大阪电灯营业所做了内线员见习生。凭借自己的聪明好学，仅 3 个月的时间，他就完全熟悉了配线工作。3 年之后，松下幸之助被公司任命为检查员，这是一个同行羡慕和求之不得的工作。但松下幸之助的脚步并没有停止，他开始改良插座，但改良后的插座并没有得到公司的认可。经过调研和再三考虑，松下幸之助认为自己的插头是有市场的，于是他毅然决然辞掉工作，准备自己创业。

创业从来就不是容易的事情，松下幸之助的改良插头虽然经过千辛万苦被生产出来了，可产品并没有像松下幸之助预想的那样受市场欢迎。改良插头的生产用光了松下幸之助所有的积蓄，工人也走了，只剩堆挤在库房中无人问津的改良插头。“山重水复疑无路，柳暗花明又一村”，就在松下幸之助陷入山穷水尽的时候却意外地获得了川北电器所电风扇底盘的订单，这些订单使即将破产的松下电器制作所起死回生。此后，松下电器制作所的业务开始繁忙，并且迅速成长，粗具规模。随后，松下幸之助继续开发新产品，不断进取，创建了自己的电器品牌。经过多年的打拼，松下电器在松下幸之助的精心经营下逐渐地成长为一个知名的品牌。

试想，如果松下幸之助没有离开五代脚踏车店这个安乐窝，他的一生可能只是一个默默无闻的自行车店店主；如果松下幸之助没有离开大阪电灯营业所去创业，世界的某个角落就可能多了一名无足轻重的质检员；如果松下幸之助安享于川北电器所的订单，没有把握市场机遇，开发新的产品，就不可能有今天的世界级企业——松下公司。然而历史不容假设，松下幸之助缔造了松下的辉煌，也成就了自己经营之神的美誉。其最终能获得巨大成功，可能正是源于他有一颗不会“安分守己”的求索之心。像松下幸之助这样，根据不断变化的外部环境和条件，不断改变自己的努力方向，对于自己的人生规划不断调整，以做出更加符合外部条件的决策，这正是一个优秀企业家在不同情境下善于把握商机、运筹帷幄的真实写照。松下幸之助创业历程中蕴含的创新精神如图 10-4-2 所示。

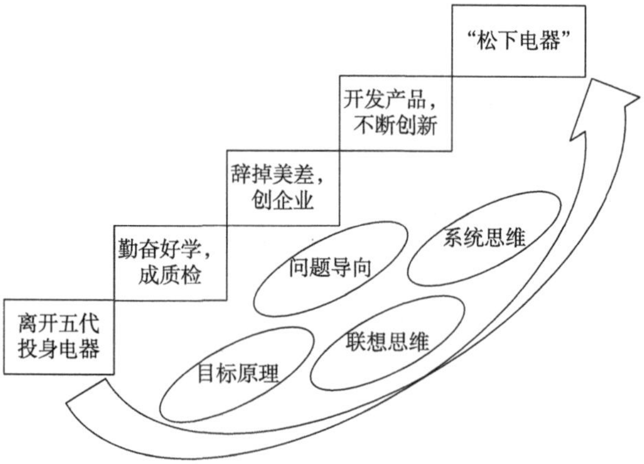

图 10-4-2　松下幸之助创业历程中体现出的创新科学原理分析

4.2　产品开发市场拓，产业扩张“松下”壮

事业有了起色的松下幸之助并没有满足现状，他开始为将来做打算。自己的厂子只能依靠北川电器这一家，风险太大，一旦北川电器转产或者寻找到其他更好的合作伙伴，工厂就可能再次陷入困境。所以，松下幸之助认为，从长远来看，有必要动用资金创建松下自己的电器品牌，而不是只为别人而忙碌。不把鸡蛋放在同一个篮子里，这种决策方法可以帮助企业最大可能地规避风险。有了多手充分准备，当外部环境和预期出现较大偏离时，企业可以更加从容地应对变化，避免损失，这体现了创新方法中的风险原理。

于是在完成北川电器的订单的同时，松下幸之助开始开发自己的新产品。可以说这是松下幸之助迈向未来最重要的一步！今日的松下电器走进了成千上万的家庭，但当初选择的新产品开发却是此后发展的奠基之石。正所谓不忘初心，方得始终，松下幸之助在取得小的成功之后，没有忘记自己当初创立企业的目的是什么，也正是因为此，他开始了自有产品的研发和品牌的塑造。也正是因为新产品的研发才有了今日的松下电器。目标原理帮助企业沿着企业成立的初衷前行。

松下幸之助凭借自己在大阪电灯营业所 7 年的工作经验，发明了“双灯用插座”。这种产品与市场上的已有插座迥然不同，非常实用而且品质优良，一经推出就受到市场的追捧。吉田商店看到了这种产品热销的场景，主动找到松下幸之助，签订了总经销合约，承诺了经销数量，还提前支付了货款。可是，世事总是难料，市场竞争打断了欢喜之梦。为抵制松下的双灯用插座，东京的插座制造商宣布降价，这使得代理松下双灯用插座的商店无利可图，销量大减，迫于形势，作为总经销的吉田商店最终也与松下解除了经销协议。

四面楚歌的松下幸之助并没有放弃，而是采取了积极的措施。他首先拜访了大阪市内所有经销松下产品的电器经销商，经过一系列的走访摸排，他了解到，降价的幅度其实大体上跟总经销商吉田商店所获得的毛利相等。也就是说，松下生产的双灯用插座出厂价不变，减去总经销这一环节，零售价是可以下调的。松下幸之助又再次拜访了经销商，表明了自己的态度，获得了经销商一致的认同。就这样，松下幸之助在大阪城转了一圈，问题被解决了。

面对经销商单方面撕毁经销协议，松下幸之助并没有纠缠于经销商履行协议的责任，并同意了协议的解除，因为他知道如果用合同逼迫经销商履行协议，只会导致两败俱伤。反之，同意合约的解除不仅可以为松下赢得好名声，还可以为后期的合作打下基础。采取与常规方法不一样的途径去解决问题，反其道而行之，往往会收获意想不到的惊喜。松下幸之助的这种做法体现了创新科学方法中逆反原理的应用。松下电器在产品研发和市场扩展中所体现的创新科学原理如图 10-4-3 所示。

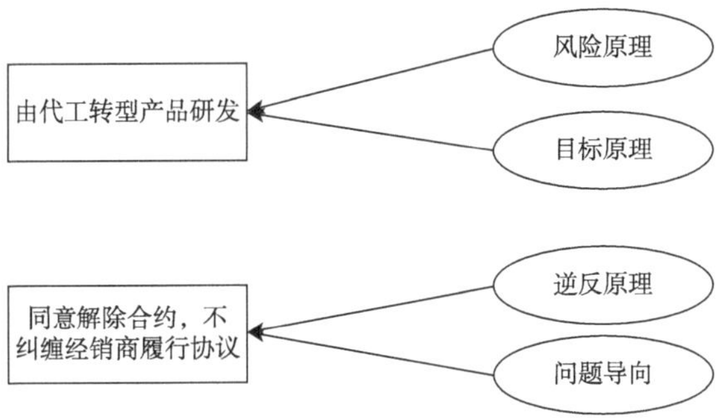

图 10-4-3　松下产品研发和市场扩展中体现的创新科学原理

4.3　“平淡”似水企业之“道”，管理立“规”发展之“基”

4.3.1　“似水”企业，铸无量上善

松下幸之助去世时个人财产约 15 亿美元，算不上富甲天下，但松下电器却是其留在世上的一座雄伟丰碑。其中最值得称道的是松下幸之助 1932 年悟出，

并一直坚守的“自来水哲学”。自来水哲学用松下幸之助自己的话说，即企业的使命就是消除世界贫困。水管里面的水固然有其价值，然而喝路边的自来水不用付费也不会受到责备，因为水资源相对丰富。企业的责任不正是让世界物资丰富以消除一切不方便吗？他称，“经营的第一理想应该是贡献社会。以社会大众为企业发展考虑的前提，才是最基本的经营秘诀”“大抵生产的目的，不外乎丰富人们日常生活的必需品，以充实生活的内容。这也是我生平最大的愿望”。

松下幸之助由生活中的水，联想到企业的使命，以自来水的属性来回答企业的责任，不仅清楚明白，而且也更加形象。“自来水哲学”也成了企业经营命题的一个经典回答。

4.3.2　“玻璃”企业，凝智慧之晶

以公开的方式，促进相互了解，不仅可以提高员工的工作意愿，还能培养出经营干部。所谓玻璃式经营，是指经营活动公开、透明，对每一位员工充分开放，并欢迎员工参与经营。玻璃式经营是松下幸之助经营法中相当重要的一项，具有深刻含义和系统的实现方法。就其意义而言，首先，实行玻璃式经营，可以使经营现状如同玻璃般透明、清晰，经营者与员工都很容易透视其中的优劣情势，及时纠正错误，发扬优异之处。其次，身处透明的工作系统中，每位员工的行为都“暴露”在众目睽睽下，这样自然形成一种公众监督的机制，不仅可以有效约束和规范个人行为，而且还可以凸显榜样的力量，促进良性竞争，推动员工成长，提高工作效率。再次，玻璃式经营便于领导者查看公司全景，有效管控人与事，清除管理“死角”。

让企业的经营与管理都暴露在阳光之下，使得每个员工都能清楚地知道企业的经营状况，这样其实是想利用集体的智慧以达到企业更好的经营有效之道。

4.3.3　“水坝”企业，未雨而绸缪

松下幸之助还推崇的一种管理理念是“水坝式经营”。水坝除了储蓄河水，以保护流域免受灾害之外，还能保持一定的水量以防止干旱，使农作物丰收，而且也兼具发电供电功能，可以收到多元性的效果。经营公司与此相同，如果公司各部门都能像水坝一样，一旦外界形势有了变化，也不会太受影响，而且能够维持稳定的发展。设备、资金、人才、库存、技术、企划和新产品开发等，都需要日常储备，即都需要有‘水坝’，发挥其功能，这就是“水坝式经营”的观念。换句话说，在经营上，各方面都要保留宽裕的运河弹性。

松下幸之助强调的“水坝式经营”是一种“预留退路”的经营方式，这绝非保守的经营方法。相反，这是一种积极的经营策略，为了企业稳定的成长，这也是必须的。这种“水坝式经营”策略避免了企业因外界环境的变化而可能造成的灾难性毁灭，使得企业更能承受外界环境的不确定性，这体现了创新科学原理中的风险原理。松下幸之助管理企业之道中蕴含的创新智慧如图 10-4-4 所示。

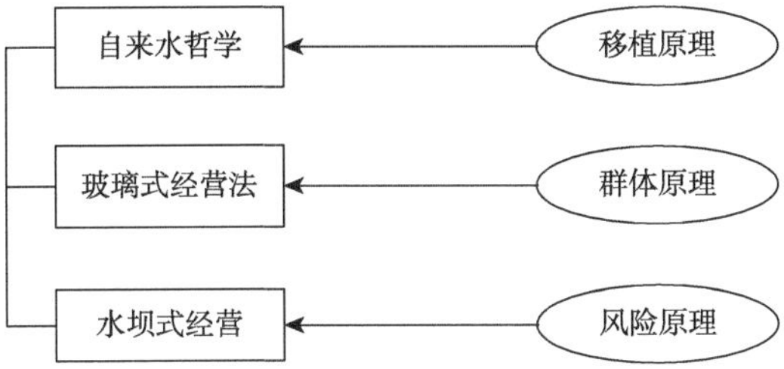

图 10-4-4　企业之“道”中体现的创新科学原理

4.4　员工管理人性化，“共存共荣”塑“文化”

松下是世界企业中真正做到以人为本的典范，这与松下幸之助重视员工的管理是密不可分的。他认为，企业即人，企业经营的基础是人，企业成长的前提是员工的成长，如果不先培育人才，企业就无法获得成长。同时，他强调“事业是人为的”“企业发展的基础是人”“企业与人共同成长”。

1920 年，为增强员工的团结，使所有员工团结一致，亲爱友善，共同促进工厂生产和销售，松下幸之助成立了“步一会”。该会的成立促进了会员亲爱和睦，互助互济，增进了福利，促进了员工自身的发展。

松下幸之助还在松下电器首推了“终身雇佣制”。松下幸之助提出，“松下员工在达到预定的退休年龄之前，不用担心失业，企业也绝对不会解雇任何一个‘松下人’”，由此终身雇佣制在松下诞生。这样一来，企业可以确保优秀的员工，员工也可以得到固定的保障。松下的员工人人视企业如家，与企业共存共荣，对松下有着极深的感情和极高的忠诚度。

1929 年，经济危机在世界范围内爆发，受经济危机的影响，日本经济整体下滑，松下电器也没能幸免。面对经济大萧条，日本企业界普遍的做法是裁员、减产，但由此引发了更严重的劳资问题，劳工运动风起云涌。此时的松下幸之助，正在医院疗养。面对销售的下降，库存的积压，松下幸之助采取了不一样的解决方法：公司的员工一个都没有裁减，薪水也一点都没有减少，同时，工厂减产，实行半日工作制，让全体员工和销售部门一起全体投入销售工作中。

松下幸之助的举措换来了全厂上下的团结，工人同心协力，全体奋起努力。不管是高级主管，还是一线工人，半日在工厂工作，半日自发地四处推销，一时间，松下电器的员工，都成了推销员。经过全体的努力，松下电器的库存迅速减少。仓库里堆积如山的产品被销售一空。大家和衷共济，最终渡过了难关。面临经济下行，企业产能过剩，仓库产品积压，松下幸之助没有采用大多数企业采用的解雇工人这样的做法，而是另辟蹊径，反而使产品销售一空，顺利度过了经济危机，这体现了创新科学方法原理中的辩证思维和逆反原理。

其实，不论是成立“步一会”，还是施行终身雇佣制，抑或是经济危机时期绝不裁减员工，都是为了建立一个“松下”大家庭，让员工有高度的企业认同感和忠诚度，做到以企业为家。这样做可以充分调动每一个员工的聪明才智，而且一旦这种共存共荣的企业文化建立起来之后，员工都会不遗余力地贡献自己的智慧，这样可以集思广益，相互学习，取长补短，从而为企业发展打下良好的基础，这是对思维原理中群体原理的应用。松下公司在员工管理中体现的创新科学原理如图 10-4-5 所示。

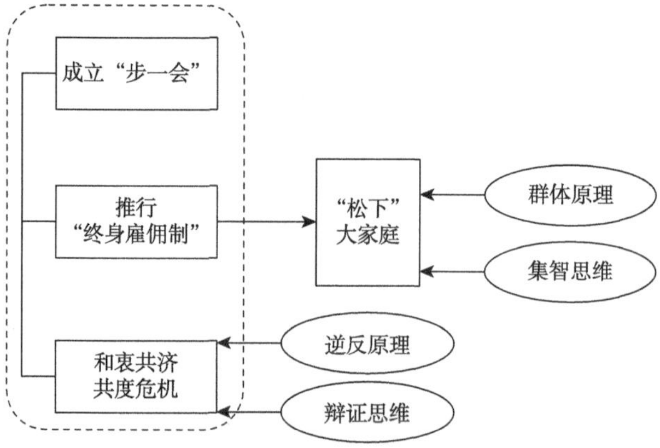

图 10-4-5　松下员工管理中体现的创新科学原理解析

4.5　商德无量企业家，信誉天下“梦”飞翔

在创业的初期，松下由于生产出的产品卖不出去，市场鲜有人问津，初期的资金也用完了，工厂面临倒闭。这时松下幸之助已经没有钱了，但是为了给工人发工资，他典当了细软，变换了钱给两位工人开了工资，然后让他们自谋出路，求得他们的谅解。这让工人十分的感动，当然也让他几乎一无所有。

第二次世界大战之后，日本国内物资奇缺，许多商家不顾信义，粗制滥造，生产劣质产品，糊弄顾客，而且黑市交易也相当严重。对此，松下幸之助极端反感，坚决抵制。他一如既往地向员工强调产品的质量，对于不合格产品坚决抵制，绝不与市场的不良风气同流合污。松下产品的高品质获得了市场的一致好评，第二次世界大战之后松下电器又迅速占领了市场。

当总经销由于市场变化无法履约时，松下幸之助选择了真诚相待，同意解除合约，而不是以合约为要挟。当市场风行制假卖假时，松下的产品依旧高品质低价格。这些在今天看来无疑是十分明智的选择，在当时只有松下幸之助这么做了，这种高超的商业智慧成就了松下电器，也成就了松下幸之助经营之神的美誉。其实，他的决策思想和创新科学原理中的价值原理、择优原理是不谋而合的。

参考文献

孙鹤翎. 2006. 松下幸之助智慧全书. 北京：地震出版社：4.
赵凡禹. 2010. 松下幸之助全传. 武汉：华中科技大学出版社：67.

第5章　引领“海尔制造”走向世界的中国企业家——张瑞敏

“没有成功的企业，只有时代的企业，所谓成功不过是踏准了时代的节拍。”

——张瑞敏

勤恳、坚韧，他接下一个“烂摊子”后一力扭转颓势；大胆、创新，他锐意改革，破除一切有碍企业发展的阻滞；果断、自信，他带着海尔冲进国际市场，用实力让国产电器扬眉吐气；睿智、聪慧，系统的管理思路让他成为闻名世界的企业领袖。他就是引领“海尔制造”走向世界的中国企业家——张瑞敏（图 10-5-1）。

图 10-5-1　企业家张瑞敏

张瑞敏，海尔集团董事局主席兼首席执行官。1949 年 5 月 1 日出生于山东省莱州市。这个共和国的同龄人，已伴随着共和国一同走过 68 年的风雨历程，他的身上赫然留下了共和国变化的深深烙印。1984 年，张瑞敏由青岛市家电公司副经理出任青岛电冰箱总厂厂长，后来他引进德国利勃海尔电冰箱生产技术，成立了海尔集团。35 年（1984~2018 年）来，张瑞敏带领海尔抓质量、创品牌、出国门、创模式，一直搏击在时代浪潮之上。张瑞敏是怎么开启与引航海尔征程的呢？我们要向这位中国企业家学些什么呢？

5.1　沐浴“改革开放”春风，冰箱开启“海尔制造”

张瑞敏的而立之年，恰逢中国改革开放第一波浪潮，刚刚从计划经济时代走出来的人们还没有多少市场观念，企业对开放的理解就是“项目引进”。能够找到一个可以引进的项目，企业就有活路。时任青岛市家电公司副经理的张瑞敏费尽心血争取到迟来的“利勃海尔”，拿下全国最后一个（全国共 40 个）电冰箱生产定点项目时，却因项目方 900 万元贷款发了愁，还找不到合适的工厂。张瑞敏力主“企业要想改变命运，就必须顺应时代潮流，必须走引进项目的道路”。同时，他敏锐地察觉到人民生活水平提高对电冰箱的大量需求，毅然选择到年亏损 147 万元的青岛电冰箱总厂任厂长一职，以兑现做好“利勃海尔”项目的承诺。

克服重重困难，青岛电冰箱总厂终于与德国利勃海尔公司签订了引进技术协议。当天晚上，空中烟花绚烂，德国人指着焰火对张瑞敏说：“这是从中国进口的烟花，中国的工业落后，但是祖先的四大发明非常棒!”虽然德国人并非有意揶揄这位远道而来的中国客人，但还是深深刺痛了张瑞敏的心，他暗自较劲、下定决心：“难道我们只能躺在祖先的四大发明上吗？中国一定要有属于自己的世界名牌!”名牌产品要以先进的技术和过硬的质量为后盾，为此张瑞敏毅然决定引进中国第一条四星级电冰箱生产线，从起点上确立领先地位。

当时，很多人对于张瑞敏大手笔引进这样一条先进而昂贵的生产线并不理解。不过，市场的发展证明了张瑞敏的远见。1988 年，海尔获得了中国电冰箱史上的第一枚质量金牌；1990 年，海尔又获得了中国冰箱行业第一枚国家质量管理奖“金马奖”；1991 年，海尔入选首届“中国十大驰名商标”。随着产品美誉度的传播和品牌的强大影响力，海尔只用短短数年就取得了市场领先地位。

沐浴在改革开放的春风中，张瑞敏因其为国扬名的雄心与智慧的商业远见，开启了“海尔制造”的征程。

5.2　学习中“与时俱进”，变化里“不断超越”

在引领海尔发展的征程中，张瑞敏通过学习不断提升自我素质与能力，与时俱进、不断超越，体现出企业家卓越的战略思维与决策能力。

5.2.1　善于学习，融会贯通

张瑞敏之所以在国际企业管理领域享有盛誉，是因为他将中国传统文化精髓与西方现代管理思想融会贯通，兼收并蓄、创新发展、自成一家。他以创新的管理理念为全球管理界探索、输出了符合时代特征的商业模式和经典案例，创造了充满竞争力的海尔。而这从根本上源于张瑞敏谦逊学习、融会贯通的品格。

张瑞敏特别爱读书，而且涉猎图书的范围非常广泛，涵盖哲学、历史、经管、文化等方面。如果平常阅读他的文章，或者聆听他的演讲，我们可以直接感受到他对古今中外管理学家的言论观点都非常熟悉。广泛涉猎加上开放心态让张瑞敏的知识结构日益深厚，也使他形成了善于学习他人长处的优点。我们从其提出的很多管理理念及在海尔的实践中，也可发现其他优秀企业对海尔的影响。例如，“零缺陷”思想中可以发现日本全面质量管理的影子；“零库存”思想则可以发现戴尔公司库存管理的影子；而企业“平台化”的思想则可以发现阿里巴巴的影子；“自主经营体”思想则可以发现京瓷阿米巴的影子；等等。而且，张瑞敏在吸收其他企业的优秀做法时，都会根据海尔的实际情境、逻辑，理性而不盲从地开展适用于海尔的管理和创新。

5.2.2　乐观时变，敏于趋时

张瑞敏在不断学习中“与时俱进”，善于捕捉时代变化，不断寻找革新源泉，并把变化作为可供开发利用的机会。他坚信，“没有成功的企业，只有时代的企业，所谓成功不过是踏准了时代的节拍”。强烈的时代紧迫感让张瑞敏带领海尔在商海中“只争朝夕”。

一方面，为适应环境变化、抓住时代机遇，在改革开放、国家入世、信息革命、第三次工业革命的大背景下，张瑞敏带领海尔不断革新发展战略，35 年里走出了“名牌化—多元化—国际化—全球化—网络化”的发展路线，具体如表 10-5-1 所示。

表 10-5-1　海尔“名牌化—多元化—国际化—全球化—网络化”的发展路线分析

战略阶段	时代机遇与主要做法分析
名牌化战略（1984~1991）	冰箱市场处于供不应求阶段，海尔并没有抓住机会；“砸冰箱”砸出员工“零缺陷”的质量意识；不追求产量，坚持抓质量；海尔抓住改革开放的机遇，实施差异化名牌战略，创造出中国冰箱行业第一个名牌
多元化战略（1991~1998）	海尔抓住邓小平同志南方谈话的机遇，积极进行兼并扩张，以无形资产盘活有形资产，为用户提供系列家电高质量的产品和服务，成为中国家电行业的领导品牌。海尔多元化战略起步早于行业至少十年，进行了工业园布局，“海尔文化激活休克鱼”成为典型案例
国际化战略（1998~2005）	海尔抓住中国加入 WTO 的机遇，走出国门创品牌，以“走出去、走进去、走上去”的三步走战略成长为国际名牌，成为中国品牌走向全球的代表。“走出去”，以缝隙产品进入国外主流市场；“走进去”，以主流产品进入当地主流渠道；“走上去”，以高端产品成为当地主流品牌
全球化战略（2005~2012）	全球爆发信息革命，社会开始进入互联网时代。海尔此时研发、制造、营销逐渐实现全球布局
网络化战略（2012~至今）	第三次工业革命冲击各行各业，国家提出“互联网+”“双创”等发展战略。海尔搭建了开放的创业创新平台，企业从科层制转型为共创共赢的生态圈，目的就是各方利益最大化，实现持续协同、共享创造的价值；以创业带动全社会就业等

另一方面，张瑞敏在海尔内部形象地把企业比作斜坡上的球体，它受到来自市场竞争和内部员工惰性而形成的压力。如果没有止动力，就会下滑；如果没有上升力，就不会进步。其中，止动力就是企业内部的基础管理，上升力则为生生不息的创新。这就是被称为“海尔发展定律”的“斜坡球体论”，如图 10-5-2 所示。

图 10-5-2　张瑞敏的“斜坡球体论”

5.3　以“用户+品牌”管理理念，打造信誉“名牌海尔”

企业家倡导科学的发展理念、坚持正确的经营之道，企业才能赢得市场、实现可持续发展。张瑞敏在 20 世纪 80 年代就提出品牌理念，后来又融合了服务用户的意识，全心打造信誉“名牌海尔”。

5.3.1　大锤“砸”出品牌意识

1985年，在一次突击库房检查中，张瑞敏发现库房中的400台电冰箱中有76台存在质量问题。那时的电冰箱有一、二、三等品，因为物资紧张，没有人重视质量，就算是等外品、处理品，一般都能卖掉。有人劝他把这些“残次品”低价卖给员工，既减轻工厂损失，又算一种员工“福利”，他并没有采纳。在他眼中，员工没有质量意识才是企业最大的损失。于是他召集员工，让生产责任人亲手用大锤将冰箱砸毁。当时，一台冰箱顶得上普通工人两年的工资，很多员工心疼得直掉眼泪。但是自此之后，员工谨记“有缺点的产品就是废品”，冰箱质量有了明显改善，而质量意识的觉醒，也为海尔日后的成功打下了坚实的基础。1988 年 12 月，在全国冰箱评比中，海尔冰箱以最高分获得国家质量金奖，由此成为中国电冰箱行业的领头羊。张瑞敏的大锤不仅砸醒了工人的质量意识，也砸响了海尔的品牌。

张瑞敏的睿智之处在于，他准确地预见到，企业所处的经营环境即将发生重大变化，短缺经济时代的生产和销售观念注定要被淘汰，质量与品牌才是市场经济时代的法宝。今天回顾过去几十年的经济演变，可以发现张瑞敏无疑是一个领潮人。

5.3.2　以用户为是，以自己为非

张瑞敏认为，名牌不是别的，是企业发展的生命线。海尔首先靠质量打出品牌，随着家电业市场竞争的激烈，各家电企业也开始注重产品质量，而这时海尔又把重点转向服务。海尔创名牌的观念变成：以用户为是，以自己为非。用户永远是对的，要求企业时刻面向市场、服务用户，在各个方面加强自身素质的提高，满足用户不断增长的要求，使用户持续获得满意的服务，保持名牌的地位。

海尔从这一认识出发进一步建构“真诚到永远”的服务理念与“国际星级服务一条龙”的全方位承诺，使海尔品牌与用户之间形成了一种亲情般的关系。海尔较早意识到，品牌就是指企业与客户间的关系，经营一个品牌的过程，说到底就是向消费者、向全社会传递一种承诺的过程。海尔品牌给消费者的承诺，一是不断向用户提供意料之外的满足；二是让用户在使用海尔产品时毫无怨言。海尔的真诚服务得到了用户的赞誉，提高了海尔品牌的美誉度。

5.4 培育和激励员工，“以人为本”凝聚人心

一切管理从根本上都可以归结为对人的假设和判断。每位企业家均有自己对人性和价值的独特理解，也就是最基本的管理哲学。张瑞敏认为，企业即人，管理即借力。

5.4.1 源头论，激励员工积极创新

张瑞敏在源头论中，这样形象地描述企业、用户、员工的关系：如果把企业比作一条大河，每一个员工都应是这条大河的源头，员工的积极性应该像喷泉一样喷涌而出，而不是靠压出来或抽出来；而小河是市场和用户，员工有活力，必然会生产出高质量的产品，提供优质的服务，用户必然愿意买企业的产品，涓涓小河必然汇入大河。计划经济下的“大河有水小河满”，助长了员工吃大锅饭的惰性。在市场经济情境里，就必须改为源头喷涌大河满，把每个员工的积极性调动起来，成为喷涌的源头。

为激励员工积极创新，张瑞敏倡导员工为企业发展谨言献策，把一点一滴有利于改善企业的创造性思维称为“合理化建议”，并在内部读物开辟专栏刊登。提的建议切实可行、有实用价值，就有入选明星榜的可能。这样，人人争上明星榜，工作团体内所有的人都成为创新的源泉。海尔内部对员工还有提合理化建议的考核，把员工分为优秀员工、合格员工和试用员工，要想做优秀员工很重要的一条就是看一年提了多少条合理化建议，有几条被采纳了。

5.4.2 海尔大学，培养员工主动学习

为使自身成为一个充满活力、互动的整体，海尔尽最大努力聘用最优秀的员工，投入资金培养他们的专长，让员工持续不断地增强身心素质，提高和拓展自身的各种能力。张瑞敏将大学的培养模式移植到企业，于1999年12月26日成立海尔大学，为员工提供学习与培训平台。创建伊始，张瑞敏就提出了海尔大学的定位：不在于有多少好的设施和硬件条件，关键在于其内涵和软件，要成为海尔员工思想锻造的熔炉和能力培训的基地，要以GE管理培训中心为榜样，成为中国企业界的“哈佛大学”。“创新、求是、创新”是海尔大学的校训，它要求每位学员通过互动、学习，寻求事物发展的普遍性规律并总结成模块，然后再回到

实践中，在新的创新模块平台上进行更高水平的创新，从而形成不断循环、螺旋上升的过程。

5.5 胸怀产业报国，熔铸“百年海尔”商魂

明白企业是做什么的企业家才有可能成功。不管是民营还是国有企业家，都应牢记责任与使命，带领员工发展企业、报效国家、反哺社会。张瑞敏正是谨记这一道理，全力塑造海尔文化，熔铸海尔灵魂。

1996 年 7 月，海尔将创业初期“无私奉献，追求卓越”的企业精神，调整为“敬业报国，追求卓越”。张瑞敏给海尔人提出“敬业报国，追求卓越”这个目标，目的就是要给企业注入一种凝聚力，一种不断向上的奋发精神，给每一个员工一个梦想、一种激励，使他们每一天都能从平凡的工作中感受到工作的价值与意义，并对自己辛苦的劳动有一种历史的责任感和成就感。

5.6 放眼全球嬗变谋略，“民族企业”光照世界

要做电器行业的“引领者”，技术的不断创新是核心要求。为保持技术领先，企业通常的做法是不断加大研发投入，张瑞敏却反其道而行之，他认为在全球化时代背景下，企业在技术方面的核心竞争力并不意味着必须拥有极强的核心技术，而是要求拥有强大的技术整合能力。张瑞敏倡导开放式创新，即强调通过与多个拥有先进技术的企业建立合作，将这些技术资源集成到自己的研发平台上，共同满足用户需求，创造价值。海尔虽然并不拥有这些技术的所有权，却能够在需要的时候随时链接整合，从而突破技术瓶颈。在这样的思路下，海尔相继与一些国际巨头建立了战略合作关系，实现国际市场资源和技术资源的强强联合。

2012 年之后，海尔进入网络化战略阶段。张瑞敏更是基于互联网的“零距离、去中心化和分布式”特点，提出企业的研发工作就应该是开放式的，“世界就是我的研发部，世界就是我的人力资源部”。张瑞敏明确提出，海尔的研发是一个开放的系统，内部的人变成资源接口人，接入全世界最好的资源。他还常提到一个乔伊法则，即最聪明的人永远在企业外部，企业再大也不可能覆盖全世界最聪明的人。海尔已在全球拥有十大研发基地（其中海外 8 个）、24 个工业园、108 个制造中心、66 个营销中心。目前海尔在全球范围内已实现了设计、制造、

营销“三位一体”的网络布局。

回首张瑞敏开启与引航海尔征程的部分事迹，其企业家的雄心与远见、胆识与智慧、果敢与坚韧、好学与创新，熠熠生辉。我们对张瑞敏的创新智慧进行了总结和提炼，如图10-5-3所示。在越加不确定的环境中，正是张瑞敏放眼世界、系统思考、整合资源、共同增值的创新思路，让“与时俱进”的海尔在不断创新中光耀全球！

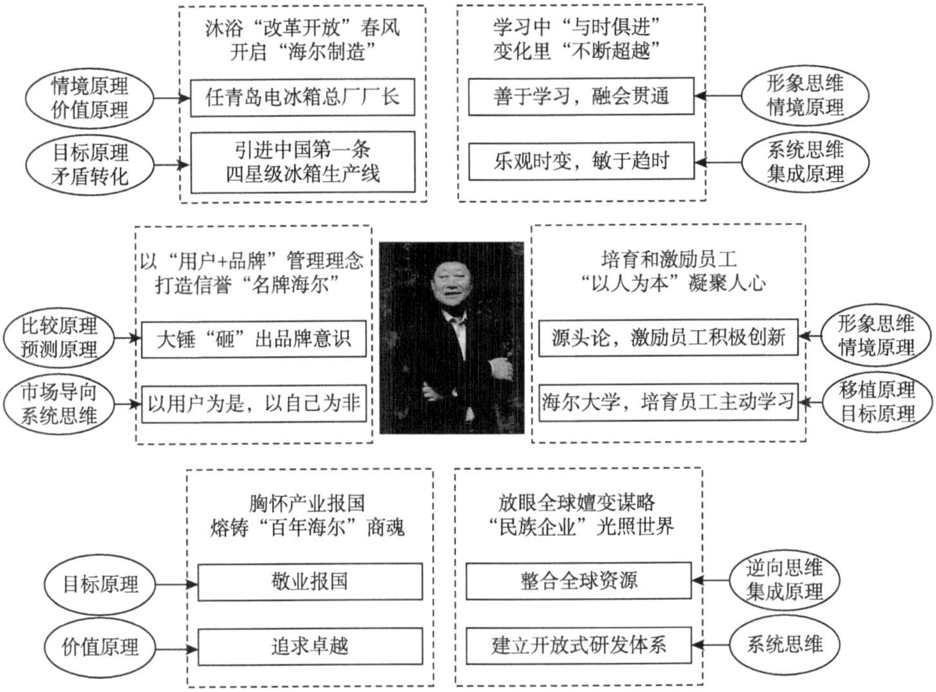

图10-5-3　张瑞敏引领“海尔制造”走向世界的创新科学原理分析

参考文献

胡泳. 2007. 张瑞敏谈管理. 杭州：浙江人民出版社：49.

科技领军人物委员会. 2011. 科技领军人物：全球50位杰出华人科技企业家荣誉访谈. 北京：中国经济出版社：12.

张瑞敏. 2009. 张瑞敏：要永远“自以为非”. 中国企业家，12：40-43.

附：张瑞敏主要荣誉（根据海尔官方网站信息整理）

时间	荣誉	授予单位
2017 年	入选“全球最伟大 50 位领袖”人物榜单	美国《财富》杂志
2016 年	传奇领袖奖	耶鲁大学管理学院
2015 年	2015 年全球最具影响力管理思想家、最佳理念实践奖	Thinkers50
2015 年	杰出首席执行官	美国最佳实践研究所
2014 年	复旦企业管理杰出贡献奖	复旦管理学奖励基金会
2014 年	最具改革动力年度企业家	凤凰财经峰会
2014 年	全球 50 位最伟大领袖	美国《财富》杂志
2013 年	第 73 届年会主题演讲的企业家	美国管理学会
2013 年	亚洲品牌永远精神领袖奖	亚洲品牌协会
2013 年	2012 中国创新人物	建设创新型国家战略推进委员会
2012 年	卡内基卓越领导人奖	卡内基百年庆典委员会
2012 年	IMD 管理思想领袖奖	欧洲顶级商学院瑞士 IMD
2011 年	全球睿智领袖精英奖	全球政商领袖峰会
2010 年	中国最具影响力商界领袖	美国《财富》（中文版）
2009 年	希望工程 20 年特殊贡献奖	中国共产主义青年团
2009 年	2009 中国最具影响力 40 人	美国《商业周刊》
2009 年	十年商业领袖人物	CCTV 经济年度人物评选会
2005 年	全球 50 位最受尊敬的商业领袖	英国《金融时报》
2004 年	亚洲 25 位最具影响力的商界领袖	美国《财富》杂志
2002 年	全球杰出企业领袖	世界性慈善组织国际联合劝募协会
2001 年	全国优秀共产党员	中国共产党中央委员会
1999 年	全球 30 位最受尊重的企业家	英国《金融时报》
1998 年	登上哈佛讲坛的第一个中国企业家	哈佛大学

第 6 章　中国企业界教父级人物——柳传志

40 岁，他毅然决然选择了创业。面对创业过程中的困境，他以自己的睿智和不言放弃的执着精神，努力克服。在企业成长的过程中，他从改变自己做起，与时俱进地更新经营观念，在学习中汲取他人之长，在实践经验总结中提高水平，通过精心管理打造企业品牌、塑造企业形象，终于将公司打造成世界 500 强。他，就是联想集团的创始人——柳传志（图 10-6-1）。

图 10-6-1　柳传志

柳传志以其执着的追求、经营的智慧、管理的创新成就了一个世界级企业，成为中国改革开放初期的风云人物，被誉为中国企业界的教父。在此，让我们回溯柳传志创建联想集团的传奇经历，再一次去体会伟大企业家的不同凡响之处吧！

6.1 “改革开放”荡漾创业激情，立足特长洞察电脑商机

“20 世纪 80 年代，中国的民营企业大多是白手起家的，国家给了好环境，但这和企业家的艰苦努力也是分不开的。”在改革开放初期的背景下，中国第一批民营企业开始活跃起来，柳传志也正是在这样的环境下开始创办联想公司。

当时，中关村掀起了一股创办公司的热潮，“个人计算机”正在迅速成为一个新兴产业。身处中国科学院从事计算机研究的柳传志不甘于仅仅只是做理论研究，他更期待的是将理论研究成果转化为实际可应用的技术。于是，柳传志果断地放弃了安稳的研究室工作，加入创业的时代热潮中。柳传志拿着中国科学院计算机所 20 万元的投资，与计算机所高级工程师王树和、张祖祥等组成一个 11 人的团队开启了创业之路。

创业的道路是艰辛的，柳传志在创业的过程中遇到了很多困难，但是他从没有选择放弃。20 万元的创业资金当时对一个创业公司来说是一笔很小的数目，再加之创业初期的 1 个月内柳传志被骗走 14 万元，公司面临着巨大的财务风险。1984 年，考虑到公司的资金风险，柳传志综合分析行业现状，在公司是要自己做机器还是开展代理业的决策中，他择优选择了代理 AST（虹志）、IBM 业务，来缓解当时的资金状况。到 1988 年，联想代理的 ASTPC 业务已取得每月好几百台的销售业绩。代理业务所带来的收益不仅仅解决了公司资金问题，更重要的是柳传志由此打开了销售市场，打通了销售渠道，给今后联想的发展奠定了坚实的基础。

1984 年，在柳传志代理 IBM 业务的时候，19 岁的美国人迈克尔 · 戴尔创办了戴尔公司。不久，比尔 · 盖茨为“微软”设定了那个著名目标——“让每一张办公桌，每一个家庭都摆上电脑”。敏感的柳传志联想到可能产生的计算机市场的变化，决定投资电脑制造。考虑到国内拿到生产批文的困难性，为实现“造电脑”的目标，1988 年 1 月，柳传志辗转香港，成立香港联想集团，开始生产“个人电脑”，这一决策为以后联想的发展奠定了市场和产品基础。对柳传志在联想创业初期中的行为进行分析，可见其中蕴含的创新科学原理如图 10-6-2 所示。

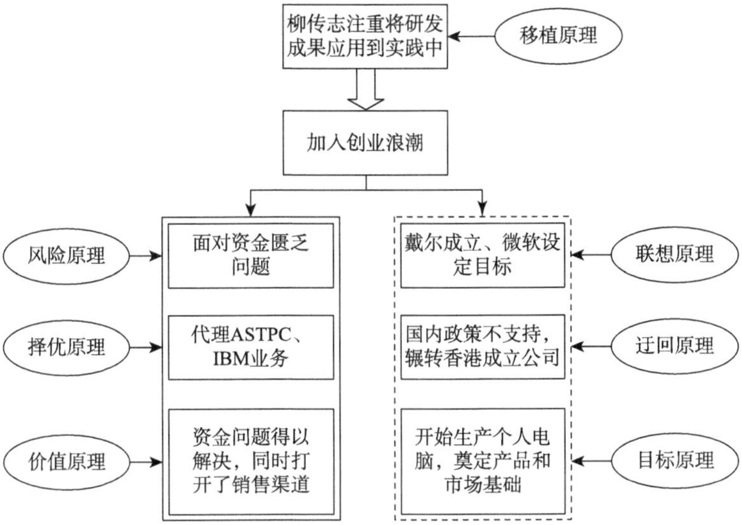

图 10-6-2 柳传志在联想公司创业初期所体现出的创新科学原理分析

6.2 “立足长远”扩展市场空间，打造品牌实现国际化飞跃

随着中国改革开放程度的加大，1993 年国内的贸易政策改变，进口批文制度彻底取消，关税大幅度降低。面对政策的突变，联想也随之遭受了一场市场危机，国际知名品牌戴尔、IBM 等迅速占据中国市场，使得联想的销售额迅速降低。面对如此巨大的市场冲击，柳传志一方面择优采取降价策略，在一年内对联想产品进行了六次降价，以低价的优势来夺回市场；另一方面，在联想的产品上进行取舍，舍去一些旧产品，同时集聚公司技术人才，成立电脑事业部，开发新产品，以具有性价比优势的新产品赢得了相当的市场份额。在降价策略和开发新产品的协同努力下，1996 年，联想的销量位居中国市场前三。

2004 年，此时联想的国内市场销售已经取得了不错的业绩，但柳传志并未满足于现状，而是将眼光瞄准了国外市场，开始推进联想品牌的国际化进程。看到奥运会对全球的影响力，柳传志联想到可利用奥运会进行体育营销，来达成让世界知晓联想品牌的目的。2004 年 3 月 26 日，中国 IT 产业的领头企业——联想斥资 6 500 万美元成为国际奥委会 TOP 计划中的一员，这是首家成为奥运 TOP（The Olympic Partner，奥林匹克全球合作伙伴）计划合作伙伴的中国企业。加入顶级赞助商的优势一方面给联想带来的是多途径、多方式、更便捷的 Lenovo

（联想）品牌宣传，使得联想品牌影响力在全球得到迅速提升；另一方面，联想品牌也与奥林匹克不断创新、追求第一的理念实现了完美的结合，在消费者心中树立了良好的品牌形象，大大彰显了联想的品牌价值，提升了品牌影响力。联想的体育营销，推进了联想从中国品牌向国际品牌的飞跃，其中展示出的创新科学原理可总结为如图 10-6-3 所示的分析。

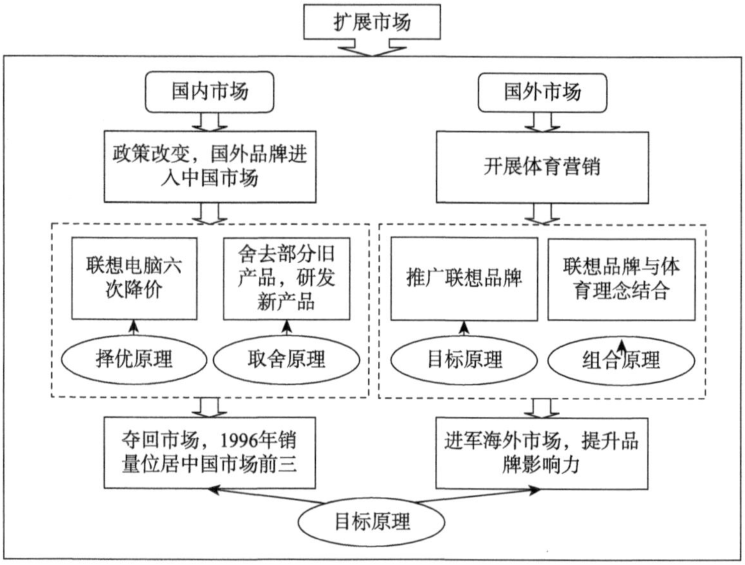

图 10-6-3　联想扩展市场蕴含的创新科学原理分析

6.3　大手笔收购 IBM 电脑业务，“蛇吞象”奠定企业龙头地位

“中国要成为世界性强国，必须有一大批知名的跨国企业，联想就想要成为这样的企业。”这是柳传志乃至每一个联想人的心愿和梦想，而不断的创新式发展则是联想实现这一目标的最大驱动力。

2004 年 12 月 8 日，联想集团向全球正式宣布以 12.5 亿美元收购 IBM 个人电脑事业部。IBM 在全球电脑业界的领袖地位是无可置疑的，联想此举显然是一个震惊中外的“蛇吞象”收购事件。对于当时的市场而言，收购的风险是很大的。首先，企业并购的成功率只有 25%；其次，对于联想来说，一旦并购失败，联想将“粉身碎骨”。面对收购的巨大风险，董事会全部持反对票，此时的柳传志很理性，他辩证地看待收购事件，对此项收购的利与弊给出了系统分析。

柳传志比较分析 IBM 以软件和服务为主的战略转型计划和出售个人电脑事业部之间的联系，排除了并购中的“圈套”风险。同时基于成本和费用的考虑，联想若能将控制成本的管理移植到对 IBM PC 业务的管理中，是能保证实现收益目标的。此时，柳传志还通过比较 IBM 业务和联想业务的消费群体类型和市场范围，发现 IBM 的市场主要是全球范围内的大客户；联想的主要市场在中国，且面对的是中小企业和个人。这实际上非常有利于 IBM 和联想业务的优势互补、资源整合。这样，一方面使得双方市场形成优势互补，可以进一步扩大市场规模；另一方面，使得联想“走出去”愿望得以实现，为联想品牌的发展起着推动作用，给联想带来的品牌价值也是不容小觑的。

联想收购 IBM 后，面临非常多具有挑战性的难题。首先，是如何让 IBM 的顾客认可 Lenovo。对此，柳传志将电脑产品上的商标进行取舍，在 ThinkPad（思考本）产品上果断去掉 IBM 商标，启用 Lenovo 商标。其次，并购势必会面临企业文化之间的冲突。为此，柳传志准备了大量材料，通过耐心向 IBM 员工讲解联想企业的发展历程，展示联想对员工的保障和员工发展的支持工作，使得 IBM 员工真实地了解到联想是怎样一个中国企业，感受到 Lenovo 的企业文化魅力，很快地融入联想这个温暖大家庭。这里，柳传志的做法完美地体现了情境原理的运用，通过沟通和文化融合达成企业员工之间协调发展的目标，使并购后的国内外联想公司员工能共同为企业的发展贡献力量。联想并购 IBM 事件中体现的创新科学原理分析如图 10-6-4 所示。

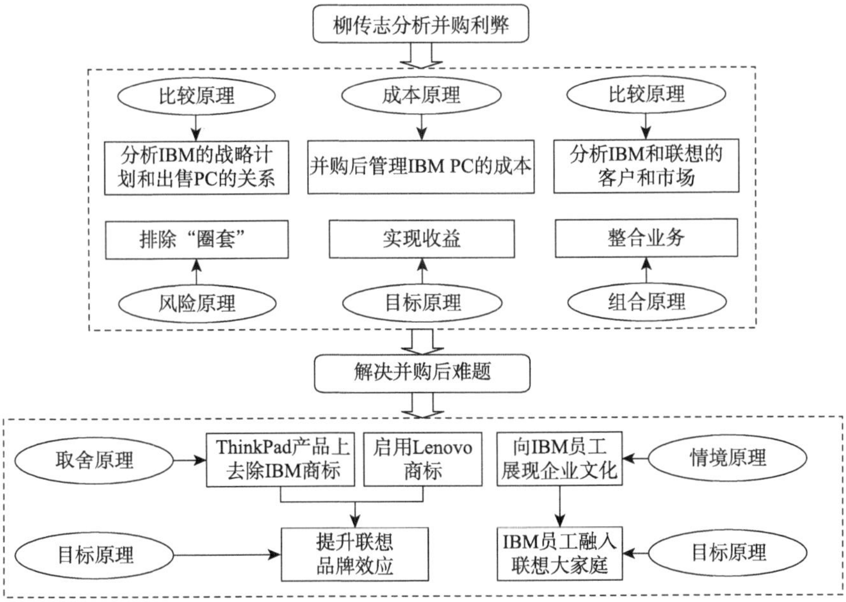

图 10-6-4　联想并购 IBM 事件中体现的创新科学原理分析

6.4 “高瞻远瞩”铺设经营大道，精细管理夯实发展根基

“求实进取，以人为本”是联想的基本文化，柳传志将先进的经营理念与中国传统文化相融合，孵育和夯实着联想文化；将国内外先进的管理思想、方法与经营融入联想管理创新中，打造了一个独特的联想管理模式。走进联想，你会发现联想“三心”的说法，即“责任心”“上进心”“事业心”。柳传志将这“三心”定位于不同层次的员工管理中。首先，联想企业要求基层员工富有责任心，把自己的本职工作做好；其次，对于中高层管理者，联想要求他们有上进心，不能在一个层面上停滞不前，要积极进取，追求更大的发展平台；再次，对于企业内部的核心管理层，联想要求他们具备事业心，不能仅仅考虑当前的企业发展，还要立足长远，去思考和规划企业未来的发展。柳传志的“三心”既将整个联想组织融合在一起，又分别给予不同的定位，充分体现出创新思维中的分合思维和聚合思维。

柳传志深知企业的发展和人的不断完善是同时进行的。面对公司中可能会存在的党派和无原则性的风险问题，柳传志以身作则，从改变自己做起。柳传志的子女在他的影响下，大学中都选择了计算机专业，但是柳传志却做出了一个令人惊奇的决定，不允许自己的子女进入联想，为的是避免家族现象影响企业的管理。柳传志在企业中树立典范，所体现出来的表率作用不仅有助于对企业的管理，也不断地推动着联想在今后的道路中越走越远。

在管理企业的实践中，在军队中学习和历练过的柳传志辩证分析整个组织的现状和发展愿景，总结出以“建班子，定战略，带队伍”为主要内容的“管理三要素”。在建班子的过程中，柳传志系统分析建设企业需要面临的风险问题以及一把手应如何管理企业的方法；在企业战略方面，他指出企业要立足于长远，明确长期目标所需要划分的阶段，还要及时根据企业的管理和经营现状动态调整战略定位；在领导企业员工的过程中，他充分调动员工的积极性，建立规范的管理制度，实施激励制度，使得员工充分发挥工作的热情。在联想的发展历程中，柳传志为企业的发展不断努力着，将管理不断科学化和规范化。柳传志精心管理企业的创新科学原理分析如图 10-6-5 所示。

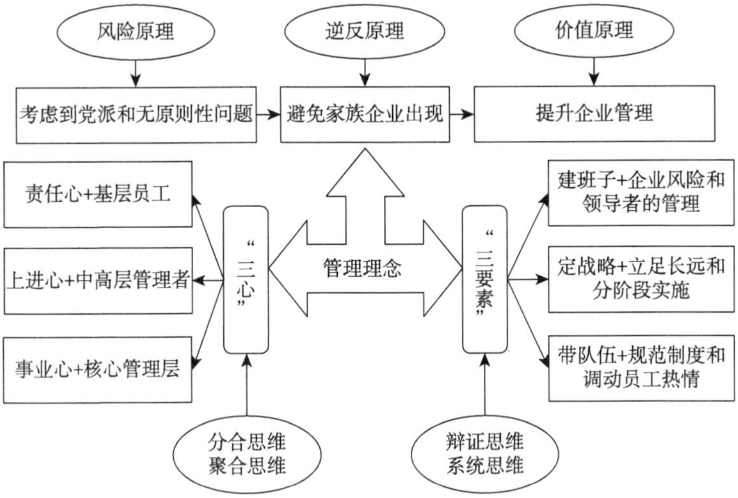

图 10-6-5 柳传志精心管理联想公司中所体现出的创新科学原理分析

6.5 “以人为本”彰显领导艺术，知人善任拓宽企业发展

企业是由众多的人员组成的，管理一个企业的核心工作也就是对人员的管理。柳传志常说“办公司就是办人”，他认为一个企业做得好不好，成功不成功，关键在用人。

柳传志本着以人为本的思想，一直沿着“要关心人、造就人”的主线去用人、识人，从而为企业实现更快更好的发展奠定了坚实基础。为更好地达到“关心人、造就人”的目标，柳传志要求每年召开一两次专题座谈会，开展高层管理人和基层员工的交流活动。在座谈会中，员工与柳传志等高层管理人面对面对话，每个人都可以对讨论的问题阐述自己的观点，发表不同的建议。在与员工的讨论中，柳传志的领导艺术又进一步体现出来，他善于聆听，深知每个人都有值得学习的方面，同时，他也会将从他人那里学到的方法和理论移植到企业的管理中。这样的交流，一方面，使得员工充分发挥积极性，激发群体思维，提高对工作的热情；另一方面，也使得柳传志更直观地感受员工关心的问题以及内心的想法，对人才的选拔和企业的管理来说，都极具参考价值。

提到柳传志，人们往往会想到杨元庆和郭为。2000 年联想企业进行战略调整，柳传志改造企业机制，将联想一分为二，拆分成联想集团和神州数码，领导权分别交给了杨元庆和郭为，自己则退居幕后。杨元庆和郭为是柳传志认为的千里马，他们每个人身上都有各自极大的优势，但是柳传志却发现两个人的合作总不能产生出“1+1>2”的效果。柳传志知人善任，辩证地看待其中的矛盾，通过系统分析企业结构，果断取舍，拆分联想，分槽喂养千里马，给予他们不同的发挥能力的舞台，从而使得他们能在各自的领域内发挥出巨大的优势。

柳传志分槽喂养、成功培养接班人的领导艺术有效地移植到联想投资朱立南、融科智地陈国栋和弘毅投资赵令欢等联想大将的任用上，柳传志的知人善任再一次体现他特有的“教父”品质。柳传志的识人、用人艺术彰显出个人魅力，同时也使得联想得以快速发展。现在联想的产业不仅仅是 IT，还扩展到投资领域，企业在不断地发展壮大。柳传志领导艺术中体现出的创新科学原理分析如图 10-6-6 所示。

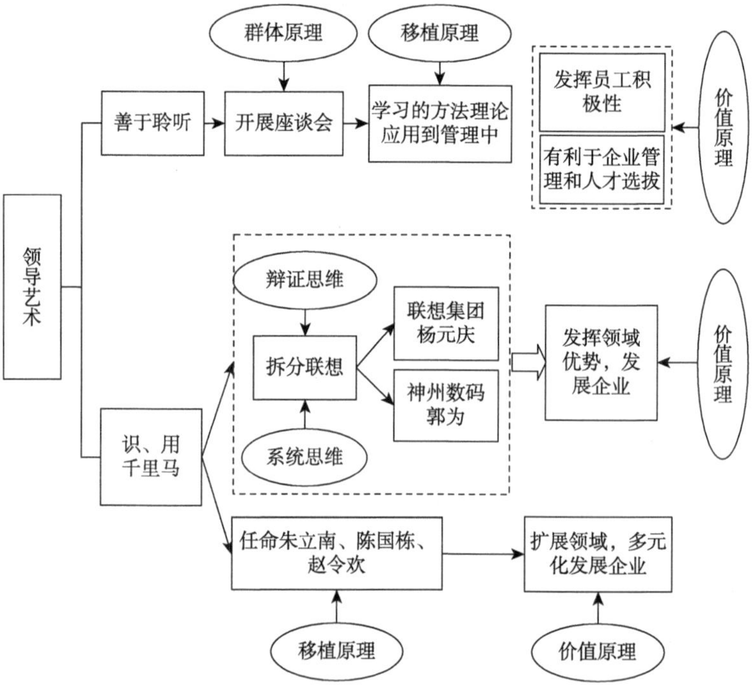

图 10-6-6　柳传志领导艺术中体现出的创新科学原理分析

6.6　“立意高远”创造行业传奇，管理智慧凝聚无形财富

柳传志曾经说过：“联想的成功首先是树立了一个高远的目标，就是坚决要

把联想做成一个百年老店，并且坚定不移地向这个目标前进。”从决心开启创业的路途，柳传志的步伐就没有停下来，他立志长远，从开始只能做代理业务维持财务状况的小公司，发展成为 PC 行业的传奇——Lenovo 世界品牌。在打造联想的过程中，柳传志所彰显出来的用人艺术、知人善任、管理理念等是一笔无形的财富，它启示着更多的中国企业家朝着正确的方向前行，激励着我们不断努力，不断实现新的超越。

参考文献

黄明，邹娟花. 2010. 联想集团国际市场体育营销策略及其启示. 体育科技文献通报，（11）：90-92.

林小朋. 2016. 中国创业者先驱柳传志. 劳动保障世界，（25）：45.

罗贞裁. 2013. 柳传志 创业前行的航灯. 中国人才，（10）：50-53.

尹一捷. 2010-09-20. 柳传志：企业教父. 计算机世界，018.

喻尘. 2008. 柳传志：充满联想的中国企业教父. 创造，（12）：59.

张锐. 2012a. 柳传志：中国商业“教父”. 对外经贸实务，（2）：12-16.

张锐. 2012b. 中国商业教父柳传志. 沪港经济，（3）：33-36.

张锐. 2015-04-24.“教父”柳传志的深谋远虑. 上海证券报，A02.

张学英，桂琳. 2005-07-13. 柳传志：站在国际化的大视角上. 计算机世界，C02.

镇荣理. 2005. 联想教父柳传志. 财政监督，（1）：12-15.

第 7 章　恒大地产王国的掌门人——许家印

它创造广州乃至中国地产史上的一个奇迹：当年征地、当年报建、当年动工、当年竣工、当年售罄、当年轰动、当年入住、当年受益。

从1997年到1999年，它仅仅用3年时间，就进入中国房地产30强并排名第7位。

2009 年 11 月，它在港交所挂牌上市，一举斩获 705 亿元的总市值，创始人由此一夜成为当时内地的新首富。

2010 年，它总资产逾 630 亿元，增长 120%，纯利同比增加近 1 倍，销售额达 303 亿元，同比增幅逾 4 倍；2010 年第一季度，它卖了 84 亿元，拿了中国房地产界销售面积第一、销售额第二的名次，比肩万科。

它上榜《财富》杂志发布的2016年世界500强企业排行榜，成为全球地产业唯一一家仅用 20 年时间跻身世界 500 强的民营企业。

它，这个发展速度迅猛、业绩突出的企业就是——恒大地产集团有限公司。这家集团的掌门人叫许家印（图 10-7-1），他于 1997 年在广州创办了恒大地产，目前，以 98 亿美元的财富位列 2016 年福布斯中国富豪榜第 9 名，同时他还有着“第十一届全国政协委员”“全国劳动模范”“中国十大慈善家”“中国房地产十大风云人物”“推动中国城市化进程十大杰出贡献人物”等众多头衔。这位优秀的企业家被业界称为“许氏铁腕”，他的管理风格和经营战略独树一帜，往往不按常理出牌。在此，让我们一起领略他经营企业的独特思维和不同寻常之道吧！

图 10-7-1　著名企业家许家印

7.1　战略眼光定乾坤，独具慧眼识机遇

许家印老家位于河南省周口市的一个贫困县，他是村里第一个大学生。大学毕业后，他进入河南舞阳钢铁厂工作。但是他对这个工作并不满意，因为这个钢铁厂位于另一个穷乡僻壤，他非常渴望能走出农村。于是，在钢铁厂工作了十年之后，他辞职南下，到了深圳。几经周折，他终于成功拿到三家公司的录用通知。最终，他选择了一家贸易公司，看中了它的发展前景、平台以及老板的才智和胆略。事实证明，他的选择是正确的。靠着踏实肯学、开拓创新和坚韧不拔的精神，许家印到公司不久，就为公司带来了不错的利润，升为办公室主任，他初试牛刀就取得了非常不错的成绩。

1995 年，洞察力极强的他意识到广东经济的快速发展一定会带动当地房地产行业的火爆，已是这家公司总经理的许家印主动提出去广州为公司开辟房地产市场。许家印在广州开发房地产另辟蹊径，没有像其他房地产商一样开发大户型，而是采取“小面积、低价格”策略，第一个项目就为公司赚取了两亿多元的利润。但是项目结束后，许家印却选择了离开，因为老板没有给他发任何奖金，他还拿着每月三千元的固定工资，他觉得自己的付出没有得到应有的回报。尽管如此，这段经历却为许家印日后创业积累了重要的经验，也让他坚信自己在房地产领域能闯出一片天地。

1997 年，许家印创办恒大地产，目标是成为中国最大的房地产企业。在这个目标的指引下，许家印站在整个公司的角度，基于对目标市场及市场规模的分析，通过目标市场内一般消费者购买力的评估及公司内部可供使用的财务资源的估计，本着降低成本、快速开发的经营理念，制定了规模取胜的发展战略。该战略的内涵是购买成本低的大规模土地，开发精品楼盘，大面积造城，图 10-7-2 所示的翡翠华庭就是精品楼盘的典型代表。许家印采取此战略的意图是利用土地的规模优势集中开发，降低公司项目的整体开发成本，提高开发效率，实现企业的快速成长，同时还可以提高城市整体形象，推动城市化进程，对社会的贡献和意义较大。我们对许家印创业初期的创新战略进行分析，其中蕴含的创新原理如图 10-7-3 所示。

图 10-7-2　恒大翡翠华庭

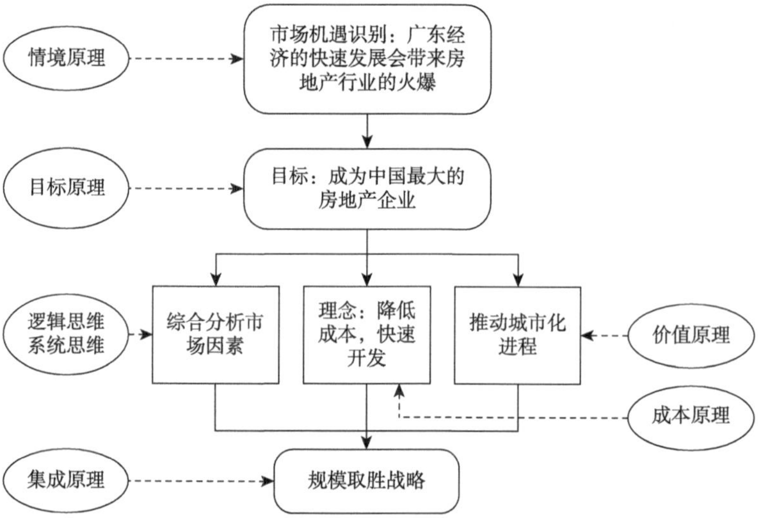

图 10-7-3　许家印战略制定中体现的创新科学原理分析

2010 年之前，许家印制定了进入二三线城市及城乡接合部等板块进行开发的项目拓展战略，而没有选择一线大城市，对于进入北京市场尤为慎重。许家印做出上述决定是基于以下几点考虑。一是，从公司面临的宏观市场环境来看，二三线城市处于上升发展期，国家政策支持，市民购房是刚需，开发潜力巨大。如果将二三线城市作为开发重点，可以降低国家宏观调控政策对房地产行业的影响，降低经营风险，具有战略导向。二是，以恒大当时的实力进军京沪等地圈地开发还略显吃力，聚焦二三线城市发展可以避免与万科等竞争对手的正面交锋，获得较大的市场份额。三是，二三线城市土地成本低，有利于降低开发成本。经过以上思考，许家印决定暂时放弃进军一线城市，借助于政府政策，抓住二三线城市的发展机遇。

与此同时，许家印只专注于居民精品住宅的开发，未涉及商业地产，力求将住宅地产做大做精，稳扎稳打，这也是恒大成立初期确定的使命。经营初期的恒大非常注意节省费用，甚至最初恒大的办公楼都是租用的，在外人看来，地产商没有自己的办公大楼着实可笑，但是许家印心态非常平和，丝毫不被外界所影响，按照自己制定的战略，一步一个脚印地踏实地发展。

许家印能在商业资本和巨额利润的诱惑下顺应时势，放弃一线城市及商业地产的开发，专注于二三线城市的市场拓展，做出了一个非常正确的战略取舍，具有战略视野。这一战略为恒大积累了雄厚的土地储备和资金，为其日后进军京沪及拓展商业地产业务打下了坚实的基础，为企业积蓄了内力，有利于企业的长远发展。事实证明，恒大早期的战略选择奠定了其快速发展的基础，这一功劳首先要归功于许家印对国策、时势、商机的深刻洞察。我们对许家印在该战略制定过程中展现的智慧和韬略进行了分析，如图 10-7-4 所示。

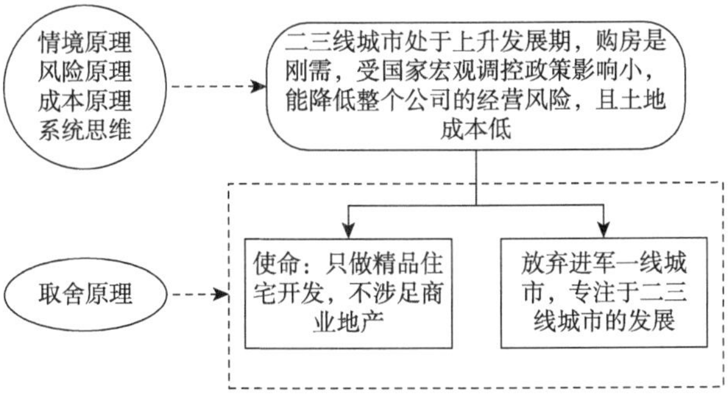

图 10-7-4 许家印战略制定中体现的创新科学原理分析

7.2 剑走偏锋实“正峰”，出奇制胜显“真雄”

许家印带领恒大接盘的第一个地产项目是广州的金碧花园，如图 10-7-5 所示。金碧花园的前身是一块农药厂地，位置偏僻，大部分开发商都不看好。但是许家印却接下了这块地，对于这个棘手地块，他有着自己独特的想法，他希望可以以此地块为开发的切入点，小试锋芒，向世人展现恒大变劣势为优势的能力，从而进入公众视野，打响品牌。

图 10-7-5　恒大金碧花园

为实现这个目标，他想到了三个办法。一是“挖地三尺，环境先行”。不同于一般地产商先造楼再绿化的开发流程和步骤，许家印不按常理出牌，反其道而行之，逆向开发，先进行环境治理和美化。考虑到农药地的污染问题，他先将旧土挖走，移来干净肥沃的土壤，并种植了大量的树木和花草，解决了土地污染问题之后，再建高楼。在楼盘开发过程中，他建立了几十处绿化景观，还建造了当时广州最大的音乐喷泉，环境极其优美。二是“抢时间、争速度”，加快楼盘开发步伐。为加快楼盘售卖，充分赢得市场，加速资金回流，许家印要求首个楼盘开发速度必须要快。三是，低价入市，逐步调高价格。许家印洞悉人性，其打造的恒大精品住宅给人一种极致的奢华感，满足了普通顾客用最少的钱获得最大回报的心理，最终赢得了大批的购房者。

许家印开发的第一个地产项目给人们留下了深刻的印象，最难忘的莫过于他对住宅环境的苛刻要求。看似走“偏锋”，实则体现了他正确的经商之道——注重楼盘的品质和宜居性，这也正是许家印的经营理念“质量树品牌，诚信立伟业”的深刻体现，显示了他对房地产需求“脉搏”的高瞻远瞩和房地产发展方向的精准把握。此后，他的环保经营理念一直贯彻于恒大地产的发展实践中。他一直坚持精品战略下深耕细作，走“规模+品牌”的道路。许家印希望打造的恒大品牌是让人们广为传颂的、具有环保价值的生态精品住宅，能够实现楼盘开发和环境美化的协调发展。图 10-7-6 分析了许家印在该项目开发过程中展现的创新思维。

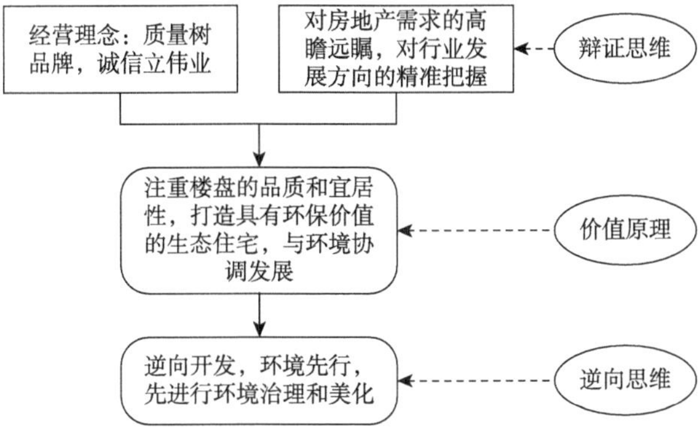

图 10-7-6　许家印经营理念中体现的创新科学原理分析

7.3　"许氏铁腕"风格特，"狼性文化"缔精英

许家印在房地产行业起步较晚，但是他有着很强的雄心和目标。前面提到，在恒大成立之初，许家印就制定了企业的总目标：成为中国最大的房地产企业。许家印深知，要实现这个目标，赶超目前国内现有的房地产大亨，就要在相同的时间内创造更大的价值，这就要求企业内部的管理运作具有极高的效率，浓缩为一个字就是：快！他选择了通过提高内部员工的执行力来达到这个效果，强大的执行力可以提高企业运行效率，本来十年才能完成的事情一年就可以完成。因此，在恒大的管理实践中，许家印采取了一系列措施打造企业的执行力文化。

首先，许家印秉持的集权管理观，打造了恒大独一无二的紧密型集团化管理模式，这有助于恒大对市场进行快速决策和快速反应。与此同时，许家印规定：集团总部对地区分公司进行统一管理，系统调配资源，分公司各自运营，为总部创造利润。二者互相依赖，集团与分公司形成一个紧密的整体，提高运营效率。

许家印还亲自起草了包含几万条规章制度的《恒大学习资料》，对公司各个方面进行标准化制度管理，使公司一切决策和行动都有章可循。此做法的经验来源于许家印在钢铁厂的经历，他踏入职场的第一步就是接受大工业整齐划一流程的熏陶，遵循容不得半点差池的安全细则的严格要求。因此，在他创办恒大时自然而然就联想到之前钢铁厂制度的严苛，于是也为恒大制定了严格细化的制度。标准化管理极大地提高了执行速度和效率，也形成了恒大的作风：精心策划、狠抓落实、办事高效。许家印曾经断言，恒大可以在短短两个小时内组建一个工种齐全的队伍投入运作，这是任何企业都难以企及的。

此外，许家印洞悉人心和人性，认为重赏之下必有勇夫，他制定的所有的管理制度都与人的利益息息相关。他在恒大内部采用严格的问责制度，强调赏罚分明，激励与约束机制并存。恒大的赏罚制度一视同仁，即使是恒大的高管也不例外，因此，许家印被称为“许氏铁腕”。许家印采取重赏重罚的激励制度，归根到底，是想通过物质奖励激发员工的潜力和工作热情，集成员工的智慧和力量，提升执行力，促使公司快速发展。

除了执行力文化，许家印还在恒大内部打造“狼性”的团队文化。他实施了一项战略，被称为“红海战略”，该战略的内涵是“在红海中，恒大人只有挑战，不给借口、不找理由，坚信办法总比困难多。商场如战场，恒大就是要在血淋淋的战场上勇于竞争，并在竞争极端激烈的市场中立于不败之地”。他对“红海战略”的解释是，“在需求增长缓慢的市场空间里，紧盯竞争对手、迎难而上，勇敢面对现实，参与竞争的战略”。正如许家印所说，采取这个战略就是为了鼓励内部员工努力拼搏，带着似狼的野性克服前进中的困难，赶超竞争对手，实现他的使恒大成为全国最大的房地产企业的目标。目前，许家印已经将这种“狼性文化”固化成恒大精神：艰苦创业、无私奉献、努力拼搏、开拓进取。恒大员工在“狼性文化”和恒大精神的指引下不断创造着新的成绩。许家印这种管理风格所体现的创新科学原理如图 10-7-7 所示。

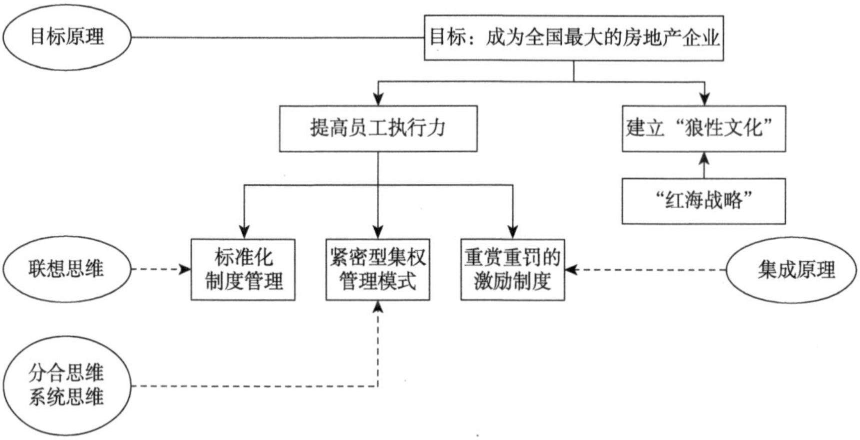

图 10-7-7　许家印管理风格中体现的创新科学原理分析

7.4　辩证思考拓领域，价值创造乃“本真”

许家印颇具商业头脑，除了发展房地产直接获利，他还辩证地思考问题，间接创造财富，实现多元化发展。可以说，他的独特想法不仅用于房地产产业本身，还被运用于所涉足的其他领域。

2010年，许家印斥资1亿元买下刚刚由中超降级为中甲球队的广州足球俱乐部，更名恒大足球，并放出豪言，要在三到五年内问鼎亚冠（亚洲冠军联赛）。短短不到一年的时间，恒大球队先后夺得中甲冠军和中超首冠，2013年恒大足球如愿获得亚洲俱乐部杯冠军。在此之前，恒大足球每场比赛基本都是3家以上全国性电视台直播，每轮比赛前后全国主流媒体都有大幅报道，如果将电视台的直播时间和报纸的版面折算成广告费，将是一笔庞大的营销支出。许家印虽然花巨资投资足球，但是省去了大额的广告营销支出，巧妙地为恒大进行了宣传，恒大地产名声在外，业务发展势头更加强劲，销售额由2009年的300亿元飙升到2012年的923亿元，恒大品牌的无形资产价值也迅速增值。高投入带来的高产出，使恒大实现了总成本领先，完成了全国性扩张和二三线城市的战略布局，这也正是许家印投资足球的初衷。他将足球俱乐部的宣传功能和房地产的拓展战略进行组合式发展，即足球营销是引爆点、商业价值是落脚点。恒大利用足球比赛的娱乐性造势，尽可能多地吸引大众关注，从而形成极强的广告效应，打响了恒大的品牌。

许家印进行足球界跨界试水，除了利用恒大足球进行大力宣传外，他还看到了足球业的巨大商业利润。他将恒大足球进行商业化运作，将房地产行业的商业运作模式移植到足球领域。每场球赛恒大有30分钟的广告时间，许家印将其高价售出，获得巨额广告费。球员们胸前的广告最值钱，许家印在进军矿泉水领域时就率先将恒大冰泉的图标放在球员们的球服上，闪耀亮相（图10-7-8），收获了不错的宣传效果，许家印也将其以天价出售。这些收入与当初购买该足球俱乐部的成本及后期投入持平，恒大足球很好地实现了职业化和商业化，已经成为新的利润增长点，逐渐实现了盈利。许家印将足球商业化的做法颇具匠心，是足球界和商业界的一次创新。

图10-7-8　恒大足球服

除了进军体育行业，许家印的多元化战略还拓展到快消行业、文娱产业、食品行业、健康产业和保险业等众多领域。许家印认为恒大地产集团作为一个整体，各领域的发展与恒大有着千丝万缕的联系，因此，恒大集团应该系统地发展。他将各个领域看作恒大的重要组成部分，每一个领域，都倾尽全力，设定高绩效目标，大手笔投入，力求做到最好。集成各领域的宣传功能，扩大恒大的品牌影响力和知名度，拓展品牌效应，以期更快地实现企业目标。此外，他涉足的每个领域几乎都有一个报国利民的想法。他开发精品居民住宅是为了以高性价比满足刚需；他花巨资购买恒大足球是为了重振国足，为国争光；他推出的恒大冰泉则希望以世界顶级品质改善老百姓的饮水健康；而他进入文化产业是想以高质低价的产品丰富老百姓的精神生活；恒大粮油、恒大乳业、恒大畜牧是许家印打造的安全食品，试图以放心产品保障老百姓的餐桌安全；他和哈佛医院签约合作的恒大健康力图推进中国医疗健康服务的进步；他发展保险业除了获取大量的现金流，盘活资金之外，还立志将带动中国保险业做大做强。他的多元化战略不仅为恒大带来了可观的利润，拓展了恒大的品牌效应，还创造了巨大的社会价值，可见他心系国家和人民，将爱国精神发挥得淋漓尽致。 许家印品牌拓展中所展现的创新智慧如图 10-7-9 所示。

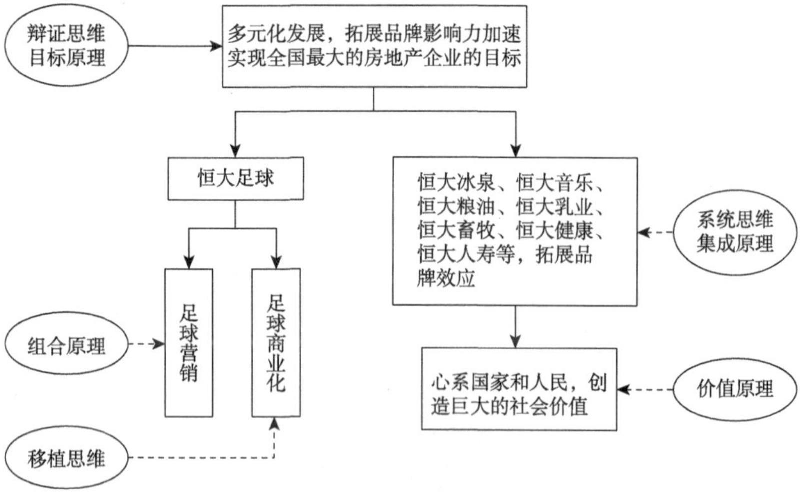

图 10-7-9　许家印品牌拓展中体现的创新科学原理分析

7.5　“胆大激进”敢创新，运筹帷幄抒雄心

许家印的一个典型特征是有胆识、敢冒险。他花钱大手笔，对于他认为有前

途、能赚钱的领域向来都是一掷千金，外界称其为“土豪”。他善于运用资本的力量，利用资本市场的巨大杠杆盈利，体现出过人的胆识和气魄。许家印在资本市场的表现非常激进，他总是盘算着 1 元钱如何可以赚到 20 元钱。2010 年至 2012 年，也就是恒大上市后的几年，许家印一直选择高负债经营，负债率由 52.5%攀升到 84.2%，这在资本市场极其罕见。但他勇于冒险，有野心，希望通过资本杠杆的力量聚集大量资金，获得超额的利润回报，助力企业发展。

许家印超乎寻常的冒险精神，让他敢于尝试、主动创新。他带领恒大在众多领域都拔得头筹。他倡导的“环保+品质”的经营理念让恒大地产迅速崛起；他建立的“狼性文化”缔造了一批商界精英；他花巨资打造的恒大足球让恒大声名显赫。总之，他进入的众多领域都创造了巨大的商业价值和社会价值。

许家印站在时代的前沿，始终牢记将恒大打造成全国最大的房地产企业的目标，深刻洞悉市场环境及其发展趋势，根据市场形势的变化，调整和确立自己的经营理念，在“规模+品牌+多元”的战略下，朝着自己的宏伟企业目标一步步迈进。许家印经营企业的创新思想体系如图 10-7-10 所示。

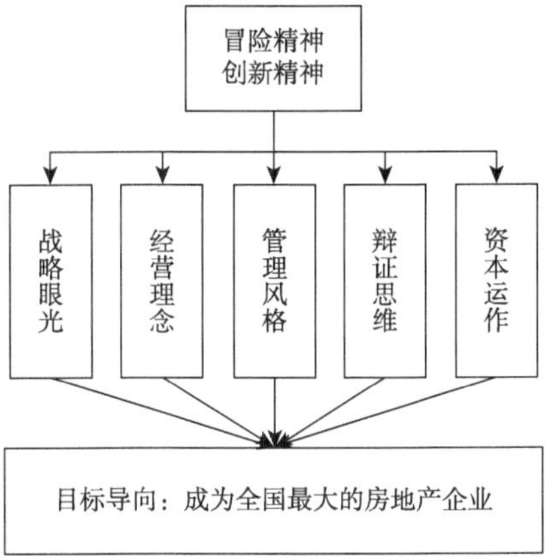

图 10-7-10　许家印经营企业的思想体系

许家印的创业过程所呈现的创新智慧和思想是一笔巨大的精神财富，启示着更多的中国企业家不懈努力，奋勇前进。

参考文献

端木. 2016. 不可复制的许家印&可供借鉴的“恒大模式”. 中国房地产，（32）：20-22.
郭炎兴. 2010. 许家印的财富传奇. 中国金融家，（5）：99-101.

黄秋丽. 2010. 许家印："中国地产航母"领军人. 决策与信息，（1）：50-52.
黄秋丽. 2014. 豪客许家印. 中国企业家，（z1）：11，76-82.
李捷. 2014-02-27. 许家印：天生爱冒险的儒商. 粮油市场报，B04.
刘佳. 2014. 恒大足球营销战略解读. 经营与管理，（4）：4-6.
王峥. 2014-09-06. 许家印的多元化帝国支柱 战略和执行力. 证券日报，B03.
张锐. 2011. 许家印：从寒门之子到地产大王. 对外经贸实务，（12）：13-17.
张锐. 2012. 中国首富许家印. 沪港经济，（1）：33-37.
张守刚. 2012. 许家印：战略为王 奠定恒大. 企业研究，（3）：30-43.
周宏伟. 2009-03-07. 许家印：毕生努力为和谐. 人民政协报，B07.
周静，刘昱锜. 2016. 基于执行力导向的企业家思想与管理模式探究——以恒大集团许家印为例. 中国人力资源开发，（20）：94-98，104.

第8章　世界最杰出的华人企业家——李嘉诚

有这样一个商人，自1999年起，连续15年蝉联全球华人首富宝座。

他，就是李嘉诚（图10-8-1），当代最成功、最杰出的商人之一。他17岁荣升为香港塑胶公司业务部经理，22岁创建长江塑胶厂，并以“长江”为起点开启了其实现鸿鹄之志的商业征程。

图10-8-1　著名企业家李嘉诚

为求企业发展，他远赴西方偷师学艺；为抢得市场先机，他整日操劳，不眠不休；他老当益壮雄心不减，大举向海外投资，资本占据英国半壁江山，为自己的商业史写下浓墨重彩的一笔。商业有界，商道无界。从穷困少年到“塑胶花大王”，从地产大亨到救市的白衣骑士，从超人到新经济的领袖，从管理大师到传媒高级科技的弄潮儿……融商融智融天下，做人做事做生意。李嘉诚的成功不仅体现在他绝世的经商头脑、智慧的人生谋划，更体现在他为人低调，追求无我的境界中。

8.1 创业精神——世事洞明皆学问，胆识兼备勇创业

8.1.1 打工生涯，备尝艰辛

吃得苦中苦，方为人上人。父亲病逝，母亲含辛茹苦持家，年仅 15 岁的李嘉诚作为长子，肩负起家庭重任。当时香港经济萧条，不少公司都在裁员。李嘉诚找工作四处碰壁，几经周折，终于找到了一份茶楼跑堂工作。这份工作来之不易，他非常珍惜这难得的工作机会。李嘉诚每天晚上将闹钟调快 10 分钟，第二天，他总是第一个赶到茶楼。而这个生活习惯，他至今都保留着。

每天 15 个小时的茶楼工作后，筋疲力尽的李嘉诚回到家还要学习文化知识，经常熬到深夜。他花很少的钱，去书店淘来旧教材，利用业余时间自学完成了中学的全部课程。学完之后，他又将旧书卖给商店。这样，他既学到了知识，又省下了买新书的钱，精打细算，一举两得。从这件小事可以看出他具备精明的商业头脑。

李嘉诚有着特别好的记忆力天赋，他将常来的客人的姓名、习惯、爱好、喝茶品种、财富特征摸得一清二楚，从业不久就学会了察言观色的本领。不久便成了远近闻名深受顾客喜欢的小伙计，老板也给他加了薪。就这样，靠茶楼里赚来的钱，李嘉诚解决了全家人的生计问题。

8.1.2 初涉商海，妙推铁桶

茶楼是生意人的场所。在李嘉诚打工的春茗茶楼里，经常有一些老板汇集于此，他们的言谈举止潜移默化地影响着李嘉诚。虽然李嘉诚目前的薪水足以养家，但是他不安于现状，想要努力学到更多本领。

李嘉诚不仅学习语言以及其他文化知识，还学习经商经营之道。他关注市场，经常看一些财经类报刊。一次偶然的机会，在茶楼趁休息时李嘉诚看到了报纸上一则不起眼的消息，该消息称五金行业有市场潜力，发展前景广阔。这条不起眼的消息瞬间引起了李嘉诚的注意，凭借着他对五金市场敏锐地觉察，他毅然辞掉了茶楼的工作，改做推销员。当时五金行业里的铁桶销售量比较大，于是李嘉诚便做起了推销铁桶的生意。一般推销员推销铁桶时，大都会找杂货铺，但大

家都是这个思路，生意很不好做。于是李嘉诚打破惯性思维，反其道而思之，从对立面积极开动脑筋思考，最终将铁桶销售改为直销。旅店是需求铁桶的大户，于是他送货上门，直接把样品送到旅店手中，减少中间环节，价格比旅店从杂货铺买要便宜。另外，可以送货上门又省去人力，旅店自然乐意购买。用这种方法，他一次甚至可以销出 100 只铁桶。李嘉诚不走寻常路，能够在推销铁桶中脱颖而出正是得益于其善于动脑思考的优秀品质。此次牛刀小试，也崭露了李嘉诚的经商才华。

8.1.3　辞工创业，塑胶花王

五金业务蒸蒸日上，李嘉诚却急流勇退，辞职来到一家塑胶制品厂。这源于一次推销中，李嘉诚使出浑身解数推销自己的产品，但是依然得不到青睐。竞争对手的塑料桶推销轻而易举打败了他的铁皮桶，这使李嘉诚意识到，不是销售本身，而是产品本身出了问题。于是他发散思维，集思广益，四处搜集资料，寻找挖掘顾客青睐的产品。

然而好景不长，塑胶日用品的迅速发展使得市场接近饱和，很难再占得一席之地。一次偶然的机会，李嘉诚读报纸的时候发现了塑胶花卉这一新产品，塑料做成的花符合人们求新求变的心理又能装点生活，和新鲜花卉的功能并无不同，而且还省去了浇水、施肥、剪修的麻烦，的确是弥补了市场的空白。

但是，如何才能获得这种产品的生产秘方呢？李嘉诚思来想去，决定亲自出国去意大利学习手艺。1957 年，李嘉诚怀揣着强烈的希冀和求知欲，登上了飞往意大利的班机。当他风尘仆仆来到工厂门口时，却戛然止步——工厂戒备森严，手艺更不会外传，只有支付昂贵的技术专利费用才可以获得，但李嘉诚那小小的长江厂无疑是根本担负不起这笔费用的。虽几经碰壁，但他目标明确，丝毫没有气馁。冥思苦想中，工厂门口贴着的招工海报引起了他的注意，这使得他以退为进，靠打工者的身份成功混入工厂，学习塑胶花技术。李嘉诚谦虚好学，佯装新人，向职工请教手艺，迂回而又灵活地在工作中收集资料。

李嘉诚冒着巨大的风险偷学手艺。最终，凭借严谨而又谨慎的性格他没有被厂方发现，反而在有较大风险的环境下学艺成功，满载而归。回国后，他在配方着色、成型组合以及花卉品种方面下了一番功夫，终于研制出适合香港本地特色的花卉——塑胶花。之后短短几个月的时间内，凭借之前推销铁桶的历练以及过人的智慧，李嘉诚的塑胶花不仅开遍香港，占领了东南亚市场，而且还打进了欧美市场，成了意大利那家工厂的主要竞争对手。

8.2　企业家的经营智慧——运筹帷幄把控发展，善于谋略创造辉煌

8.2.1　机智取胜，地铁中标

1977 年，香港地铁中环、金钟两座车站上的“上盖兴建权”开始招标。这是香港史上最庞大的工程，其工程所需资金为 205 亿港元。

中环与金钟这 2 个车站，地处香港最繁华的地段，可谓是寸土寸金。如果在这 2 个地段上建设物业，获利也将非常可观。2 个车站上部的兴建权，就像是两颗巨大诱人的宝石一样，谁有实力，谁就可能把它拿到手。当时共有 30 多个财团参加了角逐，李嘉诚的公司也不例外，竞争的激烈，可想而知。

李嘉诚把地铁上面的两个楼盘设计成商场和写字楼合二为一的综合性商业大厦。此举打破了以往行业内只租不售的规矩。此外，在满足基础利润的情况下，他还提出了 2 个对地铁公司极具诱惑力的条件。一是长江实业提供全部建筑费，不用地铁公司出一分钱。二是长江公司同意把租售物业所得的利润，与地铁公司平分，地铁公司占 51%，长江公司占 49%。如此极具价值的条件虽然让地铁公司为之心动，但竞争的企业也是高招频出。最后李嘉诚充分发挥自己的商业智慧，协调各要素，在保证质量的前提下降低成本，提交的建议书列举的条件异常优厚，最终脱颖而出，击败置地公司，独得与地铁公司经营该地的发展权。

李嘉诚有气吞山河的胆量，也有赶超置地公司的智慧。他以小博大，采用迂回战术，从地价低的香港郊区项目开始做起，等时机成熟，再向市区挺进——这实际是隐藏在李嘉诚心中的一个更大的战略。地铁招标这一战役也是他商战策略的胜利，无不渗透着李嘉诚善于联合合作的商业智慧。

8.2.2　着眼未来，投资电视

随着公司的不断发展，李嘉诚的全球化发展思路已经让他经营的行业遍及各行各业。塑胶起家到房地产、酒店、股票、货运码头、电力……然而李嘉诚看好的不仅有传统的行业，也有新兴的产业，他还将眼光瞄准了新兴的高科技行业。

李嘉诚看好的是有线电视收费业务，他认为这项业务与市民关系密切，有着广大的客户群体，与免费的无线台冲突不大，发展前景非常好。李嘉诚把当时主

要用于电话服务的“亚洲卫星一号”移植到刚刚起步的电视计划上，提高卫星利用率的同时又拓展了有线电视业务，这又为李嘉诚收获了一大笔财富。

李嘉诚的智慧在于他善于把握投资时机；能够进行市场细分，满足不同人群需求；敢于闯市场，敢于尝试新事物。在一般人看来，免费的无线电视已经占据了市民的生活，而收费的有线电视是否有市场谁也没有尝试过，前途莫测。而李嘉诚则看出了香港市民消费层次的不同需求，他独创新路，敢于尝试新事物，并在电视领域立稳了脚跟。他的“移花接木”策略更是开辟了一个将高科技服务于大众的新思路。他被称为“超人”，确实是与众不同。

8.2.3　码头败购，泰然处之

20 世纪 90 年代初，李嘉诚所属的和黄公司（和记黄埔有限公司）码头业务迅速发展，在国际货运码头上占据了业内总业务量的七成，是香港货柜业的码头大王。然而此时，李嘉诚却因为九号码头竞投的事遭遇挫折。这并非经营不善，乃香港英国政府的政策变化所致。

1992 年，英国执政保守党主席彭定康接替卫奕信，继任香港总督。彭定康在香港的各方面都爱标新立异，与众不同，他在竞投九号码头这件事上，也未按常规方式举行，而是采用了他自己认为合理的方式进行。这一竞投方式与以往衡量硬性指标不同，有许多的弹性和灵活性的地方。没有硬性的指标衡量，李嘉诚的和黄公司是否能够胜出，很难有定论。码头竞标的方式随着新上任的彭定康而改变，胜算的可能性降低。但是，李嘉诚并没有放弃参加角逐的机会，而是静静等待新的竞标方式的公布。最终，彭定康决定采取“满堂红”的方式，即人人皆有机会，都不放空。按此方案，彭定康既没有完全考虑软指标，也没有完全依赖硬指标，而是将机会平均分配。李嘉诚的和黄公司在此次竞投中并未能取得如期的决定性胜利。但这并没有让他气馁，而是使其从失败中积极汲取经验教训。

由此来看，李嘉诚并不是神，在商战中他也并不总是所向披靡，无往不胜的。他与常人一样，也经常会经历一些意想不到的困难与挫折，只不过他总以一颗平常人的平常心来对待问题。虽然竞投失败，但是李嘉诚能够理智地去分析，有舍有得，没有意气用事，可见其泰然处世之道。

8.2.4　进军生物领域，点石成金

对新的产业进行前瞻性、战略性的投资，是李嘉诚最拿手的功夫之一。李嘉诚认为，生化科技会是集团未来发展的重点领域，也是他投资的另一只篮子。这

意味着，长江生命科技集团（简称长科）在长江实业未来的发展战略中，将占有十分重要的地位。

长科主要从事生化科技产品的研发、商业化、推销及销售业务。其业务针对“提升人类健康及环境的可持续性两个层面”，通过“细胞甄选、激活及驯化技术”开发不同的产品，范围包括生态农业、环境治理、医疗、保健及护肤五个类别。

一般而言，从事生物科技开发的公司短期内难以获得盈利，李嘉诚的公司也不例外。公司前期一直处于“烧钱”的研发阶段，许多业内人士都不看好，然而李嘉诚却一直表示对公司有信心。2003 年非典期间，全民恐慌。市场的恐慌也催生了新的机会，针对非典疫情，长科宣布提早推出 VitaGain（唯健）免疫素。此外，长科主席李泽钜还推出“长江健康自强行动”，任何人士在完成 VitaGain 免疫素疗程后若患上伤风感冒，集团将提供免费医疗服务，若服用人士染上非典型肺炎，长科则会提供 20 万元保健金。此计划一经实施，受到民众热情欢迎，取得了意想不到的效果。

李嘉诚擅长把握投资的最佳时机，当好的投资机会来临时，积极努力去把握机会，选择最优的时机。李嘉诚将非典看成一个机遇，体现出他商人眼光的敏锐。长科能够迅速把非典危机变为商业机遇，一方面为产品的服用人士提供信心保障，另一方面这种特别的营销手法，也得到了投资者的认可。

8.3 做人之道——信达天下人旺财旺，知情知性超人超仁

8.3.1 追求无我，低调做人

李嘉诚做人非常低调，不爱出风头。即使是受到谣言的攻击，他也只是一笑而过，以静制动，使得许多谣言不攻自破。很多商业竞争中的对手后来因为他的为人而成了他的朋友。

李嘉诚就是这样一个谦虚努力的人，他对自己始终严格要求，不断地给自己制定目标。他常常以我国古代老子的哲学思想来作为自己的修身养性之道：大智若愚、深藏不露、凡事要留有余地，他认为这才是待人接物的最高准则。

李嘉诚身上有许多令人不解的地方。他白手起家、巨额财富、声名显赫，但他却以罕见的低调方式行事。他自己的住宅内没有游泳池；两个儿子在上学时他只给区区可数的零用钱；他抬起脚，人们才发现他脚上的鞋已穿了多年。在身价

百亿之后，他仍过着普通人的生活。

满招损，谦受益。李嘉诚能够透过事物的外在发现本质的联系，辩证、客观地去待人接物。当今时代，能像李嘉诚那样功成名就，却依然能抵挡媒体的强大攻势和外部世界的种种诱惑的人是越来越少了，但这样的人反而更容易赢得世人的尊重。

8.3.2 重信守义，吃亏是福

“重信守义，吃亏是福”是李嘉诚待人处世的原则之一。他说过：“有时你看似是一件很吃亏的事，往往会变成非常有利的事。”好的品行往往会给你带来意外的财富。

1973 年，香港恒生指数大跌给各行各业带来剧烈的震荡，引起了一系列灾难性的后果。不久，塑胶行业出现严重的原材料短缺现象，整个行业面临着无米下锅将要停顿的局面，不少制造商面临倒闭危机。一向注重在稳健中求发展的李嘉诚，对市场有机警的觉察，在此之前他早已经以低价购入了数百吨的原材料。在这场危机中，身为潮联塑胶制造业商会主席的李嘉诚站出来，倡导香港数百家塑胶厂入股组建塑胶原料公司，组建后的原料公司将直接到国外进口塑胶原料。为平抑原材料的价格，他没有出售自己的大批原材料，而是以成本价交给商会出售。这一义举，使得许多同行厂家度过了危机，李嘉诚也得到了大家的尊重和支持。

李嘉诚之所以会这样做，是因为他从未将牺牲自己的时间与利益帮助别人渡过难关看成是分外的事，他总是愿意帮助他觉得应当帮助的人。吃亏是福，他因此被称为塑胶业的“救世主”，赢得了同行的拥戴。

8.3.3 唯贤是才，凝聚众智

李嘉诚年幼时，在阁楼上读过孟尝君的故事。孟尝君是中国古代贤明的化身，他深明大义，尚德尚贤，许多身怀绝技的壮士纷纷投奔到他的门下，他身边有门客三千，仁人志士比比皆是，且都感念于孟尝君的知遇之恩。最终孟尝君功成名就，就是众人相帮的结果。这个故事给年幼的李嘉诚留下了深刻的印象。在李嘉诚看来，一个人的智力总是有限的，如果能够凝聚众人的智慧，就能够成就大事。

李嘉诚的智慧使他懂得借力，他收购许多外资公司后，并没有将管理人员全部更换，而是保留下来，以夷制夷。另外，他还雇用洋人，这在被收购的公司内部起到了稳定人心、控制局面的作用。他在收购和黄公司以后雇用的洋人大班马世民为和黄公司带来了辉煌的业绩。在他投资内地以后，善于运用本土化人才，这体现出了他因地制宜、灵活多变的用人艺术风格。

8.3.4　理智教子，青胜于蓝

李嘉诚历经数年，白手起家，创立商业帝国。他也非常注重培养自己的两个儿子李泽钜和李泽楷。他深信耳濡目染之道，儿子们不到十岁便带他们去长实的会议室开会，从小接受商业知识的熏陶。哥俩小小年纪就被送到寄宿学校独立生活，他对两个儿子寄予高度的期望。望子成龙是每一位父亲的迫切愿望，然而他深知留给儿子们金子，远不如留给他们一个点石成金的“手指”。如今，李氏兄弟在香港商界秉承其父风范，做事稳健，又兼具新一代人勇于挑战、知难而进的优秀品质。李嘉诚对待儿子的教育方式体现了他独特的教子观、育人观。

8.3.5　热心慈善，回馈社会

随着事业逐渐壮大，李嘉诚也越来越热心公益。1980 年，李嘉诚基金会成立，之后他更是系统地对我国教育、医疗、文化、公益事业进行资助。历年来他累计捐赠额超过 80 亿港元，其中多是现金捐赠。他在内地的捐赠占总捐赠额的71%。李嘉诚认为教育及医疗是国家富强之本，他对教育及医疗事业的捐赠比例达总捐赠额的 88%。

李嘉诚捐款的善行和义举就是他经商活动中的无形资产，从某种意义上来说，这个无形资产比有形的更有价值。试问，做生意的人谁不愿意找一个人品好、人格高尚的人合作经商呢?

8.4　感悟启示——创新求变展宏图，壮心不已谱新曲

作为华人首富，李嘉诚的名字一直响彻全世界。尤其是他从一无所有，到凭借着自己的奋斗，一步步迈入富豪榜，并最终成为华人首富的经历。

正如李嘉诚所言：“勤奋是个人成功的要素，所谓一分耕耘，一分收获，一个人所获得的报酬和成果，与他所付出的努力是有极大的关系的。运气只是一个小因素，个人的努力才是创造事业的最基本条件。”在许多人眼中，李嘉诚是一个奇迹，一个超人，一个谜一样的人物。他凭借着超人的大智慧，胸怀大略，亲手缔造着商业帝国的奇迹。李嘉诚人生智慧所体现的创新科学原理见图 10-8-2。

正是创业阶段敢做敢闯的不安分，发展阶段步步为营步步赢，再加上低调做人、重信守义的良好品行，使得他在商海的浪潮中无往不胜。

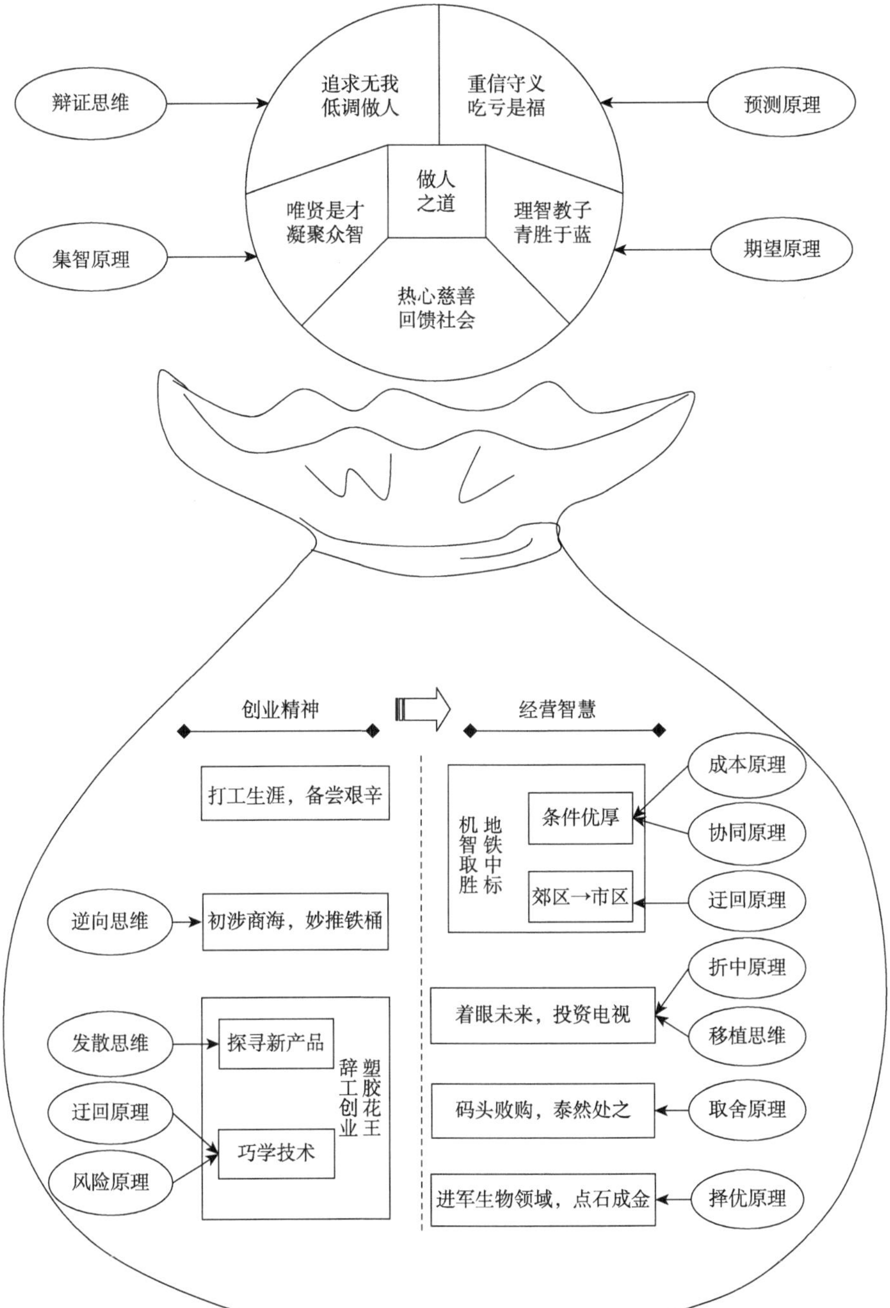

图 10-8-2　李嘉诚创业经商与做人之道中体现的创新科学原理

参 考 文 献

韩维民. 2012. 李嘉诚的经营智慧. 企业改革与管理，（12）：66-67.

李嘉诚. 2017. 李嘉诚—— 李超人出走欧洲. 房地产导刊，（z1）：53.

沈建华. 2011. 李嘉诚的用人之道. 造纸信息，（9）：30-32.

依文. 2008. 李嘉诚坦陈经商之道. 中国商界（上半月），（2）：64-65.

张羿. 2006. 李嘉诚：超越中西的管理大道. 中国招标，（56）：4-6.

郑晓琳. 2014. 中国企业家的成功典范——李嘉诚. 中外企业家，（15）：241.

第 9 章　中国互联网界的传奇人物——马云

如今，但凡提及中国互联网及电子商务的发展，人们就一定会想到马云（图 10-9-1）和他的阿里巴巴。2014 年 9 月 16 日，阿里巴巴成功上市，估值 1 500 亿美元至 2 000 亿美元，成为仅次于谷歌的全球第二大互联网公司。毫无疑问，阿里巴巴已成为当代中国互联网业界最大的传奇。它在网上支付、B2B 网上交易市场以及云计算等领域的业务布局，构建起了一个开放、协同、繁荣的电子商务系统王国。

图 10-9-1　马云

而它的创始人马云也成为近代以来全球视野里最伟大的中国创业者之一。国人称他为神话般的人物，而外媒则觉得他是一个像沃伦·巴菲特（Warren Buffett，1930—）一样智慧的人。马云曾经是一名普通的大学英语教师，但他天生有着异于常人的勇气和智慧。20 多年前，当他洞察到互联网可能带来的巨大商机时，立刻辞掉教师工作毅然投身商海，并以他超人的创新精神和果敢的大胆决策一手抒写了阿里巴巴这个传奇故事。

9.1　嗅觉敏锐，高瞻远瞩把握互联网商机

马云与互联网的第一次接触源于一次美国之行。1995 年，马云被邀赴美做商业谈判的翻译。在西雅图的一家互联网公司里，他第一次切身感受到互联网的神奇魅力，并立即敏锐地意识到——网络里隐藏着能改变世界的巨大能量。

他发现，利用互联网能搜索到很多信息，但是却搜索不到任何一条有关“中国”的信息，互联网在中国市场上的空白让马云兴奋不已。他觉得应该将互联网这么有价值的东西带回国内，并坚信互联网的巨大力量定会给国人带来意想不到的惊喜。回国当晚，马云就兴致勃勃地邀请了 24 位交情颇深的朋友来讨论对互联网的看法，遗憾的是当时国内接触互联网的人寥寥无几，24 个人中仅有一人认为可以试试。但大家的不赞同并没有动摇马云做互联网的想法。因为在他看来做一件事，无论失败与成功，总要试一试，闯一闯，不行可以调头，但是如果不做，总走老路子，就永远不可能有新的发展。要做就要实实在在地做，扎扎实实地做，绝不三心二意地做，更不会等待别人把条件给凑齐了再做，而是立说立行，说做就做，没有条件创造条件努力地做。

1995 年 5 月 9 日，靠着四处筹借来的 10 万元，马云成立了中国第一家商业网站——“中国黄页”，他当时的想法是把国内企业的资料在网上向全世界发布，让人们可以快速查找到这些企业的有关信息。然而，随着互联网行业的逐渐升温，中国黄页遇到了很多的竞争者。其中，最为强劲的对手就是杭州电信，杭州电信 2.4 亿元的注册资本远远超过中国黄页的 5 万元。一年之后，马云选择与杭州电信合作，组建合资公司，杭州电信占 70%的股份，马云占 30%。但合作没多久，就产生了意见分歧，而马云基本上没有话语权，所以他毅然离开了。之后，他加入了对外贸易经济合作部，担任中国国际电子商务中心的信息部经理，带领他的团队成功推出了一系列网站。但对外贸易经济合作部建立封闭系统、服务大型国有企业的要求与马云最初想建立的开放式的、服务于中小企业的网站的想法大相径庭。因此，马云放弃了舒适、高薪的工作，回到杭州重新进行互联网的第二次创业。事实上，在马云的心里始终怀揣着一个巨大梦想，那就是创建一个全世界最大的商人网站！两次的毅然决然、从头再来，都源于马云对互联网力

量的坚信，更是对自己创业初心的坚守。

马云凭着敏锐的嗅觉，坚信互联网的巨大价值，并立说立行投入实践，实现了自己第一次互联网创业的尝试。与杭州电信合作的失败以及在对外贸易经济合作部大展拳脚梦想的破灭并没有让马云退缩，他依然坚信互联网改变世界的力量，并更加坚定自己互联网创业的方向和目标。

9.2　定位明确，湖畔花园创立阿里巴巴

1999 年，回到杭州的马云带领团队开始了第二次互联网创业。马云阐述了要建立一个服务于中小企业的电子商务公司的构想，其功能是为中小企业的 B2B 贸易往来提供服务平台，这就是阿里巴巴最初的雏形。在马云的观念里，永远不做大多数，因为很多人看好的方案必然有很多人已经在做了，机会肯定不会属于跟随者。所以，马云并没有向大多数人那样去挤占热门门户网站的红海，而是看中了国外市场上运行失败的 B2B 模式，确定了公司的目标为建立属于自己的 B2B 模式的电子商务公司。他也没有像当时的大多数管理者那样只注重服务于大型企业，而是专攻那些被市场遗弃的中小企业。在外人看来这个遥不可及的梦想甚至有些荒谬，但他坚信针对中小客户的中国互联网市场隐藏着巨大的潜力。

创业之初，因为资金有限，马云将公司设立在自己购买的湖畔花园的住宅里，他和同事们每天就在那个地上到处是铺开了床铺的住房里工作。他们每天工作十七八个小时，一直不停地设计网页、修改方案、讨论创意，商量未来之路。当时，国内互联网经济正如火如荼地发展着，互联网公司竞争也十分激烈。为了脱颖而出，绝大多数公司通过各种手段造势以吸引用户眼球，进而获得投资来扩张自己的实力。然而马云并没有这样做，他选择带领团队，沉下心来，一心一意地把网站做好。阿里巴巴出现以前，中小企业的进出口需求只能通过线下的交易实现，阿里巴巴网站建立后，马云加大 B2B 模式的宣传和营销，力图把中小企业吸引到互联网上来。这样，通过联结世界的互联网帮助中小企业获取订单，提高了买卖成单的效率，使得中小企业在市场竞争中更有优势，实现了成本最低化、利润最大化。这一基于互联网的 B2B 模式推动了国内电子商务的迅速发展，帮助中小企业扩展了商务贸易的市场。现在，阿里巴巴已经从 B2B 业务扩展到包括 C2C、B2C、第三方支付和云计算等领域，在市场

上取得了巨大的成功。

回顾阿里巴巴的发展，马云对互联网创业初衷的坚守，明确的市场定位以及团队成员的共同努力都是帮助阿里巴巴快速成长的重要因素。

9.3 战略精准，勇敢挑战 eBay 赢得市场

同为电子商务公司的 eBay 是美国的一家 C2C 模式的电子商务网站，在 2000 年初 eBay 已经成为全球首屈一指的 C2C 公司。2002 年 3 月 eBay 收购了当时中国最大的一家 C2C 模式的电子商务网站——易趣，从而进军中国市场。这一举动使马云意识到，必须抢先在竞争对手的领土上将战火点燃，否则，若财力雄厚的 eBay 再进入中国市场的 B2B 领域，对阿里巴巴来说将是一场灾难。面对强大的对手，马云没有退缩，决定立即出击。2003 年 4 月，马云制订了一套完整周密的战略计划，并动员自己的团队秘密地开始筹建 C2C 淘宝交易平台。

2003 年 5 月 10 日，淘宝网上线，但流量并不乐观，交易也不活跃，而且在做推广时也被竞争对手 eBay 处处拦截。eBay 凭借自己的财力和已有的名气在各大门户网站抢先投放广告，同时要求封杀同类电商的广告。就在 eBay 继续增加市场投资的同时，马云决定“敌进我退”，减少市场预算，不去与竞争对手硬碰硬，而是采用迂回战略，将资金用于产品研发上，等到市场对 C2C 交易平台的认知更加成熟时，再用过硬的产品在市场上与竞争对手一较高下，力图在产品和用户体验上战胜对手。此外，马云抓住 eBay 向入驻商家收取入场费和交易费这一弱点，宣布淘宝网的三年免费战略。因为相比 eBay，马云更加了解当时的中国国情：此时还没有到大规模收费的时候，着眼于市场，发展用户量才是最重要的。很明显，在眼前利益和未来发展之间，马云智慧地选择了后者。

2006 年，马云宣布，与 eBay 的大战结束，之后 eBay 也放弃了中国的 C2C 市场。在淘宝与 eBay 的 4 年大战中（2003~2006 年），eBay 的市场投资很好地为淘宝网做了嫁衣，每个重要的博弈节点都被媒体争相报道，无形中为阿里巴巴淘宝网做了最好的市场营销宣传。马云“敌进我退”“卧薪尝胆”的市场策略智慧使得“淘宝网”彻底赢得了中国市场。

9.4　与时俱进，在“互联网+”领域大胆创新

淘宝网在中国市场上取得了巨大的成功，注册用户量和交易量剧增。但是，由于当时中国互联网的普及相对落后，用户非常担心交易支付的安全性问题，电子商务的发展由此遇到了阻碍。于是马云决定在支付这一环节寻求突破，力求一款可以消除用户担忧、保证交易安全性的支付产品。

当时最大的支付产品是 PayPal（贝宝），PayPal 曾为包括 eBay 在内的电子商务公司提供支付服务。但马云并没有采用已取得成功的 PayPal 的服务，马云认为基于信用卡的 PayPal 支付体系无法满足几乎没有信用卡的中国用户的需求，于是他决定自行研发支付产品。反复论证后，马云决定创办支付宝，将买家和卖家两方面的风险全部承担起来，以最大限度地降低交易风险，保障用户交易的安全性。支付宝是国内首创的第三方支付平台，它不仅是一个简单的支付性功能产品，更是电子商务发展的重要保障。起初，团队成员认为创办支付宝相当于涉足金融领域，冒有巨大的风险。但马云坚持认为有用的事就必须要做。这种敢于走新路、直面风险正是马云优秀企业家精神的体现。

就在国内电子商务火热发展的同时，马云超前地意识到未来 10 年将会有更多的行业进入电子商务领域。此时，马云的目标已不再是建立一家大型的电子商务公司，而是要建立整个电子商务的生态链系统。

2009 年 9 月，马云成立了“阿里云计算”子公司，通过数据采集、数据处理和数据存储来提供全面的云计算服务。阿里云计算作为马云建立商业生态系统的重要工具，如今已发展成重要的数据管理平台。在当今移动互联网、大数据的时代下，我们不得不感叹马云当初超前的战略布局能力。

事实证明无论是被人们认为是禁区、充满风险的支付宝，还是不被人们理解的阿里云计算，都为阿里巴巴后续的余额宝、菜鸟物流中心等战略布局奠定了坚实的基础，马云超前的战略眼光以及他主动拥抱变化的胆识促成了今天阿里巴巴电子商务生态链系统的完美建立。马云创办和发展企业过程中体现的创新科学原理可解析如图 10-9-2 所示。

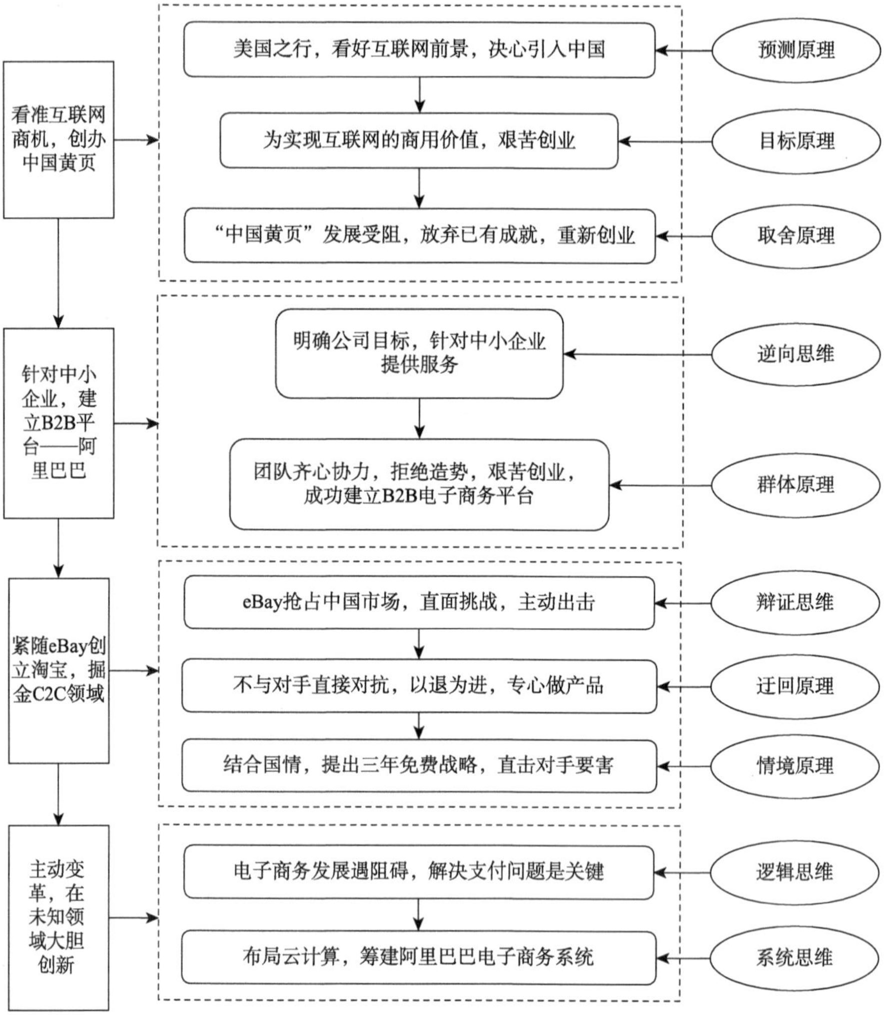

图 10-9-2　马云创办和发展企业过程中体现的创新科学原理

9.5　智慧与胆识并存，不辱使命塑榜样

马云为公司定下的使命是阿里巴巴要让天下没有难做的生意；淘宝网要让天下没有淘不到的宝贝；支付宝能让“天下无贼”；阿里软件要让天下没有难管的生意。作为一个企业家，马云的目标定位远远超出了企业本身。而且无论企业多么成功，他始终恪守“客户第一，员工第二，股东第三”的承诺，一心一意为用户、为员工谋福利。只要是对社会有意义、有价值的事情就一定会做。纵然创业

过程艰辛，有过很多失败，但马云从未放弃过，他百折不挠、坚韧不拔的精神成就了他的事业。马云在商业上的眼光、决断力以及他极强的使命感、勇于创新的魄力很好地体现了一个优秀企业家应该具备的品质，也为当今中国树立了一个强有力的创业成功的榜样。

参考文献

刘俊. 2016. 阿里巴巴，让梦想成为现实：马云到底靠的啥. 广州：广东经济出版社：23.

孙春艳. 2014. 企业文化成就阿里巴巴. 中外管理，（1）：54-55.

唐文龙. 2008. 阿里巴巴：如何“领舞”中国电子商务. 企业研究，（11）：63-68.

王利芬，李翔. 2014. 穿布鞋的马云：决定阿里巴巴的 27 个节点. 北京：北京联合出版公司：17，127.

王婷婷. 2004-07-13. 中国 C2C 之争再燃战火. 国际金融报，IT 金刊/产业.

王岳森. 2015. 马云现象的科学价值和文化思考. 石家庄铁道大学学报（社会科学版），（1）：1-5

肖明超. 2005. 淘宝：紧随 eBay 易趣的 C2C 淘金. 中国中小企业，（9）：54-56.

第 10 章　“华为科技王国”的打造者——任正非

1994 年 6 月的一天，华为公司新聘任的工程师金森林在华为测试车间开始了一天的工作。当时为了加快工作进度，他和其他测试人员吃住都在机房里。这天的测试工作进展很慢，直到深夜大家还没顾上吃晚饭。快凌晨的时候，车间里来了一位 50 多岁的中年人。他领着几个食堂工作人员推着餐车进来，开始热情地招呼大家吃饭，给大家端饭、盛鱼汤……

同年8月的一天，金森林参加新员工座谈会。在会场又碰见了那位50多岁的人，心理诧异一个送饭的怎么也来开会？更让他没想到的是，会议主持人一宣布座谈会开始，那位 50 多岁的人先站了起来，对着全体在场员工深深地鞠了一躬，然后兴奋地走到大家面前，拿出一沓名片，一一递给大家，说：“欢迎大家来到华为公司，我叫任正非。希望大家喜欢华为公司。”

这个为人低调、做事踏实的人就是华为公司的创始人——任正非。他是一名人到中年才白手起家，却以战斗拼杀的精神打造出世界领先的通信科技王国，并引领一个中国创新型企业走向全球通信行业顶峰的优秀企业家（图 10-10-1）。

图 10-10-1　任正非与华为公司商标

10.1　时势造英雄，“担当”造“华为”

10.1.1　从“退伍军人”到“二道贩子”

任正非当过军人，转业时的他并不清楚自己的未来在哪儿，但考虑到需要读书的两个孩子和家里的弟弟妹妹，他还是决定放弃稳定但薪酬较低的研发基地，去生机勃勃的深圳搏一把。

最初，他在深圳南油集团工作。脱下军装的他迫切希望能在商场上建功立业，甚至立下军令状向集团老总要一个子公司管理，但没有得到对方的同意。不服气的他决定自己干，没想到一开始就被人骗走了100万元。不得不打官司要钱的任正非又设法开了一家电子公司，但效益也很差。本来想通过自己的努力让家里人过得更好，没想到失业、被骗、离婚……很长一段时间，他和父母、侄子一起住在十几平方米的小房间里，父母每天晚上去市场捡别人不要的烂菜和死鱼回家做饭。那几年，挫折成了他的伙伴，如影随形。

一次偶然的机会，一个朋友想通过他的电子公司卖一批交换机。当时国内的程控交换机全是由国外公司生产的，任正非这才知道原来电子产品行业也有“二道贩子”。尽管他本人对程控交换机并不熟悉，但他发现销路很好，只要能进到货就可以卖出去。任正非看准机会挤出了家里最后的21 000元，在两间简陋的房子里创办了“华为”公司。这个小公司不生产、不创造，就靠代销香港的HAX交换机获利。终于，屡战屡败的任正非发掘到了第一桶金。

10.1.2　从“家庭责任承担者”到“国家通信能力代表”

任正非非常善于观察和思考，在别人还在埋头卖货的时候，他敏感地观察到周围有几家相同性质的代理公司相继快速倒闭。原来，尽管这些企业生产、销售出很多产品，但始终受到外国公司的牵制。一旦不按照人家说的做，就会失去代理权，快速倒闭。同行们不得已压缩利润空间以换取授权。任正非认为这样的方式只能作为缓兵之计：“想生存、想把自己的企业做大做强，就要有自己的品牌！”

任正非咬咬牙把公司从深圳湾畔的两间小屋搬到了南油工业区的“办公楼”——十多间仓库。仓库的一边堆放着从香港公司进来的交换机配件、组装好的整机，另一边用砖头隔出一些单间，作为员工宿舍。之所以如此勤俭，并不是没有钱租更好的地方，而是他已经把所有的钱都投到了研制上，甚至做好了“不成功就跳楼”的准备。万幸的是，在全公司人夜以继日的努力下，华为自主开发出的 BH—03 交换机如期通过了全部测试，首批成品也很快发货出厂，而那一天公司账户上一分钱都没有！

这是一场硬仗，而任正非赢了！在年终总结大会上，他坐在简陋的主席台上，缓缓环视台下一张张年轻的面孔，说了一句“我们终于活下来了”，就哽咽地再也说不下去，泪流满面。一个堂堂中年男人，和一帮年龄只有他一半的年轻人，一起奔波在市场的一线、生产的现场，为了企业的生存什么都干过。这一句“我们终于活下来了”道出了他的不易与感激。

从一家的顶梁柱成长为一国的通信行业领军人物，一步一步驱动任正非的是他的责任感与担当。身为家里大哥，儿女的父亲，他认为自己有成为家庭顶梁柱的责任；身为企业领导，就要为企业指明发展方向，带领企业越走越好；身为中国通信行业的领军人物，就要代表中国的通信技术水平参与世界竞争。

10.2 商海角逐似战场，“毛氏”策略显雄心

在部队期间，任正非是连队里有名的“学毛标兵”。成为企业家后，他仍然习惯把《毛泽东选集》带在身边，一边阅读书中的战斗经验，一边想着企业的发展。商场如战场，通信行业现在面临的情况也是外国企业瓜分我们的内地市场。公司虽然已经建立，但仍旧是“星星之火”，可能别人一口气就吹灭了。任正非天天看兵法，看策略，发现毛泽东的思想理论不仅可以用在武装斗争上，也可以用在商业竞争中。

上海贝尔是当时中国程控交换机市场上的霸主，在技术上超出当时的华为很多。任正非带领华为艰苦奋斗地研制出万门机的时候，却发现当时的北京、上海和开发区的程控交换机市场已经被贝尔公司占领了。业界都认为这个市场已经没有机会了，但任正非不舍得放弃团队辛苦得来的研发成果，仍想努力突破合资大鳄的包围圈。“包围圈！”这让任正非联想到当年革命根据地的战斗经验，既然大城市不能作为，那就尝试“农村包围城市”！

任正非经过实际考察，发现农村市场交通条件差、承受价格低，国外的厂商要么没有精力去开拓，要么根本看不上。这正是我们的机会！任正非立即将销售的重点放在东北、西北和西南各省市。公司进入黑龙江的时候，贝尔公司在当地的办公人员只有 4 个，而任正非在那里常年驻守、“兵种各异”的有 200 人。不仅如此，他又对这些地区制定了最优惠价格，使得自己的产品快速推广。没想到

短短2年时间华为的销售额就超过了贝尔！任正非这才真正认识到中国通信市场的广阔，更坚定了中国公司也可以在通信领域与外国公司一决高下。

他将眼光放到国际市场上。他分析国际市场上的力量对比和国内当时的情况是一样的，所以继续沿用“农村包围城市”的战术。他从亚非拉国家以及欧美通信公司涉及较少的俄罗斯做起，慢慢逼近欧洲市场和北美市场，逐步成为通信行业国际市场上一股不容小觑的力量。

他时常讲：“在战场上，军人的使命是捍卫国家主权的尊严；在市场上，企业家的使命则是捍卫企业的市场地位。而现代商战中，只有技术自立才是根本，没有自己的科研支撑体系，企业地位就是一句空话。”

10.3 创新追逐“曲高”，研发不能“和寡”

任正非本人的求学之路颇为波折，对于企业创新，他也有自己的看法。由于我国通信技术当时近乎空白，而美国已经走上了“信息高速公路”。若不掌握核心技术，公司就会一直受制于人。可如果完全坚持自主创新，那公司就相当于从零开始追赶世界水平。尽管他内心希冀创新，但站在企业决策人的位置上，并没有“掉书袋”似得去追求“学术顶峰”，而是摸索着适合企业生存的创新道路。

任正非清晰地认识到，当时的公司无论是技术研发还是市场开拓，都不是先行者。但后来的就一定落后吗？任正非反而觉得公司的技术可以发挥“后发优势”，可以吸收前人的研发经验以帮助自己成长。因此，在很长一段时间内，他都鼓励技术人员“优化胜过开创”。先通过模仿国外的先进技术、设备，然后根据实际情况的要求不断改良，或增加更多的功能，逐步地创造自己的价值。

经过20年持续积极地跟随研发和市场积累，任正非带领公司逐步转变为真正的创新型公司。2005年，任正非的公司凭借自己的WCDA核心技术和专用集成电路（Application Specific Integrated Circuit，ASIC）芯片成为英国电信首选网络供应商及沃达丰优选通信设备供应商。值得玩味的是，在华为ASIC技术突破后，一家在2002年就宣布推出该芯片的西方公司，彻底放弃了该芯片的开发。任正非通过“跟随创新”缩小技术差距并最终实现“自主创新”的设想最终实现了。

尽管他本人并不懂技术，但他用独特的目光眺望未来，又用务实的作风带领公司探索，找到了最适合公司技术发展的道路。他明确地认识到公司现阶段不需要院士级别的科学家，而需要能把高新技术变成实实在在商品的技术员。企业追求高精尖技术创新的基础是要迎合市场需求，市场不需要的阳春白雪即使再美妙也不是企业的技术追求。

10.4　客户为上诚信经营，中华品牌誉满天下

作为华为王国的打造者，任正非自己性格中的爽朗、坚韧甚至执着都印烙在华为经营管理的方方面面。他说：“我们没有国际大公司积累了几十年的市场地位、人脉和品牌，没有什么可以依赖，只有比别人更多一点奋斗，只有在别人喝咖啡和休闲的时间努力工作，只有更虔诚地对待客户，否则我们怎么能拿到订单？”在他看来，企业若想生存必须要与客户紧密联系，为客户服务是他和华为的职责。任正非这样的认识也是源于华为创业初期的经验积累。

在创业初期，华为自主研发生产的产品性能并不稳定，程控交换机经常陷入瘫痪，客户非常不满意，甚至要求取消合作。面对自责不已的技术研发人员，任正非宽和地鼓励：“不要害怕产品出问题。我们就是准备着解决问题的。”面对客户，他也诚恳地道歉：“外国产品，我们现在还争不赢他们，但明天就会强有力。今天，有些方面还没有达到你们的要求，明天我们会逐步完善的，以满足你们日益发展的需要。”并承诺客户一旦产品出现问题，主要城市的工程师在 4 个小时内就可以到达现场，在其他城市也能做到 24 小时内到达现场。

这并不是口头说说而已，严谨务实的任正非专门建立了用户服务中心和 7 个片区技术支援部，保证无论客户在哪里发现产品问题，技术人员都会星夜兼程赶到现场日夜工作，立马维修更换。事实证明，在售后服务的完善下，产品、业务的突发性事件反而增进了公司与客户的关系。严冬雪封大地，有售后人员因前去解决客户问题而被困在零下 20℃多的车上；夏天烈日炎炎，有技术人员挤在超载的长途车上奔赴事故现场；大年三十，也可能有维修人员正爬上高高的铁塔维修公司设备。口耳相传的“客户大如天”的服务态度与服务质量，使得客户对这个勤奋诚恳的公司越来越信任。

10.5　高薪吸引人才汇聚，文化感召生生不息

在华为的一次新员工座谈会上，新员工问：“任正非总裁，您对我们新员工最想说的是什么?”任正非回答：“自我批判、脱胎换骨、重新做人，做个踏踏实实的人。”

10.5.1　“三高”企业纳贤才

任正非一直认为华为可以依存的是人，只有靠知识、技术，靠管理，从人的头脑中挖掘出财富，公司才能继续下去。因此，他在公司执行“高效率、高工资、高压力”的用人信条。

在公司建立的初期，任正非通过朋友牵线，以高薪聘请了一批高校教师作为技术骨干。随着公司规模的扩大，任正非认识到以前的方法不再合适了，需要启动更正规、更规模化、更具有储备性的人力策略。通过高薪的吸引和文化的感召，公司在 1998 年招聘到 800 多名毕业生，1999 年招聘到 2 000 多名毕业生，2000 年招聘人数达到了 4 596 名。

2000 年招聘的这 4 000 多名应届毕业生到华为报到时，可以实报实销单程火车硬卧车票、市内交通费、体检费和行李托运费。学士月薪达 7 150 元，双学士月薪为 7 700 元，硕士为 8 800 元，博士为 10 000 元，这还不包括 10 万元至 16 万元的年终分红。薪酬水平比深圳一般公司高出 15%~20%。

10.5.2　军人风格传、帮、带

任正非深知，吸引人才可以靠高薪，留住人才除了高薪更要靠先进的企业文化。因此，他以军人特有的风格管理华为，既严厉，又让员工从心底觉得自己从事的是一项崇高的事业并值得为之奉献。怎样使老员工的经验和精神得以积累传递呢？任正非想到自己小时候家家户户都是哥哥姐姐带着弟弟妹妹的。他也给华为的每个新员工都找到一个老员工做导师，在新员工成为正式员工的三个月里导师要对新员工的绩效负责，新员工的绩效也会影响到导师本人的工作绩效。导师在公司文化、技术、生活等方面都要全方位地对学员进行帮助，定期进行沟通，让员工在有经验的导师的传、帮、带下迅速成长，宝贵的经验和知识得以扩散和利用。此举既能增加凝聚力，又有助于文化的传承。一方面保证员工在每个阶段都有不断成长的空间和机会；另一方面，也使好的经验得以传递，成为华为的共同经验。

10.6　“敢为之鹰”搏击长空，“科技华为”中华之“龙”

在任正非打造华为科技王国的过程中，发生了太多跌宕起伏又发人深省的

故事。其实，每一个企业家的创业经历都闪烁着创新之光。我们对客观世界的认识与实践从原始社会的刀耕火种到古文明时代的敬畏利用，从工业文明时代的贪婪开发到现代生态文明时代的可持续利用。一代又一代前人们不断总结经验，薪火相传才有了我们如今形成的知识文化体系。人们对“创新”的认识也遵循着这样认知、实践、总结和传承的过程。我们剖析企业家的创新精神与他们具有时代性的创新举措就是希望在人类不断创新、创造美好未来的道路上抛砖引玉。在本章的案例分析中，我们可以看到任正非作为家庭长子的承担，作为中国企业家的成长，更可以看到其创业经历中蕴含着的创新智慧和创新思维（图 10-10-2）。

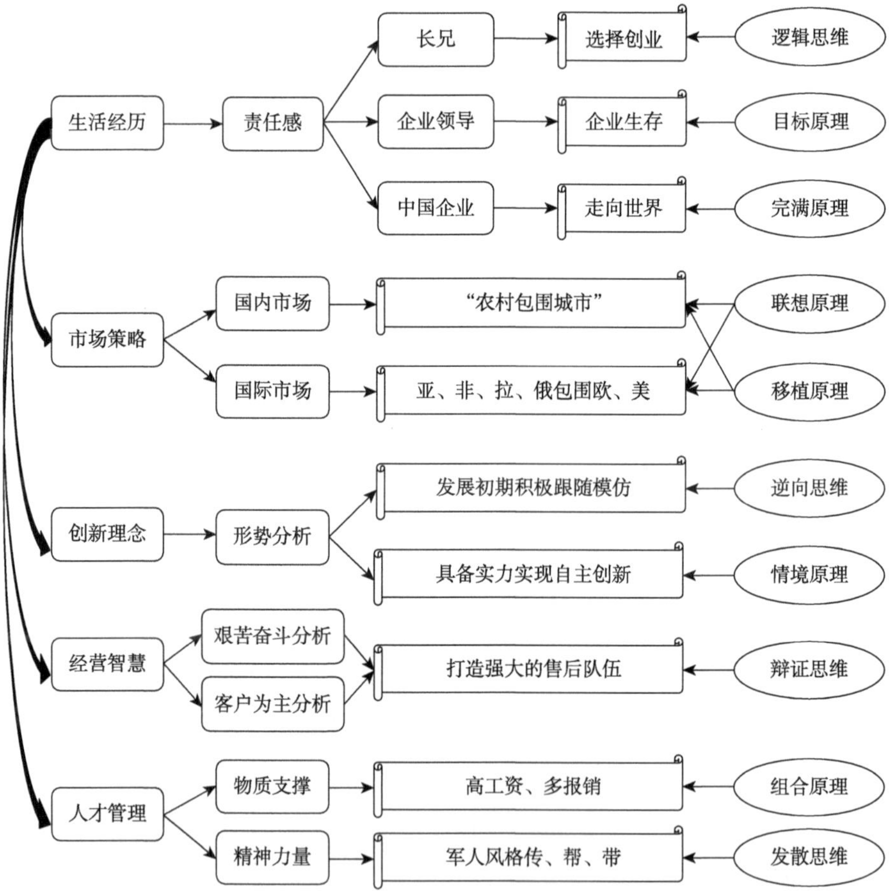

图 10-10-2　任正非打造华为科技王国过程中反映出的创新科学原理

参 考 文 献

李洪文. 2014. 任正非 九死一生的坚持. 北京：中国言实出版社：218.
马钧. 2011. 狼性不灭 任正非. 武汉：武汉大学出版社：93.
孙力科. 2014. 任正非 管理的真相. 北京：企业管理出版社：14-27.
张雨. 2011. 任正非的竞争智慧. 杭州：浙江大学出版社：39.